Lessons in Corporate Finance

기업재무 레슨

재무정책과 재무기법 그리고 가치평가에 대한
케이스 스터디 중심 접근

제2판

배연주 옮김

폴 애스퀴스(PAUL ASQUITH)
로렌스 A. 바이스(LAWRENCE A. WEISS)

WILEY

Founded in 1807, John Wiley & Sons is the oldest independent publishing company in the United States. With offices in North America, Europe, Australia and Asia, Wiley is globally committed to developing and marketing print and electronic products and services for our customers' professional and personal knowledge and understanding.

The Wiley Finance series contains books written specifically for finance and investment professionals as well as sophisticated individual investors and their financial advisors. Book topics range from portfolio management to e-commerce, risk management, financial engineering, valuation and financial instrument analysis, as well as much more.

For a list of available titles, visit our Web site at www.WileyFinance.com.

기업재무 레슨

Lessons in Corporate Finance

Second Edition

탐진

기업재무 레슨 (제2판)

Lessons in Corporate Finance (Second Edition)

2판 발행 : 2020년 6월 8일

지은이 : PAUL ASQUITH, LAWRENCE A. WEISS
옮긴이 : 배연주
발행인 : 최재범
발행처 : 도서출판 탐진

등　록 : 등록1－996호(倫). 1990. 1. 12.
주　소 : 서울시 마포구 신수로 27-1
전　화 : (02) 715-1092 ~ 3
팩　스 : (02) 701-6391
E-mail : tamjin1990@hanmail.net
홈페이지 : www.tamjin.co.kr

ISBN 978-89-5540-635-1 93320

값 38,000원

To those who taught me.

- Paul

For Marilyn, my wife and best friend; Joshua; and Daniel;
all of whom I will love forever.

- Larry

차 례

Part 3
투자와 가치평가

저자소개

폴 애스퀴스(Paul Asquith)는 M.I.T 슬론 스쿨의 고든 Y. 빌라드 재무관리 교수이다. 30년간 대학에 재직하고 있으며 또한 전미경제조사국(National Bureau of Economic Research)의 리서치 연구위원으로도 활동하고 있다.

그는 슬론 스쿨 수석부학장과 슬론건축위원회 위원장을 역임했다. 재무관리 담당 교수인 그는 최근 "기업재무 기초"를 강의하고 있다. 또한 애스퀴스 교수는 MIT에서 고급 기업재무, 인수합병(M&A), 증권설계 등의 세 과목을 강의해왔다. 그는 이전에 10년간 하버드대학교에 재직했으며, 시카고대학교와 듀크대학교에서도 교편을 잡은바 있다. 그는 MIT, 하버드, 듀크대학교에서 우수 강의상을 14번 수상했고, 최우수 강의 교수에게 수여되는 MIT 재미슨상의 초대 수상자이기도 하다.

애스퀴스 교수는 미시간주립대학교를 졸업하고 시카고대학교에서 석사와 박사 학위를 받았다. 애스퀴스 교수는 전미회계학회, 전미재무학회, 재무관리학회 정회원으로 활동 중이며 재무관리 콘퍼런스의 정기적 토론자이다. 1985년에는 하버드대학교 안식년 동안 살로먼 브라더스에서 한 학기를 보내기도 했다. 애스퀴스 교수는 Aurora National Life Assurance Company의 이사를 역임했다. 또한 그는 시티코프, IBM, 머크, 모간보증, 프라이스 워터 하우스, 로얄 뱅크 오브 아메리카, 살로만 브라더스, 토론토 도미니언 뱅크, 제록스 등 수 많은 회사를 자문해왔으며, 연방법원과 델라웨어 챈서리 법원의 전문위원으로 활동하고 있다.

그의 현재 연구 관심사는 자본시장의 규제 투명성이다. 그의 1989년 *Journal of Financial Economics*의 스미스-브리던 상을 수상한 "Original Issue High Yield Bonds: Aging Analyses of Defaults, Exchanges, and Calls," *Journal of Financial Economics*의 "Information Content of Equity Analyst Reports"를 포함해 인수합병, 기업배당정책, 기업의 주식발행 타이밍, 액면분할, 전환사채의 상환정책, 부채와 주식시장의 공매도 등에 대한 다수의 논문을 발표해왔다. 애스퀴스 교수는 *Journal of financial Economics, Journal of Financial and Quantitative Analysis, Financial Management*의 전 공동 편집위원장이며,

MIT의 Financial Services Research Center의 디렉터로도 활동했다.

로렌스 바이스(Lawrence A. Weiss)는 터프츠대학교 국제회계 교수이다. 바이스 교수는 관리회계와 재무관리뿐 아니라 재무회계 기초에서 고급 과정까지 관련 분야에서 다양한 강의 경력을 가지고 있다. 그는 이전에 조지타운대학교, IMD, HEC 로잔, MIT 슬론 스쿨, 인시아드, 튤레인, 뱁슨, 맥길대학교에 재직한바 있다. 그는 MIT 재직 당시 올해의 교수상을 수상했고 터프츠, 인시아드, 튤레인대학교에서 수차례 최고 교수상에 지명되었다.

바이슨 교수는 맥길대학교 공공회계학과를 졸업한 후 같은 대학에서 MBA를 받았고, 하버드대학교에서 경영학 박사 학위를 취득했다. 그는 KPMG에서 캐나다 공인회계사(미국 CPA)로 직장 생활을 시작했다. 전미회계학회 회원인 그는 토론자로 활동해오고 있으며 다수의 논문을 발표해왔다. 바이슨 교수는 저명한 미국 파산 전문가이자 파산법 개혁에 관해 미국 의회에서 증언한 바도 있다. 그는 또한 기업의 원가시스템에 대해서도 다양한 자문해왔고, 민형사 사건에서 전문가 증인으로 활동해왔다.

그의 현재 연구 관심사는 재무곤경기업의 재구조화, 운영관리, 국가별 회계기준(GAAP)에서 글로벌 회계기준(IFRS)로의 전환 등 세 가지이다. 그는 *Journal of Financial Economics*의 올스타 논문상을 수상한 "Bankruptcy Resolution: Direct Costs and Violation of Priority of Claims," *Journal of Law Economics and Organizations*에 "Value Destruction in the New Era of Chapter 11," *International Journal of Operations Management*에 "On the Relationship between Inventory and Financial Performance in Manufacturing Companies,"를 포함 다수의 논문을 발표해왔다. 그는 캠프리지대학교 출판부에서 *Corporate Bankruptcy: Economic and Legal Perspectives*를 출간했다. 또한 최근에는 *Business Expert Press*에서 회계학 교과서인 *Accounting for Fun and Profit: A Guide to Understanding Financial Statements(2016)*와 *Accounting for Fun and Profit: A Guide to Understanding Advanced Topics in Accounting (2017)*을 출간하기도 했다. 바이스 교수는 또한 뉴욕타임즈, 토론토 글로브, HBR.org 등에 정기적으로 기고도 하고 있다.

역자소개

배연주 박사는 한국조선해양 임원으로 재직 중이며, 건전한 기업가치의 제고와 성과개선을 위한 제도와 커뮤니케이션에 지속적인 관심을 가지고 있다. 지난 20여년 신규 사업 타당성 검토와 M&A 업무를 담당해왔고, 투자자산 관리와 성과평가 그리고 재무자원 관리 효율화에 노력해 왔다.

성균관대학교 행정학과와 동 대학원을 졸업하고, 미국 시라큐스(Syracuse)대학교에서 경영학 석사학위(MBA)를 취득한 후 성균관대학교에서 경영학(재무관리 전공) 박사학위를 받았다. 학문적 관심분야는 기업재무, 가치평가, 그리고 기업지배구조 등이다.

한국에선 비교적 초기인 2003년에 CFA 시험에 최종 합격하였으며, 그 외에도 FRM, CMA, CFM, CISA 등 여러 국제적 전문 자격을 취득하였다. 현직 이전에는 금융투자회사와 컨설팅회사에서 기업재무와 가치평가 관련 실무 경력을 쌓았으며, 연구자로서 관련 분야의 연구 논문을 발표하였다. 또한 이 분야의 저변 확대와 후진 양성을 위해 주식가치평가론(2008), 기업재무: 실무적 접근(2009), 주식가치평가(2015) 등 전문 서적을 번역 출간하였다.

감사말씀

저자들은 특히 우리의 은사들에게 큰 부채를 지고 있다.

폴은 재무관리와 교수법을 가르쳐주신 선생님들, 특히 Gene Fama, Milton Friedman, Al Mandelstamm, DavidW. Mullins Jr., Henry B. Reiling, George Stigle께 감사드린다.

래리는 자신을 가르쳐 주신 은사들, 특히 Paul Asquith, Carliss Y. Baldwin, Roger C. Bennett, David Fewings, Michael Jensen, Robert Kaplan, Norman Keesal, Vivienne Livick, C. Harvey Rorke, Howard H. Stevenson께 감사드린다.

폴과 래리는 또한 이 책을 읽고 많은 조언과 제안을 해주신 터프츠대학교의 Amar Bhide와 Laurent Jacque께 감사드린다. 또한 많은 편집상 실수를 수정하고 표현을 쉽게 교정해준 Jacqueline Donnelly, Bridgette Hayes, Stephanie Landers, Alison Wurtz, 숫자들의 일관성을 확보하는데 도움을 준 Michael Duh, Heidi Pickett께도 고마운 마음을 전한다. 또한 John Wiley & Sons의 편집팀, 특히 Tula Batanchiev, Elisha Benjamin, Michael Henton, Steven Kyritz, Jayalakshmi Erkathil Thevarkandi의 도움에도 감사를 전한다.

저자서문

2015년 3월 24일 화요일 구글의 주가가 2% 상승하면서 시가총액이 약 80억 달러 증가한다. 구글의 이익이 늘었기 때문에 주식가치가 큰 폭으로 올랐는가? 아니다. 주가의 긍정적 반응은 구글의 신제품에 대한 호재 때문인가? 아니다. 이 반응은 구글이 루스 포래트(Ruth Porat)를 최고재무책임자(CFO)로 영입하기로 한 발표 때문이었다. 새로운 CFO의 영입이 왜 구글 주가를 끌어 올렸는가? 월스트리트저널에 따르면 월가는 신임 CFO가 방만한 지출을 하는 것으로 알려진 이 회사에 재무적 통제를 가능하게 할 것으로 기대했기 때문이다.[1)]

*기업재무 레슨(Lessons in Corporate Finance)*은 기업재무의 주요 결정(다시 말해 구글의 루스 포래트 같은 CFO의 결정)에 관한 것이다. 이러한 결정은 기업이 어떤 프로젝트에 투자해야 하는지를 어떻게 결정하는지, 이 투자에 자금을 어떻게 조달할지, 기업의 현금흐름을 어떻게 관리할지에 초점을 맞추고 있다. 이 책은 가치창출의 의사결정에 필요한 재무적 기법을 실세계 사례를 통해 설명하는 응용 교재이다.

이 책은 기업재무의 목적과 방법을 설명하도록 설계되었다. 이 책은 일차적으로 재무전문가들을 목표로 하지만 그들의 보좌를 받는 재무 비전문가인 경영진에게도 이상적인 참고서가 될 것이다. 이 책은 재무관리를 이해하길 원하며 재무전문가들이 하는 일에 관심을 가진 모든 이들에게 기업재무의 내적 기능의 상세한 내용을 전달한다. 이 책은 임원 교육과정에 보충 자료나 기업재무의 자습서(예: CFA나 유사 자격증을 취득하려는 학습자용)로 재무관리의 두 번째 코스에 적합할 수 있다. 저자들은 재무관리 학위를 가진 사람을 포함해 비즈니스 실무자라면 이 책이 유용하다는 것을 알게 될 것으로 생각한다.

이 책의 2판은 두 가지 중요한 방식에서 1판과 차이가 있다. 첫째, 파산과 구조조정에 대한 새로운 장(13장)을 포함하여 새로운 자료가 추가되었다. 새로운 장에서는 구조조정 관련 제도와 재무곤경으로 구조조정을 하거나 파산을 신청해야 하는 회사를 둘러싼 경제 환경

1) Rolfe Winkler, Justin Baer, and Vipal Monga, "Google Turns to Wall Street for New Finance Chief," Wall Street Journal, March 24, 2015, www.wsj.com/articles/google-turns-to-wall-streetfor-new-finance-chief-142721757110/21/2015 참조.

을 다룬다. 또한 미국 파산법의 두 가지 제도에 대해서도 살펴본다.

둘째, 보다 중요하게 것은 2017년 12월 미국에서 통과된 2018 감세와 일자리 법의 영향을 반영했다는 점이다. 2018년 1월 발효된 이 법은 미국 법인세법의 커다란 변화를 상징한다. 이 법은 미국의 최고 법인세율을 35%에서 21%로 내리는 동시에 소득공제 제도를 크게 바꾸었다. 이 법은 부채를 통한 자금조달의 혜택을 줄여 많은 기업들의 자본비용을 증가시키는 결과를 가져왔다. 이는 가치평가 방법론에도 큰 변화가 있어야 한다는 의미이다. 이 책은 이러한 변화와 이를 처리하는 방법을 다루고 있다. [표 17.1]은 이러한 변화가 기업에 상당한 영향을 미치고 있다는 사실을 보여준다.

이 책은 회계나 재무관리에 상당한 지식이 없어도 읽을 수 있지만 회계와 재무관리 용어에 기본적 지식을 가진 이들에게 더 적합하다는 사실도 밝힌다.

기업재무 레슨

Lessons in Corporate Finance

Second Edition

CHAPTER 1

서 론

이 책은 기업재무의 기본서이지만 이를 다루는 방식은 특이하다. 이 책의 형식은 기업재무의 의사결정에 연속적인 세부 질문을 던지고 개념적 통찰력과 계량적 사례를 통해 이에 답하는 방식을 택했다.

이 책은 기업의 최고재무책임자(CFO)가 "어떻게 자본을 조달하고 운영하는가?"라는 실세계의 고민에 답하도록 구성했다. 우리는 기업재무의 일차적 주요 기능을 다음의 세 가지로 분류한다.

1. 어떻게 좋은 투자결정을 할 것인지
2. 어떻게 좋은 조달결정을 할 것인지
3. 이상의 두 가지를 수행함에 있어 기업의 현금흐름을 어떻게 관리할 것인지

세 번째 기능을 먼저 보면, 현금은 기업 생존에 필수요소이다. 사실 현금은 이익보다 훨씬 중요하다. 제품이 부실하거나 마케팅이 비효율적이어도, 수익성이 나쁘거나 심지어 적자인 경우에도 현금흐름이 유지되는 한 기업은 생존이 가능하다. 때문에 현금고갈을 막는 것은 기업재무의 핵심 영역이다. 이는 기업 현금흐름의 본질과 타이밍에 대한 이해와 추정을 요구한다. 예를 들어, 금세기 들어 닷컴기업들은 대부분 엄청난 손실을 기록했다. 이로 인해 이들 기업을 담당하는 애널리스트들은 이익보다 현금흐름에 일차적인 관심을 가지게 되었는데, "번레이트(burn rates)" 즉 기업의 현금고갈율이 그것이다. "이익으로는 샴페인을 사고, 현금으로는 맥주를 사라."는 재무관리의 오래된 격언이 있다. 기업에게 현금은 사람으로 따지면 필수적인 혈액과도 같다. 이와 비슷한 표현으로 "현금은 공기이고 이익은 음식물과 같다."고 한다. 비록 기업의 생존에 이 두 가지가 모두 필수적이긴 해도 이익이 나지 않더라도 한동안 생존이 가능하지만 현금이 없다면 기업은 얼마가지 못하기 때문이다.

첫 번째 기능과 관련해 좋은 투자결정이란 기업이 현금을 어디에, 즉 어느 프로젝트나 제품에 할당(투자)할 것인지 결정하는 것을 의미한다. 투자결정은 "현재의 투자결정의 결과로 창출되는 미래 현금흐름은 얼마인가?"라는 질문에 답하는 것이다.

마지막으로 좋은 조달결정은 기업이 투자에 필요한 현금을 어디서 조달할 것인지를 결정하는 것을 의미한다. 조달(파이낸싱)결정은 기업의 투자결정이 주어질 때 "어떻게 투자재원을 조달할 것인지? 재무상태표의 우측으로부터 가치가 창출되는지?"와 같은 질문에 답하는 것이다.

따라서 CFO는 매일 같이 하나의 제약 상황에서 두 활동을 하게 된다. 즉, CFO는 두 활동 사이에서 현금이 고갈되지 않도록 하면서, 좋은 투자결정과 좋은 조달결정을 해야 한다.

두 가지 시장: 제품과 자본

모든 기업은 제품시장(product market)과 자본시장(capital market)이라는 두 가지의 일차적 시장에서 운영된다. 대부분의 사람들은 제품시장에서 기업의 역할을 이해한다. 즉, 원가보다 높은 가격에 상품과 서비스를 생산하고 판매하는 것이다. 반면 제품시장 활동을 직접적으로 촉진하기 위해 자금을 조달하고 운용하는 자본시장에서의 기업의 역할은 훨씬 잘 이해받지 못한다.

일반인들은 자본시장을 생각할 때 전형적으로 주식, 채권, 옵션과 같이 증권거래에 집중한다. 그러나 이는 자본시장의 공급측면에 불과하다. 그 반대쪽에는 자본의 사용자, 즉 기업들이 존재한다.

기업재무의 핵심 교훈은 재무전략과 제품시장전략이 상호 일관되어야 한다는 것이다. 또한 기업재무는 투자결정을 통해 제품시장으로 연결되며, 조달결정을 통해 자본시장으로 확장된다. 그리고 제품시장의 목표가 설정되어야만 경영진은 재무전략을 수립할 수 있고 재무정책을 결정할 수 있다.

재무정책은 자본구조결정(예: 부채조달의 수준), 부채의 만기구조, 담보채무의 규모, 금리조건, 부채약정, 미래 배당규모, 주식발행과 자기주식 취득 시기 등을 망라한다. 비슷하게 기업의 투자정책(예: 설립 · 인수, 레버리지 바이아웃, 구조조정, 공개매수 등)은 기업의 제품시장전략과 조화롭고 일관되게 결정되어야 한다.

기업에게 좋은 제품시장전략을 가지는 것은 당연히 중요하지만, 재무활동은 그 가치를 증가시킬 수도 파괴할 수도 있다. 가치(value)는 두 시장 중 한 곳의 시장결함을 활용할 수 있을 때 창출된다.

1. 제품시장결함에는 진입장벽, 비용우위, 특허 등이 포함된다.
2. 자본시장결함에는 저금리 조달, 혁신적 증권의 도입, 새로운 투자자 유치 등이 포함된다.

또한 기업의 운영 활동도 가치를 창조하거나 파괴한다. 이는 세 번째 결함이 된다.

3. 관리시장결함에는 대리인비용(소유와 경영의 분리에서 발생하는 비용)이나 성과가 부진하거나 사적이익을 위해 자기거래를 하는 경영자 등이 포함된다.

이러한 결함이 없다면 기업재무는 실제 존재하지 않을 것이다. 이에 관해서는 6장에서 좀 더 자세히 살펴보기로 한다.

기본적 도구와 기법

이 책은 기업재무의 도구와 기법이 무엇인지, 이를 어떻게 적용하는지에 대한 기초를 제공한다. 이것은 풋볼 용어로 보면 모두 블로킹과 태클링에 관한 것이다. 예를 들면 재무비율과 운전자본의 관리는 재무진단뿐 아니라 가치평가의 기본이 되는 추정 손익계산서와 대차대조표 작성에 사용된다. 추정 재무제표를 작성하지 않고는 가치평가가 불가능하다. 이 책은 독자들이 어떻게 기업의 자금조달 니즈를 파악하고, 기업의 현금흐름을 추정하며, 추정된 현금흐름을 순현재가치로 전환하기 위한 적정한 할인율을 결정할 것인지를 알려줄 것이다.

2장에서 4장은 기업의 현금고갈을 방지하는데 핵심적인 현금흐름 관리에 대해 살펴본다. 현금흐름 관리는 기업의 재무건전성 평가, 자금조달 니즈 추정, 자산의 가치평가에 필요하다. 현금흐름 관리에 사용되는 도구에는 재무비율분석, 추정 재무제표, 자금의 원천과 사용이 포함된다. 이는 현금흐름을 관리하고 추정하는 재무관리의 핵심 도구이다.

5장에서 13장은 기업이 어떻게 좋은 조달결정을 하지는 살펴본다. 이는 기업이 어떻게 자신의 자본구조와 자본조달 수단을 선택하는지에 관한 것이다. 관련하여 우리는 재무정책과 이러한 재무정책이 자본비용에 미치는 영향에 대해 살펴볼 것이다. 이들 장에서 우리는 다음과 같은 여러 질문에 답하게 된다. 즉, 어떤 유형의 자금조달이 더 유리한가? 자금조달에 부채와 자본 중 무엇을 사용할 것인가? 기업이 부채를 사용한다면 은행과 자본시장 중 무엇을 이용할 것인가? 장기채, 단기채, 전환사채, 수의상환채권 중 무엇을 사용할 것인가? 주식을 발행한다면 보통주인지 우선주인지? 언제 기업이 채무를 재조정해야 하는지 또 어떻게 하는지?

14장에서 17장은 어떻게 좋은 투자결정을 하는지 설명한다. 여기서는 적절한 현금흐름과 적합한 할인율의 결정을 포함해 투자 프로젝트를 평가하는 도구와 기법에 대해 심도 있게 살펴본다. 이런 도구와 기법은 프로젝트와 기업을 평가하는데 핵심적이다.

가치평가에는 다섯 가지의 주된 기법이 있으며, 이 책은 그 중 네 가지 기법을 다룬다. (다섯째인 실물옵션은 실제로 잘 사용되지 않고, 이 책의 범위를 벗어나는 옵션과 수학에 관한 지식을 요구하기 때문에 아주 간단히만 다루기로 한다.) 이 책은 네 가지 기법을 중심으로 기업과 프로젝트의 가치를 평가하는 다양한 방법을 다루게 된다. 예를 들어 현금흐름할인기법에는 기업잉여현금흐름과 가중평균자본비용 또는 주주잉여현금흐름과 자기자본비용을 사용할 수 있고 수정현재가치법(APV)도 있다. 마찬가지로 가치평가 멀티플(multiple, 배수)에는 주가수익비율(P/E), 영업이익(EBIT), 이자 · 법인세 · 상각비 차감전이익(EBITDA)이 포함되는데, 이들은 모두 같은 기법으로 분류된다. 이 책의 초점은 이러한 기법을 가르칠 뿐 아니라 각 기법의 이면에 있는 논리의 이해를 제공하고, 독자들이 하나의 가치평가 방법을 다른 방법으로 변환할 수 있는 능력을 기르게 하는데 있다.

18장에서 22장에서는 차입매수(LBOs), 사모펀드, 리스트럭처링, 파산, 인수합병 등을 다루는데, 투자결정과 조달결정을 종합하게 된다. 이 다섯 장에서는 두 개의 실제 사례를 통해 이러한 이슈들을 효율적으로 설명하고자 한다.

마지막 23장에서는 재무와 삶에 대한 저자들의 생각을 정리한다.

다이어그램으로 본 기업재무

[그림 1.1]은 저자들이 기업재무를 어떻게 바라보는지를 도식화한 다이어그램이다. 기업재무는 투자와 조달전략을 지도하는 기업전략으로부터 출발한다. 이러한 전략들은 궁극적으로 실행되어야 하는 투자와 조달정책을 견인한다. 우리는 이 책에서 다이어그램상 모든 수준에서 일관성이 있어야 한다는 점을 수차에 걸쳐 강조할 것이다. 더하여 투자와 조달에 관한 전략과 정책은 기업의 가치를 창조할 수도 파괴할 수도 있다는 것도 강조한다. 이 책에서는 [그림 1.1]의 위쪽에 있는 세 가지 수준, 즉 기업의 재무전략과 재무정책을 중심적으로 다룬다.

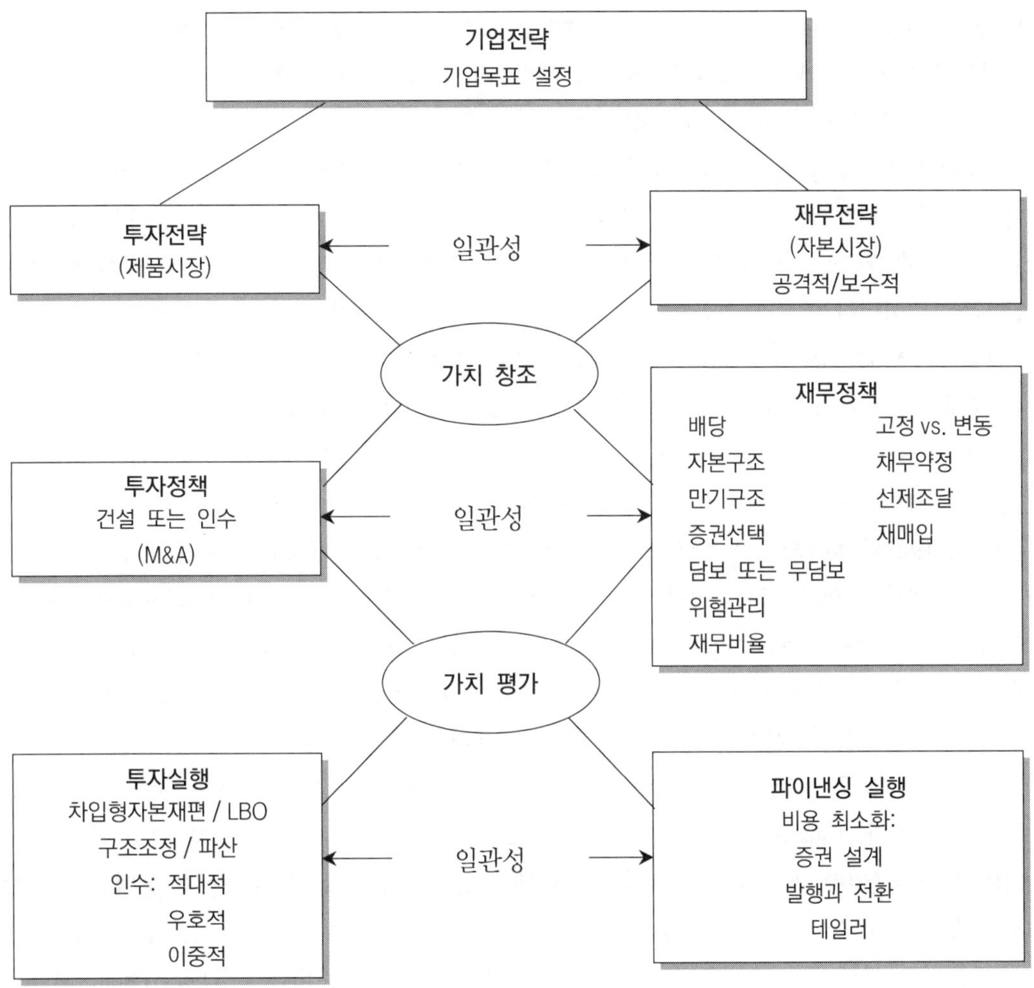

[그림 1.1] 기업재무의 도해

현대 재무관리의 역사

재무관리는 지난 60여 년 동안 큰 변화의 과정을 겪었으며, 아마도 이는 어떤 경영학 교과보다도 가장 큰 변화였을 것이다. 1950년대까지도 재무관리 교과서에서 널리 사용되지는 못했지만, 현대 재무관리는 1907년 현재가치의 개념을 고안한 Irving Fisher[1]으로부터 시작된다. 현대 재무관리는 1952년 Harry Markowitz[2]가 포트폴리오이론을 개발하면서 또 하나

1) Irving Fisher는 역사상 가장 위대한 미국 경제학자 중 한명이다. 순현재가치의 개념을 다룬 1907년 출간 "The Rate of Interest"는 그의 수많은 학술적 업적 중 하나이다.
2) H.M. Markowitz, "Portfolio Selection," *Journal of Finance 7*, no.1 (March 1952): 77-91.

의 큰 진전을 이룬다. 그는 이 공로로 1990년 노벨 경제학상을 수상한다. 포트폴리오이론은 분산투자가 기대수익률을 낮추지 않고도 투자위험을 줄일 수 있다는 것을 보여준다. 이는 1950년대와 1960년대 뮤추얼펀드 산업의 급성장에 이론적 기초가 된다.

1950년대 재무관리는 당시까지 투자가치 평가의 주된 기법인 회수법(payback)에서 벗어나기 시작한다. 이로써 내부수익률(IRR)과 순현재가치(NPV)가 투자결정의 가치평가에 주류를 차지하게 된다. 동시에 실무 전문가들도 이익이 최고라는 믿음을 버리기 시작한다. 오늘날 우리는 이익이 아니라 현금흐름이 가장 중요하다는 것을 알게 된다.

Franco Modigliani와 Merton Miller(M&M)는 1958년, 1961년, 1963년 논문을 통해 현대 재무관리를 태동시키는데, 이는 이 책의 논의 초점이다. (Modigliani는 이를 포함한 다수 공로로 1985년 노벨상을 수상하였고, Miller 역시 1990년에 노벨상을 수상한다.) M&M은 몇 가지 핵심 가정 하에서 자본구조(1958년)와 배당(1961년)이 중요하지 않다는 것을 보여주었다. 1963년 M&M은 무세금 가정을 완화하여, 자본구조가 중요하다는 것을 설명한다.

이 책에서 우리가 학습하고자 하는 또 하나의 커다란 족적은 1960년대 효율적 시장의 개념을 발전시킨 Eugene Fama[3)]의 연구이다. 그의 아이디어는 시장이 즉각적으로 정보를 취합하고 이를 가격에 반영한다는 것이다. 이로 인해 지금도 여전히 사용되긴 해도 비주류가 되어 버린 기술적 분석이 그 종말을 고하게 된다.

1960년대의 주된 진전은 William Sharpe와 John Lintner가 창안한 자본자산 가격결정모형(CAPM)이다. (Sharpe는 이 공로로 1990년 노벨상을 수상했다. 생존했었다면 공동 수상이 거의 확실했겠지만, 노벨상이 사후에는 수여되지 않아 Lintner는 안타깝게도 노벨상을 수상하지 못했다[4)]) CAPM은 주식시장과 기타의 투자성과 측정방법에 엄청난 변화를 가져온다.

다음으로 생각되는 큰 족적은 1970년대 초 옵션가치평가에 대한 Fischer Black, Myron Scholes, Robert Merton의 작업이다. (Scholes와 Merton은 1997년에 노벨상을 받았지만, Black은 1995년 사망한다.) 현재의 엄청난 옵션 거래량은 이들 작업의 결과이다.

기업재무가 특히 초점을 맞추는 1958년부터 63년까지의 M&M 논문은 1980년대에 수정되고 확장되기 시작한다. 기업재무이론은 정보비대칭, 대리인비용, 신호효과 같은 다양한 요소를 포함하면서 M&M을 넘어 진화했다. 이때 자본구조와 배당과 관련되어 개발된 이론들이 정말 중요하게 되었다. 자금조달과 투자결정사이의 상호작용과 다이나믹스 또한 주된 연구주제가 된다.

보다 최근에는 재무관리가 투자결정에서 인간행태의 영향에 주목하게 된다. 이는 행동재

3) 대표적으로 다음을 참조하라. E. Fama, "The Behavior of Stock-Market Prices," *Journal of Business 38*, no. 1 (January 1965): 34-105.
4) 노벨상 선정위원회는 6월에 수상자를 선정하고 10월에 시상하는데, 수상을 위해서는 이 기간 동안 생존해 있어야 한다.

무학(behavioral finance)으로 불리며, Richard Thaler는 이 공로를 인정받아 2017년 노벨상을 수상한다. 이는 시장이 진정 효율적인지 그리고 개인행태가 재무적 의사결정에 어떤 영향을 미치는지에 대해 답하려 한다.

법제도적 측면에서도 기업재무에 영향을 미치는 급격한 변화가 있었다. 특히 신규 자금조달과 증권매매의 수수료와 보수 규정의 변화도 기업재무에 큰 변화를 유발했다. 예를 들면 자율규제는 신디케이션을 통한 증권발행을 위축시키는 반면 인수(underwriting)의 경쟁력이 높아져 투자은행의 수가 반 이하로 감소하는 계기가 되었다. 동시에 살아남은 투자은행은 그 규모를 크게 키우며 성장한다.

1988년 태동한 정크본드 시장은 1990년대를 거치며 크게 성장한다. 1988년 이전까지 투자적격등급(BBB 또는 이상)이 아닌 채권의 발행은 사실상 불가능했다. 낮은 신용등급의 채권이 있었지만, 이는 발행 시점에는 투자적격이었다가 시간이 지나면서 발행회사의 재무건전성 악화로 인한 등급하락으로 생긴 것들이었다. (이런 이유로 이러한 위험채권을 "타락한 천사(fallen angels)"라고 불렀다.) 투자은행인 Drexel Burnham Lambert의 Michael Milken은 낮은 신용등급(하이일드 혹은 정크)의 채권 발행이 가능한 시장을 만들었다. 이런 종류의 채권은 인수금융이나 스타트업에 자금을 공급하는데 주로 사용되었다. 또한 이는 기업 경영권의 본질 또한 극적으로 바꿔 놓게 된다.

1990년대 들어 헤지펀드의 출현으로 공매도가 급격히 증가했고, 닷컴기업들이 너무 고평가되면서 "주식시장 버블"을 맞게 된다. 2010년 Dodd-Frank Act의 입법은 재무구조와 그 관행에 큰 영향을 미치게 된다. 최근 들어서는 2017년 12월에 Jobs and Tax Cuts Act of 2018이 통과된다. 이 법안은 최소한 50년 내 법인세법에 가장 중요한 변화이다. 이 법의 통과로 최고 법인세율은 35%에서 21%로 낮아졌고, 이자비용에 대한 공제한도가 신설되고 자본투자의 감가상각에도 변화를 가져왔다.

재무관리 분야에서 앞으로 있을 큰 변화는 무엇일까? 우리도 알고 싶다. 하지만 새로운 지식에 대한 예측은 거의 불가능한 것도 사실이다.

책 읽기 팁

비즈니스 백그라운드가 없는 사람들도 이 책을 읽을 수 있지만, 이 책은 재무와 회계의 기초 지식을 가진 독자들이 훨씬 쉽게 이해되도록 디자인되었다.

이 책은 대화 형식으로 쓰였고 귀납적 접근의 실제 사례를 통해 학습을 진행한다. 즉, 이론을 효율적으로 설명하는데 사례를 적극 활용하고 있다. 단순히 강의 형식으로 이론을 기술하는 것이 보다 직접적인 학습 방법일 수는 있겠지만, 사례를 활용하면 독자들에게 문제에 대한 보다 높은 이해도를 제공할 수 있는 장점이 있다.

여러분이 일회독을 하면서 주석을 꼭 읽을 필요는 없지만, 그래도 우리는 여러분이 주석을 읽을 것을 권장한다. 주석에는 중요 고려사항, 관련 세부사항, 일화, 대안적 계산방법 등이 소개된다.

반복 학습은 어떤 교재의 학습에서도 중요하며 이 책에도 마찬가지이다. 이러한 목적 달성하기 위해 이 책은 여러 상황에서 주된 기법과 개념을 반복적으로 제시하고 사용하고 있다. 예를 들어 다음 장에서 설명하는 비율분석은 이 책 전반에서 다양하게 사용된다. 모든 주요한 주제들은 여러 다른 맥락에서 수차에 걸쳐 다루어질 것이다.

처음에는 교재가 낯설거나 심지어 좌절감을 줄 수 있지만, 읽어 내려가면서 독자들은 편안해지면서 책과 동화될 것이다. 이 책의 끝에 이르게 되면 독자들은 기업이 어떻게 재무정책을 결정하고, 자본시장에서 어떻게 가치평가와 투자가 이루어지는지 이해(예: 투자은행의 가치평가 결과를 분석하고, 그 이면의 가정은 무엇인지 그리고 해당 가정이 틀리지는 않았는지 분석함) 할 수 있어야 한다.

우리의 인생도 그렇지만 뭔가를 학습하는 최선책은 실행해보는 것이다. 교재를 정독한다면 어떻게 재무활동이 이루어지는지 어느 정도는 알게 된다. 하지만 우리가 독자들에게 진정으로 요구되는 것은 실제 독자들이 직접 해보라는 것이다. 이를 위해 우리는 독자들이 이 책에 주어진 세부 예시와 사례들을 실제 똑 같이 해볼 것을 강력히 권고한다.

컴퓨터 스프레드시트에 대해서도 간단히 한마디 하고 싶다. 대규모 계량 데이터를 처리할 수 있고, 하나의 데이터 변경에 따른 전체 변화를 즉각적으로 파악할 수 있는 융통성으로 인해 오늘날 컴퓨터 스프레드시티는 매우 보편화되었다. 하지만 불행히도 스프레드시트의 사용은 사용자들이 근본적인 가정들에 대한 감각과 판단을 잃어버리게 만들었다. 이런 이유로 처음 분석해 보는 경우에는 종종 종이와 연필로 직접 써보면서 계산해보는 것이 유용할 수 있다.

마지막으로 재무관리에서는 대부분의 경우 절대적인 오답들이 존재하지만 정답도 하나 이상일 수 있다는 사실을 여러분이 인지할 필요가 있다는 것을 말하고 싶다.

우리는 여러분이 이 책을 읽은 후 스스로 즐겁게 재무관리 지식을 더 많이 학습할 수 있게 되기를 바란다.

이 책에 탑승한 것을 환영한다.

PART
One

재무건전성과 현금흐름관리

CHAPTER 2

재무건전성 평가(PIPES-A)

기업의 현재와 미래의 재무건전성을 어떻게 평가할 것인가? 이는 이 책의 첫 번째 핵심 질문이다. (이 책의 중요한 논의는 기울임체로 된 질문으로 시작한다.) 만일 당신이 어떤 회사에 자금을 대출하거나 이를 인수 혹은 시장에서 경쟁하고 있다면, 당신은 어떠한 의사결정 전에 해당 기업의 재무건전성을 평가하고자 할 것이다. 제시된 질문에 답하기 위해서는 비율분석, 조달과 운용, 재무추정 등 기업재무의 가장 기본적인 세 가지 분석 도구가 사용된다. 이 장에서는 비율분석과 자금의 조달과 운용에 대해 살펴보고, 재무추정은 다음 장에서 알아본다.

제시된 핵심 질문에 답하기 위해 우리는 가상의 중견기업인 수도배관업체 사례를 활용한다. 이 회사는 플로리다주 파넬러스 카운티(세인트 페트로스버그 근처)에 위치하고 있다. 이 회사의 정식 이름은 **Pi**nellas **P**lumbing **E**quipment and **S**upply이며, 우리는 이를 줄여서 PIPES로 부르기로 한다.

업력이 15년인 이 회사의 창업자이자 오너인 켄 스틸(Ken Steele)은 대출받기 위해 한 지방은행의 뱅커인 로돌포 가르시아와의 상담을 준비 중이다. PIPES는 현재 다른 지방은행에 35만 달러의 크레디트라인(신용한도)을 설정하고 있었다.

스틸씨는 뱅커로부터 어떤 종류의 질문을 받을 것으로 예상해야 할까? 뱅커인 로돌포 가르시아는 아마 스틸씨에게 회사 개요를 설명하라는 것으로부터 질문을 시작할 것이다. *같은 지역사회에 있으면서 이미 회사에 대해 어느 정도는 알고 있는 가르시아씨는 왜 스틸씨에게 회사의 전반적 개요에 대해 질문하는 것일까?* 가르시아씨는 먼저 스틸씨가 자신의 사업을 정확히 이해하고 있는지 알아야 하기 때문이다. 스틸씨는 자신의 회사를 탄탄한 고객층을 보유하고 집주인인 개인 고객과 용역업자들에게 서비스를 제공하는 수도 배관용품업체로 소개한다. 이 회사는 파이프와 피팅에서 욕조, 변기, 싱크대, 수도꼭지 등 욕실과 주방용품을 주로 취급한다. 회사는 6,000 제곱피트의 전시장과 24,000 제곱피트의 창고와 사무실을 가지고 있다.

뱅커의 다음 질문은 아마도: *당신은 얼마나 오랫동안 PIPES를 경영해 왔습니까?* 이는 중요한 질문이다. 가르시아씨와 은행 입장에서 스틸씨가 신참내기 사업가인지 15년간 사업해온 베테랑인지는 중요한 차이가 있다. 15년의 사업실적은 이 회사가 정상적인 고객 기반과 공급업체 등을 보유하고 있다는 것을 나타낸다. 나아가 대출 심사에서 가르시아씨가 평가할 수 있는 기록이 있다는 의미이기도 하다.

마치 면접과도 같은 뱅커와의 면담

은행은 대출 결정전에 회사 경영진의 적격성과 재무건전성을 판단하고자 한다. 스틸씨는 최선을 다해 자신과 PIPES를 설명하려 한다. 그는 가르시아씨의 이해를 돕기 위해 최소 3년간의 재무제표를 준비해 달라는 요청을 받았었다. 실제 스틸씨는 [표 2.1A]와 [표 2.1B]와 같은 지난 4년간 손익계산서와 대차대조표를 가르시아씨에게 제시했다. 손익계산서를 보면 PIPES는 그 동안 사업을 잘 해온 것으로 보인다. 매출은 2013년 1.1백만 달러에서 2016년 2.2백만 달러로 늘었다. 연평균 25%씩 성장한 것이다. *이는 양호한 것인가?* 이는 손익 측면에서 경제 전반에 비해 확실히 우수한 것이며, 중소도시에 위치한 배관업체로서는 예외적으로 훌륭해 보인다. 하지만 PIPES의 대차대조표는 그리 훌륭해 보이지 않는다. 자산총계와 부채(은행대출과 장기차입금)는 연 25% 이하로 증가했지만, 매입채무는 4년간 거의 세배가 증가했다. 하지만 이는 단지 첫 인상에 불과하다. 보다 심도 있는 분석이 요구된다.

[표 2.1A] 2013 ~ 2016년 PIPES의 손익계산서

(천달러)	2013	2014	2015	2016
매출액	1,119	1,400	1,740	2,200
기초 재고	172	215	265	340
구매액	906	1,131	1,416	1,773
기말 재고	215	265	340	418
제조원가	863	1,081	1,341	1,695
매출총이익	256	319	399	505
영업비용	170	210	267	344
이자와 세금 차감전 이익	86	109	132	161
이자비용	30	31	32	34
세전이익	56	78	100	127
소득세	20	27	35	44
당기순이익	36	51	65	83

[표 2.1B] 2013 ~ 2016년 PIPES의 대차대조표

(천달러)	2013	2014	2015	2016
현금	35	40	40	45
매출채권	110	135	165	211
재고자산	215	265	340	418
선급비용	30	30	30	28
유동자산	390	470	575	702
고정자산	300	310	325	350
자산총계	690	780	900	1,052
유동성장기차입금	10	10	10	10
은행차입금	300	325	350	350
매입채무	80	109	144	223
미지급금	25	20	25	25
유동부채	415	464	529	608
장기차입금	120	110	100	90
부채총계	535	574	629	698
납입자본금	75	75	75	75
이익잉여금	80	131	196	279
부채와 자본총계	690	780	900	1,052

이 장에서 우리는 제품시장의 시장지위를 가지고 PIPES에 대한 분석을 시작하고자 한다. 그리고 난 후 비율분석을 이용해 이 회사의 재무건전성을 분석한다. 그 다음 우리는 "자금의 조달과 운용은 어떠한가?"라고 질문할 것이다. 다음 장에서 우리는 이 회사의 미래 생존 가능성을 어떻게 평가할지에 대해 살펴보기로 한다.

제품시장전략으로부터 출발

PIPES는 어떻게 돈을 버는가? 이는 "이 회사의 제품시장전략은 무엇인가?"라는 질문의 다른 형태이다. 이 책에서 수차 강조하지만 모든 기업은 제품시장과 자본시장이라는 두 가지 시장에서 활동한다. 저자들은 독자들이 두 시장을 모두 이해하지 않는 한 기업재무를 할 수 없다고 믿는다. 심지어는 모든 기업의 재무건전성 평가에서 제품시장의 분석이 항상 선행되어야 한다고 생각한다. 이는 제품시장이 회사의 수익을 창출하는 공간이기 때문이다. 좋은 금융은 회사에 도움이 되고 나쁜 금융은 회사를 망칠 수 있지만, 회사 운명의 열쇠는 제품시장에 있다.

PIPES에 대한 이해도 제품시장에서 시작한다. 배관용품 회사는 크게 보면 코모디티 비즈니스로, (비록 똑 같지는 않아도) 모든 회사는 다른 회사에서 판매되는 제품과 유사한 제품을 다양하게 취급한다. 이는 가격이 고객의 일차적 선택 기준이며, 서비스는 그 다음이라는 의미를 가진다. 한 회사가 제품 가격을 너무 높이면 고객은 다른 업체로 이동할 가능성이 높아진다. 또한 높은 가격은 신규 경쟁자의 시장진입을 불러온다. 결국 코모디티 산업에 있다는 것은 PIPES가 경쟁자들의 가격 이상으로 가격을 올릴 수 없어, 적정 수익성을 얻기 위해서는 자신의 비용을 잘 통제하는 것이 중요하다는 의미이다.

서비스는 어떤가? 배관용품 회사에게 있어 서비스는 어떤 의미인가? 기본적으로 누군가 어떤 제품을 알아보려고 매장에 들른다면, 매장에는 고객이 찾는 제품을 가지고 있어야 한다. 만일 고객이 특정 타입의 표준규격 파이프를 찾았는데 물건이 없어 주문을 해야 하고, 배송에 3주가 걸린다면 그 고객은 다른 가게에 가거나 직접 온라인 주문을 할 것이다. PIPES는 코모디티 업체이고, 따라서 고객들은 어느 업체에서나 비슷하거나 같은 제품을 구할 수 있다는 것을 기억해야 한다.

또한 이 회사 고객 중 일부는 집주인들이지만 많은 수는 지역의 용역업자들이다. 용역업자 입장에서 배관업체에 기대하는 서비스는 PIPES가 외상거래를 확대해 주는 것일 것이다. 용역업체는 일반적으로 용역을 마쳐야만 대금을 지급받으며, 경우에 따라서는 수금에 몇 달씩 걸리기도 한다. 이로 인해 그들은 자신이 수금 때까지 PIPES에 물품대 지급을 원하지 않거나 지급할 능력이 없을 수 있다. 고객이 원하는 품목을 보유해야 한다는 점과 같이 보면 PIPES는 고객의 창고인 동시에 은행이라는 의미가 된다.

따라서 제품시장에서 PIPES가 승리하기 위해서는 경쟁력 있는 프라이싱이 중요한 시작점이 된다. 적절한 재고보유 역시 PIPES에게 중요하다. 마지막으로 PIPES는 우량고객에게 신용거래를 확대할 수 있어야 한다. PIPES가 재고보유와 신용거래 확대를 위해서는 (기존에 축적된 이익잉여금을 포함해) 주주의 투자금이든 타인으로부터의 차입금(여기서는 주로 은행 대출금)이든 충분한 자금을 조달해야 한다.

PIPES의 수익성

PIPES는 수익성 있는 회사인가? [표 2.1A]에서 보는바와 같이 이 회사의 작년 순이익은 83,000달러이다. *그렇다면 이는 큰 규모의 이익인가?* 순이익이 1억 달러를 넘는 에이스 하드웨어(Ace Hardware)에 비교하면 이 회사 순이익은 절대적으로 크지 않다. 하지만 수익성이란 절대 금액 이상을 의미한다. 예를 들어 어떤 회사의 매출액이나 투자액이 창출한 이익을 고

려하는 것은 중요할 수 있다. 순이익률(순이익 / 매출액)은 매출 1달러 당 회사가 창출하는 이익의 크기를 나타낸다. PIPES의 2016년 순이익률은 3.8%였다. 이는 매 100달러의 매출에 대해 PIPES가 3.80달러의 순이익을 얻었다는 의미이다. 에이스 하드웨어의 사업보고서에 따르면 2016년 에이스 하드웨어의 이 수치는 3.15달러였다.

우리는 또한 회사가 투자금에 비해 얼마를 벌어들이는지에 관심을 가진다. 이는 회사가 투자한 자본에 대해 이익이 얼마인지 고려하는 것이다. 우리는 이를 측정하는데 총자산순이익률(ROA)을 사용한다. 또한 주주의 자기자본 투자에 관심을 갖는다면 자기자본순이익률(ROE)을 보게 된다. 이 두 재무비율은 위험에 노출된 자본의 양에 대해 회사가 얻은 수익의 양 사이의 감을 일깨워준다. 또한 이것들은 여러 투자안들 사이의 수익성을 비교할 수 있게 해준다.

수익성 재무비율:
순이익률 = 당기순이익 / 매출액
ROA = 당기순이익 / 총자산
ROE = 당기순이익 / 자기자본

반복하면 PIPES의 2016년 당기순이익은 83,000달러, 연말 총자산은 1,052,000달러, 연말 자기자본(납입자본금과 이익잉여금)은 354,000달러이다. 이를 이용하면 ROA는 7.89%($83,000 / $1,052,000), ROE는 23.45%($83,000 / $354,000)가 된다. 2016년 에이스 하드웨어의 ROA와 ROE는 각각 9.32%와 30.23%이다.

재무비율의 계산

재무비율 계산에는 여러 방법이 있고, 재무관리에서는 다양한 재무비율이 사용된다. 재무비율분석에서 가장 중요한 적용상의 원칙은 재무비율을 특정 기업이나 산업 전체에 일관되게 적용해야 한다는 것이다.[1)]

일관성을 가지라는 것이 단순히 같은 비율이나 공식을 사용하라는 것만은 아니다. 이는

1) 재무비율은 회사의 다양한 영업활동 측면을 측정하기 위한 재무관리 전반에서 사용된다. 보다 중요한 것은 같은 사항을 측정하는데 다양한 재무비율이 사용되며 그들을 어떻게 정의하는지도 조금씩 다를 수 있다는 것이다. 예를 들어 우리는 ROA를 NI / TA를 정의한바 있다. 이 재무비율이 포착하고자 하는 것은 투하자산에 대한 수익률이다. 따라서 ROA를 당기순이익에 세후 이자비용을 합산한 값을 총자산으로 나눈 것으로 정의하기도 한다. 이 지표는 투하자산에 투입된 차입금과 자기자본 모두에 대한 수익률을 측정하게 된다. 따라서 둘 다 모두 옳으며, 둘 다 모두 사용 가능한 것이다. 이 책은 독자들의 편의를 위해 가장 직관적인 정의를 가급적 선택할 것이다. 다만, 일반적이지 않은 정의는 별도로 설명할 것이다. 재무비율분석의 활용에 대해서는 뒤에서 자세히 다루기로 한다.

정확한 시간 간격을 사용한다는 의미이기도 하다. 단순한 예를 생각해보자. 1월 1일 은행에 10,000달러를 예금했다고 하자. 연말에 당신은 1,000달러의 이자가 붙어 연말 잔액이 11,000달러가 되었다는 은행 명세서를 받았다고 하자. 그 해 당신의 투자수익률은 얼마인가? 정답은 1,000달러의 이자수익을 최초 투자액 즉, 기초 잔액인 10,000달러로 나눈 10%이다. 다만 위에서 ROA나 ROE를 계산할 때는 단순히 순이익을 연말 자산이나 자기자본으로 나누었다. 이렇게 계산하면 이자수익 1,000달러를 기말잔액 11,000달러로 나눈 9.1%의 수익률이 나오는데, 이는 잘못된 것이다. 투하된 자산에 대한 연간 수익률을 정확히 측정하려면 연간 총이익을 총자산이나 총자본의 기초 잔액인 최초 투자액으로 나누어 주어야 한다.

1월 1일 기초 투자액 = 10,000달러
12월 31일 기말 투자액 = 11,000달러
수익 = 11,000달러 - 10,000달러 = 1,000달러
투자수익률 = ?
정확한 계산: 수익 / 기초 투자액 = 1,000달러 / 10,000달러 = 10%
잘못된 계산: 수익 / 기말 투자액 = 1,000달러 / 11,000달러 = 9.1%

애널리스트들도 ROA나 ROE 계산에 순이익의 기말 자산이나 자본으로 나누는 오류를 범하곤 한다.[2] 그들이 이렇게 하는 것은 이들 수치를 한 해 손익계산서와 대차대조표에서 손쉽게 찾을 수 있기 때문이다. 한편 많은 교과서들에서 손익계산서 수치를 대차대조표 수치로 나눌 때 대차대조표 수치에 한 해 동안 평균한 값을 사용하기도 한다. 평균값은 (전년말 잔액인) 연초 잔액과 연말 잔액을 평균해 계산한다. 이 방법은 회사가 급성장하고 연중에 추가적인 투자가 있는 경우 합리적일 수 있다. 그러나 일반적으로는 기초 수치를 사용해야 보다 현실적인 재무비율을 산출할 수 있다. 사례에서 기초 수치를 사용하면 PIPES의 2016년 ROA는 9.22%($83,000 / $900,000), ROE는 30.63%($83,000 / ($75,000 + $196,000))로 상승한다. 이 방법으로 계산하면 에이스 하드웨어의 ROA와 ROE는 각각 9.73%와 32.49%가 된다.

따라서 위의 재무비율을 비교하면 PIPES는 에이스 하드웨어보다 금액으로는 덜 벌지만 매출액의 비율로는 더 번다고 할 수 있다. 그러나 PIPES의 투자수익률은 다른 방법으로 다시 계산하면 소폭이지만 여전히 에이스 하드웨어의 ROA와 ROE를 하회한다. [표 2.2]는 여러 방법으로 계산된 다양한 수익성비율을 보여주고 있다.

다만, [표 2.2]도 다양한 수익성비율 계산방법의 지극히 일부에 불과하다. 가령 ROA 혹

2) 기초 자산이나 자본이 충분히 크다면 계산 값에 큰 차이가 없을 수 있지만, 이는 기술적으로 정확한 것은 아니다.

은 ROE의 분모에 당기순이익을 사용하는 대신 이자 및 세진이익(영업이익)을 사용할 수도 있다. 또한 ROA 대신 순자산수익률(Return on Net Assets, RONA)을 사용할 수도 있다. 이때 순자산이 회사의 고정자산에 (현금, 매출채권, 재고자산 합산액에서 매입채무를 뺀) 순운전자본을 더한 것으로 정의될 수도 있다. 강조하는 것은 단순하지만 재무비율 계산에는 여러 방법이 있다는 것이다. 오늘날 컴퓨터 스프레드시트의 편리성으로 인해 재무비율의 수는 오히려 늘어나는 추세이다. 언급한 바와 같이 비율분석의 적용에 있어 가장 중요한 원칙은 일관성이다.

[표 2.2] 2013 ~ 2016년 PIPES의 수익성비율

	2013	2014	2015	2016
매출증가율	n/a	25.11%	24.29%	26.44%
매출액순이익률(ROS)	3.22%	3.64%	3.74%	3.77%
ROA(기말 잔액)	5.22%	6.54%	7.22%	7.89%
ROA(평균 잔액)	5.64%*	6.94%	7.74%	8.50%
ROA(기초 잔액)	6.14%*	7.39%	8.33%	9.22%
ROE(기말 잔액)	23.23%	24.76%	23.99%	23.45%
ROE(평균 잔액)	25.11%*	28.25%	27.25%	26.56%
ROE(기초 잔액)	27.32%*	32.90%	31.55%	30.63%

* 2013년 기초 잔액은 기말 잔액의 85%로 가정

이제 은행의 대출심사로 돌아와 보자. "*PIPES는 수익성 있는 회사인가?*" *이 회사의 ROE는 우수한 수준인가?* 그렇다. ROE 30.63%는 실제 꽤나 우수한 것이다. 2016년 83,000달러의 순이익은 에이스 하드웨어의 161.2백만 달러에 비해 작게 보이지만, PIPES의 ROE는 30.63%로 에이스 하드웨어의 32.49%에 필적하는 수준이다. 따라서 PIPES는 주주의 투자에 대한 수익성 측면에서 잘하고 있다고 할 수 있다.

자금의 원천과 사용

다음 질문으로 들어가 보자. *만일 PIPES가 수익성 있는 회사라면 왜 자금을 빌릴 필요가 있을까?* PIPES가 성장에 필요한 자금을 스스로 조달할 만큼 수익을 창출하지 못하기 때문에 외부 자금의 차입이 필요하다. *그렇다면 이것은 나쁜 것인가?* 이는 나쁠 수도 좋을 수도 있다. 이와 관련해 대부분의 성공적인 기업들은 내부적으로 창출된 현금으로 성장할 수 있는 정도 이상으

로 빠르게 성장한다. 이는 자본시장(capital market)이 존재하는 이유이다. 만일 모든 기업이 이익잉여금으로 필요한 자금을 모두 조달할 수 있다면 채권이나 주식시장은 필요하지 않을 수 있다. (이익잉여금은 내부적으로 창출된 현금이며, 모든 비용과 배당을 지급한 후에 회사에 유보되는 수익이다.) PIPES도 내적으로 지속 가능한 것 이상으로 성장하기 때문에 자금 조달이 필요하다.

PIPES는 왜 자금을 필요로 하는가? 이에 답하기 위해 기업의 자금흐름(즉, 기업은 자금을 어디에 사용하고, 이러한 자금을 어떻게 조달하는지)을 이해하기 위한 또 하나의 재무적 기법인 자금의 조달과 운영에 대해 살펴보자.

원천(sources)부터 살펴보자. *기업에게 자금의 원천은 어디인가?* 회사는 자산을 줄이거나 부채나 자본을 늘림으로써 자금을 조달한다. 예를 들어, 회사가 자산을 매각하면 이는 자금의 원천이 된다. 또 회사가 채권이나 주식을 발행하면 이는 자금의 원천이다.

이제 사용(uses)을 살펴보자. *기업에게 자금의 사용은 무엇인가?* 이는 자금의 원천의 반대에 해당한다. 회사가 자산을 취득하면, 이는 자금의 사용이다. 비슷하게 회사가 부채 상환, 자기주식 취득, 배당을 하면 이 역시 자금의 사용이다. 이익잉여금을 증가시키는 이익은 자금의 원천이고 이익잉여금을 감소시키는 손실은 자금의 사용이다.

원 천: 자산 ↓ 또는 부채 ↑ 또는 자기자본 ↑
사 용: 자산 ↑ 또는 부채 ↓ 또는 자기자본 ↓

이제 우리는 두 시점의 PIPES 재무제표의 변동 내역을 살펴보면서 자금원천사용명세서(Sources and Uses of Funds Statement)를 작성할 수 있다. [표 2.1B]의 재무제표에서 2015년 기말 잔액(2016년 기초 잔액)과 2016년 기말 잔액을 비교하면 [표 2.3A]와 같은 2016년 자금원천사용명세서를 작성할 수 있다.

대차대조표 왼쪽에 있는 자산 사이드의 계정과목을 하나씩 살펴보자.

현금은 40,000달러에서 45,000달러로 증가. 이는 자산의 증가이기 때문에 5,000달러의 자금 사용이다.[3)]

매출채권은 165,000달러에서 211,000달러로 증가. 이 또한 자금의 사용이다. 매출채권은 고객이 회사에 대금 지급의 의무는 있지만 아직 지급하지 않은 자산이며, PIPES는 고객들과 신용거래를 효과적으로 확장하고 있다는 점에 주목하자. 보다 다른 조건이

3) 자금의 원천과 사용은 한 회사의 현금흐름의 들고 남을 보여주는 유일한 방법은 아니다. 이를 위해서는 모든 회계학 기본서에 나오는 현금흐름표를 활용할 수 있다. 저자들은 자금원천사용명세서가 보다 직관적인 접근법이라고 보기 때문에 이를 먼저 다룬 것이다. 현금흐름표에 대해서는 이 책 후반부에서 다루기로 한다.

동일하다면 이 회사는 매출채권 증가액 46,000달러를 조달해야 한다. 이는 신규 지게차 구매를 위해 자금을 조달하는 것과 유사한 것이다.

다음으로 재고자산은 340,000달러에서 418,000달러로 증가했는데, 이는 78,000달러의 자금 사용이다. 매출채권과 동일한 논리로 PIPES는 이 78,000달러를 조달해야 한다.

선급비용은 30,000달러에서 28,000달러로 감소했다. 이는 자산의 감소이기 때문에 2,000달러는 자금의 원천이 된다.

고정자산은 325,000달러에서 350,000달러로 증가했고, 이는 25,000달러의 사용이다.

[표 2.3A] 2016년 PIPES의 자금원천사용명세서

(천달러)	2015	2016	원천	사용
현금	40	45		5
매출채권	165	211		46
재고자산	340	418		78
선급비용	30	28	2	
유동자산	575	702		
고정자산	325	350		25
자산총계	900	1,052		
유동성장기차입금	10	10		
은행차입금	350	350		
매입채무	144	223	79	
미지급금	25	25		
유동부채	529	608		
장기차입금	100	90		10
부채총계	629	698		
납입자본금	75	75		
이익잉여금	196	279	83	
부채와 자본총계	900	1,052	164	164

이제 대차대조표의 또 다른 한쪽인 부채와 자본에 대해 살펴보자.

유동성장기부채는 변화가 없으며, 이는 자금의 원천도 사용도 아니다.

은행차입금도 350,000달러로 일정하다. 이 또한 자금의 원천과 사용 모두 아니다.

매입채무(또는 기업간신용, PIPES가 상품과 서비스의 공급자들에게 지급 의무가 있는 상거래채무)는 144,000달러에서 223,000달러로 늘었다. 부채 증가는 자금의 원천이므

로, 이는 79,000달러의 자금 원천이다. 이 79,000달러는 회사의 외부 조달 수요를 줄어들게 한다.

미지급금에는 변화가 없어 이는 원천도 사용도 아니다.

장기차입금은 100,000달러에서 90,000달러로 줄었다. 부채가 감소했으므로 이는 10,000달러의 자금 사용이다.

납입자본금에는 변동이 없고 이는 원천도 사용도 아니다.

이익잉여금은 196,000달러에서 279,000달러로 늘었고, 이는 83,000달러의 자금 원천이다. 이는 그 해 회사 당기순이익의 전부여서, PIPES가 주주들에게 배당을 지급하지 않았다는 것을 말해준다. 순이익은 자금의 원천인 반면 배당은 자금의 사용이다.

[표 2.3A]에서 보듯이 모든 자금 원천의 합과 모든 자금 사용의 합은 164,000달러로 일치한다. 원천과 사용이 같다는 것은 심정적으로 만족스러울 뿐 아니라 재무적으로도 필요한 것이다. 만일 원천과 사용이 같지 않다면 분류에 문제가 있다든지 어딘가에 오류가 있음을 의미한다. 이런 경우에는 오류를 찾기 위해 수치들을 다시 점검해야 한다.

[표 2.3B]는 [표 2.3A]에서 본 PIPES의 자금 원천과 사용을 요약하고 있다.

[표 2.3B] 2016년 PIPES의 자금원천과 사용내역

자금의 원천:		
선급비용의 증가	$2,000	
매입채무의 증가	$79,000	
유보된 이익	$83,000	
자금의 원천 총계		$164,000
자금의 사용:		
현금의 증가	$5,000	
매출채권의 증가	$46,000	
재고자산의 증가	$78,000	
고정자산의 증가	$25,000	
장기차입금의 감소	$10,000	
자금의 사용 총계		$164,000

그렇다면 왜 우리는 자금의 원천과 사용을 계산하려는 것일까? 이는 우리가 대차대조표의 어디에 관심을 가져야 하는지 판단하는데 도움을 주기 때문이다. PIPES의 경우 자금의 주된 사용은 어디에서 발생하는가? 즉, 회사는 자금을 주로 어디에 사용하는가? 자금원천사용명세표를 보면 주요한 자금의 사용 항목은 매출채권 46,000달러와 재고자산 78,000달러이다. PIPES의 현금 증가는 미미

해서 검토 필요성도 낮아 보이며, 25,000달러의 고정자산 증가는 사업 확장을 감안할 때 합리적으로 보인다.4) 자금의 사용은 합리적으로 설명되는가? 그렇다. PIPES는 연간 25%의 매출 신장을 이루었고, 이를 위해 신용거래와 보유 재고를 늘려야 했기 때문이다.

[표 2.3B]를 보면 PIPES의 주된 자금 원천은 무엇인가? 매입채무 79,000달러와 이익 유보금 83,000달러이다. 스틸씨는 지난 15년간 이익을 내면서 매출을 크게 증가시키며 사업을 경쟁력 있게 해왔다. 자금원천사용명세서는 PIPES가 작년 자금의 대부분을 매출채권과 재고자산에 투입했으며, 이러한 자금의 대부분은 상거래 채권자와 유보된 이익에서 얻었다는 것을 보여준다.

그렇다면 매출채권과 재고자산의 증가가 의미하는 것은 무엇일까? 매출채권이 너무 많은 것일까? 그렇다. 스틸씨는 대금을 지급하지 않거나 수금에 너무 긴 시간이 소요되는 고객에게 외상을 주고 있을 수 있다. 매출채권 증가의 일부는 은행대출로 충당되었고, 이는 그가 이자비용을 부담해야 한다는 것이다. 매출채권이 너무 적은 수준일 수도 있을까? 다른 조건이 같다면 스틸씨는 분명 매출채권을 줄이는 것을 선호할 것이다. 하지만 매출채권을 줄이기 위해서는 고객과의 신용거래를 제한해야 하며, 이는 고객들을 더 유리한 신용거래를 제공하는 경쟁자들로 발길을 돌리게 할 수 있다. 앞에서 언급한 바와 같이 외상(신용)거래 확대는 PIPES가 제품시장에서 경쟁력을 갖기 위한 서비스와 고객전략이다.

재고자산이 너무 많은 것인가? 절대적으로 그렇다. 재고가 너무 많다는 것은 무엇을 의미하는가? 이는 스틸씨가 판매대에 비치하는 제품을 너무 많이 주문해서 불필요한 창고비, 보험료, 자금비용을 발생시킨다는 의미이다. 이는 그가 고객이 원하지 않거나 사지 않는, 그래서 결국에는 손실 처리를 해야 하는 제품을 재고로 보유해왔다는 것을 의미할 수도 있다. 만일 고객이 찾는 제품을 가지고 있지 않다면, 고객은 다른 매장을 찾을 것이다. 따라서 PIPES는 고객이 원하는 재고의 확보함으로써 얻는 편익과 이를 유지하는 비용 사이에 균형을 찾아야 한다.

앞에서 설명한바 있지만 PIPES는 고객을 위한 창고이자 은행이다. 이 회사는 적절한 종류와 양의 재고를 보유해야 하며 고객에게 신용거래를 제공할 수 있어야 한다.

궁극적으로 은행은 스틸씨와의 면담과 PIPES의 손익계산서와 대차대조표를 검토함으로써 "이 회사가 재무적으로 건전하며 잘 운영되고 있는지?"를 파악하고자 한다. 뱅커인 가르시아씨는 회사의 매출이 증가하고 있고 합리적인 수익성을 가지고 있다는 것을 파악할 수 있다. 또한 가르시아씨는 스틸씨의 사업 능력(주문, 재고관리, 고객대응, 회계 등)이나 배우자를 포함해 다른 사람의 경영참여 여부 등도 파악하려 한다. 나아가 그는 "스틸씨에게 무슨 일이 생긴다면 회사

4) 무엇이 작고 큰지, 합리적인지 비합리적인지 여부는 일부 판단의 문제이다. 재무분석에 막 입문한 사람이라면 아마도 모든 항목을 일일이 검토하길 원할 수 있지만 이는 많은 시간을 필요로 한다. 보다 경험 많은 애널리스트라면 이 사례에서는 오직 매출채권, 재고자산, 매입채무에 집중할 것이다.

를 누가 대신 경영할 것인지?"도 알고자 할 것이다.

비율분석

뱅커는 회사가 잘 운영되는지를 어떻게 판단할까? 이에 답하기 위한 재무분석 도구가 필요한데, 그 중 하나가 앞의 수익성 논의에서 살펴본 (재무)비율분석이다. 비율분석(ratio analysis)은 회사가 잘 운영되고 있는지를 판단하는데 도움을 준다. 재무비율은 기업의 성과와 재무건전성을 측정한다. 비율분석은 시간적 흐름에 따른 한 회사의 재무비율이 어떻게 변동하는지를 살펴보거나 특정 시점 혹은 시간 흐름에 따라 산업 내 여러 회사들의 재무비율을 비교하는데 사용된다.

비율분석에는 크게 네 가지 범주가 있다.

1. **수익성비율** 이는 매출액이익률, 총자산이익률, 자기자본이익률 등이 있고, 이에 대해서는 앞에서 일부 살펴본바 있다.
2. **활동성비율** 이는 영업활동비율 혹은 회전율로도 불리며 매출채권 회전일수, 재고자산 회전일수, 매입채무 회전일수 등을 포함하여 회사의 활동 상태에 초점을 맞춘다.

   매출채권 회전일수 = 매출채권 / (매출액 / 365)

   재고자산 회전일수 = 재고자산 / (제조원가 / 365)

   매입채무 회전일수 = 매입채무 / (구매액 / 365)
3. **유동성비율** 이는 회사의 유동성이 어떠한지, 즉 회사가 도래하는 유동부채를 상환할 수 있는 능력을 나타낸다. 유동비율과 당좌비율로 대표된다.

   유동비율 = 유동자산 / 유동부채

   당좌비율 = (현금 + 시장성유가증권 + 매입채무) / 유동부채
4. **레버리지비율** 이는 회사의 자금 중 얼마가 자기자본이 아닌 부채로 조달되는지를 나타내며, 부채비율, 부채자산비율, 레버리지비율, 이자보상비율 등이 있다.

   부채비율 = 이자부부채 / 자기자본

   부채자산비율 = 이자부부채 / 총자산

   레버리지비율 = 총자산 / 자기자본

   이자보상배율 = 이자와 세금 차감전 이익 / 이자비용

종종 손익계산서와 대차대조표상 모든 수치들을 매출액의 비율로 표시하기도 한다. 이를

공통형 재무비율이라고 하는데, 손익계산서와 대차대조표의 모든 항목을 매출액의 비율로 표시한다. 이를 이용하면 규모의 차이에 따른 효과를 제거한 상태에서 한 회사의 시간적 변동이나 회사들 간의 시간적 변화를 쉽게 파악할 수 있다. 또한 이는 추정 재무제표 작성의 출발점이 되기도 하다. [표 2.4A]와 [표 2.4B]와 같이 매출액의 비율로 본 PIPES의 손익계산서와 대차대조표 항목들은 시간이 흘러도 매우 안정적인 모습을 보이고 있다.

[표 2.4A] 2013 ~ 2016년 PIPES의 공통형 손익계산서(매출액 대비)

	2013	2014	2015	2016
매출액	100.0%	100.0%	100.0%	100.0%
기초 재고	15.4%	15.4%	15.2%	15.5%
구매액	81.0%	80.8%	81.4%	80.6%
기말 재고	19.2%	18.9%	19.5%	19.0%
제조원가	77.1%	77.2%	77.1%	77.0%
매출총이익	22.9%	22.8%	22.9%	23.0%
영업비용	15.2%	15.0%	15.3%	15.6%
이자와 세금 차감전 이익	7.7%	7.8%	7.6%	7.3%
이자비용	2.7%	2.2%	1.8%	1.5%
세전이익	5.0%	5.6%	5.8%	5.8%
소득세(세전이익%)*	35.0%	35.0%	35.0%	35.0%
당기순이익(매출액%)	3.2%	3.6%	3.7%	3.8%

* 미국 법인세율은 2018년에 21%로 조정되었다. 이의 시사점에 대해서는 4장에서 살펴본다.

[표 2.4B] 2013 ~ 2016년 PIPES의 공통형 대차대조표(매출액 대비)

	2013	2014	2015	2016
현금	3.1%	2.9%	2.3%	2.0%
매출채권	9.8%	9.6%	9.5%	9.6%
재고자산	19.2%	18.9%	19.5%	19.0%
선급비용	2.7%	2.1%	1.7%	1.3%
유동자산	34.9%	33.6%	33.0%	31.9%
고정자산	26.8%	22.1%	18.7%	15.9%
자산총계	61.7%	55.7%	51.7%	47.8%

	2013	2014	2015	2016
유동성장기차입금	0.9%	0.7%	0.6%	0.5%
은행차입금	26.8%	23.2%	20.1%	15.9%
매입채무	7.1%	7.8%	8.3%	10.1%
미지급금	2.2%	1.4%	1.4%	1.1%
유동부채	37.1%	33.1%	30.4%	27.6%
장기차입금	10.7%	7.9%	5.7%	4.1%
부채총계	47.8%	41.0%	36.1%	31.7%
납입자본금	6.7%	5.4%	4.3%	3.4%
이익잉여금	7.1%	9.4%	11.3%	12.7%
부채와 자본총계	61.7%	55.7%	51.7%	47.8%

공통형 대차대조표를 총자산의 비율로도 나타낼 수 있다. 적절하게 적용하면 두 경우가 같은 결론에 도달하지만 저자들은 매출액의 비율로 표시하는 것을 선호한다.[5)]

[표 2.5] 2013 ~ 2016년 PIPES의 주요 재무비율

	2013	2014	2015	2016
활동성:				
매출채권(매출액%)	9.83%	9.64%	9.48%	9.59%
매출채권회전율	10.17	10.37	10.55	10.43
매출채권회전일수	35.88	35.20	34.61	35.01
재고자산(COGS%)	24.91%	24.51%	25.35%	24.66%
재고자산회전율	4.01	4.08	3.94	4.06
재고자산회전일수	90.93	89.48	92.54	90.01
재고자산(매출액%)	19.21%	18.93%	19.54%	19.00%
고정자산회전율	3.73	4.52	5.35	6.29
총자산회전율	1.62	1.79	1.93	2.09
매입채무회전일수(구매액)	32.23	35.18	37.12	45.91
매입채무회전일수(COGS)	33.84	36.80	39.19	48.02
매입채무회전일수(매출액)	26.09	28.42	30.21	37.00
유동성:				
유동비율	93.98%	101.29%	108.70%	115.46%
당좌비율	34.94%	37.72%	38.75%	42.11%
총자산/자기자본	445%	379%	332%	297%
이자보상비율	287%	352%	413%	474%

5) 앞으로 살펴보는 것처럼 재무추정에서 우리는 매출액의 비율을 사용할 것을 강력히 추천한다. 이는 매출 추정이 추정 재무제표 작성의 출발점이기 때문이다.

공통형 재무비율도 여러 가지 방법으로 계산된다. 앞에서 살펴본 수익성비율도 대차대조표 수치에 연초 연말, 평균 잔액을 사용할 수 있었다. 또한 이들 지표는 매출액 비율뿐 아니라 제조원가의 비율로도 나타낼 수 있다. 활동성비율은 일수나 뒤에서 다루는 회전수로 나타낼 수 있다. 왜 이렇게 다양한 변형이 존재하며, 그 차이는 무엇일까? 사실 어떤 변형을 선택하느냐는 애널리스트 개인의 선호문제이다. 중요한 것은 모든 재무비율은 다른 재무비율로 변환될 수 있다는 것이다. 예를 들어 [표 2.5]와 같이 재고자산은 매출액이나 제조원가의 비율로도, 연간재고회전일수나 재고회전율로도 표시될 수 있다. 재무비율은 모두 다른 형태로 변환될 수 있다는데 유의하자.

[표 2.5]는 PIPES의 활동성, 레버리지, 유동성비율을 여러 방식으로 보여준다. 수익성비율은 [표 2.2]에서 이미 설명했기 때문에 여기서는 설명을 반복하지 않는다.

간단한 예를 통해 매출채권비율이 회전일수로 어떻게 변환되는지 간단히 살펴보자.

2016년 매출채권의 매출액에 대한 비율은 다음과 같다.

매출채권 / 매출액 = 211,000달러 / 2,200,000달러 = 9.59%

매출채권회전율은 다음과 같이 계산된다.

매출액 / 매출채권 = 2,200,000달러 / 211,000달러 = 10.43

두 지표는 단순히 서로에 대해 역수(1 / 9.59% = 10.43, 1 / 10.43 = 9.59%)인 것이다.

매출채권을 일평균매출로 나누면 211,000달러 / (2,200,000달러 / 365) = 35.01이다.

매출채권회전일수도 매출채권회전율을 365배(365 * 0.0959 = 35.01)하거나 365일을 매출채권회전율로 나눈 것(365 / 10.43 = 35.01)이다. 결국 이 세 비율은 다른 하나를 관심을 갖는 방식으로 변환한 것에 불과하다.

이러한 관계는 제조원가(COGS)에 대한 재고자산비율, 재고자산회전율, 재고자산회전일수에도 동일하게 적용된다.

재고자산의 COGS 비율 = 재고자산 / COGS
재고자산회전율 = COGS / 재고자산
재고자산회전일수 = 재고자산 / (COGS / 365) 또는 365 * 재고자산의 COGS 비율

같은 의미, 다른 방식

많은 애널리스트가 매출채권과 제조원가(COGS)평가에 매출액을 사용하며, 재고자산을 평가할 때도 매출액을 사용한다. PIPES의 사례와 같이 매출액과 제조원가의 관계가 시간이 흘러도 안정적일 때는 이를 변환하는 것도 복잡하지 않다. 설명을 위해 (PIPES 사례와 같이) 어떤 회사의 재고자산이 매출액의 19%이고 제조원가가 매출액의 77%라고 가정하자. 이 경우 다음과 같음을 알 수 있다.

매출채권 / 매출액 = 19%
COGS / 매출액 = 77%, 이는 다음을 의미한다.
재고자산 / COGS = 1 / 0.77 = 1.30
재고자산 / COGS = (재고자산 / 매출액) * (매출액 / COGS) = 0.19 * 1.3 = 24.7%
COGS에 대한 재고자산회전일수 = 365 * 0.247 = 90일
매출액에 대한 재고자산회전일수 = 90일 * 0.77 = 69일

다른 방법으로

재고자산 / 매출액 = 19%, 이는 다음을 의미한다.
매출액 / 재고자산회전율 = 1 / 0.19 = 5.26
매출액에 대한 재고자산회전일수 = 365일 * 0.19 = 365 / 5.26 = 69일

따라서 이러한 재무비율은 모두 같은 것이며 동일한 근원적 경제활동을 나타낸다. 어떤 비율을 사용할 것인지는 일반적으로 개인적 선호의 결과이다.

우리는 독자들이 특정 재무비율에 편안함을 느끼거나 선호가 생길 때까지 혹은 그런 느낌이나 선호가 생지지 않으면 독자들이 매출액의 비율을 주로 사용하길 권고한다. 이는 이 방법이 추정 손익계산서 작성 방법 중 가장 쉬운 방법이기 때문이다. 우리는 그래서 이 방법을 강력히 추천한다. 위에서 보는 바와 같이 이 재무비율은 회전일수, 회전율 등과 같은 다른 재무비율로 손쉽게 변환될 수 있다. 이런 이유로 우리는 앞으로 PIPES에 대한 분석의 대부분을 매출액의 비율로 할 것이다.

우리는 재무비율을 어떻게 해석할 것인가? 재무비율은 사업에 따른 특성을 갖는다. 예를 들어 소매식품점은 매출이익률은 낮지만 회전율은 높다. 소매식품점은 객단가는 크지 않지만 (매출채권이나 고정자산은 적어서) 한 해 동안 수차례 재고회전이 가능하다. 가령 어떤 식품점이

일주일에 거의 1회인 연 52회 수준의 재고회전율을 보인다고 생각해보자. 이 가게가 (베이커리, 통조림, 석유류를 판매하지 않고) 오직 육류와 농산물만 소매로 판매하는 옛날식 식품점이라면 이는 농산물과 육류가 평균 일주일 이상 진열대에 진열되어 있다는 것을 의미한다. 투자자는 말할 것도 없이 어떤 고객도 이런 식품점에 가고 싶지는 않을 것이다. 반면 옛날식 식품점보다 수익성이 높은 현대적 기업에서는 회전율이 낮을 수 있다. 가령 2016년 포드자동차의 재고자산회전율은 16.8, 고정자산회전율은 2.5, 총자산회전율은 0.63이지만 순이익률은 4.9%였다. 비슷하게 PIPES도 소매식품점보다 회전율이 낮지만 이익률은 높다.

재무비율은 회사가 속한 산업에 좌우되기 때문에 "비교"에서 보다 유의미한 가치를 가진다. 앞에서 언급한 것처럼 이를 위한 두 가지 방법은 시간에 따라 한 회사의 재무비율이 어떻게 변동하는지 살펴보거나, 일정 기간 중 산업 내의 다른 회사의 재무비율과 비교해 보는 것이다. 어떤 회사의 ROE가 30%라고 하면 이것이 지난 5년간 최고 수준에 있다거나 경쟁사들보다 높다거나 하는 것을 파악할 때 훨씬 큰 의미를 가질 수 있다.

[표 2.4A]에서 우리는 지난 4년간 PIPES 손익계산서의 각 항목을 매출액으로 표준화했었다. 이때 2013년부터 2016년까지 COGS는 매출액의 77.1%, 77.2%, 77.1%, 77.0%였다. 이처럼 COGS비율이 안정적으로 유지된다는 것은 PIPES의 제조원가와 판매가간 비율에 큰 변동이 없었음을 말한다. 다시 말하면 매출액에서 COGS를 뺀 매출총이익률도 같은 기간 22.9%, 22.8%, 22.9%, 23.0%로 23% 수준으로 일정했다는 것이다.

재무비율에 대한 보충 설명

이후 자세히 살펴볼 매출채권회전일수, 재고자산회전일수, 매입채무회전일수는 회사가 매출채권을 잘 회수하는지, 재고자산을 잘 관리하는지, 성장을 위한 자금조달에 공급자를 적절히 활용하는지를 보여준다. 이러한 재무비율의 변동은 종종 매출액 수준의 변화에 연동된다.

반면 고정자산은 매출액에 직접 연동되기 보단 통상 필요에 따라 단계적이거나 산발적으로 증가한다. 비슷하게 총자산도 매출액을 비례적으로 따라가지는 않는다. 이는 고정자산회전율(매출액 / 고정자산)이 2013년 3.73에서 2016년 6.29로 증가했고, 총자산회전율(매출액 / 총자산)도 2013년 1.62에서 2016년 2.09로 증가한 것을 보면 분명히 알 수 있다. 따라서 PIPES는 장기자산을 비례적으로 늘리지 않고도 매출을 늘릴 수 있었던 것이다. 이는 PIPES가 그 동안 효율적으로 운영되었다는 사실을 말해준다. 실제 PIPES의 높은 고정자산회전율과 총자산회전율은 이 회사가 규모의 경제를 실현할 수 있는 능력을 가지고 있다는 것을 보여준다.

이 장에서는 영업활동(또는 활동성)비율을 집중적으로 설명하고 있다. 설명한 것처럼 재무비율에는 크게 네 가지 범주가 있다. 즉, **수익성**, **영업활동**, **유동성**, **레버리지**가 그것이다.

영업활동비율(operating ratios)은 직전에 설명했고 **수익성비율**(profitability ratios)은 이 장의 앞부분에서 살펴보았다.

통상 유동비율과 당좌비율(혹은 산성시험비율)이 **유동성비율**(liquidity ratios)로 주요 사용된다. 유동비율(current ratio)은 유동부채에 대한 유동자산의 비율이다. 당좌비율(quick ratio 또는 acid test ratio)은 재고와 기타 유동자산을 뺀 후 유동자산을 유동부채로 나눈다. 두 지표는 모두 회사의 유동성 또는 단기에 도래하는 지급의무의 이행 능력을 측정한다. 당좌비율은 유동비율보다 엄격하게 유동성을 정의한다. 다만 오늘날 대부분의 애널리스트는 어떤 회사의 단기적 지급능력을 평가할 때 일반적으로 유동성비율보다는 회사의 순현금흐름에 더 많은 관심을 기울인다.

레버리지비율은 회사가 어떻게 자금을 조달하고 있는지 분석할 때 특히 중요하다. 이러한 재무비율은 회사가 부채나 주식으로 어떻게 자금을 조달하는지 보여준다. 이에 대한 논의는 이 책의 주된 주제이며, 실제로 5장~13장의 논의 초점이기도 하다. 레비리지비율에도 다양한 공식이 있다. 이 책의 후반부에서 자세히 다루는 것처럼 부채를 통한 자금조달 비중이 높아지면 부채를 상환하지 못할 위험이 커지게 된다. 부채와 달리 주식은 계약상 상환의무가 없기 때문에 기업에게 있어 위험이 적은 자금조달 수단이다. [표 2.5]을 보면 PIPES의 레버리지비율은 모두 감소하는 추세를 보인다. 다만 아래에서 살펴보는 것처럼 이러한 감소는 성장에 필요한 자금의 상당 부분을 매입채무를 늘림으로써 조달한데도 원인이 있다. 레버리지에 대한 보다 자세한 사항은 7장과 8장에서 다루기로 한다.

현금사이클

잠깐 뒤로 물러나 현금사이클(cash cycle)에 대해 살펴보자. PIPES가 재고를 구입하는 시점(우리는 이를 타임 제로라고 부르기로 한다.)을 생각해보자. 아마도 슈퍼마켓의 신선식품을 제외하면 대부분의 가계들은 구입 당일에 재고를 팔지는 못할 것이다. 재고는 창고에 입고된 후 팔리게 된다. PIPES가 재고를 팔기까지 평균적으로 얼마가 걸리는 것일까? 이는 재고자산회전일수이며, 2016년 PIPES는 90일이었다. 하지만 재고를 판다고 판매시점에 판매대금이 수금되지 않을 수 있다. 일반적으로 PIPES는 판매시점에 대금을 수금하지 않는데, 이는 매출채권이 증가하는 이유이다. PIPES는 판매대금을 회수하기까지 얼마나 걸릴까? 매출채권은 시간을 두고 수금된다. 고객이 현금거래를 하면 매출채권회수일수는 0이 된다. 한편 고객이 신용카드를 사용했다면 신용카드사가 PIPES 은행계좌에 대금을 대신 지급하기 전까지 일정한 기간이 발생할 수 있다. 2016년 PIPES의 매출채권회전일수는 평균 35일이었다. 따라서 종합해보면

PIPES가 재고를 구매해 판매한 후 대금을 회수하기까지 125일(재고자산회전기간 90일, 매출채권회수일수 35일)이 걸렸다는 것을 알 수 있다.

만일 PIPES가 재고자산의 대금을 구매일에 지급했다면, 이 125일은 PIPES가 재고자산을 확보하고 매출채권을 유지하기 위해 자금을 조달해야 하는 기간을 나타낸다. [표 2.1B]를 보면 2016년말 재고자산과 매출채권은 총 629,000달러($211,000 + $418,000)이다. PIPES는 이 금액을 유보금이나 대출로 조달해야 한다. 하지만 재고자산과 매출채권은 현금사이클의 일부일 뿐이다. PIPES도 재고자산의 대금을 구매일에 지급하지 않는다. 이 회사는 대금을 나중에 지급하는데, 이는 매입채무로 기록된다. (PIPES의 매입채무는 이를 공급한 회사의 매출채권으로 기록된다.)

PIPES의 매입채무는 어떠한가? PIPES가 매입채무를 상환하는데 얼마가 걸리는가? 평균 46일이다. 이것은 긴 것인가? 상황에 따라 다르다. PIPES의 공급자들은 분명 빠른 대금지급을 원하겠지만, PIPES는 고객이 대금을 지불할 때까지 공급자에게 대금지급을 미루고 싶어 할 것이다. 이런 점에서 PIPES는 매출채권과 재고자산을 위한 자금조달을 지원하기 위해 매입채무를 사용할 수 있다. 만일 매입채무가 매출채권과 재고자산보다 많다면 이 회사는 자산을 조달하는데 매입채무를 사용하는 것이 된다. 이 사례의 경우 PIPES는 재고자산과 매출채권을 46일 동안 매입채무로 조달하는 것이다.

결국 매입채무도 현금사이클의 일부가 된다. 아래 요약표를 보면 전체 현금사이클 이해할 수 있다. PIPES는 구매로부터 판매, 대금회수에 125일이 걸린다. 하지만 자신의 공급자에게도 46일이 지나 대금을 지급하기 때문에 다른 수단으로 재고자산과 매출채권 확보에 필요한 자금을 조달해야 하는 기간은 79일이 된다.

구매와 수금:	
재고자산회전일수	90일
매출채권회전일수	35일
재고자산 수령일로부터 대금회수에 걸리는 일수	125일
지급과 자금조달:	
매입채무회전일수	46일
기타의 자금조달 필요일수	79일
공급자 대금지금일수와 기타의 자금조달 필요일수	125일

현금사이클은 회사 현금흐름의 두 가지 측면을 보여준다. 첫 번째 측면은 회사가 재고자산으로 제품을 붙잡고 있는 기간과 고객이 매출채권을 지급할 때까지 기간의 합을 나타낸다. 두 번째 측면은 회사가 공급자에게 매입채무를 지불할 때가지의 기간과 회사가 자금을

조달해야 하는 추가 기간(재고자산, 매출채권, 매입채무회전기간의 순차이)의 합을 나타낸다.

이상과 같이 PIPES의 현금사이클을 설명할 수 있지만, 현금사이클은 산업과 회사에 따라 다양하게 나타난다. 예를 들면 식품소매업은 현금사이클이 훨씬 짧을 수 있다. 이는 식품점은 재고를 빨리 팔고 외상거래를 늘리지 않으며 빠른 대금지급을 요구하는 공급자로부터 물품을 공급받기 때문이다.

기업에게 있어 현금사이클은 자금조달의 필요나 원천을 나타낸다. 개념적으로 재고자산과 매출채권을 확보하기 위해서는 자금을 조달(사용)해야 하다. 반면 매입채무는 이러한 자금조달 필요성을 경감(자금의 원천)시킨다.

그렇다면 매입채무의 증가는 좋은 것인가 아니면 나쁜 것인가? 매입채무의 증가가 회사에 비용을 초래하지 않는 한 좋은 것이다. 하지만 회사가 대금을 너무 늦게 지급하면, 공급자들은 수수료를 부과하거나 가격을 인상하려 할 것이다. 극단적으로 공급을 중단할 수도 있다. 공급자들은 고객이 빨리 대금을 지급하도록 유인하는 조건을 제시하기도 한다. 통상적인 형식은 "2/10 net 30"과 같은 형식을 띈다. 즉 회사가 10일 내에 대금을 지불하면 대금의 2%를 할인해주지만, 그렇지 않으면 대금 전액을 30일 내에 지급하라는 것이다. 이 조건이 PIPES에 적용된다고 가정해보자. [표 2.1]를 보면 2016년 PIPES의 구매액은 1,773,000달러이다. PIPES가 구매액의 2%를 할인 받으면 절감액은 35,460달러가 된다. 이는 PIPES가 35,460달러의 영업이익을 추가로 얻을 수 있다는 뜻이다. 이는 큰 금액인가? 그렇다. PIPES의 세후이익은 83,000달러이기 때문에 35,460달러는 큰 금액이다. 하지만 35,460달러는 공짜로 얻을 수 있는 것은 아니다. PIPES가 할인을 받기위해 매입채무회전일수를 46일에서 10일로 줄이면 36일 동안 자금을 추가로 조달해야 한다. 이는 비용이다.

관련하여 우리는 책 후반부에서 다루게 될 주제 하나를 소개하고자 한다. 다만 여기서는 충분한 논의보다 "해변을 포격"[6]하는 수준으로만 살펴본다. 우리가 소개하고자 하는 것은 매입채무의 비용 대 자금조달의 비용에 대한 아이디어이다. 이에 대한 자세한 내용은 투자에 대해 살펴보는 책 후반부에서 공식적으로 다루기로 한다.

PIPES가 10일이 지나 하루가 늦은 11일째에 모든 공급자들에게 대금을 지불해서 2%의 할인을 받지 못했다면 이는 연율로는 700%(일 2%를 연율로 환산, 2% * 365일)나 된다. 물론 PIPES는 11일째에 대금을 지급하지 않을 것이다. 현재 공급자들은 PIPES가 구매 후 46일째에 대금을 지급하는 것을 허용해줌으로써 효과적으로 PIPES의 매출성장에 필요한 자금 일부를 지원하고 있다. 이는 할인 손실이 36일(46일 - 10일) 동안 2%, 즉 연간 약 20%(2% * 365 / 36)라는 의미이다. (이와 관련해 "일찍 수금하고, 늦게 지급하라"는 재무관리의 격언

6) "해변을 포격(Shell the beaches)"이란 미래 공격을 위해 해당 지역을 사전 정비한다는 관용구이다.

이 있다.)

이제 공급자들이 PIPES에게 2017년부터 판매 후 10일에 대금을 지급하면 2%의 할인을 받을 수 있지만 그 후엔 할인 혜택이 없어지고 30일 내에 대금을 지급하라고 통보했다고 가정해보자. 또한 PIPES가 대금을 기한 보다 조금이라도 늦게 지불한다면 공급자들은 공급가를 올리거나 공급을 중단한다고 해보자. 이렇게 되면 PIPES는 더 이상 공급자에 대한 대금지급을 46일까지 늦출 수 없으며, 30일 내에 지급해야 한다. 이는 미래의 매입채무를 추정할 때 회전일수를 30일보다 짧게 정해야 한다는 의미가 된다. 결국 PIPES는 구매 후 10일째에 대금을 지급하기로 결정했다고 가정하자. (이 기간이 적절한가에 대해서는 나중에 살펴본다.)

[표 2.1A]에서 보는 것처럼 PIPES의 2016년 구매액은 1,773,000달러이다. 이의 2% 할인액은 35,460달러이다. 그러나 할인받기 위해서는 30일째가 아닌 10일째에 대금을 지급해야 한다. 이를 위해 필요한 자금조달 규모는 일평균 구매액에 20일을 곱한 금액이다. 일평균 구매액은 4,857달러($1,773,000 / 365)이다. 따라서 자금조달액은 일평균 구매액에 20일을 곱한 97,151달러가 된다. 이자율이 7%라면 97,151달러의 자금을 조달하기 위해서는 PIPES가 6,801달러($97,151 * 7%)의 비용을 부담해야 한다. 다만 이 경우 세전이익은 28,659달러($35,460 − $6,801), 순이익은 18,628달러($28,659 * 65%) 증가하기 때문에 PIPES 입장에서 대금을 10일에 지급하는 것이 바람직하다.

이를 이해하는 또 다른 방법은 PIPES가 20일(10일과 30일의 차이)간의 2% 할인을 살펴보는 것이다. PIPES가 30일째에 대금을 지급한다면, 회사는 대략 연간 이자율로 36%를 지급하는 것이 된다. (PIPES는 각 20일에 2%의 대금을 더 지불한다. 연간 20일은 약 18번 있기 때문에 연간 부담은 약 36%(18 * 2%)가 된다.) 결국 은행에서 7%에 대출을 받는 것이 공급자에게 36%의 암묵적 이자를 지급하는 것보다 유리하다는 결론에 도달할 수 있는 것이다.

그렇다면 PIPES는 왜 그렇게 하지 않는가? PIPES는 은행에 설정된 350,000달러의 크레디트 라인을 가지고도 그저 10일째에 대금을 지급하지 않을 뿐이다.

매입채무에 관해 하나 더 언급하고 싶은 것은 회사들이 대금지급일을 가끔 넘길 수 있다는 점이다. 만일 PIPES가 14일에 대금을 지급하고도 여전히 2% 할인을 얻고자 하거나 패널티가 없이 35일째에 대금을 지급하고자 할 수 있다. 이 경우 공급자들은 고객을 잃지 않기 위해 이를 받아들일 수도 있다. 우리는 공급자의 수용 여부에 대한 정확한 한계를 알지 못하며 가정 역시 상황에 따라 변경될 수 있다. 다만 다른 조건이 같다면 회사가 대금 지급을 늦출수록 비용은 줄어든다. 물론 설명한바와 같이 회사의 이러한 시도에 대해 공급자는 직간접적으로 자금비용을 전가하거나 필요하다면 판매를 중단하려 할 것이다.

요약정리

1. 우리는 배관용품 중견업체인 PIPES를 소개하고, 이 회사의 재무건전성을 어떻게 평가하는지 설명했다. PIPES가 적극적으로 파악하고자 했던 것은 무엇인가? 미래 영업활동을 위해 얼마나 많은 돈을 조달해야 하는 지이다. 은행이 파악하고자 하는 것은 얼마를 PIPES에 빌려줄 수 있는지이다.
2. 어떤 회사의 재무건전성을 평가하기 위해서는 그 회사의 제품시장을 이해한 것에서 출발해야 한다. 재무관리가 기업의 생존과 발전에 도움이 될 수는 있어도 궁극적으로 기업의 성패는 제품시장에서 결정된다. 따라서 우리는 이에 우선적으로 초점을 맞추어야 한다. 배관용품 중견업체 입장에서 가장 중요한 경쟁요소는 무엇일까? 우리는 이를 가격과 서비스로 정했다. 가격이 중요한 요인으로 본 것은 배관용품은 진입장벽이 낮은 코모디티 상품이기 때문이다. 이는 가격이 이 산업에서 가장 중요한 요소임을 의미한다. 서비스 역시 중요한 경쟁요소이다. 이 산업에서 서비스는 필요한 재고를 적절히 보유하는 것뿐 아니라 고객에게 (은행과 같이) 신용을 제공하는 것을 포함한다.
3. 그리고 우리는 물었다. 이 회사는 수익성이 있는가? 우리는 절대 금액으로 PIPES가 큰돈을 벌지는 못하지만, 30.6%의 ROE를 통해 스틸씨가 경영을 잘하고 있다는 개연성을 알 수 있다.
4. 다음으로 우리는 비록 어떤 회사가 수익성이 있더라도 자금을 외부에서 조달할 수 있다는 것을 설명했다. 어떤 회사가 자신의 이익잉여금보다 더 빨리 성장할 때 이런 일이 발생한다. (이에 대해서는 5장과 9장에서 지속가능성장의 개념과 함께 보다 자세히 살펴본다.) PIPES의 이익은 매출채권과 재고자산을 조달하는데 충분하지 않았다. 현재까지 PIPES는 은행차입금과 기업간신용(공급자로부터의 신용공여, 즉 매입채무)으로 성장에 필요한 자금의 일부를 조달해왔다.
5. 그리고 우리는 PIPES 자금의 원천과 사용에 대해 살펴보았다. 우리는 왜 이를 살펴보는가? 회사의 자금이 어디에 사용되는지 그리고 회사는 그 자금을 어떻게 구하는지를 설명하기 위해서다. 이는 경영진과 애널리스트가 회사의 잠재적인 문제점을 파악하도록 해주는 중요한 도구이다.
6. 다음으로 또 하나의 재무적 도구인 재무비율을 이용해 PIPES를 분석해 보았다. 우리는 재무비율로 회사 분석을 시작하는 것이 중요하다고 강조한다. 여러분이 애널리스트 리포트를 읽을 때 분석대상 회사를 산업 내 경쟁사들과 비교할 뿐 아니라 과거와 비교할 때 항상 재무비율로 분석을 시작한다는 것을 보게 된다. CFO의 프레젠테이션도 거의 재무비율로 시작된다. 대출심사도 거의 항상 회사의 재무비율로 시작된다. 독자들은

PIPES에 대한 시각이 재무비율을 살펴보면서 달라질 수 있다는 점을 기억해야 한다. 재무비율은 재무관리의 기본 진단이다. 환자는 진료실에 들어가기 전에 방문 목적(예: 후두염, 중이염, 건강검진 등)에 관계없이 항상 혈압, 맥박, 체온을 잰다. 이는 기본 진단이다. 만일 환자의 체온이 정상이면 의사는 감염을 의심하지 않는다. 환자의 체온이 높다는 것이 바로 감염을 의미하지는 않지만 의사에게 감염 가능성을 염두해 두라고 알려주는 것이다. 사람의 체중, 신장, 기타 중요한 신체적 변화와 관련된 모든 바이탈도 문진 사항이다. 모두 의사들은 이것들을 체크하게 된다. 재무관리에서 회사의 재무비율은 바이탈이며, 우리는 이를 회사에 대한 문진으로 사용한다.

7. 재무비율은 회사의 잠재적인 문제점을 진단하는 기초 진단인 동시에 회사의 미래성과를 예측하는데도 사용된다. 예를 들어 COGS가 안정적으로 매출액의 77%를 유지해왔다면 회사의 미래를 예측할 때 COGS가 앞으로도 그 수준으로 유지될 것을 가정하게 된다.
8. 마지막으로 우리는 현금사이클을 살펴보았다. 현금사이클은 회사의 자금조달 원천과 사용을 설명한다. 회사가 고정자산을 위해서만 자금을 조달하는 것은 아니다. 회사는 순운전자본(매출채권 + 재고자산 − 매입채무)도 조달해야 한다.

우리가 지금까지 많은 것을 다루었지만, 무엇보다 중요한 것은 우리의 질문 순서와 그 질문에 답하기 위해 사용된 도구를 이해하는 것이다. 재무분석은 과학이긴 해도 기술에 더 가깝다는 것을 이해하는 것이 중요하다. 어떤 기술이든 더 많이 연마해야만 익숙해질 수 있다. 비유로 돌아가 고열에는 여러 원인이 있을 수 있지만 의사에게 임상 경험이 많을수록 그 원인에 더 쉽게 접근할 수 있음을 기억하자.

다음 주제 소개

우리는 아직 결론을 내지 못했다. 우리는 PIPES의 재무건전성을 긍정적으로 평가하지만 뱅커인 가르시아씨가 여전히 대출을 할지, 한다면 얼마나 할 것인지 알지 못한다. 이를 위해서는 PIPES의 미래 영업성과를 예측하고, 그에 따른 손익계산서와 대차대조표를 추정해야 한다. 이 과정에 우리는 재무추정을 분석도구로 사용한다. 애널리스트와 투자자들도 PIPES 주식의 매매를 위한 가치평가에 재무추정을 사용하게 된다. 우리는 다음 두 장에 걸쳐 이 분석도구인 재무추정에 대해 알아보기로 한다.

CHAPTER 3

재무추정(PIPES-B)

지난 장에서 우리는 배관용품업체인 PIPES의 사례를 통해 자금의 원천과 사용 그리고 재무비율이 기업의 재무건전성 평가에 어떻게 사용되는지 살펴보았다. 우리는 PIPES가 수익성이 양호하고 빠르게 성장하는 경영성과가 우수한 회사지만 회사가 보유한 350,000달러의 은행 크레디트 라인만으로는 늘어나는 운전자본 수요를 감당할 수 없다는 것을 알았다. 우리는 또한 신임 뱅커로 대출을 고려하고 있는 가르시아씨도 소개했었다.

이 장에서는 다음 질문에 답하고자 한다. *뱅커인 가르시아씨는 PIPES에게 대출을 해주어야 하는가? 만일 그렇다면 얼마나 해주어야 하는가?* PIPES의 소유주이자 경영자인 스틸씨는 이 질문에 답할 수 있어야 한다. 여러분이 은행 문을 들어설 때 이미 뱅커가 얼마의 대출이 필요하냐고 물어볼 것을 예상하고 있어야 한다. 또한 뱅커가 대출을 어떻게 또 언제 상환할 것인지에 대해 물어볼 것도 미리 예상하고 있어야 한다.

비율분석에 대한 추가 검토

재무관리와 회계는 둘 다 정확한 것은 아니어서 사실에 더하여 가정을 가지고 작업할 것이 요구된다.[1)] 그러나 둘 간의 가장 큰 차이점은 재무회계가 과거에 어땠는지를 말해주려는 후향적인 반면 재무관리는 앞으로 어떨 것인지를 말해주려는 전향적이라는 점이다. 미래를 정확히 예측하기보다 과거를 설명하는 것이 더 쉬울 수 있다. 예를 들어 현재 주가는 과거에 무슨 일이 있었는지를 반영하지는 않으며, 미래에 대한 시장의 기대를 반영할 뿐이다.

이런 맥락에서 비율분석에 대해 좀 더 이야기해보자. 재무비율분석은 부정확한 도구이다. 재무비율을 처음 다루면서 우리는 하나의 재무비율을 계산하는데 여러 방법이 있다는 것을

1) [첨부 3A]는 재무관리처럼 회계가 왜 부정확한 과학인지 간단히 설명하고 있다.

강조한바 있다.

매출액의 비율(예: 매출채권 / 매출액)
제조원가의 비율(예: 재고자산 / 제조원가)
회전일수(예: 매출채권 / (매출액 / 365))
회전율(예: 매출액 / 매출채권)

나아가 재무비율은 다양한 기간에 대해 계산할 수 있다.

연초(예: 당기순이익 / 기초총자산)
연말(예: 당기순이익 / 기말총자산) 또는
평균(예: 당기순이익 / (기초총자산 / 2 + 기말총자산 / 2))

형태가 달라 보이는 재무비율이 동일한 경제적 활동이나 현상을 보여줄 수도 있다. 이런 재무비율들은 단지 계산방식(예: 부채 / 자본 또는 부채 / 총자산)에 차이가 있을 뿐이다.

또한 재무비율의 각 범주(수익성, 활동성, 레버리지, 유동성) 내에서도 여러 정의(예: 수익성은 매출액의 비율, 총자산이익률, 자기자본이익률 등)들이 존재한다.

두 재무비율이 서로의 형태로 변환될 때(예: 매출채권회전일수 = 매출채권회전율 / 365일) 어느 것을 사용할 것인지는 중요하지 않다. 분석에서 부각하고자 하는 포커스에 부합하는 재무비율을 선택하면 된다. (즉, 회사 전체의 수익성에 초점을 맞추려면 총자산이익률 택하고, 재무구조의 차이를 감안한 수익성에 초점을 맞추려면 자기자본이익률을 사용할 것이다.) 그럼에도 불구하고 재무비율분석에서 가장 중요한 것은 분석 전반에서 일관된 정의의 비율을 사용해야 한다는 점이다.

재무비율은 크게 두 가지 목적으로 사용된다. 첫째, 재무비율은 특정 회사를 동일 산업 내에 있는 경쟁사들과 비교하는데 사용된다. 이는 특정한 한해의 재무비율을 필요로 하는 횡단면분석이다. PIPES의 재무비율을 에이스 하드웨어 등의 경쟁사와 비교하는 것이다. 당연히 지리적으로 같은 지역에 있는 비슷한 규모의 회사들을 비교하는 것은 어렵지 않을 수 있다. 다만, 비율분석을 이용하면 같은 지역, 동일 산업 내의 비슷한 규모의 회사들이 아니라도 회사의 수익성과 비용 통제능력 등의 우열을 파악할 수 있게 된다. 둘째, 재무비율은 시간에 따른 회사의 성과 변동을 이해하는데 사용된다. 어떤 회사의 지난 5년간 재무비율을 살펴보면 성과에 일관성이 있는지, 그리고 이 회사의 영업활동 추세를 이해하는데 도움이 된다.

재무비율은 기업에 대한 기본 진단이며, 언제나 기업분석의 시작점이다. 재무비율은 여러 용도로 사용된다. 기업은 자기진단에 재무비율을 사용하고, 자본시장은 기업을 평가하는데 재무비율을 사용한다. 재무비율은 채무약정(채무불이행의 위험을 줄이기 위해 차주인 기업에게 대주가 부과하는 약정사항) 부과에도 사용된다. 가령 부채의 규모나 유형, 운전자본의 금액이나 비율, 금액이나 매출액의 비율로 특정 비용을 제한하는 약정사항이 있을 수 있다. 재무비율은 기업의 재무건전성을 평가하여 계약 위반에 따른 조치를 취하는 트리거 조항의 발동 여부를 결정하는데도 사용된다. 또한 재무비율 변동에 따라 이자율이 변동하는 성과연동계약(performance pricing contracts)이나 성과연동대출(performance pricing debt)도 있다. 재무비율이 양호할수록 회사는 낮은 이자율을 적용받는다. 이렇게 재무비율과 연동된 약정사항은 회사의 재무건전성이 중대하게 변동될 때 마다 대출조건을 협상을 하지 않고 미리 계약에서 정한 재무비율에 따라 이자율을 변동시킨다. 마지막으로 재무비율은 기업의 미래 성과를 예측하는 핵심적인 재무추정 도구로 이용된다.

재무추정

PIPES가 성장을 계속하겠지만, 지급정책을 변경해 매입채무회전일수를 10일 이내로 줄이기로 했다고 가정해보자. *이러한 회사의 정책 변경은 자금의 대출 수요에 어떻게 영향을 주는가? 우리는 이를 어떻게 해결할 것인가?* 이러한 질문에 답하기 위해서는 재무추정을 준비해야 한다.

재무추정을 위해서는 손익계산서와 대차대조표의 각 항목들을 추정해야 한다. 저자들은 여러분이 이 작업에서 실제 회사가 사용하는 것과 같은 손익계산서와 대차대조표상 계정과목을 사용하라고 권한다. 재무제표는 상세도에 따라 여러 방식으로 작성된다. 현재의 분류나 계정과목을 변경하기보다 현재 있는 재무제표상의 계정과목들을 추정하는 것이 훨씬 용이할 수 있다. 가령 회사가 재고자산을 원재료, 재공품, 완성품으로 세분하고 있다면, 여러분도 동일한 방식으로 추정할 것을 권장한다. 이렇게 하면 추정이 쉬울 뿐 아니라 정확도를 높일 수도 있다. 이런 주문이 어려워 보이지는 않지만 안타깝게도 회사가 사용하는 재무제표상의 분류와 다른 분류를 분석에 사용하는 학생들을 심심찮게 보는 것도 사실이다.

우리는 재무추정에서 가정을 변경시킴으로써 "what-if" 시나리오를 분석할 수 있다. 예를 들어 우리는 PIPES가 고객에 대한 신용 판매를 줄여 매출채권이 감소할 것을 가정한 후 자금조달 수요와 수익성에 미치는 영향을 검토할 수 있다. 따라서 재무추정은 회사의 미래를 추정할 뿐 아니라 어떠한 변화의 영향을 효과적으로 파악하는 도구로 사용될 수 있다.

저자들은 현재 엑셀로 진화한 초기 컴퓨터 스프레드시트가 출현하기 이전부터 수작업으로 재무추정을 해온 세대이다. 이 때문에 우리는 컴퓨터 스프레드시트가 가진 위험성, 즉 적절한 판단 없이 수치적 계산을 반복하려는 유혹을 경고하고 싶다. 컴퓨터 스프레드시티는 종종 기본 가정들에 대한 이해와 고민 없이 새로운 추정치를 너무 쉽게 산출한다는 문제점을 가지고 있다.

PIPES의 2017년 추정 손익계산서

재무추정은 통상 추정 손익계산서에서 시작한다. 왜 그럴까? 이는 올해의 손익이 올해 대차대조표에 필요한 자금조달액에 영향을 미치기 때문이다. 동시에 손익계산서상의 매출 추정치가 손익계산서의 대부분과 대차대조표의 상당수 항목들을 유도하는 중요한 단서이기 때문이다. [표 3.1A]는 우리의 첫 추정 손익계산서이다. 이것은 다음과 같이 작성되었다.

[표 3.1A] PIPES의 2017년 추정 손익계산서

(천달러)	2016	가 정	2017
매출액	2,200	25% 성장	2,750
제조원가	1,695	매출액 * 0.7546	2,075
매출총이익	505		675
영업비용	344	매출액 * 0.155	426
이자와 세금 차감 전 이익	161		249
이자비용	34	작년 추정치	34
세전이익	127		215
법인세	44	세전이익 * 35%	75
당기순이익	83		140

만일 다른 정보가 없이 PIPES의 2017년 손익계산서를 예측해야 한다면 1차 관문은 25%의 매출증가율이 될 것이다. 왜 그럴까? 이는 과거 3년간 평균 매출증가율이며, 매년의 증가율은 평균 증가율과 큰 차이를 보이지 않기 때문이다.

2016년 매출액	추정 성장률	2017년도 추정 매출액
$2,200,000	25%	$2,750,000

매출 추정치가 결정되면 대부분의 나머지 손익계산서 항목들은 매출액에 대한 비율로 추정이 가능하다. 즉 과거의 재무비율을 적용해 PIPES의 미래를 예측하는 것이다. 다만, 2%의 할인을 얻기 위해 매입채무의 회전일수를 줄이기로 한 것과 같은 변경사항이 있다면, 과거의 재무비율에 대한 조정이 필요하게 된다.

매출 바로 아래에 있는 손익계산서 항목은 제조원가(COGS)이다. PIPES는 이것을 매출액의 약 77%(2013 ~ 2016년 각각 77.1%, 77.2%, 77.1%, 77.0%)에서 매우 안정적으로 유지해왔다. 이는 회사의 관리능력이 우수하거나 최소한 제조원가에 대해 일관된 가격정책을 유지해 왔다는 사실을 말해준다.

2017년 매출액	추정 비율	2017년도 추정 COGS
$2,750,000	77%	$2,117,500

하지는 우리는 단순히 과거의 수치인 77%를 사용할 수는 없다. **왜 안 되는가?** 구매에 20%의 할인을 얻기 위해 이제 매입채무회전일수를 10일로 제한했기 때문이다. 미래에 변화가 예상되기 때문에 과거의 경험적 추정치는 조정이 필요하다. 이 사례에서는 매입 즉시 대금을 지불하고 2%를 할인받는다고 가정하자. 기존의 77%는 더 이상 적절하지 않게 된다.

매출액의 77%에서 COGS의 추정치는 2,177,500달러(매출 $2,750,000 * 77%)가 된다. 그러나 이제 우리는 과거보다 2% 포인트 적게 지불할 것으로 예상할 수 있다. 결국 대금의 즉시 지급에 따라 42,350달러(2% * COGS = 2% * $2,117,500)의 할인을 기대한다는 의미이다.

2017년 당초 COGS 추정치	$2,117,500		
즉시 지급에 따른 할인액	$42,350		
2017년 할인액 조정 COGS 추정치		$2,075,150	
2017년 추정 매출액		$2,750,000	
조정 비율(COGS / 매출액)			75.46%
당초 비율(COGS / 매출액)		77%	
조정(100% − 2% 할인)		* 98%	
조정 비율			75.46%

우리는 2017년 COGS를 매출액의 75.46%로 추정하기로 한다. 할인액 42,350달러만큼 매출총이익과 세전이익이 증가하지만, 그렇다고 할인액이 손익계산서에 별도 항목으로 표시되지는 않는다.[2)]

COGS의 변동은 대차대조표상 재고자산 금액에 변동을 가져올 것이다. 이에 대해서는 뒤에서 살펴보기로 한다.[3)]

추정 손익계산서로 돌아가서 지난 수년간 영업비용은 매출액의 15.5% 근처에서 큰 변화가 없이 유지되었다. 따라서 우리는 이를 향후에도 15.5%로 예측한다.

2) 회계사는 이 할인액을 COGS의 절감이나 금융수익으로 인식할 수 있다. 다만, 두 경우는 모두 궁극적으로 세전이익의 증가로 나타난다. 우리 저자 중 한명이 회계사이기 때문에 이 주석을 단다. 여기서는 간단히 이를 COGS의 절감으로 처리한다.

3) 실제 2017년 COGS는 매출액의 75.46%보다 조금 많아야 한다. 왜 그럴까? 할인은 오직 2017년과 이후 구매에만 적용되기 때문이다. (전년도에 구매된) 기초 재고에는 할인이 없다. 일반적으로 재무전문가보다 정확한 회계 추정을 원한다면 2017년 COGS에는 기초 재고 418,000달러에 8,360달러(418,000달러 * 2%)를 추가로 반영할 수 있다. 그러나 이런 조정에 신경을 쓰는 것은 재무추정에 자긍심과 경험이 부족하기 때문이라고 생각한다. 재무추정은 그 정의상 미래의 정확하지 않은 추정치이기 때문에 큰 변동에 관심을 집중하는 것이 현실적이라고 본다.

이자비용은 쉽지 않은데 이자율이나 차입 규모가 변동할 수 있기 때문이다. PIPES의 경우 모든 해에 은행 대출에는 7%, 장기 차입금에는 9%의 이자율을 적용한다.

대차대조표 항목인 차입금은 재무추정에서 통상 플러그 수치로 사용된다. 플러그 수치(plug figure)란 독립적으로 결정되는 수치가 아니라 마지막에 다른 수치들에 의해 결정되는 수치라는 뜻이다. 다시 말해 대차대조표에 다른 수치들을 결정한 후 대차 균형을 맞추는데 필요한 끼워 맞추는 금액이다. 실제 대차대조표상 다른 계정과목이 추정되고 나면 차입금이 결정된다. 따라서 대차대조표 항목들에 대한 가정이 모두 주어지면 차입금은 필요한 자금조달 규모가 된다.

일반적으로 손익계산서상 이자비용에는 임시 추정치(종종 전년도 금액)를 사용하게 된다. PIPES의 경우 플러그 수치인 차입금은 거래은행에 설정된 신용공여한도로 제한된다. 다시 말해 거래은행은 PIPES에게 350,000달러 이상의 대출을 허용하지 않는다. 이는 은행이 PIPES에 제공할 수 있는 신용거래한도(credit line)이다. PIPES의 대출이 신용공여한도에 도달하면 차입금은 그 이상으로 증가할 수 없다. 이 경우 PIPES는 대차대조표의 균형을 맞추기 위해 대안을 마련해야 한다. 과거 PIPES는 매입채무를 이용해 대차대조표의 균형을 맞추었다. 하지만 2017년부터는 공급자가 매입채무를 제한하고 있기 때문에 대출을 통해 자금을 조달할 수밖에 없다. 이로 인해 대차대조표가 확정되기 전에는 손익계산서상 이자비용을 최종적으로 추정할 수 없게 된다. 또한 보다 중요한 것은 재무추정은 순환반복적인 과정을 밟게 된다는 것이다. 따라서 일단 우선은 2017년 차입금을 2016년과 같이 7% 이자율의 은행 대출금 350,000달러와 9% 이자율의 장기차입금 100,000달러 등 450,000달러로 가정한다. 또한 PIPES의 1차 추정 이자비용은 전년과 동일하다고 가정한다.

마지막으로 소득세는 세전이익의 35%로 일정하다고 가정한다.[4)]

이제 우리는 이상의 가정을 적용하면 [표 3.1A]에서 보는 1단계 추정 손익계산서를 작성할 수 있게 된다.

정리하면 우리는 매출성장률을 가정하는 것으로부터 재무추정을 시작했다. 그리고 매출액의 비율로 COGS와 영업비용을 추정했다. (이때 2% 할인을 감안하기 위해 COGS에는 역사적 매출액 비율을 적용하지 않았다.) 영업비용 역시 매출액의 비율로 구했다. 이자비용은 매출보다는 대차대조표상 차입금 규모와 관련되기 때문에 매출액 비율을 사용하지 않았다. 일단은 이자비용에 임시 추정치를 정하고 추정 대차대조표를 완성한 후 이를 최종 추정치로 조정하기로 한다. 세금은 세전이익의 역사적 비율로 적용했다.

---

4) 2016년 말 시점에 이는 합리적인 가정이다. 하지만 법인세율은 2018년부터 35%에서 21%로 변경되었다. 따라서 우리가 선견지명이 있다면 법인세율을 2017년에는 35%, 2018년부터는 21%로 가정할 수 있다.

PIPES의 2017년 추정 대차대조표

1차 추정 손익계산서를 작성하고 나면 다음은 [표 3.1B]와 같은 추정 대차대조표를 작성한다. 대차대조표상 많은 항목들은 매출액 비율로 추정된다. 결과적으로 추정 손익계산서의 매출 추정치는 추정 대차대조표에도 많은 영향을 미친다.

당분간 현금은 일정하다고 가정한다. (매출이 증가하면 현금도 같이 증가한다고 보는 것이 분명 타당하다. 다만 매출이 두 배가 되었다고 해서 현금도 두 배가 필요하다고 볼 이유는 없다.) 이는 재무관리가 왜 과학이기보다 기술이며, 분명한 오답은 있어도 정답은 종종 하나 이상인 이유이기도 하다.

[표 3.1B] PIPES의 2017년 추정 대차대조표

(천달러)	2016	추 정	2017
현 금	45	일 정	45
매출채권	211	매출액 * 9.5%	261
재고자산	418	매출액 * 0.1862	512
선급비용	28	일정	28
유동자산	702		846
고정자산(PP&E)	350	5% 증가	368
자산총계	1,052	합 계	1,214
유동성장기차입금	10		10
은행대출금	350	플러그	548
매입채무	223	매출액 * 0.0207	57
미지급비용	25	일 정	25
유동부채	608		640
장기차입금	90		80
부채총계	698		720
납입자본금	75	일 정	75
이익잉여금	279	기초 잔액 + 당기순이익	419
부채와 자본총계	1,052		1,214

대차대조표상의 두 번째 자산항목은 매출채권이다. (여러분은 저자들이 회사가 현재 사용하고 있는 손익계산서 및 대차대조표와 동일한 구조의 추정 재무제표를 작성하라고 권고했던 것을 기억하라.) 여기서 우리는 매출채권을 매출액의 9.5%로 설정한다. 이는 2013년부터 2016년까지 9.8%, 9.6%, 9.5%, 9.6%였던 역사적 재무비율과 일관성을 가진다.

매출액의 9.5%는 35일인 매출채권회수기간을 이용하거나 연 10.4회인 회전율 중 어느

것을 이용해도 같은 추정치를 얻을 수 있다. 어느 방법을 사용했는지는 그다지 중요하지 않다. 각 방법(비율, 일수, 회전율)은 서로 변환될 수 있는 것이다. 다만 저자들은 매출액비중이 회전일수나 회전율보다 이해하기 쉽고 직관적이라고 생각한다.

다음 대차대조표 항목인 재고자산은 단순히 이전 연도들과 같은 비율을 적용할 수 없어서 추가적인 작업이 필요하다. 왜 그럴까? 우리가 2%의 할인을 얻기 위해 10일에 대금을 지급하도록 매입채무정책을 변경했기 때문이다. 이는 구매액을 변동시키고 기말 재고도 달라지게 한다. 재고자산은 구매할인을 반영하여 매출액의 18.62%로 설정한다. 이는 위의 COGS 계산에서 보는 바와 같이 기존 매출액비율 19%에 100%에서 10일차 대금지급에 따른 2% 구매할인을 뺀 98%를 곱한 것이다.

우리는 현재 매출액(즉, 재고의 판매가)의 비율로 재고를 추정하고 있다. 이 외에도 판매된 재고에 대한 회사의 비용인 COGS의 비율로도 재고를 추정할 수 있다. 매출액의 비율과 같이 COGS가 역사적으로 안정적이라면 두 방법은 대동소이한 결과를 도출한다. 하지만 2017년부터 2%의 할인이 적용되기 때문에 이 일회성 변동은 가정에 반영해야 한다. 다만, 이 비율은 2017년 이후 일정할 것으로 가정한다.

매출채권과 재고자산의 매출액 비율이 일정하다는 보는 것은 합리적인가? 만일 회사 영업활동에 큰 변동이 없다면 이는 합리적일 수 있다. 매출은 비슷한 고객으로 고객기반이 확장된 결과여서 매출채권의 비율은 일정하게 유지되며, 구매정책 역시 변동이 없으면 매출액에 대한 재고자산도 일정하게 유지된다고 볼 수 있다. 매출 증가에 따라 일반적으로 매출채권과 재고자산이 증가할 것으로 예상할 수 있다. 회사는 보다 많은 매출채권과 재고를 보유할 것으로 예상된다. 이 사례에서는 매출채권과 재고자산 그리고 매출액 간에 1:1의 관계를 가정한다.

보충 설명

재고, 구매액, COGS 사이의 관계를 쉽게 이해하기 위해 식품 저장고를 예로 들어보자. 여러분이 스파게티 소스 340단지에서 시작한다고 하자. (이 저장고는 아마도 대학 기숙사에나 있을만한 큰 저장고이다.) 2015년 기말과 2016년 기초 PIPES의 재고는 340,000달러였다는 것을 기억하라. 따라서 340단지는 당신의 기초 재고가 된다. 한주 동안 기숙사에서 1,695단지의 소스를 사용했는데, 여러분이 주말에 418단지의 재고 소스를 가지고 있다고 해보자. 1,695단지는 COGS이다. 재고가 340단지에서 418단지가 되고, 한주에 1,695단지를 사용했다면 이 주에 몇 단지를 구입했다는 것인가? 1,695단지보다 많은가 작은가? 답은 "그보다 많다"이다. 저장고에 남아 있는 소스는 주초보다 주말이 많기 때문에 사용량보다 더 구매를 했어야 했다.

(계속)

얼마나 많이 샀는가? 여러분은 주중에 사용한 단지 수보다 주말에 가지고 있는 단지의 수(418단지)와 주초에 가지고 있던 단지의 수(340단지)의 차이인 78단지를 더 산 것이다. 1,695단지를 소비하고도 저장고 속 단지 수가 78개 늘었다면 1,773단지를 그 주에 산 것이다. 구매량은 판매된 재고량에서 재고 증가량을 더하거나 재고 감소량을 뺀 것과 같다. 즉 구매량 = COGS + 기말 재고 − 기초 재고이다. 따라서 이는 우리가 기초 / 기말 재고와 COGS를 안다면 어떤 기간에 대해서도 (손익계산서에 일반적으로 표시되지 않는) 구매액을 계산할 수 있다는 의미이다.

기초 재고 + 구매액 − COGS = 기말 재고

구매액 = COGS + 기말 재고 − 기초 재고

다음으로 고정자산(PP&E)을 추정한다. 우리는 매출채권이나 재고자산 같은 항목은 추정 매출액의 일정 비율을 가정하지만 PP&E는 그렇지 않다. 매출액이 늘면 PP&E도 늘지만 매출액과 직접 연동해서 증가한다고 예상하기는 어렵다. 선형함수의 형태보다는 계단함수에 가깝게 증가한다고 보는 것이 타당하다. 가령 매출이 크게 증가하면 매장의 크기를 늘려야 하겠지만, PIPES의 매출이 25% 증가했다고 매장이 그 만큼 확장되어야 한다고 보기는 어렵다. 저자들은 2017년 PIPES의 고정자산은 2016년보다 소폭 증가한다고 가정한다. 이는 이 회사가 PP&E에 규모의 경제를 가진다는 것을 말한다. 즉, PP&E가 25%까지 증가하지 않더라도 매출이 25% 성장할 수 있다는 뜻이다. 우리는 2017년 PP&E가 전년 대비 5%($350,000 → $368,000) 증가할 것으로 가정한다.[5)]

이제 [표 3.1B]의 대차대조표의 부채와 자본으로 가보자. 첫 번째 항목인 은행대출금은 대차대조표의 대차균형을 위해 마지막에 확정하는 플러그 수치이기 때문에 나중에 다시 검토하기로 한다.

PIPES 대차대조표의 비은행 장기차입금은 유동과 비유동 두 부분으로 나뉜다. 유동성장기차입금은 당초 장기부채였지만 시간이 경과하면서 1년 내에 상환해야 하는 유동부채이다. 비유동성 장기차입금은 1년 이상 만기가 남은 장기부채이며, 유동부채 아래에 표시된다. 상환조건(예: 상환 일정)과 차입 만기는 차입계약에 따라 정해진다. PIPES의 경우 2013~2016년 유동성 장기차입금은 10,000달러로 일정했기 때문에 우리는 앞으로도 이것이 일정할 것으로 가정한다. 매년 말 유동성장기차입금 잔액이 10,000달러로 유지된다는 것은 장기

5) 이 가정은 25%의 매출 신장에는 오직 추가적으로 5%의 PP&E만 필요하다는 저자들의 관점을 반영한다. PIPES에 대해 보다 더 많이 알고 있다면 이러한 가정은 7%나 10%로 변경될 수 있다. 가상이 아닌 실제 회사의 PP&E 증가율은 해당 회사의 산업에 대한 과거 경험으로부터 보다 명확히 판단할 수 있다.

차입금이 매년 10,000달러 감소한다는 뜻이다. 다시 말해 2016년도 100,000달러인 장기차입금은 1년 후인 2017년도에는 90,000달러가 된다는 말이다.

PIPES는 과거 매입채무를 자금조달수단으로 사용했었다. 관련해서 매입채무회전일수를 10일로 줄이는 문제는 2장의 현금사이클에서 살펴본바 있다. 매입채무에 대한 대금 지급을 구매 후 10일에 하기로 했으면 이제는 매입채무를 구매액이나 매출액의 비율로 표시한다.

매출이 증가할 것으로 보기 때문에 매입채무도 증가할 것으로 예상할 수 있다. 과거 2013 ~ 2016년에도 매입채무는 매출액의 7.1%에서 10.1%(또는 32.6일에서 45.9일)로 증가했었다. 하지만 앞으로 2%의 구매할인을 받기 위해서는 매입채무를 2.07% 다시 말해 회전일수를 10일로 추정해야 한다.[6] 결국 2017년 매입채무는 2016년 223,000달러에서 2016년 57,000달러로 크게 줄게 된다.

미지급비용은 변동을 예상하기 어렵고, 규모도 크지 않아 자금조달 소요에 미치는 영향이 미미하기 때문에 일정하다고 가정한다.

다음은 납입자본금과 이익잉여금이다. 이 두 항목은 종종 합해서 순자본이라고도 불린다. 납입자본금은 주주의 투자금이다. 이익잉여금은 당기순이익에서 (PIPES는 지급하지 않지만) 배당을 지급하고 회사에 남는 유보금이다. 납입자본금은 75,000달러로 일정하다고 가정한다. 이익잉여금은 279,000달러에서 419,000달러로 140,000달러 증가할 것으로 가정하는데, 이는 2017년 1차 당기순이익 추정치이다. (배당이 지급되지 않아야만 당기순이익만큼 이익잉여금이 증가한다는데 유의하자.)

이제 플러그 수치인 은행대출금으로 다시 돌아가자. 대차대조표에서 가장 일반적인 플러그 항목은 현금과 차입금이다. 이는 자산의 다른 항목들이 결정되고 나면 부족분은 차입금에서, 잉여분은 현금에서 조정되기 때문이다. (PIPES의 경우 과거에는 매입채무가 플러그 항목의 역할을 했었다. 다시 말해 은행대출에 제한이 있기 때문에 공급자에게 지급을 미룸으로써 부족한 현금을 충당한 것이다.)

PIPES의 2017년 대차대조표는 자산총계가 부채와 자본총계보다 548,000달러 많다. 즉, PIPES가 차입을 하지 않으면 548,000달러만큼 대차대조표에 대차균형이 맞지 않게 된다. 이는 이상의 가정 하에서 PIPES에게 필요한 은행대출금의 규모가 된다. 다시 말해 25%의 매출 증가와 위에서 세운 다른 모든 가정을 충족시키기 위해 사후적으로 정해지는 플러그 수치이다.

[표 3.1B]에서 이를 확인할 수 있다. 548,000달러의 은행대출금은 대차대조표의 균형을 맞추는 플러그 숫자이다.

이제 스틸씨가 은행 문턱을 들어설 때 뱅커에게 요청하려는 수치를 "거의" 가지게 되었

6) 매출액의 2.07%는 75.46%인 COGS에 10일 / 365일을 곱하여 나온 것이다.

다. 왜 우리는 스럴씨가 "거의" 수치를 가지고 있다고 말하는 것일까? 이유는 지금까지 분석한 수치는 잠정적인 1차 수치이기 때문이다. 대차대조표는 손익계산서에 (특히, 매출과 당기순이익에) 종속되며, 손익계산서는 대차대조표에 종속(예: 대차대조표의 차입금은 손익계산서상 순이자비용 결정)된다. 따라서 둘은 상호 순환참조적 관계에 있다. 이제 손익계산서상 이자비용과 대차대조표상 은행대출금의 최종 확정에 대해 살펴보기로 하자.

순환관계

이제 우리는 [표 3.1A]와 [표 3.1B]의 1차 잠정 재무제표의 차입금과 이자비용을 수정해 보기로 한다. 왜 수정이 필요한 것일까? 최초 추정치는 차입금액이 전년도와 같다는 가정했기 때문에 수정이 필요하다. 우리는 PIPES의 매출채권과 재고자산이 증가하고 매입채무도 줄여야 하기 때문에 자금조달이 필요하며 대출을 늘려야 한다는 것을 알고 있다. 따라서 차입금이 일정하다는 가정은 수정되어야 한다.

우리는 2016년 말 이자부 차입금을 은행대출금 350,000달러에 유동성/비유동성 장기차입금 100,000달러를 더한 450,000달러로 가정했다. 또한 은행대출금에 7%, 장기차입금에 9%의 이자율을 가정했다. 우리는 이자율 가정은 유지된다고 본다. 하지만 추정 대차대조표상 (유동성과 비유동성) 장기차입금은 90,000달러로 하고 은행차입금은 350,000달러에서 548,000달러로 증가한다고 보면 차입금은 638,000달러($10,000 + $80,000 + $548,000)가 된다. 이로 인해 2017년 이자비용은 이제 46,460달러(9% * $90,000 + 7% * $548,000)가 된다.

이자비용은 [표 3.2A]에서 보는 것처럼 34,000달러에서 47,000달러로 늘어난다. 이로 인해 세전이익은 215,000달러에서 202,000달러로 늘어난 이자비용 13,000달러만큼, 법인세는 75,000에서 71,000달러로 법인세율에 이자비용 증가액을 곱한 만큼, 당기순이익은 140,000달러에서 131,000달러로 세금효과를 감안한 순이자비용 증가액만큼 줄어든다.[7)]

7) 여기서는 단순화를 위해 연말 대출 잔액을 연간 대출 평잔이라고 가정한다. 다음 장에서 자금조달의 계절성을 살펴보면서 이 가정을 완화하기로 한다.

[표 3.2A] PIPES의 2017년 수정된 추정 손익계산서

(천달러)	2016	추 정	2017
매출액	2,200	+25%	2,750
제조원가	1,695	매출액 * 0.7546	2,075
매출총이익	505		675
영업비용	344	매출액 * 0.155	426
이자와 세금 차감 전 이익	161		249
이자비용	34	대차대조표 참조	47
세전이익	127		202
법인세	44	세전이익 * 35%	71
당기순이익	83		131

[표 3.2B] PIPES의 2017년 수정된 추정 대차대조표

(천달러)	2016	추 정	2017
현 금	45	일 정	45
매출채권	211	매출액 * 9.5%	261
재고자산	418	매출액 * 0.1862	512
선급비용	28	일정	28
유동자산	702		846
고정자산(PP&E)	350	5% 증가	368
자산총계	1,052	합 계	1,214
유동성장기차입금	10		10
은행대출금	350	플러그	557
매입채무	223	매출액 * 0.0207	57
미지급비용	25	일 정	25
유동부채	608		649
장기차입금	90		80
부채총계	698		729
납입자본금	75	일 정	75
이익잉여금	279	기초 잔액 + 당기순이익	410
부채와 자기총계	1,052		1,214

손익계산서의 변동은 [표 3.2B]와 같이 다시 대차대조표에 영향을 미친다. 추정 당기순이익은 9,000달러 줄었기 때문에 대차대조표의 이익잉여금도 같은 금액만큼 줄어야 한다. 이

로 인해 플러그 수치인 은행차입금은 548,000달러에서 557,000달러로 늘어야 한다. 또한 차입금 증가에 따라 이자비용이 다시 증가($9,000 * 7% = $630)하게 되고, 이는 다시 당기순이익을 감소시키며 계속적인 연쇄 반복적 영향을 가져온다. 다만, 다행히 최근의 스프레드시트 프로그램들은 이러한 순환관계를 반복하여 자동으로 반복하여 수렴값을 찾아주는 기능을 가지고 있다. 여기서는 이 정도면 순환반복에 대한 이해가 되었다고 본다. 따라서 은행차입금이 1차 관문에서보다 소폭 늘어나야 한다는 것을 이해하고, [표 3.2A]와 [표 3.2B]와 같은 2차 관문에서 순환관계 설명은 멈추기로 한다.[8)]

우리는 이제 은행의 질문에 답할 수 있게 되었다. *당신은 얼마를 대출받기 원합니까?* 스틸씨의 답은 내년 말 잔액 기준으로 557,000달러이다.[9)]

대주(Lender)인 은행의 관점

이제 뱅커인 가르시아씨의 입장에서 생각해보자. 그는 스틸씨와의 대출상담을 진행하고 각종 수치들을 살펴보았을 것이다. 그는 이제 주요 가정에 따라 추정된 매출에서 매출채권, 재고자산, PP&E가 늘어야 하고, 동시에 매입채무회전일수를 10일로 줄이기 위해서는 자금이 필요하다는 것을 이해하게 된다. 아마도 내년 말 557,000달러의 대출금은 합리적으로 보일 수도 있을 것이다. *그렇다면 대출을 실행할 준비가 되었는가?* 아직은 아니다.

대출 실행 여부를 결정하기 전에 알아야 할 다른 것이 있는가? 그렇다. *뱅커가 일반적으로 알아야 하는 것은 무엇인가?* 은행은 대출 결정에 앞서 보통 다음을 알고자 한다.

1. *이 회사는 왜 돈이 필요한가?*
2. *이 회사는 얼마만큼 돈을 필요로 하는가?*
3. *은행은 언제 상환 받을 수 있는가?*
4. *대출에 따른 위험은 무엇인가?*

앞의 두 질문에 대해서는 지금까지의 비율분석, 자금의 원천과 조달, 재무추정을 통해 답하였다. 이제 재무추정을 여러 해로 확장해 뒤의 두 질문에 답해보자.

다만 앞으로 나가기 전에 한 가지 유의할 점을 언급하고 싶다. 사람들은 대부분 회사가 공장이나 기계를 구입하기 위해 대출을 한다고 생각한다. 하지만 PIPES처럼 회사는 재고자산이나 매출채권과 같은 운전자본(working capital)을 늘리기 위해서도 대출을 하게 된다. 실제 금융조달의 큰 부분은 운전자본을 위한 것이다.

---

8) 사실 이 사례에서 은행차입금의 최종 수렴값은 558,000달러이다.

9) 뱅커가 "*당신은 얼마를 대출받기 원합니까?*"라고 물었을 때 스틸씨가 "잘 모르겠습니다."라고 답한다면 분명 스틸씨는 뱅커에게 긍정적인 인상을 주지 못할 것이다.

추정의 확장

한 해 재무추정도 좋지만 회사의 여러 해 현금흐름과 조달 필요액을 추정하는 것이 당연히 더 유용할 수 있다. 장기간 추정에도 1년 재무추정의 기법이 사용된다. 기억해야 할 것은 추정치는 미래에 가능한 결과들 중 하나일 뿐이라는 점이다. 적용된 여러 가정에 따라 다른 결과가 도출된다는 것이다. 따라서 미래를 예측하는 것은 과학이라기보다 기술이다. 10명의 애널리스트가 30가지 다른 추정치를 제시할 수 있다. 최소한 저자들에게 있어 재무관리의 미덕은 하나의 단일한 정답은 없다는 것이다. 다양한 가능성의 적절한 솔루션만 있을 뿐이다. 물론 재무추정에서 확실히 틀린 방법이 있다는 것도 유의해야 한다. (재무관리를 배우는 사람이라면 과학자가 아닌 기술자인 재무전문가가 왜 많은 보수를 받게 되는지 알아야 한다. 재무관리가 정확하고 정해진 것이라면 그들에게 주어지는 보상은 그렇게 많지 않을 것이다.)

새로운 매입채무 정책에 따른 PIPES의 은행대출금 추정치는 557,000달러이다. 하지만 이는 단지 다음해에 필요한 대출액이다. 회사는 매년 은행과 대출한도를 협상하기보다 여러 해 동안 성장하는데 필요한 충분한 정도의 신용한도를 얻고자 할 것이다. 이런 관점에서 2017년 추정치를 바탕으로 2년을 더 확장해보기로 한다. (설명의 편의를 위해 우리는 3년의 기간을 추정한다. 실무적으로는 5년을 추정하는 것이 일반적일 수 있다.)

추정치는 가정을 기초로 하기 때문에 적용된 가정에 따라 다양한 결과가 추정될 수 있다는 점에 유의한다. 가령 저자들은 25%의 매출증가율에서 분석을 시작했다. 이것은 합리적인가? 주어진 데이터에 따라서 다른 사람들은 이에 동의하지 않을 수 있다. 보수적으로 매출이 덜 증가하거나 심지어 감소한다고 예상할 수 있다. 반대로 낙관적으로 더 빨리 매출이 증가한다고 예상할 수도 있다. 많은 추정치들이 매출에 관련되기 때문에 매출이 가장 중요한 추정치가 되는 경우는 빈번하다.

재무추정에서 경험이 있다면 여러 추정치를 적용해 시나리오를 분석하거나 동시에 여러 추정치들을 변경시키는 시뮬레이션을 할 수 있다. 이 기법들은 대안적 가정에서 회사에 필요한 대출액을 결정하는데 도움을 준다. 시나리오는 일반적으로 최상, 최악, 중립(예상) 케이스로 분석된다.

2018 ~ 2019년 예측

다음 2년 동안의 매출 추정을 위해서는 무엇을 해야 하는가? 회사의 계획은 1년 단위에 그치지 않으며 실제로도 그 이상이다. 이로 인해 회사들 대부분이 상당히 긴 기간을 추정한다. 다만, 미래로 갈수록 확실성이 떨어지고 세부 사항의 예측은 어려워진다. 이 장에서는 [표 3.3A]와 [표 3.3B]와 같이 PIPES의 2018년과 2019년 재무성과를 추정해보기로 한다. 언급한 것처럼 실무에서는 통상 최소 5년에 대해 재무추정을 한다는 점은 기억하자.

[표 3.3A] PIPES의 2017 ~ 2018년 추정 손익계산서

(천달러)	2017	2018	2019
매출액	2,750	3,438	4,297
제조원가	2,075	2,594	3,243
매출총이익	675	844	1,054
영업비용	426	533	666
이자와 세금 차감 전 이익	249	311	388
이자비용	47	50	56
세전이익	202	261	332
법인세	71	91	116
당기순이익	131	170	216

[표 3.3B] PIPES의 2017 ~ 2018년 추정 대차대조표

(천달러)	2017	2018	2019
현 금	45	45	45
매출채권	261	327	408
재고자산	512	640	800
선급비용	28	28	28
유동자산	846	1,040	1,281
고정자산(PP&E)	368	404	485
자산총계	1,214	1,444	1,766
유동성장기차입금	10	10	10
은행차입금	557	613	711
매입채무	57	71	89
미지급비용	25	25	25
유동부채	649	719	835
장기차입금	80	70	60
부채총계	729	789	895
납입자본금	75	75	75
이익잉여금	410	580	796
부채와 자본총계	1,214	1,444	1,766

2017년 재무추정은 매출액이 어떻게 증가할 것인지를 가정하면서 시작했다. 우리는 과거 평균 증가율인 25%를 적용했다. 큰 회사에서라면 마케팅 부서에서 이런 예측 혹은 제안을 내놓을 수도 있다. 확실하지는 않겠지만 과거 3년간의 평균 증가율은 개연성이 높은 출발점이기 때문에 매출은 앞으로도 25%씩 성장한다고 가정한다. 다만, 다양한 성장률을 가정하여 회사에 미치는 영향을 시나리오로 분석할 수 있다.

제조원가(COGS)도 기존과 같이 구매액에 2% 할인을 반영하여 매출액의 75.46%가 된다고 가정한다.

영업비용은 향후 2년간 매출액의 15.5%로 안정적이며, 법인세율도 세전이익의 35%로 유지된다고 본다. **(다만, 법인세율은 2018년 세법 개정을 감안하지 못했다는 점에 유의하자.)** 이는 모두 기존 재무비율과 같다.

따라서 2017년 매출액 추정치 275만 달러에서 매년 매출을 25%씩 성장시키고 나서, 2017년에 적용한 재무비율을 2018~2019년 추정에도 똑 같이 적용한다. 이렇게 하면 COGS, 영업비용, 법인세를 추정하게 된다.

이자비용은 앞에서 설명한 순환과정을 통해 조정된다. 전년도 대출 잔액을 기준으로 잠정적 이자비용을 추정한 후, 추정 대차대조표를 작성하여 대출금이 결정되고 나면 이 대출금에 따른 이자비용으로 조정한다. 이때 은행대출금에는 7%, 장기차입금에는 9%의 이자율을 적용한다. 앞에서와 같이 배당은 없다고 가정하고 모든 당기순이익은 이익잉여금에 가산된다.

우리는 2017년 대차대조표에 적용한 가정을 2018~2019년에도 동일하게 적용한다. 다만, 고정자산(PP&E)은 2017년 5%, 2018년 10%, 2019년 20%씩 증가한다고 가정한다. 이는 매출이 빠르게 증가하기 때문에 PIPES가 창고를 확장할 필요가 있다고 보기 때문이다.[10)]

이 과정을 통해 은행차입금은 2017년 557,000달러에서 2019년 711,000달러로 증가할 것으로 추정된다. 따라서 2017년 557,000달러의 차입금은 오직 그 해의 성장에 필요한 차입금이었다. 앞으로 매출이 매년 25%씩 증가하면 2년 간 회사는 최소 154,000달러의 추가 자금이 필요하다. 2년이 지나 은행에 이를 설명하기보다 처음부터 은행이 충분히 이것을 인식하게 하는 것이 회사에 더 유리할 것이다.

이제 앞에서 본 기본 질문으로 돌아가 2019년을 내다보자.

1. 이 회사는 왜 돈이 필요한가?
2. 이 회사는 얼마만큼 돈을 필요로 하는가?
3. 은행은 언제 상환 받을 수 있는가?

10) 우리는 고정자산에 규모의 경제가 있다고 가정하기 때문에 언급한 바와 같이 PP&E를 매년 25% 증가시키기 않았다. 이는 우리가 최소한의 PP&E 투자로도 쇼룸이나 창고의 제곱피트당 매출을 증가시킬 수 있기 때문이다. 만일 독자들이 25%를 가정할 수 있는데, 이는 우리의 경험에 비추어 이런 일은 대부분의 산업에서 실제로 일어나지 않는다.

4. 대출에 따른 위험은 무엇인가?

대출 심사

이 회사는 왜 돈이 필요한가라는 첫 번째 질문에는 답이 되었을 것이다. 회사는 빠른 매출성장을 경험하고 있어 재고자산과 매출채권 증가에 따른 자금조달이 필요하기 때문이다.

차입 규모에 관한 두 번째 질문에 대해서는 재무추정으로 답을 찾을 수 있다. PIPES는 2017년 557,000달러의 은행차입금이 필요하고 2019년에는 은행차입금이 711,000달러로 증가한다.

대출 상환 시점을 묻는 세 번째 질문에 답하기 위해서는 분석이 더 필요하다. 상환에 대한 환경을 검토하자. 은행차입금은 PIPES의 단기 자금소요를 충당하기 위한 것인가? 아니다. 이는 일시적인 것이 아닌 장기 자금소요에 따른 영구적 자금조달이다. 상환기한은 1년이지만 은행은 이를 1년짜리 대출로 취급해서는 안 된다. PIPES는 여러 해 동안 대출이 필요하기 때문에 은행 입장에서는 이 대출을 장기대출로 봐야 한다.

PIPES가 요구하는 대출의 대부분은 단기자산인 매출채권과 재고자산을 조달하기 위한 것이기 때문에 이는 PIPES가 단기차입을 해야 한다는 것을 의미하는가? 아니다. 이 대출은 PIPES에 장기적으로 필요하며 일시적인 것이 아니다. 다시 말해 영구적인 조달이다. 비록 상환 만기가 1년일지라도 은행은 이를 1년짜리 단기대출로 봐서는 안 된다. PIPES가 다년간 은행 조달이 필요하다는 점에서 은행은 이 대출을 장기대출로 간주해야 한다.

보충: 사람들은 회사가 취득하는 자산의 본질(성격)과 같도록 조달한 자금의 만기를 일치시켜야 한다는 말을 흔히 듣는다. 즉, 단기자산은 단기차입금으로 조달하고 고정자산은 장기차입금 조달해야 한다는 것이다. 우리는 이 책 후반부에 이것이 반드시 그렇지는 않다는 것을 입증할 것이다. PIPES는 단기차입인 은행대출보다 장기차입인 회사채 발행을 선호할 수 있지만 자본시장에 접근이 어려울 수 있다.

이 대출이 실제로는 장기라는 점이 자연스럽게 대출에 수반되는 위험은 무엇인지라는 네 번째 질문에 답하도록 이끈다. PIPES와 은행의 관계는 장기적이다. 대출의 위험이 1년이 아닌 장기적인 관점에서 평가되어야 한다는 뜻이다.

PIPES의 대출에서 은행이 부담하는 중요한 위험은 무엇인가? 은행은 채무불이행이행을 가장 우려한다. 왜 PIPES가 채무를 이행하지 않을 수 있다는 것인가? 몇 가지 가능성을 고려해보자. 만일 경기가 둔화되면 PIPES에는 어떤 일이 발생할까? 매출은 천천히 증가할 것이고, PIPES는 자금이 덜 필요하게 될 것이다. PIPES의 재무비율이 일정하게 유지되면 모든 것들은 천천히 성장하거나 다소 위축되어 은행차입금도 덜 필요하게 될 것이다. 경기둔화로 이자율이 하락할 수도 있어 PIPES의 이익률이 개선될 수도 있다.

경쟁자들이 시장에 진입하면 어떻게 되는가? 홈디포의 박스형 대형매장이 길 건너에 오픈해 PIPES 매장을 위협한다는 어떻게 되는가? 스틸씨가 매출 감소를 적절히 관리한다면 뱅커는 걱정하지 않아도 된다. PIPES가 보유 자산을 유동화해서 대출을 상환하면 그만이기 때문이다. 하지만 매출이 줄어드는데도 스틸씨가 재고자산을 늘리는 것은 큰 위험이다.

또한 은행은 PIPES에 담보 없이 돈을 빌려주지 않는다. 은행은 PIPES의 자산을 담보로 대출한다. PIPES 앞 대출에 대한 담보(매출채권, 재고자산, 고정자산의 가치)는 건전한 것인가? 매출채권부터 살펴보자. 매출채권은 매출액의 일정 비율로 안정적으로 유지되고 있는데, 이는 회사가 영업활동을 잘 관리하고 있다는 것을 말해준다.

은행은 대출시 회사가 영업활동을 일정 수준으로 유지하도록 하기 위해 통상 약정사항(covenants)을 대출계약에 부과한다. 가령 현재 COGS가 매출액의 77%, 영업비용이 매출액의 15.5%로 상당히 안정적이었다고 하면, 채무약정은 COGS가 매출액의 79%, 영업비용이 79% 이내가 되도록 정할 수 있다. 만일 PIPES의 재무수치가 이러한 임계치를 넘어서면 은행은 상환을 요구할 수 있는 것이다. 비슷하게 채무약정으로 매출채권회전일수를 40일 이내로 유지하도록 할 수 있다. 채무약정은 재무비율을 사용하는 또 다른 방식이다. 즉 경영진이 영업활동에 대한 통제를 유지하도록 하거나 통제가 적절히 이루어지지 않으면 상환을 요구함으로서 대주의 위험을 감소시키려는 것이다.

은행이 담보를 압류하는 것을 좋아하는 것은 아니지만 선택의 여지가 없는 경우도 있다. 재무곤경 상황에서 PIPES의 자산을 유동화하려면 자산 가치는 얼마나 될까? 담보는 무엇인가?

여기는 중소도시여서 뱅커는 PIPES가 신용거래를 늘리려는 개인과 회사를 대부분 알고 있어 매출채권의 회수 가능성에 대해서도 높은 이해도를 가진다고 하자. 35일의 매출채권회수기간은 산업 내 경쟁자들보다 짧아서 보수적이라고 볼 수 있다. 재무적 곤경에 따른 청산상황에 저자들은 PIPES가 매출채권의 80%[11])를 회수할 수 있을 것으로 추정한다. 일부의 부실채권과 추심비용이 발생한다고 보는 것이다.

청산 시에는 PIPES가 재고를 정가에 현금화할 수 없다. 할인은 불가피하며 판매비용이 발생한다. 청산가치와 제조원가를 비교해야 한다. COGS는 정가의 75.46%여서, 재고를 COGS에 팔아도 24.54%가 할인된다. 한편 재고의 성격도 고려해야 한다. PIPES의 재고는 코모디티로 유동화가 어려운 특수 용도의 맞춤형 아이템이 아니다. 범용성이 큰 배관용품이다. 이상의 상황을 종합적으로 고려하면 저자들은 청산 시 재고의 60%가 회수된다는 가정

11) 저자들의 추정치는 경험에 근거한다. 우리는 재무곤경기업과 파산기업에 대해 상당한 연구를 해왔다. 뱅커 역시 재무곤경 자산의 회수율에 경험을 가진다. 여기서도 과거 회수율이 미래 예측에 사용된다.

하는 것은 보수적이라고 본다.

고정자산(PP&E)은 주로 부동산과 차량운반구(지게차와 차량)이다. 고정자산의 회계상 장부가치는 감가상각에 따른 가치 감소를 반영한다. 저자들은 청산 시 고정자산 장부가치의 85%를 회수할 것으로 가정한다.

[표 3.4]와 [표 3.5]는 이상의 판단에 따른 담보상황을 보여준다.

[표 3.4] 담보현황

(천달러)	2017	2018	2019
(a) 매출채권 장부가치	261	327	408
(b) 재고자산 장부가치	512	640	800
(c) 유형자산 장부가치	368	404	485

[표 3.5] 담보가치 평가

(천달러)	2017	2018	2019
(a) 현금 필요액	45	45	45
(b) 매출채권(장부가치의 85%)	209	262	326
(c) 재고자산(장부가치의 60%)	307	384	480
(d) 유형자산(장부가치의 85%)	313	343	412
담보의 청산가치 추정치 총계	874	1,034	1,263
장기차입금	90	80	70
은행차입금	557	613	711
차입금 총계	647	693	781
담보비율(담보 추정치 / 차입금 총계)	135%	149%	162%
담보비율(담보 추정치 / 은행차입금)	157%	169%	178%

은행의 대출에 대한 담보비율은 157%에서 178%로 증가한다. *은행은 보호받고 있는가?* 그렇다. 이 경우는 상당한 보호를 받는 것이다. 은행은 장기대출 시 다른 채권자들보다 우선적으로 담보권을 행사해 대출을 상환을 받을 수 있도록 모든 자산에 선순위 담보권을 가지려 한다. 또한 경영진이 영업활동을 적절히 통제하도록 약정사항을 부과한다는 점도 유의하자.[12)]

뱅커인 가르시아씨의 또 다른 걱정은 무엇인가? PIPES가 개인회사라는 점이다. *만일 스틸씨가 아프거나 사망한다면 이를 인수할 사람은 있는가?* 은행은 재난에 따른 위험까지도 걱정한다. *뱅커는 재난위험*

12) 개인사업자에게는 뱅커가 개인재산과 부동산을 담보로 제공하라고 요구할 수도 있다. 이번 사례에서는 스틸씨가 이를 제공하도록 요구받지는 않은 것으로 본다.

을 줄이거나 제거하기 위해 무엇을 할 수 있는가? 회사에 보험 가입을 요구할 수 있다. 비록 대기업이라도 은행이 화재나 재난에 대비해 회사의 핵심 인력에 대한 보험 가입을 요구하는 것은 예외적인 것이 아니다. 많은 국가에서 주택 모기지 대출을 받을 때 차주는 생명보험 가입을 요구받는다. 차주가 사망하게 되면 생명보험이 모지기를 상환하게 하기 위함이다. 또한 은행은 관행적으로 차주가 대출로 조달한 자산에 대해 화재보험을 가입할 것도 요구한다. 비대칭적 위험에는 보험을 가입하도록 요구하는 것이다.

그렇다면 이는 안전한 대출인가? 매우 안전한 대출로 볼 수 있다. 스틸씨는 15년간 이 사업을 해왔고 회사는 수익성도 양호하다. 그는 자신의 사업에 대해 잘 알고 있고 비용도 잘 통제하고 있으며 적극적으로 사업을 확장 중이다. 경기가 둔화하더라도 스틸씨가 사업을 적절히 관리하는 한 PIPES는 대출을 줄이면서 그에 대응할 수 있다. 아울러 은행은 청산을 통해 대출을 회수할 수 있는 충분한 담보를 보유하고 있다.

뱅커는 어떤 사업주에게 대출을 거부하는가? 은행은 경영능력이 부족해 보이거나 자신이 얼마가 필요한지도 모르는 사업주에게는 대출을 주저할 것이다. 역시 스틸씨가 은행에서 얼마나 빌릴 것인지 아이디어가 없다고 말한다면 은행은 대출을 꺼릴 수밖에 없다. 반면 충분히 검토된 추정 재무제표를 내밀면서 매년 25%씩 성장하려면 얼마의 차입금이 필요하다고 설명하고, 제공할 수 있는 담보와 사업계획을 명확히 제시한다면 은행이 대출에 확신을 가지게 될 것이다. 이런 회사는 은행의 우려를 불식시킬 수 있는 회사일 것이다.

만일 가르시아씨가 대출을 늘리지 않겠다면 스틸씨는 어떻게 해야 하는가? 다른 자금조달 방안을 찾아야 한다. 다른 자금조달 방안이 있는가? 저자들은 이 대출이 긍정적이기 때문에 다른 은행과 협의해볼 것을 권하고 싶다. 다만, 이 방법이 실패한다면 과거에 자금을 조달했던 방법, 다시 말해 공급자와의 외상거래를 늘리는 방법을 생각해볼 수 있을 것이다. 이 방법은 은행차입보다 비싸지만 공급자들이 상거래신용을 제공하기만 한다면 선택지가 될 수 있다.

주식 발행하는 것도 선택 가능하다. 아직 회사가 기업공개(IPO)를 할 규모는 아니더라도 주주가 되기 원하는 투자자를 찾을 수 있을 것이다. 종업원들도 주주로서 사업에 참여하길 원할 수 있다.

또한 회사는 매출채권을 대신 수금할 제3자에게 매출채권을 매각함으로써 자금을 조달할 수 있다. 이를 팩토링(factoring)이라고 하는데, 대부분이 신용카드 매출채권을 매각하는 것이긴 하지만 이는 현재 매우 일반화된 거래이다. PIPES는 고객에게 외상거래를 주기 않는 대신 신용카드로 대금을 결제하는 것을 허용할 수 있다. PIPES는 신용카드사로부터 대금을 즉시 받을 수 있다. 고객은 대금을 갚아야 하지만, 매출채권이 신용카드사로 넘어갔기 때문에 대금을 나중에 신용카드사에 결제하게 된다. 카드사는 매출채권 구매 전에 신용조회를 하고 나중에 대금을 수금한다. 당연히 이는 공짜가 아니다. 카드사는 이러한 서비스를 제공하는 대가로 중소가맹점에 3 ~ 5%, 대형가맹점에 1 ~ 2%의 수수료를 부과한다.

또 다른 선택지는 PIPES가 자산 일부를 처분하는 것이다. 회사는 고정자산을 매각한 후 재임대하거나 그에 대해 모기지를 쓸 수 있다. 현재 PIPES는 이런 모기지를 사용하지 않고 있다.

또 다른 질문을 해보자. 스틸씨는 사업을 계속 확장해야 하는가? 만일 은행이 그에게 성장에 필요한 자금을 빌려주지 않는다면 성장을 늦추는 것이 해결책이 될 수 있다. 어떻게 회사의 성장을 늦추는가? 최선책은 가격을 인상하는 것이다. 이렇게 하면 성장을 늦출 뿐 아니라 수익성도 개선할 수 있다. 물론 고객 서비스나 편의를 줄이는 것도 생각해볼 수 있다.

뒤에서 투자결정과 자본비용의 개념을 다루겠지만 여기서는 맛보기 수준으로 이에 대해 살펴보자. PIPES에게 매 100,000달러의 매출이 발생하면 COGS는 75,460달러, 영업비용은 15,000달러 발생한다. 이때 순운전자본은 26,430달러 증가하기 때문에 7% 이자율 감안 시 회사에 1,824달러의 비용을 발생시킨다. 결국 100,000달러의 추가 매출당 PIPES의 영업이익은 9,040달러($100,000 − $75,460 − $15,500) 증가한다. 또한 여기서 1,824달러의 금융비용을 빼면 세전이익은 7,216달러($9,040 − $1,824), 당기순이익은 4,690달러 증가한다. 이 사례는 매출이 증가하면 이익도 증가한다. 따라서 관리 가능하다면 스틸씨는 계속 사업을 확장하려 할 것이다.

매출 증가의 영향:			
매출액 증가			$100,000
COGS 증가(75.46%)		$75,460	
SG&A 증가(15.5%)		$15,500	
금융비용 증가(아래 참조)		$1,824	
전체 비용 증가			$92,784
추가 세전이익			$7,216
법인세(35%)			$2,526
당기순이익 증가			$4,690
금융비용 관련:			
매출채권(매출액의 9.5%)	$9,500		
(+) 매출채권(매출액의 18.62%)	$18,620		
(−) 매입채무(매출액의 2.07%)	−$2,070		
순운전자본 변동		$26,050	
차입이자율		7%	
금융비용 증가		$1,824	

2018년 법인세법 개정

미국 법인세법은 2016년 이 책의 초판이 발행된 이후 개정되었다. 언급한 것처럼 2018년 세법 개정으로 법인세율은 35%에서 21%로 낮아졌다. 또한 세전이익에 대한 이자비용 공제한도도 신설되었다. 이 공제한도는 대부분의 기업에 영향을 미치지는 않지만, 6장에서 자세히 살펴보기로 한다. 이번 세법 개정 전 마지막 법인세율 변경은 1993년에 있었다. 편의상 이 장의 추정치들은 법인세 변경 전인 2016년 말에 작성된 것으로 가정했다. 결과적으로 2016년부터 2019년 추정치에는 같은 법인세율이 적용되었다.

이 법인세율 변경은 세후손익이 단순히 14%(35%－21%) 증가했을 것으로 보는 것 이상의 의미를 갖는다. 배관용품과 같이 경쟁이 심한 산업에서는 기업들이 이러한 감세 혜택을 모두 누리기는 어렵다. 진입장벽이 낮아 기존 업체의 수익성 개선은 신규 업체의 시장진입을 견인하기 때문이다. 심지어 신규 업체가 진입하지 않아도 세율이 낮아진 것을 감안해 가격을 낮춰 매출을 늘리려 할 수도 있다. 이러한 점들은 모두 재무추정에서 과거 재무비율을 사용할 수 없도록 하는 요소들이다. 또한 이는 우리가 다양한 시나리오를 검토해야 한다는 의미기도 하다.

요약정리

1. PIPES는 수익성이 양호한 회사지만 자금이 부족하다. 이러한 현상은 이례적이지 않으며 실제에서 일반적으로 발생한다. 많은 회사들이 이익으로 얻은 내부 자금으로 성장할 수 있는 것 이상으로 빨리 성장한다. 이는 자본시장이 존재하는 이유이다. 뉴욕증권거래소 상장기업은 대부분 공모 회사채를 발행하고 있다. 또한 모든 성장기업이 내부적으로 창출하는 현금보다 더 많은 현금을 필요로 한다. (이에 대해서는 지속가능성장 개념을 참조하라. 5장에서 이 개념을 소개하고, 세부적인 내용은 9장에서 살펴보기로 한다.) 이런 상황은 일반적이고 PIPES가 외부에서 자금을 조달하고자 하는 이유이기도 하다.
2. 자금의 원천과 사용은 회사가 자금을 어디서 얻고 어디에 사용하는지를 보여준다.
3. 비율분석은 한 회사를 산업 내 경쟁사들과 비교하거나, 시간 흐름에 따른 자신의 변화(예: 특정 비용의 비율이 일정하게 유지되는가?)를 살펴보는데 사용된다. 비율분석은 기업의 재무건전성을 평가하는 기본지표이다. 애널리스트가 사용하는 재무비율은 재무건전성 평가뿐 아니라 채무약정에도 중요하게 활용된다. 사전에 정한 재무비율을 유지하지 못하

면 채무불이행이 트리거될 수 있다. 또한 과거 재무비율은 지속성을 가진다는 점에서 재무추정에도 유용하게 사용된다.

4. 추정 재무제표는 미래에 대해 예측된 손익계산서와 대차대조표이다. 이는 회사의 재무비율이 어떻게 변동(또는 유지)하는지에 관한 가정에 기초한다. 추정 재무제표를 활용하면 회사의 자금조달 규모와 조달기간을 파악할 수 있다. PIPES의 경우 2017년에 557,000달러의 차입금이 필요하며, 2019년에는 711,000달러로 차입금이 더 필요한 것으로 추정되었다. 또한 추정 재무제표를 통해 이러한 자금조달 소요가 단기적인 것이 아닌 영구적이란 사실도 알게 되었다.

   한편 우리는 자금의 원천과 사용, 비율분석, 재무추정 등 세 가지 분석기법을 이 책 전반에서 반복해서 사용할 것이다.

5. 추정 재무제표상 모든 항목들이 동일한 중요성을 갖지는 않는다. 예를 들어 PIPES의 경우 현금과 미지급비용에 어떤 가정이 적용되었는지는 그다지 중요하지 않다. 이것들은 매출액, 매출채권, 재고자산, 고정자산, 매입채무에 비해 규모가 크지 않기 때문이다. 추정 재무제표를 작성할 때 중요한 결정동인을 파악하고 그에 집중하는 것이 중요하다.

6. 우리는 다음과 같은 은행의 예상 질문에 답했다. 이 회사는 왜 자금을 필요로 하는가? 이 회사는 얼마나 많은 자금을 필요로 하는가? 은행은 언제 자금을 상환 받는가? 대출에 수반되는 위험은 무엇인가?

7. 이 장에서는 뒤에서 살펴볼 자본비용과 투자 수익성에 대해서도 간단히 살펴보았다.

다음 주제

다음 장에서는 계절성이 미치는 영향을 고려하면서 PIPES의 사례를 마무리한다.

[첨부 3A] 회계는 경제적 실질이 아니다.

여기서는 회계의 본질을 설명하고 회사의 근원적 경제적 실질을 반영하려는 회계적 노력이 제한을 받게 되는 불가피함에 대해 살펴본다.

대차대조표는 왜 균형을 이루어야 하는가? 회계사에게 이런 질문을 하면 아마도 대차대조표가 다음과 같은 등식을 만족해야 한다는 답을 들을 수 있다.

자산 = 부채 + 자기자본

만일 회계사에게 더 캐묻게 되면 그는 대차대조표의 구성과 작성방법 등을 설명할 것이다. 물론 왼쪽의 차변과 오른쪽이 대변에 대해서도 설명을 듣게 될 가능성이 높다. 회계사는 대차대조표가 균형을 이루지 못하면 오류가 있는 것이라고 말할 것이다. 이 말이 틀린 것은 아니지만 이런 시각은 대차대조표가 진정으로 무엇인지를 놓치고 있다고 보아야 한다.

대차대조표의 왼쪽은 회사가 보유하고 통제하는 자원으로 회사가 현금흐름을 창출하는 재원(자산)이다. 반대쪽인 오른쪽은 이러한 재원을 어떻게 조달(부채 또는 자본)했는지를 보여준다. 따라서 양쪽은 반드시 균형을 이루어야 한다. 양쪽은 개별적으로 측정되지만 균형을 이루어야 한다. 만일 균형을 이루지 않으면 오류가 있다는 의미이며 수정되어야 한다. (물론 균형이라고 해서 대차대조표에 오류가 없다는 의미는 아니다.) [표 3A.1]과 같이 대차대조표는 좌측에 자산, 우측에 부채와 자본을 배치한 T계정으로 나타낼 수 있다.

[표 3A.1] 전형적 대차대조표

자 산:	부 채:
현 금	매입채무(공급자로부터의 차입)
매출채권(회사에 대한 빚)	차입금
재고자산	
기타의 단기자산	**자기자본:**
유형(고정)자산	주주자본금
기타의 장기자산	이익잉여금

회계 수치는 진실을 나타낸다는 선입견이 있다. 이는 아마도 회계가 수학에 기초를 두기 때문으로 생각된다. 하지만 회계규정과 관행은 경영진에게 회사의 경제적 실질을 어떻게 보일 것인가에 대한 재량권을 부여한다. 대차대조표는 대수방정식으로 좌측 차변의 합계와 우측 대변 합계가 반드시 일치해야 한다. 하지만 실제 진실은 비록 재무관리보다는 과학에 가

깝다고 하더라도 회계 역시 과학보다는 기술에 가깝다는 것이다. 회계는 회사의 경제활동의 여러 단면들 중 하나를 보여준다. 여기서 문제는 한 단면이 유일한 "진실"일 수는 없다는 점이다.

"여러" 진실의 예를 살펴보자. 티셔츠 단일 품목을 판매하는 업자가 있다고 해보자. 편의상 주인이자 투자자인 그는 36달러(현금과 자본 증가)로 장사를 시작한다. 시간이 지나면서 그는 똑 같은 티셔츠 세 장을 각각 10달러, 12달러, 14달러에 구입(현금 36달러 사용, 재고 36달러 증가)했다. 물가나 시장상황 등 가격이 왜 변동했는지는 중요하지 않다. 티셔츠는 똑같은 제품이기 때문에 고객들은 자신에게 어떤 티셔츠를 주는지는 전혀 신경 쓰지 않을 것이다.

[표 3A.2] 판매전 발생주의회계

자 산:			부 채:		
티셔츠 #1	$10		차입금	$0	
티셔츠 #2	$12				
티셔츠 #3	$14		**자기자본:**		
			주주자본금	$36	
총 계		$36	총 계		$36

아직 아무것도 팔리지 않았다면 대차대조표는 재고자산 36달러, 자기자본 36달러로 균형을 이룬다. ([표 3A.2] 참조)

이제 티셔츠 하나를 20달러에 팔았다고 해보자. 이 회사는 얼마의 수익을 얻는가?

이에 답하는 방법에는 다섯 가지가 있다.

1. 선입선출법(FIFO)을 사용해 재고를 비용화하는 발생주의회계
2. 이동평균법을 사용해 재고를 비용화하는 발생주의회계
3. 후입선출법(LIFO)을 사용해 재고를 비용화하는 발생주의회계
4. 현금주의회계
5. 시장가격으로 재고를 평가하는 발생주의회계

처음 세 가지 방법은 회사가 티셔츠 하나를 판매할 때 비용을 어떻게 정하는지에 대한 전통적인 발생주의회계 방법이다. 회사가 티셔츠를 구매한 순서로 비용화하는 방법을 선택하면 가장 먼저 구매한 티셔츠의 원가부터 인식된다. 이를 "선입선출법"(FIFO)이라 부른다. 이 경우 회사의 이익은 10달러(매출 $20 − 비용 $10)가 된다. 대차대조표에는 나중에 구입한

티셔츠 두 장이 26달러([표 3A.3A] 참조)로 평가되어 남게 된다.

두 번째 방법으로 티셔츠 세 벌의 평균원가(36 / 3 = $12)로 재고를 비용화할 수 있다. 이 방법은 "평균원가법"(AVG; [표 3A.3B] 참조)이다. 이 경우 이익은 8달러(매출 $20 – 비용 $12)가 된다. 이는 나머지 두 티셔츠가 각각 12달러, 합하여 재고가 총 24달러로 평가된다는데 주목하자.

세 번째 방법에서는 가장 나중에 구매한 티셔츠의 원가를 먼저 비용화한다. 이를 "후입선출법"(LIFO; [표 3A.3C] 참조)이라 한다. 이 경우 이익은 6달러(매출 $20 – 비용 $14)가 된다. 이 방법은 대차대조표에 가장 나중에 구매한 티셔츠 두 장이 22달러($10 + $12)로 재고로 평가된다.

이상의 FIFO, AVG, LIFO는 모두 정당한 회계처리 방법이지만 비용의 인식 방법에 따라 각기 다른 이익과 대차대조표를 만들어 내는 것이다.

[표 3A.3A] 선입선출법(FIFO)

자 산:			부 채:		
현 금	$20		차입금	$0	
티셔츠 #2	$12				
티셔츠 #3	$14		**자기자본:**		
			주주자본금	$36	
			이익잉여금	$10	
총 계		$46	총 계		$46

[표 3A.3B] 평균원가법(AVG)

자 산:			부 채:		
현 금	$20		차입금	$0	
티셔츠 2장(@ $12)	$24				
			자기자본:		
			주주자본금	$36	
			이익잉여금	$8	
총 계		$44	총 계		$44

[표 3A.3C] 후입선출법(LIFO)

자 산:			**부 채:**		
현 금	$20		차입금	$0	
티셔츠 #1	$10				
티셔츠 #2	$12		**자기자본:**		
			주주자본금	$36	
			이익잉여금	$6	
총 계		$42	총 계		$42

FIFO를 선호하는 논거는 재고가 판매되지 않은 두 장의 티셔츠 원가(26달러($12 + $14))로 평가되는데, 이는 대체원가인 28달러에 근접한다는 점이다. (가격이 14달러로 올랐다면 두 단위를 대체하기 위해서는 28달러가 필요하다고 볼 수 있다.) 반면 LIFO의 재고는 (물가가 상승하면) 대체원가보다 작게 평가된다. 여기서 LIFO의 재고는 22달러($10 + $12)로 평가된다. 결국 FIFO는 먼저 구매한 것부터 비용화하기 때문에 대차대조표 재고는 현재가치인 대체원가를 더 잘 반영하게 된다. 따라서 대차대조표의 관점에서 FIFO에 따른 재고가 LIFO보다 적절할 수 있다.

그렇다면 왜 FIFO가 모든 재무제표 공시에 사용되지 않는가? 그 이유는 회사의 주식가치가 대차대조표상 가치를 정확히 반영하지 않는다는 사실과 관련된다. 대부분의 회사는 미래의 이익창출 능력에 따라 가치를 평가받는다. 재무보고의 핵심 목적 중 하나는 외부인이 회사의 현금창출 능력을 추정할 수 있게 하는데 있고, 이는 현재 회계상 이익을 검토하는 것부터 시작된다. 또한 이를 위해 외부인은 대차대조표뿐 아니라 손익계산서와 현금흐름표를 검토하게 된다.

FIFO에서는 대차대조표상 재고자산이 보다 적절하게 평가된다. 다만, 이익 측면에서는 다른 의미가 있다. FIFO에서 이익은 10달러인 반면 LIFO에서 이익은 6달러이다. 미래 이익과 현금흐름의 예측치로 두 이익 수치 중 어느 것이 더 적절한가? 티셔츠의 판매가가 20달러, 구매가가 14달러로 계속 유지된다면 LIFO로 계산한 6달러의 이익이 더 정확한 미래의 기대 이익 추정치일 것이다. 두 경우의 이익 차이 4달러($10 − $6)는 회사가 재고를 판매할 때 실현된다. 첫 번째와 두 번째 티셔츠의 초과 이익은 지속 가능하지 않는 일회성이라는 점에서 LIFO가 미래 이익과 현금흐름의 추정에 더 적절할 수 있다.

평균원가법은 두 방법을 절충한 방법이다.

왜 단순하게 세 장의 티셔츠에 각기 번호를 매기고 실제 판매되는 제품에 대한 원가를 비용화하지 않는가? 이 방법은 개별원가법(specific identification)이라 불리며 역시 유효한 방법이다. 이는 최고급 수제 자동차와 같이 특정한 제품을 고객이 선택하게 되는 고가 제품에 사용된다. 그러나 티셔츠는 가격이 싸고 차별성이 없는 제품이다. 판매된 특정 티셔츠의 구매가를 비용화한다는 것은 업주가 고객에게 어떤 티셔츠를 팔 것인지를 결정해 보고되는 이익을 자의적으로 결정할 수 있게 한다는 뜻이다. (사실 고객은 제품이 동일하기 때문에 어떤 티셔츠를 주더라도 신경 쓰지 않는데도 말이다.) 회계의 중요한 목적 중 하나는 외부인에게 보고되는 이익을 경영진이 자의적으로 선택하지 못하도록 하는데 있다.

경영진은 FIFO, LIFO, AVG 등의 회계처리 방법을 변경해 회사의 이익에 영향을 미칠 수 있는 것이 사실이다. 하지만 회사는 회계정책을 공시해야 하기 때문에 외부인은 이를 바탕으로 회사가 보고한 이익의 의미를 해석해 낼 수 있다. 나아가 다른 회계처리 방법으로 이익 수치를 조정해 낼 수도 있다.[13)]

이상과 같이 전통적인 세 가지 회계처리방법(FIFO, LIFO, AVG)은 자산가치를 보여주는 대차대조표와 현금흐름 추정에 사용되는 손익계산서에서 역관계의 효과를 가진다. 한편 단순한 사업체의 이익을 계산하는 데는 두 가지 방법이 더 있다.

한 가지 방법은 현금에 집중하는 것이다. 현금흐름을 다룰 때 살펴보겠지만 실질(reality)은 현금이고 "현금이 왕(king)이다." 현금주의회계(cash accounting)에서는 오직 하나의 자산만 존재한다. 현금이다.[14)] 대금을 지불할 때 비용이 인식되며, 현금이 수금될 때 매출이 발생한다. 따라서 현금주의에 따라 보고되는 유일한 자산이 현금이라면, 이 회사가 티셔츠를 한 장 팔면 16달러(구매원가 $36 − 판매가 $20)의 손실을 기록하게 된다.

현금주의회계를 따를 경우 이 회사의 대차대조표는 [표 3A.3D]와 같이 된다.

[표 3A.3D] 현금주의회계

자 산:			**부 채:**		
현 금	$20		차입금	$0	
재고자산	$0				
			자기자본:		
			주주자본금	$36	
			이익잉여금	($16)	
총 계		$20	총 계		$20

현금주의회계의 장점은 실질의 한 요소인 실제 현금유출입을 반영한다는 것이다. 반면 단점은 재고의 경제적 가치를 반영하지 않으며 미래 현금흐름 예측력을 제공하지 못한다는

13) 회사는 회계정책을 변경할 수 있다. 이때 회사는 변경의 이유와 필요성을 설명해야 하고, 회계정책을 변경한 해에는 변경에 따른 회계적 효과에 대한 정보를 제공해야 한다.

14) 일반적으로 사용되는 발생주의회계의 반대인 현금주의회계는 농업, 어업 등 소규모 사업장에 주로 사용된다. 다만, 세무회계에서는 현금주의가 널리 사용된다.

것이다.

마지막으로 시가평가법(mark-to-market)에 따른 이익은 24달러로 계산된다. 이 방법은 팔리지 않은 티셔츠를 취득원가가 아닌 시장가치 추정치로 평가한다. 따라서 2장의 티셔츠는 둘 다 시장가치(market value)의 추정치인 최근 판매가(각 $20)로 평가된다.[15)]

[표 3A.3E] 시가평가

자 산:			**부 채:**		
현 금	$20		차입금	$0	
티셔츠 2장(@ $20)	$40				
			자기자본:		
			주주자본금	$36	
			이익잉여금	$24	
총 계		$60	총 계		$60

따라서 회사는 주주의 투자금인 36달러로 시작해 연말에는 60달러(현금 $20 + 재고 $40)의 경제적 가치를 가지는 것으로 평가된다. 기초 기업가치($36)와 기말 기업가치($60)의 차이 $24달러는 미실현 이익을 포함한 이익이다. 시가평가는 20달러의 현금과 장당 20달러의 가치를 갖는 티셔츠 두 장을 가지고 있는 회사를 제3자에게 매각할 때 회사 주주들은 매각가로 60달러를 기대하게 된다는 점을 반영하고 있다.

시가평가는 다른 회계방법이 가지고 있는 문제점, 즉 경영진의 회계처리 재량 문제를 극복하려는 시도이다. 시가평가는 재고의 판매량이나 판매 순서에 관계없이 가치가 일정하게 평가된다는 장점을 가진다. 하지만 시가평가는 경영진이 재고를 평가할 때 평가과정에 영향을 미치는 재량권을 가진다는 단점을 가진다. 재고의 경제적 가치는 (외부인에게 유용하도록) 적절해야 한다. 하지만 해당 재고를 적절히 평가하기 위해서는 해당 자산에 충분한 유동성을 가진 시장이 존재해야 한다. 그렇지 않으면 경영진은 객관적이지 않은 수치를 평가에 적용하게 된다.

참고: 만일 티셔츠 3장 모두 판매한 후에 회계처리가 이루어진다면, 재고자산 평가방법(FIFO, LIFO, AVG 등)이나 현금주의 또는 시가평가의 선택 문제는 문제가 되지 않는다. 만일 기업의 청산 시점에 모든 회계처리를 한다면 회계처리의 선택 결과는 동일할 것이다. 따라서 우리가 회계처리를 선택하는 것은 그저 회계처리를 매년 또는 매분기, 매월하기 때

15) 일부에서는 다른 경제적 가치평가를 사용해서 이익을 인식해야 한다고 주장한다. 가령 기말 재고에 있는 두 장의 평가에 가장 최근 판매가 대신 가장 최근 구매가인 14달러를 사용하는 것인데, 이 경우에 대차대조표상 자산은 48달러(현금 $20 + 재고 $28(2장 * $14)), 이익은 12달러(기말 $48 - 기초 $36)가 된다.

문이다.

이상의 간단한 사례는 회계에 유일한 정답이란 존재하지 않는다는 것을 보여준다. 회계는 자산의 최적 가치평가와 미래 현금흐름 추정 사이에 역관계를 발생시킨다. 경영자는 회사의 그림에 근거해 자신이 외부에 회사를 어떻게 보여줄 것인지 결정한다. 한편 사업이 복잡해지면 이러한 역관계의 영향이 증가한다. 이는 회계에 단일 값의 “이익”이나 “순가치”를 결정하는 유일한 방법이 존재하지 않는 이유이기도 하다. 회사의 경제적 실질을 이해하는데 재무제표가 출발점이긴 해도 종착점은 아니라는 것을 이해해야 하며, 회사가 선택한 회계처리방법을 이해하려고 노력하는 것도 중요하다.

CHAPTER 4

계절성과 자금조달 (PIPES-C)

이번 장은 이전 두 장에서 소개된 재무적 기법을 실질적으로 확장해본다. 이를 위해 사업의 계절성(seasonality)의 영향을 재무제표에 반영해본다. 결과적으로 이 장에서는 재무제표를 연간이 아닌 월간으로 검토하게 된다.

기업의 재무상태를 살펴볼 때 일반적으로 사업보고서가 이용된다. 연간 단위 손익계산서와 대차대조표는 기업분석의 합리적인 출발점이 된다. 또한 지난 장에서 PIPES에 가정한 것처럼 한 해 동안 자산, 부채, 매출액이 상당히 안정적이라면 분석에 연도별 재무제표를 사용해도 충분할 수 있다. 그러나 많은 기업들은 사업의 계절성으로 인해 연중에 매출액과 자산/부채가 큰 변동을 보이기도 한다. 예를 들어 크리스마스 시즌이면 소매업체는 특수를 맞는다. 이 기간 매출은 최고치를 기록하고 재고는 시진 직전 최고에서 직후 최저로 줄어든다. 당연히 이런 상황은 매출채권, 매입채무, 은행차입금에 연쇄적으로 영향을 미친다. 만일 PIPES가 중서부에 위치해 있고 매출의 상당부분을 건설업자들에게 의존한다면, 하절기 공사가 늘어나면서 계절적인 영향을 보일 수 있다.

우리는 기존에 학습한 재무기법의 활용도를 높이고 계열성의 영향을 감안하기 위해 기존 PIPES의 사례를 확장해본다. 이 회사의 매출액은 [표 4.1]에서 보는 것처럼 북부에 위치하고 있어 계정성을 보인다고 가정한다. 우리는 이 회사의 매출이 12월, 1월, 2월에 저점, 6월, 7월, 8월에 고점에 이른다고 가정한다. 산업활동의 계절성으로 인해 성수기인 4월에서 9월 사이에 연매출의 60%, 비수기인 10월에서 3월 사이에 연매출의 40%가 발생한다.

12월 31일의 연간 손익계산서와 대차대조표는 지난 장에서와 같다고 가정한다. 따라서 연간 매출액과 이익은 같지만 월간 영업활동의 변동성이 미치는 영향을 감안해보기로 한다.

[표 4.1] PIPES의 2016년 ~ 2017년 월매출 실적과 추정

(천달러)	2016년 실적	2017년 (+25%)	비 중
1월	88.00	110.00	4.00%
2월	132.00	165.00	6.00%
3월	176.00	220.00	8.00%
4월	176.00	220.00	8.00%
5월	220.00	275.00	10.00%
6월	242.00	302.50	11.00%
7월	242.00	302.50	11.00%
8월	242.00	302.50	11.00%
9월	198.00	247.50	9.00%
10월	198.00	247.50	9.00%
11월	176.00	220.00	8.00%
12월	110.00	137.50	5.00%
합계	2,200.00	2,750.00	100.00%
4월 ~ 9월	1,320.00	1,650.00	60.00%
1월 ~ 3월 및 10월 ~ 12월	880.00	1,100.00	40.00%
합 계	2,200.00	2,750.00	100.00%

월별 추정 손익계산서

연간 기준이 아닌 월간 기준으로 2017년 PIPES의 자금조달 소요 추정은 2016년 실제 손익계산서와 대차대조표에서 시작한다. 그리고 [표 4.2]와 같은 2017년 월별 추정 손익계산서를 작성하기로 한다.

[표 4.2]는 [표 4.1]의 월간 매출액 추정치와 2장에서 적용했던 재무비율을 사용해 작성한 것이다. 손익계산서상 재무비율은 시간이 흘러도 안정적으로 유지된다고 보지만 월간 매출의 변동성으로 인해 대차대조표상 일부 재무비율은 조정될 수 있다. 예를 들어 제조원가(COGS)를 월간 매출액의 75.46%(77% − 2% 할인)에서 유지된다. 왜인가? 우리가 PIPES는 한 해 동안 원가에 대해 마진이 일정하게 유지되도록 판가를 정한다고 가정하기 때문이다. 이렇게 되면 매출총이익률(COGS / 매출액)은 연간과 월간이 같아진다.

[표 4.2] 2017년 PIPES의 월별 추정 손익계산서

월말(천달러)	1월	2월	3월	4월	5월	6월	
매출액	110.00	165.00	220.00	220.00	275.00	302.50	
COGS	83.01	124.51	166.01	166.01	207.52	228.27	
매출총이익	26.99	40.49	53.99	53.99	67.49	74.23	
SG&A	35.52	35.52	35.52	35.52	35.52	35.52	
영업이익	(8.53)	4.97	18.47	18.47	31.96	38.71	
이자비용	3.92	3.92	3.92	3.92	3.92	3.92	
세전이익	(12.45)	1.05	14.55	14.55	28.04	34.79	
법인세비용(35%)	(4.36)	0.37	5.09	5.09	9.81	12.18	
당기순이익	(8.09)	0.68	9.46	9.46	18.23	22.61	
월말(천달러)	7월	8월	9월	10월	11월	12월	합 계
매출액	302.50	302.50	247.50	247.50	220.00	137.50	2,750.00
COGS	228.27	228.27	186.76	186.76	166.01	103.76	2,075.16
매출총이익	74.23	74.23	60.74	60.74	53.99	33.74	674.84
SG&A	35.52	35.52	35.52	35.52	35.52	35.52	426.24
영업이익	38.71	38.71	25.22	25.22	18.47	(1.78)	248.60
이자비용	3.92	3.92	3.92	3.92	3.92	3.92	47.04
세전이익	34.79	34.79	21.30	21.30	14.55	(5.70)	201.52
법인세비용(35%)	12.18	12.18	7.46	7.46	5.09	(2.00)	70.55
당기순이익	22.61	22.61	13.84	13.84	9.46	(3.70)	131.01

우리는 또한 월간 판매비와 일반관리비(판관비, SG&A)는 매출액의 15.5%를 12개월로 나누어 구한다. 결국 판관비는 월간 매출 변동에도 불구하고 월간으로 일정하다고 가정한다. 왜인가? PIPES가 연중 종업원 수와 기타의 판관비가 일정하다고 가정하기 때문이다. 이로 인해 월간 비용은 일정하고 동시에 월간 영업이익/매출액의 비율은 변동하게 된다.

저자들은 이러한 두 가정이 합리적이라고 생각한다. 하지만 3장에서 수차례 언급한 바와 같이 재무관리에 유일한 정답이란 존재하지 않는다. COGS가 월간 매출의 일정 비율로 유지된다는 가정은 합리적일 수 있고 특히 1차 관문으로는 그렇다. SG&A가 (매출액의 일정 비율이 아닌) 매월 고정된 금액일 것이라는 가정도 합리적으로 보인다. 물론 기업이 연중 종업원을 고용하고 해고함으로써 SG&A가 매출액에 따라 변동할 것으로 가정할 수도 있다. 하지만 저자들은 이 가정은 현실적이라 생각하지 않는다. PIPES의 내부 사정을 잘 안다면 생각을 달리할 수 있다. 만일 PIPES의 종업원으로서 은행을 위해 재무제표를 추정 중이라

면 내부 사정을 감안해 월간 재무비율을 보다 정확하게 적용할 수 있을 것이다. 또한 여러분이 이 산업의 담당 애널리스트이고 월간 재무제표를 사용해 기업가치를 평가한다면 역시 내부 사정을 좀 더 정확히 반영할 수 있을 것이다.

월간 세율은 세전이익의 35%로 가정한다. 세금은 세전이익의 정률함수이기 때문에 기존의 세율 가정을 변경할 이유는 없다.

앞에서와 같이 이자비용은 순환반복적 계산이 필요하다. 일단은 초기 이자비용 추정치로 3장의 [표 3.3A]에서와 같이 연간 47,000달러, 월간으로는 3,917달러($47,000 / 12)로 정한다. 다만 초기 재무제표 작성 이후 월간 대출액 변동을 반영하여 월간 이자비용도 조정하기로 한다.

[표 4.2]의 2017년 월별 추정 손익계산서를 보면 매출은 1월 110,000달러의 저점을 기록하고 6월에서 8월에 302,500달러의 호실적이 예상된다. 다만 연간 매출액은 2,750,000달러로 같다. 연간 당기순이익도 3장과 같이 131,000달러로 추정된다. 월간 COGS, SG&A, 이자비용, 법인세의 합계액도 연간 금액과 역시 일치한다. 따라서 2017년 월별 추정 손익계산서를 합산하면 모든 항목은 [표 3.3A]의 연도별 추정 손익계산서 항목들과 정확히 일치하게 된다.

3장에서 학습한바와 같이 추정 손익계산서는 대차대조표의 자기자본을 결정하고 결과적으로 은행차입금 규모에 영향을 미친다. 또한 은행차입금은 이자비용에 영향을 미쳐 다시 당기순이익에 영향을 준다. 따라서 월간 임시 추정 손익계산서를 작성하더라도 매월의 손익계산서와 대차대조표 사이의 순환반복적 영향을 고려해 최종적인 월간 재무제표를 도출해야 한다. 우리는 우선 월간 대차대조표의 일부 항목들을 결정하고 나서 이를 실행하고자 한다. (후에 이해하게 되겠지만 이런 반복순환적 계산으로 인해 연간 이자비용과 당기순이익은 변동하게 된다.)

월별 추정 대차대조표

월별 추정 손익계산서를 작성했으면 월간 대차대조표를 작성할 차례이다. 월별 추정 손익계산서를 작성한 것과 같은 방법으로 [표 4.8]과 같은 월별 추정 대차대조표를 작성한다. 이를 위해서는 기존에 추정한 연간 재무비율을 월간 활동에 따라 어떻게 월간 재무비율로 조정할지 가정해야 한다.

연간과 마찬가지로 월별 추정 대차대조표에서도 현금과 은행차입금은 일반적으로 최종단계에서 결정되는 플러그 수치이다. 월간으로 회사의 현금 잔액은 양(추가 자금조달 필요

없음)의 값을 보일 수도 음(추가 자금조달 필요)의 값을 보일 수도 있다.

우리는 매월 말 최소 현금을 45,000달러로 가정한다. 이는 2장의 연도별 추정 대차대조표상 현금 잔액과 같은 것이다.[1] 다시 말해 PIPES는 현금을 최소 45,000달러 유지해야 하며, 이때 부족분이 있으면 은행차입금으로 충당하고 잉여분이 있으면 은행차입금을 상환하는 것이다.

월말 매출채권은 당월 매출액과 전월의 17일분 매출액(17 / 30 = 57%)의 합계액으로 가정한다. 이는 어떻게 결정한 것인가? 합리성을 점검하기 위해 연간 대차대조표를 다시 살펴보자. 2장에서 2016년 말 매출채권 211,000을 연간 매출액 2.2백만 달러로 나누면 매출채권은 연매출의 9.59% 또는 35일분(매출채권 / 일평균매출액 또는 연매출액 / 365) 매출액에 해당한다. 다만, 이것은 연말 대차대조표를 기준으로 계산한 것이다.

계절성이 없다면 매출채권회전일수는 변동하지 않고 월간 매출채권회전율은 연평균 매출채권회전율의 12배가 된다. 계절성이 없으면 월간 재무추청에서 본바와 같이 2016년 12월 매출액은 110,000달러가 아닌 183,3000달러($2,200,000 / 12)가 될 것이다. 그렇다면 12월 말 매출채권은 매출액의 115%($211,000 / $183,333 또는 9.59% * 12)가 된다. 월간 매출채권회전일수는 34.5일($211,000 / ($183,333 / 30))로 일정할 것이다.[2]

잠시 속도를 좀 늦추고 이를 다른 방식으로 살펴보자. 만일 매출이 연간 일정하다면 월간 매출액에 대한 월간 대차대조표 항목의 비율은 연간 이 비율의 12배와 일치(115% = 9.59% * 12)하게 된다. 계절성이 없다면 월간이나 연간 매출 어느 것을 사용하더라도 대차대조표 항목의 매출액 회전일수는 일정할 것이다.

지금까지는 문제가 없었다. 하지만 계절성에 따라 월간 매출의 변동을 허용하면 대차대조표 항목의 월간 매출액 비율에는 변동이 발생한다. 매출채권을 추정하려면 PIPES가 대금을 수금하는데 얼마나 걸리는지, 즉 매출 발생에서 대금 회수까지의 기간을 정해야 한다. 12월 31일의 매출채권이 211,000달러이고 12월 매출액이 110,000달러이면, 12월 매출액 전부와 11월 매출액 중 101,000달러가 매출채권으로 나타난다.

1) 최소 현금을 매출액과 직접 연동시킬 수도 있지만 편의상 여기서는 최소 현금이 매월 같다고 가정한다.

2) 1년은 365일로, 1개월은 30일로 계산하기 때문에 앞에서는 35.0일이었지만 여기서는 34.5일로 약간의 단수 차이가 발생했다.

2016년 12월말 매출채권	$211,000		
12월 판매분 미수금(100%)	$110,000		30일
11월 판매분 미수금(잔액)		$101,000	
11월 매출액	$176,000		
11월 일평균 매출액	/ 30	$5,867	
11월 매출분 미수금 회수일수			17일
매출채권회전일수			47일

11월 미수금 101,000달러를 11월 일평균 매출액 5,867달러($176,000 / 30)로 나누어보면, 매출채권 수금에는 12월 한 달(편의상 30일)과 11월의 17일($101,000 / $5,867) 등 총 47일이 걸리는 것으로 나타난다. (연간 재무제표를 사용했을 때는 35일이었다.) 연말 211,000달러의 매출채권을 얻기 위해서는 연도 말 47일분의 매출을 합산(12월 매출액 $110,000, 11월 매출액 $176,000 중 $101,000)해야 하는 것이다.

이제부터는 매출채권회전일수가 연간 47일로 일정하다고 가정한다.[3] 즉 성수기와 비수기에도 매출채권을 회수하는데 같은 기간이 걸린다는 것을 가정하는 것이다. 따라서 월간 재무추정에서는 더 이상 월간 매출액의 일정비율로 매출채권을 추정하지 않는다. 대신 2016년말에 추정된 47일의 매출채권회전일수를 적용한다. [표 4.3]은 직전 47일분 매출을 월말 매출채권으로 추정한다.

2017년 1월의 매출채권 추정치는 다음과 같이 172,330달러가 된다.

2017년 1월 매출액의 100%와 2016년 12월의 17일분 매출액
100% * $110,000 + (17 / 30) * $110,000 = $110,000 + $62,330 = $172,330

2017년 2월의 매출채권 추정치는 다음과 같이 227,330달러가 된다.

2월 매출액의 100%와 1월 매출액의 17일분
100% * $165,000 + (17 / 30) * $110,000 = $165,000 + $62,330 = $227,330

[표 4.3]은 이런 식으로 계산된 월별 매출채권 추정치를 보여준다.

3) 재무관리에 하나의 정답이란 존재하지 않기 때문에 매출채권회전일수가 계절성을 갖고 변동할 것으로 가정할 수도 있다. 다만, 여기서는 합리성을 확실할 수 없어서 매출채권회전일수는 안정적일 것으로 가정했다.

[표 4.3] PIPES의 2017년 월말 매출채권 추정치

(천달러)	1월	2월	3월	4월	5월	6월
매출액	110.00	165.00	220.00	220.00	275.00	302.50
당월 매출의 100%	110.00	165.00	220.00	220.00	275.00	302.50
전월 매출의 57%*	62.33	62.33	93.50	124.67	124.67	155.83
월말 매출채권(A/R)	172.33	227.33	313.50	344.67	399.67	458.33
(천달러)	7월	8월	9월	10월	11월	12월
매출액	302.50	302.50	247.50	247.50	220.00	137.50
당월 매출의 100%	302.50	302.50	247.50	247.50	220.00	137.50
전월 매출의 57%*	171.42	171.42	171.42	140.25	140.25	124.67
월말 매출채권(A/R)	473.92	473.92	418.92	387.75	360.25	262.17

* 57% = 17일 / 30일

이 분석은 계절성을 고려함으로써 회사의 영업활동에 대한 재무적 이해를 높이도록 도와준다. 이제 우리는 PIPES가 매출채권을 수금하는데 35일이 걸릴 것이라는 초기 추정치가 정확하지 않다는 사실(실제 47일)을 알게 되었다. 결국 연간 수치를 사용한다는 것은 매출이 연중 일정하다는 가정이 충족되어야 한다. 만일 그렇지 않으면 실제 재무비율은 연간 수치를 사용할 때와 크게 달라질 수 있다. 계절성이 심할수록 오차는 커진다.

다음으로 재고자산을 살펴보자. *연중 매출이 변동한다면 재고자산이 연중 일정할 것으로 예상하는가?* 아니다. *왜 그런가?* 이 경우 물리적인 재고량이 일정할 것으로 기대하긴 어렵기 때문이다. 만일 PIPES의 매출이 시기적으로 변동하면 매출이 늘기 전에 보유 재고를 늘리고 매출이 줄기 전에 재고를 줄이는 것은 합리적인 행동이다. *그렇다면 매출액에 대한 재고자산의 비율은 일정할 것으로 예상하는가?* 아마 과거 매출에 대해서는 그렇지 않겠지만 향후 매출에 대해서는 그렇다고 볼 수 있을 것이다. 적절히 관리되는 회사라면 성수기를 앞두고 재고를 늘릴 것이고 비수기를 앞두고는 재고를 줄일 것이다. 따라서 저자들은 재고가 향후 일정 일수 동안 발생하는 매출액으로 유지될 것으로 가정한다.

개념적으로 재고를 향후의 매출과 연동시키는 것은 당연해 보인다. 하지만 지난 장에서 본 것처럼 기말재고는 "기초재고 + 구매액 − COGS"이다. 이로 인해 재고자산회전일수는 일반적으로 매출액이 아닌 COGS의 함수가 된다. (PIPES의 경우 COGS를 매출액의 일정 비율로 추정했기 때문에 COGS 일수를 매출액 일수로 쉽게 전환할 수 있었다.) 따라서 여기서는 아래와 같이 재고 추정에 향후의 COGS 일수를 활용하기로 한다.

2016년 12월말 재고자산은 418,000달러였다. 이는 다음 세 달과 네 달째의 일부 추정 COGS에 해당한다.

2016년 12월 31일말 재고자산		$418,000	
2017년 1월 추정 COGS (100%)	$83,010		30일
2017년 2월 추정 COGS (100%)	$124,510		30일
2017년 3월 추정 COGS (100%)	$166,010		30일
3개월 합산		$373,530	
2017년 4월분 재고자산 필요액		$44,470	
2017년 4월 추정 COGS	$166,010		
2017년 4월 일평균 COGS	/ 30	$5,534	
2017년 4월분에 대한 재고일수			8일
재고일수(COGS 일수)			98일

따라서 재고자산을 향후 98일분 COGS로 유지하려면 2017년 1월말 재고자산은 511,870달러가 된다.

2월분 COGS 추정치 (100%)	$124,510 * 30/30	$124,510
3월분 COGS 추정치 (100%)	$166,010 * 30/30	$166,010
4월분 COGS 추정치 (100%)	$166,010 * 30/30	$166,010
5월분 COGS 추정치 (26.7%)	$207,520 * 8/30	$55,340
2017년 1월 31일 재고자산 추정치		$511,870

같은 방식으로 계산하면 2월말 재고자산은 600,410달러로 추정된다.

3월분 COGS 추정치 (100%)	$166,010 * 30/30	$166,010
4월분 COGS 추정치 (100%)	$166,010 * 30/30	$166,010
5월분 COGS 추정치 (100%)	$207,520 * 30/30	$207,520
6월분 COGS 추정치 (26.7%)	$228,270 * 8/30	$60,870
2017년 2월 28일 재고자산 추정치		$600,410

[표 4.4]는 매월의 재고자산을 이와 같은 같은 방식으로 추정한 결과이다.[4)]

4) 2017년 8월 이후 재고자산을 추정하기 위해서는 2018년도 매출액과 COGS를 구해야 하며, 이를 위해 우리는 연간 매출 성장률을 25%로, COGS를 매출액의 75.46%로 계속해서 가정한다.

[표 4.4] PIPES의 2017년 월말 재고자산 추정치

(천달러)	1월	2월	3월	4월	5월	6월
COGS	83.01	124.51	166.01	166.01	207.52	228.27
다음달(M+1) COGS	124.51	166.01	166.01	207.52	228.27	228.27
M+2 COGS	166.01	166.01	207.52	228.27	228.27	228.27
M+3 COGS	166.01	207.52	228.27	228.27	228.27	186.76
M+4 COGS의 8/30	55.34	60.87	60.87	60.87	49.80	49.80
98일분 COGS	511.87	600.41	662.66	724.92	734.60	693.10
(천달러)	7월	8월	9월	10월	11월	12월
COGS	228.27	228.27	186.76	186.76	166.01	103.76
다음달(M+1) COGS	228.27	186.76	186.76	166.01	103.76	103.76
M+2 COGS	186.76	186.76	166.01	103.76	103.76	155.64
M+3 COGS	186.76	166.01	103.76	103.76	155.64	207.52
M+4 COGS의 8/30	44.27	27.67	27.67	41.50	55.33	55.33
98일분 COGS	646.06	567.21	484.20	415.03	418.49	522.25

3장에서 고정자산(PP&E)은 2017년에 5% 증가한다고 가정했다. 편의상 고정자산은 2017년 첫날에 증가한다고 가정한다.[5] 따라서 PP&E는 2016년 12월말 350,000달러에서 2017년 1월 1일에 368,000달러로 증가한 후 연말까지 유지된다고 가정한다.[6]

이제 대차대조표의 부채와 자기자본으로 가보자.

3장에서 본 것처럼 은행차입금은 단기 대출이며 플러그 수치이다. 다만 이자율에 대해 간단히 살펴본 후 은행차입금으로 다시 돌아가자. 은행차입금의 규모는 손익계산서상 이자비용을 결정하기 때문에 결국 매월 당기순이익 규모에 영향을 미친다. 우리는 연간 이자율을 7%로 가정한다. 이는 3장에서와 같은 이자율이다. 장기차입금의 이자율 역시 3장과 같이 9%로 가정한다.

[표 4.2]의 1차 월별 추정 손익계산서는 월간 이자비용에 [표 3.3a]의 연간 이자비용 추정치인 47,000달러를 12개월로 나눈 3,917달러를 반영했다. 다만, 여기서는 월간 이자비용이 전월 말 차입 잔액에 따라 결정된다고 가정한다. 연간 7%의 이자율은 월간 0.5833% (7% / 12), 연간 9%의 이자율은 월간 0.75% (9% / 12)가 된다.[7] 따라서 2017년 1월 이자비용은 2016년 12월 31일 은행차입금 350,000달러에 0.5833%를 곱한 2,042달러와 장기차입

5) PP&E가 연중 점진적으로 증가한다는 가정 역시 가능하다.
6) 이 가정은 PIPES가 1월을 제외하고 매월 정확히 감가상각비만큼 PP&E를 증가시킨다는 것을 의미한다.
7) 복리효과를 감안하여 이를 정확하게 계산하면 연간 이자율 7%는 월간 0.5666%, 9%는 월간 0.7207%로 계산된다.

금 100,000달러에 0.75%를 곱한 750달러를 합산한 2,792달러로 추정되다. 이처럼 2월 이후 이자비용을 추정하기 위해서는 직전 월말의 차입잔액을 먼저 계산해야 한다.

매입채무는 3장에서 공급자 할인의 혜택을 본다는 가정에 따라 10일분 구매액으로 정한다. 월간 구매액을 어떻게 계산하는가? 이전 장에서 아래 수식에 대해 설명한바 있다.

기초 재고자산 + 구매액 – 제조원가 = 기말 재고자산

구매액을 구하기 위해 이 수식을 다음과 같이 재배열한다.

구매액 = 기말 재고자산 + 제조원가 – 기초 재고자산

전월 기말 재고자산은 당월 기초 재고자산이 된다. 또한 우리는 이미 위에서 매월의 기말 재고자산과 COGS를 추정해두었다. 따라서 위의 식을 이용하면 매월 구매액을 계산할 수 있다. 이때 10일 후 대금을 지급하기 때문에 월말 매입채무는 당월 구매액의 1/3(1개월을 30일로 가정)이 된다. [표 4.5]는 이렇게 계산한 매월말 매입채무 추정치이다.

[표 4.5] PIPES의 2017년 월말 매입채무 추정치

(천달러)	COGS	+ 기말 재고	– 기초 재고	= 구매액		매입채무
1월	83.01	511.87	–418.00	176.88	* 10/30	58.96
2월	124.51	600.41	–511.87	213.05	* 10/30	71.02
3월	166.01	662.66	–600.41	228.26	* 10/30	76.09
4월	166.01	724.92	–662.66	228.27	* 10/30	89.42
5월	207.52	734.60	–724.92	217.20	* 10/30	72.40
6월	228.27	693.10	–734.60	186.77	* 10/30	62.26
7월	228.27	646.06	–693.10	181.23	* 10/30	60.41
8월	228.27	567.21	–646.06	149.42	* 10/30	49.81
9월	186.76	484.20	–567.21	103.75	* 10/30	34.58
10월	186.76	415.03	–484.20	117.59	* 10/30	39.20
11월	166.01	418.49	–415.03	169.47	* 10/30	56.49
12월	103.76	522.25	–418.49	207.52	* 10/30	69.17

3장에서 우리는 미지급금이 매년 25,000달러로 일정할 것으로 가정했다. 미지급금 중 가장 중요한 항목 중 하나는 미납세금이다. 미지급금이 일정하다는 것은 연도별로 납부해야 할 세금 역시 일정할 것이라는 것을 암묵적으로 가정한다. 하지만 이러한 가정에 현실적이지 않다. 월간 재무추정에서는 보다 현실적인 가정을 적용한다. 세금은 월간으로 발생하지만 납부는 분기(아래 소득세 관련 설명 참조)별로 한다. 여기서 잠시 세금에 대해 살펴보고 다

시 미지급금 추정으로 돌아오기로 하자.

연방법인세의 환급기한은 결산 종료 후 세 번째 달 15일이다. PIPES와 같이 12월 말이 결산일인 경우 세금 환급기한은 3월 15일이 된다. 또한 세무당국은 법인세의 분기 분납을 요구한다. 연말이 결산일인 경우 3월, 6월, 9월, 12월 15일이 분납 기한이다. 분기 분납은 회사의 당해 연도 납부 예상액이나 전년도 납세액을 기준으로 분납한다. 결국 분기 납부액은 연간 납부액의 4분의 1이 된다.
만일 회사가 당해 연도 납부 예상액을 기준으로 분납을 했지만 회계연도 종료 후 분납 총액이 납부해야 할 세금보다 작으면 이자와 과태료가 부과될 수 있다. 다만, 전년도 납세액을 기준으로 분납한 경우에는 과소 납부에 따른 이자나 패널티는 부과 받지 않는다. 이를 안전조항(safe harbor rule)이라 부르는데, 회사가 분납액을 스스로 결정할 수 있고 과소 납세에 패널티를 받지 않는다는 점 때문이다. (다만, 세무당국은 과대 분납에 대해서는 이자를 지급하지 않는다.) 결국 세금부담이 증가할 것으로 예상하면 전년도 납세액으로 분납하는 방안을 선호할 수 있다. 실제로 대부분의 회사들도 이런 방식으로 분납을 선택하고 있다. (PIPES도 이 방식으로 분납한다고 가정한다.)

월별 추정 대차대조표의 미지급금은 그 달에 납부해야할 세금만큼 변동한다. 또한 세금을 분납하는 3월, 6월, 9월, 12월에도 미지급금은 변동한다. 마지막으로 매년 3월에는 전년도 소득에 대해 납부해야 할 세금과 전년도에 분납했던 세액간의 차이를 환급받거나 추가 납부하게 된다.

PIPES의 2016년 말 미지급금은 25,000달러이다. 이 수치는 2017년에 납부할 9,000달러의 미지급세금과 16,000달러의 기타 미지급금이 포함된 것으로 가정한다.

2016년 과세액	$44,000
2016년 납부액(= 2015년 납세액)	$35,000
2017/03/15 지급 예정인 12/31 미납세액	$9,000

PIPES는 전년도 2016년 납세액 44,000달러를 기준으로 2017년 매 분기에 11,000달러씩을 분납할 것이다.[8)] 이렇게 되면 매월 미지급금은 당월의 세금비용만큼 증가하게 된다. 또

8) 2015년 납세액은 35,000달러이기 때문에 PIPES가 2016년도에 이를 기준으로 세금을 분납한다고 가정한다. 또한 미지급금에는 세금 외에도 여러 미지급금(임금, 수도광열비 등)이 있지만, 편의상 기타 미지급금은 매월 말 16,000달러로 일정하다고 가정한다.

한 2017년 3월에는 2016년 미납세액 9,000달러와 분납 세액 11,000달러를 더한 20,000달러가 감소한다. 2017년 6월, 9월 11월에는 세금 분납에 따라 11,000달러가 감소한다.

월간 손익계산서상 이자비용과 월간 대차대조표상 부채간에 순환관계가 있는 것처럼 여기에도 이러한 순환관계가 적용된다는데 유의하자. 매월의 세금은 세전이익에 의해 결정되지만, 세전이익은 이지비용에 영향을 받고 이자비용은 다시 세금에 영향을 미치는 식이다. 따라서 월말 미지급금을 결정하기 위해서는 월간 이자비용이 결정되어야 하며, 월말 차입금을 결정하기 위해서는 월간 순이익이 결정되어야 한다.

물론 시중에 나와 있는 대부분의 스프레드시트 프로그램은 이 순환관계의 수렴값을 동시에 풀어낼 수 있다. 다만, 이러한 "블랙박스" 해결책을 사용하기에 앞서 이러한 순환 반복적 과정을 이해할 필요가 있다. 여기서는 이 계산과정을 좀 더 살펴보기로 한다. 다만, 여기서는 매월 이자비용은 전월 말 은행차입금에 의해 결정된다고 가정한다. (이 가정은 순환관계에 대한 동시적인 해결책은 아니지만 그에 근접하는 결과를 도출한 것이다.)

[표 4.6][9)]에서 보듯이 2017년 1월말 미지급금은 21,040달러이다. 이는 2016년 12월말 잔액 25,000달러에서 세금환입액 3,960달러를 뺀 금액이다. 세금환입이 발생한 것은 1월에 세전손실을 기록한 때문이며 법인세비용도 마이너스로 기록된 것이다. 2월말 미지급금은 1월말 잔액 21,040달러에 2월 법인세비용 250달러를 더한 21,290달러가 된다. 3월말은 2월말 21,290달러에 3월 법인세비용 4,710을 더하고 2016년분 미납세액 9,000달러와 2017년도 분기 분납 11,000달러를 뺀 6,000달러가 된다. 기간을 뛰어 넘어 2017년 12월말로 가보면 미지급금은 11월말 잔액 50,140달러에서 12월 1,970달러의 세금환입액과 분기 분납 11,000달러를 뺀 37,170달러가 된다. 연말 잔액 37,170달러는 2017년 법인세비용 65,170달러에서 분기 분납 총액 44,000달러를 뺀 21,170달러에 기타 미지급금 16,000달러를 더해도 계산할 수 있다.

장기차입금은 매년 10,000달러를 상환하기 때문에 잔액이 그만큼 감소한다. PP&E에서와 같이 언제 상환이 된다고 가정하느냐가 이슈이다. 저자들은 편의상 6월 30일과 12월 30일 연 2회 각 5,000달러씩 상환된다고 가정한다.[10)]

9) 비록 우리가 이미 월별 추정 손익계산서를 제시했지만, 이것은 이러한 순환관계를 감안하지 않았다. 조정된 월별 추정 손익계산서는 [표 4.7]에 나와있다. 이렇게 조정된 월별 추정 손익계산서를 반영한 월별 추정 대차대조표가 [표 4.8]이다.

10) 미국 회사채 이자는 통상 반기별(6개월 단위)로 지급된다. 흥미롭게도 유로본드 이자는 1년에 한번 지급되는데, 이에 대한 논의는 나중을 위해 남겨두기로 한다.

[표 4.6] PIPES의 2017년 월말 미지급금 추정치

(천달러)	1월	2월	3월	4월	5월	6월
기초 잔액	25.00	21.04	21.29	6.00	10.41	19.37
월간 세금비용	(3.96)	0.25	4.71	4.41	8.96	11.24
전년도 잔액	–	–	(9.00)	–	–	–
분기 분납액	–	–	(11.00)	–	–	(11.00)
기말 잔액	21.04	21.29	6.00	10.41	19.37	19.61

(천달러)	7월	8월	9월	10월	11월	12월
기초 잔액	19.61	30.84	42.19	38.03	45.14	50.14
월간 세금비용	11.23	11.35	6.84	7.11	5.00	(1.97)
전년도 잔액	–	–	–	–	–	–
분기 분납액	–	–	(11.00)	–	–	(11.00)
기말 잔액	30.84	42.19	38.03	45.14	50.14	37.17

자기자본은 자본금과 이익잉여금으로 구성된다. 자본금은 3장에서와 같이 변동하지 않는다고 가정한다. PIPES는 배당을 하지 않기 때문에 이익잉여금은 매월 당기순이익에 따라 변동한다. 가령, 2016년 12월말 이익잉여금이 279,000달러였는데, 2017년 1월 7,360달러 순손실이 났다면 2017년 1월말 이익잉여금은 271,640달러가 된다.

[표 4.7] 2017년 PIPES의 월별 추정 손익계산서(이자비용 조정)

월말(천달러)	1월	2월	3월	4월	5월	6월
매출액	110.00	165.00	220.00	220.00	275.00	302.50
COGS	83.01	124.51	166.01	166.01	207.52	228.27
매출총이익	26.99	40.49	53.99	53.99	67.48	74.23
SG&A	35.52	35.52	35.52	35.52	35.52	35.52
영업이익	−8.53	4.97	18.47	18.47	31.96	38.71
이자비용	2.79	4.25	5.01	5.88	6.35	6.60
세전이익	−11.32	0.72	13.46	12.59	25.61	32.11
법인세비용(35%)	−3.96	0.25	4.71	4.41	8.96	11.24
당기순이익	−7.36	0.47	8.75	8.18	16.65	20.87

월말(천달러)	7월	8월	9월	10월	11월	12월	합 계
매출액	302.50	302.50	247.50	247.50	220.00	137.50	2,750.00
COGS	228.27	228.27	186.76	186.76	166.01	103.76	2,075.16
매출총이익	74.23	74.23	60.74	60.74	53.99	33.74	674.84
SG&A	35.52	35.52	35.52	35.52	35.52	35.52	426.24
영업이익	38.71	38.71	25.22	25.22	18.47	−1.78	248.60
이자비용	6.63	6.27	5.69	4.92	4.19	3.86	62.44
세전이익	32.08	32.44	19.53	20.30	14.28	−5.64	186.16
법인세비용(35%)	11.23	11.35	6.84	7.11	5.00	−1.97	65.17
당기순이익	20.85	21.09	12.69	13.19	9.28	−3.67	120.99

대차대조표를 작성을 마무리기 하기 위해서는 현금과 은행차입금 두 플러그 수치를 결정하면 된다. PIPES의 부채와 자기자본이 자산보다 많다면 그 차이는 현금으로 보유한다고 가정한다. 반대로 자산이 부채와 자기자본보다 많다면 그 차이는 은행차입금으로 조달한다고 가정한다.

2017년은 연중 매월 부채와 자본이 자산보다 작기 때문에 현금을 45,000달러로 고정시키고 난 후 양쪽의 균형은 은행차입금으로 맞추게 된다. 2017년 1월 대차대조표 균형과 자산의 조달에 필요한 은행차입금은 598,930달러이다. 2월에는 729,690달러이고, 6월에 1,014,92달러까지 늘었다가 연말 554,820달러로 돌아간다.

기업의 또 다른 모습

그렇다면 3장에서 작성한 연도별 추정 대차대조표와 [표 4.8]의 월별 추정 대차대조표와 어떤 차이를 가지는가? 어느 것이 PIPES의 은행 크레디트라인 사용에 더 정확한 예측인가? 계절성을 고려하면 회사에 대한 생각과 은행에서 확보해야 하는 크레디트라인이 달라질 수 있다. [표 4.8]을 보면 플러그 수치인 은행차입금은 연말 550,000달러로 내려가지만 6월에는 1,015,000달러까지 상승한다. 이는 이 만큼의 크레디트라인이 필요하다는 것을 보여주는 것이다. 은행차입금이 계절성을 갖는 것은 주로 매출채권과 재고자산을 크레디트라인으로 조달하기 때문이다. 성수기인 7월과 8월에 매출채권이 가장 많이 증가하고 직전 6월에 재고자산이 최고치에 이른다. 12월에는 매출이 감소하기 때문에 매출채권과 재고자산도 감소한다.

[표 4.8] 2017년 PIPES의 추정 대차대조표

(천달러)	1월	2월	3월	4월	5월	6월
현금(플러그)	45.00	45.00	45.00	45.00	45.00	45.00
매출채권	172.70	227.70	314.05	345.40	400.40	459.25
재고자산	511.87	600.41	662.66	724.92	734.60	693.10
선급비용	28.00	28.00	28.00	28.00	28.00	28.00
유동자산	757.57	901.11	1,049.71	1,143.32	1,208.00	1,225.35
고정자산(PP&E)	368.00	368.00	368.00	368.00	368.00	368.00
자산총계	1,125.57	1,269.11	1,417.71	1,511.32	1,576.00	1,593.35
은행차입금(플러그)	598.93	729.69	879.76	960.78	1,003.54	1,014.92
유동성장기차입금	10.00	10.00	10.00	10.00	10.00	10.00
매입채무	58.96	71.02	76.09	76.09	72.40	62.26
미지급금	21.04	21.29	6.00	10.41	19.37	19.61
유동부채	688.93	832.00	971.85	1,057.28	1,105.31	1,106.79
장기차입금	90.00	90.00	90.00	90.00	90.00	85.00
부채총계	778.93	922.00	1,061.85	1,147.28	1,195.31	1,191.79
자본금	75.00	75.00	75.00	75.00	75.00	75.00
이익잉여금	271.64	272.11	280.86	289.04	305.69	326.56
자본총계	346.64	347.11	355.86	364.04	380.69	401.56
부채와 자본총계	1,125.57	1,269.11	1,417.71	1,511.32	1,576.00	1,593.35
(천달러)	7월	8월	9월	10월	11월	12월
현금(플러그)	45.00	45.00	45.00	45.00	45.00	45.00
매출채권	474.93	474.93	419.93	388.58	361.08	262.90
재고자산	646.06	567.21	484.20	415.03	418.49	522.25
선급비용	28.00	28.00	28.00	28.00	28.00	28.00
유동자산	1,193.99	1,115.14	977.13	876.61	852.57	858.15
고정자산(PP&E)	368.00	368.00	368.00	368.00	368.00	368.00
자산총계	1,561.99	1,483.14	1,345.13	1,244.61	1,220.57	1,226.15
은행차입금(플러그)	953.33	852.64	721.33	595.89	540.28	554.82
유동성장기차입금	10.00	10.00	10.00	10.00	10.00	10.00
매입채무	60.41	49.81	34.58	39.20	56.49	69.17
미지급금	30.84	42.19	38.03	45.14	50.14	37.17
유동부채	1,054.58	954.64	803.94	690.23	656.91	671.16
장기차입금	85.00	85.00	85.00	85.00	85.00	80.00
부채총계	1,139.58	1,039.64	888.94	775.23	741.91	751.16
자본금	75.00	75.00	75.00	75.00	75.00	75.00
이익잉여금	347.41	368.50	381.19	394.38	403.66	399.99
자본총계	422.41	443.50	456.19	469.38	478.66	474.99
부채와 자본총계	1,561.99	1,483.14	1,345.13	1,244.61	1,220.57	1,226.15

이상의 재무추정을 2018년과 2019년으로 확장해보면 [첨부 4A]와 [첨부 4B]와 같이 PIPES의 은행차입금은 연말에 각각 631,950달러와 755,330달러로 떨어지지만 연중에는 최고 1,189,150달러와 1,453,960달러가 필요하다는 것을 알 수 있다.

따라서 월별 재무추정은 연도별 추정 때와는 크게 다른 회사의 모습을 보여주며 자금조달 필요액에도 큰 차이를 말해준다. 은행에 557,000달러의 크레디트라인을 요구하는 것과 백만 달러 이상의 크레디트라인을 요구하는 것은 차원이 다른 문제일 수 있다. PIPES와 은행 중 누구라도 제대로 된 분석을 하지 않으면, 557,000달러의 크레디트라인은 599,000달러가 필요한 2017년 1월에 소진되고 말 것이다.

분석의 고도화

지금까지 우리는 기본이 되는 사항만으로 추정을 해왔다. 다만, 좀 더 세밀한 추정을 위해서는 이를 기반으로 다양한 가정과 조정사항을 반영하면 된다. 매출의 계절성 강도에 대한 가정을 변경할 수 있다. 회사의 영업 방식에 대한 가정도 변경해 볼 수 있다. 가령 PIPES가 대금을 즉시 지급하는 고객에게 할인혜택을 주기로 했다고 가정하는 식이다. 다만, 이때도 도구는 역시 추정 재무제표가 되며, 스프레드시트를 활용하면 보다 손쉽게 다양한 시나리오를 분석할 수 있다.

은행의 입장

이제 은행의 입장을 다시 한 번 생각해보자. 은행은 PIPES에 2017년 100만 달러에서 2019년 150만 달러로 증가하는 크레디트라인을 제공해야 하는가? 은행의 대출 결정에 필요한 질문은 다음과 같다.

1. 그 회사는 왜 돈이 필요한가?
2. 그 회사는 얼마의 돈을 필요로 하는가?
3. 은행은 언제 상환 받을 수 있는가?
4. 대출에 수반된 위험은 무엇인가?

(질문 1)에 대한 대답은 이전과 같다. PIPES는 매출채권과 재고자산을 조달하는데 자금을 필요로 한다. (질문 2)의 필요 금액은 증가했는데, 계절성으로 인해 3장에서보다 많은 돈을 필요로 하기 때문이다. (질문 3)에 대한 대답은 3장과 같다. 이 대출은 장기대출의 성격을 가지며 단기적으로 상환을 기대하기 어렵다. 다만 2017년을 보면 은행차입금에는 약 550,000달러의 영구적 소요와 그 외의 변동 소요로 나누어볼 수 있다. (회사는 영구적인 자금 소요를 오직 은행에서 조달하기보다 자본시장에서 채권 발행으로 조달하길 원할 수 있다.)

(질문 4)와 관련해 대출의 위험성을 평가하기 위해서는 3장의 담보에 관한 논의를 다시 한 번 해볼 필요가 있다. [표 4.9]는 3장의 [표 3.5]를 6월 말로 재작성한 것이다. 12월 31일의 재무비율은 (이자비용과 미지급비용 조정으로 인한 매우 근소한 차이가 있지만) 3장에서와 같다.

[표 4.9] 레버리지와 담보가치 평가

	2017	2018	2019
6월 30일: 차입금/총자산	70%	67%	65%
12월 31일: 차입금/총자산	53%	49%	46%
6월 30일: (천달러)			
(a) 현금 필요액	$45	$45	$45
(b) 매출채권(장부가치의 80%)	$367	$459	$574
(c) 재고자산(장부가치의 60%)	$416	$518	$651
(d) 고정자산(장부가치의 85%)	$313	$343	$412
담보의 청산가치 추정치 총계	$1,141	$1,365	$1,682
장기차입금	$95	$85	$75
은행차입금	$1,015	$1,189	$1,454
차입금 총계	$1,110	$1,274	$1,529
6월 30일 담보/차입금 총계	103%	107%	110%
6월 30일 담보/은행차입금	112%	115%	116%

차입금 / 총자산 비율은 매년 12월보다 6월이 높다. 이는 놀라운 일이 아니며 설명한 것처럼 매출채권과 재고자산의 계절성 때문이다. 담보 / 은행차입금 비율 역시 연말에 줄어든다. 이는 매출채권과 담보자산의 계절적 증가를 전부 은행차입금으로 조달해야 하는데 그 담보가치는 장부가치의 80%와 60%만 인정하기 때문이다. 이 회사는 수익성이 아주 양호하고 잘 운영되는 회사지만 담보비율이 떨어지는 기간 동안 레버리지는 증가하게 된다.

[표 4.9]에서 모든 월을 다 보여주지는 않았지만, PIPES의 은행차입금과 담보는 6월에 최대가 된다. (물론 이를 확인하기 위해서는 매월 담보가치 평가가 필요하다.) 하지만 모든 회사가 이런 것은 아니다. PIPES의 경우 매출채권은 7월에, 재고자산은 5월에 최고치에 이른다. 따라서 이들의 정확한 가치와 담보가치에 따라 차입금과 담보가 같이 움직이지 않을 수 있다. 아주 중요한 사항은 아니라도 계절성은 차입금 담보에도 영향을 미치게 된다. 만일 연도별로 판매량이 크게 변동하지 않는 PVC 파이프보다 유행을 타는 여성복을 팔면 재고 확보를 위한 조달 규모와 매출채권을 위한 조달 규모간의 차이는 훨씬 클 것이다.

은행 입장에서 대출의 위험은 6월에 특히 증가한다. 하지만 담보비율은 여전히 100% 이상이고 회사는 잘 유지될 것으로 예상된다. [표 4.9]의 분석은 은행이 담보를 보다 꼼꼼히 살펴보게 할 것이다. 다만, 저자들의 입장에서는 검토 결과 상당한 규모의 크레디트라인을 요청해도 은행이 이를 거부하지는 않을 것으로 생각된다. 이 회사는 매년 25%씩 증가하면서 담보/차입금 비율과 차입금/총자산 비율은 상당히 안정적이다. 성장률이 더 높아지면 이 비율들은 낮아질 것이며 성장률이 낮아지면 이 비율들은 높아질 것이다.

요약정리

이 장에서는 매출액의 계절성을 감안할 수 있는 월별 추정 재무제표를 작성해 보았다. 우리는 계절성이 연중의 자금조달에 큰 변동을 미친다는 사실을 확인했다. 이제 독자들은 추정 재무제표를 작성한다는 것이 다음의 이슈에 접근하기 위함이라는 것을 이해했을 것이다.

1. 이 회사는 수익성이 있다고 예측이 되는지
2. 이 회사는 얼마의 자금조달이 필요한지

은행에 대출을 요구한다면 은행의 질문에 신뢰성이 있게 답하기 위해서 회사는 이러한 숫자들을 준비할 필요가 있다. 또한 회사의 영업활동의 변화가 있다면 이런 변화의 영향도 추정해야 한다.

지금까지 우리는 세 가지 재무관리 분석도구(자금의 원천과 사용, 재무비율분석, 재무추정)를 다루는 방법들에 대해 살펴보았다. 독자들은 이런 도구들이 왜 중요하고 필요한지에 대해 친숙해질 필요가 있다.

다음 주제

다음 장에서는 자본구조에 대한 논의를 시작한다. 자본구조는 기업이 자산을 어떻게 조달하는지에 관한 것이다. 우리는 농기계업체인 매시퍼거슨의 사례를 통해 기업이 자본구조의 결정에 비용 이외에 여러 요인을 고려한다는 사실을 설명하고자 한다.

[첨부 4A] PIPES의 2018년 월별 추정 재무제표와 대차대조표

2018 (천달러)	1월	2월	3월	4월	5월	6월
매출액	137.50	206.25	275.00	275.00	343.75	378.13
COGS	103.76	155.64	207.52	207.52	259.39	285.34
매출총이익	33.74	50.61	67.48	67.48	84.36	92.79
SG&A	44.40	44.40	44.40	44.40	44.40	44.40
영업이익	(10.66)	6.21	23.08	23.08	39.96	48.39
이자비용	3.91	4.61	5.56	6.54	7.16	7.54
세전이익	(14.57)	1.60	17.52	16.54	32.80	40.85
법인세비용(35%)	(5.10)	0.56	6.13	6.79	11.48	14.30
당기순이익	(9.47)	1.04	11.39	10.75	21.32	26.55

2018 (천달러)	7월	8월	9월	10월	11월	12월	합 계
매출액	378.13	378.13	309.38	309.38	275.00	171.88	3,437.53
COGS	285.34	285.34	233.46	233.46	207.52	129.70	2,593.99
매출총이익	92.79	92.79	75.92	75.92	67.48	42.18	843.54
SG&A	44.40	44.40	44.40	44.40	44.40	44.40	532.80
영업이익	48.39	48.39	31.52	31.52	23.08	(2.22)	310.74
이자비용	7.57	7.21	6.56	5.57	4.70	4.32	71.25
세전이익	40.82	41.18	24.96	25.95	18.38	(6.54)	239.49
법인세비용(35%)	14.28	14.41	8.74	9.08	6.43	(2.29)	83.81
당기순이익	26.54	26.77	16.22	16.87	11.95	(4.25)	155.68

2018 (천달러)	1월	2월	3월	4월	5월	6월
현금(플러그)	45.00	45.00	45.00	45.00	45.00	45.00
매출채권[11]	215.88	284.63	392.56	431.75	500.50	574.06
재고자산[12]	635.51	745.76	823.58	901.39	914.36	862.48
선급비용	28.00	28.00	28.00	28.00	28.00	28.00
유동자산	924.39	1,103.39	1,289.14	1,406.14	1,487.86	1,509.54
고정자산(PP&E)	404.00	404.00	404.00	404.00	404.00	404.00
자산총계	1,328.39	1,507.39	1,693.14	1,810.14	1,891.86	1,913.54
은행차입금(플러그)	674.38	837.20	1,005.08	1,111.33	1,176.06	1,189.15
유동성장기차입금	10.00	10.00	10.00	10.00	10.00	10.00
매입채무[13]	73.49	88.63	95.11	95.11	90.78	77.82
미지급금	25.00	25.00	25.00	25.00	25.00	25.00
유동부채	782.87	960.83	1,135.19	1,241.44	1,301.84	1,301.97
장기차입금	80.00	80.00	80.00	80.00	80.00	75.00
부채총계	862.87	1,040.83	1,215.19	1,321.44	1,381.84	1,376.97
자본금	75.00	75.00	75.00	75.00	75.00	75.00
이익잉여금	390.52	391.56	402.95	413.70	435.02	461.57
자본총계	465.52	466.56	477.95	488.70	510.02	536.57
부채와 자본총계	1,328.39	1,507.39	1,693.14	1,810.14	1,891.86	1,913.54

11) 매출채권은 직전 45일분 매출로 계산했다.
12) 재고자산은 향후 97.5일분 COGS로 계산했다.
13) 매입채무는 10일분 구매액으로 계산했다. 편의상 세금 납부에 따른 미지급금의 조정은 하지 않았다. 따라서 미지급금은 일정하다고 가정한다.

2018 (천달러)	7월	8월	9월	10월	11월	12월
현금(플러그)	45.00	45.00	45.00	45.00	45.00	45.00
매출채권	593.66	593.66	524.91	485.72	451.34	328.63
재고자산	804.12	706.85	603.09	515.55	518.79	648.48
선급비용	28.00	28.00	28.00	28.00	28.00	28.00
유동자산	1,470.78	1,373.51	1,201.00	1,074.27	1,043.13	1,050.11
고정자산(PP&E)	404.00	404.00	404.00	404.00	404.00	404.00
자산총계	1,874.78	1,777.51	1,605.00	1,478.27	1,447.13	1,454.11
은행차입금(플러그)	1,126.01	1,014.94	845.67	696.66	631.96	631.98
유동성장기차입금	10.00	10.00	10.00	10.00	10.00	10.00
매입채무	75.66	62.69	42.23	48.64	70.25	86.46
미지급금	25.00	25.00	25.00	25.00	25.00	25.00
유동부채	1,236.67	1,112.63	923.90	780.30	737.21	753.44
장기차입금	75.00	75.00	75.00	75.00	75.00	70.00
부채총계	1,311.67	1,187.63	998.90	855.30	812.21	823.44
자본금	75.00	75.00	75.00	75.00	75.00	75.00
이익잉여금	488.11	514.88	531.10	547.97	559.92	555.67
자본총계	563.11	589.88	606.10	622.97	634.92	630.67
부채와 자본총계	1,874.78	1,777.51	1,605.00	1,478.27	1,447.13	1,454.11

[첨부 4B] PIPES의 2019년 월별 추정 재무제표와 대차대조표

2019 (천달러)	1월	2월	3월	4월	5월	6월
매출액	171.88	257.81	343.75	343.75	429.69	472.66
COGS	129.70	194.55	259.39	259.39	324.24	356.67
매출총이익	42.18	63.26	84.36	84.36	105.45	115.99
SG&A	55.50	55.50	55.50	55.50	55.50	55.50
영업이익	(13.32)	7.76	28.86	28.86	49.95	60.49
이자비용	4.29	5.33	6.53	7.76	8.53	9.00
세전이익	(17.61)	2.43	22.33	21.10	41.42	51.49
법인세비용(35%)	(6.16)	0.85	7.82	7.34	14.50	18.02
당기순이익	(11.45)	1.58	14.51	13.76	26.92	33.47

2019 (천달러)	7월	8월	9월	10월	11월	12월	합 계
매출액	472.66	472.66	386.72	386.72	343.75	214.84	4,296.89
COGS	356.67	356.67	291.82	291.82	259.39	162.12	3,242.43
매출총이익	115.99	115.99	94.90	94.90	84.36	52.72	1,054.46
SG&A	55.50	55.50	55.50	55.50	55.50	55.50	666.00
영업이익	60.49	60.49	39.40	39.40	28.86	(2.78)	388.46
이자비용	9.04	8.58	7.76	6.52	5.44	4.97	83.75
세전이익	51.45	51.91	31.64	32.88	23.42	(7.75)	304.71
법인세비용(35%)	18.01	18.17	11.07	11.51	8.20	(2.71)	106.62
당기순이익	33.44	33.74	20.57	21.37	15.22	(5.04)	198.09

2019 (천달러)	1월	2월	3월	4월	5월	6월
현금(플러그)	45.00	45.00	45.00	45.00	45.00	45.00
매출채권[14)]	269.84	355.78	490.70	539.69	625.63	717.58
재고자산[15)]	802.18	940.76	1,038.03	1,135.30	1,149.96	1,085.11
선급비용	28.00	28.00	28.00	28.00	28.00	28.00
유동자산	1,145.02	1,369.54	1,601.73	1,747.99	1,848.59	1,875.69
고정자산(PP&E)	485.00	485.00	485.00	485.00	485.00	485.00
자산총계	1,630.02	1,854.54	2,086.73	2,232.99	2,333.59	2,360.69
은행차입금(플러그)	811.34	1,017.70	1,227.53	1,360.03	1,439.63	1,453.96
유동성장기차입금	10.00	10.00	10.00	10.00	10.00	10.00
매입채무[16)]	94.46	111.04	118.89	118.89	112.97	97.27
미지급금	25.00	25.00	25.00	25.00	25.00	25.00
유동부채	940.80	1,163.74	1,381.42	1,513.92	1,587.60	1,586.23
장기차입금	70.00	70.00	70.00	70.00	70.00	65.00
부채총계	1,010.80	1,233.74	1,451.42	1,583.92	1,657.60	1,651.23
자본금	75.00	75.00	75.00	75.00	75.00	75.00
이익잉여금	544.22	545.80	560.31	574.07	600.99	634.46
자본총계	619.22	620.80	635.31	649.07	675.99	709.46
부채와 자본총계	1,630.02	1,854.54	2,086.73	2,232.99	2,333.59	2,360.69

14) 매출채권은 직전 45일분 매출로 계산했다.

15) 재고자산은 향후 97.5일분 COGS로 계산했다.

16) 매입채무는 10일분 구매액으로 계산했다. 편의상 세금 납부에 따른 미지급금의 조정은 하지 않았다. 따라서 미지급금은 일정하다고 가정한다.

2019 (천달러)	7월	8월	9월	10월	11월	12월
현금(플러그)	45.00	45.00	45.00	45.00	45.00	45.00
매출채권	742.07	742.07	656.13	607.15	564.18	410.78
재고자산	1,011.38	887.45	757.75	650.27	656.27	818.39
선급비용	28.00	28.00	28.00	28.00	28.00	28.00
유동자산	1,826.45	1,702.52	1,486.88	1,330.42	1,293.45	1,302.17
고정자산(PP&E)	485.00	485.00	485.00	485.00	485.00	485.00
자산총계	2,311.45	2,187.52	1,971.88	1,815.42	1,778.45	1,787.17
은행차입금(플러그)	1,374.24	1,233.30	1,020.63	835.40	756.19	755.33
유동성장기차입금	10.00	10.00	10.00	10.00	10.00	10.00
매입채무	94.31	77.58	54.04	61.44	88.46	108.08
미지급금	25.00	25.00	25.00	25.00	25.00	25.00
유동부채	1,503.55	1,345.88	1,109.67	931.84	879.65	898.41
장기차입금	65.00	65.00	65.00	65.00	65.00	60.00
부채총계	1,568.55	1,410.88	1,174.67	996.84	944.65	958.41
자본금	75.00	75.00	75.00	75.00	75.00	75.00
이익잉여금	667.90	701.64	722.21	743.58	758.80	753.76
자본총계	742.90	776.64	797.21	818.58	833.80	828.76
부채와 자본총계	2,311.45	2,187.52	1,971.88	1,815.42	1,778.45	1,787.17

PART

Two

자금조달과 재무정책

CHAPTER 5

자금조달의 이슈 (매시퍼거슨)

이 장은 기업들이 어떻게 자금조달 결정을 하는지, 다시 말해 기업들이 어떻게 자본(capital)을 조달하는지에 대해 알아본다. 우선 세부적인 질문에 답하기에 앞서 이슈 제기 수준에서 먼저 살펴본다. 우리는 이 주제의 개요에서 시작한다. 그리고 나서 이후의 장들에서 어떻게 자금조달이 결정되는지에 대해 세부적으로 다룬다. 이 장은 단순히 가장 자금조달 수단을 선택하는 것이 기업의 자금조달 결정이 아니라는 점을 보여준다. 우리는 이 주제에 효과적으로 접근하기 위해 1980년대 초 매시퍼거슨(Massey Ferguson)의 상황을 사례로 활용한다.

제품시장 지위와 전략

저자들은 회사의 제품시장 지위(제품, 산업, 경쟁자, 우위와 열위, 상품전략 등)를 이해하지 않고서는 기업재무를 실행할 수 없다는데 강한 믿음을 가지고 있다.

좋은 기업재무는 항상 제품시장에서 시작된다. 매시퍼거슨("매시")는 트랙터, 콤바인, 수확기 등을 생산하는 농기계업체였다. 캐나다에 본사를 두고 있지만 글로벌 시장을 대상으로 제품을 판매하고 있었다. 1980년 당시 회사의 주요 경쟁자는 인터내셔널 하비스터(International Harvester)와 존디어(John Deere)였다.

농기계는 크고 기계적으로 복잡한 고가 장비이다. 북미지역 농부들은 하루에 많은 시간을 쟁기질, 파종, 수확에 보낸다. 콤바인은 보통 에어컨, 음향기기, 미니냉장고 등 편의장치를 갖추고 있고 현재 가격은 300,000달러[1]를 호가한다. 콤바인은 코모디티가 아니며 고객들

---

1) http://jpgmag.com/stories/9752 참조

은 일부 브랜드에 상당한 충성도를 보이는 제품이다.

매시는 북미 농기계 시장에서 대형 고가 시장을 목표로 하지 않았다. 대신 3대 메이저 업체 중 유일하게 소형 트랙터와 콤바인을 전문으로 하고 있었다. 회사는 캐나다와 영국에서 생산한 콤바인을 세계 시장에 판매했다. 매시의 제품시장전략은 소형 트랙터 제품시장에서 진화했다. 즉, 매시는 북미에서 요구되는 대형 트랙터 제품이 없었기 때문에 디어나 하비스터와 경쟁하지 않았다. 이런 제품을 생산하기 위해서는 설계, 생산, 유통에 막대한 투자가 필요했다.

따라서 매시의 제품라인과 제품전략은 잘 일치하는 것이었다. 매시는 소형 트랙터를 생산해 아시아와 아프리카 등지의 소규모 농장에 판매를 집중했다. 이를 통해 대형 경쟁사들과 직접적으로 경쟁하는 것을 피할 수 있었다.

다음과 같이 질문해보자. 매시는 왜 선진국인 캐나다와 영국에서 생산해 아시아와 아프리카 등 개도국에 판매하는가? 회사가 제품을 개도국에서 만들어 고가시장에서 판매하는 것을 생각해볼 수 있지 않을까? 글로벌 시장을 대상으로 한다면 왜 현지화를 고려하지 않는다? 판매는 분산되어 있는데 왜 생산은 선진국에 집중하고 있는가?

정치적 위험과 생산의 규모의 경제

여러분이 매시의 CEO로서 주식애널리스트 앞에서 말하고 있다고 가정하자. 오늘날 대부분의 경우 컨퍼런스 콜을 이용하지만, 가끔은 대면미팅을 갖기도 한다. 애널리스트는 다음과 같이 질문한다. 대표께서는 비용이 많이 드는 선진국에서 생산해 개도국에 제품을 판매하는 회사 전략을 어떻게 정당화하시겠습니까? CEO인 당신은 다음 질문에 답하여야 한다. 세계에서 농업이 성장하는 지역은 어디입니까? 미국입니까? 미국의 농업인구는 어떻게 변하고 있습니까? 미국 농업 인구는 매년 감소하고 있다. 반면 미국 농무부 직원은 계속 증가하고 있다. 언젠가 미국 농부 모두 전담 농무부 직원을 갖게 될지도 모른다. 미국의 농업인구와 경작면적이 빠르게 감소하고 있지만 농업혁명으로 다른 지역의 농업 생산은 크게 증가하고 있다.

그렇다면 매시가 주장하고자 하는 것은 무엇인가? 매시는 성장하는 지역으로 찾아가겠다는 전략이다. 매시는 전 세계 30개 이상의 나라에 영업망을 가진 분산된 기업이다. 반면 디어는 북미 시장에 집중되어 있다.[2)]

일견 매시는 위험해 보이고, 또 한편으로는 분산되어 있어 안전해 보이기도 한다. 매시의

2) 학습 목적상 단순화를 위해 여러 측면에서 우리는 비교에 산업 내 모든 회사를 고려하지는 않는다.

주장은 시티은행이 세계 최대은행이던 시절 CEO였던 월터 리스턴(Walter Wriston)이 애널리스트 간담회에서 한 말과 궤를 같이한다. 그는 시티은행이 성장이 있기 때문에 성장하는 세계에 사업을 확장한다고 말했다.

같은 산업에 있는 경쟁사와 비교해보자. 디어는 북미에서 대형 트랙터를 생산해 주로 북미지역 기업농에 판매한다. 매시는 규모의 경제효과를 위해 캐나다에서 소형 트랙터를 생산해 세계 시장의 소규모 농가에 판매한다. 누가 더 위험한 전략을 택한 것인가? 아마도 매시일 수도 있지만, 이는 나쁜 전략이 아니며 매시 입장에서 쉽게 정당화가 가능한 전략이다.

그렇다면 매시의 전략은 적절히 작동하고 있는가? 매시는 어떻게 이러한 전략을 수행하는가? [첨부 5A]의 매시 재무제표에서 매출액은 1971년부터 1976년까지 거의 3배(269%) 증가했다. 같은 기간 매출은 연평균 20% 성장하고, ROE는 연평균 12.7%(1971년 2.4% → 1976년 18.4%)에 달했다. 결국 매시는 신시장 개척으로 22%의 높은 매출 신장세를 유지하면서도 수익성(ROE)을 지속적으로 개선했다. 이는 훌륭한 성과이다. 매시의 제품시장전략이 다소 위험해 보이지만 정당화가 가능하며 재무적 성과도 우수했다. 그들은 경쟁이 없는 곳으로 간 것이다. ([그림 5.1] 참조)

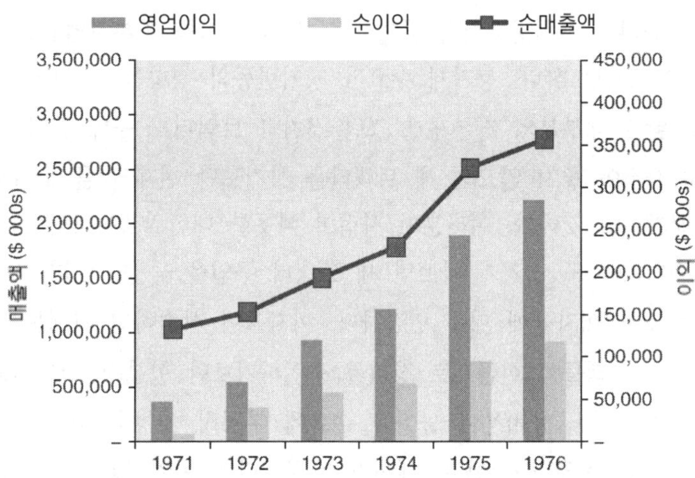

[그림 5.1] 매시퍼거슨, 1971 ~ 1976

매시가 택할 수 있는 제품시장전략은 무엇인가? 북미 대형 콤바인시장에서 하비스트와 디어를 상대로 경쟁할 수도 있었다. 다시 말해 대형 콤바인을 개발하는 것이다. 하지만 매시는 생산된 트랙터를 신흥시장에서 판매했다. 어느 전략이 더 위험한가? 하비스터나 디어와 정면으로 맞설지 아니면 그들이 없는 곳을 갈 것인지의 문제이다.

매시퍼거슨, 1971 ~ 1976

그렇다면 1971부터 1976년까지 매시는 어떻게 자금을 조달했는가? [첨부 5A]의 재무제표와 주요 재무비율을 보면 매시는 주로 차입금으로 자금을 조달했다. 1971년에서 1976년 사이 매시의 평균 차입비율(차입금 / (차입금 + 자본))은 47%인 점을 고려하면 이 회사의 목표 차입비율은 41 ~ 51% 내외로 보인다. 매시의 경쟁사들은 어떠한가? [표 5.1]과 같이 1976년 차입비율은 하비스터 35.1%, 디어 31.3%였다. 디어가 발행한 채권의 대부분은 AA등급으로 평가되었다.[3)]

[표 5.1] 매시와 경쟁사 비교(1976년)

	매시퍼거슨	인터내셔널 하비스트	존디어
차입금 / (차입금 + 자본)	46.9%	35.1%	31.3%
이자보상배율	3.9배	2.8배	7.7배
무디스 신용등급	Not rated	Baa ~ A	A ~ AA

다음으로 이 산업의 제품시장위험을 살펴보자. 우리는 이를 기본사업위험(Basic Business Risk, BBR)으로 부르기로 한다. 농기계 수요가 경기변동의 영향을 받는다는 점에서 위험하다. 왜 수요는 변동하는가? 대부분의 자본재가 그런 것처럼 트랙터도 구매 시기를 늦출 수 있기 때문이다. 주머니 사정이 좋지 않으면 새 트랙터를 사기보단 현재 것을 고쳐서 사용할 것이다. 여러분도 마찬가지일 것이다. 여러분이 사정이 빠듯한 대학원생이라면 졸업 때까지 신차 구입을 미룰 것이다. 농부도 경기가 나쁘면 새 트랙터 구입을 늦출 것이다.

농기계 수요는 또한 이자율에 매우 민감하다. 이자율이 상승하면 판매는 감소한다. 왜 이런 역관계가 나타나는가? 고객들이 현금으로 장비를 구입하기보단 할부(파이낸싱)를 이용하기 때문이다. 이자율이 오르면 금융비용이 늘어나 수요에 부정적 영향을 미친다. 또한 이자율이 상승하면 매시의 금융비용도 증가한다. 매시가 고정금리에 돈일 빌렸다면 이자율이 올라가도 단기적으로 큰 영향을 받지는 않을 것이다. 하지만 [첨부 5A]를 보면 매시는 상당한 은행차입금을 가지고 있고, 이 차입금은 대부분 변동금리로 빌린 것이다. 따라서 이자율 상승

3) 3대 신용평가회사는 S&P, 무디스(Moody's), 피치(Fitch)이다. 이들은 약간씩 다른 평가체계를 가지고 있지만, 기본적으로 AAA등급이 가장 안전하며 AA+등급이 그 뒤를 따르는 방식이다. 가장 낮은 신용등급은 D등급인데, 회사가 부도 상태이거나 채무계약에 따른 원리금을 지급하지 못하는 상태를 의미한다. D등급 바로 위인 C등급은 인컴본드(income bond)에만 부여된다. 이는 이표를 지급하는 채권에 부여될 수 있는 신용등급의 하한선은 CC등급이란 뜻이다. 정부가 금융기관에 요구하는 최소 투자등급인 투자적격등급(investment grade)은 BBB등급이다. BB 이하 등급은 하이일드나 정크본드로 간주된다.

은 매시의 이자비용을 증가시키고 판매에 부담을 준다. 매출이 이자율에 민감한 경기순환산업에 있는 매시로서는 이자율 위험을 회피하기 어렵고 은행차입금 때문에 경영상황이 악화될 수 있다.

이 리스크에 더해 매시에게는 주요 시장이 개도국이란 점이 문제가 될 수 있다. 개도국은 초기시장으로 성장이 불확실하다. 정책적 위험과 환위험도 잠재되어 있다. 또한 영국과 캐나다에서 생산된 제품으로 전 세계로 운송하기 때문에 물류리스크도 있다. 따라서 매시는 위험성이 있는 경기순환 산업 내에 있고 글로벌 농기계 시장 중에서도 가장 위험한 시장에 집중하고 있다고 볼 수 있다.

제품시장의 위험에도 불구하고 왜 매시는 차입금으로 자금을 조달하는가? 매시는 성장을 위해 자금을 조달한다. 매출은 연평균 22%씩 증가하고 ROE는 연평균 12.7%에 달한다. 2장의 PIPES 사례에서 본바와 같이 이는 매시가 지속가능성장률(sustainable growth rate)보다 더 빨리 성장하고 있다는 의미이다.

$$\text{지속가능성장률} = \text{ROE} \times (1 - \text{DPR})$$

$$\text{배당성향(dividend payout ratio, DPR)} = \text{배당액} / \text{당기순이익}$$

따라서 매시는 성장을 유지하기 위해 자금을 조달해야만 한다. 매시의 선택지는 주식이나 차입금으로 자금을 조달하거나 성장을 늦추는 것이다.

매시는 성장을 늦추어야 하는가? 이는 매시의 제품시장전략에 반한다. 매시는 목표시장으로 설정한 신흥시장에 침투하여 시장리더가 되고자 한다. 만일 성장을 늦추면 경쟁사가 이 시장에 들어올 것이고 결국 그들과 경쟁해야 하는 상황을 맞을 수 있다.

왜 매시는 주식을 발행하여 자금을 조달하지 않는가? 이 문제는 회사 경영권과 관련이 있다. 당시 투자회사인 아르고스(Argus)가 매시의 경영권을 가지고 있었다. **그럼 누가 아르고스의 경영권을 가지고 있는가?** 콘래드 블랙(Conrad Black)이다.[4] 콘래드 블랙은 아르고스가 보유한 매시 지분 16%가 희석되는 것을 원하지 않았기 때문에 매시가 신주를 발행할 수 없었다.

이는 매시에게는 선택의 여지가 없었음을 의미한다. 성장률은 22%인데 ROE는 배당 전에 12.7%에 불과해 성장을 늦추거나 차입금이나 주식으로 자금을 조달해야 한다. 성장을 늦추는 것은 제품시장전략에 반한다. 주식 발행은 최대주주가 원하지 않는다. 그럼 결국 차입이 유일한 선택지이다.

4) 캐나다 출신인 콘래드 블랙의 아버지는 캐나다맥주(Canadian Breweries)의 CEO였고, 그의 외가는 그레이트 웨스트 생명보험(Great West Life Assurance)과 일간지 데일리 텔레그래프(Daily Telegraph)를 창업한바 있다.

지속가능성장

기업의 대차대조표

자 산	부채와 자기자본
유동자산	유동부채
장기자산	장기부채
	주주투자금

대차대조표를 나타내는 T계정을 살펴보자. T계정 좌측에는 회사가 소유하고 통제하는 자원인 자산, 우측에는 자원의 조달수단인 부채와 자본이 있다. 매출이 연간 22% 성장하고 매출액/총자산 비율이 일정하게 유지된다고 가정해보자. 매출액 / 총자산 비율은 자본집약도(capital intensity) 또는 자산회전율(asset turnover)라고 불린다. 자본집약도가 일정하다는 것은 회사가 자산 1달러당 매출을 일정하게 유지한다는 의미이다. 따라서 매출이 연간 22% 증가한다면 자산도 연간 22% 증가해야 한다.

자산이 연간 22% 증가한다면 부채와 자기자본은 어떻게 되는가? 역시 22% 증가해야 한다. 만일 자본집약도가 일정하다면 대차대조표의 균형을 유지하기 위해서는 부채와 자기자본 역시 22% 증가해야 한다.

다음으로 레버리지인 부채비율(부채 / 자기자본)[5]이 일정하다고 가정하자. 부채비율이 일정할 때 부채가 22% 증가하면 자본도 22% 증가해야 한다. **매시의 ROE는 얼마인가?** 12.7%이다. ROE가 12.7%면 자기자본이 내부적으로 증가할 수 있는 최대치는 12.7%이다. 이때 회사가 배당을 지급한다면 증가율은 떨어진다. 결국 회사의 지속가능성장률은 다음과 같이 정의된다.

$$\text{지속가능성장률} = ROE \times (1 - DPR)$$

배당을 지급하지 않는 상태에서 지속가능성장률 12.7%보다 빨리 자산을 22% 증가시키려면 매시는 어떻게 해야 하는가? 매시는 외부에 신주를 발행해 자본을 12.7% 이상 늘리거나 부채를 22% 이상 늘려야 한다. 후자는 부채비율을 증가시킨다. 따라서 회사의 자산이 그 회사의 지속가능성장률 이상으로 증가할 때 주식을 새로 발생하지 않으면, 부채는 자산이 증가하는 것 이상의 속도로 늘어나야 한다. 이는 대차대조표 균형을 위해 불가피하며, 매시의 부채가 급격히 늘고 부채비율이 상승한 이유이다.

---

5) 레버리지는 여러 방법으로 정의할 수 있다. 부채/자기자본, 부채/총자산, 총자산/자기자본 등이 가장 일반적이다. 부채/자기자본이 가장 직관적이지만 총자산/자기자본은 뒤에 다루는 듀폰공식으로 인해 익숙하다.

지금까지 우리는 지속가능성장과 관련해 자본집약도(매출 / 총자산)와 레버리지(부채 / 자기자본)를 사용해왔다. 지금부터는 세 번째 재무비율인 수익성(profitability)을 추가한다.[6] 순이익 / 매출액은 회사가 매출 1달러당 얼마나 만큼의 순이익을 얻는지를 나타낸다. 이때 매출액 / 총자산과 순이익/매출액을 곱하면 총자산이익률(return on assets, ROA)인 순이익 / 총자산이 된다.

$$ROA = \frac{당기순이익}{매출액} * \frac{매출액}{총자산}$$

이상의 세 재무비율을 모두 곱하면 듀폰공식(Dupont Formula)으로 알려진 다음 공식이 얻어진다.

$$ROE = \frac{당기순이익}{매출액} * \frac{매출액}{총자산} * \frac{총자산}{자기자본}$$

이를 다시 쓰면

$$ROE = 수익성 * 자본집약도 * 레버리지$$

듀폰공식은 1920년대 글로벌 화학회사인 듀폰코퍼레이션(DuPont Corporation)이 처음 사용했다. 듀폰공식은 회사의 자기자본이익률(return on equity, ROE)이 수익성(순이익 / 매출액), 자본집약도(매출액 / 총자산), 레버리지(총자산 / 자기자본)의 곱이라는 것을 말하고 있다. 따라서 회사가 ROE를 높이길 원하면 이 세 가지 중 최소 한 가지를 선택해 높여야 한다는 것이다. 즉, 회사는 매출 대비 수익을 개선하거나 자산의 매출 효율성을 높이거나 부채비율을 높이는 것이다. 따라서 수익성과 자본집약도를 유지하는 상황에서는 레버리지를 높이면 ROE를 개선할 수 있다.

듀폰공식은 지속가능성장을 이해하는데도 중요하다. “지속가능성장률”이란 회사가 외부에서 자금을 조달하지 않고 내부적으로 창출된 자금으로 성장할 수 있는 성장률이다. 이 개념은 듀폰모델의 수익성과 자본집약도가 일정하다고 가정한다. 따라서 수익성과 자본집약도를 묶어두면 회사는 레버리지를 증가시키면 ROE를 높일 수 있다. 매시도 지속가능성장률 이상으로 성장하려면 부채나 자기자본으로 외부 자금을 조달을 해야만 한다.

다시 정리하면 매시는 1971 ~ 1976년 매출은 연평균 22%씩 빠르게 성장했고 ROE는 연평균 12.8%를 기록했다. 그럼에도 매시는 성장을 위한 자금조달에 주식 발행을 원하지 않

6) 수익성도 순이익 / 매출액, 순이익 / 당기순이익, 순이익 / 총자산 등과 같이 다양하게 정의된다. 비슷하게 레버리지도 부채 / 자기자본, 부채 / 총자산, 부채 / 자기자본, 총자산 / 부채 등과 같이 여러 방법으로 정의된다.

았다. 따라서 매시는 부채를 통해 자금을 조달해야 하는 상황에 있었다.

1976년 이후

[그림 5.2]와 같이 매시의 재무성과는 1976년 이후 급격히 악화된다.

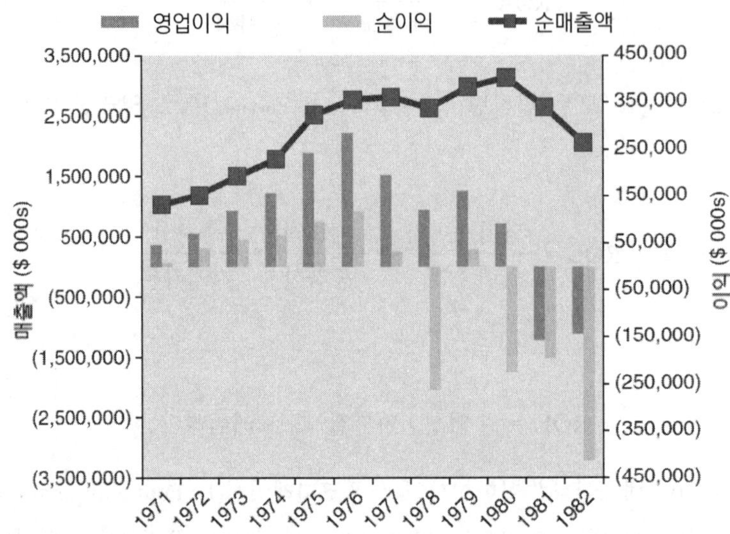

[그림 5.2] 매시 경영실적, 1971 ~ 1982

무엇이 문제였는가? 여러 문제들이 복합적으로 농기계 수요에 영향을 미치면서 매시의 글로벌 매출을 감소시켰다. 남미는 통화긴축으로 신용경색이 발생하면서 매출이 감소했다. 유럽은 나쁜 날씨로 인한 수확량이 감소하며 농부들이 농기계 구매를 늦추는 원인이 되었다. 1980년 1월 미국이 구 소련에 농작물 금수 조치를 발동했는데, 이는 미국 농가의 소득을 감소시키면서 농기계 수요도 위축시키는 결과를 낳았다. 수출 감소와 함께 북미지역은 1980 ~ 1982년에 경기침체로 어려움을 겪는다. 결국 남미, 유럽, 미국지역 모두 농기계 수요가 크게 감소한다. 동시에 세계적으로 이자율이 상승하면서 수요를 더욱 위축시킨다. 이 상황에서 환율마저 매시에게 불리하게 움직였다. 특히 북해의 오일 생산이 증가하면서 1980년대 초를 고점으로 영국 파운드화의 가치도 급등한다. 이는 영국에서 생산되는 매시의 제품이 해외시장에서 비싸지는 결과를 낳는다.

이런 와중에 매시가 제품을 판매하는 일부 국가에서 정치적 변혁이 발생한다. 1969년 무하마드 가다피가 권력을 잡으면서 리바아에 혁명이 발생한다. 1979년 매시는 이란의 전제

왕정과 거래를 중단하고 호메이니와 거래하기 시작한다. 일련의 변화 과정에서 매시는 불가피하게 영업대표들을 교체해야만 했다. 날씨, 신용경색, 이자율 상승, 환율 변동에 더하여 매시가 정치적 위험까지 모두가 매시의 수요에 부정적 영향을 미치고 있었다. 나쁘게 갈 수 있는 모든 것들이 그 방향으로 움직였다.

이러한 변화에 매시는 어떻게 대응했는가? 매시는 인력의 1/3을 감축하고 일부 공장을 폐쇄했다. 자산을 매각하고 재고를 줄이고 배당도 삭감했다.[7] 매시는 불황에 회사가 할 수 있는 모든 조치를 취했다. 아마도 이런 조치가 더 빨리 취해졌어야 했겠지만, 더 중요한 것은 "이러한 일련의 조치들이 작동했는가?"이다.

[첨부 5A]와 같이 매시의 재고자산 / 매출액(inventory-to-sales) 비율은 1977년 40.5%에서 1980년까지 31.6%로 떨어진다. 이는 큰 폭의 감소이다. 순고정자산 / 매출액 비율 역시 21.2%에서 15.6%로 감소한다. 이는 매시가 재고자산 1달러 혹은 고정자산 1달러로 더 많은 매출을 일으키게 된다는 의미이다. 그러나 총자산 / 매출액 비율은 단지 92.5%에서 90.4%로 떨어지는데 그쳤다. 이는 매출채권 / 매출액 비율이 19.3%에서 30.9%로 증가했기 때문이다.

일부 공장을 닫고 종업원과 재고 그리고 고정자산을 줄인 후에는 매시에게 무슨 일 발생했나? 총자산 / 매출액 비율은 거의 변동하지 않았다. 왜인가? 매출채권이 급증했기 때문이다. 왜 매출채권이 급증했는가? 매시의 고객들이 대금을 지불할 수 없었기 때문이다. 정확히 말하면 북미지역 고객들이 매시의 딜러들에게 할부금을 지불할 수 없었기 때문이다. 매시는 제품을 딜러를 통해 팔면서 딜러에게 금융을 지원했는데 이것이 문제가 된 것이다. 농가가 딜러에게 할부금을 지급할 수 없게 되자, 딜러들은 매시에게 생존을 의지하게 된다. 실제 매시의 많은 딜러들이 파산했다. 1980년대 초 북미지역 농기계 딜러의 약 50%가 파산하게 된다.[8]

이로 인해 매시도 큰 손실을 보게 된다. 1980년 한해에만 손실이 225백만 달러에 달했다. 무엇 때문에 이런 손실이 발생했는가? 언급한바와 같이 수요 위축과 비용 절감 실패가 주된 요인이었다. 늘어난 이자비용 역시 손실에 주된 원인이 되었다. 매시는 1980년 한해 차입금 이자로만 301백만 달러를 지출했기 때문이다.

타임아웃! 이제 이를 다시 정리해보자. 1980년 매시는 225백만 달러의 손실을 보았다. 이 회사의 그해 이자비용은 301백만 달러에 달했다. 이것은 무엇을 의미하는가? 매시에게 부채가 없었다면, 이익을 남길 수 있었을 것이다. 다시 말해 매시가 자금을 100% 주식으로 조달했다면 이익을 낼 수 있었다는 뜻이다. 결국 이자비용이 영업이익보다 많았던 것이다. **매시는 영업활동에서 돈을 잃지 않았고 파이낸싱에서 돈을 잃었던 것이다.**

---

7) 캐나다에서 16%, 그 외 지역에서 40%의 인력을 감축한다.

8) 이는 디어가 딜러의 30%를 잃은 것과 대비된다.
www.farm-equipment.com/articles/8327-january-2013-deere-grew-by-financing-the-best-dealer-in-town (2013년 1월 1일)

핵심: 어떻게 자금을 조달할 것인가?

만일 매시가 자금을 100% 주식으로 조달했다면 1980년에도 이익을 낼 수 있었을 것이다. 하지만 매시는 그렇지 않았다. 많은 부채로 인해 한해 금융비용이 301백만 달러에 달했다. 결과적으로 225백만 달러의 적자를 봤다. 다음에는 무슨 일이 일어났는가? 적자가 매시에게 의미하는 것은 무엇인가? 가장 먼저 손실을 메우기 위해 자금을 조달해야 한다. 매시는 225백만 달러를 마련해야 하며 그 방법을 찾아야 한다.

매시는 이 자금을 마련하기 위해 어디로 가야하는가? 주식 발생을 생각해 볼 수 있다. 하지만 주가가 문제였다. [그림 5.3]은 이 방법이 쉽지 않다는 것을 보여준다.

[그림 5.3A] 매시퍼거슨의 주가, 1971 ~ 1982

[그림 5.3B] 매시퍼거슨의 시가총액, 1971 ~ 1982

매시 주식의 시장가치총액(시가총액)은 1980년 12월 68.4백만 달러로까지 떨어진다. 따라서 주식으로 225백만 달러를 조달한다는 것은 당시 시가총액의 3배에 달하는 주식을 발행해야 한다는 말이 된다. 통상 주식가치의 10% 내외의 신주를 발행하는 것이 일반적이라고 봐야 한다. 주식가치의 100%를 발행한다는 것도 거의 불가능하다고 봐야 한다.

그렇다면 매시는 어떤 것을 할 수 있는가? 매시는 이미 자산매각, 인력감축, 재고축소를 실행했다. 대규모 주식발행은 불가능하다. 이런 사정을 종합하면 대안은 추가적인 차입밖에 없다. 이는 장기차입인가 단기차입인가? 매시는 단기차입을 선택했다. 왜인가? 주가가 급락하고 재무적으로 어려운 상황이 알려지자 어느 누구도 매시에게 장기로 대출을 해주지 않았기 때문이다. 회사로서는 선택의 여지가 없었다.

왜 매시의 선택지가 그렇게 좁았는가? 회사가 갑자기 어려워진데 그 한 원인이 있다. 매시가 불황에 급증하는 손실을 감당해야 했지만 재무적 융통성을 가지고 있지 못했다. 재무적 융통성(financial flexibility)이 추상적인 개념이긴 하지만 자본구조를 선택할 때 중요하게 고려해야 하는 개념이다.

이 결과는 [표 5.2]에서 볼 수 있다. 매시의 차입비율은 1976년 46.9%였지만, 1977년에는 54.4%, 1978년 67.6%, 1979년 67.4%, 1980년 82.3%로 지속적으로 상승한다. 더 큰 문제는 늘어나는 차입금이 대부분 단기차입금이라는 점이었다.

[표 5.2] 매시의 차입금 변동(1976 ~ 1980)

(백만 달러)	1976	1977	1978	1979	1980
단기차입금	180	345	477	571	1,075
장기차입금	529	616	652	625	562
총차입금	709	961	1,129	1,196	1,637
자기자본	803	807	541	578	353
차입비율(총차입금 + 자기자본)	46.9%	54.4%	67.6%	67.4%	82.3%

1980년 매시의 총차입금은 16억 달러가 넘게 된다. 이는 매시가 (1979년에 37백만 달러의 이익을 냈지만) 1978년 262백만 달러, 1980년 225백만 달러의 손실을 내면서 이를 차입금으로 충당해야 했기 때문이다. 매번 매시는 차입금을 늘렸고, 이는 이자비용을 계속 증가시켰고 손실을 확대시켰다. 이는 마치 속도를 높이며 급강하하는 죽음의 소용돌이 같았다.

요약해보자. 매시는 위험한 제품시장의 영업을 확대하면서 차입금이 증가했다. 불황이 닥치자 손실이 발생하기 시작한다. 다른 선택지가 없었던 매시는 단기차입금으로 자금을 조달한다. 이는 레버리지를 키우고 다시 손실을 확대시켰다. 계속 더 많은 부채로 손실을 충당하는 악순환을 반복한다. 중요한 것은 이 기간 중 매시가 이익을 본 기간도 있었다는 점이다. 다만, 차입금 때문에 매시는 손실을 입었고, 손실이 손실을 확대시켰다. 그래서 매시의 주가는 어떻게 되었는가? 1976년에서 1980년 사이 매시의 주가는 87%나 떨어진다. 1976년 6월 30일에 매시의 시가총액은 524.7백만 달러였지만, 1980년 12월에는 68.4백만 달러까지 줄어든다. 매시는 이제 16억 달러의 차입금(부채 25억 달러)과 68백만 달러의 주식을 가지게 된다. 따라서 매시가 주식을 발행할 수 있다고 해도 차입금이 주식의 24배에 달했기 때문에 채무를 상환하기 충분한 주식을 발행할 수 없었다.

콘래드의 엑시트

매시의 시가총액이 아직 100.4백만 달러에 있던 1980년 10월 대주주인 콘래드 블랙은 보유하고 있던 매시 주식을 나눠주기로 결정한다. 매각이 아니라 나눠주는 결정이었다. 누구에게? 그의 생각에 가장 의미 있는 기부처는 회사 노동조합, 즉 종업원들이었다. 그는 왜 그렇게 한 것일까? 절세에도 목적이 있었고 매시가 심각한 경영난에 빠졌다는 것을 알고 있었기 때문이기도 했다. 또한 사람들이 그에게 찾아와 앞으로 매시에게 어떤 처방을 할 것인지를 계속해서 묻는데도 신물이 난 탓도 있었다. 회사가 어려워지자 대출 은행들도 곤란에 빠진다. 따라서 은행들은 콘래드 블랙을 계속 찾아가 추가 투자를 종용했다. 그의 반응은? 그는 아니었다. 그의 대답은 회사에 손을 떼겠다는 것이었다.[9)]

실제 콘래드 블랙이 종업원들에게 직접 주식을 주지 않은 것은 매시를 회생시키고자 했기 때문이었다. 대신 콘래드가 노동조합에 주식을 기부함으로써 캐나다 정부가 매시를 구하도록 유도하기 위한 것이었다. 상징적으로 말해 그는 정부의 문간에서 초인종을 누르고 달아난 것이었다. 당시 캐나다 총리였던 피에르 트뤼도(Pierre Trudeau)가 문을 열고 나왔을 때 문 앞에 놓인 매시퍼거슨을 보게 하려는 것이었다.

9) 콘래드는 1978년 매시퍼거슨의 경영권을 장악하고 회장에 취임한다. 1979년 이 회사는 소규모 흑자를 낸다. 하지만 손실이 급증하면서 1980년 블랙은 회장직에서 물러난다. 1981년 블랙이 경영권을 가지고 있던 투자회사 아르고스은 보유하고 있던 매시 주식을 매시의 퇴직연금에 기부한다. 결국 콘래드는 캐나다에서 영국으로 이주했고, 텔레그라프와 예루살렘포스트를 인수하면서 한때 세계 3대 신문그룹으로 키우면서 미디어계의 황제가 된다. 2001년 그는 영국 여왕으로부터 기사 작위를 받았지만, 이를 위해서는 캐나다 시민권을 포기하라는 캐나다 총리 장 크레티앙(Jean Chretien)의 압력을 받게 된다. 캐나다는 기시나 귀족 작위를 부여하는 군주제를 반대하는 전통을 가지고 있는데, 이는 민주적 가치에 부합하지 않는다는 입장 때문이었다. 블랙 경은 미국에서 자금 횡령죄와 사법방해죄로 기소된다. 그는 2007년에 유죄를 선고받은 6년 반을 복역한다. 블랙은 무죄를 주장했고, 결국 횡령 혐의는 벗었지만 사업방해 혐의는 유죄를 인정받았다. 블랙은 항소 과정에서 보석으로 풀려나기도 했다. 하지만 총 42개월을 복역했고 30년간 미국 입국이 금지되었다.

경쟁자 동향

우리는 매시만을 보아선 안 된다. 매시의 직접적 경쟁자인 인터내셔널 하비스터와 존디어는 이 기간 동안 어떻게 하고 있었는가? ([표 5.3] 참조)

[표 5.3] 경쟁사 비교

(천달러)	매 시		하비스터		디 어	
연도	1976	1980	1976	1980	1976	1980
순이익률	4.3%	−7.2%	3.2%	−6.3%	7.7%	4.2%
차입금 / (차입금 + 자본)	46.9%	82.2%	43.9%	53.6%	31.3%	40.6%
3개사 중 매출액 비중	24.3%	21.0%	48.2%	42.4%	27.5%	36.7%
이자보상배율	2.8	0.3	2.8	1.0	4.4	2.8

하비스터는 1980년 말 테크니컬 디폴트에 빠진다. 1979년까지는 괜찮았지만 기본적으로 트랙터 사업에서 실패했기 때문이다. 1979년 하비스터의 시가총액은 22억 달러였지만, 1982년에는 불과 23백만 달러에 지나지 않았다. 3년간 거의 22억 달러나 줄어든 것이다. 어떻게 된 것인가? 하비스터의 추락은 새로 CEO로 영업된 아치 맥카델(Archie R. McCardell)가 촉발시킨 노사분규에 큰 원인이 있었다. 하비스터 노조는 강성노조인 전미자동차노조(United Automobile Workers, UAW)에 의해 조직화된 반면 맥카델은 이전에 노조 협상 경험이 전무한 상태에서 CEO가 되었다.

맥카델은 CEO에 취임하면서 하비스터를 산업내 최고의 저원가 생산자로 만들고자 했다. 이를 달성하기 위한 주된 방법은 인건비 축소라고 믿었다. 따라서 기존 임단협이 만료되자 맥카델은 UAW에 양보를 요구한다. 이는 현재까지도 UAW 역사상 4번째 장기파업으로 기록된 172일간 파업을 촉발시킨다. 파업이 끝났을 때 노조가 양보한 것은 별로 없었지만 인터내셔널 하비스터는 479.4백만 달러의 손실을 냈다. 그리고 다음 해에도 397.3백만 달러의 손실을 기록한다.10)

그렇다면 존디어는 어떻게 되었는가? 1976년부터 1980년까지 존디어의 매출은 총 74.5%가 감소해 연평균 약 15% 감소한다. 3개사(매시, 하비스터, 존디어) 기준 1976년 존디어의 시장점유율은 27.5%였다. 1980년까지 디어의 매출총이익률은 26.1%에서 20.5%로, 순이익률은

10) “Hard Times at Harvester,” Time, May 25, 1981; “International harvester Reports $257 Million Loss,” Associated Press, May 15, 1980.

7.7%에서 4.2%로 떨어지면서 수익성은 다소 둔화되었지만 시장점유율은 오히려 36.7%로 증가했다.[11)]

존디어는 어떻게 한 것인가? 존디어의 제품이 더 우수한가? 존디어는 어려움을 겪지 않았다는 말인가? 디어는 매시처럼 해외의 정치적 위험에 노출되는 문제는 없었지만, 북미지역의 경기침체에 영향을 받았다. 그럼에도 디어의 시장점유율은 19.1%에서 23.3%로 상승했다. 시장점유율만 늘어난 것이 아니라 디어는 시설투자(CAPEX)를 크게 늘린다. 그 이유를 이해하기 위해서는 농기계의 수요 특성을 알아야 한다. 농기계산업은 경기순환산업이다. 그리고 1976~1980년은 이 산업의 경기 사이클의 어느 부분에 해당하는가? 당시는 경기저점에 있었다. 경기 저점에서 기업이 해야 할 것은 무엇인가? 경기가 회복될 것에 대비한 투자이다.

디어도 하비스터와 동일한 결론을 내린다. 즉 제조원가를 줄여 저원가 생산자가 되어야 한다는 것이다. 하지만 이런 목적을 달성하는데 디어는 다른 접근법을 택한다. 디어는 제조원가를 혁신적으로 절감하기 위해 자동화 라인을 설치한 세계 최대의 트랙터 공장을 건설한다. 1981년까지 7년에 걸쳐 당시로서는 엄청난 규모인 18억 달러[12)]를 CAPEX에 투자한다. 동시에 경쟁자들의 우수 딜러를 영입하기 시작한다.

자동차 딜러와 같이 농기계 딜러는 상당수가 독립 업자들이다. 앞에서 언급한바 매시는 경기부진기에 많은 딜러를 잃었다. 매시가 잃어버린 딜러들은 부진한 딜러들이었는가? 일부는 수익성이 낮은 딜러였지만 다수는 수익성이 양호한 딜러였다. 디어는 매시퍼거슨의 우수딜러에 관심을 가지고 매시가 어려움에 처한 시기에 그들을 영입한다.

디어는 성공적인 신규 딜러를 영입해 시장점유율을 높이면서 대규모 시설투자를 진행했다. 그 결과 북미시장에서 가장 원가경쟁력을 갖춘 생산자로 자리잡는다. 디어는 어떻게 이렇게 할 수 있었을까? 디어가 이것이 가능했던 것은 부채에 대한 의존도가 높지 않았기 때문이다. 1976년 디어의 자금조달액 중 차입금 비중은 31.3%였고 1980년에는 40.6%로 다소 증가하는 수준이었다. 차입금에 대한 의존도가 낮았기 때문에 매시가 할 수 없었던 것을 디어는 가능했던 것이다. 낮은 부채비율은 디어의 재무적 곤경 가능성을 덜어주고 심지어는 어려움 속에서도 확장의 기회를 제공했다. 재무적으로 취약한 매시와 하비스터와 달리 디어는 재무적 융통성을 경쟁우위로 삼을 수 있었다.

잠시 관련되지만 다른 이야기를 해보자. 여러분은 어려움이 찾아 올 때까지 기다리기보다 적극적으로 어려움을 만들어 기회로 삼는 경우를 보게 된다. 한때 IBM이 IT산업에서 독보적 위치를 차지하고 나머지 회사들은 니치마켓을 두고 경쟁하던 시절이 있었다. 텔렉스

---

11) 2011년까지 존디어의 대형 농기계 시장점유율은 50% 이상으로 증가한다.
http://online.barrons.com/article/SB50001424053111904646704577293782368622246.html 참조.
12) Forbes, March 12, 1983, 120.

(Telex)는 니치마켓에서 빠르게 성장하는 대표 주자 중 하나였다. 하지만 어느 날 갑자기 IBM은 시장에서 텔렉스와 경쟁하던 자사 제품의 가격을 큰 폭으로 내린다. 텔렉스는 매출이 급감하면서 적자 전환했고, 차입약정을 위반하면서 파산에 위기에 몰린다. 나중에 법정 증언에서 알려진 것이지만 IBM은 텔렉스 재무제표 분석을 통해 텔렉스가 채무약정을 위반하게 하려면 가격을 얼마나 내려야 하는지에 관한 예측모델을 만들었다는 사실이 알려졌다. 다만, IBM은 이 분석이 회사 차원에서 이루어진 것이 아니라 한 IBM 애널리스트 개인의 일탈된 행동이었으며, 경영진은 이에 대해 어떠한 보고도 받지 않았다고 주장했다. 이 주장의 진실성 여부를 떠나 이 이야기에서 우리는 하나의 중요한 교훈을 얻을 수 있다. 우리가 위기에서 확실히 살아남을 자신이 있고 위기는 아직 도래하지 않았다면, 필요할 경우 가능하다면 위기를 만들어 내는 것이 도움이 될 수 있다는 것이다.[13)]

이제 디어와 매시 논의로 돌아오자. 차입금에서 오는 위험은 어려운 시기에 차입금을 상환할 수 있는지에 국한되는 문제가 아니다. 이는 차입금의 위험이 경쟁적 지위를 더욱 취약하게 만들기 때문이다.

이제 디어가 확실한 시장 1등이 되었다는 것은 매시가 안전하다는 것을 의미하는가? 아니다. 왜 아닌가? 디어는 이제 매시에게 어떤 조치를 취할것인가? 디어가 매시를 쫓아 해외시장에 진출할 수 있지만, 이를 위해서는 제품라인을 변경해야 한다. 따라서 디어는 그러한 경로를 따르지는 않을 것이다. 디어는 어떤 다른 조치를 취할 수 있을까? 여러분이 존디어라고 가정해보라. 여러분이 디어 본사가 위치한 일리노이주 몰린의 베란다에 앉아 어떤 조치를 취할 것인지 생각 중이라고 하자. 여러분은 이제 무엇을 할 것인가?

1981년 1월 2일 디어는 주당 43달러에 보통주 4백만 주, 시가로 172백만 달러에 달하는 증자 계획을 발표한다. 업황은 부진했고 주가도 약세였지만 디어는 신주 발행을 결정한 것이다. 주식시장은 이 뉴스를 악재로 받아들였고 발표 당일 시장조정 기준으로 시가총액이 241백만 달러 감소한다.[14)] 디어가 신주 172백만 달러를 발행하겠다는 발표에 발표 당일 시장가치가 241백만 달러나 줄어든 것이다. 우리는 앞으로 이런 일이 왜 발생했는지 다루게 된다. 다만 여기서의 요지는 디어가 신주 발행으로 172백만 달러의 현금을 조달하기 위해 241백만 달러의 시장가치 손실을 부담하는 결정을 했다는 것이다. 결과적으로 디어는 부채비율을 40%에서 30% 중반대로 낮출 수 있었다.

여러분이 매시퍼거슨이라면 이때 어떤 생각이 가장 먼저 들겠는가? 매시는 막대한 부채로 시름하고

13) Telex Corporation v. International Business Machines Corporation, 510 F.2d 894 (10th Cir. 1975), openjurist.org/510/f2d/894 인용

14) 학자들은 종종 시장조정수익률(market-adjusted returns)에 대해 이야기한다. 이는 시장의 베타와 움직임으로 조정한 수익률을 말한다. 이를 계산하는 방법은 10장에서 다루고 있는 다음 논문을 참조하라. P. Asquith and D. W. Mullins Jr., "Equity Issues and Offering Dilutions," Journal of Financial Economics 15 (1986): 61-89.

있었다. 강력한 경쟁자인 디어는 매시의 딜러를 영입하고 시장점유율을 잠식하더니, 이제는 대규모 증자로 부채비율을 30%대로 낮춘 것이다. 이런 상황을 재무전략 용어로 "리로딩(reloading)"이라고 한다. 매시는 어려움에 처해있고, 무서운 경쟁자인 디어는 이제 매시와의 경쟁을 끝내기 위해 낮은 주가에도 기꺼이 주식을 발행하기로 한 것이다.

매시의 재무위기

그럼 매시로 돌아가 보자. 여러분이라면 이 회사를 어떻게 바꿀 것인가? 1980년 마침내 매시는 채무불이행에 빠진다. 전체 차입금은 1.637십억 달러였고, 이 중 1.075십억 달러가 단기차입금이었다. 이는 매시가 계속해서 리파이낸싱(차환)을 해야 한다는 뜻이다. 자기자본의 장부가는 353.1백만 달러이고, 차입금비율은 464%(1.637 / 0.353)에 달했다. 매시의 선택지는 무엇인가? 디젤엔진을 생산하는 알짜 자산인 자회사 퍼킨스(Perkins)를 매각할 것인가? 퍼킨스를 제외한 모든 것을 팔 것인가? 주식교환(exchange offer)을 포함하여 재무구조조정을 실시할 것인가? 정부에 구제금융을 요청할 것인가? 파산을 신청할 것인가? 그 외에 무엇이 있는가?

어려움에 처한 기업이 할 수 있는 것 중 하나는 회사를 인수해 줄 대상을 찾는 것이다. 1980년 12월 매시의 시가총액은 68백만 달러에 불과했다. 이는 누구라도 68백만 달러만 있으면 최초의 다국적 회사이며 세계적 브랜드를 가진 매시를 인수할 수 있다는 뜻이다. 이는 많은 돈인가? 절대 그렇지 않다. 1985년 JRJ 나비스코 인수에는 투자은행 수수료만 500백만 달러가 넘게 들었다.[15] 다시 말해 투자은행이 번 돈만도 그 정도라는 뜻이다. 68백만 달러면 누구라도 매시퍼거슨을 살 수 있는데, 이는 결코 큰 돈이 아니다.

그렇다면 왜 아무도 매시를 인수하지 않는가? 이 회사에 부채가 너무 많기 때문이다. 문제는 파산하기 전에 매시를 인수한다면 인수자는 부채도 인수하는 것이 된다. 이는 재무곤경기업이 파산으로 부채를 정리할 때까지 잘 매각되지 않는 이유이다. 여러분이 68백만 달러에 매시를 살 수 있지만, 이때 차입금 16억 달러도 같이 딸려온다. 또한 매시 인수 후에 원가절감을 위한 시설투자에 추가적인 자금이 필요할 수 있다. 그렇다면 당신은 어떤 복안을 가지고 있는가? 존디어는 리로딩 중이다. 이런 상황은 압류된 주택을 구입하는 것과 같다. 담보권을 행사하기 전에 이 집을 산다면 여러분은 현재 모기지를 인수해야 한다. 비록 담보권을 행사한 후에 사더라도 돈을 집어넣어야 한다. 또한 문 옆에는 여러분이 집 밖으로 나오기만 하면 다

15) 뉴욕타임즈에 따르면 이 거래에서 KKR측 네 개 자문사가 수수료로 400백만 달러를 받았다고 한다. Alison Leigh Cowan, "Investment Bankers' Lofty Fees," New York Times, December 26, 1988, www.nytimes.com/1988/12/26/business/investment-bankers-lofty-fees.html, assessed November 14, 2013.

리를 물려하는 존디어라는 이름의 덩치 큰 도베르만핀셔가 웅크리고 있는 형국이다. 어느 누구도 최소한 파산 때가지는 매시를 인수하려 하지 않는다.

그렇다면 알짜자산인 퍼킨스를 매각하는 것은 어떤가? 글쎄, 이는 좋은 아이디어처럼 보이지만, 매시에게 돈을 빌려준 채권자들이 돈을 빌려주긴 했어도 바보들은 아니다. 매시가 돈을 빌릴 때 채권자들은 차입계약에 약정사항을 부과했다. 그렇다면 채무약정에는 뭐라고 규정되어 있을까? 기본적으로 매시는 채권자의 동이 없이는 주요 자산을 팔 수 없다. 채권자들은 매시가 매각대금으로 채무를 완전히 변제하지 않는 한 매시가 퍼킨스를 매각하게 두지 않는다. 따라서 매시의 알짜자산인 퍼킨스를 매각하는 것은 매시의 선택지가 되지 않는다.

다른 자산을 파는 것은 어떤가? 퍼킨스 외에 매시가 가지고 있는 주요 자산은 매출채권이다. 매출채권의 청산가치는 일반적으로 액면가의 일부분(예: 50% 또는 75%)만 인정된다. 그렇다면 매시의 매출채권의 가치는 어떤가? 농부들 앞으로 나간 매출채권은 얼마의 가치를 갖는가? 종교지도자 아야톨라가 지배하고 있는 이란 채권의 가치는 어떠한가? 매시는 왕정국가, 저개발국, 브라질 등지에 많은 장비를 판매했다. 이들의 가치는 얼마인가? 액면가의 75%나 50%가 되지 않을 것이다. 매출채권은 수금이 될 것으로 기대되는 만큼 가치를 갖는다. 매시의 매출채권 중 수금이 어려운 매출채권은 잠재적인 가치를 갖지 못한다.

매시는 기존 채권단인 은행들과 재협상을 시도해야 한다. 재무적으로 어려운 기업들이 재협상을 통해 출자전환이나 부채탕감을 요구하는 것은 일반적인 현상이다. 불행히도 매시에게는 이것도 문제였다. 일반적인 경우라면 회사의 CEO나 CFO가 택시를 타면 "우리 회사의 주채권은행으로 가주세요."라고 말할 것이다. 하지만 매시의 경우에는 택시기사가 "어느 은행으로 가라는 거죠?"라고 되묻게 된다. 매시는 세계 31개국 250개 은행으로부터 돈을 빌렸고, 이들 각자는 매시가 채무를 상환하지 못하거나 구조조정에 돌입하면 매시를 파산시킬 수 있는 권한을 가지고 있었다. 일반적으로 회사는 차입을 일으킬 때 은행 컨소시엄이나 신디케이션을 대표하는 간사은행(주간은행)을 둔다. 회사는 은행 컨소시엄에서 돈을 빌리면서 은행들을 대표해 간사은행과 대출조건을 회사와 협상하게 된다. 따라서 대출조건에 관한 회사 입장은 모두 간사은행을 통해 전달된다.

하지만 매시는 간사은행이나 주채권은행을 두지 않았다. 250개 은행과 별도의 계약을 맺었다.[16] 따라서 매시가 채무조정을 하기 위해서는 모든 은행과 개별 협상을 해야 했다. 매시는 왜 이런 방식으로 돈을 빌린 것인가? 그 당시 이런 방식이 매시에게 더 저렴했기 때문이다. 대출별로 그리고 은행별로 세계 시장에서 돈을 빌리는 것이 비용이 가장 쌌다. 하지만 이런 방식은 재무곤경 시점에 이르러 채무조정을 극도로 어렵게 만드는 결과를 가져왔다.

---

16) Peter Coo, Massey at the Brink (Toronto: Collins, 1981), 263.

반면 디어는 소수의 은행과만 거래했다. 이들 모두는 장기 대출컨소시엄 참여자였다. 디어는 이런 방식에 비용을 더 지불했지만, 이는 혹시나 있을 채무조정에 유리함을 가지고 있었다.

결국 매시는 채무조정에 엄청난 어려움을 겪게 된다. 생각해볼 수 있는 모든 펀딩 수단에 문제가 있었다. 기존 대출은행에 추가 대출을 요구하면 은행들은 "더는 안 됩니다."라고 거부했다. 매시는 최대주주인 콘래드 블랙에게도 도움을 청해봤지만 "저는 이제 끝입니다."라는 답만 들었다. 노조(UAW)에 양보를 요청하면 노조는 불가하다고 답했다.

이런 상황에서 경영진이 할 수 있는 일은 무엇인가? 정부에 자금지원을 요청하는가? 어느 정부인가? 캐나다인가 영국인가? 미국정부는 이해관계가 없는 매시에게 어떤 지원도 하지 않았다. 매시는 많은 캐나다인을 종업원으로 고용하고 있었기 때문에 캐나다는 이해관계가 많이 있었다. 영국은 자회사인 퍼킨스가 있었기 때문에 더 큰 이해관계가 있었다. 매시는 누구에게 요청을 할 것인가? 영국 수상 마가렛 대처인가 캐나다 수상 피에르 트뤼도인가?

정부의 개입에 대한 그녀의 정치적 신념은 제처 두더라도 대처는 뭐라고 말했을 것으로 생각하는가?[17] 그녀는 영국의 일자리가 알짜자산인 퍼킨스에 있고, 매시가 파산하더라도 퍼킨스는 문제가 없을 것이라고 보고 "노(NO)"라고 답했을 것이다. 일자리가 없어지지 않으면 영국에는 어떠한 위협도 없다고 보았을 것이다.

반면 위험에 처한 일자리가 있는 캐나다의 피에르 트뤼도는 마가렛 대처보다 노동친화적인 정치철학을 가지고 있었다. 매시는 캐나다에 도움을 요청했다. 캐나다는 뭐라고 말했을까? 매시에게 돌아온 답은 "우리는 자금을 무상으로 지원할 수 없고 대출을 해줄 수도 없습니다. 다만, 신규 대출을 받을 경우 보증은 해줄 수 있습니다."였다. 왜 캐나다 정부는 간단한 방법인 대출을 해주지 않았을까? 글쎄, 보증에 비추어 대출은 특혜로 비칠 가능성이 높아서라고 보인다. 캐나다처럼 정부재정이 좋지 않은 경우라면 정치적으로 대출보다는 대출을 보증하는 것이 상대적으로 쉬울 수 있다. 보증은 부외거래이기 때문이다.

매시의 구조조정

1981년 매시의 250개 은행 대표들이 영국 도체스터호텔에 모였다. 이들은 호텔 객실을 절반이나 예약할 정도로 많았다. 진통 끝에 은행 대표들은 신규로 360백만 달러의 자금을 지원하고 10억 달러의 단기대출을 장기로 전환하는데 합의한다. 신규 자금 360백만 달러 중 160백만 달러는 단기대출로 지원하고, 나머지 200백만 달러는 10년 후 상환가능하며 10%

17) 마커렛 대처 정부의 주요 국정과제 중 하나는 영국 산업의 탈국영화(즉, 민영화)였다.

의 우선배당 조건으로 캐나다가 보증하는 우선주(preferred stock)로 지원되었다. 대신 매시는 10년간 보통주에 대해 배당하지 않는다는데 합의한다.

은행들은 채무조정과 360백만 달러의 신규 자금지원의 대가로 무엇을 얻었는가? 은행들은 대출금과 36백만 주의 신주 그리고 5달러에 40백만 주의 신주를 매입할 수 있는 워런트(warrant)를 받았다. 워런트를 전부 행사하면 최대 76백만 주의 신주를 받게 되는 것이었다. 나아가 단기대출금 200백만 달러는 캐나다 정부의 보증을 받았다. 마지막으로 은행들은 단기차입금을 장기로 전환해주긴 했지만 채권을 포기하지는 않았다.

이러한 구조조정이 있기 전 매시의 발행주식 수는 18백만 주였다. 구조조정으로 매시의 보통주는 18백만 주에서 최대 94백만 주까지 늘어날 가능성이 생긴 것이다. 비록 기술적으로 파산을 면할 수는 있었지만 구주주들은 처량한 신세가 되었다. 기존에는 18백만 주 전부를 보유했다면 이제는 잠재적으로 최대 94백만 주 중에서 18백만 주만 가지게 되었기 때문이다.

원칙적으로 구조조정은 회계 기록을 경제적 실질에 부합하게 만든다. 매시의 채권단은 이전에 단기대출금을 가지고 있었는가? 실질적으로는 아니다. 매시는 단기에 어떤 것도 상환할 수 없었기 때문에 실질적인 단기대출금은 없었다고 봐야한다. 구조조정으로 경제적 실질에 부합하도록 단기대출금을 장기대출금으로 바꿔놓았다. 또한 과거 회계는 은행들이 매시의 실질적 주주였다는 사실을 인식하지 않았다. 매시가 장기적으로 1.6십억 달러의 채무를 상환하지 못하면 은행들이 회사의 최대 주주가 된다. 36백만 주의 신주를 발행하면서 자동적으로 은행들은 67%의 지분율을 확보한다. 나아가 워런트를 행사하면 잠재적으로 더 많은 지분율을 확보하게 된다. 구조조정이 있기 이전 매시의 대차대조표가 허구적이었다면 구조조정으로 대차대조표는 경제적 실질을 보다 잘 반영하게 된 것이다.

합의 내용은 단순해 보이지만 합의 과정은 험난했다. 매시는 250개 은행을 일일이 접촉했는데, 그들 모두는 자신에게 더 많은 주식이 배정되지 않으면 구조조정을 불발시킬 수 있는 능력을 가지고 있었기 때문이다. 이들은 각자 "만일 당신이 이 거래를 성사시키길 원한다면 우리를 100% 만족시켜야 한다. 물론 우리는 어떤 손해도 볼 수 없고 100% 상환받기를 원한다."라고 말했다. 협상 끝에 (a) 은행들은 이자를 포기하고 일부 채권을 출자전환해주고 (b) 캐나다 중앙정부가 102백만 달러, 온타리오 주정부가 62백만 달러의 우선주를 보증하는데 합의함으로써 매시는 파산위기를 탈출한다.[18)]

구조조정을 마무리하기 위해서는 구주주 동의가 필요했다. 다만 구주주들은 어떤 선택의 여지도 없었다. 매시가 파산하면 구주주들은 무엇을 얻는가? 없거나 거의 없을 것이다. 만일 구조조정이

18) 구조조정에 대한 자세한 사항은 매시퍼거슨의 1983년 1월 31일 연차보고서를 참조하라.

합의된다면 구주주들이 얻는 것은 무엇인가? 그 이상은 될 것이다. 구조조정으로 회사가 회생하면 5달러에 워런트가 행사되더라도 구주주들은 그래도 94백만 주 중 18백만 주를 가질 수 있다. 이는 94백만 주의 약 20%에 해당하며, 주가를 5달러로 보더라도 최소 90백만 달러는 된다. 구주주들의 관점에서 이는 구조조정안에 찬성표를 던질만한 가치가 있는 것이었다. 결국 채권단과 주주들은 구조조정에 합의하고 도체스터호텔을 나와 파크레인을 걸어 히드로공항으로 떠났다.

이렇게 매시의 첫 번째 구조조정은 1981년 7월에 결론이 난다. 1982년 5월 매시는 보증부 우선주에 대한 배당 지급을 중단한다. 그 결과 캐나다 정부가 개입하고 200백만 캐나다 달러의 우선주를 재매입하게 된다. 이후 1983년 3월 이자탕감, 출자전환, 신주 발행을 내용으로 하는 2차 구조조정이 완료된다.

이 산업은 회복될 것인가? 그렇다. 왜인가? 농부들은 두 가지 이유에서 결국 트랙터를 구매할 것이다. 하나는 사람들은 먹어야 한다는 것이고 또 다른 하나는 기계는 낡기 때문이다. 판매량은 교체 수요에도 미치지 못하지만 산업은 언제가 회복기를 맞을 것이다.

업황이 회복되면 누가 확실한 승자가 될 것인가? 디어일 것이다. 왜인가? 디어는 딜러망을 확충해 시장점유율을 높이고, 새 공장을 건설해 원가경쟁력을 높였다. 디어는 1등으로 귀환해야 한다.

핵심 포인트 #1: 재무정책과 사업전략을 일치하라.

1971~1976년으로 다시 돌아가서 이렇게 질문해보자. 지난 일이지만 매시는 무엇을 했어야 했는가? 첫째, 레버리지를 낮추었어야 했다. 매시의 레버리지는 얼마 정도여야 했는가? 30%. 왜인가? 디어가 30%였기 때문이다. 산업 내 경쟁자들보다 부채가 많다는 것은 위험하다. 어떻게 하면 매시가 레버리지를 30%까지 줄일 수 있었을까? 빠르게 성장을 계속하기 위해서는 주식을 발행했어야 했다. 콘래드 블랙의 지분이 희석되는 문제는 어떻게 되는가? 그가 주식을 양도했기 때문에 결과적으로 0으로 희석되었다. 그가 계속 주식을 보유하고 있더라도 구조조정으로 인해 지분희석은 피할 수 없었다. 조금이라도 가지고 있는 것이 그래도 가지고 있지 않은 것보단 더 나은 상황일 것이다. 강조하고 싶은 것은 매시는 주식을 발행하든지 성장 속도를 늦추어야 했다는 것이다. 다만 매시가 글로벌 신흥시장 전략을 구현하는데 성장을 늦추는 것은 적절한 방법이 아니었을 것이다.

매시의 차입금 만기는 어떠한가? 이는 단기 또는 장기여야 하는가? 장기로 차입을 했어야 했다. 매시는 경기불황 시기에 리파이낸싱(차환)을 피하고자 했다. 이는 매시의 차입금이 장기이면 경기불황에 어려움을 겪더라도 리파이낸싱을 걱정할 필요가 없기 때문이다.

이자율은 어떠한가? 이는 고정금리여야 하는가 아니면 변동금리여야 하는가? 고정금리여야 한다. 이자율이 오르면 농기계 수요는 이자율에 민감하기 때문에 매시의 매출은 감소한다. 매시는 매출이 감소하는 시기에 이자비용이 늘어나는 것을 회피할 필요가 있다.

매시가 장기 고정금리 차입금을 원해도 은행차입금으로는 더 이상 불가능하다. 은행차입금은 거의가 단기 대출이기 때문이다. 물론 중기 대출이 가능하지만 그래도 만기는 짧은 대출이 일반적이다.[19] 매시가 더 이상 은행 대출이 어렵다면 어디서 자금을 빌려야 하는가? 공모 자본시장을 활용할 수 있다. 매시는 장기 고정금리 대출을 해야 한다. 매시는 차입금 30%(주식 70%) 근처의 자본구조를 가져가야 했다.

마지막으로 매시의 배당정책은 어떠해야 하는가? 저배당이다. 배당정책에 대해 살펴볼 것이다. 매시는 최소한의 배당만 지급하고 유보된 이익을 성장을 위해 사용해야 했다.

최적 자본구조는 회사의 제품시장전략에 따른다. 따라서 회사가 자금조달을 결정하기 전에 반드시 산업과 회사의 제품시장을 먼저 이해해야만 한다.

핵심 포인트 #2: 너무 늦으면 차입 축소가 어렵다.

재무곤경이 발생한 후에는 레버리지를 줄이기엔 이미 늦다. 부채비율과 이자비용이 높은 기업은 급격히 나선형으로 추락할 수 있다. 레버리지가 높은 회사는 부채과잉(debt-overhang)[20]으로 인해 신규 장기차입이나 주식 발행이 어렵게 된다. 이런 회사는 단기차입을 할 수 밖에 없고 이를 계속해서 차환하는 과정에서 잠재적으로 더 위험한 상황을 맞을 수 있다. 이는 왜 회사가 재무곤경이 발생하기 전에 자신의 레버리지를 감시하고 주식을 발행해야 하는지를 잘 보여준다.

핵심 포인트 #3: 재고곤경의 비용

재무곤경의 비용이란 무엇인가? 이 비용에는 법률 비용, 도체스터호텔 숙박비 등이 포함되지만 이는 사실 재무곤경비용의 빙산의 일각에 불과하다.

주된 재무곤경비용은 무엇인가? 회사의 장기적인 경쟁력 훼손이다. 재무곤경으로 매시는 영구적인 충격을 받았다. 첫째, 존디어는 매시로부터 시장점유율을 빼앗아 갔다. 이런 경쟁적 손실이야 말로 재무곤경의 진짜 비용이다. 매시는 신흥시장 확장 정책에서 물러나야만 한다. 이는 한국과 일본의 중소형 트랙터 업체들이 신흥시장에서 매시의 시장지위를 잠식하게 만드는 계기가 될 수 있다. 결국 매시는 존디어에게 미국시장 점유율을 잃었을 뿐 아니라 해외

19) 1960년대 은행들은 고정금리 대출을 피하고자 했다. 이는 단기금리가 급등하면서 고정금리 이자수익보다 단기 조달비용이 급등한 이유였다.

20) 다음 장에서 자세히 살펴볼 부채과잉은 부채가치가 기업가치를 상회할 때 나타난다. 만일 이런 징후가 강하다면 투자자들은 신주를 매입하는 것을 꺼리게 되는데, 이는 신주로 조달한 자금의 전부 또는 일부가 채권자들에게 돌아가기 때문이다.

업체들에게 신흥시장 점유율도 잃는 결과를 낳았다. 재무곤경의 진정한 비용은 단지 법률 청구서 비용이 아니다. 다른 비용이 훨씬 큰 것이다. 부채에는 장점이 있다. 주식보다 비용이 싸고 주식으로 자금을 조달할 경우보다 ROE를 높일 여지도 있다. 하지만 동시에 재무적으로 어려운 시기에는 높은 비용을 지불하게 만드는 분명한 단점을 가지고 있다.

자금조달정책은 전략적 무기가 될 수 있는가? 그렇다. 우리는 회사의 자금조달정책이 그 회사의 자본비용에 영향을 준다는 사실을 보아왔다. 만일 어떤 회사가 경쟁자들보다 재무적으로 취약하다면 불황기에 자본비용이 높아지는 것은 물론이며 잠재적으로 제품시장에서의 활동도 위험에 처하게 된다.

만일 회사가 경쟁자들보다 재무적으로 여유가 있다면 이는 제품시장의 불황기에 회사가 생존하는데 도움이 되고 제품시장에서 경쟁자들에게 강력한 무기로 활용될 수 있다. 즉 어려운 시기에도 재무적으로 양호한 기업은 투자를 늘리고 비용을 절감하며 딜러와 시장점유율을 빼어올 수 있다는 뜻이다.

핵심 포인트 #1에 대한 검토

우리는 기업재무가 항상 회사의 제품시장전략에서 출발해야 한다고 재차 강조한다. 만일 회사의 제품시장전략을 정확히 파악하지 않으면 기업의 재무전략을 적절히 설정한다는 것은 불가능하다. 기업의 핵심 리스크는 무엇인가?, 경쟁자들은 무엇을 하고 있는가?, 향후 예정된 프로젝트나 투자에 어떻게 자금을 조달할 것인가? 등등. 이러한 것들을 파악해야만 기업은 재무전략을 수립할 수 있다. 그래야만 (1) 심지어 일부 비용이 들더라도 보수적이고 신중하거나, (2) 공격적이고 매출을 극대화할 수 재무전략 중에서 선택이 가능하다.

생각을 좀 더 잘 조직화하기 위해 1장에서 다룬 기업재무를 어떻게 바라볼 것인지에 대한 논의로 잠시 돌아가 보자.

[그림 5.4]에서 저자들은 기업의 제품시장전략을 맨 위에 두었다. 회사의 재무전략은 제품시장전략 아래에 두며 보수적이거나 공격적으로 규정한다. 매시의 차입금 조달에 대한 결정은 (세계 어디서든지 가장 저렴하게 차입한다는 점에서) 공격적으로 규정한다. 이런 결정은 기업의 제품시장전략에 위협이 되지 않으면 문제될 것이 없다. 또한 주채권은행(간사은행)을 두지 않아 비용을 절감하지만 이는 나중에 문제가 될 수 있다.

재무전략이 정해지면 회사는 세 번째 단계에 있는 재무정책을 결정하게 된다. 도표는 회사가 결정해야 하는 주요 재무정책을 개략적으로 보여주고 있다. 레버리지 수준, 고정 대 변동 이자율, 차입금 만기, 배당정책, 발행시장(미국 vs. 유로시장), 유동성 관리, 보통주와 우선주, 전환사채나 일반사채 등에 대한 선택이다.

우리는 이 장에서 이 도해의 첫 번째 두 단계에 대해 살펴보았다. 즉, 회사는 어떤 재무전략을 택해야 하는가? 우리는 이 파트의 나머지 일곱 개 장에 걸쳐 도표를 톱다운으로 내려가면서 각 단계들에 대한 논의를 진행하게 된다. 특히 세 번째 단계인 재무정책에 대한 논의를 집중적으로 진행할 것이다. 또한 우리는 이 정책들이 기업가치를 극대화하는데 어떻게 실행되는지에 대해서도 살펴보기로 한다.

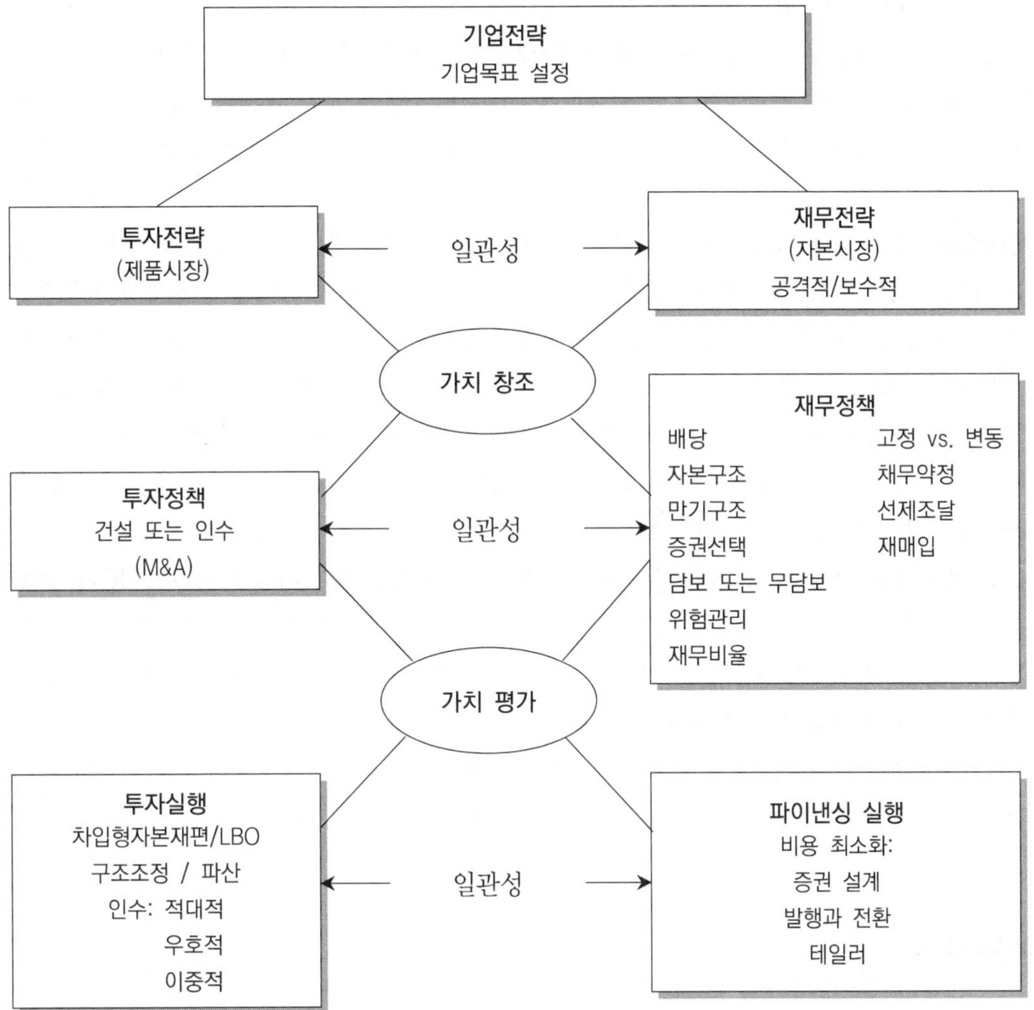

[그림 5.4] 기업재무의 도해

기업재무정책은 단지 부채(차입금)과 주식의 비중을 어떻게 할 것인지에 국한되지 않는다. 이는 차입금의 만기, 고정/변동금리, 발행장소 등 여러 가지 결정을 포함한다. 또한 기업재무정책은 배당의 지급 여부와 배당 수준도 포함한다. 보통주, 우선주나 우회주식인 전환사채의 발행에 관한 논의도 포함한다. 우리는 이에 대한 논의를 진행할 것이다.

이후 매시에게 일어난 일

그래서 매시에게 무슨 일이 일어났는가? 회사는 자신의 운명을 잘 알지 못했다. 캐나다 정부에게 더 많은 돈을 요구하게 된다. 캐나다 정부는 뭐라고 했는가? 이번에는 캐나다 정부가 아무런 답도 하지 않았다. 그러나 캐나다에게는 불행하게도 우선주 발행 당시 우선주 계약서에 적절한 약정사항을 반영할 수 있는 능력을 가진 유능한 증권전문 변호사가 없었다. 그 결과 캐나다 정부는 회사에 자금이 생기면 우선주에게 의무적으로 배당을 하도록 하는 조항을 삽입하지 못했었다. 이로 인해 매시는 캐다나 정부가 자금을 더 지원하지 않으면 우선주에 배당을 할 수 없다고 압박했다. 다시 말해 매시가 우선주에 배당하지 않으면 이는 우선주의 채무불이행이고 캐나다 정부가 200백만 달러 보증을 실행해야 하니 자금을 더 지원하라는 것이었다.

1981년 CEO로서 매시를 인수한 빅터 A. 라이히는 1985년 기자간담회에서 "1984년은 실망스런 한 해였습니다. 그렇다고 1985년에 왜 더 나아져야 합니까?"라고 말로 충격적인 고백을 하게 된다. 우리 모두는 CEO가 그렇게 말할 때 회사가 어렵다는 것을 확인하게 된다. 1986년 말까지 매시는 모든 농기계사업을 매각하고 사명을 배리티(Varity)로 변경한다.[21)]

그렇다면 하베스터에게는 무슨 일이 일어났나? 이 회사 역시 파산하고 사명을 나비스타(Navistar)로 변경한다. 회사가 파산할 때 통상 하게 되는 것 중 하나는 사명을 변경해 더 이상 같은 회사가 아닌 척하는 것이다. 사명 변경은 고객과 투자자들이 과거의 자신을 기억하지 않을 것이라는 믿음을 가지기 때문이다.

한국과 일본 업체들은 매시에게서 신흥시장을 빼앗는다. 존디어는 매시와 하비스터의 시장점유율을 대부분 가져오며 북미지역 최대 트랙터 업체로 부상한다.

요약정리

1. 제품시장전략을 살펴보면 매시는 경쟁자들에 비해 위험한 제품시장전략을 취했고 산업 또한 위험한 산업에 있었다. 또한 매시는 경쟁자들보다 위험한 재무전략을 선택했다. 따라서 매시는 제품시장과 재무정책 모두에서 위험을 감수했던 것이다.

---

21) 이것이 의도된 것인지 우연인지는 몰라도, 당시 CEO는 Victor A. Reich였고 그들은 사명을 Varity로 변경했다.

2. 업황이 부진해졌을 때 매시의 손실은 영업실적 부진 때문만은 아니었다. 손실은 대규모 이자부담 때문이었다. 전액 주식으로 자금을 조달했다면 매시는 영업에서 이익을 낼 수 있었다. 매시는 더 많은 부채를 조달해 손실을 보전하는 악순환 속에서 추락하기 시작했다. 그리고 매시는 재무곤경비용에 빠져든다. 이 모든 것은 급속히 일어났다. 매시는 연간 300백만 달러의 손실을 입자 그 만큼을 차입해야 했다. 그 뒤로도 악순환은 계속되었다.
3. 재무곤경의 주된 비용은 법무비용이나 호텔 수박비가 아니다. 재무곤경의 진짜 비용은 제품시장에서 경쟁지위를 영구적으로 잃어버리는 것이다. 매시는 재무곤경으로 인해 신흥시장은 해외 업체들에게 내주고 미국 시장은 존디어에게 내주게 된다.
4. 부채(차입금)의 편익과 재무곤경비용의 역관계는 기본사업위험(BBR)에 의해 결정된다. 우리는 앞으로 BBR에 대해 자세히 살펴볼 것이다. 기업에게는 두 종류의 위험이 있다는 사실을 기억하자. 하나는 회사의 사업전략에 따른 기본사업위험과 재무전략에 따른 재무위험이 그것이다. 이 두 위험이 종속적인지 독립적인지 여부는 왜 우리가 기업의 재무전략을 설정하기 전에 제품시장전략을 잘 알아야 하는지의 이유가 된다.

   주의: 위험한 제품시장전략이 회사가 반드시 안전한 재무전략을 선택해야 한다는 것을 의미하지는 않는다. 그 반대도 그렇다. 위험한 제품시장전략에서 안전한 재무전략을 선택하는 이유는 회사의 경쟁적 상황 때문이다. 경우에 따라 회사가 안전한 제품시장에서 안전한 재무전략을 원할 수도 있다. 많은 사람들은 회사가 한쪽이 위험하면 다른 쪽은 안전해야 한다는 교훈에 집착한다. 이는 맞지 않다.

   사례를 들어보겠다. 육상 유정을 발굴하는 유전탐사업체를 생각해보자. 이런 회사의 위험은 0 또는 1이다. 다시 말해 기름을 찾거나 못 찾거나 둘 중 하나이다. 경쟁적 측면에서 이런 회사의 경쟁자들은 이 회사가 특정 유정에서 오일을 발견할지에 영향을 미치지 않는다. 유정탐사는 매우 위험한 제품시장전략이다. 이 사업은 어떻게 자금을 조달해야 하는가? 이는 가능한 가장 위험한 방식, 다시 말해 가능하다면 부채 100%로 자금을 조달해야 한다. 왜인가? 이런 회사는 다른 사람들의 돈으로 탐사자금을 조달하길 원한다. 회사가 오일을 발견하지 못하면 손실은 돈을 빌려준 채권자가 보지만 오일을 찾으면 채권자에게는 일정액만 주고 나머지 업사이드는 주주들이 가질 수 있기 때문이다. 라스베이거스에서 빌린 돈으로 룰렛 경기를 하는 것과 같은 이치이다. 여러분이 주식으로 도박을 했다면 손해를 감수해야 한다. 하지만 빌린 돈을 도박을 한다면 딴 돈으로 원금과 이자만 지급하고 나머지는 모두 챙길 수 있다. 기본적으로 다른 사람의 돈으로 위험을 감수하면서 업사이드는 누리는 구조가 된다. 따라서 이 경우 위험한 제품시장에서 적절한 재무전략은 위험한 재무전략이 된다. 반면 매시는 위험한 제품시장전략을 가지고 있지만 경쟁적 상황 때문에 안전한 재무전략이 요구되었다.

5. 마지막으로 2장에서 언급한 것처럼 다시 한 번 지속가능성장의 개념을 적용한다. 기업이 외부로부터의 자금조달 없이 얼마나 빨리 성장할 수 있는지는 기업의 지속가능성장률에 따라 결정된다. 거의 모든 회사가 언젠가는 외부에서 자금을 조달하게 된다.

따라서 중요한 것은 기업이 어떻게 자금을 조달하느냐이다. 단지 비용을 적게 들이고 자금을 조달하는 것만이 능사는 아닌 것이다.

다음 주제

다음 장에서는 자본구조이론의 기초에 대한 논의를 이어가기로 한다.

[첨부 5A] 매시퍼거슨의 재무제표

대차대조표

(천달러)	1971	1972	1973	1974	1975	1976
현 금	33,060	9,859	8,096	13,324	20,107	6,960
매출채권	339,102	368,480	416,669	432,894	488,801	557,777
재고자산	335,419	362,236	461,584	711,253	866,326	966,823
기 타	30,023	33,388	52,232	65,060	71,303	83,655
유동자산	737,604	773,963	938,581	1,222,531	1,446,537	1,615,215
유형자산(순액)	186,270	180,442	205,540	278,270	400,915	519,984
기타 장기자산	87,154	102,910	104,923	113,150	134,574	169,946
자산총계	1,011,028	1,057,315	1,249,044	1,613,951	1,982,026	2,305,145
은행차입금	167,687	139,736	80,591	162,824	170,246	113,430
유동성장기차입금	8,348	9,844	13,161	16,456	47,296	66,447
매입채무	200,199	212,416	332,150	466,892	532,963	632,975
기 타	26,192	39,117	73,975	74,995	79,660	70,541
유동부채	402,426	401,113	499,877	721,167	830,165	883,393
장기차입금	186,963	195,787	243,858	325,732	452,338	529,361
기 타	17,903	16,382	35,364	43,430	58,031	89,370
부채총계	607,292	613,282	779,099	1,090,329	1,340,534	1,502,124
납입자본금	176,061	176,061	176,719	176,865	216,084	277,024
이익잉여금	227,675	267,972	293,226	346,757	425,408	525,997
자본총계	403,736	444,033	469,945	523,622	641,492	803,021
부채와 자본총계	1,011,028	1,057,315	1,249,044	1,613,951	1,982,026	2,305,145

(천달러)	1977	1978	1979	1980	1981	1982
현 금	12,575	23,438	17,159	56,200	65,200	108,100
매출채권	542,422	556,718	731,100	968,200	952,400	671,000
재고자산	1,135,950	1,083,822	1,097,598	988,900	747,100	625,900
기 타	80,797	63,830	89,853	93,000	73,500	63,700
유동자산	1,771,744	1,727,808	1,935,710	2,106,300	1,838,200	1,468,700
유형자산(순액)	594,084	602,242	568,653	488,200	407,800	335,100
기타 장기자산	227,984	243,305	241,081	236,100	257,400	265,400
자산총계	2,593,812	2,573,355	2,745,444	2,830,600	2,503,400	2,069,200
은행차입금	249,238	362,270	511,723	1,015,100	123,500	131,600
유동성장기차입금	95,821	115,009	59,298	60,200	42,100	21,800
매입채무	677,021	751,383	907,365	793,800	364,800	284,900
기 타	53,015	68,081	31,120	24,500	313,400	307,500
유동부채	1,075,095	1,296,743	1,509,506	1,893,600	843,800	745,800
장기차입금	616,390	651,800	624,841	562,100	1,031,300	1,024,600
기 타	96,086	82,796	32,877	18,800	58,600	62,200
부채총계	1,787,571	2,031,339	2,167,224	2,474,500	1,933,700	1,832,600
납입자본금	277,024	272,678	272,678	272,700	685,400	765,500
이익잉여금	529,577	268,644	305,542	80,400	−115,700	−528,900
자본총계	806,601	541,322	578,220	353,100	569,700	236,600
부채와 자본총계	2,594,172	2,572,661	2,745,444	2,827,600	2,503,400	2,069,200

손익계산서

(천달러)	1971	1972	1973	1974	1975	1976
매출액	1,029,338	1,189,972	1,506,234	1,784,625	2,513,302	2,771,696
제조원가(COGS)	814,648	932,517	1,167,145	1,383,048	1,945,484	2,117,514
매출총이익	214,690	257,455	339,089	401,577	567,818	654,182
판관비(SG&A)	167,583	186,982	219,798	245,067	324,291	369,309
영업이익	47,107	70,473	119,291	156,510	243,527	284,873
이자비용	50,549	43,306	48,065	77,880	133,779	100,586
기타	13,178	15,287	16,939	19,792	23,794	(14,910)
세전이익	9,736	42,454	88,165	98,422	133,542	169,377
법인세비용	5,675	15,787	35,804	36,505	47,874	61,168
세후 기타소득	5,194	13,630	5,852	6,496	9,009	9,705
당기순이익	9,255	40,297	58,213	68,413	94,677	117,914

(천달러)	1977	1978	1979	1980	1981	1982
매출액	2,805,262	2,630,978	2,972,966	3,132,100	2,646,300	2,058,100
제조원가(COGS)	2,209,708	2,118,994	2,400,408	2,576,200	2,333,400	1,808,000
매출총이익	595,554	511,984	572,558	555,900	312,900	250,100
판관비(SG&A)	399,875	390,668	410,125	464,400	470,000	393,600
영업이익	195,679	121,316	162,433	91,500	(157,100)	(143,500)
이자비용	150,981	154,744	164,166	300,900	265,200	186,700
기타	(14,128)	(63,445)	33,814	6	18,300	13,500
세전이익	30,570	(96,873)	32,081	(209,394)	(404,000)	(316,700)
법인세비용	11,387	(17,458)	(6,250)	(10,100)	(8,800)	(3,300)
세후 기타소득	13,537	(182,980)	(1,433)	(25,906)	200,400	(99,800)
당기순이익	32,720	(262,395)	36,898	(225,200)	(194,800)	(413,200)

재무비율

(천달러)	1971	1972	1973	1974	1975	1976
수익성:						
매출성장률	9.75%	15.61%	26.58%	18.48%	40.83%	10.28%
ROA(순이익/연초총자산)	0.91%	3.99%	5.51%	5.48%	5.87%	5.90%
ROE(순이익/연초자기자본)	2.35%	9.98%	13.11%	14.56%	18.08%	18.38%
순이익률	0.90%	3.39%	3.86%	3.83%	3.77%	4.25%
활동성:						
매출채권/매출액	32.94%	30.97%	27.66%	24.26%	19.29%	20.12%
재고자산/매출액	32.59%	30.44%	30.64%	39.85%	34.96%	34.88%
순유형자산/매출액	18.10%	15.16%	13.65%	15.59%	15.95%	18.76%
총자산/매출액	98.22%	88.85%	82.92%	90.44%	79.45%	83.17%
유동성:						
유동비율	183.29%	192.95%	187.76%	169.52%	175.37%	182.84%
당좌비율	92.48%	94.32%	84.97%	61.87%	60.84%	63.93%
레버리지:						
차입금/총자산	35.90%	32.66%	27.03%	31.29%	33.55%	30.77%
차입금/(차입금+자기자본)	47.34%	43.75%	41.8%	49.10%	51.08%	46.90%
영업이익/이자비용	137.57%	291.08%	404.54%	314.22%	270.59%	385.62%

(천달러)	1977	1978	1979	1980	1981	1982
수익성:						
매출성장률	1.21%	−6.21%	13.00%	5.35%	−15.51%	−22.23%
ROA(순이익/연초총자산)	1.42%	−10.12%	1.43%	−8.20%	−6.88%	−16.51%
ROE(순이익/연초자기자본)	4.07%	−32.53%	6.82%	−38.95%	−55.17%	−72.53%
순이익률	1.17%	−9.97%	1.24%	−7.19%	−7.36%	−20.08%
활동성:						
매출채권/매출액	19.34%	21.16%	24.59%	30.91%	35.99%	32.60%
재고자산/매출액	40.49%	41.19%	36.92%	31.57%	28.23%	30.41%
순유형자산/매출액	21.18%	22.89%	19.13%	15.59%	15.41%	16.28%
총자산/매출액	92.46%	97.81%	92.35%	90.37%	94.60%	100.54%
유동성:						
유동비율	164.80%	133.24%	128.23%	111.23%	217.85%	196.93%
당좌비율	51.62%	44.74%	49.57%	54.10%	120.60%	104.47%
레버리지:						
차입금/총자산	37.07%	43.88%	43.56%	57.85%	47.81%	56.93%
차입금/(차입금+자기자본)	54.38%	67.59%	67.41%	82.26%	67.75%	83.27%
영업이익/이자비용	141.92%	−132.17%	142.02%	−44.43%	−125.79%	−290.95%

CHAPTER 6

재무구조이론의 기초

우리는 이 책을 시작하면서 우리가 CFO의 관점에서 기업재무를 바라보고 있다고 말한바 있다. 또한 우리는 CFO의 세 가지 주요 임무가 다음과 같다고 했다.

1. 가치평가: 좋은 투자와 나쁜 투자를 어떻게 구분하는가?
2. 자금조달: 회사가 실행하기로 한 프로젝트에 자금을 어떻게 조달할 것인가?
3. 현금관리: 앞의 두 임무를 수행하면서 어떻게 하면 현금이 고갈되지 않도록 할 것인가?

이 장은 두 번째 임무에 대한 것이다. 회사의 투자결정은 자본조달의 수요를 결정한다. 편의상 우리는 회사의 투자결정은 주어진 것으로 본다. 투자가 결정되었다면 우리는 앞에서 학습한 현금흐름 관리기법을 사용해 자금조달 소요를 추정하게 된다. 이는 매우 중요한 활동이다. 회사가 어떤 프로젝트를 실행할지를 알게 되면 우리는 얼마의 자금이 필요한지를 결정할 수 있기 때문이다.

이제 만일 회사가 조달해야 하는 자금의 소요를 알았다면 자금조달의 최적 수단은 무엇인가? 자금 소요를 내부 현금흐름으로 충당하는가? 외부로부터 부채나 주식으로 충당하는가? 아니면 전환사채로 충당하는가? 회사가 자금조달의 수단을 결정하는데도 많은 선택지가 존재한다. 내부 현금흐름은 잉여 현금이나 배당 삭감에서 발생하는가? 부채 조달은 은행을 통하는가 아니면 자본시장에서 채권을 통하는가? 주식 인수자는 벤처캐피탈인가 자본시장인가? 주식의 형태는 보통주인가 우선주인가?

이러한 두 가지 결정, 즉 펀딩의 원천과 형태는 자본구조를 결정한다.

중요 사항: 기업재무 실무에서 회사는 펀딩 요구나 자본구조는 분리해서 결정할 수 없다. 출발점은 항상 회사의 투자정책을 결정하는 것이다. 회사는 어디에 투자하려 하는가? 어떤 프로젝트가 좋은 프로젝트인가? 다음은 회사가 자신의 투자정책을 위해 요구되는 자금조달 규모를 계산한다. 이후 회사는 자금조달의 수단과 장소를 결정한다. 이상의 4단계는 다음과 같다.

1. 무슨 투자인가?
2. 얼마의 자금조달이 필요한가?
3. 자금조달의 수단은?
4. 어디에서 자금을 구할 것인가?

최적자본구조

회사의 자본구조는 자산이 어떻게 조달되었는지에 따라 결정된다. 자본구조는 회사의 자산과 현금흐름에 대한 청구권(claim)의 조합을 나타낸다. 관련해서 다음과 같은 세 질문이 있다.

1. 최적의 자본구조란 존재하는가? 그렇다. 그렇지 않다면 이 장의 논의는 무의미하다.
2. 최적자본구조는 회사와 시기에 따라 달라지는가? 그렇다. 최적자본구조는 회사의 영업활동과 위험에 따라 결정되기 때문에 회사는 물론 같은 한 회사에서도 시기에 따라 최적자본구조가 달라진다.
3. 훌륭한 자금조달정책이 있다면 기업의 가치를 창출할 수 있는가? 아마도 그렇다. 하지만 확실한 것은 부적절한 자금조달정책은 기업가치를 파괴할 수 있다는 것이다.

부채 대 주식 발행의 실증적 증거

부채와 주식 두 자금조달 수단 사이의 선택에 관한 실증적 연구결과를 살펴보는 것으로 논의를 시작하자.

[그림 6.1]은 1986~2017년 NYSE 상장회사 전체의 자금조달(부채+자본)에서 부채가 차지하는 비중을 보여준다. 자본구조는 일반적으로 시장가치와 장부가치 두 가지 방식으로 표현된다. 하나는 부채와 주식 모두 회계상 장부가치로 계산한 자본구조이다. 이를 장부레버리지(book leverage)라고 한다. 다른 하나는 주식은 시장가치, 부채는 장부가치로 계산한 자본구조이다. 이를 시장레버리지(market leverage)라고 한다. 이때 주식의 시장가치는 주식의 시가를 발행주식수로 곱한 것으로, 일반적으로 시가총액 또는 마켓캡(market cap)이라 불린다.

[그림 6.1]에서 보는 것처럼 1986~2017년 NYSE 상장기업의 평균적인 부채 조달비중은 장부레버리지로는 약 40%, 시장레버리지로는 약 30% 수준이다. NYSE에 상장된 평균적인 기업은 부채보다 주식으로 더 많은 자금을 조달하고 있다는 것이다. 또한 주식의 시장가치는 시기에 따라 상당한 변화를 보이지만 대부분의 기업에 있어 시장가치가 역사적 장부가치

보다 높기 때문에 시장레버리지가 장부레버리지보다 낮게 나타나고 있다. (우리는 시장가치에 훨씬 더 많은 관심을 가진다. 가치평가에서도 주식의 액면가가 아닌 시장가격에 관심을 가진다.) 우리는 앞에서 회사의 자본구조가 그 회사의 영업활동과 위험에 따라 결정된다고 말했다. 모든 회사는 기초사업위험(BBR)[1]과 재무위험에 직면하고 있다. 회사의 주식베타(equity beta)[2]는 이 두 가지 위험, 즉 회사의 영업활동과 재무활동에 수반된 위험에 의해 결정된다. 우리는 뒤에서 주식베타에서 영업활동에 따른 위험만을 남기기 위해 레버리지에 따른 재무위험을 제거하는 시도를 하게 된다. 레버리지의 효과를 제거한 베타를 무부채베타(unlevered beta) 또는 자산베타(asset beta)라고 한다.

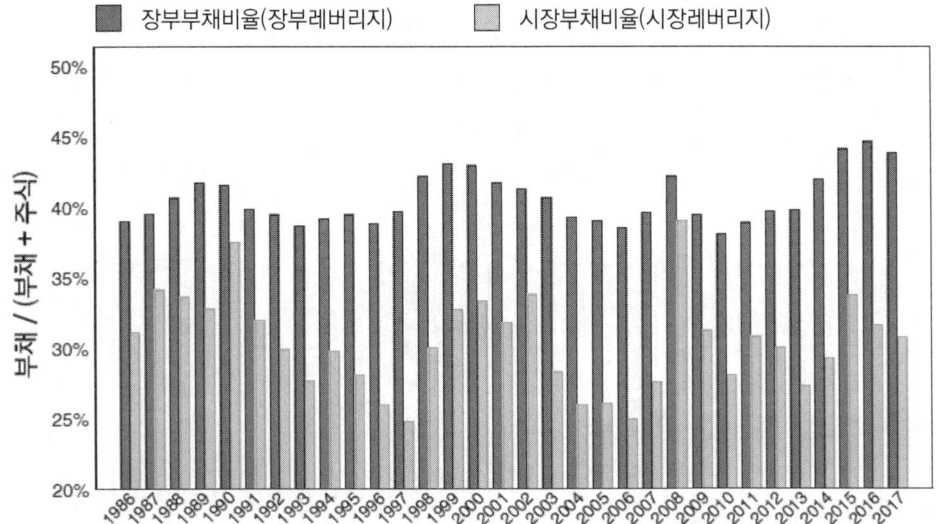

[그림 6.1] 1986 ~ 2017년 NYSE 상장기업의 자본구조

출처: Compustat.

[그림 6.2]는 1986 ~ 2017년 NYSE 상장기업의 경우 일차적 자금조달 원천은 내부적으로 창출된 영업활동 현금흐름이라는 것을 말해준다. 이는 왜 지속가능성장의 이슈가 그렇게 중요한지를 보여준다. (물론 다른 이유도 있는데 그에 대해서는 뒤에서 살펴보기로 한다.) 지속가능성장은 회사가 영업활동을 통해 필요한 자금의 대부분을 내부적으로 조달할 수 있을 때를 말한다. 회사가 내부적으로 충분한 자금을 조달할 수 없으면 자금의 다음 원천은 부채이다.

1) 기초사업위험(basic business risk, BBR)은 영업활동에서 오는 회사의 근원적 위험을 통칭한다. 이는 경쟁자의 활동을 포함한 특정기업시장위험(firm-specific market risk), 거시경제적 위험, 경기순환위험 등을 포함한다.

2) 베타는 자산의 위험을 나타낸다. 베타는 일반적으로 시간의 흐름에 따라 어떤 기업의 주가수익률이 시장수익률과 어떤 관계를 가지면서 움직이는지를 측정한다. 공식적인 정의는 특정 자산의 수익률과 시장수익률의 공분산을 시장수익률의 분산으로 나눈 값이다.

회사가 내부적으로 창출한 현금과 부채로 영업활동과 투자활동에 필요한 자금을 충당할 수 없으면, 회사는 마지막으로 주식을 발행한다. 1972~1982년 기간 무작위로 선정된 360개 NYSE와 AMEX 상장기업 중 연평균 주식발행 횟수는 7.3회(또는 연평균 전체 기업수의 2%)였다. 반면 연평균 공모회사채 발행과 사모사채 모집 횟수는 각각 15.6회와 26.9회(또는 연평균 전체 기업수의 각각 5%와 7%)였다. 합산하면 기업의 44%는 어떤 형태의 외부 자금조달도 한 적이 없다는 뜻이 된다.[3] 이는 결국 지속가능성장이 매우 중요하며, 기업은 주식을 자주 발행하려 하지 않는다는 것을 보여준다. 우리는 뒤에서 그 이유에 대해 살펴볼 것이다.

[그림 6.2]를 자세히 보면 일부 연도에서 발행된 부채나 주식의 규모가 음의 값을 보인다. 발행된 부채나 주식의 규모가 어떻게 마이너스일 수 있는가? 이는 부채의 상환과 주식의 바이백(자사주매입) 때문이다. 여러 해에 걸쳐 총액 기준으로 기업들은 발행량보다 많은 부채나 주식을 상환하거나 재매입했다. 물론 발행회사와 재매입회사가 같은 회사는 아닐 가능성이 높다.

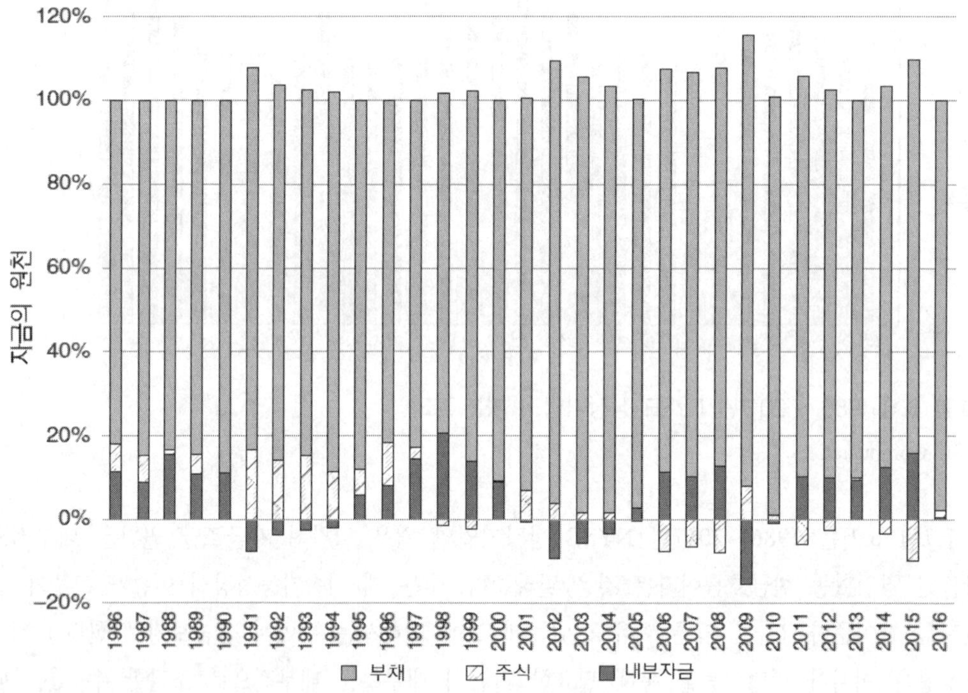

[그림 6.2] 1986 ~ 2017년 NYSE 상장기업의 자금 원천

출처: Compustat.

3) W. Mikkleson and M. Partch, "Valuation Effects of Security Offerings and the Issuance Process," *Journal of Financial Economics* 15 (January/February 1986): 31-60. 참조

또한 [표 6.1]에서 보는 것처럼 자본구조는 산업에 따라 상당한 차이를 보인다. 유틸리티인 전력과 가스산업의 시장부채비율(장부가치$_{부채}$ / (장부가치$_{부채}$ + 시장가치$_{주식}$))은 평균 39%였다. 식료품업의 시장부채비율은 30%였다. 마이크로소프트, 인텔, 델의 부채비율은 매우 낮아 컴퓨터 소프트웨어는 단지 5%에 지나지 않았다. 종이, 고무, 플라스틱 업종은 26% 수준이었다. IT기업들은 자본구조에서 소액의 부채만을 가지고 있는 반면 유틸리티 기업의 자본구조는 부채에 훨씬 더 의존한다.

[표 6.1] 2017년 NYSE 상장기업의 산업별 부채비율

산 업	$BV_{debt}/(BV_{debt}+BV_{equity})$	$BV_{debt}/(BV_{debt}+MV_{equity})$
컴퓨터 소프트웨어	26.0%	5.0%
항공	42.8%	22.9%
의약품	44.3%	22.4%
화학	48.3%	23.8%
소매업	53.0%	30.7%
전기, 가스, 수처리	54.4%	38.7%
식료품	58.1%	29.8%
종이, 고무, 플라스틱	64.7%	25.5%
전체	46.2%	28.9%

출처: Compustat.

M&M과 기업재무

현대 기업자본시장이론은 노벨상 수상자인 프랑코 모딜리아니(Franco Modigliani)와 머턴 밀러(Mertion Miller)의 업적을 기초로 한다.[4] (통상 두 명을 합해 M&M이라고 부른다.) M&M(1958)은 일정한 가정 하에서는 기업의 자본구조가 기업가치와 무관(기업가치를 변동시키지 않는다.)하다는 것을 보였다. 즉, M&M이 가정하는 세계(M&M 세계)에서는 자본구조(부채와 자본이 구성비)가 변동해도 기업의 가치는 변동하지 않는다는 것이다.

M&M(1958)은 몇 가지 엄격한 가정을 전제로 한다.

첫째, M&M은 완전시장을 가정한다. 완전시장(complete market)에서는 개인이나 기업이 원하면 어떤 자산도 사고 팔 수 있다. 다시 말해 투자자와 기업이 가용한 금융상품을 조합하면 어떤 수익 패턴도 즉시 구현할 수 있다고 본다.

4) Franco Modigliani and Merton H. Miller, “The Cost of Capital, Corporate Finance, and the Theory of Investment,” *American Economic Review*, Vol. 48, No. 3 (Jun., 1958) pp. 261-297.

둘째, M&M은 시장이 효율적이라 가정한다. 이는 정보비대칭이 존재하지 않는다는 의미이다. 즉, 모든 사람은 다른 사람이 알고 있는 모든 것을 알고 있다고 본다.

셋째, M&M은 누구라도 시장에서 비용 없이 차익거래를 할 수 있다고 가정한다.

이외에도 M&M 세계에서는 세금, 재무곤경비용, 거래비용이 없다고 가정한다.

M&M(1958)은 이상의 가정이 충족되면 자본조달결정은 기업가치와 무관하며 따라서 기업의 자본구조이론은 문제가 되지 않는다고 주장했다.

이 이론에서는 기업가치(firm value)는 오직 대차대조표 좌측의 영업자산으로부터 창출되는 현금흐름에 의해 결정된다. 이러한 현금흐름은 대차대조표 우측의 채권자와 주주인 자본공급자에게 배분된다. 따라서 대차대조표 좌측의 자산에서 창출된 현금흐름이 우측의 공급자로 흘러가게 되는 것이다.

실제 자금을 어디서 구했는지, 다시 말해 자본의 원천(공급자)은 영업자산이 창출하는 현금흐름에 영향을 미치지 않는다. 이는 M&M 세계에서 기업가치는 자금을 어떻게 조달했는지와 무관한 이유이다. 결국 기업의 현금흐름에 대한 청구권은 현금흐름이나 그 가치를 변동시키지 않는 것이다.

동일한 현금흐름을 갖는 자산은 동일한 가치를 가진다는 것은 차익거래(arbitrage)나 그 가능성을 나타낸다. 차익거래란 무엇인가? 이는 거래비용이 두 자산의 가격 괴리보다 작아서 하나를 사고 동시에 다른 하나를 팔아 위험을 부담하지 않고도 이익을 누리는 상황을 말한다. (차익거래의 개념은 아래 설명을 참조하라.) 이런 과정을 거치면서 동일한 현금흐름을 가진 기업 A와 기업 B가 비록 자본구조에 차이가 있더라도 기업가치는 $V_{기업A} = V_{기업B}$가 된다. 결국 이는 부채로 자본을 대체하거나 자본으로 부채를 대체하는 순수한 금융거래만으로는 기업가치가 변동할 수 없다는 것을 의미한다.

예를 들어보자. 두 기업 A와 기업 B가 있다고 하자. M&M(1958)에 따르면 두 회사가 동일한 현금흐름을 가지면 그들의 자본구조에 관계없이 같은 기업가치를 가진다. 기업 A는 주식으로만 자금을 조달하고, 기업 B는 부채와 주식으로 자금을 조달한다고 하자. 두 기업의 현금흐름이 같기 때문에 기업 A의 주주에 대한 현금흐름과 기업 B의 채권자와 주주에 대한 현금흐름의 합은 일치한다. 이는 기업 A의 주식가치가 기업 B의 부채가치와 주식가치의 합과 일치해야 한다는 의미이다.

참고: 이는 두 개의 독립적인 기업 A와 B가 아니더라도 두 개의 대안적 자본구조를 가지고 있는 한 회사에도 적용될 수 있다. 다시 말해 회사가 주식으로만 자금을 조달하면 기업 A, 부채와 주식으로 자금을 조달하면 기업 B로 볼 수 있다.

요약: M&M(1958)의 경우 기업가치는 모두 현금흐름에 대한 것이다. 따라서 두 회사의

현금흐름이 같다면 그들은 동일한 가치를 가져야 한다.

정리: 대차대조표 좌측의 자산에서 창출되는 현금흐름은 대차대조표 우측의 자금조달에 대한 현금흐름은 일치해야 한다. 또한 같은 현금흐름을 가진 두 기업의 가치가 같아야한다. 만일 그렇지 않으면 차익거래가 발생해 결국 두 기업의 가치가 같아지기 때문이다.

차익거래

이 책의 저자들은 어린 시절 일찍이 차익거래를 목격했다.

한 저자는 워싱턴 외곽에서 자랐는데, 당시 코카콜라 유리병의 예치금이 2센트에서 5센트로 인상되었다. 하지만 워싱턴과 인접한 메릴랜드 북부의 하거스타운에서는 여전히 예치금이 2센트였다. 하거스타운으로 가족여행을 가던 중 저자는 콜라를 구입하다가 두 지역 예치금에 차이가 있다는 것을 발견했다. 그리고는 그곳에서 먹고 빈병을 워싱턴에 가져가 반납하면 5센트를 받을 수 있겠다는 생각이 들었다. 이는 3센트의 차익거래 이익이다. (우리 가족은 원래 워싱턴으로 돌아와야 했기 때문에 거래비용은 이미 발생한 것이다.) 이 개념은 후에 텔레비전 쇼프로그램 사인펠트 에피소드에 출연한 크라머와 뉴먼이 미국 우편트럭의 예치금 차익거래에 대해 이야기하면서 알려지게 된다.

또 한명의 저자는 몬트리올에서 성장했는데 당시 동네 우체국과 은행에서 적용하는 환율에 차이가 있다는 것을 알게 되었다. 은행은 환율을 매일 변경하는 반면 우체국은 환율을 몇 주에 한 번씩 변경했기 때문이다. 그는 어머니로부터 돈을 빌린 후 우체국에서 20 캐나다 달러를 주고 17 미국 달러의 우편환을 구입한 후 은행에서 17 미국 달러 우편환을 20.50 캐나다 달러로 환전했다. 0.5 캐나다 달러의 차익거래 이익이 발생한 것이다.

만일 기업 A와 기업 B의 주식과 부채의 지분을 매매하는데 거래비용이 없거나 매우 작다면 차익거래로 인해 기업 A와 기업 B의 가치는 일치하게 된다. 이때문에 투자자들은 궁극적으로 투자에서 창출되는 현금흐름에 관심을 가지게 된다. 현금흐름이 동일한데도 기업 A의 가격이 기업 B의 가격보다 비싸면 기업 A의 지분을 팔고 기업 B의 지분을 사면 차익거래 기회가 생긴다. 언급한 것처럼 기업 A의 지분 소유자에 대한 현금흐름과 기업 B의 지분 소유자에 대한 현금흐름은 일치한다. 따라서 차익거래는 우리가 싼 가격에 동일한 현금흐름을 구입할 수 있게 만들어준다. 차익거래로 시장참여자들이 기업 A를 계속 팔고 기업 B를 계속 사면 두 기업의 가격이 같아질 때까지 기업 A의 가격은 내려가고 기업 B의 가격은 올라갈 것이다.

따라서 거래비용이 없는 차익거래로 인해 동일한 현금흐름을 가진 기업은 자본구조에 관계없이 동일한 가치를 가진다는 M&M에 도달하게 한다. 이로 인해 기업이 부채와 자본을 어떻게 조합해 자금을 조달했는지는 중요하지 않게 된다. 두 기업이 같은 현금흐름을 가지면 같은 가치를 가지기 때문이다. 단지 주주와 채권자간에 현금흐름(기업가치)을 분배하는 방식에서만 차이가 있을 뿐이다.

다시 말해 현금흐름은 대차대조표 좌측의 회사 영업자산에서 창출되기 때문에 현금흐름은 자본구조에 종속되지 않는다. 채권자에게 귀속되는 현금흐름(원금과 이자)과 주주에게 귀속되는 현금흐름(배당과 이익잉여금)의 합은 자산에 의해 창출되는 현금흐름과 일치하며, 이러한 현금흐름은 부채와 자본의 조합에 의해 변동하지 않는다.

나아가 M&M 세계에서 차익거래 또는 그 가능성은 자본구조에 관계없이 기업 A와 기업 B의 가치를 같게 유지시킨다. 가격이 같아질 때까지 가격이 높은 것을 팔고 가격이 싼 것을 사기 때문이다. 이는 M&M을 지지하는 중요한 논거이다.

머턴 밀러는 M&M 원리를 설명하기 위해 이 이야기를 즐겨했는데, 이는 사실인 것처럼 보인다. 하루는 명예의 전당에 헌액된 당대 최고의 야구선수인 요기 베라(Yogi Bera)가 피자가게에 갔다고 한다. 웨이터가 요기에게 파자를 여섯 조각으로 자를지 여덟 조각으로 자를지를 물었는데, 그는 "여섯 조각이 더 좋겠네요. 내가 여덟 조각을 다 먹을 수 있을지 모르겠네요."라고 답했다고 한다.

M&M(1958)을 지지하는 두 번째 논거는 투자자들이 스스로 할 수 있는 금융거래에 프리미엄을 지불하지 않을 것이라는 것이다. 예를 들면 현금흐름은 동일한데도 기업 A가 기업 B보다 싸다고 가정하자. 또한 기업 A는 무부채기업이고 기업 B는 자금조달에 부채와 주식을 사용한다고 가정하자. 이 경우 기업 A의 투자자는 차입을 통해 기업 A의 주식을 사는 방식으로 기업 B의 자본구조를 복제할 수 있다. 그 반대도 가능하다. 투자자는 기업 B를 사고 주식을 빌려 공매도(short selling)하면 레버리지를 제거할 수 있다.[5] 따라서 거래비용이 없다면 투자자는 어떤 기업을 사고 금융거래를 통해 다른 기업의 자본구조를 복제할 수 있다. 이것은 거래비용이 없는 M&M 세계에서 왜 두 기업의 가격이 같아야 하는지에 대한 또 하나의 이유가 된다.

M&M(1958)의 세 번째 논거는 금융거래의 순현재가치는 영(0)이라는 것이다. 순현재가치는 금융전문가, 교수, 심지어 재무 학생들도 널리 사용하는 투자가치 측정 수단이다. 이는 투자의 편익과 비용을 고려해 현재 시점에서 순가치를 측정한다.

5) 공매도는 주가하락을 기대하고 주식을 빌려 매각하는 것이다. 기대한 것처럼 주가가 하락하면 주식을 재매입해 빌린 주식을 상환한다.

만일 어떤 회사가 채권을 발행해 100백만 달러를 모았다면 이 채권 발행의 NPV는 얼마인가? 발행일 채권 발행의 NPV는 영(0)이다. 채권자에 대한 현금흐름(원리금)을 현재의 할인율로 할인하면 100백만 달러가 된다. 따라서 채권의 NPV는 영이 된다. 주식에 대해서도 마찬가지이다. 만일 회사가 100백만 달러의 주식을 발행하면 이는 시장이 주식에 대한 미래 현금흐름의 현재가치를 100백만 달러라고 믿는다는 의미이다. 두 경우는 모두 NPV가 0이다. 모든 단순한 금융거래의 NPV가 0이면 금융거래로는 기업가치를 증가시킬 수도 감소시킬 수도 없다. 따라서 부채을 발행하는 것은 기업가치를 증가시키지 못한다. NPV가 0인 것이다. 주식을 발행하는 것 역시 기업가치를 증가시키지 못한다. 역시 NPV는 0이다. 그래서 M&M 세계에서 부채나 주식을 발행해 자본구조를 변경하는 것은 NPV가 0인 거래이기 때문에 자본구조의 변경은 기업가치에 영향을 미치지 않는다.

정리

M&M(1958)은 특정 가정 하에서 기업가치가 자본구조와 무관하다고 본다. 즉 M&M 세계에서는 기업의 자본구조가 변동해도 기업가치는 변동하지 않는다는 것이다.

이 이론은 기업가치가 대차대조표 좌측에 있는 영업자산에서 창출되는 현금흐름에 의해 결정되는 것이지 이 자산을 어떻게 조달했는지와는 무관하다는 논리를 갖는다. 피자의 크기(가치)는 몇 조각으로 나눌 것인지나 누가 먹을 것인지와는 무관한데, 이는 이런 것이 궁극적으로 피자의 크기(현금흐름)를 바꿀 수 없기 때문이다. 차익거래 또는 그 가능성은 동일한 현금흐름을 가진 모든 자산의 가격을 같게 만들어준다. 결국 자본구조가 달라도 현금흐름이 동일한 두 기업은 같은 가치($V_{기업A} = V_{기업B}$)을 가져야 한다.

자본구조의 무관련성에 대한 M&M이론은 세 가지 주요 재무적 논거에 기초를 두고 있다.

첫째, M&M 가정 하에서는 기업 A가 기업 B의 자본구조를 선택하더라도 기업가치에 영향을 미치지 않는다. 그 반대도 같다.

둘째, 완전시장의 투자자는 동일한 비용으로 자신이 할 수 있는 금융거래를 하는 기업에 프리미엄을 지불하지 않는다. 예를 들어 단순히 기업 A가 부채가 적다하는 이유로 투자자들이 기업 B에 대해 기업 A에 프리미엄을 지불하지는 않는다. 기업 B의 부채와 그 주식을 적절히 조합하면 어떤 투자자도 실질적으로 기업 B에서 레버리지 효과를 제거하고 기업 A의 자본구조를 재현할 수 있다.

셋째, 모든 단순한 금융거래는 NPV가 0인 거래이다. 이러한 거래는 기업가치를 증가시키거나 감소시키지 않는다. 따라서 어떤 기업이 100백만 달러를 부채와 주식의 어떤 조합으로 조달하더라도 기업가치에 미치는 영향은 없다.

M&M(1958)의 무관련성 이론은 당초 자본구조에만 적용되었다. 하지만 이는 여러 재무 정책에 적용될 수 있다. 동일한 논리와 가정에서 자본구조가 기업가치와 무관하다면, 부채의 기간구조(단기/장기) 역시 그렇다. 같은 논거를 적용하면 부채가 고정금리인지 변동금리인지, 배당을 얼마나 지급하는지, 회사가 위험을 어떻게 관리하는지(예: 헤징) 등도 기업가치와 무관하다. 재무정책이 회사의 현금흐름을 변동시키지 않는다면 M&M(1958)은 재무정책이 기업가치와 무관하다는 것을 암시한다. 실제 M&M의 입증은 모든 단순 금융거래에 적용되며, 이들은 모두 NPV가 0인 거래라고 결론 내린다.

재무정책이 중요하지 않다는 M&M의 아이디어는 1958년에 굉장한 논란거리가 되었고, 다수의 재무전문가와 학자들은 이를 받아들이지 않았다. M&M의 가정이 충족되지 않기 때문에, 다시 말해 실세계는 세금과 거래비용이 존재하기에 M&M 세계가 아니기 때문이다. 하지만 M&M이론은 궁극적으로 재무학자들에게 다음과 같은 질문을 던지게 만들었다. *자금조달이 파이(가치)의 크기를 바꿀 수 있는가?*

이런 논의가 중요한 것은 M&M(1958) 이전에는 사실상 기업재무이론이 없었기 때문이다. M&M 이전에도 재무전문가들은 자금고갈을 막기 위해 재무비율, 추정 대차대조표와 손익계산서, 자금의 원천과 사용을 사용했다. 그러나 기업이 어떻게 자금을 조달해야 하는지에 대한 분석적 가이드라인은 존재하지 않았다.

M&M은 현대재무관리의 출발점이 되었다. 이는 "*자본구조가 문제가 되는가?*"라는 질문을 통해 자본구조에 대한 학술적 접근을 시작하게 된 것이다. 이는 결과적으로 학자들이 여러 기업재무 결정에 동일한 질문을 던지게 했다. 다만 재무전문가들에게는 M&M(1958)이 분석적 가이드라인이 되지는 못했는데, 이는 효율적인 M&M 세계에서는 기업재무가 문제가 되지 않기 때문이었다. 그럼에도 이 논문이 기여한 것은 재무전문가와 학자들이 재무적 결정을 분석하는데 사용할 수 있는 분석의 틀을 제공했다는 점이다.

우리 중 선배 저자가 시카고대에서 박사학위에 있을 때는 독립된 기업재무 과목이 없었다. 박사과정에서 고작 2주가 기업재무에 할당되어 있었다. 2주 동안 M&M(1958), M&M(1961)[6], M&M(1963)[7] 등을 배웠다. 이는 모두 어떤 것도 기업재무에서 문제가 되지 않으며, 기업재무는 문제가 되지 않는다고 가르쳤다. M&M의 효율적 시장에서는 기업재무가 설 자리는 없었다. 세금과 거래비용이 없다면 자본구조는 문제가 되지 않는다. 배당정책 역시 문제가 되지 않는다. 효율적 시장은 또한 모든 증권의 가격이 절절히 매겨지며, 만기구조, 이자율(고정/변동)도 문제가 되지 않는다고 암시한다. 하지만 M&M의 가정은 실세계에서 충족되

6) Merton H. Miller and Franco Modigliani, "Dividend policy, growth, and the valuation of shares," *Journal of Business* 34, No. 4 (Oct., 1961), pp. 411-433.

7) Franco Modigliani and Merton H. Miller, "Corporate income taxes and the cost of capital: a correction," *American Economic Review* 53, No. 3(Jun., 1963), pp. 433-443.

지 않으며 따라서 기업재무가 문제가 된다고 보게 되면서 현재는 기업재무가 독립적 박사과정 수업으로 운영되게 되었다.

M&M의 가정

앞에서 우리는 "M&M 세계"를 충족하기 위해서는 다섯 가지 가정이 충족되어야 한다고 했다. 이제 이 가정을 완화해 우리의 논의를 보다 현실적으로 확장해 보자. 또한 자본구조가 문제가 되지 않는다는 결론이 보다 현실적인 세계에서도 유지될 것인지에 대해서도 생각해 보기로 한다.

우리가 앞으로 완화해서 살펴볼 1958년[8] M&M의 다섯 가지 가정은 다음과 같다.

1. 세금은 없다. 우리는 이 가정을 완화해 법인세와 개인소득세의 영향을 검토해 볼 것이다.
2. 재무곤경비용은 없다. 매시퍼거슨의 사례에서처럼 이 가정에는 분명한 오류가 있다. 따라서 이 장에서는 재무곤경비용이 있다고 가정한다.
3. 거래비용은 없다. 이 가정은 12장에서 완화해 보기로 한다.
4. 정보비대칭은 존재하지 않는다. 즉, 어느 누구도 진정한 기업가치에 대해 다른 사람이 알고 있는 것 이상으로 알 수 없다. 이 가정에 대해서는 다음 몇 장에 걸쳐 살펴본 후 12장에서 완화해 보기로 한다.
5. 자본구조는 투자결정에 영향을 미치지 않는다. 즉, 투자정책은 기업의 자본구조가 어떠하든 주어진 것이다. 이 가정도 12장에서 완화해 본다.

1980년까지 첫 번째 두 가정을 완화하는 것이 기업재무의 중요한 연구주제가 된다. 이 시기 대부분의 교과서들이 세금과 재무곤경비용에 관한 두 가정을 완화하는데 따른 영향을 다루었기 때문에 이 두 가정을 완화한 M&M을 사용하는 자본구조이론은 종종 "교과서" 자본구조로 불리었다. 완벽한 M&M(1958) 세계에서 자본구조는 문제가 되지 않는다. 하지만 세금과 재무곤경비용이 도입되면 아래에서 보는 것처럼 자본구조는 문제가 된다.

세금(Taxes)

M&M 자신들은 M&M(1963)에서 무세금 가정을 완화해 법인소득세가 존재하는 세계에서는 자본구조가 문제가 된다는 것을 발견했다. 그들의 세금분석은 자금조달 원천에 따른

8) M&M 논문은 처음으로 기업재무에 근원적 이론을 제시하였다. 1980년대 M&M 세계의 많은 가정들이 완화된다.

세금 효과의 차이를 인식했다. 주된 차이는 이자비용은 법인세 계산에서 소득공제 항목이지만 배당은 소득공제가 되지 않는다는 점이다.[9] 소득공제(tax deductibility)는 이자비용을 영업비용으로 간주해 과표에서 공제한다.[10] 배당은 법인세 납부 후에 지급되는 반면 이자비용은 법인세 납부 전에 지급되기 때문에 이자비용은 배당 대비 세무상 장점을 가진다.

2018년 미국 감세와 일자리 법

2017년 12월 22일 통과된 미국 감세와 일자리 법(Tax Cuts and Jobs Act)에서는 이자비용의 연간 소득공제 한도가 신설되었다. 법 제정 후 첫 4년간인 2018~2021년에는 소득공제 한도가 EBITDA의 30%로 정해졌다. 2022년 이후에 이 한도는 EBIT의 30%로 변경된다. (이로 인해 소득공제 한도의 임계점이 낮아져 실제 소득공제 한도는 줄어들게 된다.) 다만 당해 연도에 공제받지 못한 이자비용은 영구적으로 이월해 공제를 받을 수 있다. 이 법이 시행되기 전에는 이자비용의 소득공제한도는 없었다. 실제 여전히 대부분의 국가들이 이러한 공제한도를 두지는 않고 있다.

아래 표는 2017년 이자비용이 EBIT와 EBITDA의 30%가 넘는 NYSE 상장기업의 비중을 보여주고 있다.

산업	EBITDA	EBIT
종이, 고무, 플라스틱	3.4%	27.6%
의약품	8.3%	16.7%
식료품	9.1%	36.4%
소매업	9.8%	28.3%
화학	11.8%	25.0%
전기, 가스, 수처리	18.1%	49.1%
컴퓨터 소프트웨어	20.0%	30.0%
항공	25.0%	50.0%
전체(금융업 포함)	18.0%	34.9%
전체(금융업 제외)	13.8%	33.6%

출처: Compustat.

예를 살펴보자. ABC코퍼레이션은 매년 안전한 100백만 달러를 영구적으로 창출하고 있으며, 무위험이자율(risk-free rate of return)이 10%라고 하자. 한편 현재가치의 영구연금 공

9) 사실상 모든 국가에서 부채 사용에 대한 세금감면이 존재한다.

10) 일반적으로 회사는 이자·세금 차감전 이익을 계산하고 난 후 이자비용을 빼서 세전이익을 구한다. 그리고 세전이익을 기준으로 세금을 납부한다. 배당은 순이익 중에서 세후 기준으로 주주에게 지급된다.

식은 다음과 같다.[11]

$$현재가치 = 연간\ 현금흐름 / 이자비용$$

위의 공식에 따르면 ABC코퍼레이션의 가치는 10억 달러로 계산된다. M&M 세계와 같이 세금이 없을 때 기업가치는 어떻게 자금을 조달했는지와는 독립적이다.

이제 개인소득세(추후 추가 예정)는 없지만 21%의 법인소득세가 있다고 가정해보자. 세금이 있다는 것은 정부가 10억 달러 가치 중 일부에 대해 청구권을 가진다는 것을 의미한다. 세후에 남는 기업가치는 채권자와 주주에게 귀속된다. 기업가치는 종종 다음과 같이 부채와 주식가치의 합으로 나타낸다.

$$V_f = V_d + V_e$$

여기서 V_f는 기업의 가치
V_d는 부채의 가치
V_e는 주식의 가치

이자비용은 회사가 납부할 세금을 줄여주기 때문에 세금이 있다면 자본구조(기업이 부채와 주식으로 어떻게 자금을 조달하는지)는 문제가 된다. 결국 부채는 세부담을 경감시키기 때문에 더 많은 부채를 사용할수록 기업가치는 증가하게 된다.

앞에서 본 두 기업의 예로 돌아가 보자. 부채와 주식으로 자금을 조달한 기업의 가치와 오직 주식으로만 자금을 조달한 동일한 기업의 가치는 이제 달라진다. 이는 [표 6.2]에서 볼 수 있다. 이 예에서 두 기업은 모두 100백만 달러의 EBITDA에서 출발한다.[12] 편의상 두 기업 모두 감가상각비와 감모상각비는 없다고 가정한다. 결국 두 기업의 영업이익(EBIT)도 모두 100백만 달러라는 뜻이 된다. 또한 이때 두 기업의 현금흐름에 대한 무위험할인율이 10%라고 가정해보자.

[표 6.2]에서 기업 A는 10% 이자율로 300백만 달러를 빌리고, 연간 30백만 달러의 이자를 지급한다고 하자. 30백만 달러는 2018년 미국 세법이 허용하는 최대 소득공제 한도인 EBITDA와 EBIT의 30%에 해당하는 금액이다. 이 경우 과세소득은 70백만 달러이며, 법인세는 14.7백만 달러(21% * $70백만)가 된다. 결국 순이익은 55.3백만 달러($70.0 − $14.7)가 되어, 이를 10%에 영구연금으로 할인하면 주식가치는 553.0백만 달러가 된다. 여기에 부채가치 300백만 달러를 더하면 기업가치는 853.0백만 달러로 계산된다.[13]

---

11) 영구연금과 화폐의 시간가치에 대한 자세한 사항은 14장을 참조하라.

12) 소득(income), 수익(earnings), 이익(profit) 등의 용어는 회계와 재무관리에서 종종 혼용된다. 이자/세금 차감전 이익을 나타내는 EBIT는 재무관리에서 일반적인 첫 머리글 약자이다. 세전이익을 나타내는 PBT 역시 세전이익 또는 세전소득으로도 불린다.

13) 여기서 계산과정을 보이지는 않았지만 이자비용 공제액이 많을수록 세금은 줄어든다. 공제대상 이자비용이 많을수록 세금 절감액은 커지는 것이다. 공제대상 이자비용이 많은 것은 EBITDA의 30% 공제한도까지 부채를 늘린다는 뜻이다.

[표 6.2] 법인세와 기업가치

(단위: 백만)	부채 $300백만 기업 A	100% 주식 기업 B
EBITDA	$100.0	$100.0
감가상각비와 감모상각비	$0.0	$0.0
EBIT	$100.0	$100.0
이자비용(금리 10%)	$30.0	$0.0
세전이익	$70.0	$100.0
법인세비용(세율 21%)	$14.7	$21.0
당기순이익(세후수익)	$55.3	$79.0
주식의 가치(r = 10%의 영구연금)	$553.0	$790.0
부채의 가치	$300.0	$0.0
기업가치(부채가치 + 주식가치)	$853.0	$790.0

[표 6.2]에서 기업 B는 전액 주식으로 자금을 조달한 회사이다. 기업 B의 EBITDA와 EBIT는 부채와 주식으로 자금을 조달한 기업 A와 같은 100백만 달러이다. 그러나 부채가 없기 때문에 회사 B는 이자비용이 없다. 따라서 세전이익도 100백만 달러이다. 세전이익에 법인세율 21%를 곱하면 법인세는 21백만 달러가 된다. 이는 세전이익 100백만 달러 중에서 21백만 달러는 국가로 가고 79백만 달러는 주주에게 남게 된다는 의미이다. 주식가치는 연간 79백만 달러를 영구적으로 10%로 할인한 790백만 달러가 된다. 부채가 없기 때문에 기업가치(주식가치 + 부채가치) 역시 790백만 달러가 된다.

따라서 현금흐름이 일정할 때 어떤 회사가 자금의 3%를 부채로 조달하면 기업가치는 853백만 달러가 되지만, 100% 전액을 주식으로 조달하면 기업가치는 790백만 달러가 된다. 정부가 세무상 이자비용을 처리하는 방법 때문에 부채를 쓰는 회사(기업 A)의 가치가 부채를 쓰지 않는 회사(기업 B)보다 63백만 달러 높게 평가된다. 이러한 가치를 세금절감액(tax shield)이라 한다. 정부로 가는 세금의 영구가치는 기업 A의 경우 147백만 달러, 기업 B의 경우 210백만 달러가 된다. 이는 매년의 세금 14.7백만 달러와 21백만 달러를 10%로 할인한 영구연금의 가치(14.7 / 0.1, 21 / 0.1)이다. 기업 A는 부채를 사용함으로써 정부에 대한 지급액의 가치를 63백만 달러 절감할 수 있게 되다.

참고: 전체 파이(현금흐름)의 크기는 변동하지 않기 때문에 여전히 M&M은 유효하다. 이는 여전히 10억 달러($100 / 10%)이다. 파이의 크기는 세전 현금흐름에 의해 결정된다. 두 회사의 차이는 무엇인가? 차이는 파이를 어떻게 나누어 먹을 것이냐에 있다. 기업 A에서는 채권

자와 주주가 853백만 달러를 갖고 정부가 나머지 147백만 달러를 갖는다. 기업 B에서는 채권자가 없기 때문에 주주가 790백만 달러를 갖고 정부가 210백만 달러를 갖는다. 세금을 도입하면 정부에게 돌아가는 몫이 생긴다. 앞으로 모든 회사에 또 하나의 청구권자인 정부를 생각해야 하는 것은 이 때문이다.

앞에서 언급한 바와 같이 M&M이론의 핵심적 편익은 우리가 현실적인 질문을 던지도록 한다는 것이다. 법인세를 고려하게 되면 M&M은 다음과 같은 질문을 우리에게 던진다. 어떻게 기업의 자금조달 선택이 국세청(IRS)에 돌아가는 파이 조각의 크기에 영향을 미치는가? 교과서적인 정답은 부채를 사용하면 다음과 같은 세금절감액이 생긴다는 것이다.

$$T_c * D$$

여기서 T_c는 법인세율이고, D는 발행된 부채의 가치이다.

또한 위에서 147백만 달러와 210백만 달러가 어떻게 나왔는지 기억해두자. 영구적인 현금흐름이 발생하는 영구채권을 K_d로 할인한 것이다. (저자들은 부채에 대한 할인율을 나타낼 때 R_d보다 K_d를 사용하길 선호한다. K_d는 일반적으로 부채에 대한 이자율과 같다. 물론 이자율에 대한 보조금이 있는 경우 등 예외적인 상황은 무시하고 있다)

세금절감액의 영구연금 현재가치는 연간 세금절감액($T_c * K_d * D$)을 할인율 K_d로 할인한 것이 된다. (여 사례의 경우 세율은 21%, 이자율은 10%, 부채 규모는 300백만 달러이다.) 분모와 분자의 K_d를 약분하면 $T_c * D$만 남고, 이는 63백만 달러($300 * 21%)가 된다.

$$\frac{T_c * K_d * D}{K_d} = T_c * D$$

하지만 불행히도 이는 그렇게 단순하지 않다. 위의 공식은 세금절감액의 가치를 이해하는 1차 관문에 불과하다. 이는 완전한 그림이 아니다. 또한 이 공식은 부채가 영구채라고 가정하고, 이자는 (전액 소득공제가 가능한) 공제한도 30% 이하이며 개인소득세는 없다고 가정하고 있다. 실제 개인소득세가 추가되면 $T_c * D$는 더 이상 완전할 수 없게 된다.

주의: 한계세율

개인소득세를 추가하기 전에 위의 분석에 대한 몇 가지 주의사항을 잠시 살펴보기로 한다. 첫 번째 주의사항은 모든 회사가 세금을 내지는 않는다는 것이며 낸다고 해도 모든 회사가 21%를 내지는 않는다. 세금을 내지 않는 경우는 과세소득이 없는 경우이다. 위에서 본바와 같이 회사가 높은 이자비용을 부담하면 과세소득이 발생하지 않을 수 있다. 세금이 없거나 과세소득이 없는 다른 경우는 이익이 없거나 소득공제가 큰 경우이다. 예를 들어 역사적으로 철도기업은 법인세를 납부하지 않았는데, 이는 대규모 투자로 발생한 엄청난 감가상각비가 소득공제되면서 과세소득이 거의 발생하지 않았기 때문이다. 철도의 경우 감가상각을 통한 세금공제를 이미 충분히 사용했기 때문에 부채의 이자를 소득공제할 필요가 없었다. 이들은 이미 세금을 내지 않기 때문에 이자비용의 소득공제에 따른 추가 혜택은 누리지 못했다.14) 따라서 부채를 사용하지 않아도 세금을 내지 않는 회사는 부채를 사용해도 절세 혜택을 누리지 못한다.

두 번째 주의사항은 부채 발행 자체가 가치를 창출하지는 않는다는 것이다. 만일 회사가 부채를 발행해서 초과현금을 예치해도 소득공제나 세금절감액을 창출할 수는 없다. 이는 중요한 포인트이다. 기업재무에서 초과현금(excess cash)은 음의 부채와 같다. 뒤에서 보겠지만 초과현금은 부채베타와 무부채베타에서 중요하며, 이때 음의 부채로 간주된다. 예를 들어 어떤 회사가 10% 금리에 100백만 달러를 빌려 10% 이자를 받고 은행에 예치했다고 하자. 이 경우 세금절감액이나 창출되는 가치는 존재하지 않는다. 이 회사는 연간 10백만 달러의 이자수익이 발행하지만 이자비용도 연간 10백만 달러가 발생해 부채가 현금흐름에 미치는 영향은 없고 가치를 창출하지도 않는다.

강조하지만 단순히 차입을 하는 것만으로 가치가 창출되지는 않는다. 세금절감은 오직 회사가 현금흐름을 창출하는 자산을 조달하는데 부채를 사용할 때 발생한다. 이는 세금절감액을 창출하는 부채의 주식에 대한 대체효과이다. 이는 회사가 주식보다 부채로 투자 자금을 조달하거나 차입금으로 회사 주식을 재매입하는 것 같은 자본구조재조정(recapitalization)이 있을 때 생긴다. 단순히 자금을 빌려 현금을 깔고 앉아 있는 것만으로는 절세효과가 생기지 않는다는 뜻이다.

세 번째 주의사항은 세금절감이 부채를 발행하는 유일한 이유는 아니라는 것이다. 저자들은 간혹 MBA 학생들이 "기업은 세금절감을 위해 부채를 사용한다."라는 말하는 것을 듣고 놀라곤 한다. 세금절감효과가 부채의 비용을 줄여주기 때문에 매력적이긴 하지만 이는 부채를 발행하는 유일한 이유는 아니다. 그렇다면 세금절감의 효과가 없더라도 회사는 부채를 발행할까? 아마도 많은 MBA 학생들이 "아니요, 세금절감효과가 없기 때문입니다."라고 답할 것이다. 하지만 이는 틀렸다. 미국 법인세법은 1914년에 제정되었지만 그 이전에도 기업들은 부채를 발행하고 있었다. 1970~80년대 설립된 철도회사들은 세금절감 효과가 없었지만 부채를 대규모로 발행했다. 세금절감이 부채를 매력적으로 만들기 때문에 법인세가 있으면 더 많은 부채를 발행하겠지만 이는 부채 사용의 유일한 이유는 아니다. 우리는 뒤에서 부채를 발행하는 또 다른 이유들에 대해 살펴볼 것이다. 당장은 세금절감액이 회사가 부채를 발행하는

14) 기술적으로 철도는 재무보고 목적보다 세무보고 목적에서 자산을 더 빨리 상각한다. 이로 인해 이연법인세부채(deferred tax liability)가 발생하지만, 이것이 장래에 충분히 이연되면 그 현재가치는 0에 가깝게 된다.

유일한 이유가 아니라는 정도만 이해하고 넘어가기로 한다.

개인소득세

이제 위의 논의에 개인소득세를 추가해보자. 부채의 법인세 절감효과는 회사로 하여금 주식보다 부채를 통해 자금을 조달하는 것을 유리하게 만든다. 반면 개인소득세는 일반적으로 자금조달에 회사가 부채보다 주식을 사용하는 것을 유리하게 만든다. 두 세금효과의 순효과는 부채가 유리하게 나타난다. 다만 부채의 효과는 법인소득세만 고려할 때보다 줄어들게 된다.

법인세는 단일 세율을 고려할 수 있다. 현재 법인세율은 21%이다.[15] 하지만 투자자들은 주식과 부채의 소득에 다른 세율을 적용받는다. 주식의 소득은 배당과 자본이득의 형식을 취하는데 투자자들은 이 둘에 다른 세율을 적용받는다. 또한 부채의 소득은 이자의 형식을 취하는데 일반적인 개인소득세율로 과세된다.

2003년 이전과 20세기 대부분 동안 이자율과 배당에는 일반소득에 적용되는 세율이 적용되어 온 반면 자본이득에는 낮은 세율이 적용되었다. 현재는 일반적으로 자본이득과 배당 모두 저율로 과세된다. 반면 채권자가 수령하는 이자소득은 여전히 일반소득에 적용되는 세율로 과세된다.[16]

초기 투자금보다 비싸게 주식을 팔면 자본이득이 발생한다. 자본이득에 대한 세금은 자본이득을 실현될 때까지 이연된다. 이는 소득을 수령하는 연도에 과세되는 배당이나 이자와 다르다. 예를 들면 어떤 투자자가 160달러에 골드만삭스 1주를 샀는데 1년 후에 주가가 180달러로 올랐다고 해보자. 이 투자자는 주식을 매각할 때까지 20불의 자본이득에 어떠한 세금도 내지 않는다. 이 주식을 팔고 나서야 투자자는 자본이득을 "실현"하며 실현된 자본이득에 세금을 납부하면 된다. 따라서 이는 자본이득의 실질적인 실효세율이 세법상 자본이득세율이 아니라 자본이득을 실현한 시점에서 거꾸로 자본이득을 인식한 시점으로 할인한 세율이 되어야 한다는 의미이다.[17]

반면 유럽과 캐나다 등 많은 나라의 개인 세제는 배당소득에 세액공제 혜택을 부여한다. 투자자 입장에서는 투자기업이 배당을 지급하기 전에 배당이 포함된 이익에 대해 세금을 냈기 때문에 이중과세를 피하기 위해 세액공제 혜택을 부여하는 것이다. 하지만 미국 기업은

15) 미국 연방 법인세율은 21%이다. 주정부와 지방정부 소득세율은 0%~12% 범위이다. 주정부와 지방정부 세금은 연방법인세 산출에서 공제되기 때문에 이를 감안한 결합세율은 약 25%이다. KPMG: "Tax and Resources," 참고. https://home.kipmg.com/vg/en/home/ services/tax/tax-tools-and-resources/tax-rates-online.html (accessed May 16, 2018)

16) 투자자가 개인이 아닌 법인이거나 신탁자라면 과세가 달라진다. 배당과 자본이득에 적용되는 세율은 투자자가 해당 주식을 보유하고 있었던 기간이 얼마인가에 따라서도 달라진다.

17) 우리는 이 책에서 세법의 세부적인 차이를 다루지는 않는다. 이는 논의 목적상 배당소득, 자본이득, 이자소득이 모두 과세대상이지만 다른 세율이 적용될 수 있다는 정도만 이해하면 충분하기 때문이다.

이익에 세금을 냈더라도 그 주주는 세액공제 혜택 없이 배당소득에 세금을 낸다.[18)]

투자자 개인에게 미치는 영향을 무시하면 기업 입장에서 부채를 통한 자금조달은 큰 장점을 가진다. 과세소득인 세전이익을 계산하기 전에 이자비용을 차감해주기 때문이다. 이는 법인세를 줄여준다. 주식으로 자금을 조달하면 배당과 이익잉여금에는 소득공제가 없어 세금절감도 없다.

개인투자자의 개인소득세에서는 주식의 소득이 유리하다. 이는 이자소득, 배당소득, 자본이득에 적용되는 개인소득세율의 차이 때문이다. 개인의 배당소득세율은 이자소득세율과 잘해야 같거나 그보다 낮다. 배당소득에는 이자소득보다 낮은 세율이 적용된다. 또한 실현된 자본이득은 일반적으로 이자와 배당소득보다 저율로 과세된다.[19)]

기업 입장에서는 주식보다 부채가 세무상 유리한 반면 일종의 금융상품을 선택하는 투자자 입장에서는 주식이 유리할 수 있다. 다만 궁극적인 관심대상은 법인세와 개인소득세를 모두 납부한 후 투자자들에게 귀속되는 세후 현금흐름이다. 기업이 부채로 자금을 조달하면 정부분의 현금흐름을 줄일 수 있기 때문에 투자자분 현금흐름을 늘릴 수 있다. 다만 법인세를 납부한 후에 현금흐름이 동일하다면 투자자는 부채보다 주식의 소득을 선호하게 된다. 부채로 자금을 조달한 기업은 투자자에게 더 많은 현금이 돌아가지만, 투자자들은 이렇게 받은 현금에 더 높은 세율을 적용받기 때문이다. 주식으로 자금을 조달한 경우는 그 반대가 된다. 결국 두 효과를 종합해보면 부채 조달의 세무상 순효과는 유지되지만 개인소득세를 고려하지 않는 경우보다는 효과가 축소되는 것이다.[20)]

[표 6.3]과 같은 예를 들어보자. 세 가지 선택지가 있다. 첫 번째 경우(①)는 기업이 300백만 달러를 부채로 조달하고 나머지는 주식으로 조달하는 경우이다. 주식에 대한 수익은 전부 배당으로 지급된다. 두 번째 경우(②)는 기업이 전액 주식으로 자금을 조달하고 이익 전부를 배당으로 지급하는 경우이다. 세 번째 경우(③)는 기업이 전액 주식으로 자금을 조달하지만 배당은 하지 않는 경우이다. 따라서 투자자들은 이익을 자본이득으로 실현한다. 세 사례의 EBIT와 EBITDA는 모두 100백만 달러이다. 다시 말해 감가상각비와 감모상각비는 없다고 간주한다.

①에서 회사는 300백만 달러를 부채로 조달해 이자 30백만 달러($300 * 이자율 10%)와 법인세를 납부한 후에 주주에게 배당금으로 55.3백만 달러를 지급한다. 이때 개인소득세를 고려해보자. 37%의 최고 개인소득세율을 적용받는 채권자는 개인소득세로 11.1백만 달러

18) 투자자가 언제 주식을 팔지 알 수 없기 때문에 할인기간은 주관적일 수밖에 없다.

19) 투자자가 주식을 보유한 기간에 따라 자본이득과 배당소득에 적용되는 세율도 달라진다. 얼마나 보유해야 하는지는 국가에서 결정하는 것으로 시기에 따라 변동한다.

20) 지금까지 논의는 투자자를 개인소득세를 납부하는 개인이라고 가정했다. 만일 투자자가 기업이나 보험사 혹은 연금펀드와 같은 금융수탁자라면 일반적으로 개인보다 저율로 과세된다. 이러한 점을 고려하는 것은 논의를 좀 더 복잡하게 만들지만, 결론적으로는 부채조달의 세무상 혜택을 강화시키게 된다.

($30 * 37%)를 납부한다. 20%의 최고 배당소득세율을 적용받는 주주는 배당소득세로 11백만 달러($55.3 * 20%)를 납부한다. 따라서 투자자들의 세후 수익은 63.1백만 달러(채권자 $18.9, 주주 $44.2)가 된다. 이는 [표 6.3]의 첫 번째 세로줄의 ①에 나와 있다.

[표 6.3] 부채의 혜택

(단위: 백만)	부채 $300백만 사용기업(①)	전액주식기업(②) (전부배당)	전액주식기업(③) (전부자본이득)
기업수준:			
EBIT	$100	$100	$100
이자비용	$30	$0	$0
세전이익	$70	$100	$100
법인소득세(@21%)	$14.7	$21.0	$21.0
순이익	$55.3	$79.0	$79.0
개인 수준:			
채권자 앞 세전 지급액	$30.0	$0	$0
개인소득세(@37%)	$11.1	$0	$0
채권자 세후 수익	$18.9	$0	$0
주주 세전 수익	$55.3	$79.0	$79.0
배당소득세(@20%)	$11.1	$15.8	$0
자본이득세(@20%)	$0	$0	$15.8
주주 세후 순수익	$44.2	$63.2	$63.2
투자자 세후 순수익	$63.1	$63.2	$63.2
세금 총액	$36.9	$36.8	$36.8

②의 경우 기업은 100% 주식으로 자금을 조달하고 순이익은 전부 배당한다. EBIT는 역시 100백만 달러이다. 하지만 이 경우 이자비용이 없기 때문에 세전이익도 100백만 달러가 되어, 법인세율 21%를 적용한 21백만 달러의 법인세를 납부하게 된다. 법인세 납부 후의 세후 배당은 79백만 달러($100 * (1 − T_c), T_c: 법인세율)이 된다. 주주는 79백만 달러의 배당을 받은 후 개인소득세를 납부해야 한다. 배당소득세가 20%라면 주주는 15.8백만 달러를 납부하고 63.2백만 달러($79 − $15.8)의 세후 소득을 얻는다.

③의 경우 기업은 역시 100% 주식으로 자금을 조달하지만 배당은 지급하지 않는다. 79백만 달러의 세후이익은 모두 이익잉여금이 되고, 실현 시점까지 과세는 이연된다. 주주들은 주식을 팔 때 자본이익을 실현한다. 주가가 이익잉여금 증가분만큼 상승하고 주주들이 즉시 이익을 실현한다고 가정하면 주주들은 79백만 달러의 이익에 개인소득세를 납부하게 된다.

자본이득세가 20%라면 주주들은 15.8백만 달러($79 * 20%)를 세금으로 납부하고, 63.2백만 달러($79 - $15.8)의 세후 수익을 얻는다. 이 사례에서는 배당소득세와 자본이득세의 세율이 같기 때문에 (투자자들이 자본이득을 즉시 실현한다면) 투자자가 어떻게 주식에 대한 소득을 얻는지는 무차별하다.

우리가 개인소득세까지 고려하면 부채의 세무상 혜택은 줄어든다. 법인소득세만 고려하면 300백만 달러를 부채로 조달하면 회사 투자자들에게는 연간 6.3백만 달러가 더 돌아가게 된다. (부채를 사용하지 않았다면 6.3백만 달러가 정부로 가기 때문에 투자자 몫은 그 만큼 줄어들기 때문이다.) 개인소득세까지 감안하면 부채조달 기업의 투자자는 세후에 63.1백만 달러를 받는다. 반면 100% 주식조달 기업의 투자자는 세후에 63.2백만 달러를 받는다. 결과적으로 개인소득세를 감안해도 여전히 부채를 통한 조달이 세무상 장점을 갖지만, 개인소득세로 인해 세무상 장점은 반감된다.

[표 6.3]에서는 우리가 자본이득을 즉시 실현한다고 가정했다. 하지만 투자자가 주식을 단순히 매각하지 않음으로써 자본이득의 과세를 이연하면 자본이득세의 실효세율은 20%보다 낮아진다. 미래 시점의 자본이득세율이 20%이기 때문에 현재가치로 환산한 실효세율은 그보다 낮아지는 것이다. 앞에서 언급했지만 자본이득은 오직 실현될 때 과세된다.

현실에서는 세율이 자주 변동한다. 예를 들어 자본이득과 배당의 세율은 2013년 최대 20%까지 상승했었다. 이러한 세율 변동은 주식에 대한 부채 조달의 장점도 변동한다는 것을 의미한다.

만일 투자자가 개인이 아닌 기업이나 금융수탁자라면 이자소득, 배당소득, 자본이득에 적용되는 세율은 개인보다 낮아진다. 이러한 세율 차이에도 불구하고 위의 검토 결과와 논리를 바꾸지는 못한다. 참고로 여기서는 논의를 더 복잡하게 하지 않기 위해 국가와 지역 간 세율 차이 등 세부적인 가능성에 대한 검토는 하지 않는다.

자본이득 과세 이연의 효과

위에서 투자자가 79백만 달러의 자본이득의 실현을 이연하면 아래 표에서 보는 것처럼 실효자본이득세율은 20%보다 낮아진다. 이에 대해 좀 더 살펴보자.

어떤 투자자가 이 회사에 1백만 달러를 투자했고, 이 회사가 세후 7.9%의 손이익을 얻었다고 가정하자. 만일 이 회사가 배당을 하지 않으면, 투자자의 지분가치는 과세대상 자본이득인 79,000달러 증가한 1,079,000달러가 된다. 투자자가 주식을 팔지 않고 다음 해(2차년도)까지 보유하면 다음 해 말 주식가치는 7.9% 늘어난 1,164,241달러가 된다. 2차년도 말에 주식을 매각하면 자본이득세는 32,848달러(자본이득 $164,241 * 20%)가 되고 투자자에게는 투자액 1백만 달러에 세전 자본이득 164,241달러를 합한 금액에서 자본이득세 32,848달러를 뺀 1,131,393달러가 돌아간다.

한편 이 투자자가 1차년도 말에 주식을 1,079,000달러에 팔았다면 자본이득세는 15,800달러(자본이득 $79,000 * 20%)가 되고, 자신에게는 1,063,200달러가 돌아온다. 이 세후유입액을 이 회사 주식에 재투자하고 회사가 2차년도에 세후 7.9%의 이익을 낸다면, 2차년도 말 투자자의 지분가치는 83,993달러($1,053,200 * 7.9%) 증가한 1,147,193달러가 된다. 그때 이 주식을 팔면 16,799달러($83,993 * 20%)의 자본이득세가 발생하고 투자자에게는 1,130,394달러가 남게 된다.

두 경우에 따른 999달러($1,131,393 − $1,130,394)의 차이는 자본이득의 과세 이연의 효과이다. 자본이득의 과세를 이연한 투자자는 1,248달러(7.9% * $15,800)에서 세금 249달러(20% * $1,248)를 뺀 999달러의 추가 이익을 얻게 된다. 만일 투자자가 매년 자본이득을 실현한다면 20% 아닌 19.405%로 자본이득세를 납부해야만 1,131,393달러로 세후 투자 잔액이 같아진다. 따라서 투자자가 자본이득의 과세를 이연할수록 실효세율은 낮아지는 것이다.

자본이득의 과세이연 효과

	부채 $300백만 사용기업(①)	전액주식기업(②) (전부배당)	전액주식기업(③) (전부자본이득)
1차년도	세율 20%	세율 20%	세율 19.405%
최초투자액	$1,000,000	$1,000,000	$1,000,000
7.9%의 1차년도 세후이익	79,000	79,000	79,000
세전투자액	$1,079,000	$1,079,000	$1,079,000
1차년도 세금	0	15,800	15,330
세후투자액	$1,079,000	$1,063,200	$1,063,670
7.9%의 2차년도 세후이익	85,241	83,993	84,030
세전투자액	$1,164,241	$1,147,193	$1,147,700
2차년도 세금	32,848	16,799	16,306
세후투자액	$1,131,393	$1,130,394	$1,131,394

재무곤경비용

세금이 유일한 고려사항이고 2018년 이전 미국과 대부분의 국가에서처럼 모든 이자비용이 소득공제를 받는다면 회사들은 가능한 한 100% 부채로 자금을 조달해야 한다는 뜻이 된다. 그러나 실증적 증거는 그렇지 않다. 채무 부담이 너무 커지면 회사는 상환에 어려움을 겪는다. 만일 회사가 채권자에게 원리금을 지급하지 못하면 무슨 일이 발생할까? 채권자는 회사의 파산을 청구할 수 있다. 우리는 기업이 부채의 상환에 어려움을 겪고 있을 때 기업이 재무곤경(financial distress)에 빠졌다고 정의한다.

한편 어떤 회사가 배당을 하지 않거나 삭감하면 주두들은 주총에서 반대 의견을 내고 이사를 교체하려 할 수는 있다.[21] 그렇지만 채권자와는 달리 주주가 회사를 파산시킬 수는 없다. 또한 매시퍼거슨의 사례에서 본 것처럼 재무곤경기업은 경쟁적 공격에 노출되고 경영의 초점이 흔들릴 뿐 아니라 행정비용이 상승하게 된다.

M&M 세계는 파산비용(bankruptcy cost)이 없다고 가정한다. M&M은 회사의 현금흐름이 채권자들에게 지급되어야 하는 금액을 하회하는 경우에만 파산하다고 주장한다. 또한 M&M 세계에서는 재무곤경 때문에 회사의 현금흐름이 바뀌지는 않는다고 가정한다. 하지만 기업이 재무곤경에 빠지는 주된 이유는 매출 부진과 비용 상승이다. 이는 현금흐름을 위축시킨다. M&M 세계에서는 재무곤경이 비용을 발생시키지 않기 때문에 이는 현금흐름에 영향을 미치지 않는다. 이로 인해 M&M 세계에서는 재무곤경이 기업가치에 영향을 주지 않는다고 보는 것이다.

그러나 매시퍼거슨 사례에서 설명한 것처럼 실제 이는 사실이 아니다. 실세계에서는 재무곤경비용이 존재하며 기업의 현금흐름을 축소시킬 수 있다. 따라서 M&M을 현명하게 사용하려면 M&M이론이 실세계에 대한 진술이라기보다 재무곤경에 대해 생각해보는 유용한 출발점이라는 것을 이해하는 것이 중요하다.

이제 다음과 같이 질문할 수 있다. 회사가 재무곤경에 있으면 어떻게 현금흐름이 줄어드는가? 이 질문에 답하기 위해 재무곤경비용을 직접비용과 간접비용으로 구분해보자. 직접비용은 법률비용, 회계비용, 행정비용 등 재무곤경의 절차상 직접적인 비용이다. 간접비용은 재무곤경이 회사의 영업활동에 대한 부정적 영향을 미치면서 나타나는 간접적인 비용이다. 고객, 공급자, 경영진의 상실, 대리인비용, 부채과잉, 자금조달 능력의 상실, 양의 NPV를 가진 프로젝트의 포기 등이 여기에 해당된다.

먼저 직접적인 파산비용(bankruptcy cost)에는 무엇이 있고 얼마나 클까? 경험적으로 보면 변호사비,

21) 이는 가능하지만 실제 매우 어려운 일이다. 이 문제에 대해서는 뒤에서 상세히 다루기로 한다.

소송비, 자문료 등의 직접비용은 포춘500 같은 대기업의 경우 기업가치의 2 ~ 5%, 중견기업(미드캡)의 경우 기업가치의 약 20 ~ 25%까지 되는 것으로 추정된다.[22] 매시퍼거슨 같은 대기업의 경우에는 변호사비, 회계사 수수료, 투자은행 수수료, 도체스터호텔 숙박비 등은 구조조정대상 부채 규모에 비하면 큰 것이 아니다. 아울러 직접적인 파산비용을 적절하게 계산하기 위해서는 파산확률을 고려해야 한다. 만일 기업의 파산비용이 2 ~ 5%이고 파산확률이 1%라면 파산의 기대비용은 0.02% ~ 0.05%가 된다. 결국 대기업의 직접 파산비용은 크지 않아 기업가치에 큰 영향을 주지는 않는다.

하지만 간접적인 파산비용은 다른 이야기이다. 재무곤경비용은 기업가치를 크게 훼손시킨다. 회사가 재무곤경에 빠지면 고객과 공급자를 상실할 가능성이 높다. 고객이 A/S와 품질보증을 우려하고 중고가격 하락을 걱정하면 이탈하게 된다. 이런 문제는 하루 밤 자고 떠나는 호텔 투숙객에게는 큰 문제가 아닐 수 있다. 하지만 매시퍼거슨으로부터 고가의 콤바인을 구매하려는 고객에게는 심각한 문제이다. 매시퍼거슨이 재무곤경에 빠지면 농부는 존디어의 콤바인을 선택할 가능성이 커진다. 농부는 콤바인을 오래 사용해야하기 때문에 서비스와 부품을 안정적으로 공급받을 수 있어야 한다. (흥미롭게도 1980년대 초 크라이슬러가 재무곤경에 빠졌을 때 이 회사는 전체 고객에게 5년 10만 마일의 무상보증을 제공했다. 하지만 보증기간 동안 크라이슬러가 생존하기 어려울 것이라고 걱정하는 고객들을 설득하지는 못했다.) 결국 중요한 재무곤경비용 중 하나는 고객을 상실하는 것이다.

이와 비슷하게 재무곤경기업은 공급자를 잃을 수 있다. 공급자가 재무곤경기업에 납품할 때 공급자는 가급적 결제조건을 외상거래에서 현금거래로 변경하고자 할 것이다. 하지만 재무곤경기업은 납품 시점에 지급할 현금이 부족하다. 회사가 이전에 외상으로 물건을 납품하던 공급자가 현금거래를 요구하면서 새로운 재무적 부담이 된다. 특히 대출자가 회사의 파산을 우려해 신규 대출을 늘리지 않으려 하면 재무적 부담은 가중된다. 더하여 투자자들이 높아진 위험을 보상받기 위해 높은 수익률을 요구하면 회사의 자본비용 역시 상승할 것이다.

재무곤경은 회사의 경영진과 종업원에게도 영향을 준다. 경영진은 회사의 운영과 전략에 집중하기보다 재무곤경을 처리하는데 시간과 노력을 할애한다. 또한 핵심 인력들은 경쟁사로 이직하려 한다. 이는 회사를 더욱 어렵게 만든다. 종업원들의 회사에 대한 충성도가 떨어지면서 재무곤경기업에서는 종업원의 횡령도 증가하는 것으로 알려져 있다.

재무적으로 어려운 시기에는 대리인비용(agency cost) 역시 경영진의 행태에 영향을 끼친

---

22) Lawrence A. Weiss, "Bankruptcy Resolution: Direct Costs and Violation of Priority of Claims," *Journal of Financial Economics* 27, no. 2 (October 1990): 285-314; and Elizabeth Tashjian, Ronald C. Lease, and John J. McConnell, "An Empirical Analysis of Prepackaged Bankruptcies," *Journal of Financial Economics* 40 (1996): 135-162.

다. 재무곤경은 경영진이 가치 파괴적 행동을 하도록 동기를 부여한다. 가령 경영진은 청산이 늦어지면 주주에게 귀속되는 가치가 훼손됨에도 불구하고 자신의 자리보전과 이익을 위해 청산을 지연시킬 수 있다. 또한 재무곤경기업의 경영진은 과도한 위험을 감수할 수도 있다. 100달러의 채무가 있는 회사를 경영진이 금요일에 파산시키면 월요일에 채권자들에게 줄 현금 80달러를 건질 수 있다고 가정하자. 채권자들은 채권을 전부 회수할 수 없기 때문에 불만이겠지만 80%를 건지게 된다. 그렇다면 주주에게는 무엇이 남는가? 얻을 것이 없다. 그렇다면 경영진은 주말 동안 무엇을 할까? 라스베가스로 여행을 떠나 최고급 호텔에 투숙한다. 그리고 카지노로 내려가 룰렛의 "00"에 전부를 건다. 딴다면 35배의 배당을 받고 모두가 행복해질 수 있다. 채권자는 전부를 상환받고 남는 것은 주주가 가지게 된다. 잃는다고 해도 주주가 잃을 것은 없다. 경영진에게는 라스베가스에서 멋진 주말을 보낼 충분한 이유가 있는 것이다. 이 사례는 기업이 재무적으로 어려울 때 경영자가 왜 도박의 유혹(예: 고위험 투자)에 빠지게 되는지 잘 이해하게 해준다.

재무곤경에 직면한 기업의 경영자가 반드시 과도한 위험을 택하거나 음의 NPV 투자를 하는 것은 아니다. 예를 들어 현금 100백만 달러를 가진 회사가 인터넷 스타트업을 50백만 달러에 인수할 기회를 가지고 있다고 하자. 이 스타트업의 미래가치가 0일 확률이 2/3, 120백만 달러일 확률이 1/3로 추정된다. 이 경우 스타트업의 기대가치는 40백만 달러(2/3 * $0 + 1/3 * $120)가 된다. 40백만 달러의 기대 미래가치를 갖는 프로젝트에 회사는 50백만 달러를 투자하는 것이다.

따라서 일반적으로 경영진은 이런 투자를 하지 않을 것이다. 그러나 여러분이 90백만 달러의 부채 포함 100백만 달러의 기업가치를 가진 회사의 경영진이라고 해보자. 신규 투자가 없다면 이 회사의 기업가치는 부채 90백만 달러, 주식 10백만 달러 등 100백만 달러로 유지된다. 이 회사가 위의 프로젝트를 수행해 성공하면 기업가치 120백만 달러에서 투자비 50백만 달러를 뺀 70백만 달러가 증가한다. 이는 1/3의 확률로 발생한다. 이 경우 회사의 가치는 170백만 달러($100 + $70)가 된다. 이때 부채는 여전히 90백만 달러이기 때문에 주식가치는 80백만 달러가 된다. 반면 회사가 투자에 실패하면 회사의 기업가치는 50백만 달러($100 + $0 − $50)가 된다. 기업가치는 100백만 달러에서 50백만 달러로 감소한다. 이는 90백만 달러의 부채를 전부 상환할 수 없다는 뜻으로 주식가치는 0이고 회사는 파산한다는 의미이다. 이는 [표 6.4]에 나와 있다.

[표 6.4] 대리인비용의 사례

	확 률	기업가치	부 채	주 식
투자가 없는 경우	100%	100	90	10
신규 투자				
좋은 상태	33%	100 + 120 － 50 = 170	90	80
나쁜 상태	67%	100 + 0 － 50 = 50	50	0
기댓값		0.33 * 170 + 0.67 * 50 = 90	63.3	26.7

그러나 주주의 관점에서 신규 투자를 하는 경우와 하지 않은 경우의 가치는 어떻게 되는가? 투자를 하는 경우 주식가치는 26.7백만 달러(1/3 * $80 + 2/3 * $0)이다. 투자를 하지 않은 경우 주식가치는 여전히 10백만 달러이다. 주주는 투자를 하는 것이 16.7백만 달러 더 유리하다. 그럼으로 NPV가 음인 프로젝트에 대한 투자를 결정할 수 있다. 이 투자는 무모하고 음의 NPV를 갖지만 주주들이 채권자의 비용으로 베팅을 하는 것은 합리적인 결정일 수 있다. 이는 재무곤경기업이 왜 과도하게 위험한 전략을 택하는지에 대한 이유와 비슷하다.

세 번째 재무곤경비용은 기업이 수익성 있는 프로젝트를 포기할 때 발생한다. 기업은 왜 그렇게 하는 것인가? 부채과잉(debt overhang) 때문이다. 주주는 수익성 있는 프로젝트에 신규 투자를 해야 하지만 과실의 전부 또는 대부분이 채권자에게 돌아간다면 주주는 투자를 꺼릴 것이다.

이런 경우를 설명해보자. 미래에 잠재적으로 두 가지 상태를 갖는 어떤 회사가 있다고 하자. 절반의 확률로 기업가치가 100달러이고 또한 절반의 확률로 기업가치가 10달러가 된다고 하자. 따라서 이 회사의 기대가치는 55달러(50% * $100 + 50$ * $10)가 된다. 다음으로 이 회사가 1년에 후에 22달러의 수익을 보장하는 프로젝트에 15달러를 투자하기로 했다고 하자. 이때 할인율이 10%이면 이 프로젝트의 NPV는 5달러가 된다. 1년 후의 22달러를 10%로 할인하면 현재가치는 20달러($22 / 1.1)가 되기 때문이다.

이 회사는 이 프로젝트를 해야 하는가? 이 프로젝트는 5달러의 NPV가 보장된 프로젝트이다. 오늘 15달러의 비용으로 20달러의 현재가치를 창출하는 것이다. 이 회사는 이 프로젝트를 할 것인가? 그럴 수도 있고 아닐 수도 있다. 이는 프로젝트의 자금을 어떻게 조달하는지, 현재의 자금조달, 그리고 부채과잉 여부에 따라 결정된다. 그 이유를 좀 더 살펴보자.

이 회사에 40달러의 부채가 있다고 가정하자. 이 경우 회사의 자산이 50%의 확률로 발생하는 100달러의 가치를 갖는 좋은 미래 상태에서 채권자들은 40달러를 전액 상환 받고 주주들은 나머지 60달러를 갖는다. 반면 회사의 자산이 역시 50%의 확률로 발생하는 10달러의 가치를 갖는 나쁜 미래 상태에서 채권자들은 30달러의 손실을 보고 오직 10달러만 상환 받으며 주주들은 가질 것이 없게 된다.

위의 예에서 부채와 주식의 전체 가치는 얼마가 되는가? 부채의 가치는 25달러(50% * $40 + 50% * $10)이고 주식의 가치는 30달러(50% * $60 + 50% * $0)이다. 따라서 이 회사의 가치는 [표 6.5]의 상단에서 보는 것처럼 부채가치($25)와 주식가치($30)를 합한 55달러이다.

[표 6.5] 부채과잉의 사례

신규투자를 안 한 경우				
상 태	확 률	자 산	채권자 몫	주주 몫
좋음	50%	100.0	40.0	60.0
나쁨	50%	10.0	10.0	0.0
기댓값		55.0	25.0	30.0

신규투자를 한 경우				
상 태	확 률	자 산	채권자 몫	주주 몫
좋음	50%	100 + 20 = 120	40.0	80.0
나쁨	50%	10 + 20 = 30	30.0	0.0
기댓값		55 + 20 = 75	35.0	40.0

이제 신규 프로젝트를 신주로 실행한다고 해보자. 이를 위해 주주들은 15달러를 추가로 투자해야 한다. 이는 기업가치, 주식가치, 부채가치에 어떤 영향을 미치는가? [표 6.5]의 하단에서 보듯이 좋은 상태에서 회사는 이제 120달러(이전 $100 + 신규 $20)의 가치를 가지며, 채권자들에게 40달러를 상환하면 주주들에게는 80달러가 돌아간다. 나쁜 상태에서 회사는 30달러(이전 $10 + 신규 $20)의 가치를 가지며, 채권자들은 30달러 전부를 받지만 주주들은 15달러를 더 투자했음에도 불구하고 여전히 건질게 없다.

만일 이 회사가 신규 프로젝트를 하기 위해 주주들이 투자한다면 주식의 가치는 얼마가 되는가? 40달러(50% * $80 + 50% * $0)이다. 이 회사의 신규 투자 이전 주식가치는 얼마였는가? 30달러였다. 주주들은 기대 주식가치를 30달러에서 40달러로 올리기 위해 15달러를 지불할 것인가? 비록 이 프로젝트는 양의 NPV가 보장되었지만 주주는 투자를 하지 않을 것이다. 주주들은 투자비를 부담하지만 단지 좋은 상태에서만 이익을 얻기 때문에 프로젝트에 투자하지 않는 것이다. 기존 채권자들은 아무것도 투자하지 않고 심지어 나쁜 상태에서도 이익의 일부를 누린다. 이런 상황을 부채과잉이라고 부른다. 즉, 재무곤경으로 인해 부채의 기대가치($25)가 프로젝트를 하기 전 상태에서 액면가($40)에 미치지 못하는 상황이다. 이런 상황에서 NPV가 양인 프로젝트에 대한 투자를 포기하는 것은 재무곤경의 간접비용이다.

이는 재무적으로 어려운 기업이 주식을 발행하는 것이 왜 어려운지를 보여준다. 만일 매시퍼거슨이 신규 프로젝트를 수행하기 위해 주식을 발행했다면 누가 기업가치 증가분을 가져갔을까? 이는 신규 자금을 투입한 주주들이 아니라 대기하고 있던 채권자들일 것이다. 위험한 부채의 존재는 신규 투자에 걸림돌로 작용한다. 레버리지가 높은 회사의 주주들은 대부분의 수혜가 기존 채권자들에게 돌아가는 상황에서 새로운 프로젝트에 자금을 투자하는 것을 꺼릴 것이다. 재무적 어려움이 심할수록 이러한 효과는 더 강해진다.

따라서 지금까지 주주들이 채권자의 돈으로 도박을 할 수 있다면 채권자들이 원하지 않는 위험을 즐겁게 주주들이 감수할 것이라는 것을 설명했다. 반면 주주들이 추가 자금을 투입하고도 업사이드를 가질 수 없다면 주주들은 수익성 있는 프로젝트라도 실행하지 않을 수 있는 상황이 있는 것이다.

그렇다면 이런 경우에는 어떻게 해야 하는가? 확실한 답은 신규 프로젝트의 자금을 주식대신 부채로 마련하는 것이다. 채권자가 15달러를 투자하는 것이다. 하지만 새로 발행된 부채가 기존 부채보다 후순위라면 주식 발행의 경우와 다를 것이 없다. 후순위 부채는 주식처럼 선순위 부채가 상환된 경우에만 상환될 수 있기 때문이다. 위의 사례라면 좋은 상태에서는 기존 부채, 신규 부채, 주식 모두에게 얻을 것이 있게 된다. 나쁜 상태에서는 기존 선순위 채권자는 신규 프로젝트로부터 오는 가치 증가액을 누리지만 신규 후순위 채권자와 주주는 얻을 것이 없다. 신규 부채가 기존 부채와 동일한 우선순위에 있다면 이는 조금 복잡해진다. 나쁜 상태에서 신규 프로젝트로 인한 가치 증가액을 신규 채권자와 기존 채권자가 나누어 가지기 때문이다. 만일 회사가 기존 부채보다 선순위인 신규 부채를 발행할 수 있다면 15달러를 투자한 신규 채권자는 어떤 상태에서도 15달러와 이자를 상환 받게 된다. 이런 점 때문에 채권자들은 일반적으로 채무약정에서 이런 부채의 신규 발행을 금지한다. 부채를 발행할 때 신규 부채가 선순위로 발행되는 것을 금지하는 약정사항을 두는 것이다. 결국 주식대신 부채를 발행하는 해결책은 통상 가능하지 않게 된다. 기존 부채에 선순위인 신규 부채 발행이 어려우며, 결과적으로 채권자는 재무적으로 어려운 기업에 신규로 대출을 하려하지 않게 된다.

또 하나의 해결책은 부채에 대한 의무를 구조조정하는 것이다. 신규 프로젝트는 위험이 없이 5달러의 추가 가치를 창출한다는 것을 기억하자. 신규 프로젝트를 하지 않은 상태에서 회사의 주식가치는 25달러($40 * 50% + $10 * 50%)였다. 이때 회사가 신규 프로젝트에서 발생하는 5달러의 NPV 중 1달러를 기존 채권자들에게 지급하겠다는 구조조정안을 제안한다고 가정하자. 채권자들은 자신들에게 도움이 되기 때문에 이 제안을 수락할 것이다. 주주들에게는 무슨 일이 발생하는가? 주주들은 신규 프로젝트에서 얻는 5달러의 NPV 중 4달러를 얻게 된다. 주주들은 신규 프로젝트 이전 30달러(50% * $60 + 50% * $0)를 얻을 것으로 기대한다. 하지만 구조조정과 신규 프로젝트로 인해 주주들은 34달러(50% * $64 + 50% * $4)의 기대가치를 갖게 된다. 이 구조조정으로 5달러의 이익을 1달러는 기존 채권자들에게, 4달러는 주주들에게 나누게 된다.

회사는 또한 구조조정에서 기존 채권자의 몫을 변경해서 2, 3, 4달러를 줄 수도 있다. 하지만 기존 채권자들이 5달러를 받아야 한다면 주주들이 이 방안에 동의할지는 불분명하다. 즉 양측이 모두 얻는 것이 있어야만 구조조정이 진행될 수 있다. 구조조정과 워크아웃에 대해서는 13장에서 자세히 살펴본다. 이때 구조조정의 핵심은 구조조정에서 모든 투자자들에게 도움이 되는 합의점을 찾는 것이다. 즉 구조조정과 신규 투자가 없는 경우와 비교해 모든 당사자가 더 많은 과실을 챙길 수 있어야 한다. 문제는 협상비용이 구조조정에 방해가 된다. 다만 위의 사례에서 우리는 구조조정비용이 없다고 가정했다.

재무곤경비용을 최소화하기 위한 방법은 선제적으로 재무곤경비용을 줄이고 대리인비용과 부채과잉을 피하는 것이다. 이는 회사가 미래의 자금조달 수요를 예측해 과도한 부채를 부담하지 않도록 함으로써 달성될 수 있다. (얼마가 과도한지에 대해서는 향후의 장에서 다루기로 한다.) 만일 회사가 과도한 레버리지를 피할 수 없다면 최소한 미래에 구조조정이 가능하도록 레버리지를 적극적으로 관리해야 한다. 예를 들어 매시퍼거슨은 250개 거래은행의 간사은행을 두지 않아 채무조정에 어려움을 겪었고 좋은 프로젝트의 과실 배분을 어렵게 만들었다. 주채권은행이거나 간사은행이 있으면 구조조정비용은 줄어들 수 있었을 것이다.

자본구조에 대한 교과서적 시각

자본구조이론에 대한 연구는 M&M(1958)의 “자본구조는 순수한 M&M 세계에서 문제가 되지 않는다.”는 무관련 명제에서 시작한다. 여기에 세금과 재무곤경비용을 추가하여 M&M의 첫 번째 두 기본가정을 완화한다. 세금을 고려하면서 우리는 기업에게 부채 증가의 유인을 주는 법인세와 투자자들이 주식의 수익을 선호하게 하는 개인소득세 간에 상쇄효과가 있음을 확인했다. 다음으로 회사의 영업활동과 현금흐름에 영향을 미칠 수 있는 재무곤경비용을 살펴보았다. 재무곤경비용은 기업이 부채를 줄이거나 최소한 제한하는 유인이 된다. 마지막으로 우리는 부채의 편익과 재무곤경비용 사이의 트레이드오프를 교과서적 시각에서 살펴보기로 한다. “교과서” 시각에서는 트레이드오프를 통해 시간에 대해 안정적인 부채 수준의 정태적 최적점을 모색하도록 해준다.

위의 트레이드오프를 그래프로 나타낸 것이 [그림 6.3]이다. 기업가치가 레버리지에 영향을 받지 않는다는 M&M(1958)의 주장은 V_u에서 수평으로 그은 얇은 실선이 된다. [그림 6.3]의 점선은 세금을 도입한 M&M(1963)을 나타낸다. 부채가 많아지면 회사는 더 많은 세금절감 혜택을 보기 때문에 세금이 고려되면 부채 증가와 더불어 기업가치가 상승한다는 것을 보여준다. 여기서 세금절감액은 그래프의 전체 범위에서 유효하다고 가정한다. 만일 세금절감이 제한되면 이자의 소득공제가 제한되는 시점부터 이 점선은 수평으로 움직이게 된다. 굵은 실선은 재무곤경비용을 고려한 기업가치의 움직임을 나타낸다. 부채 증가가 재무곤경위험을 높이기 때문에 V_f가 되는 지점 이후에는 레버리지가 증가하면 오히려 기업가치는 감소하기 시작한다는 것을 보여준다.

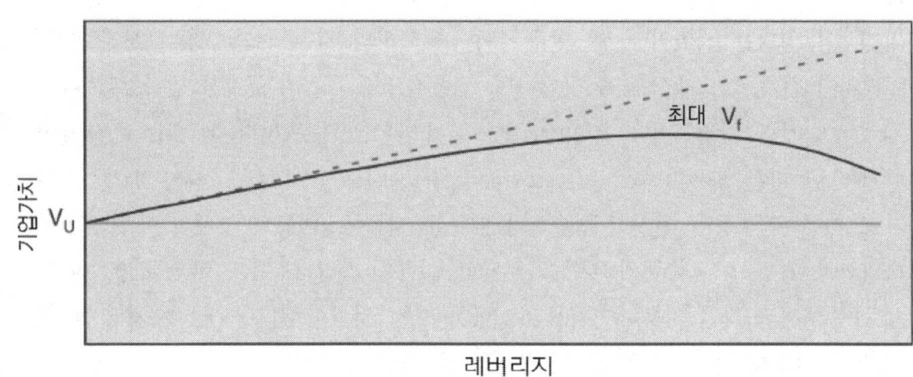

[그림 6.3] 최적자본구조의 교과서적 시각

레버리지가 낮으면 재무곤경의 기대비용(재무곤경 확률 * 비용)은 크지 않을 것이다. 레버리지가 낮은 경우 기업은 세금절감액과 비슷한 수준에서 부채의 순편익을 얻게 된다는 뜻이다. 부채가 증가하면 재무곤경비용이 상승해 일정 수준 이상의 레버리지에서는 기업가치가 오히려 감소하게 된다. 세금절감액과 재무곤경비용을 감안한 기업가치의 움직임을 보여주는 것이 [그림 6.3]의 굵은 실선이다. 재무곤경비용은 굵은 실선과 점선 사이의 거리이다. 추가적인 부채로 얻는 세금절감액과 재무곤경의 기대비용 증가액이 일치하는 레버리지 수준이 있을 수 있다. 이것이 기업의 최적자본구조이다. [그림 6.3]에서 기업가치의 최대치인 V_f가 되는 레버리지가 최적자본구조이다.

참고

기업가치가 최대에 이르는 점은 최적자본구조인 동시에 자본비용이 최소가 되는 점이이기도 하다. 그렇다면 부채의 비중이 얼마일 때 기업가치가 최대에 이르는가? 상황에 따라 다르다. 부채의 세금절감효과는 법인세를 납부하는 모든 회사에서 동일하다. 하지만 재무곤경비용은 기업마다 다르다. 만일 어떤 회사의 재무곤경비용이 낮다면 기업가치가 감소하기 전까지 부채를 늘리면 기업가치는 상승할 여지가 있다. 세금절감효과가 재무곤경비용보다 커 기업가치가 상승하기 때문이다.

이는 실무적으로 어떤 의미를 가지는가? 재무곤경의 기대비용이 작은 회사는 큰 회사보다 많은 부채를 발행해야 한다는 의미이다. 한 예로 유틸리티회사의 자본구조를 생각해보자. 이런 회사들은 지역에 전기, 물, 가스 등을 공급하며, 전통적으로 독점의 규제를 받아왔다. 이 회사의 현금흐름은 안정적인가? 안정적이다. 이 회사가 파산으로 갈 확률은? 매우 낮다. 이 회사에게 부채의 세무상 장점은 어떠한가? 다른 과세법인과 같다. 그렇다면 유틸리티회사는 얼마의 부채를 가져야 하는가? 부채가 늘어나도 재무곤경비용이 천천히 상승하기 때문에 재무곤경비용이 부채의 세무상 혜택을 초과하기까지 매우 높은 수준의 부채를 부담할 능력을 가진다. 이는 실제 유틸리티 회사의 부채 수준에서도 확인 가능하다. [표 6.1]에서 보는 것처럼 전기, 가스 수처리 등 유틸리티산업은 시장부채비율이 38.7%로 전체 산업 중 가장 높다.[23)]

이제 재무곤경비용이 작은 유틸리티회사의 부채 수준과 기초사업위험(BBR)이 높아 현금흐름의 변동성이 크고 따라서 재무곤경비용이 큰 회사의 부채 수준을 비교해보자. 예를 들어 IT회사를 생각해보자. 신제품의 출현은 이를 개발한 IT회사에게 시장을 선도할 기회를 주고 경쟁사들의 시장점유율을 크게 위축시킨다. 예를 들어 특정 컴퓨터회사의 혁신은 경쟁 컴퓨터회사의 기존 제품 매출에 타격을 줄 수 있다. 따라서 이런 IT회사는 유틸리티회사보다 훨씬 위험한 현금흐름을 가질 수 밖에 없다.

위험한 산업에 있는 회사는 얼마나 많은 부채를 가져야 하는가? 이들은 안정적인 유틸리티산업에서와 같은 세금절감 혜택을 받는다. 그러나 회사의 현금흐름이 크지만 위험하기 때문에 낮은 부채 수준을 요구받는다. 이 또한 실제에서 사례를 찾을 수 있다. 구글, 애플, 인텔, 화이자, 머크는 모두 낮은 수준의 부채를 가지고 있다. 그리고 심지어 이들은 현재의 수익성을 가지기 전부터 낮은 부채 수준을 유지해왔다. 위험이 크거나 현금흐름의 변동성이 높은 회사는 위험이 작고 안정적인 현금흐름을 가진 회사보다 낮은 부채비율을 유지해야 한다.

23) 주식의 장부가치를 사용한 2017년 장부부채비율은 54.4%이다.

자본비용

자본비용(cost of capital)이란 기업이 자산을 확보하고 사업을 영위하는데 필요한 자금을 조달하는데 드는 비용이다. 자본비용은 부채와 주식의 비용을 가중 평균한 비용으로 계산한다. 이를 가중평균자본비용(weighted average cost of capital, WACC)이라 한다. 보다 구체적으로는 부채의 비중과 세후 부채의 비용을 곱하고 주식의 비중과 주식의 비용을 곱한 후 이 둘을 더하게 된다.[24]

$$WACC = \frac{부채}{부채 + 주식} * K_d * (1 - T_c) + \frac{주식}{부채 + 주식} * K_e$$

여기서
K_d = 부채(타인자본)의 비용
T_c = 법인세율
K_e = 자기자본의 비용

CFO가 기억할 것

부채의 비용을 최소화하는 것이 CFO의 목적은 아니다. 자본비용을 최소화하는 것이다. 이는 기업가치를 극대화하기 때문이다. 학생들은 종종 기업이 부채의 비용을 최소화해야 한다고 말한다. 하지만 이는 틀린 말이다. 부채를 아주 조금 발행하거나 AAA등급을 유지하면 부채비용을 항상 최소화할 수 있다.[25] 또한 부채는 항상 주식보다 저렴하다. 정의상 세금절감 효과가 없더라도 부채는 투자자에게 위험이 낮기 때문에 비용도 쌀 수 밖에 없다. 이로 인해 회사는 거의 항상 신주 발행비용보다 낮은 비용에 부채를 발행할 수 있다. 따라서 CFO의 책무는 부채의 비용을 최소화하거나 새로운 자금조달의 비용을 최소화하는 것이 아니다. 1장에서 설명한 것처럼 CFO의 세 가지 핵심 책무 중 하나는 올바른 자금조달결정을 하는 것이다. 이는 CFO가 주식과 부채 사이의 트레이드오프에서 최적점을 유지함으로써 가중평균자본비용을 최소화한다는 의미이다. 단순히 부채의 비용을 최소화한다고 해서 전체 자본비용이 최소화되는 것은 아니다.

---

24) WACC의 정의는 M&M과 현대 재무관리 이전에도 존재했다. 이 공식은 이자의 세금공제를 완전히 이용한다고 가정한다. 이는 이자비용이 소득공제한도인 EBITDA의 30%보다 작다고 보는 것이다. 만일 이자비용이 EBITDA의 30%보다 많다면 우리는 가치평가를 다소 조정해야 한다. 이에 대해서는 19장에서 살펴본다.

25) S&P, 무디스, 피치 등 3대 신용평가기관이 있다. 각각은 다소 다른 등급체계를 가지고 있다. 하지만 기본적으로 채권에 대해 가장 안전한 등급은 AAA이며, 그 아래가 AA+ 등으로 내려간다. 가장 낮은 등급은 D등급이며, 이는 회사가 파산했거나 채권 계약에 따른 원리금 지급을 현재 하지 못하는 상태라는 의미이다. D등급 바로 위의 C등급은 인컴본드(income bond)에만 부여된다. 기업어음의 경우 최상위 등급은 P-1등급이다.

요약정리

이제까지 살펴본 것을 정리해보자. 우리는 기업의 자본구조에 대한 실증적 경험에서 자본구조 논의를 시작했다. 우리는 주식의 시장가치로 측정한 레버리지와 주식의 장부가치로 측정한 레버리지가 변동하기는 해도 크지 않은 범위에서 움직인다는 것을 보았다. 또한 자본구조는 산업에 따라 큰 편차를 보였다. 보다 중요하게 우리는 회사들이 자금을 어떻게 조달하고 있는지 살펴보았다. 미국을 포함한 세계 대부분의 나라에서 기업들은 내부에서 창출된 자금을 우선적으로 사용한 후 부족하면 부채를 조달하고 마지막 선택으로 주식을 발행한다.

우리는 이상과 같은 경험적 사실을 먼저 살펴본 후 이 장의 중심 주제인 자본구조이론에 대한 논의를 진행했다. 이 논의는 M&M 세계에서는 자본구조가 중요하지 않다는 M&M(1958)에서 시작했다. 다음으로 M&M 세계를 만족시키는 다섯 가지 핵심 가정에 대해 살펴보았다.

이후 논의는 M&M의 첫 번째 두 가정의 의미를 생각해보고, 세금(법인세와 개인소득세)과 재무곤경비용의 존재를 고려해 이 가정들을 완화해 보았다.[26]

이 두 가정의 완화를 통해 세금절감 혜택과 추가 부채에 따른 재무곤경비용 사이의 트레이드오프에서 기업재무의 "교과서" 시각을 얻을 수 있게 된다.

이론은 멋지지만, 실제로는 자본구조가 어떻게 정해지는가? 우리는 이 질문에 답하기 위해 세 가지 점검목록을 제시하고자 한다.

1. 내적 점검: 내부적으로 창출된 자금으로 얼마나 많은 부채를 서비스할 수 있는가? 이는 재무추정을 통한 미래 현금흐름 예측으로 추정한다. 이때 최선/최악의 시나리오를 작성해본다. 이 회사는 어떤 상황에서도 부채의 계약상 의무인 원리금을 정상적으로 상환을 할 수 있는가? 이 기업은 재무곤경에 빠질 가능성이 있는가? 이런 질문에 답함으로써 이 기업이 내부적으로 창출된 자금으로 감당할 수 있는 부채의 수준을 알게 된다.
2. 외적 점검: 외부 평가자들이 이 회사가 감당할 수 있다고 믿는 부채 수준은 얼마인가? 외부 평가는 신용평가사, 애널리스트, 은행, 투자자 등이 한다. 이 회사의 신용등급은 어떠한가? 더 많은 부채를 발행하면 신용등급이 하락하는가? 은행은 이 회사에 대출을 할 것인가? 한다면 어떤 조건에 대출을 할 것인가?
3. 횡단면 점검: 이 회사의 재무구조는 경쟁사들에 비해 어떠한가? 이 회사의 부채비율은 적정 범위를 벗어나 있는가? 즉 산업 내 경쟁사들에 비해 부채가 과도한가? 좀 더 정확히 말하면 존디어의 부채비율이

26) M&M(1963)에서 무세금 가정은 완화된다.

30% 수준이었는데 매시퍼거슨의 47%는 적정 수준이었는가? 이런 질문은 다음과 같이 물어볼 수도 있다. 이 회사는 적정한 수준의 부채를 가지고 있는가? 경쟁자들의 부채 수준은 어떤가? 불황에는 누가 생존하고 누가 죽을 것인가? 그리고 이 회사의 부채비율은 생존확률에 영향을 미치는가?

위의 세 가지 점검사항은 산업별 자본구조의 차이(예: 유틸리티 vs. IT)를 설명하는데 도움이 된다. 다만 한 산업 내에서 회사들의 자본구조 차이에는 여러 요인이 영향을 미치기 때문에 이를 설명하는데 이 점검사항들은 효과적이지 않을 수 있다. 우리는 12장에서 정보비대칭과 거래비용 같은 다른 주요 요인들을 분석에 추가하기로 한다.

다음 주제

다음 두 장은 이 책의 가장 중요한 부분으로 메리어트의 사례를 통해 자금조달의 핵심요소에 대해 설명한다. 이는 기업재무의 진정한 시작점이자 비대칭정보와 여러 변수를 기업재무에 도입하는 출발점이다. 지금까지는 약 1980년 이전까지의 기업재무에 대한 논의였지만, 다음 두 장에서는 기업재무가 이후 현재까지 어떻게 진화해왔는지를 살펴본다.

우리는 2장의 PIPES 사례에서 제품시장 목표와 이를 달성하기 위한 자금조달 소요 사이에 긴장이 발생한다는 것을 보았다. PIPES의 이슈는 매출 확대를 위한 자금조달이었다. 5장에서 우리는 매시퍼거슨과 같이 주식 발행을 꺼리는 고성장기업은 불가피하게 목표(최적)보다 높은 부채비율을 가지게 된다는 것을 목격했다. 주식을 재매입해 자본을 줄이지 않는 저성장기업은 부채를 너무 작아서 부채를 사용하면 내지 않아도 될 세금까지 내게 된다. 자본구조는 동태적 요소가 있기 때문에 일시적으로 최적자본구조에서 멀어질 수는 있지만 회사는 궁극적으로 원하는 자본구조에 대해 인식하고 있어야 한다. 보다 중요한 것으로 자본구조가 한쪽으로 너무 치우쳐 최적자본구조에서 과도히 멀어지면 기업은 재무곤경의 위험에 처한다는 사실이다. 앞으로 여러 장에서 살펴보겠지만 자본구조가 한쪽 방향으로 너무 치우치면 자본비용이 과도해지고 주가는 하락한다. 이는 적대적 인수와 같은 부정적인 상황을 초래한다. 궁극적으로 기업은 부채의 절세효과와 재무곤경비용 사이의 트레이드오프에서 일관성을 가지고 있어야 한다.

CHAPTER 7

자본구조의 결정 (메리어트 코퍼레이션과 게리 윌슨)

이 장은 기업이 자신의 자본구조에 대해 어떻게 생각해야 하는지에 대해 살펴본다. 무대는 1980년 메리어트 코퍼레이션(Marriott Corporation)이며, 당시 이 회사에는 출중한 CFO 게리 윌슨(Gary Wilson)이 있었다.

메리어트 코퍼레이션은 대공항 2년 전인 1927년 A&W 루트비어(Root Beer)를 파는 것으로 사업을 시작했다. 1937년 이 회사는 현재 팬타곤이 위치한 버지니아주 알링턴공항인 후버필드(Hoover Field)에 기내식을 납품하기 시작한다. 메리어트는 1953년 주당 10.53달러에 기업을 공개하고, 1957년에는 모텔형 호텔사업을 개시한다. 1950년대 후반까지 메리어트 코퍼레이션은 기내식과 모텔 부문 선두 자리를 유지했다. 1979년까지 이 회사는 급속히 사세를 확장해 호텔업(35%), 급식납품(32%), 요식업(25%), 테마파크와 크루즈선(8%) 등으로 사업을 다각화한다. 메리어트는 전체 발행 주식 약 36.2백만 주 중 6.5백만 주를 가족들이 소유한 가족기업이었고, 8명의 이사회 멤버 중 4명이 가족이었다. 이사회에 여성과 소수자가 없던 시절 이 회사는 한명이지만 여성(엄마) 이사회 멤버가 있는 몇 안 되는 포춘500대 기업이라는 것을 큰 자랑으로 여겼다.

1970년대 후반 메리어트는 제품시장 오퍼레이션에 큰 정책적 변화를 준다. 메리어트는 호텔보동산을 소유 · 운영하는데서 단지 호텔을 운영만하는 것으로 옮겨가게 된다. 과거 메리어트는 호텔을 건축하고 소유하며 운영해왔다. 하지만 이때부터 메리어트는 호텔을 건축한 후 투자자들에 매각하되 시설은 다시 임대해 메리어트호텔로 운영하게 된다. 메리어트의 1980년 사업보고서(18쪽)를 보면 "이런 변화는 메리어트의 호텔 사업의 성장에 상응하는 자금 소요를 확보하지 않더라도 연간 25%의 고성장이 가능하게 되어, 추가적 성장에 필요한 자금조달의 부담을 덜게 되었다."라고 오퍼레이션 정책 변경의 이유를 설명하고 있다.

자본구조

비슷한 시기에 메리어트의 CFO인 게리 윌슨은 부채를 발행해 주식을 매입하는 방식으로 자본구조를 변경하는 방안을 고민하고 있었다. 우리가 알고 싶은 첫 질문은 이렇다. *회사의 자본구조가 변경된다는 것은 무슨 의미인가?*

이 질문에 답하기 위해서는 먼저 자본구조(capital structure)가 무엇인지 이해해야 한다. 가장 단순하게 보면 자본구조는 기업이 자신의 자산을 어떻게 조달하고 있는 지이다. 예를 들어 메리어트는 자산을 조달하는데 보통사채, 모기지, 전환사채, 리스, 주식을 이용한다. [첨부 7A]의 메리어트 재무정보와 [첨부 7B]의 주요 재무비율을 참조하라.

다만 편의상 두 가지 주요 수단인 부채와 주식에 집중해서 논의를 시작해보자. *기업이 부채 혹은 주식으로 자금을 조달하는지가 어떤 차이를 만드는가?* 이 질문의 결정요인은 기업의 부채와 주식의 상대적 비용 차이이다. 일반적으로 부채와 주식의 비용은 큰 차이가 있다. 1979년 메리어트의 세후타인자본비용(K_d)은 약 5%로 약 18%인 ROE와 대비된다.[1] 하지만 이는 정확한 비교가 아니다. 우리는 부채와 주식에 대한 "시장"의 비용을 비교해야 한다. 부채비용(cost of debt)은 시장에서 관측되는 비용이다. 메리어트의 세전부채비용은 10%이고 한계세율은 46%이다.[2] 부채의 이자비용은 소득공제가 되기 때문에 부채의 세후실효이자율은 부채의 세전이자율에 (1 - 세율)을 곱한 약 5%이다. 이를 다음과 같이 나타낼 수 있다.

$$K_d = R_m(1 - T_c)$$

R_m: 부채의 세전시장비용

T_c: 법인세율

하지만 주식의 비용은 시장에서 쉽게 관측되지 않는다. ROE는 회계적 수치에 불과해 올바른 주식의 시장비용 추정치가 아니다. 기업재무 전문가들은 일반적으로 자본자산 가격결정모형(capital asset pricing model, CAPM)을 이용해 자기자본비용(cost of equity)을 계산한다. 이 모형은 다음과 같다.

$$K_e = R_f + \beta(R_m - R_f)$$

R_f: 시장의 무위험이자율

R_m: 시장수익률

1) 1979년 ROE = 당기순이익 1백만 달러 ÷ 연초 자기자본 397백만 달러 = 17.9%. (연말 자기자본 414백만 달러로 나누면 ROE는 17.2%) 2장에서 언급한 것처럼 ROE는 당기순이익을 연초 자기가본으로 나누어야 한다.

2) 메리어트의 평균 세율은 42%(법인세 52백만 달러 / 세전이익 123백만 달러)였지만, 세전이익이 10만 달러가 넘는 구간에서 당시 미국의 한계세율은 46%였다.

β(베타): 위험 척도[3)]

전형적으로 무위험이자율(R_f)에는 미국 국채수익률이 사용된다. 당시 의사결정 시점에는 10.4%였다.[4)] CAPM에서 R_m을 단독으로 사용하지는 않는다. 대신 시장위험프리미엄(market risk premium)이라고 불리는 $R_m - R_f$ 추정치가 사용된다. 이 추정치는 $R_m - R_f$의 역사적 평균으로 구한다. 이 시점에 메리어트의 베타는 1.25, 시장위험프리미엄 추정치는 8%였다. 따라서 CAPM를 사용한 메리어트의 자기자본비용은 20.4%로 추정되며, 이는 18%인 ROE보다 상당히 높은 것이다.

$$\text{메리어트의 } K_e = 10.4\% + 1.25 * (8\%) = 20.4\%$$

주식이 부채보다 그렇게 비싸다면 왜 기업은 부채로 자금을 전부 조달하지 않는가? 기업이 부채로만 자금을 조달하지 않는 이유는 부채가 투자자에게 더 안전한 반면 기업에는 더 위험하기 때문이다. 부채가 주식보다 투자자에게 안전한 것은 회사가 파산하면 채권자는 주주보다 자산에 선순위 청구권을 가지기 때문이다. 즉 회사가 파산하면 채권자는 주주보다 먼저 상환을 받게 된다. 채권자는 또한 자신들에 대한 상환조건이 지켜지지 않으면 회사를 파산시킬 수 있는 권리를 가진다. 반면 회사는 주두들에게 어떠한 의무적 지급도 약속하지 않는다. 회사가 주주들에게 배당을 지급하지 않으면 어떤 일이 생길지 생각해보자. 주주가 할 수 있는 주된 상환방법은 주식을 팔아버리는 것 정도이다. 하지만 회사가 부채를 상환하지 못하면 채권자는 회사를 파산시킬 수 있다.

요약하면 회사는 부채와 주식의 조합으로 자산을 조달하는 결정을 하게 된다. 이때 부채가 주식보다 싸지만 부채는 회사를 파산시킬 수 있기 때문에 회사에는 더 위험한 자본조달 수단인 것이다.

자본구조가 변동되면 무슨 일이 일어나는가?

부채와 주식의 비용은 일정하게 유지되지 않는다. 만일 어떤 회사가 자본구조에 부채비중을 증가시키면 파산위험이 증가하기 때문에 부채의 비용이 증가한다. 채권자는 증가된 위험을 보상받기 위해 더 높은 수익률을 요구하게 된다. 즉, 현재 세전타인자본비용(세전부채비용)이 10%인데 부채를 추가하면 추가적인 부채는 더 비싸지는 것이다. 즉 부채비용(이자비용)의 증가율은 전체 부채 수준에서 일정하지 않다. 어떤 회사가 이미 높은 부채 수준에

---

3) 베타는 시장수익률과 관련하여 어떤 주식(자산)의 수익률이 어떻게 움직이는지에 따른 위험 척도이다. 베타는 회귀식 $R_{주식} = \alpha + \beta R_{시장}$의 기울기(계수값)로 정의된다.

4) 5년 수익률을 사용할지 10년 수익률을 사용할지에 대해서는 의견이 갈린다. 이와 함께 무위험이자율과 관련된 기타의 이슈들에 대해서는 뒤에서 살펴본다.

있다면 부채가 동일한 비율로 증가해도 부채가 낮은 수준일 때보다 이자율은 크게 상승한다. 즉 회사의 자본구조에 부채를 추가하면 동일하게 부채가 증가해도 위험이 점점 커지기 때문에 한계 부채비용은 증가하게 된다.

부채의 비중이 증가하면 타인자본비용은 계속 상승한다. 그렇다면 타인자본비용이 자기자본비용 이상으로 상승할 수 있는가? 모딜리아니와 밀러(M&M)[5]는 부채가 추가되면 타인자본비용이 상승하지만 자기자본비용도 같이 상승한다는 것을 보였다. 기업의 자본구조에서 부채의 비중이 증가하면 부채와 같이 주식의 자본비용도 증가한다는 것이다. 이는 거의 예외 없이 모든 부채 수준에서 타인자본비용이 자기자본비용보다 싸다는 것을 의미한다.

예를 들어 파산 중인 회사를 살펴보자. 채무불이행의 위험 때문에 파산회사의 부채비용은 잠재적으로 20~30%에 달한다. 질문은 다음과 같다. 만일 회사의 부채비용이 25%라면 시장이 회사의 주식에 요구하는 수익률은 어떻게 되는가? 정답은 25% 이상이다. 왜 그런가? 주주들은 채권자들에게 지급한 후에야 받을 것이 생기기 때문에 위험이 큰 만큼 더 높은 수익률을 요구한다. 실제에서도 예외적인 상황은 거의 존재하지 않는다. 따라서 타인자본비용은 부채의 모든 수준에서 자기자본비용보다 낮게 유지된다.

요약하면 부채의 비중이 증가하면 부채비용과 주식비용 모두 상승하지만, 부채비용은 주식비용보다 낮게 유지된다.

$$\%D\uparrow \text{ 이면 } K_d\uparrow \text{ 와 } K_e\uparrow \text{ 지만 } K_e > K_d \text{이다.}$$

다음은 윌슨이 메리어트에 한 것처럼 회사 자본구조에서 주식을 부채로 대체하면 재무비율에 어떤 변화가 생기는지 알아보자. 먼저 주당순이익(earings per share, EPS)에 대해 살펴보자.

$$EPS = \text{당기순이익(NI)} / \text{주식 수}$$

회사가 비싼 주식을 싼 부채로 대체하면 이자비용이 증가하면서 당기순이익(NI)은 감소하고 주식 수도 줄어든다. K_d가 K_e보다 싸다면 주식 수는 NI 감소폭보다 더 큰 비율로 줄어든다. 결과적으로 순영향은 EPS의 증가로 나타난다.

다음으로 만일 EPS가 증가하면 주가에는 어떤 변화가 생기는가? 주가는 상승한 후 하락한다. 주가는

5) 6장에서 살펴본 것처럼 프랑코 모딜리아니(Franco Modigliani)와 머턴 밀러(Merton Miller)는 자본비용에 대한 중요한 두 논문을 발표했다. 첫 번째 논문에서는 (실제에서는 그렇지 않지만) 특정 조건하에서 자본구조는 기업가치와 관련이 없다는 것을 보였다. 두 번째 논문에서는 자본구조에 대한 법인세의 영향을 설명했다. F. Modigliani and M. Miller, "The Cost of Capital, Corporation Finance and the Theory of Investment," *American Economic Review* 48 (June 1958): 261-297; F. Modigliani and M. Miller, "Taxes and the Cost of Capital: A Correction," *American Economic Review* 53 (June 1963): 433-443.

K_e와 EPS의 함수로 생각할 수 있다.[6)]

할인율(discount rate)이 일정할 때 회사의 EPS가 증가하면 주가는 상승해야 한다. 그러나 우리는 자본구조에서 부채가 증가하면 할인율도 증가한다는 사실을 알고 있다. 따라서 주식을 부채로 대체하면 EPS가 증가하지만 K_e도 상승한다. 처음에는 EPS의 증가율이 할인율 K_e의 증가율보다 크다. 따라서 처음에는 주가는 상승한다. 하지만 부채를 계속해서 추가하면 궁극적으로는 할인율이 EPS보다 더 빨리 상승하게 된다. 이 단계에 이르면 주가는 하락하게 된다.

따라서 %D↑는 K_d↑과 K_e↑지만 $K_e > K_d$이며, 주가는 ↑한 후 ↓한다는 것을 의미한다.

메리어트는 신규 프로젝트의 자금조달에 부채를 발행하지 않기 때문에 부채와 주식의 자본구조에 대한 좋은 설명 사례가 될 수 있다. 윌슨은 회사의 다른 변동이 없이 자금조달에 주식을 부채로 스왑하는 방안을 고려중이다. 자산, 사업, 경영진 모두 동일하다. 단지 유일한 차이는 자산을 어떻게 조달할 것인가이다. 다시 말해 오직 변하는 것은 회사의 자본구조, 즉 부채와 주식을 얼마나 사용할 것인지이다.

이제 우리는 기존 자본구조에서 주식을 부채로 대체하면 부채비용과 주식비용 모두가 상승한다는 것을 안다. 그리고 이때 부채비용이 항상 주식비용보다 싸다는 것도 안다. 부채비중의 증가로 EPS가 증가하면 처음에는 주가가 상승한 후에 하락한다는 것도 알게 되었다.

우리의 다음 질문은 이것이다. *주가수익비율(price/earnings, P/E)에는 어떤 변화가 있는가?* P/E는 하락한다. 할인율이 일정하다고 가정해보자. 이때 EPS가 일정 비율로 증가하면 주가도 같은 비율로 상승한다. 가령 다른 현금흐름 요소가 없다고 가정하면 회사의 이익이 10% 늘면 주가도 10% 상승한다. 하지만 부채를 더 추가하면 주식의 할인율도 상승한다. 이익이 10% 증가해도 K_e가 증가하기 때문에 주가는 10%보다 작게 상승한다.

요약하면 EPS가 10% 증가할 때 주가는 10%보다 작게 상승하기 때문에 이 둘의 비율인 P/E는 하락하게 된다. 또한 주식의 자본비용(K_e)은 처음에 천천히 상승하지만 점차 상승속도가 빨라진다. 궁극적으로 주식의 자본비용이 EPS 증가율을 넘어서게 되지만 그래도 그 효과는 P/E의 하락이다.

이를 다른 방법으로 설명해보자. P/E를 이익 1달러에 대해 지불하는 가격이라고 생각해보자. 가령 P/E가 10인데 이익이 1달러라면 주가는 10달러가 된다. 이 회사에 위험이 추가되면 위험한 수익에 사람들이 기꺼이 지불하고자 하는 가격은 안전한 수익의 경우보다 싸야

6) 앞 장에서 논의한바와 같이 어떤 자산의 가치는 그 자산의 현금흐름을 그 자본비용으로 할인한 현재가치와 같다. 주식의 경우 주식가치는 주주현금흐름을 K_e로 할인한 현재가치이다. 이때 이익(EPS)은 주주현금흐름을 구성하는 중요 요소지만 이익이 바로 주주현금흐름은 아니다. 다만 이 책의 뒤에서 현금흐름을 충분히 숙지할 때까지는 우선 이익을 주주현금흐름의 대용치로 사용하기로 한다.

하기 때문에 P/E는 하락할 수밖에 없다. 즉 부채가 추가되면 위험이 증가하며, 위험이 증가하면 P/E는 하락한다. 부채의 비중이 계속 증가하면 P/E는 계속 하락한다.

이상의 논의를 다시 한 번 정리해보자. 부채비율이 상승하면 부채는 물론 주식의 비용도 상승한다. 다만 주식의 비용은 부채보다 항상 비싸다. 또한 부채비율을 높이면 EPS가 증가하고, 주가는 상승 후 하락하지만 P/E는 오직 하락하기만 한다.

관련된 새로운 질문을 해보자. 부채를 추가하면 베타는 어떻게 되는가? 위험이 증가하기 때문에 상승한다. 자산베타(asset beta)는 부채가 증가할 때 베타가 상승하는 이유를 이해하는데 유용한 개념이다. 무부채베타(unlevered beta)로도 불리는 자산베타는 부채 없이 전액 주식으로 자금을 조달한 회사의 베타이다.[7] 자산베타가 1이면 이는 시장수익률이 10% 상승할 때 자산수익률도 10% 상승한다는 것을 의미이다. 이 회사는 전액 주식으로 자금을 조달했기 때문에 이때 자기자본이익률(ROE)도 10% 상승한다. 반면 이 경우 시장수익률이 10% 하락하면 자산수익률도 10% 하락하고 ROE도 10% 하락한다.

이익이 100달러인데 부채가 없어 이자비용이 없는 회사를 상상해보자. 이익은 부채 상환에 충당되지 않기 때문에 이익 100달러는 전부 주식에 귀속된다. 이때 시장이 10% 상승하고 자산베타가 1이면 자산의 이익은 110달러로 10% 증가한다. 반대로 시장이 10% 하락하면 자산에 대한 이익은 90달러로 10% 감소한다.

이제 재무구조에 레버리지를 추가해보자. 부채를 사용함에 따라 이자비용이 50달러라고 가정하자. 자산에서 100달러의 이익을 얻은 회사는 50달러를 이자비용으로 지불하기 때문에 주주에게 50달러가 남는다. 이때 여전히 자산베타가 1인 경우 시장이 10% 상승하면 자산가치는 110달러로 10% 증가한다. 부채에는 여전히 50달러가 돌아가기 때문에 이제 주식에는 나머지 60달러가 남는다. 주주 몫은 10%가 아닌 20%가 증가한 것이다. 만일 시장이 10% 하락하면 자산가치는 90달러로 10% 감소한다. 역시 부채에는 50달러가 돌아가기 때문에 주식에는 오직 40달러가 남는다. 주주 몫은 20%가 감소한다. 이처럼 기업이 레버리지를 많이 쓸수록 주가수익률의 변동성은 커진다. 회사의 주식베타는 주가수익률의 변동성에 따라 결정되기 때문에 레버리지가 높아지면 주식베타도 커지게 된다.

회사에 부채가 없다면 주식베타와 자산베타는 같다. 레버리지를 추가해도 자산베타는 일정하지만 ROE의 변동성이 커져서 주식베타는 상승한다. 회사의 주식베타는 주식의 수익률 변동성에 따라 결정되기 때문에 레버리지가 증가하면 주식베타가 증가하는 것이다. 이러한 사실들은 흥미롭게도 여러분이 이미 직관적으로 파악하고 있는 것이다. 만일 어떤 회사가

7) 일반적으로 회사에 대한 주식베타(equity beta)는 실제로는 부채베타(levered beta)이다. 즉, 이는 회사의 자본구조(또는 레버리지)가 고려된 주식에 대한 베타이다. 반면 자산베타는 자본구조에 관계없는 자산에 대한 베타이다. 레버리지의 효과를 제거했기 때문에 자산베타는 "무부채(unlevered)" 주식베타이다.

변동성이 큰 수익에서 고정비용을 충당해야 한다면 순이익은 큰 변동성을 보일 수밖에 없다. 이상의 설명을 간단히 정리한 것이 [표 7.1]이다.

이처럼 자산베타가 1일 때 자산수익률은 10% 변동한 반면 ROE는 20% 변동한다면 주식베타는 2가 된다.

[표 7.1] 베타 변동의 영향

무부채베타(자산베타)는 1로 가정한다.
자산에 대한 정상 현금흐름은 $100이다.
Case 1: 부채가 없어 부채에 대한 현금흐름은 $0이다. 자산의 현금흐름은 모두 주식 몫이다.
Case 2: 부채에 대한 현금흐름이 $50인 부채가 있다. 자산의 현금흐름에서 $50을 뺀 것이 주식 몫이다.

Case 1: 부채에 대한 현금흐름이 $0인 경우	자산에 대한 현금흐름	부채에 대한 현금흐름	주식에 대한 현금흐름
현재	$100	$0	$100
시장수익률 10% 상승	$110	$0	$110
시장수익률 10% 하락	$90	$0	$90

자산의 이익이 10% 변동할 때
주식의 이익도 10% 같은 방향으로 변동한다.
따라서 주식베타 = 자산베타 = 1이다.

Case 2: 부채에 대한 현금흐름이 $50인 경우	자산에 대한 현금흐름	부채에 대한 현금흐름	주식에 대한 현금흐름
현재	$100	$50	$50
시장수익률 10% 상승	$110	$50	$60
시장수익률 10% 하락	$90	$50	$40

이제 CAPM 수식으로 돌아가 보자. $K_e = R_f + \beta(R_m - R_f)$에서 β는 주식베타이다. 부채가 증가하면 주식베타(β)가 증가해 $K_{e가}$ 증가한다. 이는 우리가 위에서 언급한 것처럼 부채가 증가하면 K_d가 증가하고 K_e가 항상 K_d보다 크기 때문에 K_e 역시 증가한다는 것과 일치한다.

다시 정리해보자. 회사의 부채비율이 바뀌면 어떻게 되는가? 부채가 증가하면 부채의 비용과 주식이 비용이 모두 상승한다. 다만 이때도 주식비용은 부채비용보다 항상 높게 유지된다. 또한 주가는 상승한 후에 하락한다. 베타가 증가하면 주식의 비용이 상승한다. 이러한 사실은 부채비율이 상승함에 따라 K_e가 상승하지만 K_e는 K_d보다 높게 유지된다는 것과 일관된다.

그럼 레버리지 변화에 따라 부채와 주식의 비용이 어떻게 변동하는지 그래프로 살펴보자. 이를 보여주는 것이 [그림 7.1]이다. 부채가 0이면 부채비용은 K_d에서 시작한다. 이는 처음 1달러를 빌릴 때 채권자가 이 부채에 부과하는 비용이다. 비용은 y축에 표시된다. 부채가 추가되면 위험이 증가하면서 부채의 비용이 증가한다. 또한 부채의 비용이 증가하는 속도도 빨라진다. 다시 말해 부채가 증가하면서 부채비용은 점점 더 빨리 증가한다는 뜻이다. 이를 다른 방식으로 설명해보자. 처음에는 채권자가 이자율이 높지 않아도 부채를 인수하기 때문에 부채비용은 천천히 증가한다. 하지만 부채가 증가하면 채무불이행위험이 증가하기 때문에 추가 부채는 더 위험해진다. 채권자는 증가한 위험을 보상받기 위해 이자율을 높여 줄 것을 요구한다. 이는 이자율이 점점 더 빠른 속도로 상승한다는 것을 의미한다. 이는 [표 7.1]에서 K_d의 움직임으로 나타난다.

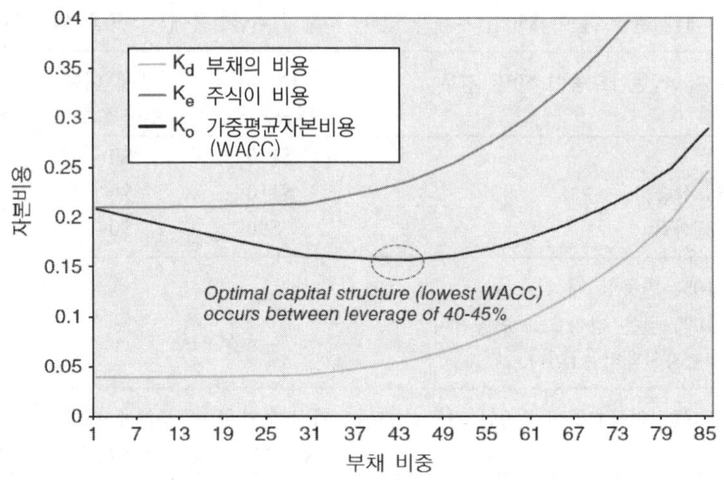

[그림 7.1] 자본구조와 자본비용

이제 K_e를 그려보자. 부채가 0이면 주식의 비용은 K_e에서 시작한다. 이는 부채가 없을 때 투자자가 기대하는 주식의 수익률이다. 주식의 비용은 부채의 비용보다 높기 때문에 부채가 없을 때도 K_e는 K_d보다 높다. 이는 앞에서 설명한 것처럼 투자자 입장에서 주식이 채권보다 위험하기 때문이다. 부채를 추가하면 주식의 비용은 부채의 비용과 비슷한 움직임을 보인다. 즉 K_e도 처음에는 천천히 증가하다가 증가 속도가 빨라진다. 다만 주식의 비용은 모든 부채 수준에서 부채의 비용보다 높게 유지된다.

자본비용

지금까지 부채와 주식의 비용이 자본구조의 변동에 따라 어떻게 움직이는지 살펴보았다. 하지만 CFO의 주된 관심사는 부채나 주식의 개별적 비용이 아니라 전체 자본비용에 있다. 우리의 목적은 부채나 주식의 비용을 최소화하는 것이 아니다. 이는 [그림 7.1]에서 보듯이 부채를 사용하지 않으면 할 수 있는 일이다. 우리의 목적은 전체 자본비용(K_0)을 최소화하는 것이다. 따라서 전체 자본비용 다시 말해 부채와 주식비용의 가중평균비용을 그래프로 그려보자. 부채가 없으면 이 회사는 100% 주식으로 자금을 조달하기 때문에 전체 자본비용은 주식의 비용인 K_e가 된다. 부채의 비중을 늘리면 주식의 비중이 감소한다. 이는 개념적으로 비용이 비싼 주식을 비용이 싼 부채로 대체하는 것이다. 부채비중이 증가하면 처음에는 전체 자본비용이 감소한다. 하지만 부채가 어느 수준 이상으로 상승하면 부채비용과 주식비용이 모두 상승하기 때문에 전체 자본비용도 상승하기 시작한다. 이는 [그림 7.1]에서 K_0의 움직임을 통해 알 수 있다. 부채비중이 0일 때 전체 자본비용은 K_e와 같지만, 부채비중이 증가하면 전체 자본비용은 K_d와 K_e 사이에 있게 된다.[8)]

이제 자본구조의 변동에 따른 영향을 이해하는데 한 가지 요소를 더 추가해보자. 우리는 앞에서 부채비중(부채 / 주식)이 증가하면 부채비용 증가, 주식비용 증가, 주식비용 > 부채비용 상태 유지, EPS 상승, 주가 상승 후 하락, 전체 자본비용 하락 후 증가에 대해 설명했다.

위에서 본 것처럼 CFO는 기업의 전체 자본비용을 최소화하는데 관심을 가진다. 하지만 어떤 기업에게 자본비용을 최소화시켜주는 단일 부채비중이 반드시 존재하는 것은 아니다. 또한 회사마다 자본비용을 최소화하는 단일 부채비중이 존재하지 않는다는 것도 절대적 진실이다.

개별 회사에 있어 실무상 CFO는 자본구조에서 단일 최적 부채비율을 찾으려 노력하지 않는다. 대신 부채비중(부채 / 주식)의 최적 구간을 찾으려 노력한다. [그림 7.1]에서 보듯이 회사의 자본비용은 하락한 후 상승하기 전 일정 구간에서 최저가 된다. 모든 부채비중에 대해 자본비용을 정확히 측정하는 것은 불가능하기 때문에 CFO가 할 수 있는 최선은 부채비중의 목표구간을 찾는 것이다.

부채비중(부채 / 주식)의 최적 목표구간은 산업마다 다르다. 예를 들면 안정적인 현금흐름을 가진 유틸리티회사가 부채를 늘리면 부채의 비용은 어떻게 되는가? 현금흐름이 안정적이기 때문에 부채가 증가해도 다른 회사에 비해 위험이 크지 않기 때문에 채권자들은 부채의 비용을 크게 부과

8) 모딜리아니와 밀러(1958)은 세금이 없는 세계에서 K_d와 K_e의 변동은 서로의 변동으로 상쇄되어 균형을 맞추기 때문에 결과적으로 전체 부채 수준에서 K_0는 일정하게 유지된다고 가정한다.

하지 않는다. 따라서 위험한 현금흐름을 가진 기업보다 유틸리티회사의 K_d는 천천히 상승한다. 유틸리티회사의 주식비용 역시 천천히 상승한다. 부채와 주식의 비용은 이익을 수령하는 투자자들의 위험과 관련된다. 현금흐름이 안정적이면 이에 대한 위험은 모든 부채 수준에서 줄어든다. 따라서 이는 유틸리티회사의 자본비용은 상승 반전하기 전에 더 넓은 부채비중의 구간에서 하락한다는 의미가 된다.

현금흐름의 변동성이 큰 산업 내 기업은 유틸리티회사에 비해 부채의 비용이 곧 상승하고 그 속도도 빠르다. 또한 K_e 역시 더 일찍, 더 빨리 상승한다. 결과적으로 K_0는 상대적으로 좁은 부채비중의 구간에서만 하락하게 된다. 이는 이런 기업의 전체 자본비용은 유틸리티회사보다 높이며, 부채비중이 더 낮은 수준에서 최적자본구조에 도달한다는 의미가 된다. 사례로 유행에 민감한 제품을 가진 왬오(Wham-O)[9] 같은 회사는 현금흐름이 계절에 따라 변동성이 커 자본비용이 높기 때문에 상대적으로 낮은 부채비중에서 자본비용이 최소가 된다.

[표 7.2]는 현금흐름이 안정적인 유틸리티회사와 변동성이 큰 완구회사의 K_0을 보여준다. 유틸리티회사의 K_0은 완구회사보다 낮으며 부채비중이 높은 지점에서 최소가 된다. 부채비중 상승의 영향은 두 회사에서 동일하게 나타난다. (부채가 증가하면 부채비용과 주식비용이 상승하고, 주가는 상승한 후에 하락한다.) 그러나 이러한 영향은 부채비중이 다른 지점에서 나타나는 것이다.

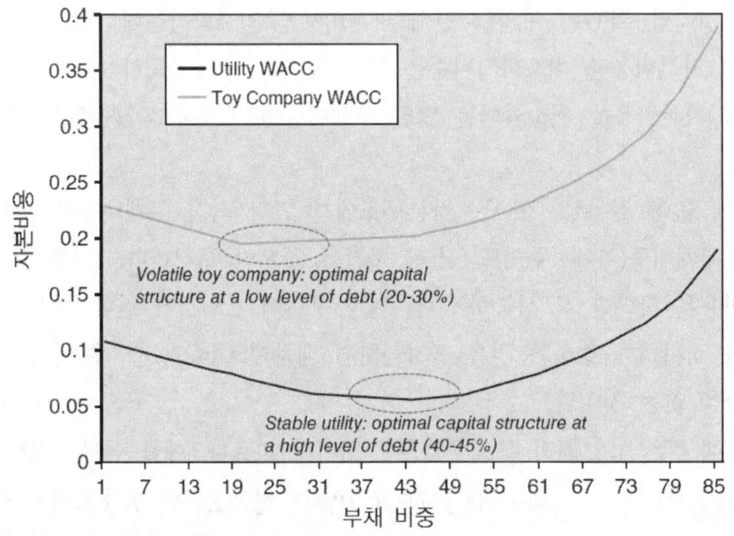

[그림 7.2] 현금흐름의 위험과 자본비용

9) 왬오완구(Wahm-O Toy Co.)는 훌라후프, 프리스비(플라스틱 원반), 부기보드(서핑 보드) 등을 생산하는 완구업체이다.

다음으로 [그림 7.3]은 부채비중(부채/주식) 증가에 따른 주가의 움직임을 보여준다. 주가가 극대화되는 점(또는 구간)에서 자본비용 K_0도 최소가 되는 것을 알 수 있다. 생각해보면 이는 새로운 것이 아니다. 다른 조건이 일정하다면 비용이 최소가 되면 주가는 극대화되기 때문이다. 이는 어떤 비용에 대해서도 참이다. 가령 다른 조건이 같으면 인건비를 최소화하면 주가를 극대화할 수 있다. 또한 다른 조건이 같다면 재료비를 최소화하면 주가를 극대화할 수 있다. 논리적으로 다른 조건이 일정할 때 자본비용을 최소화하면 주가를 극대화할 수 있다.

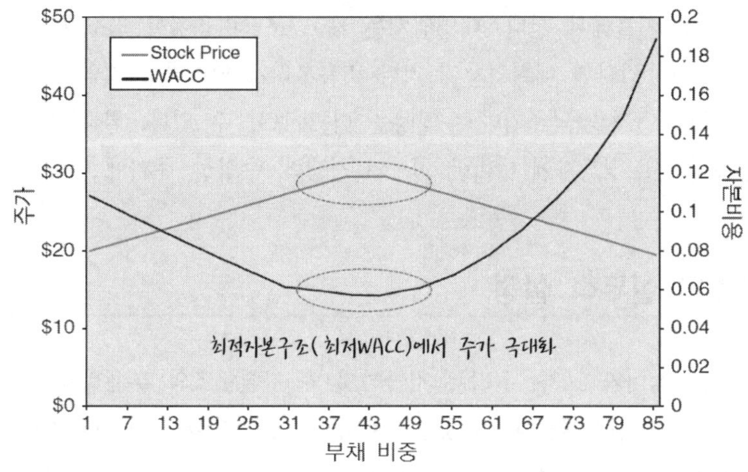

[그림 7.3] 자본구조, 자본비용, 주가

산업수익채권(industrial revenue bond)은 자본비용의 개념이 왜 중요한지를 잘 보여주는 사례이다. 이 채권은 발행회사에 큰 혜택을 준다. 이 채권은 지방정부가 아닌 민간기업이 발행하지만 지방채 이자의 면세방식으로 이자에 대한 세금이 면제된다. 이러한 세제혜택으로 인해 이 채권의 이자율은 비슷한 위험의 회사채보다 낮아진다.

산업수익채권은 산업발전을 도모하기 위해 도입되었다. 지역에 기업을 유치하고 공장을 짓고 고용을 늘리려는 지방정부는 민간회사에 이 채권의 발행을 허용했다. 이 채권의 이자수익은 면세이기 때문에 경우에 따라서는 이자율이 미국 국채보다 낮은 경우가 있다. 이는 발행기업의 자본비용을 크게 감소시킨다. 당초 산업수익채권 발행에 제한이 없었지만, 나중에 중앙정부는 지역 내 인구수를 기준으로 지방정부가 이 채권을 발행할 수 있는 한도를 부과했다. 소매업체는 이 채권의 주요 발행자였다. 이 채권은 지역 사업자들에 비해 대규모 사업자에게 경쟁력을 준다.[10)]

10) 산업수익채권에 대한 보다 자세한 논의는 다음을 참조하라. Alan Hall, “Industrial Bond Basics,” www.rodey.com/downloads/rodey_industrial_revenue_ond_basics.pdf. (2014.12.20 접속 기준)

가상의 사례로 미국 중소도시에 있는 한 소매의류점을 생각해보자. 이 회사가 지역은행으로부터 프라임레이트+2%의 금리에 자금을 조달해 재고를 마련하고 있다고 하자.[11] 이런 상황에 케이마트(Kmart)나 월마트(Walmart)같은 대형 유통업체가 고속도로 인근에 매장을 열고 지역시장에 진출했다고 가정하자. 대형 유통업체는 막강한 구매력을 가지고 있고, 광고 등 여러 분야에서 상당한 규모의 경제효과를 누린다. 이런 대형 유통업체가 산업수익채권을 발행해 재고를 조달한다고 생각해보자. 대형 유통업체는 미국 장기국채 금리보다 낮은 2~3%에 재고를 조달하게 된다. 반면 지역 유통업체는 프라임레이트+2% 또는 미국 국채금리+5%를 조달비용으로 지불해야 한다. 대영업체는 재고 조달비용에서 최소 6%의 우위를 가지게 된다. 다른 조건이 같다면 대형업체에 기타 비용우위가 없더라도 지역 경쟁자들보다 자본비용이 낮기 때문에 가격을 낮추거나 수익성을 더 확보할 수 있다. 결국 자본구조의 변동은 자본비용을 변동시켜서, 경쟁자에 대비한 회사의 경쟁력, 수익성, 주가에 영향을 미치게 된다.

최적자본구조의 실무적 설정

이제 잠시 뒤로 돌아가 보자. 우리는 지금까지 왜 자본구조와 부채비율이 문제가 되는지에 대해 이론적으로만 접근해왔다. 이 모든 것이 이론적으로 훌륭하지만 실무에서 회사는 최적자본구조에 대해 어떻게 생각할까? 극히 소수의 CFO들만이 [그림 7.1]~[그림 7.3] 같은 그래프를 그릴 수 있을 것이다. 대신 CFO들은 다음 세 가지 점검사항을 고려해 회사의 최적자본구조를 결정한다.

1. 내부적 점검: 경기불황에 회사가 감당할 수 있는 부채가 얼마나 되는지 결정한다. 이는 여러 가지 부정적 시나리오에서 회사가 부채 상환에 어려움을 겪기 시작하는 지점을 파악하는 것으로 미래 현금흐름 예측과 재무추정을 이용한다.
2. 외부적 점검: 상업은행, 투자은행, 애널리스트, 신용평가사 입장에서 부채비율을 검토한다. 신용평가회사가 회사의 신용등급을 하향 조정할까? 애널리스트가 투자유의를 경고하지 않을까? 은행이 회사를 차별적으로 대우하지 않을까?
3. 횡단면적 점검: 회사의 경쟁자들을 살핀다. 우리가 5장에서 매시에 대해 본 것처럼 산업평균이나 최대 경쟁자들의 부채비율이 30%이면 이 회사는 진정으로 47%의 부채비율을 원하는가? 만일 CFO가 경쟁자들과 같은 자본구조정책을 취했다면 그 정책이 틀리더라도 그들 모두가 틀리게 되는 것이다. 반면 CFO가 경쟁자들과 완전히 다른 자본구조를 선택했을 때 그

11) 영세사업자에는 통상 프라임레이트에 2% 내지 3%의 가산금리가 적용된다.

결정이 잘못된 것이라면 그는 회사를 확실히 위험에 빠뜨리는 결과를 가져오게 된다.

그래서 두 가지를 질문해보자. 첫째, 회사가 너무 많은 부채를 가질 수 있는가? 당연히 그렇지 않다. 부채의 경고등이 울리면 부채의 약정사항을 위반하게 되며, 신용등급이 하락하고 재무곤경비용이 커지면서 회사는 경쟁적 공격에 노출된다. 결국 회사는 앞으로 무슨 일이 일어날지 기다릴 수밖에 없는 운명의 매시퍼거슨이 된다.12) 당연히 CFO는 이를 원하지 않는다. CFO는 걱정보단 편한 잠을 원하며, 이는 부채 수준을 낮추는 유인으로 작용한다.

둘째, 회사가 너무 적은 부채를 가질 수 있는가? 당연히 그렇지 않다. 부채가 너무 작으면 자본비용이 최소화되지 않는다. 가령 부채가 없으면 자본비용은 주식비용과 같은데 주식비용은 부채비용보다 항상 비싸다. 따라서 주가는 극대화되지 않는다. 부채가 너무 작다는 것은 회사가 세금공제액을 최대로 사용하지 못해 정부에 과도한 세금을 납부함으로써 주주가치를 훼손할 수 있다는 의미가 된다. 또한 주가가 낮으면 회사는 외부의 공격에 취약하게 된다. 즉 이런 회사는 인수대상이 될 수 있다.13)

따라서 CFO는 자본구조를 무시할 수 없다. CFO는 이를 적정하게 유지해야 한다. 부채가 과도하면 회사는 또 하나의 매시퍼거슨이 될 수 있고 또 다른 존디어를 시장에 불러들일 수 있다. 부채가 과소해도 좋지 않다. 부채를 적정하게 유지함으로써 자본비용을 최소화해 기업가치를 극대화하는 것이 중요하다.

기업의 재무정책

게리 윌슨이 메리어트의 CFO에 취임하자 이사회에 회사의 재무정책을 보고한다. 그가 보고한 재무정책의 주요 내용은 다음과 같다.14)

1. 자금조달에서 부채가 차지하는 비중은 40 ~ 45%, 부채 + 리스인 경우는 50 ~ 55%를 유지해야 한다.
2. 기업어음의 무디스 등급은 P-1 이상으로 유지한다. 이는 대략 회사채 등급 A 이상에 상당한다.15)

---

12) 매시퍼거슨의 사례는 5장에서 다루었다.

13) 인수회사는 인수 자금을 조달하는데 심지어 인수대상 회사의 (미사용) 부채를 사용할 수도 있다.

14) 이 재무정책 리스트는 메리어트 코퍼레이션 연차보고서(1978-1980), Marriott Corporation(1986) 9-282-042 Harvard Business Review, 전 메리어트 이사회 멤버와의 대화 등 세 가지 경로를 통해 입수되었다.

15) 앞 장에서 언급한 바와 같이 3대 신용평가기관에는 무디스, 피치가 있다. 각각은 다소 다른 등급체계를 가지고 있다. 하지만 기본적으로 채권에 대해 가장 안전한 등급은 AAA이며, 그 아래가 AA+ 등으로 내려가는 식이다. 가장 낮은 등급은 D등급이며, 이는 회사가 파산했거나 채권 계약에 따른 원리금 지급을 현재 하지 못하는 상태라는 의미이다. 기업어음의 경우 최상위 신용등급은 P-1등급이다.

3. 자금조달은 국내 발행, 무담보, 장기, 고정금리 채권을 기본으로 한다.
4. 전환사채와 보통우선주는 추가로 발행하지 않는다.
5. 공식 가이드라인은 아니지만 메리어트는 1979년 1월부터 현금배당을 시작한다. (이전까지는 주식배당을 해왔다.)

이제 이러한 정책이 메리어트에 타당한 것인지 논의해 보자.

1. 게리 윌슨은 부채가 40~45%인 자본구조(메리어트 연차보고서의 목표자본구조)에서 자본비용이 최소화되고 기업가치가 극대화된다고 본다. 따라서 매리에트에 대해 [그림 7.3]을 그린다면 40~45% 구간에서 회사의 자본비용이 최소에 도달할 것이다.
2. 무디스 기업어음 P-1등급(회사채 A등급 상당)은 자본시장에 지속적인 접근이 가능한 신용등급을 나타낸다.[16] 메리어트는 호텔 신축을 위해서는 차입이 필요하다. A등급의 채권을 발행하지 못할 때가 거의 없기 때문에 이 신용등급은 메리어트가 부채를 발행할 수 있을 것이라는 것을 효과적으로 보증한다.
3. 국내 발행은 채권시장의 특성에 따른 정책이다. 세계적으로 미국과 유로본드의 양대 채권시장이 있다.[17] 유로본드는 미국 달러표시로도 발행되기 때문에 발행통화가 미국 시장에서 채권을 발행하겠다는 이유는 아니다. 그 보다는 두 시장의 다른 특성 차이 때문이다. 유로본드 시장은 전통적으로 기관투자자보다 개인투자자가 중요시되는 시장이다. 발행자에 대한 투자자의 친숙도가 신용등급이나 그 외 발행조건보다 중요한 시장이다. 따라서 유로본드 시장은 신용등급보다 발행자의 이름이나 평판이 더 투자에 중요한 시장이다..

   미국 채권시장은 반대여서 신용등급 중심의 시장이었다. 신용등급 시장에서는 보험회사, 뮤추얼펀드, 퇴직연금 등 기관투자자가 발행자의 신용등급을 보고 채권에 투자한다. 당시 메리어트는 유럽에서 잘 알려지지 않은 회사였기 때문에 유럽 내 네임(name)투자자들을 대상으로 대규모 채권을 발행하는 것은 부담이었다. 이로 인해 메리어트는 채권발행에 미국 시장을 선택했다.

   무담보채권(unsecured debt)을 선택한 이유는 1978년 연차보고서에 발표된 것처럼 메리어트가 호텔을 직접 소유하고 운영하는데서 오직 운영만 하는 것으로 정책을 변경한데 따른 것이다. 메리어트의 새로운 전략은 호텔을 매입하거나 신축해 외부 투자

16) 1980년대 마이클 밀켄(Michael Milken)과 그의 회사 드렉셀 버넘 램버트(Drexel Burnham Lambert)가 제안한 정크본드 시장이 출현하기 이전에는 A 미만 신용등급의 회사는 사실상 채권시장을 통해 자금을 조달할 수 없었다. 다만 드렉셀이 새로운 시장을 연 이후에도 신용이 경색되는 시점에는 투자자들은 여전히 높은 신용등급이나 정부 채권을 선호하고 있다.
17) 유로본드(Eurobond)는 어떤 통화로도 표시될 수 있으며 미국 투자자가 아닌 투자자들에게 판매되는 채권이다. 이 채권은 SEC(증권거래위원회)의 규제와 등록 요건을 적용받지 않는다.

자에게 매각하되 호텔 운영은 계속하는 것이었다. 메리어트는 과거 호텔을 짓는데 비용이 싼 담보채권(secured debt)[18]을 발행했다. 하지만 대출금을 상환하지 않고도 자산을 매각할 수 있는 융통성을 확보하기 위해 무담보채권을 선택한 것이다.

일반적으로 회사가 장기부채를 발행하는 전형적인 이유는 자산의 만기에 부채의 만기를 일치시키기 위함이다.[19] 하지만 이 경우 메리어트는 호텔을 지은 후 매각하기 때문에 자산의 만기가 부채보다 짧아진다. 게리 윌슨은 향후 물가와 이자율이 상승할 것으로 믿고 장기의 고정금리 채권을 발행하고자 했다. *자본시장은 그의 기대에 부응했는가?* 이 결정 시점에 수익률곡선은 장기보다 단기수익률이 높은 수익률 역전이 발생하고 있었다. 이는 시장이 미래에 인플레이션이 낮을 것으로 예측해 이자율이 하락할 것으로 본다는 의미이다. CFO가 시장과 같은 기대를 가지고 있다면 단기든 장기든 큰 차이는 없다. 수익률곡선은 미래에 대한 시장의 기대를 가격으로 나타내고 있다. 하지만 윌슨이 이자율이 미래에 상승할 것을 믿는다면 고정금리에 장기차입을 원할 것이다. 그의 판단이 옳다면 조달비용을 크게 아끼게 된다. 그의 예측이 틀린다면 이 채권이 수의상환채[20]로 발행된 이상 장래에 비용이 들더라도 차환을 할 수 있을 것이다.

마지막으로 메리어트가 은행보다 공모시장을 이용하는 차입정책을 정한 것은 은행은 변동금리로만 대출을 해주기 때문이었다.

4. 전환사채[21]와 보통우선주[22]를 채택하지 않은 것은 미래 현금흐름에 대한 기대와 호텔 사업의 특수성 때문이다. 전환사채는 성장 잠재력이 커 옵션가치가 크지만 사채권자 입장에서 투자위험도 큰 스타트업 등에 적합하다. *왜 그런가?* 전환사채를 발행하면 업사이드를 채권자와 공유하는 조건으로 일반사채를 발행할 때보다 금리를 절감할 수 있기 때문이다. 미래에 주가가 상승할 확률이 높다고 보는 투자자는 발행금리가 낮더라도 주식으로 전환할 수 있는 전환사채에 투자할 수 있다. 따라서 옵션가치(option value)가 전환사채 투자자들이 일반회사채보다 낮은 금리를 수용하는 이유이다.[23] 메리어트는 성장성이 크지는 않으나 안정적인 회사로 간주되었기 때문에 시장은 이 회사에 대해 옵

18) 담보채권은 호텔과 같은 특정 담보를 가지며, 채권자는 채무불이행 시 이를 압류할 수 있다. 이는 채권자가 어떤 자산도 압류할 수 없고 담보채권자들이 상환 받은 이후 회사의 전체 자산에 대해 청구권을 행사해야 하는 무담보채권과 대비된다.
19) 우리가 진정으로 원하는 것은 제품시장과 자금조달정책의 만기를 일치시키는 것이어야 하기 때문에 이 원칙은 실제로는 맞지 않다.
20) 수의상환사채(callable bond)는 채권 만기 전에 발행회사가 채권의 조기상환을 청구할 권리가 있다. 따라서 이자율이 상승하면 발행회사는 채권을 조기 상환하고 낮은 금리에 새로운 채권을 발행한다. 다만 이 채권은 사채권자를 보호하기 위해 일정기간 동안 조기상환을 금지하거나 조기상환 프리미엄(call premium)을 제공하는 것이 일반적이다. 이는 실효이자율이 채권의 만기수익률보다 높다는 의미이다.
21) 전환사채(convertible bond)는 계약상 사전에 정한 교환비율로 채권을 주식으로 전환될 수 있는 채권이다.
22) 우선주(preferred stock)는 보유자에게 보통주(common stock)에게는 없는 우선적인 권리를 부여한다. 이에는 보통주에 대한 우선배당과 파산 시 잔여재산에 대한 우선청구권 등이 일반적이다.
23) 한 예로 1981년 MCI는 보통채권에는 14%, 전환사채에는 10%의 이자를 지급했다.

션가치를 높게 평가하지 않는다. 따라서 메리어트는 전환사채 발행의 혜택을 누리기 어렵다고 보았다. 다시 말해 보통채권 대비 금리인하 효과가 별로 없다고 본 것이다.

그렇다면 메리어트는 왜 우선주는 선택하지 않았는가? 은행과 유틸리티회사가 우선주를 발행하는 것은 규제당국의 재무건전성 감독 때문이다. 다시 말해 규제당국은 은행과 유틸리티회사에 주식이 전체 자본의 일정 비율 이상이 되도록 요구한다. 은행의 경우 8% 이상을 유지해야 한다. 은행과 유틸리티회사는 자신들이 파산할 경우 정부가 구제해 준다고 보기 때문에 최대한 차입을 늘리려는 유인을 갖게 된다. 규제당국은 이러한 유인을 제한하기 위해 최소 자기자본 요건을 부과한다. 규제당국은 우선주를 주식과 같이 자본으로 간주한다. 그러나 우선주는 고정배당을 지급하며 경제적 실질에서도 주식보다는 부채에 가깝다. 아무튼 규제당국의 기준을 충족하면서도 실질적인 레버리지를 높이기 위해 은행과 유틸리티회사는 우선주를 선택하게 된다.

정리하면 은행과 유틸리티회사이 우선주를 선택하는 것은 규제당국이 허용하는 이상으로 부채를 사용하면서도 규제당국의 자본 요건을 충족하기 위해서다. 메리어트는 자본구조에 규제를 받지 않기 때문에 우선주를 발행할 특별한 이유가 없다. 우선주는 고정배당률이 정해져 있지만, 이자와 달리 이 배당금은 소득공제를 받지 못한다. 따라서 부도확률이 낮은 대부부의 회사는 우선주보다 이자의 소득공제를 통해 실효자본비용을 줄일 수 있는 일반채권을 발행하는 것을 선호한다.

5. 메리어트의 현금배당 개시 결정은 주주들의 환영을 받았다. 하지만 당시 배당은 개인소득세율로 과세되는 반면 자본이득은 그 보다 저율로 과세되면서 자본이득이 세제상 유리한 상황이었다. 배당에 높은 세율이 적용되는데 왜 배당을 지급하는가? 배당정책에 관해서는 11장에서 자세히 살펴보기로 한다.

지속가능성장과 잉여현금흐름

자본구조에서 선순위채권과 자본리스에 45% 한도를 두겠다는 정책은 1978년 12월 31일 연차보고서에 발표되었다. 단 2년 후 메리어트는 235백만 달러의 채권을 발행해 주식 10백만 주를 재매입하기로 한다. 이는 45% 가이드라인에 어떤 영향을 미치는가? 재매입은 명백한 재무 가이드라인 위반이다. 그렇다면 왜 재매입을 했는가? 지난 2년간 무슨 일이 있었기에 경영진이 가이드라인을 지키기 않게 되었는가?

정답은 메리어트는 자신이 당시 잉여현금흐름을 창출하고 있다고 믿었기 때문이다. 이 상황에서 재무정책을 수정하지 않으면 부채비율이 하락할 것으로 판단했을 것이다. 이는 메리어트의 지속가능성장률이 개선될 것으로 기대한 결과이다. 지속가능성장률은 회사가 외부에서 자금을 조달하지 않고 내부자금으로 성장할 수 있는 성장률이다.

만일 회사의 ROE가 내부성장률과 배당성향의 합보다 큰데도 아무런 조치를 취하지 않으면 레버리지는 하락할 수밖에 없다. 1976년 메리어트의 ROE는 9.8%였지만 자산은 14.6% 증가했다. 자산이 ROE보다 빨리 증가할 수 있는가? 그렇다. 이는 2장의 PIPES 사례에서 이미 살펴보았다. 회사의 자산이 ROE보다 빨리 증가하면 어떻게 되는가? 회사는 성장에 필요한 자금을 외부에서 부채나 주식으로 조달해야 한다. 회사의 자산이 ROE보다 천천히 증가할 수 있는가? 그렇다. 이를 위해서 회사는 잉여현금을 배당하거나 부채나 주식을 재매입해야 한다.

왜 메리어트의 지속가능성장률이 최근 상승했는가? 첫 번째 이유는 매출액 / 총자산이 상승(1976년 1.05 → 1979년 1.51)한 때문이다. 메리어트는 단위 자산으로 더 많은 매출을 창출하고 있는 것이다. 이는 메리어트가 호텔 자산을 매각하고 있는데 큰 이유가 있다. 메리어트는 더 이상 자산을 소유하지 않는 제품전략을 채택했기 때문이다. 다시 말해 회사는 호텔을 개발한 후 외부에 매각하고 운영만 계속하는 것으로 정책을 수정한 것이다. 이로 인해 자산은 크게 줄어도 매출은 큰 변동이 없어 자본집약도(capital intensity)인 매출액/ 총자산이 크게 증가한 것이다.

메리어트의 지속가능성장률이 증가한 두 번째 이유는 수익성비율(profitability ratio)인 순이익 / 총자산이 증가(1976년 3.5% → 1979년 4.7%)한 때문이다. 이는 회사가 사업전략 변경과 더불어 수익성 없는 사업을 정리해 수익성을 개선한 이유이다.

이제 듀폰공식을 다시 한 번 살펴보자.

ROE = (당기순이익 / 매출액) * (매출액 / 총자산) * (총자산 / 자기자본)

듀폰공식은 자기자본이익률를 수익성, 자본집약도, 레버리지의 곱으로 분해된다. 각각은 순이익 / 매출액, 매출액 / 총자산, 총자산 / 자기자본으로 측정된다. 따라서 회사가 ROE를 높이기 위해서는 이 세 요소 중 최소 하나를 개선해야 한다.

레버리지는 여러 방식으로 정의된다. 일반적으로 사용되는 부채 / 자기자본이나 부채 / 총자산은 부채가 증가하면 증가하기 때문에 직관적인 이해가 가능한 레버리지 척도이다. 듀폰공식의 총자산 / 자기자본 역시 레버리지 척도이다. 이는 부채가 증가하면 커진다. 반면 그 역인 자기자본 / 총자산은 부채가 증가하면 감소한다.

듀폰공식에서 첫 두 항을 곱하면 순이익 / 총자산이 된다. 이는 총자산이익률(return on assets, ROA)이다.[24] 1976년부터 1979년까지 메리어트의 순이익률(당기순이익 / 매출액)과

24) 당기순이익이 이자와 세금을 차감 한 후의 이익이기 때문에 이러한 정의는 기업의 현재 자본구조에 종속적인 정의이다. 자금조달에 영향을 받지 않는 총자산이익률을 구하기 위한 공식은 (당기순이익 + (이자비용)(1 - 세율)) / 총자산이 된다.

자산회전율(매출액 / 총자산)은 증가한다. 이로 인해 메리어트의 ROA(순이익 / 총자산)는 1976년 3.7%에서 1979년 7.1%로 92%로 증가한다. 레버리지가 일정하게 유지되며 ROA가 92% 증가하면 ROE도 92% 증가해야 한다. 하지만 메리어트의 실제 레버리지는 감소했다. 이 기간 레버리지(총자산 / 자기자본)는 2.9에서 2.4로 17% 감소한다. 이로 인해 메리어트의 ROE는 10.6%에서 17.2%로 76%만 증가하게 된다.

메리어트 ROE의 구성 요소의 변화를 살펴보자. 1976년 메리어트의 ROA는 3.7%였다. 1979년까지 메리어트의 ROA는 7.1%로 증가한다. 한편 1976년 메리어트의 이자보상배율(EBIT / 이자비용)은 [첨부 7B]에서 보는 것처럼 3.5배였다. 1979년에는 5.4배가 된다. 따라서 메리어트는 재무정책 가이드라인이 통과된 이후 수익성은 개선되고 자본집약도는 낮아졌다. 결국 다른 변동이 없다면 메리어트는 레버리지를 축소할 수 있는 잉여현금흐름을 창출하고 있는 것이다.

듀폰	1976.12.30.	1977.12.30.	1978.12.29.	1979.12.28.
매출액순이익률(NI / 매출액)	3.5%	3.6%	4.3%	4.7%
자산회전율(매출액 / 총자산)	1.05	1.29	1.32	1.51
ROA = 순이익률 * 자산회전율	3.7%	4.6%	5.7%	7.1%
레버리지(총자산 / 자기자본)	2.90	2.68	2.60	2.39
ROE = ROA * 레버리지	10.7%	12.4%	14.8%	17.0%

잉여현금의 처리

메리어트를 포함해 모든 회사는 잉여현금(excess cash)[25]으로 다음 다섯 가지 중 하나를 할 수 있다.

1. 부채를 상환한다.
2. 더 많은 배당을 지급한다.
3. 현재 사업에 더 많이 투자한다.
4. 다른 기업을 인수한다.
5. 주식을 매입한다.

25) 잉여현금은 회사의 영업활동에 필요 없는 현금이다. 6장에서 언급한 것처럼 회사의 자본구조와 관련해 잉여현금은 마이너스 부채로 생각할 수 있다.

기업은 잉여현금을 다른 것에 사용할 수 있는가? 아니다. 이것이 전부이다. 이들 다섯 가지가 회사가 할 수 있는 전부이다. 첫째, 둘째, 다섯째 선택지는 금융시장에서의 해결책이다. 반면 셋째와 넷째 선택지는 제품시장에서의 해결책이다. 성장을 위해 잉여현금이 필요한 기업은 정반대의 상황이 된다. 회사에 충분한 현금이 없으면 추가 대출, 배당 삭감, 성장 조절, 자산 매각, 신주 발행을 해야 한다. 반대 방향이지만 동일한 다섯 가지의 의사결정이 되는 것이다.

이러한 다섯 가지 중에서 메리어트는 무엇을 했어야 했는가? 부채를 상환하는 것은 어떠한가? 1980년 메리어트의 연차보고서에는 다음과 같이 적고 있다.

> 추가적인 부채 조달능력을 유지하는 것은 주주가치 극대화에 부합하지 않는다. 자본으로 추가적인 생산자원을 동원할 수 있기 때문에 추가적인 부채 조달능력은 유휴 생산설비와 같다. 이러한 능력은 완전히 사용되어야 주주의 수익률을 극대화할 수 있다. … 부채는 소득공제효과가 있기 때문에 주식보다 자본비용이 저렴하다. 따라서 부채의 비중을 높이면 회사의 가중평균자본비용을 줄일 수 있다. (20쪽)

메리어트는 암묵적으로 최적자본구조가 있다고 보고 있으며 부채비율이 최적 범위를 하회하면 자본비용을 최소화하고 주가를 극대화할 수 없다고 보는 것이다.

메리어트는 배당을 늘려야 하는가? 1980년 회사의 연차보고서를 보면,

> 메리어트는 자본비용 이상의 초과수익률을 달성할 수 없다면 배당을 증액할 수 있다. 하지만 배당은 일반 소득세율로 과세된다. (20쪽)

이는 메리어트가 세무상 최대 주주인 메리어트 가문에 불리한 방식으로 자금을 배분(배당)하지 않을 것이라는 것으로 해석될 수 있다.

메리어트는 현재 사업에 투자를 늘려야 하는가? 1980년 회사의 연차보고서를 보면,

> 메리어트의 사업은 이미 빠르게 성장하고 있기 때문에 추가적인 성장 가속은 적절한 경영관리가 가능한 회사의 역량을 초과할 수 있다. (20쪽)

이는 메리어트가 현재의 경영능력에서 최대한으로 성장하고 있다고 말하고 있다. 메리어트는 다른 회사를 인수해야 하는가? 1980년 연차보고서에 따르면,

> 회사 최고경영진은 호텔 사업의 성장에 집중하고 있다. 다원화는 경영자원의 분산에 따른 위험을 초래하기 때문에 신중한 선택으로 보지 않는다. 또한 많은 회사들이 인수를 통해 자신들의 잉여 유동성을 해소하지만 가격 매력이 없는 것으로 결론이 나는 경우를 흔히 보게 된다. (20쪽)

메리어트는 경영능력의 제약과 비싼 인수가격 때문에 새로운 사업에 진출하는 것은 합리적이지 않다고 보는 것이다.

메리어트는 자신의 주식을 매입해야 하는가? 1980년 연차보고서에 따르면,

> 회사 주식이 저평가되었다면 자사주매입으로 상당한 재무적 수익을 얻을 수 있다. 또한 회사는 경영능력을 위축시키거나 다원화와 관련된 위험을 부담하지 않고도 부채 조달능력을 활용할 수 있다. 회사의 사업전망과 추정 현금흐름을 면밀히 검토하여 경영진은 현재 주가는 저평가되었다는 결론을 내렸다. (20쪽)

이는 메리어트의 부채 발행과 주식재매입에 관련 정책을 직접적으로 엿보게 하는 대목이다.

메리어트는 새로 부채를 발행해서 주식을 매입해야 하는가? 게리 윌슨은 메리어트의 양호한 수익성이 지속될 것으로 예상하고 있다. 또한 그는 현재의 현금흐름이 메리어트의 지속가능성장률을 초과하고 있다고 생각한다. 따라서 메리어트가 아무것도 하지 않는다면 현금 증가하거나 부채 상환으로 레버리지는 감소하게 된다. 메리어트는 회사가 잉여현금으로 할 수 있는 다섯 가지 선택지를 적절히 파악하고 그 중 네 가지를 제외했다.[26]

이제 우리에게는 원래의 질문이 남는다. 메리어트는 자본구조를 변경해야 하는가?

요약정리

지금까지 우리는 자본구조에 대해 살펴보고 메리어트가 최적자본구조의 근처에 있는지에 대해 알아보았다. 이는 자금조달결정이다. 매리어트의 재무적 솔루션으로 주식재매입이 결정되면 우리는 두 번째 질문을 해야 한다. 메리어트는 주식을 얼마에 재매입해야 하는가?

따라서 이는 두 가지를 동시에 해야 하는 결정이다. 이것은 적절한 자금조달결정인가, 그리고 적절한 투자결정인가? 정답은 두 결정이 동일하지 않다는 것이다. 회사가 부분 최적화된 자본구조를 가지고 있지만, 주가가 너무 비싸 주식재매입이 매력적인 투자가 되지 않을 수 있다. 또한 회사가 최적화된 자본구조를 가지고 있지만, 주가는 낮아서 주식재매입이 좋은 투자가 될 수도 있다. **나쁜 투자가 되게 하는 가격은 항상 있고, 좋은 투자가 되게 하는 가격도 통상 있다는 것을 유념하자.** 다시 말해 가격이 상당히 비싸다면 프로젝트의 현금흐름을 감안해도 투자는 음의 NPV를 가질 수 있다는 것이다. 적정가격이란 무엇인가? 좋은 투자건 나쁜 투

26) 정확히 말하면 메리어트는 다섯 가지 옵션 중 네 가지를 제거하는 것을 선택했다. 회사는 동시에 여러 옵션을 실행할 수 있다. 중요한 것은 잉여현금흐름으로 회사가 할 수 있는 것은 오직 다섯 가지 뿐이며, 반대로 현금흐름이 부족할 때도 회사가 할 수 있는 것은 오직 다섯 가지 뿐이라는 것이다.

자건 모든 투자의 지혜는 우리가 얼마를 지불하느냐에 달려있다.

다음 주제

메리어트는 주당 23.50달러에 10백만 주를 공개매수 할 것을 고려하고 있다. 우리는 메리어트의 공개매수가격 23.50달러가 좋은 투자인지에 대한 질문으로 논의를 시작한다. 당시 메리어트 주식의 장부가치는 12.90달러였고, 주가는 19⅝달러였다.[27] 우리는 다음 장에서 메리어트 주식에 대해 완전한 가치평가를 하지는 않을 것이다. 다만 CFO의 두 번째 책무인 좋은 투자결정에 대한 논의를 이제 시작하는 것이다.

27) 1991년 십진법을 채택하기 전까지 NYSE의 모든 주식은 1/8달러 단위로 가격을 매겼다.

[첨부 7A] 메리어트 코퍼레이션의 손익계산서와 대차대조표

(천달러)	1976	1977	1978	1979
매출액	890,403	1,090,313	1,249,595	1,509,957
영업비용	817,884	990,984	1,130,608	1,358,972
영업이익	72,519	99,329	118,987	150,985
순이자비용	20,755	30,206	23,688	27,840
세전이익	51,764	69,123	95,299	123,145
법인세	20,919	30,073	40,999	52,145
당기순이익	30,845	39,050	54,300	71,000
희석주당순이익	0.86	1.04	1.43	1.95
연말 주가	13.54	11.75	12.13	17.38
연말 발행주식수(천주)	36,464.7	36,507.0	36,714.6	36,224.5
시가총액(주가 * 주식수)	493,732	428,957	445,348	629,582

(천달러)	1976	1977	1978	1979
현금과 시장성증권	20,753	16,990	53,257	21,270
매출채권	50,293	61,484	76,774	99,955
재고자산	35,504	41,498	41,108	46,629
선급비용	7,580	9,444	9,571	9,868
유동자산	114,130	129,416	180,710	177,722
유형자산(취득가)	836,611	956,072	957,474	1,066,338
감가 · 감모상각비	155,218	204,152	212,430	241,160
유형자산(순액)	681,3.93	751,920	745,044	825,178
기타자산	48,703	68,174	74,501	77,465
자산총계	844,226	949,510	1,000,255	1,080,365
단기차입금	2,989	3,976	3,473	4,054
유동성부채와 리스	10,119	10,813	11,758	10,497
매입채무	41,503	46,666	66,960	71,528
기타의 유동성 부채	43,653	64,410	91,181	102,420
유동부채	98,264	125,865	173,372	188,499
건설금융	16,000	–	–	–
모기지 채권	219,906	214,090	175,565	163,520
무담보 회사채	115,022	107,332	110,457	178,075
금융리스	–	48,092	23,877	23,684
후순위 전환사채	31,340	29,515	28,165	26,918
기타의 비유동성 부채	48,350	58,820	70,163	86,166
부채총계	528,882	583,714	581,599	666,862
자기자본 총계	315,344	365,796	418,656	413,503
부채와 자기자본 총계	844,226	949,510	1,000,255	1,080,365

[첨부 7B] 메리어트 코퍼레이션의 주요 재무비율

(천달러)	1976	1977	1978	1979
매출성장률	21.6%	22.5%	14.6%	20.8%
매출총이익률(GP / 매출액)	8.1%	9.1%	9.5%	10.0%
매출순이익률(NI / 매출액)	3.5%	3.6%	4.3%	4.7%
ROA(NI / 연초총자산)	3.7%	4.6%	5.7%	7.1%
ROE(NI / 연초자기자본)	10.7%	12.4%	14.8%	17.0%
매출채권회전일수(AR / (매출액 / 365))	20.62	20.58	22.43	24.16
매입채무회전일수(AP / (매출원가 / 365))	18.52	17.19	21.62	19.21
자산회전율(매출액 / 연초총자산)	1.05	1.29	1.32	1.51
유동비율(유동자산 / 유동부채)	1.16	1.03	1.04	0.94
레버리지(연초총자산 / 연초자기자본)	2.90	2.68	2.60	2.39
부채비율(부채 / (부채 + 자기자본))	55.6%	53.1%	45.8%	49.6%
부채비율(부채 / (부채 + 시가총액))	44.5%	49.1%	44.2%	39.2%
이자보상배율(EBIT / 이자비용)	3.49	3.29	5.02	5.42

CHAPTER 8

투자결정 (메리어트 코퍼레이션과 게리 윌슨)

7장에서 우리는 메리어트 이사회가 채택한 다음 다섯 가지의 재무정책 가이드라인에 대해 알아보았다.

1. 자금조달에서 부채가 차지하는 비중은 40 ~ 45%, 부채 + 리스인 경우는 50 ~ 55%를 유지해야 한다.
2. 기업어음의 무디스 등급은 P-1 이상으로 유지한다. 이는 대략 회사채 등급 A 이상에 상당한다.
3. 자금조달은 국내 발행, 무담보, 장기, 고정금리 채권을 기본으로 한다.
4. 전환사채와 보통우선주는 추가로 발행하지 않는다.
5. 현금배당을 개시하지만 급격히 증가시키지는 않는다.

그리고 왜 이런 가이드라인을 채택했는지에 대해서도 살펴보았다.

2년이 지나 메리어트는 잉여현금을 창출하고 있다. 따라서 정책에 변화가 없다면 부채비율(부채 / 자기자본)은 메리어트가 최적으로 생각하는 수준 이하로 하락하게 된다. 기업재무 관점에서 잉여현금은 음의 부채이다. 즉 현금 500백만 달러와 부채 600백만 달러를 가진 회사는 현금은 없고 500백만 달러의 부채를 가진 회사보다 부채가 많지만 실제로는 훨씬 레버리지를 적게 사용하는 것이다.

따라서 실제 부채비율(부채 / 자본)을 계산할 때 주의 할 것은 잉여현금을 부채에서 차감해야 한다는 것이다. (베타를 부채화하거나 무부채화할 때도 잉여현금을 부채에서 상계해야 한다.)

7장에서 본 것처럼 잉여현금이 있을 때 메리어트는 다음과 같이 다섯 가지 선택지를 가진다.

1. 기존 사업을 더 빠르게 성장시킨다.
2. 신규 사업을 인수한다.
3. 부채를 줄인다.
4. 배당을 늘린다.
5. 주식을 매입한다.

앞의 두 해결책은 제품시장에서의 솔루션이고, 뒤에 있는 세 해결책은 재무적인 솔루션이다.

우리는 메리어트가 주식재매입을 좋은 투자라고 결정했다고 말하면서 지난 장을 끝마쳤다. 이제 질문은 이것이다. *어떤 가격에 재매입할 것인가? 즉 주당 23.50달러에 10백만 주를 재매입해야 하는가?*

앞에서 언급한바 어떤 좋은 프로젝트라도 가격이 높으면 투자의 NPV는 음이 될 수 있다. 또한 항상은 아니지만 NPV가 양이 될 수 있게 하는 가격도 존재한다. 당연해 보이지만 이는 재무관리에서 매우 중요한 지점이다. 특히 가치평가에서 매우 중요하기 때문에 이에 대해서는 뒤에서 충분히 살펴보기로 한다.

메리어트는 재무결정과 투자결정을 동시에 하게 된다. 하지만 재무적으로 적절한 결정이 적절한 투자결정을 보장하지는 않는다. 그 반대도 그렇다. 하나가 적절하더라도 다른 하나가 부적절할 수 있다. 물론 둘 다 적절하거나 부적절할 수도 있다. 실제 주식재매입를 통해 메리어트가 최적자본구조에 가깝게 움직일 수는 있어도 주식을 너무 비싼 값에 산다면 적절한 투자가 될 수 없다. 반면 메리어트가 자본구조에 대해 잘못된 재무적 결정을 하더라도 주식을 싼 가격에 살 수 있다. 따라서 연결된 이 두 결정이 반드시 모두 옳을 필요는 없다. 우리는 지난 장에서 재무적 결정에 대해 살펴보았다. 이제 우리는 이 장에서 투자결정에 대해 알아본다. 다만 논의 목적상 이 장에서는 가치평가의 세부적 사항은 다루지 않는다. 가치평가에 관한 세부적인 내용은 책 후반부에서 다루기로 한다.

적정 매입가격

그렇다면 메리어트의 주식에 대한 23.50달러의 매입 제안가격은 너무 비싼가? 당시 주가는 $19\frac{5}{8}$달러(NYSE는 십진법을 사용하기 시작한 2001년 전까지 $\frac{1}{8}$달러 단위로 주식을 호가)였다. 메리

어트의 EPS가 1.96달러여서, 이는 P/E가 10이라는 것을 의미한다. 주식의 장부가치는 12.90달러였다. 시장은 이 주식을 현재 19.63달러의 가치로 평가하고 있는 것이다. 그렇다면 여기서 중요한 질문이 있다. 그런데 왜 시장보다 더 높은 가격을 지불해야 하는가? 메리어트는 왜 19.63달러가 아닌 23.50달러를 지불하는가?

메리어트는 시장가격과 비교해 얼마의 프리미엄을 지불하겠다는 것인가? 3.87달러, 즉 20%이다. 전체 10백만 주에 대해서는 총 39백만 달러를 프리미엄으로 지불하는 것이다. 메리어트는 충분한 잉여현금흐름을 가지고 있어 프리미엄을 지불할 수 있다고 하더라도 왜 그래야 하는가? 왜 이 주식이 시장가치보다 39백만 달러 더 가치가 있는가? 시장이 틀리고 메리어트가 맞는가? 아님 시장이 맞고 메리어트가 틀린 것인가?

경우에 따라 회사는 다른 회사의 경영권을 확보하기 위해 프리미엄을 지불하기도 한다.[1] 메리어트 가문은 회사 지분의 20%를 보유하고 있고 이사회의 절반을 가족으로 채우고 있다. 이미 회사를 장악하고 있기 때문에 메리어트의 상황은 이 경우에 해당하지 않는다. 경영권이 다른 사례에서는 적절한 설명이 될 수 있을지 몰라도 최소한 메리어트에서는 적절한 이유는 아니라는 것이다.

자기주식 매입 방법

약간 다른 질문으로 논의를 시작해보자. 주식이 시장에서 19.63달러에 거래되고 있는데 왜 메리어트는 시장에서 주식을 사지 않는가? 회사가 시장에서 주당 19.63달러에 주식을 살 수 있는데도 왜 공개매수를 통해 20.34달러에 주식을 사려는 것인가? 메리어트가 프리미엄을 제안한 이유는 자신들이 판단하기에 주식시장에서는 주당 19.63달러에 10백만 주를 한꺼번에 매입할 수 없다고 보았기 때문이다. 하지만 메리어트가 주식시장에서 백만 주는 20달러에, 또 백만 주는 20.50달러에, 또 백만 주는 21.00달러에 사는 식으로 순차적으로 매입할 수도 있을 것이다. 이렇게 하면 첫 백만 주에서 3.5백만 달러를 절약할 수 있다. 두 번째 백만 주에서는 3백만 달러를 절약하는 것이다. 하지만 메리어트가 이렇게 하지 못하는 결정적 이유가 있다. 만일 메리어트가 먼저 자신의 매입계획을 시장에 공시하지 않으면 이런 주식재매입은 불법이 된다. 계획을 공시하지 않고 매입할 수 있는 주식의 수는 감독당국에 의해 4주간 거래량의 25%로 제한되기 때문이다.

이것이 무슨 의미인지 알아보자. 1980년 10월 메리어트 주식의 총 거래량은 17,825,000주였다. 이는 메리어트가 이 4주 동안 시장에서 최대 4,456,250주까지만 장외거래로 주식을

1) 경영권 프리미엄(control premium)은 기업지배구조 이슈와 수반되며, 적대적 M&A에서 주로 나타난다.

매수할 수 있다는 뜻이다. 11월 거래량은 5,844,000주여서, 메리어트가 매입할 수 있는 주식은 최대 1,461,000주였다. 12월 거래량은 7,014,000주여서, 최대 매입 가능 주식 수는 1,753,500주였다. 따라서 메리어트가 시장에 자신의 계획을 공시하지 않고 10백만 주를 시장에서 매입하기 위해서는 상당한 시간 동안 조금씩 주식을 매입해야 하는 상황이었다.

장내매수의 대안도 있다. 메리어트가 자신의 계획을 공개하면 "공개시장"에서 제한 없이 주식을 매입할 수 있다. 즉 매입계획을 공시하면 25%룰의 제약을 받지 않는다. 25%룰은 기업들의 주가조작을 방지할 목적으로 도입되었다.[2] 회사가 최대 10백만 주를 재매입하기로 발표했다면 회사는 10백만 주 이내에서 어떤 가격이라도 자신이 원하는 수량의 주식을 매입할 수 있다. *그렇다면 왜 그렇게 하지 않는가?* 재매입계획을 발표하면 일반적으로 주가가 큰 폭으로 상승하는 문제가 있다. 이런 문제로 인해 이 방식에서는 다음과 같은 질문을 접하게 된다. *그렇다면 10백만 주를 매입하는 과정에서 주가가 23.50달러 이상으로 상승할 것인가? 만일 10백만 주를 주당 23.50달러에 매수하겠다고 제안하면 일부라도 이 가격 이하에서 살 수 있는가? 즉 메리어트는 시장에서 백만 주를 21달러에 사고 다음 백만 주를 21.50달러에 사는 식으로 매수할 수 없는가? 결국 회사가 공급곡선을 따라 가격을 올릴 수는 없는가? 아니면 공급곡선 자체가 움직이는가?*

시간을 두고 장외나 장내에서 주식을 매입하는 대안으로 공개매수(tender offer)가 있다. 공개매수를 이용하면 회사가 특정 시점에 대량의 주식을 재매입할 수 있다. 공개매수에서는 회사가 재매입 주식의 수량과 매수가격 범위 혹은 재매입 주식의 수량 범위와 매수가격 중 하나를 공시해야 한다. 다시 말해 공개매수는 매수가격 범위나 수량 범위 중 하나에 규제를 받는다. 이 규제는 주주들을 보호하기 위한 것이다. 또한 공개매수는 회사가 정하는 기간 동안 매수청약을 받지만, 청약기간은 최소 20거래일 이상이어야 한다.

공개시장 재매입은 재매입 비용이 싸지만 시간이 오래 걸리는 단점이 있다. 반면 공개매수는 비용이 비싸지만 신속하게 진행된다. 공개매수에 대해서는 후반부의 적대적 M&A에서 좀 더 살펴보기로 한다.

공개시장 재매입이 공개매수보다 비용은 싸지만 시간이 오래 걸리기 때문에 자기주식을 재매입하려는 회사는 다음과 같은 질문을 하게 된다. *향후 주가는 어느 방향으로 얼마나 빨리 움직일 것인가?* 주가가 낮은 상태를 유지한다고 보면 시간을 두고 공개시장에서의 재매입하는 것이 유리할 수 있다. 주가가 조만간 상승할 것으로 예상된다면 공개매수가 유리할 것이다.

---

2) 참고로 대량매매(block trade)는 전문적인 기관투자자들 사이에서 이루어지기 때문에 25%룰에 적용을 받지 않는다. 따라서 골드만삭스가 대량매매를 통해 대규모 주식을 JP모건에게 매각할 때 25%룰을 걱정할 필요는 없다. 그러나 이는 전문적인 예외적 거래에 해당한다.

주가로 돌아가서

매수가격 문제로 돌아가 보자. 메리어트는 23.50달러에 공개매수를 고려중이다. 그렇다면 프리미엄은 예상되는 EPS의 증가나 세금절감효과에서 오는가? 우리는 메리어트가 주식매입을 위해 부채를 발행하면 EPS가 상승한다는 것을 안다. [표 8.1]은 계획된 주식재매입 이후 추정 EPS가 1.96달러에서 2.19달러로 상승한다는 것을 보여준다. P/E가 10일 때 주가는 21.9달러이다. 하지만 우리는 메리어트의 P/E는 10이 최대라는 것을 알아야 한다. 지난 장에서 우리는 부채비율이 증가하면 EPS가 상승하지만 P/E는 하락하는 것을 알았다. 따라서 EPS가 2.19달러로 증가해도 P/E는 10 아래로 떨어질 것이다. 따라서 P/E로는 23.50달러의 주가는 정당화되지 않는다.

그렇다면 메리어트에게 세금절감효과는 얼마나 되는가? 세금절감액[3]이 세전이익의 20%[4]라면 부채 235백만 달러에 대한 세금절감효과는 약 47백만 달러가 된다. 프리미엄이 현재 주가에 3.90달러이면 재매입에 응한 주주들에게는 총 39백만 달러의 프리미엄이 지불된다. 현재 발행주식수는 36.2백만 주이다. 10백만 주가 자기주식으로 매입되면 발행주식은 26.2백만 주만 남는다. 따라서 47백만 달러의 세금절감액 중 39백만 달러가 재매입에 응한 주주들에게 돌아가면 나머지 26.2백만 주는 23.50달러에 절대 도달하지 못하게 된다.

[표 8.1] 메리어트 코퍼레이션의 주당순이익(EPS) 추정

당기순이익		$71,000,000
발행주식수		36,225,000
현재 EPS		$1.96
당기순이익		$71,000,000
신규 부채(10백만주 * 주당 $23.50)	$235,000,000	
세후자본비용* = 10.6% * (1 − 0.46) =	5.724%	
재매입한 주식에 대한 세후부채비용		($13,451,400)
재매입 후 당기순이익		$57,548,600
재매입 후 발행주식수**(36.225백만 − 10백만)		26,225,000
추정 EPS		$2.19

* 1979년 말 20년 만기 미국 국채수익률 10.1%에 0.5% 프리미엄과 46%의 법인세율을 가정한다.
** 1979년 말 메리어트의 발행주식수는 36.225백만 주였다.

미래의 인플레이션이 주가를 정당화할 수 있는가? 시장은 인플레이션으로 인해 주가가 상승할이라고 생각하는

3) 세금절감액에 대해서는 6장의 M&M 논의에서 설명한바 있다.
4) 기업의 세금절감액 가치를 추정하기 위해서는 법인세와 개인소득세 모두를 고려해야 한다. 관련된 내용은 6장에서 이미 다룬바 있다. 여기서는 세금절감의 순효과를 20%라고 가정한다.

가? 주식의 시장가격은 19.60달러지만 장부가는 12.90달러이기 때문에 투자자들은 이 회사가 장부가치보다 실제로는 더 가치가 있다고 보고 있는 것은 분명해 보인다. 따라서 미래 인플레이션이 장부가치보다 높은 주가를 최소한 일부를 설명할 수 있지만 메리어트가 지불하고자 하는 주당 3.90달러의 프리미엄은 설명할 수 없다.

그렇다면 메리어트가 공개매수에서 주식의 시장가격보다 더 지급하려는 진짜 이유는 무엇인가? 아마도 메리어트가 현재 시장 전망과 다른 전망을 가지고 있기 때문일 것이다. 1980년 메리어트의 EPS 평균 전망치는 2.08달러, 최고 전망치는 2.20달러였다.[5] 또한 ROE의 평균 전망치는 14.8%, 최고 전망치는 16%였다. 1983년 ROE 전망치 평균은 15.4%(최고치 17%)에 EPS 전망치 평균은 3.38달러(최고치 3.80달러)였다. 이는 애널리스트들의 전망치로 시장의 기대라고 볼 수 있다. 메리어트는 어떻게 전망하고 있는가? 1980년 윌슨은 1983년까지 메리어트의 ROE가 애널리스트들의 최고 전망치를 크게 상회하는 최소 20% 이상이 될 것으로 예상했다. 또한 그는 1979년에서 1981년까지 총자산이익률(ROA)이 6.6%에서 8.7%로 상승할 것으로 예상했다. 이는 메리어트의 총자산이익률이 32% 증가할 것으로 예상하는 것이다.

ROE와 ROA의 관계에 대해 다시 한번 살펴보자. ROA는 자산이 창출하는 순이익으로, 매출액에 대한 순이익(순이익률)과 총자산에 대한 매출액(자본집약도)의 곱으로 나타낼 수 있다.

ROA = (당기순이익 / 매출액) * (매출액 / 총자산) = (당기순이익 / 총자산)

이 식에 자기자본에 대한 총자산(총자산 / 자기자본)으로 측정한 레버리지를 곱하면 ROE를 구할 수 있다.

ROE = (당기순이익 / 매출액) * (매출액 / 총자산) * (총자산 / 자기자본)
= (당기순이익 / 자기가본)

이 공식은 앞에서 설명한 것처럼 듀폰공식(DuPont formula)으로 불리며 재무관리에서 매우 중요한 공식이다.[6] 이는 ROE를 순이익률, 총자산회전율, 레버리지의 곱으로 보여준다. 또한 이 공식은 수익성 개선(매출액 당 수익 개선), 자산의 회전율 증가(자산 당 매출액 증가), 레버리지 증가(총자산 중 차입비중 증가)를 통해 ROE를 개선할 수 있음을 보여준다.

따라서 레버리지(총자산 / 자기자본)가 일정하다면 ROA를 32% 개선하면 ROE도 32% 개선된다. 시장과 애널리스트들은 당시 1980년과 1983년의 ROE를 각각 최고 16%와 17%로 전망하고 2달러에서 4달러의 EPS를 예상한다. 반면 메리어트는 최소 20%의 ROE를 예상하

5) Marriott Corporation, Harvard Business School Case 9-282-042 (1986), 13.
6) 듀폰공식에 대해서는 5장에서 자세히 다룬바 있다.

고 있고, 듀폰공식을 적용하면 더 높은 ROE가 예상될 수도 있다. 결국 윌슨과 메리어트는 회사의 미래에 대해 시장보다 더 낙관적으로 보고 있는 것이다.

상황을 정리해보자. 시장은 메리어트의 주식이 19.60달러의 가치가 있다고 본다. 하지만 윌슨과 메리어트는 그 이상의 가치가 있다고 확신한다. 이는 세금공제효과 때문이 아니다. 또한 인플레이션과도 관련이 없다. 이는 미래에 대한 전망 차이 때문이다. 세금공제와 인플레이션이 메리어트의 판단이 도움이 될 수는 있어도 결정적 요인은 아니다. 윌슨은 메리어트가 늘어나는 이익으로 인해 부채가 감소할 것이라고 판단하고 있기 때문에 회사에 주식을 매입하자고 제안하는 것이다.

메리어트 가문의 결정

그렇다면 메리어트가 10백만 주를 공개매수할 때 메리어트 가문은 어떻게 해야 하는가? 다시 말해 그들은 공개매수에 응해야 하는가? 당시 메리어트 가문은 주식을 계속 보유하기로 하고 공개매수에 응하지 않았다. 그렇다면 이 대목에서 다음과 같이 질문해보자. 여러분은 누구의 판단을 신뢰하는가? 당신은 윌슨과 메리어트 가문을 믿는가 아니면 시장과 애널리스트들을 믿는가?

게리 윌슨의 전망이 틀렸다고 해보자. 메리어트에게 무슨 일이 생기는가? 첫째, 메리어트는 시장가치에 39백만 달러의 프리미엄을 지급하게 된다. 메리어트의 부채는 큰 폭으로 증가할 것이다. 부채가 늘어도 재무곤경에 빠지지는 않겠지만 메리어트는 재무적 융통성을 약화되고 미래 사업기회를 포기해야 할 수도 있다. 윌슨과 메리어트는 회사의 전망에 베팅을 한 것인가? 파산이나 적대적 M&A로 인해 회사를 잃는데 대한 우려는 전혀 없었다. 메리어트 가문은 이미 20%의 지분을 보유하고 있었고 공개매수 후 29%의 지분을 보유하게 되기 때문에 누구도 메리어트를 인수할 수는 없었다.

메리어트의 부채가 크게 늘리지만 회사의 생존을 위협할 정도는 아니다. 심지어 그렇다면 메리어트 가문은 이에 베팅을 하려 했을 것이다. 여러분이 지난주에 주당 19.60달러에 메리어트 주식을 샀다고 해보자. 이때 메리어트가 공개매수에 23.50달러를 제안했다면 당신은 공개매수에 응해야 하는가? 이 질문은 여러분이 윌슨과 메리어트를 믿는지 아니면 시장을 믿는지에 대해 묻는 것이다.

메리어트 가문의 반응에 대해 생각해보자. 메리어트 가족이 공개매수 제안에 응했다면 이는 여러분의 결정에 영향을 미치는가? 반대로 여러분이 메리어트 가문이 공개매수에 응하지 않기로 한 것을 알았다면 이는 여러분의 결정에 어떤 영향을 미치는가? 회사 내부자가 자신이 보유한 주식이나 회사의 주식을 어떻게 처리하는지 살펴보는 것을 시그널링(signaling)이라 부른다.

잠시 이상의 상황을 정리해보자. 메리어트는 공개시장 재매입을 통해 주식을 매입할 수 있다. 또한 메리어트는 공개매수를 이용할 수도 있다. 다만 시장에서 비밀리에 주식을 매입할 수는 없는데, 이는 4주간 평균 거래량의 25% 이상을 살 수 없다는 SEC 규정에 위배되기 때문이다.

채무약정

이야기를 바꿔 대출약정에 대해 잠시 이야기 해보자. 채무약정(loan covenants)은 대주가 차주인 회사의 행동을 관찰하고 통제하기 위해 부채계약에 부과한 제약 사항이다. 이자를 정상적으로 지불하더라도 채무약정을 위반하면 대주는 채무불이행을 선언하고 채무의 상환을 요구할 수 있다.[7] 약정사항은 일반적으로 차주가 보유할 수 있는 부채의 양과 수준을 포함한 각종 재무비율로 표시된다.

만일 메리어트가 10백만 주의 주식을 재매입하기 위해 부채를 발행하면 기존 부채계약의 채무약정에는 어떤 일이 발생할까? 여기에 나와 있지는 않지만 부채가 대규모를 증가하면 메리어트는 기존 채무약정을 위반할 수 있다. 심지어 재매입 이전부터 메리어트는 음의 운전자본을 금지하는 채무약정을 이미 위반하고 있었다.

이런 약정사항 위반에도 불구하고 채권자들은 메리어트에 부채의 상환을 요구하지 않았다. 게리 윌슨과 메리어트가 채무약정의 위반사항을 치유하지 않았지만 채권자들은 채무불이행 선언의 행사를 포기했다. 관련하여 1979년 메리어트 연차보고서 18쪽에는 다음과 같이 적고 있다. "메리어트는 현금으로 상품이 아닌 서비스를 팔기 때문에 양의 운전자본에 대한 요구가 없다. 따라서 회사는 매출채권과 현금 등 인플레이션에 가치가 훼손되기 쉬운 현금성자산을 상대적으로 적게 유지한다." 회사는 "음의 운전자본은 비용이 들지 않는 자금조달의 원천이다"라고 말을 이어간다. 메리어트와 윌슨이 진정 말하고자 했던 것은 자신이 공짜 자금조달인 음의 운전자본을 가지고 있기 때문에 이것이 더 유리하다는 것이었다. 실제 우리는 음의 운전자본을 갖기 위해 노력한다. 우리가 매출채권을 작게 유지하고, 매입채무를 늘릴 수 있다면 우리는 공급자들로부터 공짜로 자금을 조달하는 것이 된다.

은행들은 메리어트가 음의 운전자본을 가지는 것을 걱정하는가? 분명 아니다. 은행들은 메리어트가 채무약정을 위반했기 때문에 중도상환을 요구할 수는 있다. 물론 원리금을 정상적으로 상환하는 경우에도 이는 가능하다. 그렇다면 왜 아무 은행도 메리어트의 대출을 회수하지 않았는가? 답은 간단하다. 메리어트가 다른 은행에서 돈 빌리면 그만이었기 때문이다. 이로 인해 은행들은 약정

7) 대부분의 대출에는 교차부도, 즉 크로스 디폴트(cross-default) 조항이 있다. 이는 어떤 회사의 한 대출에서 부도가 발행하면 자동적으로 다른 모든 대출에도 자동적으로 부도가 발생하도록 하는 조항을 말한다.

위반에 대한 자신들의 권리를 포기한 것이다. 대출계약에는 대주를 보호하기 위한 약정사항을 두지지만, 약정사항 위반으로 대출의 위험이 증가하지 않으면 조기상환을 요구하지 않는 것이 일반적이다.

메리어트는 40~45%의 부채를 가지고 있지만 이를 담보할 수 있는 충분한 자산을 가지고 있다. 이자도 정상적으로 지급하고 있고 현금흐름은 향후에도 계속 개선될 것으로 예상된다. 은행이 채무약정의 위반을 이유로 조기상환을 요구하면 메리어트는 다른 은행을 찾으면 그뿐이다. 은행 입장에서 메리어트는 훌륭한 고객이며 사업을 잘하고 있기 때문에 사소한 채무약정의 위반에 강경한 입장을 취할 이유가 없는 것이다.

또한 메리어트는 사업에 대한 전망뿐 아니라 시장이자율에 대해서도 다른 전망을 가지고 있었다. 게리 윌슨은 메리어트 가문에 "우리는 235백만 달러를 차입해 주당 23.50달러에 10백만 주를 공개매수에 하고자 합니다."라고 말했다. 그 결과 메리어트 가문은 주식재매입을 승인했지만, 자신들은 공개매수에 참여하지 않기로 결정했다.

제품시장의 재무정책에 대한 영향

다시 말하지만 메리어트는 기업재무의 두 가지 결정을 동시에 하게 된다. *이 결정들이 잘된 것인가 아니면 잘못된 것인가?* 첫 번째 결정은 자본구조에 대한 결정이다. 235백만 달러를 빌리면 메리어트의 부채는 자본구조의 40~45% 이상으로 상승하지만, 아마도 이는 일시적일 가능성이 높다. 게리 윌슨의 예상이 맞고 메리어트가 더 이상 부채를 발행하지 않으면 부채비율은 다시 관리목표 구간으로 내려올 것이다. 부채가 처음에는 오버슈팅을 하지만 급속히 원래 수준으로 돌아올 것이다. 두 번째 결정은 투자에 대한 결정이다. 만일 시장이 옳다면 23.50달러는 너무 비싼 가격을 지불하는 것이 된다. 반대로 게리 윌슨이 옳다면 23.50달러는 회사 입장에서 합리적인 가격이며, 미래의 실적개선을 감안하면 싼 값에 주식을 사는 것이 된다.

이런 결정들을 견인하는 것은 제품시장에서의 메리어트의 정책 변경이다. 앞 장에서 언급한 것처럼 메리어트는 호텔을 소유하는 것에서 운영하는 것으로 제품시장 정책을 변경했다. 이는 메리어트가 호텔을 짓고 투자자들에게 팔지만 다시 임차해 메리어트 호텔로 계속 운영하는 것이다. 따라서 정책변경 전에는 많은 자산을 보유해야 했고, 결과적으로 성장을 위한 자금조달을 위해 메리어트는 자본시장에 나갈 수밖에 없었다. 이제는 바뀌었다. 소유에서 운영으로 전략을 수정하면서 성장에 필요한 자금조달의 필요성은 크지 않게 되었다.

이는 우리의 목표 신용등급에 어떤 의미를 갖는가? 메리어트는 계속해서 A등급을 유지해야 하는가? 그럴 수 있다. 하지만 이제는 그것이 과거처럼 중요하지는 않게 되었다. 또한 메리어트가 항상 자금

조달을 할 수 있어야 하는 것도 아니다. 회사는 부채비율을 좀 더 공격적으로 운영할 수 있다. 즉, 회사는 부채비율을 높일 수 있으며, 단기적으로는 더 그렇다. 여기에 메리어트가 주가가 싸다고 생각하고 있다면, 우리는 메리어트가 시장가격에 39백만 달러의 프리미엄을 지불하려는 의도를 이해할 수 있다. 만일 메리어트의 전망이 틀린다면 회사는 장기간 원하지 않는 대규모 부채를 떠안게 된다. 더 큰 문제는 회사가 틀린다면 좋은 투자 기회를 포기해야 하는 것이다.

메리어트의 주식재매입 결정

그래서 어떻게 되었는가? 1980년 1월 24일 메리어트는 주당 22달러에 5백만 주, 총 110백만 달러 규모의 자사주 매입 계획을 발표한다. 세부적으로 보면 5백만 주까지는 매입에 응하는 모든 주식을 살 것이며, 11백만 주를 넘지 않는 범위에서 추가적인 물량을 매수할 수 있다는 것이다. 이는 5백만 주까지는 주주들이 청약한 주식 전량을 주당 22달러에 매입하는 것을 보증한다는 뜻이다. 주주들이 5백만 주 이상을 청약하면 메리어트는 이를 매입할지지 여부를 그때 결정하게 된다. 다만 메리어트는 11백만 주 이상은 매입하지 않겠다는 것이다.

공개매수(tender offer)에 대해 잠시 살펴보자. 먼저 매수단가와 매수수량을 고정하는 방식의 공개매수가 있다. 이 사례처럼 주당 22달러에 5백만 주를 사겠다고 하는 것이다. 하지만 가격과 수량 모두를 고정하는 공개매수는 흔하지 않다. 둘 중 하나를 유동적으로 두는 것이 일반적인 방식이다. 가령 메리어트처럼 주당 22달러에 최소 5백만 주에서 최대 11백만 주를 사겠다고 제안하거나 10백만 주를 최소 18달러에서 최대 25달러 범위에서 사겠다고 제안하는 하는 것이다. 이러한 방식을 더치옥션텐더(Dutch auction tender)라고 한다.[8] 그렇다면 주당 18달러에서 25달러 사이에서 5백만 주에서 11백만 주를 사겠다고 매수단가와 매수수량을 모두 고정하지 않는 방식은 가능한가? 둘 다 고정하지 않는 것은 불법이다. 미국 증권거래위원회(SEC)는 단가와 수량을 모두 변동시키는 공개매수는 주주들이 불리하다고 본다. 과거 일부 공개매수가 이런 방식이었지만 현재는 SEC 규정상 더 이상 허용되지 않는다. 회사는 가격을 정하고 수량을 변동시키거나 수량을 정하고 가격을 변동시킬 수 있다.

따라서 1980년 1월 24일 메리어트의 당초 공개매수는 주당 22달러에 5백만 주에서 11백만 주를 매입하는 것이었다. 그로부터 일주일 후인 1월 31일 메리어트는 159백만 달러를 받고 여섯 개 호텔을 에퀴터블생명보험(Equitable Life)에 매각하고 임차하기로 한다. 이로 인해 메리어트는 주당 23.50달러에 최대 10.6백만 주까지 매입하는 것으로 공개매수 계획을 변경한다. 한 달 후인 1980년 2월 28일 공개매수 청약이 종료되었고, 7.5백만 주가 공개매

8) 더치옥션텐더와 주주들의 입찰에 대한 반응을 이해하려면 다음 논문을 참조하기 바란다. Laurie Simon Bagwell, "Dutch Auction Repurchases: An Analysis of Shareholder Heterogeneity," *Journal of Finance* 47, no. 1 (1992): 71-105.

수에 응했다.

이 공개매수는 성공적인가? 회사가 10백만 주를 주당 23.50달러에 공개매수한다면 회사에 일어날 수 있는 최악의 상황은 무엇인가? 36.2백만 주의 발행주식 모두가 공개매수에 응하는 것이다. 이것이 왜 나쁜가? 무엇보다도 이것은 회사가 너무 높은 가격을 제시한 것이 되기 때문이다. 그렇게 높은 가격을 제시해서는 안 된다. 또한 이는 어떤 의미에서 회사가 자의적으로 가격을 책정했다는 뜻이 되기도 한다. 또한 23.50달러에 발행주식 전부가 공개매수에 응하면 잠재적인 기업사냥꾼들은 이 회사를 인수할 수 있는 가격을 알게 된다. 따라서 회사가 10백만 주를 공개매수할 때 회사는 10백만 주 이상이 공개매수에 응하지 않기를 희망한다. 10백만 주의 공개매수에 15백만 주가 응했다면 회사가 가격을 잘못 책정한 것이 되기 때문이다. 회사는 10백만 주 내외가 공개매수에 응하도록 매수가격을 정하고자 한다.

회사가 주당 23.50달러에 10백만 주를 매수하겠다고 했는데 아무도 그에 응하지 않거나 단 백만 주만 응했다고 해보자. 이 또한 좋지 않다. 이 경우 회사는 원하는 수량의 주식을 재매입할 수 없어 자본구조를 변경할 수 없다. 왜인가? 공개매수 가격이 너무 싸기 때문이다. 회사가 공개매수 가격을 잘 결정했는지를 보는 방법 중 하나는 얼마나 많은 주식이 그에 응했는지를 보면 된다. 따라서 5백만 주를 주당 22달러에 매입하겠다는 당초의 제안에서는 충분한 주주들이 응하지 않았을 가능성이 있다. 결과적으로 메리어트는 가격을 23.50달러로 올렸고, 7.5백만 주가 공개매수에 응하게 된다. 이는 자본구조를 변경하기에 충분하고 수량이며 과도한 주식이 공개매수에 응한 것도 아니다.[9)]

회사는 공개매수의 매수단가와 매수수량을 어떻게 결정하는가? 공개매수에서 회사는 주식의 공급공선을 파악하기 위해 노력하고 이 공급곡선 상에서 매수가격을 선택하게 된다. 하지만 이는 완전하지 않기 때문에 회사의 주식에 대한 공급곡선을 파악하고 있는 투자은행의 조언에 상당히 의지하게 된다.

자본시장의 영향과 미래

청약이 종료된 10일 후인 1980년 3월 10일에 공개매수가 완전 종료되었다. 메리어트의 부채비율이 상승하면서 무디스는 기업어음의 등급을 P-1에서 P-2로 하향 조정한다. 메리어트는 이를 신경 쓰는가? 일부 문제가 되는 부분이 있을 수 있지만 전에도 그랬던 것처럼 자금조달을 시장에 의존하지 않기 때문에 이는 큰 문제가 되는 것은 아니다. 또한 메리어트 채권

9) 처음에 매수가격을 낮게 제시한 후 올리는 것이 처음부터 높게 제시하는 것보다 유리할 수 있다. 실제 공개매수 전략은 이 책의 논의 범위를 벗어나지만 흥미로운 주제이다.

의 신용등급이 하락할 것으로 예상되는 최대치는 A에서 BBB로 한 단계 정도이다. 메리어트는 기꺼이 이를 수용할 수 있다.

무슨 일이 있었는지 정리해보자. 1979년 메리어트의 EPS는 1.96%, ROE는 17.2%, 순이익은 71백만 달러였다. 장기부채와 리스를 합한 부채비중은 49.6%였다. 전체 부채(차입금)는 407백만 달러, 운전자본은 3.8백만 달러였다. 연말 주가는 19.63달러였고, 메리어트는 공개매수를 통해 주당 23.50달러에 7.5백만 주의 자기주식을 매입했다.

공개매수에 응한 주주들에게 이는 좋은 거래인가 아니면 메리어트 가문을 위한 나쁜 거래인가? 10백만 주 중 7.5백만 주만 공개매수에 응했다는 것이 중요하다. 이는 공개매수에 응한 주주들보다 훨씬 많은 주주들은 청약을 하지 않은 것이다. 즉, 많은 사람들은 애널리스트가 아니라 메리어트 가족의 전망에 손을 들어준 것이다.

일반적으로 경영진이 프리미엄을 주겠다고 제안했음에도 다수가 이에 응하지 않았다면 시장은 이를 긍정적 신호로 간주한다. 참고로 뒤에서 보겠지만 회사가 주식을 발행하면 주가는 떨어진다. 시장은 회사가 현재 주가가 높아 향후 하락할 것으로 예상하고 있다고 이를 해석하기 때문이다.[10)]

[표 8.2]는 1979 ~ 1983년 메리어트의 실적을 보여준다.[11)] 매출액은 1979년 15.1억 달러에서 1983년 29.5억 달러로 연평균 18.2%, 당기순이익은 1976년 71백만 달러에서 1983년 115.2백만 달러로 연평균 12.9% 증가한다. 주당순이익(EPS)은 1979년 1.95달러에서 4.15달러로 큰 폭으로 증가한다. 메리어트의 ROA와 ROE는 모두 상승한 후 하락한다. 여기서 흥미로운 것은 당기순이익이 62.3%(($115.2 - $71) / $71) 증가했음에도 EPS는 113%(($4.15 - $1.95) / $1.95)나 증가했다는 점이다. 왜 EPS는 당기순이익보다 큰 폭으로 증가했는가? 메리어트의 부채비중이 49.6%에서 63.9%로 증가했기 때문이다. 아는 바와 같이 회사가 레버리지를 높이고 당기순이익을 유지하면 ROE와 EPS는 모두 증가한다. 메리어트는 이를 위해 부채를 발행해 주식을 대체했다. 회사는 여전히 동일한 자산과 동일한 영업활동을 하는 이전과 같은 회사이다. 메리어트는 사업을 확장하거나 변화시키지도 않았다. 단순히 자금조달 방법을 바꾼 것이다.

또한 1980년 말 메리어트의 운전자본은 마이너스 4.5백만 달러(유동자산 $218.2 - 유동부채 $222.7)였다. 이는 공급자들이 많은 자금을 메리어트에게 공짜로 제공하고 있다는 의미이다. 1980년 말 메리어트 주가는 주당 32달러로 상승한다. 그리고 우리는 메리어트가 공개시장에서 주식을 재매입하지 않기로 한 것도 안다. 만일 주가에 큰 변화가 없었다면 공개매수 프리미엄을 지불하지 않았을 것이기 때문에 공개시장 재매입이 비용 면에서 유리했을 것

10) 이런 현상은 유상증자(seasoned equity offer)의 경우에만 해당된다. 시장공개(IPO)에서는 주가가 다른 모습을 보인다.
11) 메리어트는 1978년 회계연도부터 결산일을 7월 31일에서 12월 31일로 변경했다. 모든 성장성지표는 12월 31일 수치를 사용했다.

이다. 하지만 재매입 프로그램을 실행하는 중에 주가가 크게 상승할 것으로 믿는다면 공개매수로 주식을 한꺼번에 매수하는 것이 비용 면에서 유리할 수 있다.

[표 8.2] 1979–1983 메리어트 코퍼레이션 요약 재무정보

(천달러)	1979	1980	1981	1982	1983
매출액	1,509,957	1,718,725	2,000,314	2,458,900	2,950,527
영업비용	1,358,972	1,551,817	1,809,261	2,218,569	2,710,196
영업이익	150,985	166,908	191,053	240,331	240,331
순이자비용	(27,840)	(46,820)	(52,024)	(55,270)	(55,270)
세전이익	123,145	120,088	139,029	185,061	185,061
법인세 충당금	(52,145)	(48,058)	(52,893)	(50,244)	(76,647)
계속사업이익	71,000	72,030	86,136	134,817	108,414
중단사업이익	–	–	–	10,887	6,831
당기순이익	71,000	72,030	86,136	145,704	115,245
주당순이익(달러)	1.95	2.60	3.20	3.44	4.15
연말 주가(달러)	17.63	32.75	35.88	58.50	71.25

(천달러)	1979	1980	1981	1982	1983
유동자산	177,722	218,156	267,290	381,672	401,370
유형자산(순액)	825,178	916,383	1,072,770	1,494,227	1,791,782
기타자산	77,465	79,725	114,816	186,749	308,276
합 계	1,080,365	1,214,264	1,454,876	2,062,648	2,501,428
유동부채(차입금 제외)	173,948	222,725	266,837	391,091	455,227
차입금 총계	406,748	575,006	628,324	926,378	1,110,305
기타의 비유동성 부채	86,166	105,028	137,986	229,174	307,692
자기자본 총계	413,503	311,505	421,729	516,005	628,204
합 계	1,080,365	1,214,264	1,454,876	2,062,648	2,501,428

(천달러)	1979	1980	1981	1982	1983
ROA(NI / 연초총자산)	7.10%	6.70%	7.10%	10.00%	5.60%
ROE(NI / 연초자기자본)	17.00%	17.40%	27.70%	34.50%	22.30%
자산회전율(매출액 / 연초총자산)	1.51	1.59	1.65	1.69	1.43
레버리지(총자산 / 자기자본)	2.39	2.61	3.90	3.45	4.00
부채비율(부채 / (부채 + 자기자본))	49.60%	64.9%	59.8%	64.2%	63.9%
이자보상배율(EBIT / 이자비용)	5.42	3.56	3.67	4.35	4.35

1981년 메리어트의 EPS는 3.20달러, ROE는 27.7%, 당기순이익은 86백만 달러였다. 부채(차입금)는 전체 자본구조의 60%인 628백만 달러, 운전자본은 0.5백만 달러였다. 그해 말 메리어트의 주가는 주당 35.88달러였다.

메리어트의 EPS는 1982년 3.44달러, 1983년 4.15달러로 계속 증가한다. 이는 1983년까지 최대 3.80달러를 예상한 애널리스트들의 전망을 뛰어 넘는 것이었다. ROE는 1982년과 1983년 각각 34.5%와 22.3%에 이른다. 당기순이익은 각각 145.7백만 달러와 115.2백만 달러였다. 부채(차입금)는 926.4백만 달러와 1,110.3백만 달러로 자본구조상 부채비중은 64.2%와 63.9%였다. 운전자본은 −9.4백만 달러와 −53.9백만 달러였다. 주가는 1982년 58.50달러, 1983년 71.25달러로 상승한다.

이러한 결과를 좀 더 자세히 살펴보자. 눈에 띄는 하나는 메리어트의 부채 수준이 되돌아가지 않고 여전히 높은 수준에 머무르고 있다는 점이다. 이는 월슨의 미래 현금흐름 예측이 틀린 때문이 아니라 메리어트가 자산을 계속 사들이면서 이를 부채로 조달한 때문이다. 예를 들어 1982년 메리어트는 호스트 인터내셔널(Host International)을 사들인다. 호스트 인터내셔널은 미국 전역의 공항에서 카페테리아를 운영하고 있었다. 호스트 인터내셔널이 공항터미널에서 승객들에게 음식을 팔고 있을 때 메리어트는 이미 항공사들에게 기내식을 납품하고 있었다.[12] 메리어트가 호스트 인터내서널을 인수한 목적은 간단하다. 메리어트는 이미 공항에서 사업을 하고 있었기 때문에 그곳의 모든 음식사업을 장악하자는 것이다. 또한 기존 로이 로저스(Roy Rogers) 햄버그/로스트비프 프랜차이즈를 보완하기 위해 1982년 메리어트는 지역 패스트푸드 체인인 지노스(Gino's)를 인수한다. 1985년에는 전국적 영업망을 가진 레스토랑 체인 하워드 존슨스(Howard Johnson's)도 매입한다.

이런 자산을 매입할 때 메리어트는 자주 부채를 발행했는데, 이로 인해 부채가 높은 수준을 유지했던 것이다. 만일 메리어트의 예상이 틀려 미래에 충분한 현금흐름을 창출하지 못했다면 주식재매입으로 상승한 부채 때문에 호스트 인터내셔널, 지노스, 하워드 존슨스를 인수할 수 없었을 수도 있다.

음식서비스 자산을 매입하는 동시에 메리어트는 중저가 호텔 시장에서 메리어트 코트야드(Marriott Courtyard) 체인을 런칭한다. 그리고 노령 인구의 증가에 따라 은퇴주택 사업에도 진출한다. 또한 메리어트는 메리어트 레지던스 인(Marriott Residence Inns)을 출시한다. 이로 인해 고객들은 대로 양쪽에서 다른 형태의 메리어트를 보게 되었다. 메리어트는 M&A와 내적성장을 동시에 추진하며 사업을 확장했다. 메리어트는 자기주식을 235백만 달러나 취득했지만, 잉여현금흐름으로 이런 일들을 해나가고 있었다.

요약하면 메리어트가 자신의 잉여현금흐름으로 무엇을 할지는 회사의 주가에 달린 것이

12) 누군가는 기내에서 메리어트의 기내식을 피하고자 했을 수 있다.

었다. 주가가 쌀 때 메리어트는 주식을 재매입했다. 그리고 주가가 비싸다고 생각하면, 자산을 매입해 내적으로 성장하는데 잉여현금을 사용했다. 1986년 메리어트의 주가는 37달러에 도달하는데, 그사이 5:1의 액면분할(stock split)이 있었던 것을 감안하면 액면분할 전 기준으로는 185달러에 상당하는 주가이다.[13] 기본적으로 1986년까지 메리어트의 주가는 거의 10배 상승한 것이다.

게리 윌슨은 다음 행보는? 디즈니월드로

여담으로 1985년 게리 윌슨은 메리어트를 떠나 디즈니의 CFO가 된다.[14] 월트 디즈니(Walt Disney)가 창업한 이 회사는 제품시장에서 많은 수익을 내지만 재무정책은 미흡했다. 예를 들어 디즈니는 거의 대부분의 자금을 주식으로 조달했다. 이는 월트가 첫 번째 디즈니랜드의 건설할 때 뱅커들이 이 사업을 너무 위험하다고 보았기 때문이다. 그들은 테마파크를 극도로 평판이 나쁜 카니발로 인식했고, 결과적으로 디즈니에 돈을 빌려주지 않으려 했다. 월트는 힘들게 캘리포니아에 조그만 땅을 사들여 디즈니랜드를 건설했다. 후에 이 테마파크 주변 땅은 금싸라기 땅이 되지만, 이익을 본 사람들은 디즈니랜드 주변 사람들이었다. 호텔과 지원 시설들은 모두 디즈니의 소유가 아니었다. 이는 월트가 플로리다에 디즈니월드를 건설할 때 플로리다의 한 카운티 면적에 해당하는 27,743에이커를 사는 이유가 된다. 결과적으로 플로리다 테마파크 인근 호텔들은 모두 디즈니 시설로 디즈니가 직접 소유하게 된다.

1966년 월트 디즈니가 사망했을 때 회사의 경영권은 처음에는 그의 형에서 조카로 나중에는 사위로 가족들이 물려받았지만, 회사와 주가는 정체하기 시작한다. 그 결과 디즈니는 인수대상이 되고 결국 배스(Bass) 형제들이 경영권을 장악한다. 이들은 마이클 아이즈너(Michael Eisner)를 회장에 올리고 게리 윌슨을 CFO로 영입한다. 게리 윌슨이 디즈니에서 처음 한 일은 테마파크와 호텔 모두 가격을 인상하는 것이었다. 여러분이 디즈니월드에 가본 적이 있다면 아마도 테마파크 내 호텔에 머물렀을 것이다. 당시 모노레일 트랙에는 1박에 기본가격이 110달러하는 네 개의 호텔이 있었다. 이들 호텔의 객실은 보통 완판되고 있었다. 게리 윌슨은 숙박비를 1박에 170달러로 올린다. 객실 사정은 어떻게 되었는가? 여전히 완판을 유지했다. 또한 디즈니는 호텔을 더 짓기 시작한다.

당시 테마파크 1일 자유이용권은 19달러였다. 게리 윌슨은 이를 28달러로 올린다. 매출은 거의 50% 증가했지만 바뀐 것은 없었다. 게리 윌슨은 이용권 가격이 매우 비탄력적이라

---

13) 액면분할은 회사가 현재 주주들에게 1주당 복수의 주식을 주는 것을 말한다. 결과적으로 주가는 하락한다. 하지만 신호효과(signaling effect)가 있어 시장은 일반적으로 액면분할은 호재로 인식한다. P.Asquith, P.Healy, and K.Palepu, "Earnings and Stock Splits," *Accounting Review* 44 (1989): 387-403.

14) 디즈니는 1987년부터 매년 NFL 슈퍼볼 우승팀 선수에게 "당신은 다음에 어디로 가나요?"라고 질문하는 광고를 내보낸다. 이 질문에 선수는 "저는 디즈니월드로 갑니다!"라고 답한다. 그리고 그들은 실제 그렇게 하고 있다고 한다.

는 것을 알고 있었다. 사람들은 디즈니랜드에 오기 위해 휴가 계획을 세우고 차를 몰고 비행기를 타고 올랜도로 오는데, 정문에서 단지 9달러의 입장료를 더 내야 한다는 것 때문에 발길을 돌리지는 않았던 것이다.

메리어트로 돌아가서

메리어트와 월슨의 이야기로 돌아가자. 1979년 월슨의 인플레이션에 대한 판단은 정확했는가? 그렇다. 월슨은 1979년 당시 장기금리가 낮다고 느꼈고 장기 고정금리 채권을 발행해 금리를 묶어두었다. 1980년 12월에 프라임 레이트가 21.5%에 달하면서 1980년대 초반 금리가 치솟는다.[15] 이자율과 수익률곡선이 변화함에 따라 월슨 역시 메리어트의 이자율구조를 변경한다. 월슨은 메리어트에서 그가 마지막 작성한 1985년 연차보고서 다음과 같이 적고 있다.

> 메리어트는 변동금리채권 믹스의 최적화를 통해 자본비용을 최소화하려고 노력했다. (중략) 1980년대 초 고금리의 고정금리에 베팅하기보다 낮은 가격의 변동금리채권을 더 많이 사용하기 위해 변동금리채권을 목표 수준 이상으로 늘렸다.

따라서 낮은 이자율이 향후 상승할 것으로 예상되면, 메리어트는 장기 고정금리채권을 발행했다. 이자율이 상승한 이후에 메리어트는 단기 변동금리채권을 발행했다. 이자율이 내려오면 월슨은 낮은 금리를 묶어두기 위해 변동금리를 고정금리로 변환하는 이자율스왑을 했다.

운전자본과 관련해 월슨은 1980년 연차보고서에 다음과 같이 적고 있다.

> 음의 운전자본과 이연법인세는 메리어트에게 (중략) 비용을 들이지 않고도 대규모 자본을 조달할 수 있는 원천이다. 치밀한 대차대조표와 (중략) 사업의 서비스 본질로 인해 회사가 성장하면 음의 운전자본은 계속 증가할 것이다.

메리어트의 연차보고서는 또한 다음과 같이 적시했다.

> 메리어트는 주로 현금으로 (상품이 아닌) 서비스를 팔기 때문에 양의 운전자본에 대한 요구가 없다. 따라서 회사는 매출채권과 현금 등 인플레이션에 가치가 훼손될 수 있는 현금성자산을 상대적으로 적게 유지한다. 음의 운전자본은 비용이 들지 않는 자금조달 원천이다.[16]

---

15) 프라임 레이트는 1978년 말 11.75%, 1979년 말 15.25%였다. 1990년 시작과 더불어 이는 10%까지 견조하게 하락한다. Board of Governors of the Federal Reserve System, "Bank Prime Loan Rate Changes: Historical Dates of Change and Rates," https://research.stlouisfed.org/fred2/data/PRIME.txt.

16) Marriott Corporation Annual Report(1980), 18.

이는 기본적으로 메리어트가 자신의 공급자들로부터 공짜로 자금을 계속해 조달하고 있다는 의미이다.

기업재무를 공부하는 학생들에게 그것만으로도 매우 인상적일지라도 중요한 것은 게리 윌슨의 판단이 옳았다는 것이 아니다. 중요한 것은 게리 윌슨이 그러한 상호작용을 파악하고 제품시장전략이 변경될 때 재무전략 역시 변화해야 한다는 것을 이해했다는 것이다. 또한 자본시장 환경이 변화하면 회사의 자금조달 방법 또한 능동적으로 변화해야 한다는 것이다.

1장과 5장에서 논의한 기업전략의 도해를 다시 한 번 떠올려보자.[17] 도해의 맨 위에는 회사의 기업전략(즉, 회사의 목표)이 위치한다. 비록 CFO가 관여하기 하지만 그 자체는 CFO의 직무가 아니다. 회사는 자신의 기업전략을 설정한다. 메리어트의 경우 기업전략은 호텔의 소유에서 운영으로 변경된다. 이는 운영 측면에서 회사가 성장에 필요한 자산 규모를 축소할 수 있다는 의미이다. 이는 순차적으로 도해의 두 번째 단계이며 CFO의 주요 책무 중 하나인 재무전략에 영향을 미친다. 기업전략의 변화는 회사가 재무전략과 자본구조결정에 보다 적극적인 변화를 의미한다. 도해의 세 번째 단계로 내려오면 메리어트의 기존 재무정책은 일부가 유지되고 일부가 변경된다. 우리는 메리어트의 배당정책은 동일하게 유지된다고 가정한다.[18] 메리어트의 자본구조는 변동할 것이기 때문에 부채 규모와 신용등급 또한 변동한다. 장단기 채권 믹스의 선택을 통해 부채의 만기 사다리를 구조화하는 것은 메리어트가 미래에 이자율이 상승할 것이라는 기대에 따른 것이다. 또는 고정금리나 변동금리로 할 것인지는 미래 이자율을 어떻게 전망하느냐에 달려있다. 채무약정과 채권의 담보제공 여부 등의 이슈는 모두 CFO가 회사의 재무전략과 재무정책을 결정할 때 고민하는 중요사항들이다.

요약정리

이 장은 이전 장에 이어 회사의 재무정책을 다루었다. 가장 중요한 재무정책 중 하나는 자본구조정책이다. 자본구조결정은 낮은 자본비용과 주가 극대화를 동시에 달성하려는 노력이다. 앞에서 살펴본 것처럼 자본비용을 최소화하면 주가를 극대화할 수 있다. 적절하게 실행된다면 이는 CFO가 기업가치를 제고할 수 있는 방법이 된다. 이것은 재무정책의 공격적 단면이다. 동시에 CFO는 회사가 자본시장에 접근할 수 있게 하고 성장에 필요한 자금을 원하는 만큼 조달하길 원한다. 이는 재무정책의 지원적 단면이다. 재무정책이 이것 아니면 저

17) 1장과 5장 참조

18) 배당은 고정화되는 경향을 보인다. 배당정책에 대해서는 11장에서 자세히 알아본다.

것일 필요는 없다. CFO는 회사가 성장하는데 필요한 자본을 확보하지만 동시에 주가를 극대화하길 희망한다. CFO는 재무적 융통성과 느슨함을 동시에 추구한다.

리뷰: 7~8장의 핵심 레슨

1. **자본구조** 자본구조를 생각할 때 미래의 기회가 이 결정에 연결되어 있다는 것을 이해하는 것이 중요하다. 윌슨의 판단이 틀렸더라면 메리어트는 호스트, 지노스 또는 하워드 존슨스를 살 수 없었을 것이다. 따라서 잘못된 자본구조에 대한 결정이 회사를 파괴하지는 않겠지만 성장을 심각하게 위축시킬 수 있다는 뜻이다.
2. **재무정책** 1979년 메리어트는 국내에서 무담보로 장기 고정금리 채권시장에서 자금을 차입한다. *왜인가?* 첫째, 게리 윌슨은 향후 인플레이션이 상승할 것을 전망했기 때문에 메리어트는 고정금리 장기채권을 발행했다. 또한 메리어트는 미래의 어려운 시기에 있을지도 모를 채무조정을 피하기 위해 호텔 자산을 매각하길 원했기 때문에 무담보 채권을 발행했다. 무담보채권이 담보채권보다 비싸기 때문에 메리어트가 높은 금리를 지불하지만 이 정책으로 재무적 융통성을 확보하고 메리어트가 부채를 상환하지 않고도 자산을 매각할 수 있게 되었다. 그리고 메리어트는 당시만 해도 해외시장에 잘 알려져 있지 않은 기업으로 해외 발행이 쉽지 않았기 때문에 국내시장에서 채권을 발행했다.
3. **운전자본** 메리어트의 운전자본정책을 간단히 요약하면 음의 운전자본을 극대화하는 것이라고 할 수 있다. 참고로 경제 전반의 운전자본은 0으로 소거된다. 어떤 회사의 매입채무는 다른 회사의 매출채권이고, 그 반대도 그렇기 때문이다. 게리 윌슨은 기본적으로 수금은 빨리하고 지급은 늦추라는 격언을 따랐다.
4. **배당정책** 메리어트의 배당정책은 최대주주인 메리어트 가문의 세금을 최소화하도록 설정되었다. 고액 납세자(개인)자인 그들은 자본이득으로 수익을 얻으면 되기 때문에 배당에 고액의 세금을 지불할 이유가 없었다.
5. **주식** 메리어트는 재무정책상 우선주나 전환사채를 발행하지 않았다. 메리어트는 자본구조에 규제를 받지 않기 때문에 이자비용의 소득공제 혜택이 있는 부채를 발행할 수 있기 때문에 우선주를 발행할 이유가 없다. 시장이 메리어트의 주가가 크게 상승할 것으로 보지 않고 있었기 때문에 메리어트는 전환사채도 발행하지 않았다. 즉, 시장은 거래 윌슨보다 메이어트 주식에 대한 옵션가치를 더 작게 평가하고 있었다는 것이다. 메리어트가 전환사채를 발행하면 보통채권보다 낮은 금리를 적용받을 수 있지만 옵션가치를 낮게 평가받기 때문에 금리 차이는 매우 작았을 것이다. 만일 회사가 주식의 옵션가치를 시장이 믿는 것 이상으로 크다고 생각하면 보통채권을 발행할 수 있을 때

전환사채를 발행하는 것은 적절하지 않다. 메리어트는 합리적인 이자율에 보통채권을 발행할 수 있었고 자금 제약도 없었기 때문에 전환사채를 발행할 이유가 없었다.

6. **내부자본시장** 지금까지 살펴본 두 장은 재무전략과 재무정책에 더하여 내부자본시장의 중요성을 보여주고 있다. 이는 회사가 내부적으로 자금을 조달할 수 있는지 또는 외부에서 자금을 조달해야 하는지에 관한 질문에 답하게 하는 핵심인 지속가능성장률의 개념으로 포착된다.
7. **잉여현금** 이 장과 이전 장에서는 잉여현금으로 회사가 할 수 있는 것은 오직 다섯 가지밖에 없음을 강조한다. 회사가 다섯 가지 중 어떤 것을 할 것인지는 회사가 미래 현금흐름과 주가를 어떻게 생각하는지에 달려있다. 현금으로 할 수 있는 다섯 가지는 재무적 솔루션(주식재매입, 부채상환, 배당 증액)과 제품시장 솔루션(내부성장 가속, 외부자산 매입)으로 구분된다. 메리어트의 경우 월슨이 주가가 향후의 현금흐름 전망을 고려할 때 싸다고 판단하고 잉여현금으로 주식을 매입했다. 하지만 그가 주가가 높은 수준에 있다고 판단한 때는 주식을 매입하는 대신 자산을 매입했다.
8. **비대칭정보** 우리는 비대칭정보(asymmetric information)의 중요성을 설명했다. 기업이 공개매수 계획을 발표할 때 평균적으로 주식시장은 이를 호재로 받아들인다. 기업이 공개시장 재매입을 발표하면 역시 주가는 오르지만 공개매수의 경우만큼 오르지는 않는다. 이는 공개매수에서는 기업이 당장 프리미엄을 기꺼이 지불하겠다는 것이기 때문에 기업이 주가가 상승할 것이라고 믿음을 가지고 있을 것이라는 강한 증거로 시장이 받아들이기 때문이다. 기업이 주식을 발행하면 일반적으로 주가는 하락한다. 이는 마치 "만일 회사가 주식을 팔면 돈이 필요한 것이거나 자신의 주가가 높다고 믿는 것이다."라고 말하는 것과 같다. 만일 CEO에게 "왜 당신 회사는 주식을 발행하지 않나요?"라고 물으면 보통 "가격이 아직 충분히 높지 않습니다."라는 답이 돌아온다. 반대로 어느 날 CEO가 "어쨌든 우리는 주식을 발행한다."고 발표하면 시장은 이를 정보로 해석한다. 배당정책도 이러한 비대칭정보의 시각에서 해석할 수 있다. 다음 장에서는 이와 관련된 비대칭정보와 시장 신호효과에 대해 보다 자세히 살펴본다.
9. **상호작용** 재무결정과 투자결정은 관련성을 가진다. 정책 변화는 좋은 투자결정이거나 좋은 재무결정일 수 있다. 물론 둘 다일수도 있다. 정책 변화는 두 가지 모두에 영향을 미치기 때문에 우리는 이 둘을 같이 고려해야 한다. 이번 사례는 주식재매입과 채권발행으로 자본구조가 변경되는 재무결정인 동시에 주식의 재매입가격을 결정하는 투자결정이기도 하다. 우리는 이 결정이 동태적이며 훌륭한 재무적 결정이라고 결론을 내렸다. 월슨은 최적자본구조를 오버슈트시켰는데, 이는 향후의 현금흐름이 이를 제자리도 돌려 놓을 것이라고 믿었기 때문이다. 우리는 또한 23.50달러는 결과적으로 싼

가격으로 보이며 따라서 이 투자는 좋은 선택이라는 결론을 내렸다.

추신

1993년 메리어트는 호텔사업을 영위하는 메리어트 인터내셔널과 기타 사업을 영위하는 호스트 메리어트로 분할하기로 결정한다.[19] 당시 호텔사업은 메리어트의 다른 사업보다 좋은 실적을 내고 있었다. 회사를 분할하며 메리어트의 대부분의 부채는 호스트 메리어트로 넘어갔고, 메리어트 인터내셔널의 부채는 대폭 축소된다. 이는 당시 큰 논란거리가 되었고 그 과정에서 최소 한명의 이사가 사임하게 된다. 언론에서도 분할된 두 회사를 굿 메리어트와 배드 메리어트로 불리었다. 굿 메리어트는 부채가 적고 실적이 우수한 회사들로 구성되었다. 반면 배드 메리어트는 대부분의 부채를 가진 실적도 나쁜 회사들이었다. 그리고 메리어트는 2:1의 액면분할을 한다. 액면분할은 기존 주주들이 메리어트 인터내셔널과 호스트 메리어트 주식을 모두 갖게 되는 주식배당이었다.

다음 주제

다음 장에서 어디로 가는가? 다음 두 장에 걸쳐 우리는 두 통신회사, AT&T와 MCI를 가지고 다시 한 번 재무정책의 이슈들을 살펴본다. 우리는 규제 완화 이전 AT&T와 그 재무정책을 살펴보고 규제완화 이후에 있었던 일들에 대해 살펴본다. 그리고 그 다음 장에서 규제완화를 전후로 한 MCI의 재무정책에 대해 살펴보기로 한다.

19) WSJ Discordant Note의 "For Bill Marriott Jr., the Hospitality Trade Turns Inhospitalbe," *Wall Street Journal*, December 18, 1992 참조

CHAPTER 9

재무정책의 결정 (1984년 기업분할 전후의 AT&T)

이 장에서 우리는 다시 한 번 재무정책에 대해 논의한다. 우리는 독자들이 재무전략의 실행에 재무정책이 어떻게 사용되는지 잘 보여주는 메리어트의 사례를 학습한 후 이 장을 읽기를 권한다. 재무정책은 일반적으로 입문 수준의 재무관리 교과서에서는 강조되지 않는 기업재무의 영역이다. 여기서는 주로 투자은행이 재무자문에 사용하는 개념들에 대해 살펴보게 된다. 기업은 투자은행에 배당정책과 목표 신용등급 달성에 관해 자문을 구한다. 비록 빈번한 것은 아니라도 이런 자문은 회사의 상황에 따른 것이다. 또한 이것들은 회사의 CFO 수준에서 해야 하는 결정과 관련된 것들이다.

이 장은 개념적으로는 어렵지 않지만 여러 개념이 등장하기 때문에 복잡할 수 있다. 기업의 재무부서나 투자은행이 수행하는 다수 재무업무는 가치평가를 수반하는 거래와 관련된 것이다. 따라서 재무전문가는 신규 사업이나 기업인수를 위한 투자안을 평가하는 모델을 만드는데 많은 시간을 보내게 된다.

이 장에서 우리는 재무정책의 보다 실무적인 사례들을 검토할 것이다. 우리는 기업의 자금조달 소요를 재무정책으로 어떻게 충족시킬 것인지 알아보기 위해 1984년 1월 1일 분할 전후의 소위 “올드(old)” AT&T와 “뉴(new)” AT&T의 재무정책 변화를 살펴본다. 이를 통해 자금조달 소요의 변화에 따라 기업의 재무정책이 어떻게 변하는지 그리고 그러한 변화가 적절한지에 대해 검토할 것이다.

비교와 대조를 위하여 이 장의 AT&T와 다음 장의 MCI 케이스는 서로 짝을 이루고 있다. 우리는 개별 기업에 적합한 재무정책에 대해 알아보기 위해 동시대에 같은 산업에 있었던 두 회사에 대해 같이 살펴보기로 한 것이다.

우리는 먼저 재무구조와 그에 수반되는 사항들에 대한 논의를 시작한다. 재무구조는 부채와 자본의 구성뿐 아니라 차입의 만기구조, 고정금리 vs. 변동금리 등을 모두 포괄한다. 기업이 배당을 지급할 때 지급되는 현금은 어딘가에서 창출되어야 하기 때문에 우리는 배당 정책과 이것이 자금조달에 어떤 의미를 가지는지에 대해서도 살펴볼 것이다. 이 장도 앞에서처럼 처음에는 정태적 분석의 틀에 따라 각 주제들을 다를 것이다.

저자들은 독자들이 AT&T의 사업변화가 재무비율과 지속가능성장률에 어떻게 영향을 미쳤는지 이해할 것으로 기대한다. 나아가 독자들이 AT&T의 운영적 변화가 자금조달 소요에 어떤 영향을 미쳤는지 이해할 수 있다면 그 동안의 여정이 충분히 의미 있었다고 생각해도 좋을 것이다.

AT&T 소개

정식 명칭이 아메리칸 텔레폰 앤드 텔레그래프 컴퍼니(American Telephone and Telegraph Company)인 AT&T는 1885년 3월 3일 아메리칸 벨(American Bell)의 100% 자회사로 설립되었다. 참고로 아메리칸 벨은 1876년 전화기를 발명한 알렉산더 그래함 벨(Alexander Graham Bell)과 그의 동료 가디너 허버드(Gardiner Hubbard), 토마스 샌더스(Thomas Sanders)가 공동 설립했다. AT&T는 미국 장거리 전화망인 벨시스템(Bell System)을 구축한다. 통신업은 대표적 인허가 산업으로 이 회사는 오랫동안 독점적 지위를 누려왔다. 미국 전체 가구에서 전화서비스를 이용하는 가구의 비중은 1945년 50%, 1955년 70%에서 1969년에는 90%에 이르게 된다.

이러한 통신업의 변화로 인해 궁극적으로 AT&T는 미국정부에 의해 반독점금지 위반 혐의로 피소되는 상황에 이르게 한다. 1974년에 시작된 소송은 1982년 1월 AT&T가 지역 교환서비스를 제공하는 벨의 100% 운영자회사 22개를 분할하는데 합의하면서 1982년 1월 종료된다. (합의는 1982년 8월 24일 법원 청문회에서 승인되었다.) 정부는 자연독점의 논란이 여전한 AT&T의 사업부문(지역 교환사업)과 경쟁을 유도하는 것이 유리하다고 생각되는 사업부문(장거리전화, 장비제조, 연구개발)을 분할하기 원했다. 결국 1984년 벨은 분할되었고, 올드 AT&T는 뉴 AT&T와 "아기 벨"로 불려진 7개의 지역 벨 운영회사로 분할된다.[1)]

분할 이전 AT&는 매출이 최고 69십억 달러에 육박하고 자산이 148십억 달러를 넘는 세계 최대기업이었다. 분할 후 AT&T는 매출 33십억 달러, 자산 34십억 달러, 종업원 수 373,000명으로 축소된다.

이 과정에서 AT&T의 사업은 1983년 12월 31에서 1984년 1월 1일 사이 급격히 변화한다. 이 장은 기업의 재무정책이 사업과 어떻게 연결되어 있고 또한 어떻게 변화를 실행하는

1) ATT.com의 AT&T 연혁에서 인용.

데 사용되는지 알아본다. 이 AT&T 사례는 정부와의 분할 합의가 완료된 직후 실제 분할이 실행되기 전을 배경으로 한다.

M&M과 기업재무의 실무

우선 기업재무에 대해 전체적으로 조망해보고 이것이 어떻게 변화해 왔는지를 살펴보는 것으로 논의를 시작하기로 한다.

현재 기업재무이론은 모딜리아니와 밀러(1958)에서 시작된다. 6장에서 논의한 것처럼 M&M은 자본구조가 일정 조건하에서 문제가 되지 않는다고 주장했다. 즉 M&M(1958) 세계에서는 기업의 자본구조가 변동해도 기업가치는 변동하지 않는다는 것이다. 이 주장은 소개 당시 큰 논란이 되었고 많은 재무전문가와 재무학자들로부터 공격을 받았다.

M&M(1958)은 세금이 없다고 가정한다. 하지만 모딜리아니와 밀러(1963)는 이전의 무세금 가정을 완화하여 1958년 논문의 결론을 변경한다. M&M(1963)에서는 부채의 이자비용에 대한 세금절감으로 인해 자본구조가 변동하면 기업가치도 변동한다고 보았다. 따라서 M&M(1963) 세계에서는 레버리지가 높을수록 기업가치가 상승한다.

M&M(1958, 1963)과 많은 재무관리 교과서는 회사의 자본구조를 살펴보면서 부채와 자본의 비중에 큰 관심을 가졌다. 다시 말해 부채의 만기구조(장기 vs 단기 부채), 발행시장(미국 달러화 vs. 유로화), 금리조건(고정 vs. 변동) 같은 이슈들은 크게 관심을 받지 못했다. 우리는 이 장에서 이들에 대해서도 이슈를 제기하고자 한다.

M&M은 또한 기업의 배당정책에 대한 초기 이론도 정립한다. 밀러와 모딜리아니(1961)[2]는 기업가치가 배당지급 여부나 배당 수준에 영향을 받지 않는다고 설명한다. M&M(1961)이 발표되었던 당시 많은 대기업들이 정기적이고 안정적인 배당을 지급하고 있었기 때문에 이 논문도 재무전문가와 재무학자들 사이에서 다시 한 번 큰 논란을 일으킨다. 이 논문으로 인해 이때부터 1985년경까지 재무관리 교과서들은 경영진이 배당을 얼마나 지급할지 걱정할 필요가 없다고 가르치게 된다. 또한 이 당시 교과서들은 배당정책의 자금조달에 대한 함의에 대해 다루지 않게 된다.

마지막으로 1985년 이전에는 발행된 증권의 속성이나 유형(예: 보통우선주, 전환우선주, 변동금리부 우선주 등)은 학계에서 다루지 않았다.

---

2) 저자의 이름 순서에 변화가 있다는데 유의하자. 기업재무의 확립에 결정적인 기여를 한 M&M의 논문은 세 편이다. M&M(1958)은 모딜리아니와 밀리로 무세금 가정에서 자본구조를 다루었으며, M&M(1961)은 밀러와 모딜리아니로 배당정책을 다루었다. 마지막 M&M(1963)은 다시 모딜리아니와 밀러로 세금조건 하에서 자본구조의 효과를 살펴보고 있다. 모딜리아니와 밀러는 각각 1984년과 1990년에 노벨상을 수상한다. 재무관리 학생과 교수들을 이 세편의 논문에서 저자들의 이름 순서에 차이가 있다는 것을 알고 있어야 한다고 생각한다.

오늘날은 시장이 배당과 주식 발행을 어떤 신호로 간주하며, 이로 인해 회사의 주가는 재무정책에 영향을 받는다고 가르친다. “순수” M&M으로부터의 이러한 변화는 재무정책이 기업가치에 영향을 미친다는 연구의 결과이다. 재무정책에 대해서는 메리어트 사례에서 깊이 살펴보았다. 더하여 매시퍼거슨 사례에서 보듯이 파산비용은 단지 과정 자체의 비용(즉, 법률과 전문가 비용)만이 아니며 경쟁우위의 상실을 포함한다.[3)]

이상의 사례에서도 보듯이 M&M 이후 우리가 알게 된 변화는 재무정책이 기업가치에 영향을 미친다는 것이다. 이는 CFO가 무엇을 해야 하는지에 많은 시사점을 준다. 예외적이지 않은 사례를 하나 생각해보자. 성장이 느린 정체 산업에 있어 실질적인 투자기회를 갖지 못하는 회사가 있다고 하자. 이 경우 이 회사의 주가도 상대적으로 낮을 수밖에 없다. 이는 이 회사를 잠재적인 인수 대상으로 만든다. 이런 상황을 피하기 위해서 회사 경영진은 주가를 높여야 한다. 1985년 이전 재무관리 교수들은 재무정책은 중요하지 않다고 보았기 때문에 외부로부터의 경영권 공격을 회피하는 방안에 대해 연구하지 않았다. 하지만 현재 이런 상황이라면 대부분의 교수, 투자은행, 컨설팅회사가 자기주식을 매입하거나 배당성향을 높일 것을 제안할 것이다. 이런 방법들이 회사의 주가를 상승시킬 수 있다고 보는 것이다. 현재는 이런 것이 일반화되었지만 1985년 이전에는 그렇지 못했던 것이다.[4)]

이후에 보는 재무정책에 관한 우리의 논의가 오직 이론에만 초점을 맞추고 있는 것은 아니다. 또한 이를 지지하는 많은 실증적 연구결과들이 있다. 이 논의의 목적은 기업의 정태적 균형에 대해 살펴볼 뿐 아니라 이를 달성하기 위한 동태적 절차를 유도하는데도 있다. 더하여 우리는 기업의 정태적 목표와 재무정책에 신호효과 · 지속가능성장률 · 재무적 소요 등의 개념을 연결하는 시도를 하고자 한다.

수익성이 좋은 기업은 안정적이고 높은 현금흐름을 가진다. 이는 이들이 보다 많은 차입금을 감당할 수 있고, 미래 현금흐름이 보다 확실해 대출에 대한 위험도 낮아 이자지급에 따른 세금절감 혜택을 누린다는 뜻이다. 반면 수익성이 나쁜 기업은 불안전하고 낮은 현금흐름을 가지며 결국 위험 수준이 높다. 이런 기업들은 부채 수준을 낮춰 위험을 축소해야 한다. 그러나 연구에 의하면 종종 정확히 반대로 하는 기업들을 보게 된다. 즉, 수익성이 나쁜 기업이 더 많은 부채를 가지고, 수익성이 좋은 기업이 부채를 덜 가지는 경향이 있다는 것이다. 다만 이는 결과적인 현상으로 수익성이 좋은 기업은 잉여현금을 가지고 부채를 상환하는 반면 수익성이 나쁜 기업은 추가 부채로 현금흐름 적자를 메워야하기 때문에 이런 현상이 발생한다.

3) 이는 재무곤경비용이 기업가치와 관련이 없다는 M&M의 가정을 무효화시키고 있다.

4) 1장에서 우리는 재무관리의 짧은 역사를 잠시 살펴보았다. 1958~1963년 기업재무의 초석이 된 세 편의 M&M 논문이 발표된다. 1960년대에는 자본자산 가격결정모델(CAPM)과 투자이론이 재무관리를 주도한다. 1970년대는 옵션가격결정모형(OPM)이 소개되고 가치평가가 이론적으로 진화한다. 1980년대는 M&M 세계가 다시 논의되면서 이 세계의 많은 가정들이 유효하지 않다는 것을 보인다. 1985년은 기업재무를 다시 생각하게 하는 많은 학술 논문들이 발표되기 시작한 해이다.

이제 AT&T가 지역 운영회사들을 강제로 분할되기 전후의 AT&T의 실제 사례로 들어가 보자.

1984년 이전 올드 AT&T

우리는 다음과 같은 질문해본다. 올드 AT&T의 재무정책은 무엇인가? 이 질문에 적절히 답하기 위해서는 먼저 AT&T의 재무정보를 살필 필요가 있다. [표 9.1]과 [표 9.2]에 제시된 재무정보는 이 질문에 답하는데 도움이 된다. AT&T의 차입정책은 무엇인가? AT&T의 배당정책은 무엇인가? AT&T가 유지하고자 하는 채권등급은 무엇인가?

[표 9.2]의 하단 부분은 올드 AT&T에 대한 이상의 질문에 답하는데 힌트가 된다. 1979 ~ 1983년에 걸쳐 이 회사의 부채비율은 약 46%, 이지보상배율은 약 3.5배를 유지했다. [표 9.1]은 AT&T의 배당성향이 (1983년 제외하면) 평균 62%이며, 이는 평균적으로 순이익의 62%를 배당으로 지급한다는 의미이다.[5] 이 기간 AT&T는 우량한 재무상태에 신용등급도 최고 등급인 AAA를 유지했다. 아래 제시된 재무비율은 1979년 이전에도 대단히 안정적으로 관리되고 있었다.

[표 9.1] AT&T 손익계산서, 1979 ~ 1983[6]

(천달러)	1979	1980	1981	1982	1983
매출액	45,408	50,864	58,214	65,093	69,403
영업비용	33,807	38,234	43,776	49,905	56,423
영업이익	11,601	12,630	14,438	15,188	12,980
이자비용	3,084	3,768	4,363	3,930	4,307
기타	776	892	1,015	951	(5,053)
세전이익	9,293	9,754	11,090	12,209	3,620
법인세비용	3,619	3,696	4,202	4,930	3,371
당기순이익	5,674	6,058	6,888	7,279	249
주당순이익	$8.04	$8.17	$8.58	$8.40	$0.13
보통주당 배당금	$5.00	$5.00	$5.40	$5.40	$5.85
법인세율(법인세 / 세전이익)	39%	38%	38%	40%	93%
배당성향	62%	61%	63%	64%	4,500%

5) 제외된 1983년에는 기업분할 관련 손상처리로 이익이 크게 줄었지만 AT&T는 주당배당금은 안정적으로 유지했다.
6) 추정치를 제외한 모든 AT&T의 재무정보는 AT&T 연차보고서 참조.

[표 9.2] AT&T 대차대조표계산서, 1979 ~ 1983[7)]

(천달러)	1979	1980	1981	1982	1983
현금과 현금등가물	863	1,007	1,263	2,454	4,775
매출채권	5,832	6,783	7,831	8,580	9,731
선급비용	1,085	1,224	1,398	1,425	2,111
유동자산	7,780	9,014	10,492	12,459	16,617
유형자산	99,858	110,028	119,984	128,063	123,754
투자자산과 기타	6,131	6,511	7,274	7,664	9,159
자산총계	113,769	125,553	137,750	148,186	149,530
단기차입금	4,106	4,342	4,019	3,045	2,308
매입채무	3,256	4,735	3,792	4,964	8,396
기타	5,235	5,064	7,260	5,951	5,165
유동부채	12,597	14,141	15,071	13,960	15,869
장기차입금	37,495	41,255	43,877	44,105	44,810
이연지급신용	15,605	17,929	20,900	25,821	26,055
부채총계	65,697	73,325	79,848	83,886	86,734
소수주주지분	1,563	947	969	536	511
납입자본금	24,652	27,244	30,412	34,875	38,778
이익잉여금	21,857	24,037	26,521	28,889	23,507
자본총계	46,509	51,281	56,933	63,764	62,285
부채와 자본총계	113,769	125,553	137,750	148,186	149,530
차입비율(차입금 / (차입금 + 자본))	47%	47%	46%	43%	43%
이자보상배율(영업이익 / 이자비용)	3.76	3.35	3.31	3.86	3.01
회사채 신용등급	AAA	AAA	AAA	AAA	AAA

이 회사의 재무정책이 그런 것처럼 여러 재무비율들은 서로 관련되어 있다. 이자보상배율은 회사가 보유하고 있는 부채(차입금)비중의 함수이며, 채권 등급은 회사가 가진 부채비중과 이자보상배율의 함수이다. 부채비중이 낮고 이자보상배율이 높을수록 이자 지급의 부담이 줄기 때문에 회사의 신용등급에는 긍정적으로 작용한다. 또한 배당정책은 회사의 이익잉여금에 영향을 미쳐 궁극적으로 자기자본 총계에 영향을 준다.

7) AT&T의 재무비율은 제시된 기간 이전에도 장기간에 걸쳐 일관된 모습을 보인다. 예를 들어 1972년부터 1978년까지 AT&T의 차입비율은 47%에서 52%, 이자보상배율은 3.93에서 4.25 사이를 유지했다.

차입비율의 계산

[표 9.2]에서 AT&T의 차입비율(debt ratio)은 차입금과 자본을 모두 장부가치를 기준으로 계산한다. 이때 잉여현금은 조정하지 않았다. 하지만 잉여현금을 조정하는 것이 타당하다.

잉여현금이란 무엇인가? 재무담당자 입장에서 잉여현금은 회사의 영업활동에 필요하지 않는 현금이다. 이는 회사가 보유할 필요가 없어 차입금 상환에 사용될 수 있기 때문에 음의 차입금과 같다. 예를 들어 어떤 회사가 2십억 달러를 차입했지만 자금을 사용할 곳이 없다면 이 자금은 대차대조표에 현금과 현금등가물로 가져가게 된다. 이 2십억 달러는 영업활동에 필요하지 않기 때문에 잉여현금이다. 2십억 달러의 차입금을 가지고 있지만 회사는 또한 2십억 달러의 잉여현금을 보유하고 있다. 필요할 경우 2십억 달러의 현금으로 2십억 달러의 차입금을 상환할 수 있기 때문에 실제로는 회사가 레버리지를 사용하는 것은 아니다. 다만 잉여현금이 비단 부채 발행에 따른 것일 필요는 없다. 2십억 달러의 차입금과 2십억 달러의 잉여현금을 보유한 회사와 2십억 달러의 차입금이 있지만 잉여현금이 없는 회사의 레버리지는 큰 차이가 있다.

이는 재무전문가들이 대부분 잉여현금을 음의 부채로 간주하는 이유이다. 이것은 단순한 논리지만 잊지 않도록 유의하자. 잉여현금은 기업의 재무구조 나아가 기업의 리스크(베타) 측정에 영향을 주는 중요한 개념이다.

모든 회사에서 어느 정도의 현금은 반드시 필요하다. 예를 들어 슈퍼마켓도 금전등록기에 어느 정도 현금은 필요하다. [표 9.2]를 보면 AT&T는 1982년 말 2.5십억 달러의 현금과 현금등가물을 가지고 있다. 이와 관련한 질문은 이렇다. *이 중에서 얼마만큼의 현금과 현금등가물이 영업활동에 필요하고 얼마가 잉여현금인가?* 이 기간 AT&T의 매출액에 대한 현금비율은 1979년 과 1980년 최저 1.9%, 1982년 3.7% 범위에서 움직인다. 필요현금이 매출액의 2%라면 1982년 AT&T의 현금과 현금등가물 2,454백만 달러 중 1,302백만 달러(2.0% * 매출액 $65,093)는 영업활동에 필요하며, 나머지 1,152백만 달러(보유현금 $2,454 - 필요현금 $1,302)는 잉여현금이란 의미이다.

이제 잉여현금이 있을 때와 없을 때의 1982년 차입비율을 계산해보자.

차입비율을 계산하는 한 방법은 다음과 같다.

$$\frac{\text{차입금}}{\text{차입금} + \text{자본}}$$

$$\text{차입금} = \text{단기차입금} + \text{장기차입금}$$

1982년 AT&T:

차입금 = \$47,150 = 단기차입금 \$3,045 + 장기차입금 \$44,105
자본 = \$63,764

따라서 잉여현금을 감안하지 않는 차입비율은 42.5%가 된다.

$$\frac{\text{차입금}}{\text{차입금} + \text{자본}} = \frac{\$47,150}{\$47,150 + \$63,764} = 42.5\%$$

하지만 잉여현금흐름을 감안해 정확히 계산한 차입비율은 다음과 같이 조정되어야 한다.

$$\frac{\text{순차입금}}{\text{순차입금} + \text{자본}}$$

순차입금 = 단기차입금 + 장기차입금 − 잉여현금

1982년 AT&T:

차입금	\$47,150
현금과 현금등가물	\$2,454
필요현금(매출액의 2%)	\$1,302
잉여현금	\$1,152
순차입금 = 차입금 − 잉여현금	\$45,998
자본	\$63,764

$$\frac{\text{순차입금}}{\text{순차입금} + \text{자본}} = \frac{\$45,998}{\$45,998 + \$63,764} = 41.9\%$$

이 사례에서는 잉여현금을 고려할 때와 고려하지 않을 때의 차입비율 차이는 크지 않다. 이는 잉여현금이 전체 차입금의 2.4%(\$1,152 / \$47,150)에 불과하기 때문이다. 다만 전체 차입금에 비해 잉여현금이 상당히 크다면 그 차이는 중요해진다. 이 장에서 모든 차입비율 계산은 순차입금을 기준으로 작성한다. 또한 필요현금은 매출액의 2%로 가정한다.

이상에서 본 것처럼 잉여현금은 재무관리에서 중요한 개념이며, 이를 제거하면 회사의 "진정한" 레버리지와 리스크 수준을 파악할 수 있다.

올드 AT&T의 차입정책

AT&T는 왜 이런 차입정책을 선택했는가? 차입정책에는 크게 두 가지 선택의 이슈가 있다. 차입정책의 가장 중요한 선택은 자본구조에서 부채(차입금)와 자본이 차지하는 비중을 결정하는 것이다. 부채비중은 이자보상에 영향을 미치며 채권등급에 영향을 준다. 회사가 목표 차입비중을 결정했다면, 차입정책의 또 다른 선택은 어떻게 차입할 것인지를 결정하는 것이다. 장기나 단기로 차입할 것인지, 담보를 제공할 것인지, 공모로 발행할 것인지 아니면 사모로 발행할 것인지 등을 결정하는 것이다.

첫 번째 선택인 부채비중은 M&M에서 논의된 것처럼 이미 6~7장에서 살펴보았다. 여기서는 이를 반복하지는 않는다. 다만 AT&T는 안정적인 현금흐름을 창출해왔다는 점은 다시 한 번 생각해볼 필요가 있다. 세금절감 혜택을 얻기 위해서는 부채를 늘려야 한다. 따라서 안정적인 현금흐름은 세금절감 측면에서 리스크이다. 결국 AT&T가 차입비율을 높이는 것은 M&M(1963)의 시사점에 부합하는 것이다.

두 번째 선택, 즉 장 · 단기, 고정/변동 금리, 담부 여부, 공모/사모, 발행시장, 통화 등 차입금을 어떻게 조달할지에 관해서는 재무관리 논문에서 잘 다루어지지 않는다. 아래에서는 재무관리를 학습한 실무전문가 입장에서 이 이슈를 생각해본다.

7장 메리어트에서처럼 회사는 제품시장전략과 자본조달전략을 일치시켜야 한다. 이 사례에서 게리 윌슨은 인플레이션과 금리가 상승할 것으로 보고 고정금리 장기채권을 발행했다. 반대로 그가 시장과 같은 기대를 가지고 있어다면 장기나 단기채권은 무차별했을 것이다. 수익률곡선은 시장의 미래에 대한 기대를 가격으로 나타낸 것이다. 시장은 이자율이 하락할 것으로 보지만 그가 반대의 기대를 가지고 있다면 장기로 차입을 하려 할 것이다.

AT&T 사례에서는 이 회사가 미래 이자율에 대해 시장과 다른 전망을 가지고 있다고 증거가 없다. 다만 회사의 장기 제품전략은 안정적이기 때문에 장기 자금조달정책은 이 제품전략과 잘 어울리는 조합이다. 이로 인해 자금조달 소요가 발생하더라도 AT&T는 위험을 감수하면서 수시로 단기 차입시장에 갈 필요가 없게 된다.

담보채권을 발행할 것인지 무담보채권을 발행할 것인지는 자금조달의 유연성을 가질 것인지 아니면 비용을 절감할 것인지와 관련된다. 7장에서 설명한 것처럼 우량한 담보가 있는 채권은 이자율이 낮기 때문에 일반적으로 가격도 무담보채권보다 비싸다. 하지만 담보채권의 경우 발행자가 채권을 상환하지 않으면 담보로 제공된 자산을 매각할 수 없다. 독점적 통신사인 AT&T는 자산을 매각할 계획이 없기 때문에 금리를 낮추기 위해서는 담보채권 발행을 검토할 필요가 있을 것이다.

회사채는 공모 혹은 사모로 발행된다. 공모채권은 경쟁 입찰을 통해 기관투자자와 일반투자자들에게 매각되는 채권이다. 사모채권은 투자자들 사이의 경쟁 입찰이 없는 은행채권이나 사모채권이다. 은행채권은 채권 형식을 빌린 은행 대출금이다. 사모채권은 투자자들이 채권을 청약하도록 하는 대신 보험회사와 같은 기관투자가에게 채권을 직접 매각한다.

공모채권, 은행채권, 사모채권은 발행시장에 차이가 있다. 주로 기관투자자에게 발행되는 공모채권은 일반적으로 고정금리 장기채권(최대 30년)으로 발행된다. 7장에서 본 것처럼 은행채권은 변동금리의 단기채권이나 중기채권(최대 5년)이다. 공모채권과 사모채권의 가장 두드러진 차이는 공모채권이 투자자 수가 많다는 것 외에도 사모채권에 비해 발행조건(금리, 조기상환 등)이 발행자에게 더 유리하다는 점이다. 반면 재무적으로 어려워지면 다수의 채권자에게 발행된 공모채권은 단독 혹은 소수 채권자에게 발행된 사모채권보다 채무협상을 어렵게 만든다.

7장의 메리어트 사례에서 본 것처럼 세계 공모채권 시장은 미국 달러시장과 유럽의 유로시장으로 양분된다.[8] 국채시장을 중심으로 기타의 시장도 있지만 회사채 대부분은 이 두 시장에서 발행된다. 두 시장을 선택하는 주된 이유는 발행조건(장기/단기, 고정/변동, 담보/무담보, 공모/사모)이 동일하다면 가장 저렴한 비용으로 자금을 조달할 수 있기 때문이다.

채권의 유형과 발행시장과 관련된 AT&T의 결정은 미국 공모시장에서 고정금리 장기채권[9]을 발행하는 것이다. 당시 아마도 이는 AT&T 입장에서 가장 저렴한 자금조달 방법이었을 것이다.

자본정책

자본과 관련해서도 회사는 부채의 경우와 비슷한 선택을 하게 된다. 자본에 대한 첫 번째 선택은 자산을 조달하는데 얼마의 자본을 사용할 것인지, 다시 말해 자본의 비중을 결정하는 것이다. 이는 당연히 부채(차입금)비중에 대한 반대 결정이다. 자본의 사용량이 결정되면 두 번째로 회사는 자본을 어떤 주식으로 조달할 것인지 선택한다. 예를 들어 회사는 보통주(common stock) 발행으로 보통자본(straight equity)을 조달할 수 있다. 또한 요구배당의 의무가 부과된 우선주(preferred stock)를 발행할 수도 있다. 물론 의결권이 있거나 미지급 배당을 누적적으로 받을 수 있는 등 다양한 형태의 우선주 발행이 가능하다. 그 외에도 회사는 부채와 자본의 하이브리드인 전환사채를 발행할 수 있다. 전환사채에 대해서는 다음 장에서 살펴보기로 한다.[10]

8) 최초의 유로본드는 15백만 달러 규모로 1963년 7월에 발행되었다. 이 시장은 예치계좌에 지급되는 이자 지급액을 제한하는 미국시장의 규제를 회피하기 위해 만들어졌다. 이 시장은 1966년 1십억 달러에서 2009년 4.5조 달러로 성장한다. (2013년 7월 6일자 이코노미스트 14면 참조.) 유로본드와 글로벌 채권발행에 관한 자세한 사항은 Laurent L. Jacque, *International Corporate Finance* (Hoboken, NY: John Wiley & Sons, 2014) 10장을 참조하라.

9) AT&T의 채권은 예상과는 달리 무담보채권이다. 다만 신용등급이 AAA등급이기 때문에 무담보라도 이자율에 큰 영향을 미치지 않았을 것이다. 또한 AT&T의 배당지급정책에도 제약이 없었다.

10) 보통주, 우선주, 전환사채 외에도 여러 가지 다양한 형태의 자본이 존재한다. 그 중 하나가 목표주식(targeted stock)이다. 이는 사내 여러 사업 중 하나를 대표하는 주식을 말한다. 제너럴모터스는 제너널모터스 보통주, 제너널모터스 E주, 제너널모터스 H주, 제너널모터스 우선주, 제너널모터스 전환사채를 가지고 있다. 이처럼 제너럴모터스가 여러 종류의 주식을 발행하고 있어 일부 사람들은 제너럴모터스가 자신의 브랜드보다 많은 종류의 주식을 가지고 있다고 말하기도 한다. 우리가 말하고자 하는 것은 간단하다. 보통주가 그 이름에서 암시하듯 가장 일반적이지만 주식에는 여러 가지 종류가 있다는 것이다.

한편 주식발행으로 자금을 조달할 때 종종 소위 "월스트리트 격언"이 작동하기도 한다. "EPS가 희석된다면 주식을 발행하지 말라." "전환사채 잔액이 많으면 주식을 발행하지 말라." "장부가 이하로는 주식을 발행하지 말라." 이 격언들에 대해서는 뒤에서 살펴보기로 한다.

올드 AT&T는 이상의 자본에 대한 선택과 관련해 보통주를 선택했다.[11] (AT&T가 왜 보통주를 선택했는지는 다음 장의 MCI를 학습해보면 더욱 분명해진다.)

배당정책

다음 질문으로 AT&T의 배당정책은 어떠한가? [표 9.1]을 보면 AT&T는 평균적으로 순이익의 62%를 현금배당으로 주주에게 환원했다. AT&T는 배당금을 장기간 안정적인 수준으로 유지했다. 다시 말해 순이익은 변동하지만 배당금은 유지했고 배당성향도 평균 62% 수준에서 안정적으로 관리했다.[12] 일부 회사들은 정기배당 외에 중간배당을 하지만 AT&T는 중간배당은 하지 않았다.[13]

AT&T는 시장에서 ("drip"의 발음을 딴) DRP로 알려진 배당재투자계획을 가지고 있었다. DRP란 무엇인가? DRP는 주주가 자신이 받을 배당을 주식과 현금 중에서 선택할 수 있도록 하는 허용하는 제도이다. DRP를 이용하면 주주들은 통상 할인된 가격에 중개수수료도 내지 않고 주식을 받을 수 있다. AT&T의 DRP는 주주들에게 시장가에서 5% 할인된 가격으로 주식을 살 수 있도록 해준다. 왜 회사는 시장가격에서 할인된 가격으로 주식을 매각하는가? 회사가 달성하려고 하는 것은 무엇인가? 회사들이 DRP프로그램을 운영하는 것은 주주들로 하여금 자신이 받은 현금배당을 회사에 재투자하도록 유도하기 위함이다.[14] DRP는 신주 발행과 효과는 같지만 비용은 공모발행보다 저렴하다. 발행금액의 통상 5 ~ 6%에 달하는 인수수수료 등 공모발행에는 상당한 비용이 발생하지만 DRP는 이런 비용을 지출하지 않는다. 따라서 DRP는 할인된 가격에 주식을 매각해도 회사 입장에서는 비용 면에서 유리하다. 이런 장점으로 인해 DRP는 매우 일반적인 주식발행 방법이 되었고 현재 1,000개 이상의 기업이 DRP프로그램을 운영 중이다.[15]

---

11) AT&T는 과거 우선주를 발행적이 있었고 당시는 상환 중에 있었다.

12) 이는 배당을 지급하는 모든 회사에서 나타나는 일반적인 현상이다. 현금배당은 시간이 흘러도 지속적이고 안정적인 경향을 보인다. 주당배당금은 크게 변동하지 않으며, 만일 변동해도 새로운 배당액은 상당 기간 지속되고 안정적인 경향을 보인다. 즉, 배당은 "계단함수"처럼 움직인다. 배당정책은 11장에서 집중적으로 살펴본다.

13) 회사들은 주식배당(stock dividends)도 한다. 하지만 이는 진정한 배당이라기보다 무상으로 주식을 발행하는 것이라고 봐야 한다.

14) 참고로 주주들은 이때도 여전히 현금배당에서와 같이 분배액에 대해 개인소득세를 납부해야 한다.

15) Investopedia, "The Perks on Dividend Reinvestment Plans," www.investopedia.com/articles/02/011602.asp#axzzwxPkXEpl, (접속일 2014.10.05.) 참조. 참고로 DRP와 공매도의 조합이 차익거래 기회를 포착하는데 사용된다. 이에 관해서는 Myron S. Scholes and mark A Wolfson, "Decentralized Investment Banking: The Case of Discount Dividend-Reinvestment and Stock Purchase Plan," *Journal of Financial Economics* 24, no. 1 (1989): 7-35를 참조하라. 그러나 블랙-숄즈 옵션가격결정모형의 마이런 숄즈(Myron Scholes)는 과거 저자 중 한명에게 DRP를 이용한 차익거래은 빈번한 거래 때문에 납세자는 당해 연도 모든 거래 내역을 첨부하도록 한 스케쥴 D로 인해 수 백 페이지에 달하는 소득공제 명세를 첨부해야 하는 현실적인 문제가 있다고 말했다.

AT&T는 또한 종업원들이 할인된 가격으로 주식을 살 수 있는 종업원주식매입 프로그램도 운영했다. 이 플랜에서는 보통 직전 30~60일 동안의 주가를 기준으로 일정 기간 동안 종업원이 살 수 있는 주식의 수가 정해진다.

뒤에서 보는 것처럼 AT&T는 일반적으로 현금배당의 1/3이 DRP와 종업원주식매입 프로그램을 통해 회사에 재투자되었다.

1984년 이전 올드 AT&T는 차입금과 관련해 다음과 같은 선택을 했다.

- 고정금리 또는 변동금리? 고정금리
- 장기 또는 단기? 장기
- 은행채권, 공모채권, 사모채권? 공모발행
- 미국시장 또는 유로시장? 미국시장

AT&T의 자본구조는 평균적으로 부채(차입금) 45%와 자본 55%로 구성된다. 채권의 신용등급은 AAA등급이다. AT&T는 자본과 관련해 다음과 같은 선택을 했다.

- 공모주식 또는 사모주식? 공모주식
- 보통주 또는 우선주? 보통주
- 보통주식 또는 전환사채? 보통주식

AT&T의 배당정책은 시간이 흘러도 평균적으로 순이익의 60% 이상을 배당으로 지급하는 것이다. 또한 AT&T는 배당을 삭감하지 않는다. 많은 사람들이 AT&T를 배당주로 인식하는 이유이다. 투자자들은 AT&T 주식을 "미망인과 고아"를 위한 주식이라고 불렀다. 안정적인 배당을 요구하는 개인투자자들을 위한 주식이라는 뜻이다.

- 배당 여부? 현금배당
- 배당성향? 60% 이상
- DRP 프로그램? 운영

이제 보다 본질적인 질문을 던져보자. AT&T의 정책은 합리적인가?

재무정책의 목표

잠시 이전 논의를 되짚어보자. 기업 재무정책의 주된 목표는 무엇인가? 첫 번째 목표는 기업의 제품시장전략을 방어·지원하는 것이다. 재무관리는 기업에서 많은 역할을 하지만 그 중 기업재무는 기업의 제품시장전략을 방어하는 역할을 한다. 이는 CFO의 주요 사명 중 하나이다. 기업이 필요한 투자를 할 수 있도록 하는 것은 매우 중요하다. (이것은 매우 중요하기 때문에 우리는 같은 말을 여러번 반복하고 있다.)

기업재무의 두 번째 목표는 기업가치를 높이는 것이다. 기업은 첫 번째 목표를 달성할 수 있는 능력을 유지하면서 세금절감을 극대화하고 자본비용을 낮추어 수용 가능한 위험 수준에서 주가를 극대화하고자 한다.

AT&T의 재무목표

AT&T를 좀 더 자세히 살펴보자. 1984년 이전 AT&T의 재무정책이 적절했는지를 평가하기 위해서는 먼저 다음 질문에 답할 필요가 있다. *AT&T는 어떤 회사인가?* 이 회사는 정부의 직접적인 규제를 받는 유틸리티회사이다. 이는 이 회사가 사회간접자본 투자를 스스로 결정할 수 없다는 의미이다. 즉 회사 경영진은 AT&T가 제품시장전략에 얼마를 투자할지를 결정하는 재량권을 제한 받았다.

1984년 이전 AT&T는 정부의 보호를 받는 독점업체였다. 독점적 지위 유지의 대가로 AT&T는 서비스를 요구하는 모든 고객에게 전화서비스를 제공해야 했다. 도심에서 먼 지역에 마을이 들어서도 AT&T는 "향후 3년간 그곳에 전화선로를 깔 계획이 없으니, 주민 여러분은 그때까지 전화 없이 지내야 합니다."라고 말할 수 없다. (당시는 휴대전화가 없던 시절임을 기억하자.) AT&T는 서비스 제공을 거부할 수 없었다. 또한 AT&T는 "당신은 도시에서 멀리 떨어져 있어서, 당신의 전화에는 이용료가 더 부과될 것입니다."라고 말할 수도 없었다. AT&T는 모든 단거리 전화서비스에 동일한 요율을 적용해야 했다.

결국 AT&T는 NPV가 양인 프로젝트에만 투자를 할 수 없었다. 투자를 강요받기도 했다. 정부는 AT&T에 독점권을 주는 대신 AT&T는 정부가 정한 요율체계를 수용하고 모든 지역의 고객에게 보편적 서비스를 제공하는데 동의한 것이다. 이는 AT&T가 계속해서 투자를 해야 하고 지속적인 자금조달 소요가 발생한다는 뜻이다. *이는 자본시장과 관련해 AT&T에게 무엇이 중요하다는 것인가?* AT&T에게는 자본시장에 지속적으로 접근하는 것이 중요하다. AT&T는 제품시장 측면에서 투자전략에 선택권이 없었다. 계속해서 전화망을 깔고 전화국을 건설해야 했다. AT&T는 좋은 시절이든 나쁜 시절이든 자금을 확보할 수 있어야하기 때문에 자본시장에 대한 접근은 매우 중요했다.

다른 회사와 마찬가지로 AT&T는 영업활동에서 얻은 이익으로 배당을 지급한 후에 차입금과 주식발행으로 투자자금을 마련했다. 이는 AT&T가 투자소요와 영업활동에서 얻을 이익을 예측해야 한다는 의미이다. 회사는 자본시장에 접근할 수 있는 능력을 유지해야 하며, 이는 재무적 위험과 기초사업위험을 지속적으로 관리해야 한다는 의미이다. 이는 자금조달 비용을 최소화하기 위한 것이기도 하다.

분할 전 AT&T의 제품시장전략을 살펴보았으니, 이제 회사가 어떤 재무정책을 택해야 하는지 생각해보자.

적절한 자본구조에 대해 먼저 생각해보자. 우리는 자본구조를 어떻게 결정할지에 관해 다음과 같은 세 가지 점검을 해볼 것을 권고했었다.

1. **내적 점검** 회사가 현재 차입금을 서비스할 수 있으며 심지어 나쁜 상황에서도 필요한 신규 자금을 확보할 수 있는가? 이 질문에 답하기 위해서는 재무추정과 시나리오분석이 동원된다. 재무추정으로 회사에 얼마나 많은 신규 자금소요가 있는지 파악한다. 이는 또한 회사가 현재 차입금에 대한 서비스를 지속하면서 신규 투자에 대한 추가 자금조달을 하는 동안 회사의 매출과 이익이 어떻게 될 것인지 검토하는 것이다. 결국 내적 점검은 회사의 기초사업위험(BBR)을 측정한다. CFO는 재무추정으로 자신의 핵심 책무 중 하나인 "현금고갈 방지"를 실행한다.
2. **외적 점검** 시장은 회사의 외부 자금소요에 어떻게 대응할 것인가? 이 질문은 자본시장 접근에 대한 것이다. 이 질문은 다음 질문에 의해 어느 정도 설명된다. 신용평가회사가 채권의 신용등급을 변경할 것인가? 회사가 거래하고 있는 은행들의 반응은 어떠한가? 회사 담당 애널리스트는 뭐라고 말하는가? 신용평가사가 신용등급을 하향 조정하거나 애널리스트가 재무적 어려움을 전망하면 회사는 수용 가능한 비용에 자금을 조달할 수 없게 된다.
3. **횡단면 점검** 회사의 경쟁자들은 어떻게 자금을 조달하는가? 이는 회사에 대한 위험을 상대적으로 접근하는 것이다. 5장의 메시퍼거슨처럼 회사가 경쟁자들보다 더 큰 재무위험을 지고 있다면, 이는 회사의 제품시장 활동을 위험에 빠트릴 수 있다. 다만 1984년 이전 AT&T는 독점회사로 경쟁자가 없었기 때문에 재무정책의 적절성을 점검하는데 횡단면 점검은 필요하지 않다.

그렇다면 자본시장에 지속적인 접근을 유지하기 위해 AT&T는 무엇을 했는가?[16] 가장 중요한 것은 AT&T가 AAA의 최우량 신용등급을 유지해 시장에 안정적인 접근을 확보하려 했다는 것이다. 이 재무정책이 까다롭기는 해도 AAA를 유지하면 회사는 거의 확실하게 자금조달시장에 접근할 수 있다고 보았던 것이다. 대공황이후, 아마도 그 이전부터 AAA 채권등급을 가진 회사가 자본시장에 접근하지 못했던 시기는 한 번도 없었기 때문이다.

[표 9.3]은 1979 ~ 1983년 올드 AT&T의 요약 현금흐름표[17]이다.[18] 이는 자금조달 소요

16) 우리는 이 장 초반에 재무정책이 어떻게 회사의 사업 환경에 맞추어 지는지 설명하기 위해 AT&T의 사례를 사용한다고 말한바 있다. 특히 "올드" AT&T(즉, 독점회사인 AT&T)의 재무정책을 평가한 후 "뉴" AT&T(즉, 더 이상 독점회사가 아닌 AT&T)의 재무정책을 비교 평가한다.

17) 재무논의에 보다 적합하도록 표준 현금흐름표를 조금 변형했다.

18) AT&T는 당시 회계기준에 따라 지금의 현금흐름표가 아닌 자금의 사용과 원천 명세서를 작성했다. 제시된 현금흐름표는 AT&T의 이 명세서를 현재 회계기준 따른 현금흐름표 형식으로 변환한 것이다.

를 보여준다. 예를 들어 1979년 AT&T는 3.6십억 달러를 배당하면서 신규 자본적 투자에 16.4십억 달러가 필요해 전체적으로 20십억 달러($16.4 + $3.6)의 지출소요가 있었다. 회사는 영업활동으로 20억 달러 중 14.8십억 달러를 조달한다. 결국 1978년 AT&T의 외부 자금조달 소요는 5.2십억 달러($20 - $14.8)라는 의미이다. 정리하면 회사의 영업활동에서 14.8십억 달러를 창출하지만 시설투자에 16.4십억 달러, 배당에 3.6십억 달러를 지출하기 때문에, 5.2십억 달러는 외부에서 조달해야 한다는 뜻이다.

AT&T는 1980년 6.0십억 달러, 1981년 5.5십억 달러, 1982년 3.3십억 달러, 1983년 3.8십억 달러를 외부에서 조달했다. 따라서 1979년부터 1983년까지 매년 AT&T는 연평균 4.8십억 달러를 계속해서 외부에서 조달했다.

그렇다면 AT&T는 자금을 어디서 구했는가? [표 9.3]을 보면 AT&T는 1979년부터 1983년까지 DRP와 종업원주식매입 프로그램으로 1.7십억 달러, 2.6십억 달러, 2.2십억 달러, 3.5십억 달러, 3.5십억 달러를 조달했다. 회사는 1979 ~ 1981년 각각 3.4십억 달러, 3.1십억 달러, 2.6십억 달러의 장기채권을 발행하고, 1982년 205백만 달러의 장기채권을 상환한다. 그리고 1983년 680백만 달러의 장기채권을 발행한다. AT&T는 또한 1981년과 1982년에 각각 1십억 달러의 신주를 발행한다. 이렇게 AT&T는 1979부터 1983년까지 연평균 4.8십억 달러를 차입금과 주식(DRP 포함)으로 조달했다.

[표 9.3] AT&T 현금흐름표, 1979 ~ 1983

(백만 달러)	1979	1980	1981	1982	1983
당기순이익	5,674	6,058	6,888	7,279	249
감가상각비	6,130	7,040	7,900	8,734	9,854
운전자본과 현금 변동	3,034	2,398	2,746	2,817	(1,278)
영업활동 현금흐름(A)	14,838	15,496	17,534	18,830	8,825
자본적 지출	16,448	17,590	18,619	17,204	7,040
배당액	3,589	3,878	4,404	4,911	5,631
자금지출 소요(B)	20,037	21,468	23,023	22,115	12,671
자금조달 소요(A - B)	(5,199)	(5,972)	(5,489)	(3,285)	(3,846)
DRP와 종업원주식플랜	1,704	2,592	2,168	3,464	3,503
단기차입금	334	236	(323)	(974)	(737)
장기차입금	3,161	3,144	2,644	(205)	680
신주발행	–	–	1,000	1,000	400
외부조달 총액	5,199	5,972	5,489	3,285	3,846
DRP와 종업원주식플랜/순이익	30%	43%	31%	48%	35%

자금소요에 적합한 재무정책

[표 9.1]~[표 9.3]의 재무정보는 우리에게 보다 중요한 문제에 답하게 해준다. AT&T의 재무정책은 회사의 재무적 필요에 부합하는가? 다시 말해 AT&T는 매년의 자금조달 소요를 어떻게 충족하는가?

[표 9.2]에서 우리는 AT&T의 재무정책 목표를 추론할 수 있고 매년 이러한 목표를 어떻게 충족하는지 볼 수 있다. AT&T의 목표 차입비율은 어떠한가? 1979~1983년 AT&T의 차입비율(차입금 / (차입금+자본))은 47%, 47%, 46%, 43%, 43%였다. 이를 통해 우리는 이 회사의 목표 차입비율을 약 45%로 추론한다. AT&T는 45%의 목표 차입비율을 잘 달성했는가? 매우 그렇다. AT&T의 이자보상배율(영업이익 / 이자비용)은 얼마였는가? 3.8, 3.4, 3.3, 3.9, 3.0이었다. 3.0 중반에서 상당히 안정적으로 움직였다. AT&T의 목표 배당성향은 얼마인가? 1979년부터 1982년까지 실제 배당성향은 62%, 61%, 63%, 64%였기 때문에 목표치는 대략 62%로 보인다. (위에서 언급한 것처럼 1983년은 이상치이다.)

AT&T의 재무정책은 자신의 필요에 적합한가? 분명히 그렇게 보인다. 매년 회사가 재무목표를 충족하고 있다는 것은 회사가 균형 상태에 있으며 잘하고 있다는 것을 나타낸다. 어떤 재무정책이 한 기업에서 지속적으로 실행되거나 여러 기업이나 사업에서 공통적으로 실행된다면 이는 적절한 것이라고 보는 생존원칙으로 설명된다.[19)]

정리하면 올드 AT&T는 막대한 자금을 조달하면서 AAA등급을 유지했다. 왜 AT&T는 AAA등급을 유지했는가? 이 회사는 항상 자본시장에 접근할 필요가 있기 때문이다. AT&T는 미국정부를 제외하면 미국시장에서 가장 많은 자금을 조달했다. 이런 상황에서 여러분이 올드 AT&T의 자금조달 책임자가 되었다고 해보자. 여러분은 연간 4.8십억 달러, 일주일에 5일씩 52주 동안 하루에 매일 18.4백만 달러를 조달해야 한다. 이는 점심 식사 전에 9.2백만 달러, 점심 식사 후에 또 9.2백만 달러를 빌려야 한다는 뜻이다. 2주간 휴가를 가겠다면 여행 전에 184백만 달러를 미리 조달해 두어야 한다. 이는 엄청난 일이며, 여러분은 일 년 내내 이 일을 해야 한다. 이는 왜 AT&T가 AAA등급을 유지해야 하는 이유이다. 계속해서 자본시장에 접근해야하기 때문이다.

내부적으로 창출된 자금

잠시 5장에서 다룬 지속가능성장에 대해 살펴보자. (저자들은 반복이 중요한 학습법이라고 믿으며, 특히 여러 맥락에서 반복하는 것이 중요하다고 생각한다. 이 책을 통독하게 되면 반복되는 중요한 개념들을 보게 될 것이다. 지속가능성장도 이들 중 하나이다.)

19) 경제학의 생존원칙(survival principle)은 매우 간단한 개념이다. 이는 누군가 어떤 것을 시간이 지나도 지속하고 있다면 이를 꼭 이론적으로 설명할 수 없다고 하더라도 이 행동을 적절한 것이라고 볼 수 있다는 것이다.

기업재무의 핵심 교훈은 여러 재무목표들이 서로 일관성을 가져야 하며 또한 재무목표들은 제품시장과 자본시장에도 부합해야 한다는 것이다.

지속가능성장률에 대해 생각해보자. 매출이 다음과 같이 g의 증가율로 성장한다고 하자.

$$t+1\text{년의 매출액} = t\text{년의 매출액} * (1+g)$$

또는

$$\text{매출액}_{t+1} = \text{매출액}_{t} * (1+g)$$

만일 회사의 총자산회전율(매출액 / 총자산)이 일정하다면 자산은 매출액과 같은 증가율로 늘어나야 한다.

$$\text{만일 } \frac{\text{매출액}_{t+1}}{\text{자산}_{t+1}} = \frac{\text{매출액}_{t}}{\text{자산}_{t}} \text{ 이고}$$

$$\text{매출액}_{t+1} = \text{매출액}_{t} * (1+g)\text{이면,}$$

$$\text{자산}_{t+1} = \text{자산}_{t} * (1+g)\text{이다.}$$

이때 우리가 이미 아는 것처럼 대차대조표는 다음과 같은 관계를 갖는다.

$$\text{자산} = \text{부채} + \text{자기자본}$$

따라서 자산이 증가하면 부채와 자본도 같은 비율로 증가해야 한다. 총자산회전율이 일정하면 자산은 매출액과 같은 g의 성장률로 증가하기 때문에 부채와 자본도 g의 성장률로 증가해야 한다.

다시 정리하면, 총자산회전율이 일정한데 매출액이 g의 성장률로 증가하면 자산도 g의 성장률로 증가한다. 자산이 g의 성장률로 증가하면 자산 = (부채 + 자본)이기 때문에 (부채 + 자본)도 g의 성장률로 증가해야 한다.

마지막으로 부채와 자본의 비율이 일정하다면, 즉 부채비율이 일정하다면 부채와 자본은 모두 자산 및 매출액과 같은 성장률로 증가한다. 이 논리는 다음과 같다.

$$\text{만일 } \frac{\text{매출액}_{t+1}}{\text{자산}_{t+1}} = \frac{\text{매출액}_{t}}{\text{자산}_{t}} \text{ 이고}$$

$$\text{매출액}_{t+1} = \text{매출액}_{t} * (1+g)\text{이면,}$$

$$\text{자산}_{t+1} = \text{자산}_{t} * (1+g)\text{이다.}$$

$$\text{나아가 만일 } \frac{\text{부채}_{t+1}}{\text{자기자본}_{t+1}} = \frac{\text{부채}_{t}}{\text{자기자본}_{t}} \text{ 이면}$$

부채와 자기자본은 모두 g의 성장률로 증가한다.

자본은 자기자본이익률(ROE)에서 배당성향(DPR)을 뺀 비율로 증가한다. 이를 다시 정리하면 다음과 같다.

$$ROE = \frac{NI}{NW} \text{이고 } DPR = \frac{D}{NI} \text{이다.}$$

이때 NI = 당기순이익, NW = 자기자본, D = 배당이다.

따라서 자기자본은 다음의 비율로 성장한다.

$$ROE * (1 - DPR)$$

이러한 자기자본의 성장률은 때때로 지속가능성장률(sustainable growth rate)로 불린다. 이는 총자산회전율(매출액 / 총자산)과 부채비율(부채 / 자기자본)이 일정할 때 회사가 외부 자금조달 없이 지속적으로 성장할 수 있는 성장률이다.

이제 거꾸로 한 번 살펴보자. 즉, 논리 흐름을 뒤집어 보자. 다음과 같이 지속가능성장률을 정의하는 것에서 시작해보자.

지속가능성장률은 ROE * (1 − DPR)이고, 이를 g로 설정한다.

언급한 것처럼 부채비율(부채 / 자본)이 일정하면 부채는 자본과 같은 g의 비율로 증가해야 한다.

대차대조표는 자산 = (부채 + 자본)을 만족해야하기 때문에 자산은 부채와 같은 비율로 증가해야 하며, 자본도 같은 비율로 증가한다.

마지막으로 이때 총자산회전율(매출액 / 자산)이 일정하면 매출액은 g의 성장률로 증가해야 하며, g는 지속가능성장률이고 g = ROE * (1 − DPR)이 된다.

대차대조표	
자산$_t$ * (1 + g)	부채$_t$ * (1 + g) 자기자본$_t$ * (1 + g)

따라서 지속가능성장률을 올리기 위해서는 회사가 다음 중 최소 하나 이상을 해야 한다.

- ROE를 높인다.
- 배당성향을 낮춘다.
- 부채비율(부채 / 자기자본)을 높인다. 즉 추가 차입을 한다.

- 총자산회전율(매출액 / 총자산)을 높인다.
- 외부 자본을 발행한다.

중요한 것은 우리가 임의로 재무목표를 설정할 수 없다는 것이다. ROE가 20%, 배당성향이 50%인 회사를 가정해보자. (부채 / 자본)과 (매출액 / 총자산)이 일정하면 매출액은 얼마나 빨리 증가할 수 있는가? 매출액은 10%만 증가할 수 있다. ROE가 20%이고 배당성향이 50%이면, 회사의 순자산(자본)은 10%(20% * (1 - 50%)) 증가한다. 이때 부채비율(부채 / 자본)이 일정하면 회사의 부채는 10% 증가하며, 매출액/총자산이 일정하면 매출액은 오직 10% 증가할 수 있다.

저자들이 경험한 실제 사례를 살펴보자. 대형금융사의 한 CEO는 매년 증권분석사회에서 다음해 회사의 목표 차입비율, 채권등급, 매출성장률, 총자산순이익률 등에 대해 입장을 밝혔다고 한다. 그러나 매년 제시된 재무목표들은 서로 부합하지 않았고, 그나마도 매년 목표를 달성하지 못했다. 재무목표들이 일관성을 갖지 못하기 때문에 이 목표들을 달성하지 못한 것은 사실 놀라운 일이 아니다. 부채비율이 일정할 때 ROE 20%, 배당성향 50%에서 매출성장률 15%를 예상할 수는 없다. 이렇게는 작동하지 않는 것이다. 냉정하게 말하면 이 CEO는 실적으로 올렸는지는 몰라도 전문적으로 재무관리를 한 적은 없다고 봐야 한다. 이 사례에서 우리가 얻는 교훈은 재무관리는 회계가 아니며 이 모든 것이 합쳐져 한다는 것이다.

요약하면 우리가 부채 / 자본, 매출액 / 총자산, 순이익 / 매출액이 일정하면 지속가능성장률은 이 회사의 매출성장률이 된다. 이때 ROE와 (1 - DPR)를 곱하면 이 회사의 지속가능성장률이 된다.[20)]

AT&T의 지속가능성장률

이제 AT&T의 지속가능성장률을 살펴보자. [표 9.4]를 보면 1979 ~ 1982년 AT&T의 평균 ROE는 13.1%였다. 또한 [표 9.1]을 보면 동기간 배당성향은 평균 62%였다. 따라서 지속가능성장률(ROE * (1 - DPR))은 4.98%(13.1% * (1 - 0.62))로 계산된다. 하지만 AT&T의 자본은 1979년 말 46.5십억 달러에서 1982년 말 63.8십억 달러로 증가해 연평균 11.1% 증가했다. AT&T는 이를 어떻게 한 것인가?

[표 9.4]를 보면 AT&T의 매출액 / 총자산은 1979년 39.3%에서 1983년 46.4%로 상당히 안정적이다. 또한 [표 9.2]를 보면 1979년부터 1983년까지 차입비율은 각각 47%, 47%, 46%, 43%, 43%였다. 따라서 부채비율도 매우 안정적이었다. AT&T의 자본에 대해 좀 더

20) 물론 회사는 지속가능성장률보다 더 빠르거나 더 느리게 성장한다. 회사는 언급한 재무비율 중 하나를 변경하여 성장을 조절한다. 일반적으로 추가적인 성장을 위해서는 부채나 주식을 발행한다. 이 경우 부채비율(부채/자본)이 변동할 수 있다.

자세히 살펴보자. 자본이 1979년 말 46.5십억 달러에서 매년 4.98%의 지속가능성장률로 증가하면 1982년 말에는 53.8십억 달러($\$46.51 * 1.0498^3$)가 되어야 한다. 이는 다른 조건이 일정하고 1982년 말 자본이 실제 63.8십억 달러가 되려면 약 10.0십억 달러를 외부에서 자본으로 조달해야 한다는 뜻이다. 46.5십억 달러를 3년간 매년 4.98%씩 늘리면 53.8십억 달러가 되기 때문에 10.0십억 달러를 외부 주식으로 조달해야 63.8십억달러가 된다.

[표 9.4] AT&T 주요 재무비율, 1979 ~ 1983

	1979	1980	1981	1982	1983
매출액성장률	n/a	12.0%	14.5%	11.8%	6.6%
당기순이익 / 매출액	12.5%	11.9%	11.8%	11.2%	0.4%
ROA(NI / 연초총자산)	5.5%	5.3%	5.5%	5.3%	0.2%
ROE(NI / 연초자기자본)	13.3%	13.0%	13.4%	12.8%	0.4%
매출액 / 연말총자산	39.9%	40.5%	42.3%	43.9%	46.4%

그렇다면 AT&T는 10.0십억 달러의 외부 자본을 어떻게 구했는가? [표 9.3]을 보면 1980 ~ 1982년 동안 AT&T는 DRP와 종업원주식매입 프로그램으로 8.2십억 달러를 조달했다. 이를 감안하면 이제 1.8십억 달러($10.0 - $8.2)가 남는다. AT&T는 1981년과 1982년 각각 1.0십억 달러의 신주를 발행해 2.0십억 달러를 조달했다. (차이는 반올림 차이이다.) 이 개념에 익숙하지 않은 사람이라면 이때 이렇게 말할 것이다. "이것이 실제 그렇게 되네요." 당연히 그렇게 되어야 한다. 회사가 차입비율, 배당성향, 총자산회전율을 일정하게 유지하면서 자본을 지속가능성장률보다 빨리 늘릴 수 있는 유일한 방법은 추가적인 주식 발행뿐이다. AT&T를 보면서 우리는 레버리지와 수익성을 일정하게 유지하는 회사의 특성을 파악하게 된다. 이런 회사는 배당성향도 대략 일정하게 유지한다. 따라서 AT&T와 같은 회사는 외부 주식을 발행해야만 지속가능성장률(ROE * (1 - 배당성향))보다 빨리 자본을 늘릴 수 있다. 이것이 지속가능성장률이 작동하는 방식이다.

	(백만 달러)
1979년 AT&T 실제 자기자본(순자산)	46,509
지속가능성장률에 따른 증가	$*1.0498^3$
지속가능성장률만 감안 시 1982년 말 AT&T 자기자본	53,809
DRP와 종업원주식플랜에 따라 발행된 자본	8,220
신주 발행	2,000
계산된 1982년 AT&T 자기자본	64,029
실제 1982년 AT&T 자기자본	63,764
라운딩 에러	265

요약하면, 올드 AT&T의 재무정책은 자본시장에 안정적인 접근을 위해 미국 시장에서 고정금리 장기채권을 발행한다. 또한 이를 위해 배당성향을 약 60%로 유지했다. 종합하면 올드 AT&T의 재무정책은 다음과 같이 요약할 수 있다. AT&T는 자본시장에 지속적으로 접근하기 위해 AAA 채권등급[21)]을 유지한다. 또한 배당성향은 약 60%+로 유지한다. 부채비율은 45% 수준에서 유지한다. 이는 연간 4.8십억 달러, 하루에 18.4백만 달러에 달하는 막대한 자금조달 소요를 충족하기 위한 것이다. 이러한 네 가지 재무정책은 유기적으로 연결되며 지속 가능했던 것이다.

1984년 이후 뉴 AT&T

이제 1984년 기업분할 이후의 "뉴" AT&T에 대해 살펴보자. (공식적으로 기업분할은 1984년 1월 1일부로 이루어졌고, 1983년은 전환기였기 때문에 분할 후 논의는 1984년부터 시작한다. 이 책은 분할 이후에 쓰였지만 우리는 1984년 이후를 미래로 보고 논의를 진행할 것이다.) 우리는 "올드" AT&T에게 했던 것과 같은 질문을 던진다. 첫 번째 질문은 "뉴 AT&T의 자금조달 소요는 어떻게 되는가?"이다. 1984년 초에 우리가 이 질문을 답하기 위해서는 추정 재무제표를 작성해보아야 한다. 다만, 이 장은 제품시장과 재무정책의 일관성을 다루고 있기 때문에 재무추정의 세부사항은 [첨부 9A]를 참조한다.

[표 9.5]~[표 9.7]은 AT&T의 기업분할 후인 1984~1988년 추정 손익계산서, 대차대조표, 현금흐름표이다.

다시 한 번 말하지만 이 추정 재무제표에 사용된 주요 가정에 대해서는 [첨부 9A]를 참고하라.

21) 채권등급(bond ratings)에 대해서는 5장의 주석 3을 참조하라.

[표 9.5] AT&T 기업분할 후 추정 손익계산서, 1984 ~ 1988

연(백만 달러)	1984	1985	1986	1987	1988
매출액(+4%)	35,910	37,347	38,840	40,393	42,010
영업비용(매출액의 81.3%)	29,195	30,363	31,577	32,840	34,154
영업이익(매출액의 18.7%)	6,715	6,984	7,263	7,553	7,856
이자비용(차입금 * 12%)	1,180	1,063	943	812	669
세전이익	5,535	5,921	6,320	6,741	7,187
연방법인세(40%)	2,214	2,368	2,528	2,696	2,875
당기순이익(2%)	3,321	3,553	3,792	4,045	4,312
배당(당기순이익 * 60%)	1,993	2,131	2,275	2,427	2,587
DRP(배당 * 33%)	664	711	759	809	862

(참고) 괄호안의 수치는 추정에 적용된 성장률과 비율이다. 예를 들어 매출액은 매년 4%씩 성장한다고 가정한다. 다른 비율들은 [표 9.1]과 유사하다. 또한 AT&T의 배당성향과 DRP도 변동하지 않는다고 가정한다.

[표 9.6] AT&T 기업분할 후 추정 대차대조표, 1984 ~ 1988

연(백만 달러)	1984	1985	1986	1987	1988
현금과 현금등가물(매출액의 2%)	718	747	777	808	840
기타의 유동자산(매출액의 31.5%)	11,312	11,764	12,235	12,724	13,233
유동자산	12,030	12,511	13,012	13,532	14,073
유형자산(연 4% 증가)	20,711	21,539	22,401	23,297	24,228
투자자산과 기타자산(일정)	1,250	1,250	1,250	1,250	1,250
자산총계	33,991	35,300	36,663	38,079	39,551
단기차입금(일정)	366	366	366	366	366
매입채무와 기타(매출액의 12%)	4,309	4,482	4,661	4,847	5,041
유동부채	4,675	4,848	5,027	5,213	5,407
장기차입금(플러그)	8,488	7,493	6,401	5,204	3,895
기타의 장기부채(일정)	4,098	4,098	4,098	4,098	4,098
부채총계	17,262	16,439	15,526	14,515	13,400
납입자본금(+DRP)	12,812	13,523	14,282	15,091	15,953
이익잉여금(순이익 - 배당금)	3,916	5,338	6,855	8,473	10,198
자본총계	16,729	18,861	21,137	23,564	26,151
부채와 자본총계	33,991	35,300	36,663	38,078	39,551
매출액 / 자산총계	1.06	1.06	1.06	1.06	1.06
차입비율(차입금 / 자본)	34.6%	29.4%	24.3%	19.1%	14.0%
이자보상배율(영업이익 / 이자비용)	5.69	6.57	7.70	9.30	11.75
예상 채권신용등급	AA	AA	AA	AA+/AAA	AA+/AAA

[표 9.7] AT&T 기업분할 후 추정 현금흐름표, 1984 ~ 1988

연(백만 달러)	1984	1985	1986	1987	1988
당기순이익	3,321	3,553	3,792	4,045	4,312
감가상각비(기초PP&E / 20)	996	1,035	1,077	1,120	1,165
운전자본과 현금의 증감	(215)	(309)	(321)	(334)	(347)
영업활동 현금(A)	4,102	4,279	4,548	4,831	5,130
자본적 지출(PP&E의 증감)	1,792	1,864	1,939	2,016	2,097
배당금(당기순이익의 60%)	1,993	2,132	2,275	2,427	2,587
자금지출 소요(B)	3,785	3,996	4,214	4,443	4,684
자금조달 소요(A - B)	317	283	334	388	446
DRP와 종업원주식플랜	664	711	758	809	862
장기차입금(플러그)	(981)	(994)	(1,092)	(1,197)	(1,308)
외부 자금조달 총액	(317)	(283)	(334)	(388)	(446)

위에서 보는 것은 현행 재무제표를 기준으로 작성한 요약 현금흐름표이다. 다만, 이 현금흐름표는 과거 회계 기준에 따라 작성된 자금원천·사용명세서를 재구성한 것이다.

자금 원천의 추정

따라서 AT&T의 향후 신규 자금 소요는 어떻게 되는가? [표 9.7]에서 보듯이 1984 ~ 1988년 AT&T의 자금지출 소요는 연평균 약 4.2십억 달러로 추정된다. [표 9.7]의 추정 현금흐름표가 옳다면 영업활동에서 창출된 연평균 4.6십억 달러는 유형자산 투자와 배당을 지출하는데 충분한 수준이다. 참고로 유형자산은 매출액과 같이 매년 4%씩 증가한다고 가정했다.

이것들이 의미하는 것은 무엇인가? 올드 AT&T는 연평균 4.8십억 달러의 자금을 조달해야 했다. 하지만 뉴 AT&T는 유형자산 투자와 배당에 필요한 현금을 영업활동에서 창출할 수 있을 것으로 예상된다. (우리는 배당성향이 일정할 것으로 가정한다.) 참고로 실제 AT&T의 배당액은 일정하게 유지되었고, 순이익이 변동해도 배당액은 크게 변동하지 않았다. (배당정책에 대해서는 11장에서 보다 자세히 설명한다.)

왜 AT&T는 1983년 이전에 그렇게 많은 외부 자금조달이 필요했는가? 첫째, AT&T의 매출액 / 총자산은 1983년 46.4%($69.4 / $149.5)에서 1983년 베이비 벨들을 분할 한 이후인 1984년에 105.6%($35.9 / $34.0)로 증가한다. 매출액보다 자산이 큰 폭으로 감소했기 때문이다. 이는 AT&T가 과거 고강도의 규제를 받으며 막대한 손실을 내고 있던 가정용 지역전화 사업자인 베이비 벨들 분할한 결과이다. 반면 AT&T는 수익성이 좋은 장거리 전화는 계속 유지했다.

가정용 지역전화 사업이 분리되면서 자산은 감소했지만 그 수익성이 나빴기 때문에 매출은 자산만큼 감소하지 않은 것이다.[22)]

시나리오 분석: Best vs. Worst

다음은 시뮬레이션을 좀 해보자. 우리는 최소한 최상, 최악, 중립적 가정에 따른 세 가지 시나리오를 분석한다. 다만 여기서는 중립과 최악 시나리오만 다루기로 한다. 중립적 시나리오가 이미 상당히 긍정적이기 때문에 최상의 시나리오는 다룰 필요는 없기 때문이다.

최악의 시나리오에서는 AT&T가 향후 사실상 순이익이 없을 것으로 가정한다. (이를 위해 우리는 영업비용이 매출액의 96.5%, 영업이익률이 3.5%라고 가정해 당기순이익이 거의 0에 가깝도록 만든다. 또한 매출액은 중립적 시나리오에 적용된 연 4%로 증가하지 않고 단 1%씩만 증가한다고 가정한다. 이자비용은 차입금의 12%로 유지한다. 차입금은 매출액과 같이 증가하지만 증가율은 1%씩 낮아진다.)[23)] 따라서 중립 시나리오에서 AT&T는 3십억 달러 이상을 벌지만 최악 시나리오에서 AT&T의 순이익은 24백만 달러로 추정된다. 비록 AT&T가 실제 적자를 내더라도 회사의 이월결손금(tax loss carry-forwards)[24)] 때문에 실제로는 적자로 보이지 않게 된다. 정리하면 중립적 사니라오에서는 AT&T가 상당한 이익을 내지만 최악 시나리오에서는 AT&T가 매우 소액의 이익을 낼 것으로 예상된다.[25)]

최악의 시나리오에서 우리는 AT&T가 배당을 전액 삭감한다고 가정한다. 하지만 실제에서 AT&T는 아마도 배당을 삭감하지 않았을 것이다. 앞에서 말한 것처럼 배당정책에 대해서는 11장에서 자세히 논의하기로 한다.

[표 9.8]~[표 9.10]은 최악의 시나리오에 따른 AT&T의 1984~1988년 추정 손익계산서, 대차대조표, 현금흐름표를 보여준다.

최악 시나리오에서 AT&T의 자금조달 소요는 어떤 의미를 갖는가? 최악의 시나리오에서 AT&T의 자

---

22) 사실 가정용 전화는 사실상 장거리 전화에서 보조금을 지급받고 있었다. 분할 이후 AT&T는 더 이상 통신선로와 교환국을 건설하고 기지국 신설을 위해 전신주를 세울 필요가 없게 된다. 이런 일들은 버리아즌, 사우스벨, 유에스웨스트 등이 하게 되었다. 결과적으로 AT&T는 과거처럼 많은 자산이 필요하지 않았다. AT&T는 분할로 인해 매출이 감소했지만 자산은 더 큰 비율로 감소하게 된다. 이는 왜 이 회사가 1983년 이후 그렇게 많은 자본이 필요하지 않게 되었는지의 이유이다.

23) 최악의 시나리오를 위해 우리는 (중립적 시나리오의 4% 대신) 매출증가율을 단 1%만 가정하고 영업비용은 (92% 대신) 매출액의 96%로 조정한다. 이로 인해 순이익이 줄면서 순이익률(순이익/매출액)은 2%에서 0%로 떨어진다.

24) 이월결손금은 회사가 다년간 세금을 낸 상태에서 손실이 발생하면 과거 이익과 현재 손실을 합산하여 기존에 납부한 세금의 환급해주는 제도이다. 과거 세법에서는 당해 연도 손실에 대해 직전 3년간 납부한 세금을 소급해서 환급해주고 미사용 이월결손금은 10년간 이월해 사용할 수 있었다. 하지만 2018년 감세와 일자리 법(Tax Cuts and Jobs Act of 2018)이 통과된 후에는 더 이상 소급해서 세금을 환급하지는 않는다. 다만, 이월결손금은 기간 제한 없이 영구적으로 이월해 사용할 수 있게 되었다. 이는 현금의 원천으로 15장과 16장의 현금흐름 가치평가에서 자세히 살펴보기로 한다.

25) 누군가는 최악의 시나리오에 대해서도 이의를 제기할 수 있다. 또한 기술적으로 분석자는 매출액과 비용을 직접 추정해 추정 손익계산서를 작성해야 한다. 다만 여기서 우리는 대차대조표에 집중하고 있기 때문에 당기순이익은 대략 거의 0에 가깝도록 설정한 것이다.

금조달 소요, 다시 말해 영업활동 현금흐름과 자본적 지출의 차이는 5년 전체로 377백만 달러에 불과하다. 배당을 지급하지 않으면 AT&T가 사실상 이익을 내지 못해도 자금조달 소요는 겨우 연평균 75백만 달러에 지나지 않는다. 이는 1984년 이전 연평균 4.8십억 달러와 극단적으로 대비된다. 최악의 시나리오에서도 AT&T의 5년간 자금조달 소요는 1984년 이전 한 해 자금조달 소요보다도 적을 것으로 추정되었다. 왜 그런가? AT&T는 더 이상 많은 자산을 보유할 필요가 없고 훨씬 적은 규모의 자본적 지출이 가능하기 때문이다. 회사는 이제 다른 세상에서 운영되고 있는 것이다.

[표 9.8] AT&T 추정 손익계산서(최악 시나리오), 1984 ~ 1988

연(백만 달러)	1984	1985	1986	1987	1988
매출액	34,874	35,222	35,574	35,929	36,290
영업비용(매출액의 96.5%)	33,654	33,989	34,329	34,672	35,019
영업이익(매출액의 3.5%)	1,220	1,233	1,245	1,257	1,271
이자비용(차입금 * 12%)	1,180	1,063	943	812	669
세전이익	40	170	302	445	602
연방법인세(40%)	16	68	121	178	241
당기순이익(가정에 따라 거의 0)	24	102	181	267	361
배당(가정)	0	0	0	0	0
DRP(가정)	0	0	0	0	0

[표 9.9] AT&T 추정 대차대조표(최악 시나리오), 1984 ~ 1988

연(백만 달러)	1984	1985	1986	1987	1988
현금과 현금등가물(매출액의 2%)	698	705	712	719	726
기타의 유동자산(매출액의 31.5%)	10,985	11,095	11,206	11,318	11,431
유동자산	11,683	11,800	11,918	12,037	12,157
유형자산	20,113	20,314	20,517	20,723	20,930
투자자산과 기타자산	1,250	1,250	1,250	1,250	1,250
자산 총계	33,046	33,364	33,685	34,010	34,337

연(백만 달러)	1984	1985	1986	1987	1988
단기차입금	366	366	366	366	366
매입채무와 기타	4,185	4,227	4,269	4,312	4,355
유동부채	4,551	4,593	4,635	4,678	4,721
장기차입금	9,637	9,811	9,908	9,923	9,846
기타의 장기부채	4,098	4,098	4,099	4,098	4,098
부채 총계	18,286	18,502	18,642	18,699	18,665
납입자본금	12,148	12,148	12,148	12,148	12,148
이익잉여금	2,612	2,714	2,895	3,163	3,524
자본총계	14,760	14,862	15,043	15,311	15,672
부채와 자본 총계	33,046	33,364	33,685	34,010	34,337
매출액 / 자산총계	1.06	1.06	1.06	1.06	1.06
차입비율(차입금 / (차입금 / 자본))	40.4%	40.6%	40.6%	40.2%	39.5%
이자보상배율(영업이익 / 이자비용)	1.03	1.16	1.32	1.55	1.90
예상 채권신용등급	BB	BB	BB	BB	BB

[표 9.10] AT&T 추정 현금흐름표(최악 시나리오), 1984 ~ 1988

연(백만 달러)	1984	1985	1986	1987	1988
당기순이익	24	102	181	267	361
감가상각비	996	1,006	1,016	1,026	1,036
운전자본과 현금의 증감	7	(75)	(76)	(76)	(77)
영업활동 현금(A)	1,027	1,033	1,121	1,217	1,320
자본적 지출	1,195	1,207	1,219	1,231	1,243
배당금	0	0	0	0	0
자본지출 소요(B)	1,195	1,207	1,219	1,231	1,243
자본조달 소요(A－B)	(168)	(174)	(98)	(14)	76
장기차입금 조달	168	174	98	14	(76)

현재까지 이 장에서 분석한 내용을 정리해보자. 올드 AT&T는 매년 4.8십억 달러를 조달해야 했다. 하지만 중립적 시나리오에서 뉴 AT&T는 필요한 자본적 지출을 충당하기에 충분한 현금을 내부적으로 창출할 것으로 예상된다. 중립 시나리오에 따른 [표 9.7]에서 1984 ~ 1988년 영업활동에서 총 22.9십억 달러가 창출될 것으로 예상된 반면 지출 소요는 자본적 지출 9.7십억 달러, 배당 11.4십억 달러 등 총 21.1십억 달러로 예상된다. 이는 중립 시나리오에 따르면 AT&T가 5년간 1.8십억 달러의 차입금을 상환할 수 있다는 의미이다.

한편 최악 시나리오에서 자본적 지출은 5년간 영업활동 현금보다 377백만 달러 많을 것으로 예상된다. 이 시나리오에서는 당기순이익과 배당이 거의 없을 것으로 가정했다. 그럼에도 불구하고 AT&T의 연평균 자금조달 소요는 겨우 연평균 75백만 달러에 지나지 않는 것으로 추정되었다.

[표 9.11] AT&T 추정 현금흐름표 비교, 1984~1988

연(백만 달러)	중립 시나리오	최악 시나리오
영업활동 현금	22,890	5,718
자본적 지출	9,708	6,095
배당	11,414	0
지출 소요	21,122	6,095
5년간 차입금 감소	1,768	
5년간 자금조달 소요		(377)

저자들은 이제 여러분이 AT&T의 사업상 변화가 이 회사의 재무비율과 지속가능성장률에 영향을 미칠 수 있다는 것을 이해했을 것으로 본다. 나아가 여러분이 사업상 변화가 AT&T의 자금조달 소요에 미치는 영향을 분석했다면 이미 여러분은 기업재무를 이해하는 큰 길에 들어섰다고 확신한다.

제품시장 변화의 재무적 영향

이제 올드 AT&T에서 뉴 AT&T로의 변화가 재무비율에 어떤 영향을 미쳤는지 검토해보자. 기억한다면 우리는 2장에서 비율분석이 회사 스스로 혹은 외부의 애널리스트와 은행이 회사의 재무건전성을 평가하는 기본적 진단도구로 사용된다고 언급한바 있다.

투자은행이 준비하는 프레젠테이션 북은 재무비율과 신용등급의 영향 분석을 적극 활용한다.[26] 보다 정확한 분석을 위해 이런 자료는 여러 시나리오에 따른 재무비율의 변화를 분석한다.

우리는 재무비율을 검토하면서 동시에 뉴 AT&T의 잠재적 채권등급을 평가해보기로 한다. 올드 AT&T의 채권은 안정적으로 AAA등급의 평가를 받았다. AT&T의 차입비율(D / (D + E))과 이자보상배율(EBIT / I)을 살펴보면 1984년 이후 뉴 AT&T의 채권등급을 예상해 볼 수 있다. 1984년과 1988년 중립과 최악 시나리오에 따른 재무비율은 [표 9.12]와 같다.

26) 투자은행은 신규 자금조달, M&A, 재무정책 변화(예: 배당) 등을 검토할 때 회사에 대한 프레젠테이션 북을 준비한다. 이 자료는 회사가 과거에 어떻게 해왔고 앞으로 어떻게 변할 것인지를 설명하는데 회사의 시계열적 변화를 보여주고 회사와 경쟁사들을 비교한다. 이런 자료 작업의 일반적으로 (막 대학원을 졸업한) 신참 애널리스트가 많은 시간을 할애하게 된다.

[표 9.12] AT&T의 주요 추정 재무비율

	중립 시나리오		최악 시나리오	
	1984	1988	1984	1988
차입비율	34.6%	14.0%	40.4%	39.5%
이자보상배율	5.69	11.75	1.03	1.90
채권신용등급	AA	AA+/AAA	BB	BB

[표 9.12]를 분석해보자. 언급한 것처럼 우리는 중립 시나리오의 결과가 긍정적이기 때문에 최상 사니라오는 굳이 제시하지 않았다. AT&T의 중립 시나리오에 따른 주요 재무비율을 보면 차입비율은 1984년 34.6%, 1988년 14.0%로 예상된다. 세부적으로 보면 1984년 차입비율은 부채(차입금) 8,854백만 달러(단기 $366 + 장기 $8,488), 자본 16,729백만 달러로 계산된다.

중립 시나리오에서 AT&T의 이자보상배율은 1984년 5.69배, 1988년 11.75배로 예상된다. 이때 1984년 이자보상배율은 영업이익 6,715백만 달러를 이자비용 1,180백만 달러로 나누어 계산했다. (이자비용은 직전연도 말 총차입금에 추정 이자율 12%[27]를 곱해 추정한다. 다만 여러분의 회사에 적용할 때는 실제 이자지급액과 차입금리를 알 수 있기 때문에 이런 추정은 불필요할 수 있다.)

중립 시나리오에서 1984년 차입비율 34.6%와 이자보상배율 5.69배를 고려하면 AT&T의 채권등급은 AA등급으로 추정한다. 이는 뉴 AT&T가 더 이상 유틸리티회사가 아니기 때문이다. 유틸리티회사는 같은 신용등급에 더 많은 부채를 부담할 수 있다. 규제대상 유틸리티회사는 안정적인 현금흐름을 유지하기 때문에 위험도 상대적으로 작기 때문이다. AT&T가 더 이상 유틸리티회사가 아니기 때문에 AT&T는 이제 유사한 규모와 위험을 가진 비(非)유틸리티회사와 비교되어야 한다.

이제 AT&T의 1988년 중립 시나리오를 보자. 분석결과 1984년부터 1988년까지 AT&T의 차입비율은 34.6%에서 14.0%로 하락하고, 이자보상배율은 11.75배까지 상승할 것으로 예상된다.

1988년 AT&T의 채권등급은 어떻게 예상되는가? 재무비율이 개선되면서 신용등급은 AA+ 또는 AAA로 예상된다. 결국 중립 시나리오에서 AT&T의 신용등급은 개선될 것으로 기대된다.

그렇다면 최악의 시나리오에서는 AT&T에 무슨 일이 생기는가? 이 경우 1984년 AT&T의 차입금은 10,003백만 달러로 중립 시나리오보다 약간 높은 수준으로 예상된다. 또한 차입비율은 40.4%, 이자보상비율은 1.03배로 추정된다. (순이익이 0에 가깝기 때문에 영업이익은 이자

27) [첨부 9A]에서 설명하는 것처럼 12% 이자율은 1983년 말 10년물 미국 국채수익률 11.67%를 감안해 가정한 것이다.

비용과 거의 일치한다.)

신용평가기관이 이자보상배율과 기업규모를 신용등급으로 전환하는 방법론에 따르면 AT&T의 채권등급은 BB가 될 가능성이 높다. 다만 신용평가회사가 이 시나리오의 순이익 0을 일회성으로 인식하면 신용등급을 BBB로 평가할 수 있다.[28)]

1988년 AT&T의 차입비율은 39.5%로 약간 감소하는 반면 이자보상배율은 1.90배로 증가할 것으로 전망된다.

이는 AT&T가 5년간 거의 수익을 내지 못하고 매출성장률(최악 시나리오 1%)과 동일한 수준에서 자본적 지출을 계속하더라도 차입금과 이자보상배율은 기본적으로 유지된다는 의미이다. AT&T는 여전히 대규모 자산을 보유한 대기업으로 존재할 것이다. 참고로 재무비율이 동일하더라도 규모가 작은 회사는 일반적으로 낮은 등급을 부여받는다.

결국 중립 시나리오에서 AT&T의 신용등급은 분할 이후 1988년까지 AA에서 AA+ 또는 AAA로 예상한다. 최악 시나리오에서 AT&T는 분할 이후 BB까지 내려갈 수 있다.

앞에서 우리는 회사가 내적, 외적, 횡단면 기준을 고려해 차입비율을 설정한다고 말했었다. 그렇다면 비율분석은 어디에 해당하는가? 이는 내적 점검에 해당한다. 우리는 미래 재무비율을 추정해 신용등급을 예측하기 위해 중립과 최악 시나리오를 분석했다. 이를 분석하는 것은 복잡하지 않지만 정밀한 분석이 요구되는 작업인 것은 분명하다.

뉴 AT&T에 대한 시나리오별 재무추정을 해 보았으니, 새로운 질문을 해보자. 제반 상황을 감안할 때 뉴 AT&T의 재무정책은 어떠해야 하는가?

뉴 AT&T에는 두 가지 중요한 변화가 예상된다. 첫째, 회사는 더 이상 규제대상 유틸리티회사가 아니다. 둘째, 회사는 신규 투자를 대폭 줄일 수 있고, 따라서 요구되는 자금조달 소요가 크게 줄어들 것이다. 투자 감소는 회사의 매출액 / 총자산을 0.46에서 1.06으로 끌어올린다. 이는 AT&T의 자본집약도가 상승한다는 의미이다. 또는 AT&T는 더 이상 독점기업이 아니다. 비록 AT&T는 여전히 대기업이지만 산업에는 이제 다수의 경쟁자가 있다. 이는 AT&T의 기초사업위험(BBR)이 높아졌다는 의미이다.

MCI와 다른 경쟁자들이 장거리 통신시장에 진입하기 전까지 AT&T는 이 시장의 95%를 점유하고 대부분의 지역 전화서비스를 독점했다. 1984년을 기점으로 운영회사들이 독립법인으로 분할되면서 AT&T의 장거리 전화 시장점유율은 하락한다. 1984년 이전에는 전화기를 AT&T의 자회사가 공급했다. 이후에는 소비자가 여러 제조업체에서 전화기를 구입할 수 있게 되었다.

기업분할은 AT&T가 마케팅 활동을 시작하는 계기가 된다. 분할 전까지 AT&T는 광고

---

28) 여러분은 채권등급이 어떻게 도출되는지 알고 있어야 한다. 그러나 이 회사는 이자보상배율이 0인 기간에도 여전히 차입비율이 38%로 양호한 차입금 수준을 유지하는 대기업이란 사실에 유의하자.

를 거의 하지 않았다. 독점 시절에는 광고가 필요하지 않았기 때문이다. 1984년 이후 AT&T는 여러 측면에서 완전히 다른 세계에 살게 된다.

"뉴" AT&T의 재무정책

AT&T의 새로운 재무정책에 대해 생각해보자. 뉴 AT&T의 재무정책에 관한 첫 질문은 다음과 같다. AT&T가 추구하는 채권등급은 무엇인가? AT&T는 더 이상 유틸리티회사가 아니기 때문에 AT&T는 AAA등급을 유지하기 위해 노력해야 하는가? AT&T는 더 이상 유틸리티회사가 아니기 때문에 회사가 AAA등급을 유지하고 싶다면 차입금을 줄이거나 이자보상배율을 높여야 한다. 언급한 것처럼 유틸리티회사는 대부분 독점기업으로 일반 제조업체보다 사업이 안정적인 것으로 간주되기 때문에 높은 차입금을 부담할 수 있다. AAA등급은 항상 자본시장에 대한 접근을 보장해주었기 때문에 이를 유지하는 것은 AT&T에게 중요했다. 하지만 자금조달소요가 감소하면서 이를 유지하는 것은 뉴 AT&T에게 그렇게 중요하지는 않을 수 있다. 그렇다면 뉴 AT&T에게 적정한 신용등급은 무엇인가? 이에 대해서는 잠시 후 답하기로 한다.

우리의 두 번째 질문은 AT&T의 배당정책에 관한 것이다. AT&T는 60%의 배당성향을 유지해야 하는가? 아니면 회사는 배당정책을 수정해야 하는가? 또한 수정한다면 어떻게 해야 하는가? 회사가 배당을 삭감한다면 점진적으로 해야 하는가 아니면 급격히 해야 하는가? 이때 AT&T가 배당을 삭감하면 회사는 배당을 기대하는 투자자들에게 신호를 보내는 것이 된다.

우리의 세 번째 질문은 자금조달수단에 관한 것이다. AT&T는 미국시장에서 고정금리 장기채권을 계속 발행해야 하는가? 아니면 이제 다른 방법으로 자금을 조달해야 하는가?

이상의 세 가지 질문처럼 이제 AT&T는 과거의 재무정책을 유지할 것인지 아니면 새로운 재무정책을 수립할 것인지 결정해야 한다. 독점회사가 아닌 경쟁회사가 된 AT&T의 새로운 제품시장정책은 AT&T가 재무적으로 어떻게 해야 하는지를 알려준다.

다시 한 번 1983년 말 AT&T의 상황을 점검해보자. AT&T는 4.8십억 달러의 현금을 보유 중이었다. 회사의 차입비율은 43%, 이자보상배율은 3.01배였다. 회사의 채권등급은 AAA였다. AT&T의 명목상 배당성향은 60%였지만, 20%는 DRP와 종업원주식매입으로 회사에 환원되기 때문에 실질적 배당성향을 40%였다. 그리고 AT&T의 주가는 17년 내 최고인 68.50달러를 기록했다. 하지만 회사는 많은 불확실성을 가지고 있었다. 회사는 베이비 벨들을 분사했고, 더 이상 규제대상의 독점기업이 아니었다. 이제는 MCI를 포함해 시장에 진입하고자 하는 어느 누구와도 경쟁해야 했다.

그렇다면 AT&T는 무엇을 해야 하는가? 아무것도 하지 않아야 할까? 배당을 삭감해야 할까? 주식을 발행해야 할까? 부채를 발행할까? 만일 여기가 교실이라면 여러분의 선생님은 잠시 수업을 멈추고 학생들에게 이를 질문하고 대안에 대해 토론하게 할 것이다. 독자들도 각자 대안을 생각해보기로 하고, 이제 실제 무슨 일이 벌어졌고 왜 그랬는지 살펴보기로 한다.

이후 벌어진 일과 그 원인

1983년 2월 28일 AT&T는 십억 달러의 신주발행을 발표한다. 이는 놀라운 일인가? 시장은 그랬다. 이 발표일에 주가는 68⅜달러에서 66달러로 3.5% 떨어진다. 3.5%가 그렇게 커보이지는 않지만 당시 AT&T의 발행주식수는 무려 896.4백만 주에 달했다. 이는 발표 당일에만 회사의 시장가치가 61.3십억 달러에서 59.2십억 달러로 2.1십억 달러 감소했다는 의미이다. AT&T가 십억 달러의 주식발행을 발표하자 시장은 "진짜? 이 회사는 200% 희석된 2십억 달러만큼 덜 가치가 있군!"이라고 반응한 것이다.

왜 시가총액(마켓캡)이 이렇게 감소했는가? AT&T는 보기엔 상당히 괜찮아 보이지만 전망이 불확실한 회사였다. 회사는 상당한 현금을 쌓아두고 낮은 차입비율에 좋은 채권등급과 항상 높은 주가를 보여 왔다. 그런데 갑자기 주식을 발행하겠다고 발표한 것이다. 회사의 행동은 AT&T 경영진이 향후 주가가 상승할 것으로 기대하지 않는다는 신호일 수 있다. 나아가 주식발행은 외부인들에게 회사가 자신의 미래 자금소요를 충당하기에 충분한 내부 현금흐름 창출하지 않는다고 믿고 있다는 신호가 될 수 있다. 이들은 모두 신호효과(signaling)이며 정보비대칭 때문에 나타난다. 자금에 대한 분명한 소요가 없고 불확실성이 큰 시점에 경영진이 주식발행을 결정한 것이다. 시장은 당연히 혼란스럽고 우려에 빠졌다. 결과적으로 주가는 하락했다.

이는 다른 기업에도 전형적인 현상인가? 그렇다. 회사가 주식발행을 발표하면 주가하락으로 평균 발행액의 31%에 해당하는 시장가치가 없어진다고 한다.[29] 이는 어떤 회사가 신주 100백만 달러를 발행하겠다고 발표하면 시가총액(주가 * 발행주식수)이 평균 31백만 달러 하락한다는 의미이다. 하지만 경영진은 신주발행으로 100백만 달러의 새로 유입된 자금을 확보하게 된다.

신주발행만 주가에 영향을 미치는 유일한 재무 이벤트는 아니다. 회사가 공개매수나 자사주매입을 하면 주가는 평균적으로 상승한다. 회사가 배당을 늘리면 보통 주가는 상승한다. 반면 배당을 줄이면 주가는 평균적으로 하락한다.[30]

주식발행, 주식재매입, 배당증액, 배당삭감 같은 사건들은 주식현금흐름의 유출입에 대한 프레임워크로 해석될 수 있다. 만일 회사가 추가적인 주식현금흐름이 필요하다고 결정하면

---

29) 주식발행에 대한 시장의 반작용을 연구한 Paul Asquith and David Mullins, "Signaling with Dividends, Stock Repurchases, and Equity Issues," *Financial Management* 15, no. 3 (1986): 27-44 참조. 신주발행에 대해 평균 희석률은 31%, 중위 희석률은 28%이다. 전체의 80% 이상의 사례에서 신주발행이 발표되면 주가가 하락했다.

30) Asquith and Mullins(1986)에 자세히 나와 있는 것처럼 위에서 설명한 이러한 주가반응은 모두 통계적으로 유의하다.

회사는 주식을 팔거나 배당을 줄이게 된다. 시장은 이를 부정적 신호로 인식하고 주가를 끌어내린다. 만일 회사가 주식을 매입하거나 배당을 늘릴 수 있을 만큼 충분한 주식현금흐름을 가지고 있다면 회사의 주가는 보통 상승하게 된다.

이제 이것을 평균적인 회사의 자금의 원천과 사용 맥락에서 살펴보자. 평균적인 기업은 투자기회에 대해 회사가 필요한 자금의 약 60%를 내부에서 창출된 자금으로 충당한다. 다시 말해 투자금액의 평균 60%는 지속가능성장에서 오는 것이다. 평균적인 회사의 경우 차입금은 투자자금의 평균 24%를 차지한다. 평균적으로 운전자본이 12%의 자금을 공급한다. 결국 자금조달소요의 4%만 주식으로 조달된다.

따라서 회사들은 주식을 발행하지 않으려 하는 것으로 보인다. 주식발행은 투자자금의 가장 작은 부분을 담당한다. 10년간 360개 회사를 연구한 다른 사례에서도 한차례 이상 주식을 발행한 회사는 80개에 불과했다.[31] 이는 연간으로 따져 전체 기업의 약 2%에 지나지 않는다.

왜 회사는 주식을 발행하지 않으려 하는가? 주식발행을 꺼리는 현상은 비대칭정보 때문에 시장이 일반적으로 주식발행을 부정적 신호로 본다는 사실로 설명된다. 이런 이유로 회사가 주식을 발행하겠다고 하면 평균적으로 주식발행액의 31%에 해당하는 시가총액을 잃게 되는 것이다.

회사가 주식발행을 꺼리는 것은 기업재무 실무에 있어 여러 시사점을 갖는다. 이는 다음과 같은 의미를 가진다.

1. 지속가능성장은 힘을 가진다. 회사 자신의 지속가능성장에서 내부적으로 창출되지 않은 자금은 차입금이나 주식발행에서 와야 한다.
2. 회사 내의 내부자본시장과 자금이동은 중요하다. 내부자본시장은 외부자본시장에 대한 대안 역할을 한다.
3. 재무적 여력(financial slack)[32]은 새로운 자금이 필요할 때 회사가 외부자본시장에 나가 차입금을 조달할 수 있는 능력이기 때문에 중요하다. 재무적 여력이 없다면 회사는 대안을 가질 수 없어 주식발행을 해야 할지 모른다.
4. 회사의 차입비율은 주식발행을 피하고자 하는 회사에게 필요한 채권등급과 차입시장에 대한 접근 가능성에 영향을 미치기 때문에 (재무적 위험의 문제가 아니더라도) 중요성을 갖는다.
5. 배당은 변동하지 않으려는 경향을 갖는다. 배당은 신호이기 때문에 회사는 배당을 증

31) W. Mikkleson and M. Partch, "Valuation Effects of Security Offerings and the Issuance Process," *Journal of Financial Economics* 15 (January/February 1986): 31-60.

32) 재무적 여력은 회사가 잉여자금을 확보하고 있거나 추가적인 차입 능력을 가지고 있다는 것을 나타낼 때 사용되는 용어이다.

액 후 높은 수준에서 유지할 수 없다면 이를 변동시키지 않으려 한다. 배당에 관해서는 11장에서 상세히 살펴보기로 한다. 여기서는 일단 배당이 잘 변동하지 않는다고만 하고 넘어가기로 한다.

6. 오류신호(false signals)에는 비용이 따른다. 오류신호의 정의와 영향에 대해서는 다음 장에서 살펴본다.
7. 마지막으로 주식을 발행하지 않으려는 경향은 “EPS가 희석되면 주식을 발행하지 말라.” “대기전환사채(overhanging convertible)[33]가 있다면 주식을 발행하지 말라.” 같은 주식발행 관련 월스트리트 격언에 신뢰성을 제공한다.

따라서 기업의 자본구조결정은 비대칭정보와 결합된 재무적 신호효과에 영향을 받는다. 이는 (6장에서 논의된) 정태적 M&M모형에 동태적 요소를 가미하게 한다. 회사가 정태적 모형의 균형에 있지 않고 새로운 자금이 필요하다고 가정해보자. *이 회사는 자금조달수단으로 무엇을 선택해야 하는가?* 만일 회사가 정태적 모형의 균형을 고수한다면 무엇이 회사를 균형 상태로 돌아오게 할 것인지를 파악함으로써 차입금이나 자본 중에서 자금조달수단을 선택하면 된다. 하지만 신호효과와 비대칭정보로 인해 투자 자금을 내부이익에 의존해 조달하도록 경영진을 유도하는 유인이 존재한다. 이는 특히 경영진이 배당을 변경하는 것을 원하지 않는 상황에서 특히 그렇다. 비대칭정보와 신호효과는 회사가 내부이익을 사용한 후 다음 선택지로 차입금을 선택하도록 이끈다. 그 다음의 선택지가 주식이다.

회사가 내부현금흐름, 차입금, 주식 순으로 자금조달수단을 선택하도록 하는 아이디어가 “자본조달순위”이다. 자본조달 순위이론(pecking order theory)은 이상에서 열거한 이유들로 인해 회사가 우선 내부자금을 사용한 후 두 번째로 차입금을 사용하고 마지막에 주식으로 눈을 돌린다고 말한다. 간단히 요약하면 회사가 주식을 팔면 시장은 현재 주가가 너무 높기 때문에 회사가 주식을 팔려한다고 믿는다는 것이다.

중요한 것은 자본조달순위에 따른 조달순위 선택의 동태성으로 인해 회사는 때때로 정태적 M&M 균형에서 벗어난다는 것이다. 우리는 12장에서 이 이슈, 즉 동태적 세계에서 M&M모형을 다시 살펴보기로 한다.

우리 추정은 얼마나 옳은가?

[표 9.13]과 [표 9.14]에서 보는 것처럼 AT&T의 실제 경영성과는 중립 시나리오를 크게 하회하지만 최악 시나리오는 상회했다. [표 9.5]에서 우리는 1984년 AT&T의 매출을 35.9십억 달러로 예측하고, 매년 4%씩 증가해 1988년에 42.0십억 달러가 될 것으로 추정했다. 아

33) 대기전환사채는 현재 주가가 전환가격을 하회하는 전환사채이다. 다음 장에서 이런 용어들을 정의하기로 한다.

래에서 보는 것처럼 1984년 AT&T의 실제 매출은 (추정치를 7.5% 하회하는) 33.2십억 달러였고, 1988년에는 연간 1.5% 증가한 35.2십억 달러였다. 영업비용은 중립 추정치인 81.3%보다 크게 높았고, 5년간 평균이 96.4%로 최악 시나리오 추정치 96.5%에 근접했다. 1984년 우리의 중립 시나리오 당기순이익 추정치는 1.4십억 달러였지만, 1988년 구조조정비용으로 인해 1984~1988년 기간 실제 순이익은 3.6십억 달러에 그쳤다. AT&T의 차입비율은 평균 29%였고, 이는 우리의 추정 평균인 24%에 상당히 근접했다. 마지막으로 배당성향은 60%의 추정치를 크게 상회했는데, 이는 AT&T가 현금배당을 축소하지 않았기 때문이다. (배당정책에 대해서는 11장에서 다루기로 한다.)

[표 9.13] AT&T 손익계산서, 1984 ~ 1988 (기업분할 이후)

연(백만 달러)	1984	1985	1986	1987	1988
매출액	33,188	34,910	34,087	33,598	35,210
영업비용	30,893	31,923	33,755	30,122	38,277
영업이익	2,295	2,987	322	3,476	(3,067)
이자비용	867	692	613	634	584
기타손익	524	252	402	334	269
세전이익	1,952	2,547	121	3,176	(3,382)
연방법인세	582	990	(193)	1,132	(1,713)
당기순이익	1,370	1,557	314	2,044	(1,669)
주당순이익	1.25	1.37	0.05	1.88	(1.55)
주당배당금	1.20	1.20	1.20	1.20	1.20
배당성향	96%	88%	2,400%	64%	−77%

[표 9.14] AT&T 대차대조표, 1984 ~ 1988 (기업분할 이후)

연(백만 달러)	1984	1985	1986	1987	1988
현금과 현금등가물	2,140	2,214	2,602	2,785	2,021
매출채권	9,371	8,996	7,820	7,689	8,907
선급비용	5,822	5,707	5,150	4,496	4,674
유동자산	17,333	16,917	15,572	14,970	15,602
유형자산	21,015	22,113	21,078	20,681	15,280
투자자산과 기타자산	1,479	1,432	2,233	2,775	4,270
자산총계	39,827	40,462	38,883	38,426	35,152

연(백만 달러)	1984	1985	1986	1987	1988
단기차입금	0	0	0	0	0
매입채무	5,076	4,924	4,625	4,680	4,948
기타 유동부채	6,191	6,563	6,592	5,895	6,277
유동부채	11,267	11,487	11,217	10,575	11,225
장기차입금	8,718	7,698	7,309	7,243	8,128
이연부채	4,585	5,187	5,895	6,071	4,334
부채총계	24,570	24,372	24,421	23,889	23,687
외부주주지분	0	0	0	0	0
납입자본금	10,375	11,009	10,528	9,761	9,687
이익잉여금	4,882	5,081	3,934	4,776	1,778
자본총계	15,257	16,090	14,462	14,537	11,465
부채와 자본 총계	39,827	40,462	38,883	38,426	35,152
차입비율(순차입금 / (순차입금 + 자본))	32%	28%	27%	26%	37%
이자보상배율	2.65	4.32	0.54	5.48	(5.25)
채권신용등급	AAA	AAA	AAA	AAA	AAA

요약정리

우리는 자본구조가 어떻게 회사의 영업활동에 영향을 미치는지를 설명하는 것으로 이 파트를 시작했다. 그리고 세금 유무를 고려한 M&M의 자본구조이론을 소개했다. 우리는 자본구조결정이 회사가 반드시 고려해야 하는 재무정책 중 하나라는 사실을 메리어트 사례를 통해 알아보았다. 또한 우리는 AT&T 사례를 통해 재무이론이 실제에서 어떻게 작동하는지 살펴보았다.

다음 주제

다음 장에서는 이 장에서 학습한 것을 AT&T의 경쟁사였던 MCI를 대상으로 다시 한 번 해본다. 우리는 MCI의 재무정책이 AT&T 분할을 전후로 한 자금조달소요를 충족할 수 있는지 알아보기 위해 1984년 전후의 MCI를 살펴볼 것이다. 또한 우리는 영업활동의 변화가 회사의 재무구조, 재무전략, 재무정책에 어떤 영향을 미치는지 검토할 것이다. 이것은 응용기업재무의 분야이다.

[첨부 9A] AT&T 추정 재무제표 작성, 1984 ~ 1988 (중립 시나리오)

첨부에서는 저자들이 AT&T의 추정 재무제표를 어떻게 작성했는지 설명한다. 추정 재무제표에 대해서는 3장과 4장에서 다른바 있기 때문에 여기서는 이 장의 핵심 주제인 재무정책을 중심으로 설명한다. 또한 이 장을 먼저 읽거나 재무추정에 추가적인 지식을 필요로 하는 독자들은 이 첨부를 정독할 것을 권한다.

추정 재무제표 작성은 통상 매출액 예측에서 시작한다. AT&T의 경우 (1983년 연차보고서에서 제시된 것처럼) [표 9A.1]과 같이 회사의 매출을 세분화하는 것에서 출발한다. AT&T는 분할에 따라 지역전화서비스 전부, 지역광고와 기타 매출의 일정 비율을 잃을 것이다. 또한 지역광고의 대부분은 지역운영회사들이 차지하게 될 것이다. 다만 저자들은 편의상 AT&T가 장거리 전화서비스만 유지할 것으로 가정한다. 또한 이 회사의 매출이 가장 최근인 1983년의 4% 성장률로 성장한다고 가정한다. 따라서 [표 9.5]에서 매출액은 1984년 35.9십억 달러(1983년 $34.5 * 1.04)가 되고, 이는 매년 4%씩 증가할 것으로 예상한다.

분할 후에 영업비용이 어떻게 변동할지에 대한 정보가 부족하여 저자들은 [표 9A.2]에서 제시된 매출액 대비 영업비용의 비율을 살펴보았다. 최근의 상승 추세를 반영하여 보수적으로 1983년의 81.3%를 재무추정에 반영하기로 한다.

[표 9A.1] AT&T 사업별 매출액, 1979 ~ 1983

	1979	1980	1981	1982	1983
지역서비스	20,209	22,449	25,553	28,986	30,274
장거리서비스	*23,372*	*26,133*	*30,248*	*33,257*	*34,528*
지역광고와 기타수입	1,827	2,282	2,413	2,850	4,601
매출총액	45,508	50,864	58,214	65,093	69,403
장거리서비스 성장률		12%	16%	10%	4%

[표 9A.2] AT&T 영업 재무지표, 1979 ~ 1983

	1979	1980	1981	1982	1983
매출총액	45,408	50,864	58,214	65,093	69,403
영업비용*	33,807	38,234	43,776	49,905	56,423
영업이익	11,601	12,630	14,438	15,188	12,980
매출총액	100.0%	100.0%	100.0%	100.0%	100.0%
영업비용	74.5%	75.2%	75.2%	76.7%	81.3%
영업이익	25.5%	24.8%	24.8%	23.3%	18.7%

* AT&T가 연차보고서에서 별도 항목으로 표시했던 재산세와 인건비는 영업비용에 포함하였다.

이자비용은 직전 연도 말 차입금 규모에 12%의 금리를 적용했다. 이는 당시 AT&T의 이자비용에 대한 저자들의 추정치이다. (이는 1983년 말 10년 만기 국채수익률 11.67%보다 조금 높은 수준이다.)

[표 9.1]에서 보듯이 AT&T의 세율은 지속적으로 평균 40%여서 이를 재무추정에 적용한다.

다음은 예상 분할일(1984년 1월 1일)의 대차대조표 작성은 AT&T의 12월 31일 연차보고서에 제시된 1983년 6월 30일자 실제 대차대조표를 참고한다. AT&T는 1983년 12월 31일 연차보고서에 6월 30일자 대차대조표를 제공하고 있다. 이는 연차보고서 발간 시점에 모든 분할된 회사들의 12월 31일자 자료가 없었기 때문이다. (이 추정 재무제표는 AT&T가 작성한 것이다.)

1983년 6월 30일자 대차대조표는 1984년 1월 1일 분할시 계정 잔액의 대용치이다. 하지만 AT&T의 사업은 경기순환적이지 않고, 회사의 (분할 전) 과거 연차보고서들을 기초로 작성한 다른 추정치들도 정확하지 않을 수 있다.

불행히도 [표 9A.3]은 AT&T의 분할 후 현금 보유액을 별도로 보여주지 않고 있다. 역사적으로 ([표 9.1]과 [표 9.2]의 계산과 같이 1978 ~ 1982년) AT&T는 매출액의 2.0% ~ 4.0%의 현금을 보유했다. 분할 이후 AT&T의 현금 소요는 이전과 같을 것으로 예상하여, 요구 현금을 매출액의 2.0%로 추정한다.

[표 9A.3]의 유동자산은 1983년 분할 후 매출액 추정치의 33.5%($11,556 / $34,528)이다. 매출액의 2%인 현금을 제외한 유동자산은 매출액의 31.5%로 추정된다.

[표 9A.3] AT&T 1983년 6월 30일자 대차대조표 (실제 vs. 분할 후 추정)

(백만 달러)	실 제	추 정	증 감
유동자산	14,886	11,556	−22%
유형자산	130,057	19,914	−34%
투자자산	5,960	625	−90%
기타자산	2,615	625	−77%
자산총계	153,518	32,720	−39%
단기차입금	1,617	366	−77%
기타의 유동부채	11,275	4,051	−64%
유동부채	12,892	4,417	−65%
장기차입금	45,320	9,469	−79%
기타부채	27,807	4,098	−85%
부채총계	86,019	17,984	−79%
소수주주지분	536	–	−100%
납입자본금	37,382	12,148	−68%
이익잉여금	29,581	2,588	−91%
자기자본	67,499	14,736	−78%
부채와 자기자본총액	153,518	32,720	−79%

[표 9A.3]의 유형자산(PP&E) 추정치 19.9십억 달러는 1983년 말 숫자로 사용했다. PP&E는 감가상각비를 제외한 순액 기준으로 매출성장률 4%로 증가할 것으로 추정된다. 감가상각비는 기초 PP&E 잔액을 20년으로 나누어 추정한다. (이 수치는 현금흐름표 작성에 필요하다.)

[표 9A.3]의 기타자산과 투자자산의 합계액은 1.25십억 달러로 일정하게 유지될 것으로 가정한다.

단순화를 위해 단기차입금은 [표 9A.3]과 같이 366백만 달러에서 일정하다고 가정한다.

유동자산과 비슷하게 (단기차입금을 제외한) 기타의 유동부채는 매출액의 12%로 설정한다. 이는 [표 9A.3]의 기타의 유동부채를 1983년 분할 후 추정 매출액으로 나눈 것($4,051 / $34,528)이다.

장기차입금은 추정 대차대조표의 균형을 맞춰주는 "플러그(plug)" 수치이다.

편의상 기타의 장기부채는 일정하다고 본다.

납입자본금은 1984년 1월 1일자 추정치를 사용하며, 이때 AT&T는 DRP와 종업원주식매입제도를 계속할 것으로 가정한다. 이는 회사의 배당성향의 1/3에 해당하는 만큼 납입자본금을 늘린다고 본다. (배당성향은 역사적 수준인 60%에서 유지될 것으로 예상한다.)

이익잉여금은 1984년 1월 1일자 금액에 순이익 추정치를 더하고 배당 추정치(순이익의 60%)를 뺀 금액을 사용한다.

CHAPTER 10

사업전략과 재무정책 (MCI)

이 장은 이전 두 장의 리뷰로 시작한다. 이렇게 하는 데는 두 가지 목적이 있다. 하나는 독자들을 위해 자료를 보강하기 위한 것이며, 다른 하나는 이 장을 독립적으로 학습할 수 있게 하기 위함이다. 특히 이 장에서는 비대칭정보와 신호효과의 논의를 확장한다. 그리고 MCI 사례를 통해 회사의 사업전략이 어떻게 재무정책에 영향을 미치는지 설명한다.

리 뷰

8장과 9장에서 우리는 회사의 활동이 시장에 신호를 전달한다고 말했다. 회사가 주식을 발행할 때 주가는 평균적으로 하락한다. 회사가 주식을 공개매수하면 주가는 통상 상승한다. 회사가 배당을 개시하거나 배당을 증액하면 주가는 상승한다. 회사가 배당을 삭감하거나 중단하면 주가는 하락한다. 또한 이 모든 주가 반응은 통계적으로 유의하다.

지난 장에서 우리는 이러한 이벤트의 주가 반응이 비대칭정보 때문이라고 설명했다. 비대칭정보를 중요하게 생각하는 데는 이유가 있다. 우선 투자자들은 경영진이 자신들보다 많은 정보를 가지고 있어 경영진의 말과 행동에 관심을 기울이며 그에 반응한다. 그러나 투자자들은 경영진의 말을 신뢰할 수 있는지 알 수 없다. 반면 경영진이 주식현금흐름을 늘리면 회사에 잉여현금흐름이 있다는 것을 안다. (주식현금흐름은 주식재매입이나 배당증액으로 나타난다.) 또한 그들은 경영진이 신주를 발행하거나 주식현금흐름을 줄이면 현금흐름이 부족하다고 판단할 수 있다. (자본 증액과 주식현금흐름 감액은 신주발행과 배당삭감으로 나타난다.) 따라서 주식현금흐름은 투자자들에게 정보 또는 신호를 제공한다. 결과적으로 회사가 주식현금흐름을 늘리면 이는 회사에 잉여현금흐름이 있다는 것을 신호하는 것이기 때문에 주가는 상승한다. 반대로 신주를 발행하거나 주식현금흐름을 줄이면, 이는 현금흐름의 감소에 대한 신호이기 때문에 주가는 하락한다.

투자자들은 회사가 주는 신호에 반응하기 때문에 이렇게 물어보자. *어떤 것이 좋은 신호인가?* 좋은 신호는 신뢰할 수 있어야 하고 이해하고 측정하기 쉬어야 한다. 또한 좋은 신호는 가시적이어야 한다. 즉 모든 투자자가 인식할 수 있어야 한다. 반대로 잘못된 신호, 즉 오류신호는 페널티를 받는다. 어떤 CEO가 애널리스트들 앞에서 자신의 회사가 "매우 잘하고 있다"라고 했다고 해보자. *"매우 잘하고 있다"는 것은 무슨 뜻인가?* 이 CEO는 자신의 회사가 그저 "잘하고 있다"고 할 수도 있다. 이런 진술은 충분한 신호를 주지 못한다. "매우 잘"과 "잘" 사이의 차이를 구분하기 매우 어렵기 때문이다.

기업의 현금흐름의 유출입에 대한 정보는 좋은 신호의 기준에서 거의 완벽한 신호가 된다. 첫째, 현금은 신뢰할 수 있다. 즉 경영진은 현금으로 대금을 지급하고 수금하기 때문이다. 둘째, 현금은 이해하기 쉽고 측정하기 쉽다. 말하자면 투자자는 "잘"과 "매우 잘"의 차이를 해석할 필요가 없다. 회사가 배당을 작년 1.00달러에서 금년 1.50달러로 늘린다는 것은 50%를 더 지급하는 것이 분명하기 때문이다. 셋째, 현금은 가시적이다. 투자자가 연차보고서를 볼 줄 모르거나 CEO의 메시지를 놓칠 수 있다. 하지만 배당이 있다는 사실을 모를 수는 없다. 마지막으로 오류신호에는 페널티가 부과된다. 경영진이 투자자를 호도해 실제로는 실적이 좋지 않으면서도 배당을 늘리면 경영진은 나중에 어딘가에서 그 만큼의 현금을 반드시 보충해야 한다.

비유: 여러분이 대학교 재상봉 행사에 참석했다고 해보자. 이 자리에서 한 동문이 졸업 후 해온 일을 자랑하며 자기 회사의 감사보고서를 보여주었다고 해보자. 다른 동문은 현금 천 달러를 그 자리에서 기부했다고 해보자. *여러분이 생각하기에 어느 동문이 더 잘 나가고 있다고 생각하겠는가? 자랑을 늘어놓는 동문인가 아니면 현금을 기부하는 동문인가?* 현금을 기부하는 동문을 더 신뢰할 것이다. 이것이 신호효과의 한 예이다.

지금까지 메리어트와 AT&T에서 배운 것들을 종합해보자. 우리는 회사가 주식발행을 꺼린다는 것을 안다. 이는 지속가능성장의 개념을 중요하게 만든다. 만일 회사가 주식발행을 꺼리면 지속가능성장의 개념이 부각된다. 회사가 재무구조와 부채수준에 신경을 쓰면서 신주발행을 꺼리면 내부적으로 자본을 창출할 수 있는 능력이 중요해진다. 또한 회사가 나쁜 시기에는 자본시장에 접근하지 할 필요가 없도록 해주는 현금과 크레디트라인을 확보하는 것도 중요하다. (크레디트라인은 "재무적 여력(financial slack)"으로도 불린다.) 신호효과(signaling)는 회사의 내부 자본시장과 현금흐름 창출능력의 중요성을 부각시킨다.

신호효과는 9장 말미에 소개한 자본조달의 논리를 유도한다. 자본조달 순위이론(pecking order theory)은 회사가 외부 자본시장에 가기 전에 먼저 내부자금에 눈을 돌린다는 아이디어에서 출발한다. 또한 회사가 외부 자본시장에서 자금을 조달하면 차입금을 먼저 고려하고 주식발행은 마지막에 고려한다는 것이다. 경험적으로 우리는 두 가지 측면에서 이 이론을 바라본다. 첫째는 내부성장, 차입금, 외부 주식의 자본 비중을 살펴보는 것이다. 둘째는 시장이 이러한 종류의 자금조달에 어떻게 반응하는지 보는 것이다. 다시 말해 회사의 각종 현금흐름 유출입에 시장이 어떻게 반응하는지 살펴본다. 또한 신규 부채발행에는 어떤 시장 반응도 나타나지 않는다.

회사의 재무목표를 나열해보자. (다만 이는 완전한 것을 아니며, 기업재무에서 발생할 수 있는 상충관계를 설명하기 위한 것임에 유의하자.)

1. NPV가 양인 투자안에 모두 투자하라. 회사는 기업가치를 증가시키기 때문에 양의 NPV를 갖는 모든 프로젝트를 수행해야 한다.
2. 최적 부채비율을 유지하라. 이는 회사가 자본비용을 최소화함으로써 추가적인 위험을 부담하지 않고도 주가를 극대화할 수 있게 한다.
3. 배당을 삭감하지 말라. 다음 장에서 이에 대해 더 학습하겠지만 어떤 이유로든 회사가 배당을 삭감하는 것은 예외적인 상황이다.
4. 마지막으로 주식을 발행하지 말라.

당신이 어떤 회사의 CFO이고, 이것이 당신의 목표 리스트라고 해보자. 문제는 이 네 가지 목표를 동시에 달성해야 한다는 것이다. 여기에는 트레이드오프가 존재한다. 예를 들어보자. 만일 회사가 NPV가 양인 프로젝트를 여러 개 가지고 있지만, 이들의 투자에 필요한 자금소요가 지속가능성장에서 오는 영업현금흐름보다 크다면 회사는 어떻게 해야 하는가? 회사가 첫 번째 목표를 달성하고자 모든 양의 NPV 프로젝트를 수행하려면 신규차입, 신주발행, 배당삭감 중 하나를 해야 한다. 다시 말해 회사가 달성하고자 하는 목표 중 하나를 포기해야 하는 것이다. 네 가지 목표를 갖는 것은 좋지만 이것들을 동시에 반드시 달성할 수는 없다. 이러한 상충관계는 재무관리를 흥미롭게 한다. 물론 CFO가 이 네 가지 목표를 매년 달성할 수 있다면 이는 훌륭한 일이다. 올드 AT&T는 지속적으로 이를 달성했다. 하지만 뉴 AT&T를 포함해 모든 회사가 그렇게 할 수 있는 것은 아니다.

이것으로 기업분할 전후의 AT&T를 분석한 이전 장의 리뷰를 마친다. 우리는 9장에서 올드 AT&T의 재무정책과 자금소요를 살펴본 후 뉴 AT&T의 재무정책과 자금소요가 어떻게 달라지는지 살펴보았다.

이제 AT&T의 경쟁자인 MCI에 대해 9장과 병렬적인 구조로 논의를 시작한다. 첫째, 우리는 먼저 1984년 1월 AT&T의 분할 전 올드 MCI가 올드 AT&T와 어떻게 경쟁했는지 살펴볼 것이다. 아울러 당시 올드 MCI의 재무정책과 자금소요를 살펴본다. 그리고 난 후

AT&T의 분할 이후 뉴 MCI의 재무정책과 자금소요에 대해 알아본다. (저자들은 재무정책과 자금조달의 이슈를 다루는데 AT&T와 MCI를 비교해보는 것이 매우 유용하다고 생각한다. 이는 동시대에 같은 산업 내에 있었지만, 매우 다른 두 기업을 통해 기업재무를 효과적으로 학습할 수 있기 때문이다.)

MCI의 역사

과거 마이크로웨이브 커뮤니케이션즈(Microwave Communications, Inc.)에서 사명을 변경한 MCI는 존 코켄(John Goeken)이 1963년 설립했다.[1] 나중에 CEO가 되는 윌리엄 맥고완(William McGowan)은 1968년에 이 회사에 입사한다. 회사의 당초 사업계획은 일리노이와 미주리지역의 트럭회사와 AT&T보다 싼 요금을 원하는 영세사업자들을 위해 라디오전파와 교환국을 이용한 일대일 민간전화회선을 연결하는 것이었다. 1968년 MCI는 자신들의 마이크로웨이브 중계망을 전국으로 확장하기로 계획한다. 1969년 MCI는 연방통신위원회(FCC)로부터 이 계획을 승인받는다. 1980년 MCI는 서비스 대상을 기업고객에서 개인고객으로 확장한다. 1990년 MCI는 미국에도 두 번째로 큰 통신회사로 성장한다.

MCI의 주된 사업은 전화교환국 간에 전화를 연결하는 것이었다. 다만 MCI가 전화교환국에 전화를 송수신하기 위해서는 AT&T의 지역전화망이 필요했다. 예를 들어 MCI의 고객이 시카고에서 세인트루이스로 전화를 걸면, 자신의 사무실에서 시카고에 있는 MCI 교환국까지는 AT&T(정확히는 그 자회사인 일리노이 벨)의 통신선로로 연결된다. 이후 MCI는 마이크로웨이브를 통해 자사의 시카고 교환국에서 세인트루이스 교환국까지 연결한다. 그리고 MCI의 세인트루이스 교환국에서 전화를 받는 지역 전화로는 다시 AT&T 지역전화망을 통해 연결된다. 이를 사용하면 MCI의 고객은 오직 지역 전화요금만 지불하고 AT&T의 장거리 연결요금은 지불하지 않게 되었다.

하지만 MCI가 자신의 지역전화망 접속하는 것을 AT&T가 차단하면서 MCI의 사업을 방해한다. 이는 MCI가 자사 교환국간 통신만 가능할 뿐 MCI 고객은 전화를 송수신할 수 없다는 의미가 된다. 이에 MCI는 반독점법 위반 혐의로 1974년 AT&T를 고발하는 것은 물론 여러 건의 소송(1974년 미국 법무부의 기소와 별개)으로 AT&T에 맞섰다.[2]

---

1) MCI에 대한 보다 자세한 사항은 다음을 참조하라. Daniel Gross et al., "William McGowan and MCI: A New World of Telecommunications from Forbes Greatest Business Stories of All Time," www.stephenhicks.org/wp-content/uploads/2012/01/forbes-mci.pdi (accessed October 14, 2014).

2) MCI는 역사적으로 초기부터 AT&T와 대단히 많은 소송을 진행해서 MCI의 CEO였던 윌리엄 맥고완은 한 때 MCI는 기본적으로 "더듬이를 달고 있는 로펌"이라고 농담을 한바 있다. (Lorraine Spurge, *MCI: Failure Is Not an Option* (Encino, CA: Spurge, Ink!, 1988, 41.) 1980년 법원은 AT&T가 MCI에게 1.3십억 달러를 배상하라고 판결했다. AT&T는 항소했고, MCI는 15십억 달러를 받아야 한다고 주장했다. 대법원은 1985년 배상금을 300백만 달러로 대폭 경감하게 된다.

결국 미국 법무부의 소송은 1972년에 AT&T의 지역전화회사(베이비 벨)를 분할하는 것으로 결론이 난다. 기업분할은 1984년 1월에 이루어졌다.

MCI의 재무관리

[표 10.1] ~ [표 10.3]은 1979년부터 1983년 MCI("올드" MCI)의 손익계산서, 대차대조표, 현금흐름표이다.[3] 지난 장에서 AT&T의 재무제표는 백만 달러 단위로 작성된 반면 MCI는 천 달러로 작성되었다는데 유의하자.[4] 우리는 이를 바탕으로 MCI의 재무정책과 자금조달 소요를 추정해본다.

[표 10.1] MCI 손익계산서, 1979 ~ 1983

연(천 달러)	1979	1980	1981	1982	1983
매출액	95,243	144,345	234,204	506,352	1,073,248
지역연결비용	20,542	32,998	50,242	76,203	172,661
고객설치와 서비스비용	8,827	6,951	18,532	47,001	137,221
운영비용	4,843	22,360	31,801	48,711	147,190
판매와 마케팅비	7,549	12,822	27,172	50,743	101,838
일반관리비	10,533	14,880	29,227	60,964	115,470
감가상각비	12,342	17,165	25,892	55,704	103,757
영업비용 총계	64,636	107,176	182,866	339,326	778,137
영업이익	30,607	37,169	51,338	167,026	295,111
이자비용	23,366	24,132	27,361	53,364	75,322
기타손익	(165)	308	(454)	15,640	20,802
세전이익	7,076	13,345	23,523	129,302	240,591
법인세비용	3,541	6,220	4,781	42,581	69,811
세후이익	3,535	7,125	18,742	86,721	170,780
이연법인세	3,541	6,220	2,372	–	–
당기순이익	7,076	13,345	21,114	86,721	170,780
이자보상배율(NI / 이자비용)	1.30	1.55	1.86	3.13	3.92
매출성장률	28.6%	51.6%	62.3%	116.2%	112.0%

3) AT&T에서처럼 MCI의 현금흐름표도 재무적 논의에 적합하도록 표준 회계양식으로 변경하였다.

4) 원래 MCI의 회계연도는 3월 31일에 종료된다. 이는 1983년 자료는 1982년 4월 1일부터 1983년 3월 31일까지 12개월에 대한 것이란 의미이다. 1983년 초 MCI는 결산일을 12월 31일로 변경한다. 이 변경으로 MCI는 1983년 두 가지 재무제표를 발행한다. 하나는 [표 10.1]과 같은 1983년 3월 31일 말 재무제표이다. 둘째는 우리가 재무추정에 사용하는 1983년 12월 31일 말의 재무제표이다. (우리는 이것이 다소 복잡하다는 것을 알지만 삶이란 때론 그런 것이다.)

[표 10.2] MCI 대차대조표(3월 31일 기준), 1979 ~ 1983

연(천 달러)	1979	1980	1981	1982	1983
현 금	10,277	7,867	12,697	144,487	541,991
매출채권	6,466	13,550	32,435	78,491	161,607
기타유동자산	1,026	2,535	3,814	5,450	9,566
유동자산총계	17,769	23,952	48,946	228,428	713,164
유형자산(순액)	188,948	281,990	409,980	619,485	1,324,166
기타자산	2,755	3,901	7,966	12,485	33,137
자산총계	209,472	309,843	466,892	860,398	2,070,467
유동성장기차입금	25,822	31,619	39,921	40,325	48,038
매입채무	13,297	22,280	31,030	119,875	202,653
선수금과 미지급금	5,564	4,245	2,778	25,340	70,728
유동부채총계	44,683	58,144	73,729	185,540	321,419
장기차입금	153,304	172,852	242,707	400,018	895,891
기 타	–	–	2,409	34,058	87,525
부채총계	197,987	230,996	318,845	619,616	1,304,835
납입자본금	103,505	165,699	225,242	234,878	588,948
이익잉여금(결손금)	(92,020)	(86,852)	(77,195)	5,904	176,684
자본총계	11,485	78,847	148,047	240,782	765,632
부채와 자본총계	209,472	309,843	466,892	860,398	2,070,467
차입비율(D/(D+E))	94.0%	72.2%	65.6%	64.6%	55.2%

[표 10.3] MCI 현금흐름표 (3월 31일 기준), 1979 ~ 1983

연(천 달러)	1979	1980	1981	1982	1983
당기순이익	7,076	13,345	21,114	86,721	170,780
감가상각비	12,342	17,165	25,892	55,704	103,757
운전자본 증감	(381)	1,481	(17,711)	(68,075)	(356,570)
영업활동 현금흐름	19,037	31,991	29,295	74,350	(82,033)
자본적 지출	52,502	110,252	155,654	271,464	623,010
우선주 배당	–	–	–	3,352	11,457
자금 소요	52,502	110,252	155,654	274,816	634,467
순자금조달 필요액	33,465	78,261	126,359	200,466	716,500
외부 자금조달:					
순차입금 발행	3,963	18,972	77,327	157,466	827,979
신주발행	35,681	75,755	66,176	148,631	354,070
외부조달총액	39,644	94,727	143,503	306,097	1,182,049
순현금흐름	6,179	16,466	17,144	105,631	465,549

AT&T가 분할하기 전 소위 올드 MCI에게 재무적으로 중요한 것은 무엇이었는가? 회사의 재무정책을 파악하기 위해서는 먼저 자금조달 소요를 파악하는 것이 중요하다. 그렇다면 올드 MCI의 자금조달 소요는 어떠했는가? 과거 자금조달소요를 파악하는 데는 과거 현금흐름표를 이용한다. 미래 자금조달소요는 2장에서 4장까지 살펴본 PIPES 사례와 같은 재무추정을 이용할 것이다. [표 10.3] 중단에 있는 MCI의 연도별 순자금조달 소요는 다음과 같다.

연 도	순자금조달 필요액
1979	$33,465,000
1980	$78,261,000
1981	$126,359,000
1982	$200,466,000
1983	$716,500,000
5년 총계	$1,155,051,000

자금조달소요를 볼 때 이 회사의 재무정책은 어떠했는가? 지난 장에서 우리는 올드 AT&T가 일관된 재무정책을 지속적으로 유지했던 것을 보았다. 하지만 올드 MCI의 경우에는 그렇지 않다. MCI의 차입정책과 목표차입비율부터 살펴보자. 1979년 MCI의 차입비율은 94%이다. 1983년에는 55.2%가 된다. [표 9.1]에서 보면 이자보상배율은 급격히 개선된다. (1979년 1.30배에서 1983년 3.92배로 증가한다.) 또한 이 기간 MCI의 채권은 신용평가를 받지 않았다.[5)]

MCI의 배당정책은 어떠한가? 올드 MCI는 보통주에 배당을 하지 않았다. (오직 1982년과 1983년에 계약상 소액의 우선주 배당만 했을 뿐이다.) 따라서 올드 MCI의 배당정책은 보통주 배당을 하지 않는 것이다. 이는 MCI가 대규모 자금조달소요를 갖고 있었고 충분한 현금흐름을 창출하지 못했다는 사실을 반영한다.

차입금 만기정책은 어떠한가? 장기차입인가 아니면 단기차입인가? 고정금리인가 아니면 변동금리인가? MCI의 자본조달정책은 분명하지 않다. 사실 재무제표에는 올드 MCI의 재무정책이 나타나지 않는다. MCI의 재무수치에는 일관성이 발견되지 않는다. 올드 AT&T의 재무비율은 연도별로 안정적인 반면 올드 MCI의 재무비율은 일관성이 없다. 올드 MCI의 이익 역시 변동성이 매우 크며, 채권 신용등급은 부여 받지 않았다. 올드 AT&T의 재무정책을 한마디로 요약하면 "생존"이라고 할 수 있다. 즉, 생존하고 하루를 더 살기 위해 어디서든 돈을 빌리는 것이다.

그렇다면 MCI는 어떻게 자금을 조달했는가? [표 10.3]은 MCI가 외부 차입과 주식발행을 동시에 했다는 것을 보여준다. [표 10.4]를 보면 MCI는 1983년 3월까지 두 번의 보통주 발행, 세

5) 채권등급은 자동으로 부여되지 않는다. 등급평정을 위해서는 회사가 신용평가회사와 평가계약을 체결하고 평가비용을 지불해야 한다. MCI는 이 기간 동안 평정을 요청하지 않은 것이다.

번의 전환우선주 발행, 세 번의 전환사채 발행, 세 번의 일반채권 발행으로 자금을 조달했다. (전환우선주와 전환사채는 발행 시점에 각각 우선주와 채권이지만 미래에 보통주로 전환될 수 있는 증권이다. 전환사채에 대해서는 잠시 후 자세히 살펴본다.) 그리고 발행된 전환우선주와 1980년 3월부터 1982년 12월 사이에 발행된 2종의 전화사채는 모두 보통주로 전환된다. 이는 MCI의 차입비율에 어떤 영향을 미쳤는가? 우선주와 전환사채가 보통주로 전환함에 따라 MCI의 대차대조표에서 대규모 차입금이 주식으로 바뀌면서 차입비율은 크게 감소한다.

보통주 자본

MCI는 FTC(연방거래위원회가)가 1972년 AT&T와 시장에서 경쟁하는 것을 허용하면서 자금을 조달하기 위해 기업을 공개한다. 이때 MCI는 주당 10.00달러에 3.3백만 주, 총 33백만 달러 규모의 주식을 발행한다. (투자은행 수수료를 제외하면 순수 조달금액은 30.2백만 달러였다.)[6] MCI는 또한 기준금리에 가산금리 3.75%와 확약수수료 0.5%를 더한 비용을 지불하기로 하고 은행에 64백만 달러의 크레디트라인을 설정한다. 이는 차입금에 기준금리(프라임레이트)에 425베이시스포인트(3.75% + 0.5%)를 추가로 지불한다는 의미이다.

1975년 MCI는 주당 0.85달러에 유닛딜(unit deal)로 주식을 매각한다. 유닛딜이란 무엇인가? 이는 하나 이상의 증권을 묶어서 발행하는 것이다. 투자자는 이를 전체로 혹은 개별 증권으로 분리해 거래할 수 있다. MCI는 보통주와 워런트를 한 유닛으로 묶어 매각했다. 유닛을 보유한 투자자는 0.85달러에 주식 1주와 매각일로부터 5년 이내에 2.50달러에 주식 1주를 매입할 수 있는 워런트 1개를 지급받았다. 이는 과거에 있었던 투자은행 드렉셀 번햄 램버트(Brexel Burnham Lambert)가 MCI를 위해 고안한 2:1 상품이었다. 주주들은 1972년 IPO 당시 주당 10.00달러를 지불한 반면, 이때는 0.85달러에 주식 1주와 1주를 더 살 수 있는 워런트까지 제공받게 된 것이다.

워런트(warrant)는 회사가 발행한 옵션의 일종이다. 워런트 보유자가 권리를 행사하면 사전에 정한 금액으로 주식을 매입할 수 있다. 옵션과 같이 워런트는 만기가 있고, 만기가 도래하면 그 가치는 없어진다. 다만 옵션과 달리 워런트는 일반적으로 수의상환(callable) 조건으로 발행된다. 즉 회사가 콜데이트를 정해 보유자의 워런트 행사를 강제하거나 소멸시킬 수 있다.

---

6) 회사가 신주나 채권을 발행할 때 일반적으로 투자은행이 인수자가 되어 이를 인수한다. 인수자(underwriter)는 증권의 재판매 과정에서 발생하는 인수자 스프레드를 수수료 수입으로 챙긴다. 스프레드(수수료)의 크기는 증권의 종류, 발행 규모, 발행자에 따라 천차만별이다. 높은 신용등급의 대규모 채권발행의 경우 1%에서 소액의 주식 IPO인 경우 25%까지 수수료가 발생할 수 있다.

전환우선주와 전환사채

[표 10.4]에서 보듯이 MCI는 전환사채(convertible bond)와 전환우선주(convertible preferred stock) 같은 여러 종류의 전환증권을 발행했다. 전환증권(convertibles)이란 무엇인가? 이는 보유자에게 주식으로 전환할 수 있는 옵션(권리)을 제공하는 채권이나 우선주이다. 전환우선주도 유사한 방식으로 작동하지만 설명의 편의를 위해 전환사채에 대해 살펴보자. 전환사채는 기본적으로 주식으로 전환할 수 있는 옵션이 붙은 보통채권이다. 그렇다면 전환사채는 실제 어떻게 작동하는가? 이 채권은 발행 시점에 전환비율과 전환가격을 정하게 된다. 어떤 회사가 보통주 20주로 전환할 수 있는 1,000달러 규모의 전환사채를 발행했다고 해보자. 전환가격은 얼마인가? 채권의 액면가($1,000)를 채권이 전환되는 주식의 수(20주)로 나눈 50달러이다. 물론 채권의 발행가와 전환가격을 알면 전환되는 주식의 수(전환비율)도 알 수 있다. 즉 1,000달러를 전환가격 50달러로 나누면 20주가 된다. 일반적으로 전환사채는 일반사채에 5~20%의 프리미엄이 붙어 발행된다. 또한 발행시점에는 전환옵션이 "외가격"에서 발행된다.

[표 10.4] MCI의 주요 외부 자금조달, 1978 ~ 1983[7)]

일 자	증 권	세부 내역	(백만 달러) 유입액 (인수수수료 제외 순액)
72년 6월	보통주	주당 $10.00에 3.3백만 주	30.2
75년 11월	보통주와 워런트 유닛	4주와 워런트 4개를 묶은 유닛 1.12백만 개 (워런트 하나는 $2,50에 1주로 전환)	8.5
78년 12월	누적적 전환우선주	주당 $25에 2.64% 우선배당 1.2백만 주 (주당 $0.547에 전환)	28.6
79년 9월	선순위전환우선주	주당 $15에 $1.80의 4.95백만 주 (주당 $1.25에 전환)	69.5
80년 7월	후순위무담보사채	2000.08.01. 만기, 이자율 15%, $52.5백만	50.5
80년 10월	누적적 전환우선주	주당 $15에 $1,84의 3.63배만 주 (주당 $2.25에 전환)	51.4
81년 4월	후순위무담보사채	2001.04.01. 만기, 이자율 15%, $125백만	102.1

7) MCI의 주가와 전환가격은 주식분할에 대해 조정하지 않았다. 이 표는 MCI의 10K 연차보고서와 다음 투자설명서를 참조했다. Lorraine Spurge, *MCI: Failure Is Not an Option* (Encino, CA: Spurge Ink!, 1998)와 Philip L. Cantelon, *The History of MCI* (Dallas, TX: Heritage Press/MCI, 1993).

81년 8월	후순위전환사채	2001.8.15. 만기, 이자율 10.25%, $100백만 (주당 $3.21에 전환)	98.2
82년 5월	후순위전환사채	2002.5.15. 만기, 이자율 10%, $250백만 (주당 $5.625에 전환)	246.0
82년 9월	후순위무담보사채	2002.10.1. 만기, 이자율 12.875%, $250백만	214.0
83년 3월	후순위전환사채	2003.3.15. 만기, 이자율 7.25%, $400백만 (주당 $13.03에 전환)	394.0

전환사채의 표면금리는 보통채권보다 높을 것으로 생각되는가 아니면 낮을 것으로 생각되는가? 낮다. 왜인가? 회사는 투자자에게 가치가 있는 주식옵션을 제공하는 대가로 표면금리를 낮출 수 있기 때문이다. 보통채권의 경우 보유자는 표시된 이자만 받을 뿐 주가에 따른 업사이드는 누리지 못한다. 반면 전환사채의 경우 주가가 충분히 상승하면 채권보유자는 상당한 이익을 볼 수 있다. 이것이 전환사채를 사는 사람이 낮은 표면금리를 수용하는 이유이다. 물론 옵션의 가치가 클수록 표면금리는 더 낮아진다.

전환사채는 어떤 가격에 거래될까? 전환사채는 시장에서 동일 조건의 기초 일반채권의 가치와 전환 시 주식가치 중 높은 가치로 평가된다. 전환사채는 전환옵션이 외가격에 있으면 일반채권의 가치에 근접해 거래된다. 즉 시장금리로 할인한 원리금의 현재가치와 소액의 외가격 주식옵션의 가치를 더한 가격에 거래된다. 반면 전환옵션이 내가격(in-the-money)이 되면 이 채권은 전환된 주식의 가치에 근접해 거래된다. 주가와 전환비율을 곱한 가격에 소액의 풋옵션 가치를 더한 가격 근처에서 거래된다. (풋옵션의 가치에 대해서는 아래에서 설명한다.)

일례로 전환비율이 20달러이고 전환가격이 50달러인 1,000달러의 전환사채를 생각해보자. 이때 주가가 60달러라고 가정하자. 이 채권이 20주로 전환되면 전환가치는 1,200달러가 된다. 여러분이 이 채권을 보유하고 있다면, 주식 전환시 1,200달러를 받을 수 있기 때문에 1,200달러 이하로는 이 채권을 팔지 않을 것이다. 이 채권은 20주보다 가치가 더 있기 때문에 1,200달러보다 비싸게 팔리게 된다. 왜 그런가? 채권은 손실(다운사이드)위험을 제한받기 때문이다. 여러분이 전화사채 대신 주식을 20주 가지고 있고, 주가가 60달러에서 40달러로 하락하면 여러분이 가진 주식가치는 1,200달러에서 800달러로 하락하게 된다. 하지만 여러분이 가진 전환사채에서 여전히 원리금을 받을 수 있어서 이 전환사채는 800달러 이상의 가치를 가진다. 이것이 왜 전환사채가 최소한 같은 조건의 보통채권 가격과 전환된 주식의 가치 중 높은 가치로 거래되어야 하는 이유이다.

그럼 새로운 질문을 해보자. 주가가 60달러로 상승하면 당신은 전환사채를 주식으로 전환해야 하는가? 주가가 60달러일 때 주식 20주와 20주로 전환할 수 있는 전환사채 중 어느 것이 더 가치가 있는가? 전환사채이다. 위에서 설명한 것처럼 전환사채에는 풋옵션(put option)이 붙어 있기 때문에 주식보다 더 가치가 있다. 투자자는 이 채권의 조기상환을 위해 풋옵션을 행사할 수 있기 때문에 현명한 투자자라면 자발적으로는 이 채권을 전환하지 않는다. 만일 투자자가 투자금을 회수하고 싶다면 채권을 주식으로 전환하기 보다 그냥 팔아버리면 된다.[8)]

금융경제학자들은 "일찍 전환하는 사람들"이란 오명을 가지고 있다. 그러나 우리는 그들을 박사님이라고 부른다. 그들에 대해서는 투자할 돈을 가지고 있지만 재무적으로 자신이 무엇을 하는지에 대한 단서가 없다는 고정관념이 있다. 전환사채를 조기에 전환하는 사람은 가치 있는 옵션을 포기하는 것이다. 그렇다면 투자자들이 자발적으로 전환하지 않으면 MCI 같은 회사는 어떻게 자신이 발행한 전환증권을 없앨 수 있을까? 일반적으로 회사는 전환증권에 콜옵션을 붙여 전환을 강제하려 한다. 회사가 전환사채를 콜하면 투자자는 채권을 주식으로 전환하거나 액면가에 채권을 상환해야 한다. 주가가 주당 60달러이고 전환비율이 20주라면 투자자는 주식 20주(1,200달러)로 전환하거나 현금 1,000달러에 상환해야 하다. 이 경우 일반적으로 투자자들은 회사의 콜이 있는 날로부터 30일에서 60일 사이에 자신의 결정을 회사에 통보해야 한다. 이제 투자자들은 어떻게 해야 하는가? 전환해야 한다. 1,200달러의 가치를 갖는 주식으로 전환하는 것이 현금 1,000달러를 받는 것보다 유리하기 때문이다.

여담이지만 놀랍게도 회사가 전한증권을 콜 했을 때 약 98%의 투자자들만 전환에 응한다고 한다. 2% 내외의 투자자들은 1,200달러의 가치를 갖는 주식을 받는 대신 현금 1,000달러를 받는다고 한다.[9)] (우리는 그들에게 팔 수 있는 모든 종류의 물건을 가지고 있으니 그들의 연락처를 확보하고 싶다.)

그럼 왜 올드 MCI는 전환증권을 발행했는가? 왜 이 회사는 보통채권을 발행하지 않았는가? 이미 본 것처럼 만일 MCI가 보통주를 발행하면 주가가 하락했을 것이기 때문이다. 전환증권의 발행은 어떠한가? 회사가 전환증권을 발행하면 회사 주가는 떨어지는가? 그렇다. 하지만 아래에서 설명하는 것처럼 보통주만큼은 아니다.[10)]

올드 AT&T도 전환증권을 발행했어야 했는가? 우리는 동의하지 않는다. 왜 그런가? AT&T가 발행한 보통채권의 표면금리와 전환사채의 표면금리를 생각해보자. 전환사채는 옵션가치 때문에 표면금리가 보통채권보다 낮다. 얼마나 더 낮을지는 옵션가치에 따라 결정된다. 주가의 잠재적 업사이드가 클수록 옵션가치가 커지고 따라서 표면금리에 대한 할인율도 커진다.

---

8) 위에서 언급한 것처럼 전환사채의 가격은 보통채권의 가치 이상이다. 만일 투자자가 전환하려 한다면 오직 한 가지 이유는 주식의 배당수익이 채권의 이자수익보다 큰 경우일 것이다.

9) 전환사채와 전환시점에 관해서는 다음 논문 참조. Paul Asquith and David W. Mullins, Jr., "Convertible Debt: Corporate Call Policy, and Voluntary Conversion," *Journal of Finance* 46, no. 4 (1991): 1273-1289.

10) 전환가치가 채권의 액면가보다 커지자 MCI는 발행한 전환증권을 주식으로 전환했다는 사실을 이해하는 것 역시 중요하다.

예를 들어 투자자들이 현재는 물론 영구적으로 30달러의 가치가 있다고 믿는 주식이 있다고 해보자. (이 주식은 배당을 지급해도 30달러의 가치를 유지한다고 하자.) 이 회사가 표면금리 10%에 10년 만기 보통채권을 발행했다고 가정하자. *그렇다면 10년 만기 전환사채에는 어느 정도의 표면금리를 기대하겠는가?* 10%이다. *왜 그런가?* 주가는 30달러에서 유지될 것으로 보기 때문에 주식에 대한 옵션가치가 없기 때문이다. (이것은 설명을 위한 과장된 사례임에 유의하자.) MCI가 전환증권 발행으로 낮은 표면금리를 지급할 수 있는 이유는 MCI 주식의 높은 옵션가치 때문이었다.

그렇다면 어떤 회사들이 전환증권을 발행하는가? 스타트업과 기술벤처회사 같이 현금흐름의 변동성이 큰 회사들이다. 다시 말해 옵션가치가 큰 회사(즉, 주가 상승여력이 큰 회사)와 이자비용의 부담이 큰 회사가 전환증권 발행에 적합하다. 따라서 올드 AT&T가 전환증권을 발행하는 것은 적합하지 않다. *왜인가?* 시장은 이 주식에 상당한 업사이드가 있다고 생각하지 않았기 때문이다. AT&T의 주가는 1983년 말 68.50달러였는데 이는 17년 최고가였다. 또한 AT&T는 보통채권에도 낮은 금리를 적용받고 있었고, 금융부채를 서비스하는데 충분한 안정적 현금흐름을 창출했다. 결국 AT&T는 전환사채 발행으로 이자를 크게 절감할 수 있다고 기대하기 어렵다.

하지만 주식의 높은 옵션가치로 인해 이자비용을 크게 절감할 수 있다는 점에서 전환사채는 MCI에게 매력적이다. 현금흐름의 변동성이 높았기 때문에 낮은 금리로 현금유출을 줄이는 MCI에게 중요했다. 실제 1982년 MCI는 보통채권에 14.5%의 표면금리를 지급했지만, 전환사채에는 10%만 지급했다.[11] 다만 독자들은 전환사채를 발행할 때 낮은 금리의 대가로 MCI는 주가 업사이드를 포기하고 있다는 사실을 기억해야 한다. 주가가 상승하면 MCI는 전환사채를 통해 낮은 가격에 주식을 발행한 것이 되기 때문이다.

다음 질문을 해보자. *왜 주식을 발행할 때보다 전환사채를 발행할 때 주가가 덜 하락하는가?* 앞에서 설명한 것처럼 주식시장은 주식발행을 회사가 불확실한 기회나 불충분한 현금흐름을 가지고 있는 것으로 해석한다. 물론 회사가 전환증권을 발행해도 시장의 이러한 우려는 여전하다. 다만 주식의 경우만큼은 아니다. 실증 연구결과에 따르면 회사 자본의 약 10%에 해당하는 주식을 발행하면 주가는 약 3%정도 하락하며, 같은 규모의 전환사채 발행에는 주가가 약 1% 하락한다고 한다.[12]

시장이 전환증권 발행을 주식발행보다 덜 부정적으로 해석하는지는 직관적으로 설명이 가능하다. 회사가 미래 현금흐름이 차입금 상환에 충분하고 (즉, 채무불이행 위험이 없고)

---

11) 이는 1982년 5월에 발행된 20년 만기 후순위전환사채와 1982년 9월에 발행된 20년 만기 후순위보통채권의 금리이다. ([표 10.4] 참조) 보통채권은 할인 발행되었다. 보다 자세한 사항은 뒤에서 다루기로 한다.

12) C. Smith Jr., "Investment Banking and the Capital Acquisition Process," *Journal of Financial Economics* 15, nos. 1-2 (1986): 3-29를 참조하라.

회사가 주가가 상승할 것으로 예상하면, 회사는 부채를 발행해 신규 투자자들에게 주가 업사이드를 주지 말아야 한다. 반대로 회사가 판단하건데 미래 현금흐름이 차입금 상환에 충분하다는 확신이 없으면 회사는 아마 주식을 발행할 것이다. 물론 주식을 발행하면 회사는 채무불이행의 위험을 회피할 수 있지만 대신 시장에 부정적 신호를 보내게 된다.

전환증권의 발행은 부정적 신호를 보내지만 주식발행보다는 덜 부정적이다. 신호가 덜 부정적인 이유는 채권으로 주식으로 전환될 만큼 주가가 상승하지 않으면 전환사채는 원리금을 지급받는 채권으로 남기 때문이다. 이를 이해하는 다른 방법은 경영진이 주식발행시 시장을 호도하면 회사 현금흐름에는 영향을 미치지 않는다. 하지만 경영진이 발행한 전환사채가 전환되지 않으면 회사는 계속해서 원리금에 대한 상환의 의무를 진다. 전환되지 않은 전환사채는 기본적으로 보통채권이 된다. 회사는 이자를 지불하고 위험을 감수해야 한다. 따라서 전환사채는 보통채권과 주식 사이의 중간쯤에 위치한다.

마지막으로 이런 신호를 해석하는 다른 방법도 있다. 회사가 주식을 발행했을 때 시장은 이를 경영진이 현재 주가가 높다고 판단하고 보고 있거나 미래에 무언가 나쁜 일이 벌어질 것으로 예견하고 있다고 해석하는 것이다. 미래에 전환이 될 것을 기대하고 전환사채를 발행했다면 경영진이 주가 상승을 믿는다는 것을 나타낸다.

이상의 논의를 정리해보자. 일반적으로 양의 NPV 프로젝트와 충분한 현금흐름을 가진 기업은 보통채권으로 자금을 조달하게 된다. 긍정적 투자기회를 가지고 있지만 변동성이 있거나 현금흐름이 제한적인 기업들은 전환사채를 발행할 것이다. 불확실한 기회와 변동성이 큰 현금흐름을 가진 회사는 주식을 발행할 것이다. (채권을 발행하면 이것이 전환사채일지라도 실적이 악화되면 회사는 재무적 곤경에 빠질 수 있다.)

보충: 희석과 신호효과

회사가 주식을 발행할 때 "희석"의 개념이 자주 등장한다. 희석은 현재 주주가 보유한 가치가 감소하는 것을 말한다. 많은 주식이 발행되면 기존 주주들이 같은 비율로 추가적인 주식을 매입할 수 없는 한 그들의 지분율은 희석될 수 밖에 없다. 하지만 보유 지분의 가치가 반드시 희석되는 것은 아니다. 신주가 정확히 자기자본의 가격으로 발행되면, 다시 말해 신주발행 대금이 NPV가 0인 프로젝트에 투자되면, 현재 주식의 가치는 일정하게 유지되어야 하다. 우리는 실증적으로 신주가 발행되면 주가가 하락한다고 알고 있고, 그 이유를 흔히 "희석"에서 찾는다. 하지만 신호효과가 주가 하락에 대한 보다 설득력 있는 설명이라고 하겠다.

이자율과 차입비율

MCI 보통채권의 실제 이자율은 얼마인가? [표 10.4]에 제시된 표면금리는 실제 채권의 이자율이 아니다. 이는 이 채권이 당초 할인발행채권(original issue discount bond, OID채권)으로 발행되었기 때문이다.[13] 1981년 4월 발행된 채권을 예로 들어보자. 이는 OID채권이기 때문에 MCI는 이 채권을 액면가가 아닌 액면가의 84.71%에 발행했다. 따라서 MCI는 액면가 1,000달러인 채권을 팔고 847.10달러를 수령했다. 이 채권의 표면금리는 14.125%이기 때문에 이자는 액면가 1,000달러에 대해 141.25달러이다. 따라서 MCI가 지급하는 실질이자율은 표시된 14.125%보다 훨씬 높다는 의미이다. 이 채권의 실제이자율은 16.8%이다.[14]

MCI의 차입비율은 얼마인가? 적극적인 자금조달의 결과 1983년 MCI의 금융부채는 943.9백만 달러이며, 이는 총자본 1,709.5백만 달러(차입금 $943.9 + 자본 $765.6)의 55.2%이다. 하지만 MCI는 마지막 자금조달에서 현금 500백만 달러를 확보한다. (현금잔액이 542.0백만 달러이기 때문에 MCI는 이 자금조달 이전에 42.0백만 달러의 현금을 보유하고 있었다.) 이는 해당 자금조달로 보유하게 된 현금 500백만 달러가 잉여현금일 수 있다는 의미이다. 기억하듯이 잉여현금은 음의 차입금이다.

따라서 MCI는 차입금 443.9백만 달러($943.9 - $500)에 총자본 1,209.5백만 달러($443.9 + $765.6)여서 실제 차입비율은 36.7%라는 의미가 된다. 궁극적으로 이는 MCI가 500백만 달러의 차입을 하기 직전 차입비율이다. MCI가 마지막 차입을 하지 않는다면 회사는 443.9백만 달러의 차입금과 765.6백만 달러의 자본을 가지게 되어 차입비율은 36.7%가 되기 때문이다.

MCI가 500백만 달러를 차입해 현금을 유지하면 차입비율은 실제로는 이전에서 변동하지 않는다. MCI가 조달한 현금을 차입금 상환에 사용할 수 있기 때문이다. 하지만 회사가 잉여현금을 자산 매입에 사용하면 모든 차입금이 차입비율에 포함되어야 한다. 결론적 잉여현금을 감안한 1983년 말 MCI의 실제 차입비율 36.7%이다.

---

13) OID채권은 발행 시 액면가에서 할인된 가격으로 판매되는 채권이다. 표면금리(coupon rate)는 액면가에 대해 적용되기 때문에 이는 이 채권의 실질금리가 표시된 표면금리 이상이라는 의미가 된다.

14) 액면가 할인매각은 실질이자율이 보고된 이자율보다 높다는 것을 뜻한다. 실질이자율을 계산해보자. 847.1달러에 채권을 매각하면 20년간 매년 1,000달러의 채권에 대해 141.25달러를 지급하고, 20년 말에 1,000달러의 원금을 상환하게 된다. 이를 수식으로 나타내면 $\$847.1 = \$141.25 / (1 + r)^1 + \$141.25 / (1 + r)^2 + \cdots + \$141.25 / (1 + r)^{19} + \$141.25 / (1 + r)^{20} + \$1,000 / (1 + r)^{20}$이 된다. 이를 계산하면 수익률은 $r = 16.8\%$가 된다. 이에 대해서는 14장에서 자세히 설명한다.

리 스

MCI는 또한 리스로 자금을 조달하고 있었다. 리스금융이란 무엇인가? 회사가 사업에 필요한 자산을 다른 회사로부터 리스하면 장기로 이 자산을 빌려쓸 수 있다. 이는 둘 중 하나의 방식으로 이루어진다. 첫째 방식은 회사가 필요한 자산을 가진 다른 회사에서 빌리는 방식이다. 둘째 방식은 필요한 자산을 매입한 후 리스계약을 체결해 다른 회사에 자산을 매각하는 방식이다. 왜 회사는 매입한 자산을 다른 회사에 매각하고 다시 이를 사용하기 위해 리스계약을 맺는가? 왜 회사는 자체적으로 자산을 매입해 사용하지 않는가? 리스회사는 왜 이런 계약을 하는가? MCI 같이 자산을 리스하는 회사는 매입대금을 조달하지 않고도 필요한 자산을 확보할 수 있다. 이는 집을 사지 않고 임차하는 것과 유사하다. 자산을 소유하는 회사 입장에서는 리스수익을 챙길 수 있고 자산의 감가상각에 따른 세금절감혜택을 얻는 장점이 있다.

MCI는 세금절감에 신경을 쓰는가? 최근에만 그렇다. MCI가 처음으로 이익을 낸 것은 1977년이다. (MCI는 설립 후 14년간 영업활동에서 100백만 달러가 넘는 손실을 기록했다.) 이는 MCI가 과세소득이 없기 때문에 감가상각의 세금절감혜택도 없었다는 의미이다. 심지어 1980년까지도 MCI는 이월결손금[15]을 가지고 있었다. 세금절감효과가 없었던 것에 더해 MCI는 필요한 자본적 지출을 충당할 수 있는 현금흐름 창출능력이나 차입능력이 없었다. 따라서 MCI는 리스를 사용하고 비용만 지불하는 것으로 충분했다.

뉴 MCI의 자금조달 소요

이제 1984년 1월 AT&T 분할 후의 "뉴" MCI의 자금조달 소요를 살펴보자. 이를 위해서는 추정 재무제표를 작성해야 한다. (AT&T의 사례와 같이 이 장은 재무추정 자체보다는 영업활동과 재무정책의 일관성에 초점을 맞추기 때문에 재무추정에 대한 세부 사항은 [표 10A.1] ~ [표 10A.3]을 참조하기 바란다.)

MCI의 재무추정에 핵심 요소는 MCI의 매출성장률과 총자산회전율(매출액 / 총자산)이다. MCI가 얼마나 빨리 성장하는지는 기반시설인 통신망 구축에 얼마의 투자(CAPEX)가 필요한지가 핵심이다. [표 10.1]에서 보듯이 1979 ~ 1983년 독자 통신망을 구축하면서 MCI의 매출은 1979년부터 1983년까지 매년 29.9%, 47.9%, 50.7%, 84.3%, 140.6% 증가하며 연평

15) 2018년부터 회사가 어떤 해에 손실이 발생하면, 미래의 이익으로만 이 손실을 상계할 수 있게 되었다. (2018년 이전에는 과거 이익에서도 이 손실을 상계할 수 있었다.) 즉, 어떤 해에 1백만 달러의 손실이 발생한 후 다음 해에 1백 달러의 이익이 발생하면 이 둘이 상계되어 세부담이 발생하지 않는 것이다.

균 74% 성장한다.

이렇게 높은 매출성장률은 지속 가능하다고 볼 수 없다. 1984년 초 MCI의 매출은 크게 두 가지 성장동력을 가지고 있었다. 첫 번째 동력은 연평균 15%에 달하는 장거리전화 매출의 성장이었다.16) 시장점유율이 유지되면 이는 MCI에 기본적인 성장기반이 된다. MCI에게 두 번째 성장동력은 AT&T의 시장점유율을 잠식하는 것이다. (중요한 것은 MCI가 1984년 1월 이 산업의 유일한 신규 사업자가 아니라는 것이다. GTE와 IBM을 포함한 여러 회사들이 시장을 두고 각축하고 있었다.)

MCI가 통신망을 구축해가면 높았던 자산증가율은 감소해야 한다. 투자가 진행 중인 기간에는 총자산회전율이 감소한다. 그리고 난 후 투자가 완료되면서 매출이 증가하면 총자산회전율은 상승해야 한다. 물론 총자산회전율이 시간이 흘러도 변동이 크지 않고 일정한 회사(예: 신규 점포 출점을 통해서만 매출을 늘릴 수 있는 패스트푸드 체인)들도 있다.

정리하면, 1984년 이후 MCI에 대한 재무추정의 두 핵심 요소는 매출성장률과 총자산회전율을 예측하는 것이다. (매출성장률은 시장 침투가 진행되면서 하락하고, 총자산회전율은 투자 감소와 매출액 증가로 상승할 것으로 추정된다.) [첨부 10A]는 추정 재무제표에 저자들이 적용한 주요 가정을 보여주고 있다. [표 10.5]는 이러한 가정을 바탕으로 작성한 추정 현금흐름표이다.

[표 10.5] MCI의 추정 현금흐름표, 1984 ~ 1988: 중립 시나리오

(천달러)	1984	1985	1986	1987	1988
당기순이익	139,473	229,767	281,878	371,182	534,812
감가상각비	174,875	272,753	384,618	459,441	480,567
운전자본 증감	–	–	–	–	–
영업활동 현금흐름	314,348	502,520	666,496	830,623	1,015,379
자본적 지출	1,024,036	1,381,150	1,513,531	826,994	535,516
우선주 배당	–	–	–	–	–
자금 소요액	1,024,036	1,381,150	1,513,531	826,994	535,516
순자금조달 소요액	709,688	878,630	847,035	(3,629)	(479,863)

[표 10.5]는 순이익, 감가상각비, 자본적 지출을 가지고 자금조달소요를 예측하고 있다. 순이익은 1984년 139백만 달러에서 1998년 535백만 달러까지 증가해, 5년간 총 1.56십억 달러로 추정된다. 감가상각비는 1984년 175백만 달러에서 1988년 481백만 달러로 증가해,

16) Larry Kahaner, *On the Line: The Men of MCI Who Took on AT&T, Risked Everything and Won* (New York: Warner Books, 1986), 145.

5년간 총 1.77십억 달러로 추정된다. 따라서 영업활동에서 5년간 3.33십억 달러의 현금이 창출될 것으로 추정된다.

MCI의 영업활동 현금흐름 추정치와 CAPEX 추정치의 차이는 순자금조달소요이다. [표 10.5]에서 MCI의 순자금조달소요는 1984년 710백만 달러[17], 1985년 879백만 달러, 1986년 847백만 달러로 추정된다. 하지만 1987년에는 순자금조달소요가 사실상 없을 것으로 추정되었다. (약 4백만 달러의 잉여를 보인다.) 또한 1988년에는 MCI의 순자금조달소요가 마이너스 480백만 달러로 추정되었다. 왜인가? MCI가 초기 통신망 구축을 완료하면서 자본적 지출 수요가 크게 감소했고, 수익성 개선으로 추가적인 투자는 내부 자금으로 조달할 수 있게 되었기 때문이다.[18] 따라서 MCI의 제품시장전략이 본 궤도에 오르고 자금조달소요가 0이 되기 전인 1984~1986년 MCI의 총 자금조달소요는 약 2.44십억 달러로 추정된다.

왜 자금조달소요가 상승한 후 하락하는 패턴을 보이는가? MCI의 이익은 5년간 증가하지만, 자본적 지출이 처음에는 증가하다가 일정 시점 이후 감소하기 때문이다.

참고: [첨부 10A]에서 보듯이 이 기간 동안 운전자본의 증가는 없다고 가정했다. 이렇게 한 이유는 MCI가 사실상 재고자산을 보유할 필요가 없고 매출채권은 매입채무와 균형을 이룰 것으로 보았기 때문이다.

지금까지 우리는 MCI의 중립 시나리오를 만들어 보았다. 이제 AT&T에서 했던 것처럼 질문할 수 있다. MCI에 대한 최악 시나리오는 어떠한가? AT&T의 경우 우리는 순이익이 거의 나지 않아도 회사는 존속할 수 있다고 평가했다. MCI의 경우 우리는 두 가지 시나리오를 생각해본다. 첫 번째 시나리오는 순이익이 0으로 줄어든다고 보는 것이다. 이는 MCI가 향후 5년간 추가적으로 1.56십억 달러의 자금조달이 필요하다는 의미이다. 이렇게 되면 MCI는 1984~1987년 약 4.00십억 달러의 자금조달이 요구되며, 이는 [표 10.5]의 중립 시나리오에서 추정한 2.44십억 달러보다 50% 이상 자금조달이 늘어야 한다는 뜻이 된다.

MCI에게는 자금조달과 관련해 다른 최악 시나리오가 있을 수 있다. 회사가 기대한 것 이상으로 성장하는 것이다. 이렇게 되면 더 많은 현금이 필요하게 된다. 1983년 3월 말 기준 MCI의 매출은 AT&T 장거리전화 매출의 약 3%에 해당한다. [첨부 10A]에서는 1988년까지 시장이 매년 8% 성장한다고 보았다. 또한 MCI의 시장점유율은 10.8%까지 증가하고, 유형자산회전율은 1984년 80.0%에서 1988년 117.6%로 증가한다고 가정했다. 하지만 시장이 8% 이상 성장하고, MCI가 시장점유율과 유형자산회전율(매출액 / 유형자산)을 더 높인다고 생각해보자. 이런 상황에서 MCI의 자금조달소요는 어떻게 될 것인가? 엄청나게 빠른 속도로 증가한

17) 앞의 논의에서 MCI는 1983년 3월 31일에 500백만 달러의 잉여현금을 보유하고 있었다는 것을 기억하자. 이 잉여현금은 1984년에 가용한 것이기 때문에 신규 순차입금 규모를 710백만 달러에서 약 210백만 달러로 줄이는 것이 필요하다.

18) 아마존(Amazon.com)도 이러한 또 하나의 사례이다. 아마존은 수년간 현금흐름 적자를 기록했지만, 기반설비와 고객 기반을 확보한 이후에는 현금흐름이 흑자 전환하였다.

다. 회사가 빨리 성장할수록, 더 많은 운전자본과 CAPEX가 필요하며 더 많은 자금을 조달해야 하기 때문이다.

지금까지 논의를 정리해보자. [표 10.5]와 같이 중립 시나리오에서는 3년간 2.44십억 달러의 조달소요가 추정되었다. 마지막 2년 동안은 MCI가 잉여현금을 가지고 차입금을 상환할 것으로 예상된다. MCI의 자금조달소요는 두 가지 가능성으로 인해 중립 시나리오에서보다 커질 수 있다. 첫째 가능성은 MCI의 이익이 중립 추정치에 미치지 못하는 경우이다. 둘째 가능성은 MCI가 중립 시나리오에서보다 사업이 성공적이어서 통신망과 선로, 기지국 건설에 더 많은 자금이 필요한 경우이다.

MCI의 자금조달

지금까지 우리는 MCI의 자금조달소요를 추정해 보았다. 지금부터는 종종 분석에서 간과되기도 하지만 중요한 자금조달의 실제(자본구조)에 대해 살펴보자. AT&T의 분할 이후 MCI가 재무적으로 무엇을 해야 하는지 살펴본다. 논의는 MCI의 경쟁상황, 보다 정확하게는 1983년의 기초사업위험(BBR)에서 시작한다. 참고로 BBR은 저자들이 사용하는 용어로 일반화된 용어는 아니다. 모든 회사는 재무위험과 경쟁위험(산업위험)에 직면한다. 우리는 산업위험 또는 경쟁위험을 BBR이라고 부른다.

1984년 이전 MCI는 AT&T와 어떻게 경쟁했는가? 간단히 답하면 초기에는 AT&T가 완전한 경쟁을 허용하지 않았다. MCI는 AT&T의 통신망 이용에 승인를 받아야 했고, 이는 AT&T가 인하가 어려운 요금체계를 가지고 있었기 때문이다. *올드 AT&T에 대한 MCI의 경쟁우위는 무엇인가?* 저렴한 요금이었다. *당시 경쟁은 어떠했는가?* 1983년 MCI는 매출이 십억 달러를 넘었다. 4년 전인 1979년만 해도 매출이 100백만 달러에도 미치지 못했다. 1983년 MCI의 순자산은 766백만 달러에 잉여현금이 500백만 달러에 달했지만 4년 전에는 순자산이 12백만 달러에 불과했다.

MCI는 요금이 저렴했지만 서비스 품질은 나빴다. 현재 장거리전화 고객은 1번을 누르면 상대방에 연결된다. 하지만 1980년대에는 고객이 1번 다이얼을 돌리면 자동으로 AT&T에 연결되었다. 만일 고객이 MCI를 이용해 요금을 아끼고자 하면 1번을 돌린 후 10자리의 접근코드, 그리고 상대방 전화번호를 돌려야 했다. 결국 고객이 AT&T를 사용하면 11자리를 돌리면 되지만, MCI를 사용하려면 21자리를 돌려야 했다. 또한 AT&T는 MCI에게 가장 잡음이 심하고 오래된 통신망을 사용하도록 했다. 요금은 저렴해도 통화 품질이 떨어졌고 전화를 걸기도 훨씬 번거로웠다. MCI 고객은 전화를 걸때마다 이런 번거로움을 반복해야 했다. (지금은 전화번호를 미리 등록해 단축번호만 누르면 되는 전화기를 사용하지만, AT&T

의 자회사 웨스턴일렉트릭이 모든 전화기를 공급하고 있던 당시는 전화기에 전화번호 등록 기능이 없었다.)

1984년 AT&T가 지역 운영회사를 분할하면서 MCI도 1번 다이얼에 접속할 수 있는 권한을 확보한다. (즉, AT&T에 접속할 수 있는 자리수를 줄일 수 있게 되었다.) 하지만 가격에서는 AT&T가 우위를 점했다.

분할 후 MCI의 사업 환경을 알아보자. 1984년 초에 통신업 지형은 어떠했는가? 다섯 개의 주요 경쟁자가 있었다. AT&T, IT&T, IBM, GTE, MCI가 있었다. MCI는 다른 회사들과 어떻게 비교되는가? MCI는 다른 경쟁사들에 비해 규모가 훨씬 작았다. AT&T의 라운딩에러에 해당하는 수치만으로도 MCI의 손익계산서는 달라질 수 있었다. MCI의 경쟁자들의 재무제표는 백만 달러 단위로 작성된 반면 MCI의 재무제표는 천 달러 단위로 작성되었다. 실례로 1983년 AT&T의 CAPEX는 7.0십억 달러였지만, MCI는 623백만 달러에 불과했다. 따라서 AT&T의 분할 이후 MCI는 IBM, IT&T, GTE, AT&T라는 거인들과 경쟁하고 있었다.

당시 MCI의 경쟁우위는 무엇인가? MCI는 경쟁자들보다 규모가 작을 뿐 아니라 이제는 가격경쟁력도 없었다. 또한 MCI는 사업이 다각화되지 않아 사업이 하나밖에 없었다. 반면 GTE는 여러 사업을 가지고 있었고, IBM도 여러 사업부를 운영하고 있었다. AT&T는 웨스턴일렉트릭을 통해 전화기를 독점적으로 공급하고 있었다. 그래서 어떻다는 것인가? MCI는 규모가 작지만 적극적이었다. MCI는 가진 것 없이 성장했고 평생토록 가진 것이 없었다. 그래서 MCI는 경쟁에 집중했고 경쟁에 친숙했다. 이는 AT&T와 분명히 차별되는 경쟁력이었다.

그렇다면 MCI는 무엇을 걱정하는가? MCI의 주요 위험은 무엇인가? 첫 번째 위험은 AT&T가 요금을 내릴 수 있다는 것이다. 그렇게 할까? 불분명하다. AT&T가 요금을 내려 가격경쟁에 나서기보다 70%의 시장점유율을 바탕으로 고가 요금정책을 고수할 것이라는 주장도 있었다. 반면 AT&T가 MCI를 시장에서 퇴출시키기 위해 요금 인하에 나설 것이라는 주장도 있었다. 다만 1984년 당시로는 AT&T가 어떻게 할지는 불분명했다.

MCI에게 두 번째 위험은 기술적인 위험이었다. 1983년 당시 광섬유, 마이크로웨이브, 인공위성 등의 신제품과 신기술은 분명 MCI에게 기술적 위협이었다. (다만 MCI의 운명을 결정적으로 바꾼 것은 이런 것들이 아니었다. 휴대전화였다. 사업에는 항상 이러한 위험이 존재하지만 그렇다고 이를 다 예측할 수 있는 것은 아니다.)

다른 질문을 해보자. 이 산업은 위험한 산업인가? 전혀 그렇지 않다. 통신업은 매우 안정적이다. 경기불황에도 사람들은 "미안하지만 경기회복까지 당신에게 전화할 수 없다."고 말하지 않는다. 전화는 회사나 개인에게 모두 필수품으로 여겨진다. 따라서 통신업은 안정적이며 위험의 낮은 산업이다. 하지만 회사 차원에서는 상당히 변동성이 클 수 있다. 1983년 이후 독점체제가 무너지고 4~5개 업체가 경쟁하고 있었기 때문이다. 10년 앞을 내다보면 그때도 같은 플레이어들이 경쟁하고 있을 것인가? 아마도 그렇지 않을 것이다. 그때까지 생존할 가능성이 가장 높은 경쟁자는 누구인가? AT&T일 것이다. MCI도 그때까지 생존자로 남을 것인가? 불분명하다. 산업은 전반적으로 안정적이지만, 경쟁구조에 관한한 안정적인 산업이 아니기 때문이다.

따라서 MCI의 주된 위험은 이제 가격경쟁력이 없어도 시장점유율을 확보하는 것이었다. 연방통신위원회(FCC)는 1985년 중반 AT&T가 자사 고객에게만 다이얼-1 서비스를 제공하는 것이 불공정하다고 만장일치로 결정한다. 정부는 모든 소비자들이 다이얼-1을 통해 장거리 통신회사를 선택할 수 있게 하라고 명령한다. 이때 소비자들이 원하는 통신사를 선택하는데 지방선거 투표용지가 이용되었다. 당시 지방선거 공보물을 유권자들에게 보낼 때 통신사 신택용지를 함께 배달하도록 했기 때문이다.

사람들은 어떤 선택을 했는가? 사람들은 통신사 변경을 번거롭게 생각했다. 따라서 대부분은 선택용지를 환부하지 않았다. 이렇게 되면 고객이 속해있는 지역통신사가 장거리 통신사업자를 지정하게 되었다. 하지만 지역통신사들은 AT&T에서 분할된 회사들이기 때문에 AT&T를 기본으로 장거리 통신사로 지정했다.[19]

이처럼 별도로 신청을 하지 않는 고객은 자동으로 AT&T가 장거리 통신사로 지정되는 것이 부당하다며 MCI는 소송을 제기한다. 법원은 고객에게 누구도 선택을 강요할 수 없기 때문에 통신사를 선택하지 않은 고객은 이를 선택한 고객의 비율로 장거리 통신사를 무작위로 할당하라고 명령했다. 이 명령으로 인해 신청한 사람들의 선택에 따라 신청하지 않은 사람들이 할당되게 되었다.

고객들 중 단 10%만이 통신사를 선택했다. 법원 명령이 있기 전이라면 나머지 90% 고객들은 지역통신사들에 의해 AT&T에 할당되었을 것이다. 하지만 법원 명령 이후 90%는 10%의 선택에 따라 할당되었다.

따라서 1986년[20] MCI는 전국적으로 여러 선거에 참여해야 했다. 여러분이라면 이 선거에서 어떻게 이길 것인가? 선거 대상을 사버리는 방법이 있다. 이는 대대적인 광고를 한다는 의미이다. 통신사 광고가 오늘날 흔하다고 생각하지만 그 때는 더 만연했었다. 선거를 치르고 있는 미국 전역에서 손쉽게 항상 AT&T와 MCI의 광고를 볼 수 있었다. 이는 MCI에게 무슨 의미인가? 마케팅 비용이 급격히 상승하게 된 것이다.

지금까지 논의를 정리해보자. 처음에 올드 MCI의 자금조달소요를 파악했다. 또한 MCI의

---

19) 베이비 벨들은 이 선택(투표)을 위임장경쟁(proxy contest)으로 인식했다. 주주가 회사에 명시적인 반대를 표시하지 않으면 위임장은 경영진에게 위임되는 구조를 말한다. 다시 말해 AT&T가 아니라고 밝히지 않는 한 AT&T로 지정되었기 때문이다.

20) Daniel Gross et al., "William McGowan and MCI: A New World of Telecommunications," www.stephenhicks.org/wp-content/uploads/2012/01/forbes-mci.pdf.

재무정책을 알게 되었고, 이를 한 단어로 요약하면 "생존"이었다. 그리고 생존이 정확히 그들이 한 일었다. 이후 최악 시나리오에 따른 MCI의 자금조달소요를 추정해 보았다. 또 우리는 이 회사의 BBR을 생각해 보았다. 이제 우리는 뉴 MCI의 재무정책을 개발할 준비가 완료된 것이다.

규모가 커지고 수익성은 있지만, 가격경쟁력 없이 매우 경쟁적인 산업에서 활동하고 있는 MCI에게 어떤 재무정책이 합리적인가?

차입비율부터 검토해보자. *MCI는 차입비율을 어떻게 관리해야 하는가?* 1983년 12월 AT&T의 차입비율은 40%~45%인 반면 MCI의 차입비율은 잉여현금 조정 후 36.7%였다. MCI의 차입비율이 더 낮아야 하는가? [표 10.5]에서 보듯이 MCI는 향후 최소 3년간 자금조달이 필요하다. 하지만 MCI가 차입비율을 높이면 재무적 유통성을 떨어지고 위험이 커진다. 잠시 좀 더 쉬운 질문부터 살펴본 후 이 문제로 돌아오기로 하자.

MCI의 배당정책은 어때야 하는가? 과거처럼 제로배당을 유지해야 하는가? 다음을 고려해보자. MCI가 발행한 주식의 수는 117백만 주였다. 1983년 이 회사의 EPS는 주당 1.69달러였다. MCI의 배당성향이 50%라면(주당 0.85달러) 연간 배당금은 약 100백만 달러가 된다. 따라서 5년간 MCI는 약 500백만 달러를 배당하게 된다. 결국 MCI가 50% 배당성향을 가지면 (그리고 이익이 일정하게 유지되거나 증가하면) 향후 5년간 최소 500백만 달러를 외부에서 조달해야 한다.

이는 자금조달과 배당정책이 연결되어 있다는 것을 보여준다. 회사는 배당정책을 독립적으로 설정할 수 없다. MCI가 50%의 배당정책을 세웠다면 이는 이 회사가 외부에서 500백만 달러를 조달해야 한다는 의미이다. 또한 투자자들은 회사의 배당 수준이 지속될 것으로 기대한다. 따라서 회사가 잘못된 신호를 보내면 (즉, 미래 현금흐름이 충분하지 않아 실제로는 지속 가능하지 않음에도 회사가 배당을 지급하겠다고 말하면) 결국에 회사는 배당을 삭감하거나 외부차입을 늘려야 한다. (우리는 다음 장에서 배당정책에 대해 자세한 논의를 할 것이다.)

그렇다면 MCI의 배당정책은 어때야 하는가? 제로배당이 타당하다. MCI가 잉여현금흐름을 창출할 때까지는 최소한 그렇다.

MCI의 차입금 만기는 어때야 하는가? 장기로 차입해야 한다. *얼마나 장기로 차입해야 하는가?* 만기가 적어도 1987년 이후가 되도록 한다. 추정 재무제표에서 보는 것처럼 이때가 되면 MCI는 더 이상 신규 자금조달이 필요 없게 되고 잉여현금을 창출하기 시작한다. 여전히 자금이 필요한 1988년 이전에는 차환이 필요하다. 예를 들어 당시 기업어음은 장기채권보다 금리가 쌌지만 270일마다 만기가 도래하기 때문에 차환을 해야 했다. *차환에 실패하면 어떤 일이 생기는*

가? 회사는 어려움에 빠지고 MCI는 이를 감당할 수 없다. 따라서 MCI는 같은 금액을 두 세 번씩 차환하기보다 회사의 자금부족이 해소되는 시점 이후까지 부채 만기를 길게 가져가야 한다.

종종 오용되거나 오해를 받는 중요한 원칙이 있다. **"회사는 제품시장전략의 만기에 자금조달전략의 만기를 일치시켜야 한다."**는 것이다. 저자들은 자산의 만기가 장기이면 부채 역시 장기여야 한다는 말을 종종 들어왔다. 7장에서 논의한 것처럼 이는 틀린 말이다. 장기부채로 장기 자산을 조달하는 것은 옳은 일이겠지만 이것이 자금을 어떻게 조달해야 하는지에 관한 것은 아니다. 제품시장전략이 장기이면 자금조달전략도 장기여야 한다. 회사가 최소 5년 이상 자금이 필요하다면 5년 이하의 단기 자금조달을 선호하지는 않을 것이다. MCI는 같은 금액을 두 세 번씩 차환하면서 자금을 조달하는 것을 원치 않을 것이다. MCI가 20년 만기로 차입해야 할까? MCI는 그렇게까지 할 필요는 없었다. 만일 10년짜리가 자신을 보호하는데 충분하다면 10년이며 되고, 조달비용이 더 낮은 경우에만 20년을 해야 한다.

차입금은 고정금리여야 하는가? 변동금리여야 하는가? 고정금리여야 한다. 왜인가? MCI의 모든 경쟁자들이 고정금리 채권을 발행했고, 당시는 인플레이션이 심한 고금리 시대였다. 인플레이션과 금리가 갑자기 더 상승해도 MCI는 경쟁자들에 비해 추가 비용을 지불하는 것을 원치 않을 것이다. (5장의 매시퍼거슨에게 발생한 상황을 기억하라.) 경쟁자들이 고정금리로 차입을 했다면 MCI는 변동금리로 차입함으로써 금리 상승의 위험을 부담해서는 안 된다.

MCI는 자금소요가 발생하기 전에 미리 자금을 조달해야 하는가? 아마도 그렇다. MCI는 잉여자금으로 무엇을 해야 하는가? 투자에 사용하라. 이 회사는 향후 5년간 자금이 필요하다. 정확히 언제 자금을 구해야 할지보다 자금을 구할 수 있는지가 더 중요하다.

이제 우리는 MCI의 재무정책이 어떠해야 하는지에 관해 어느 정도 알게 되었다. 배당은 제로로 설정한다. 차입금 만기는 최소한 5년 혹은 그 이상, 고정금리로 발행한다. MCI는 미리 미리 자금조달을 고려해야 한다. 다만 우리는 여전히 MCI의 차입비율에 대해 논의가 필요하다. 즉, MCI가 부채, 주식 또는 전환증권을 어떤 비율로 발행해야 하는가?

자금조달수단에 대한 검토

그렇다면 당초의 질문으로 돌아가 보자. MCI는 어떤 종류의 자금조달수단을 사용해야 하는가? 이 질문은 MCI의 차입비율이 어떠해야 하는지와 관련된다.

우리가 알고 있는 것은 다음과 같다. MCI는 1984년 십억 달러의 투자를 예상한다. 이 회사는 직전 자금조달로 500백만 달러의 잉여현금을 보유하고 있지만, 향후 3년간 이십억 달러가 넘는 자금조달이 필요할 것으로 예상된다. MCI가 투자은행인 드렉셀 번햄 램버트

(드렉셀)에게 어떤 자금조달수단이 좋을지 자문했다고 해보자. 드렉셀은 MCI가 자금조달에 다양한 옵션이 있다는 의견을 낼 것이다. 즉 MCI는 보통채권, 전환사채, 주식 그리고 이들의 결합증권 등을 발행할 수 있을 것이다. 각 옵션의 발행 규모와 비용은 [표 10.6]에 나와 있다.

첫 번째 옵션은 표면금리 12%에 20년 만기 보통사채 500백만 달러를 발행하는 것이다. 두 번째 옵션은 주당 42.50달러에 425백만 달러 규모의 주식을 발행하는 것이다. 이 발행가격은 1983년 4월 주가 47달러에서 약 10% 할인된 가격이다. 세 번째 옵션은 표면금리 10%, 20년 만기, 전환가격 55달러(시가에 대략 15%의 프리미엄)에 5년 후 회사가 콜(상환청구)할 수 있는 조건으로 750백만 달러 규모의 전환사채를 발행하는 것이다.

[표 10.6] MCI의 가상적 자금조달수단, 1983년 4월(1984년 회계연도용)

	조달 방법	조달금액
옵션 1	표면금리 12% 20년 만기 보통채권	500백만 달러
옵션 2	주당 42.50달러 보통주 1백만 주	425백만 달러
옵션 3	전환가격 55달러 표면금리 10% 20년 만기 전환사채	725백만 달러
옵션 4	표면금리 9.5% 만기 10년 채권과 채권 1,000달러당 18.18 워런트 유닛 매각	1,000백만 달러

창의적인 거래로 유명한 드렉셀은 MCI를 위해 네 번째 옵션을 설계했다. 이는 3년 후 콜옵션이 부과된 표면금리 9.5%의 20년 만기 채권과 채권 1,000달러당 18.18개의 주식 워런트를 "유닛" 딜로 매각하는 것이다.[21] 이는 두 증권을 한꺼번에 매각하기 때문에 유닛이란 이름으로 불린다. (과거 MCI의 두 번째 주식은 주식 한 주와 미래에 주식을 살 수 있는 워런트를 합친 유닛 딜로 발행되었다.) 유닛 딜은 두 증권을 동시에 거래해야 하는 조건으로 발행될 수도 있고 분리해서 독립적으로 거래할 수 있는 조건으로 발행될 수도 있다. 다만 더 중요한 것은 MCI의 경우 이 채권을 "사용가능(usable)"으로 발행하려 한다는 것이다. 이는 주식을 매입하는데 현금 대신 다른 수단을 사용할 수 있다는 뜻이다. 만일 이런 방식으로 채권이 사용되면 이 채권 1,000달러는 현금 1,000달러와 같이 사용된다. (워런트가 붙은 이런 채권을 합성전환사채(synthetic convertible)이라고 한다.)

이 금융상품은 이 책에서 다루기에는 다소 고급 분야이다. 따라서 이 설명에 많은 시간을 할애하지는 않고 재무정책과 관련되어 필요한 부분만 간단히 살펴보기로 한다.

먼저 알아야 할 것은 워런트도 일종의 옵션 상품이란 것이다. 파생상품거래소에 상장된

21) 워런트는 3년 동안 콜(상환청구)할 수 없다는데 유의하자.

워런트와 대부분의 옵션의 일반적 차이는 워런트는 발행회사가 발행하고 만기가 장기인 반면 옵션은 발행회사가 아닌 시장조성자22)가 발행한다는 것이다. (옵션은 옵션가치가 다른 기초자산, 대부분의 경우 다른 회사의 주식에서 파생되기 때문에 파생상품이라고 불린다.)

MCI 유닛의 경우 워런트 보유자는 워런트 하나와 현금 55달러를 지급하고 주식 1주를 받거나, 워런트 18.18개와 채권 1,000달러를 주고 18.18주를 받는 것 중 하나를 선택할 수 있다. 다시 말해 보유자는 현금 1,000달러와 워런트 18.18개를 주고 18.18주를 받거나, 액면가 1,000달러 채권 하나와 워런트 18.18개를 주고 18.18주를 받을 수 있다. (참고로 18.18 * $55.00 = $1,000이다.)

채권이 실제 1,000달러의 가치를 가지면 이는 상당히 간단하겠지만, 일반적으로는 그렇지 않다. (아래에서 설명하는 것처럼 이 채권은 워런트를 행사할 때만 1,000달러로 사용된다.) 이 채권의 액면가는 1,000달러이다. 하지만 이 채권의 표면금리 9.5%는 [표 10.6]의 보통채권 시장수익률 12%보다 낮다. 따라서 (워런트가 없는) 단독 금융상품으로써 이 채권은 1,000달러보다 싼 가격에 거래된다. (기억한다면 앞에서 MCI는 OID채권, 즉 동일한 신용등급을 갖는 채권의 시장수익률보다 낮은 표면금리로 할인발행채권을 다수 발행했었다. 결과적으로 이런 채권은 액면가 이하로 발행된다.)

따라서 이 채권이 단독으로 거래된다면 1,000달러 이하의 가치를 가진다. 하지만 워런트가 행사되는 시점에 이 채권은 현금 1,000달러 대신 사용될 수 있다. 채권이 이런 방식으로 사용되기 때문에 이는 “사용가능(usable)”이라 불린다. 또한 이 채권은 단독 가치보다 주식전환 시에 더 가치 있게 사용되기 때문에 대부분의 워런트 보유자는 주식전환에 현금보다 이 채권을 사용하게 된다. 이렇게 되면 이 채권은 전환 시점에 퇴역되거나 “소멸된다.” (워런트 행사시 유닛의 채권이 전환대가로 사용되면 이 채권은 없어지고 신주로 교체된다.) 따라서 이는 전환사채와 비슷한 결과를 가진다. 전환사채 역시 전환시점에 소멸되고 주식으로 전환된다. 이 점에서 워런트가 부가된 “사용가능” 채권의 유닛 발행은 합성전환사채 발행으로 볼 수 있다.

이 논의는 다소 복잡해서 앞으로 논의를 좀 더 정확히 이해하기 위해서는 필요하다면 다시 한 번 정독해 내용을 정확히 파악하길 바란다.

워런트를 언제 전환할지에 대한 결정은 이 장 초반에서 논의한 전환사채를 언제 전환할지의 결정과 유사하다. 워런트의 전환가격은 55달러이다. 현재 MCI의 주가가 70달러라고 가정해보자. 이는 보유자가 반드시 워런트를 전환할 필요가 있다는 의미는 아니지만, 워런트가 가치를 가진다는 것을 의미한다. 투자자는 워런트 1개와 55달러를 70달러짜리 주식 1주

22) 옵션 시장조성자(market maker)는 제3자가 옵션을 매매하도록 옵션을 발행하는 회사나 개인이다. 따라서 기초자산이 되는 회사(주식)가 아닌 이들이 옵션계약에 대해 재무적인 책임을 진다.

와 바꿀 수 있기 때문이다.

이제 액면가 1,000달러 채권과 18.18개의 워런트로 구성된 유닛 1개는 1,272.60달러(18.18 * $70)의 가치를 갖는다. 18.18개의 워런트를 모두 전환하기 위해서는 현금 1,000달러(18.18 * $50)를 지불하거나 채권(액면가 1,000달러)을 포기하면 된다. 따라서 워런트가 콜되거나 만기가 도래하면 투자자는 이를 주식으로 전환을 해야 한다. 그리고 위에서 설명한 것처럼 전환에 현금대신 이 채권을 사용하는 것이 보유자의 재무적 이익에 더 부합한다.[23)]

한편 대차대조표 관점에서 보통채권을 발행하는 것보다는 워런트가 부가된 채권을 발행하는 것이 발행회사에 다소 유리한 측면이 있다. 신주인수권부사채는 대차대조표에서 부채(사채)와 주식(워런트)으로 분할된다.[24)] 이 결과 회사는 자본을 늘릴 수 있기 때문에 채무약정을 위반할 가능성도 낮아진다.

우리는 왜 회사가 보통채권이나 전환사채 대신 워런트가 첨가된 사용가능 채권을 발행하려 하는지에 대해 잠시 생각해 보고자 한다. 하지만 이는 기업재무의 범위를 다소 벗어난 투자론의 영역임에 유의한다. 비록 증명되진 않았지만 회사가 합성전환사채를 이용하면 보통사채나 전환사채보다 더 대규모 발행이 가능하다는 주장이 있다. 특히 투자은행들이 이를 자주 주장한다. 만일 "분할된 시장"이 존재한다면, 다시 말해 투자자들이 특정 종류의 증권은 다른 증권으로 대체될 수 없다고 본다면, 이러한 주장은 사실일 수 있다. 이 경우라면 워런트가 첨가된 채권은 세 시장에서 거래될 수 있다. 워런트가 붙은 상태에서는 전환사채 시장, 보통하이일드(정크본드) 채권시장, 워런트가 분리된 경우 주식/옵션시장에서 거래될 수 있다. 세 개의 다른 시장(하이일드채권, 전환사채, 주식)에 판매함으로써 더 큰 금액을 조달할 수 있다는 것이 그들 주장의 논거이다.

이제 여러분이면 어떤 선택을 할 것인가? 12%에 500백만 달러 보통사채인가? 발행가 42.50달러에 425백만 달러 주식인가? 아니면 표면금리 10%에 전환가 55달러인 750백만 달러 전환사채인가? 그도 아니면 십억 달러의 유닛 딜(신주인수권부사채)인가?

누군가는 이 상황을 다음과 같은 질문으로 단순화하려 할 것이다. *이 회사는 가장 많은 현금을 조달할 수 있는 옵션을 선택해야 해야 할까?* 이는 답이 아니다. 회사는 자신의 재무정책에 부합하는 옵션을 택해야 한다.

그럼 몇 가지 직접 비교를 통해 선택지를 좁혀보자. MCI의 관점에서 신주인수권부사채

23) 만일 이자율이 상당히 하락하면 이 채권의 가치는 액면가 1,000달러보다 비싸질 수 있다. 이 경우라면 워런트 보유자는 전환에 이 채권보다는 현금을 사용하는 것이 유리하다.

24) MCI의 유닛 딜 십억 달러가 채권(부채)과 주식(자본)으로 어떻게 분할되는지는 유사한 채권의 이자율과 MCI 채권의 표면금리 사이의 관계에 따라 결정된다. 만일 MCI의 20년 만기 채권의 시장금리가 12.5%(이 회사가 액면가 십억 달러의 보통채권에 지불하는 금리)이고 워런트가 첨가된 사채의 이자율이 9.5%라면, 유닛 딜의 채권 시장가격은 781백만 달러(매 6개월마다 47.5백만 달러, 20년 말 십억 달러를 반기 복리로 할인한 금액)이어야 한다. 편의상 우리는 이 채권의 회계상 장부가치를 750백만 달러, 워런트의 회계상 장부가치를 250백만 달러로 본다.

(유닛딜)는 전환사채보다 이자율이 낮고 전환가격이 높기 때문에 전환사채보다 유리하다. (즉, 이자율이 낮을 뿐 아니라 주가의 업사이드를 덜 포기해도 된다.) 신주인수권부사채는 또한 보통채권보다 이자율이 훨씬 낮을 뿐 아니라 자금을 더 조달할 수 있기 때문에 유리하다. (즉, 신주인수권부사채가 채권으로 남는다면 MCI는 12%보다 낮은 9.5%만 지급하면 된다.) 따라서 세 채권 발행을 비교하면 신주인수권부사채(워런트가 첨가된 채권)가 가장 유리한 대안이다.

하지만 최종 결론을 내리기 전에 각 옵션이 MCI의 자본구조에 미치는 영향을 검토해보자. (여기서는 옵션 4가 옵션 3보다 유리하기 때문에 옵션 3은 검토에서 제외한다.) [표 10.7]은 두 가지 다른 시나리오 하에서 세 가지 옵션이 MCI의 자본구조에 어떤 영향을 주는지 비교하고 있다. 경제학자들이 말하는 바에 따르면 두 가지 상태를 고려한다. 첫 번째 상태(첫 번째 세로줄)에서는 MCI의 실적이 부진해 주가가 발행시점 수준에서 유지되거나 하락하는 경우이다. 두 번째 상태(세 번째 세로줄)에서는 MCI의 실적이 우수해 주가도 상당히 상승하는 경우이다. 첫 번째 상태에서는 주가가 상승하지 않기 때문에 전환사채나 워런트는 모두 전환되지 않는다. 반면 두 번째 상태에서는 주가가 상승하기 때문에 전환사채와 워런트는 모두 전환될 것이다.

전환사채를 제외한 나머지 세 가지 옵션은 [표 10.7]에 순서대로 나열되어 있다. 베이스 케이스는 향후 MCI가 어떠한 추가 자금조달을 하지 않을 때 주가 움직임에 따라 변동될 자본구조를 보여준다. 이때 MCI는 차입금 944백만 달러(기존 전환사채 $400, 보통채권 $544)에 음의 차입금(금융부채)으로 계산되는 잉여현금 500백만 달러와 자본 766백만 달러에서 출발한다.

어떤 자금조달도 없다면 MCI의 베이스 케이스의 차입비율은 상태 1(첫 번째 세로줄)에서 36.7%, 기존 400백만 달러의 전환사채가 전환 된 상태 2(세 번째 세로줄)에서 3.6%로 예상되어 큰 대조를 보인다. 이제 자금조달 옵션을 살펴보자.

옵션 1 보통채권: MCI는 표면금리 12%에 20년 만기 보통채권 500백만 달러를 발행한다. (MCI의 주가가 상승하지 못하고 하락하는) 상태 1에서는 이 회사의 차입비율은 55.2%가 된다. (MCI의 주가가 기존 전환사채의 전환을 강제할 만큼 상승하는) 상태 2에서는 이 회사의 차입비율은 31.8%가 된다. 이는 MCI가 보통채권을 발행하고 상태 1이 되면 MCI는 추가적인 차입이 어려운 높은 레버리지의 회사가 된다는 의미이다. 55.2%의 차입비율로는 MCI가 추가 차입을 하기 어려울 가능성이 높다. 상태 2에서는 MCI의 차입비율이 현재 36.7%에서 다소 개선된다.

옵션 2 주식: MCI가 신주 425백만 달러를 발행한다. 잉여현금을 조정한 MCI의 순차입금은 444백만 달러로 변동이 없지만, 자본은 1,191백만 달러로 증가한다. 신주발행으로 차입비율은 (자금조달 전 베이스 케이스의) 36.7%에서 27.2%로 하락한다. 상태 2에서는 기존 전환사채가 전환되면서 MCI의 차입비율은 2.7%로 떨어진다. 따라서 만일 MCI가 보통자본을 발행하면 상태 1의 경우라도 차입비율은 관리 가능한 수준을 유지될 수 있다. 어떤 상태라도 MCI의 차입비율은 가까운 장래에 추가 차입이 가능한 수준으로 유지된다.

옵션 4 워런트가 첨가된 채권의 유닛 딜: MCI는 십억 달러의 신주인수권부사채를 발행한다. 이때 채권 부분의 가치가 750백만 달러이고 워런트 부분의 가치가 250백만 달러라고 가정하자. MCI의 잉여현금을 조정한 순차입금은 1,194백만 달러로 증가하고 자본도 1,016백만 달러로 상승한다. 이때 상태 1에서는 MCI의 차입비율은 54.03%로 상승하는 반면 상태 2에서는 1.99%로 하락한다. 이는 주식으로 전환이 되지 않는 상태 1에서는 옵션 1의 차입금 조달과 비슷한 수준이며, 전환이 이루어지는 상태 2에서는 옵션 2의 자본 조달과 비슷한 수준이 된다.

[표 10.7] 자금조달 옵션에 따른 MCI의 자본구조 추정

베이스 케이스: 신규 차입 및 주식 발행이 없는 경우	MCI 주가 부진	전환사채 전환	MCI 주가 상승
1983년 3월(천 달러)			
기존 전환사채	400	−400	0
보통채권	544		544
잉여현금	(500)		(500)
잉여현금 조정 순차입금	444	−400	44
자본	766	+400	1,166
차입금+자본	1,210		1,210
차입비율	36.7%		3.6%
옵션 1: 500백만 달러 보통채권 발행			
1983년 3월(천 달러)			
기존 전환사채	400	−400	0
보통채권(+500)	1,044		1,044
잉여현금	(500)		(500)
잉여현금 조정 순차입금	944	−400	544
자본	766	+400	1,166
차입금+자본	1,710		1,710
차입비율	55.2%		31.8%

옵션 2: 425백만 달러 신주 발행			
1983년 3월(천 달러)			
기존 전환사채	400	−400	0
보통채권	544		544
잉여현금	(500)		(500)
잉여현금 조정 순차입금	444	−400	44
자본(+425)	1,191	+400	1,591
차입금+자본	1,635		1,635
차입비율	27.2%		2.7%
옵션 4: 1십억 달러 유닛 딜*			
1983년 3월(천 달러)			
기존 전환사채(+750)	1,150	−1,150	0
보통 채권	544		544
잉여현금	(500)		(500)
잉여현금 조정 순차입금	1,194	−1,150	44
자본(+250)	1,016	+1,150	2,166
차입금+자본	2,210		2,210
차입비율	54.03%		1.99%

* 유닛딜: 신주인수권부사채

요약해보면 [표 10.7]와 같이 MCI의 주가가 상승하지 않으면 상태 1에서는 차입비율은 베이스 케이스 36.7%에서 보통채권 500백만 달러 발행 시 55.2%, 주식 425백만 달러 발행 시 54.03%, 신주인수권부사채 십억 달러 발행 시 54.03%로 변동한다.

상태 2에서는 MCI의 주가가 상승하며 전환사채가 전환된다. (기존 전환사채는 물론 옵션 4의 신규 채권도 주식으로 전환된다.) 이 경우 MCI의 차입비율은 베이스 케이스 3.6%에서 채권 발행 시 31.8%, 주식 발행 시 2.7%, 신주인수권부사채 발행 시 1.99%로 변동한다.

앞에서 설명한 것처럼 전환사채는 기본적으로 콜옵션이 내재된 채권이다. 하지만 이 옵션은 채권에서 분리될 수 없다. 반면 MCI의 신주인수권부사채는 채권과 옵션을 분리형으로 발행될 수 있다. 워런트를 행사할 때 채권을 사용가능(사채권을 현금대신 사용)으로 허용함으로서 워런트가 상환될 때 MCI는 이 채권이 전환사채와 같은 효과를 가지도록 강제한다. 만일 이 채권이 사용가능이 아니면 MCI는 750백만 달러의 채권과 250백만 달러의 주식을 별도 발행한 것이 되며, 워런트는 행사되어도 채권은 남게 된다. 이는 이 채권을 합성전환사채로 만들어주는 사용가능성(usability)이다. 만일 오리처럼 뒤뚱거리며 걷고 오리처럼 꽥꽥거리면, 우리 목적상 날이 저물었어도 오리인 것이다.

상황별 차입비율 요약	전환이 없는 경우	전환되는 경우
1983년 3월		
베이스 케이스: 신규 차입과 신주 발행 없음	36.7%	3.6%
옵션 1: 보통채권 500백만 달러 발행	55.2%	31.8%
옵션 2: 신주 425백만 달러 발행	27.2%	2.7%
옵션 4: 유닛딜 십억 달러 발행	54.03%	1.99%

MCI의 자금조달

원래 질문으로 돌아오자. MCI는 무엇을 발행해야 하는가? MCI의 선택지에서 본 것처럼 보통채권은 신주인수권부사채보다 열위이다. 신주인수권부사채가 전환되지 않더라도 MCI가 낮은 비용으로 대규모 금액을 조달하도록 해준다. 전환사채 역시 신주인수권부사채에 대해 열위이다. MCI는 전환사채보다 더 좋은 조건으로 더 많은 자금을 조달할 수 있기 때문이다.

옵션 1과 옵션 2를 모두 선택하는 것, 즉 채권과 주식을 모두 발행하는 것은 어떠한가? 신주인수권부사채의 유닛 딜이 채권과 주식을 같이 발행하는 것보다 다소 우위이다. 왜 그런가? 상태 1에서 두 옵션은 모두 대략 비슷한 차입금과 자금조달액을 갖는다. 신주인수권부사채는 채권에 낮은 금리를 적용받지만 차입금 규모가 두 배나 되기 때문에 더 많은 이자비용이 발생한다. 하지만 상태 2에서와 같이 채권이 전환되면 신주인수권부사채의 유닛 딜이 분명 우위를 가진다.

이는 MCI가 신주 발행과 사용가능 신주인수권부사채 발행 사이에서 조달방법을 결정하게 된다는 의미이다. 이는 기업재무에 정답이 없다는 것과 궤를 같이 한다. MCI는 주식과 신주인수권부사채 중 어느 것을 발행해야 하는가? MCI가 주식을 발행하면 425백만 달러의 자금을 조달하고, 상태 1에서도 가장 낮은 차입비율을 유지할 수 있다. 반면 MCI가 신주인수권부사채를 발행하면 다소 위험하긴 해도 십억 달러의 자금을 조달할 수 있고, 상태 2에서는 가장 낮은 차입비율을 갖게 된다. 만일 MCI가 위험을 감수하지 않으면 결코 생존할 수 없다는 것을 알아야 한다. 이 회사는 세계 최대 독점기업 중 하나였던 AT&T를 추격하고 있던 스타트업 회사였다.

MCI는 무엇을 했는가? MCI가 신주인수권부사채를 발행하지 않았으면 저자들은 이를 논의에 포함시키지 않았을 것이다. MCI는 1983년 7월 신주인수권부사채를 발행한다.[25] 그 후엔 어떻게 되었는가? 수익성이 우리의 추정을 하회하게 된다. AT&T가 요금을 내렸고 FCC는 베이비 벨들이 연결료를 인상하는 것을 허용했다. 비용이 늘어나면서도 MCI는 요금을 내릴 수밖에 없었다. 결

25) 1983년 MCI는 드렉셀과 함께 이 방식으로 1.1십억 달러(순액 986.3백만 달러)를 발행했다.

과적으로 MCI의 수익성은 둔화된다. MCI의 매출은 이후 5년간 십억 달러에서 4십억 달러로 증가한다. 하지만 당기순이익은 같은 기간 171백만 달러에서 88백만 달러로 감소한다.

이후 MCI

MCI의 주가는 1983년 7월에 47달러로 정점에 이르고 1983년부터 1988년까지 이 장의 추정 기간 대부분에서 주당 10달러 내외에서 움직였다. 그 결과 모든 전환사채는 워런트가 그런 것처럼 대차대조표에 남아 있게 된다. (즉, 어느 것도 전환되지 않는다.) MCI의 잉여현금을 조정하지 않은 차입비율은 55.2%에서 1987년 말 68%로 상승한다. 그 후 MCI에는 무슨 일이 벌어졌는가? MCI는 단기적인 어려움에 빠지지만, 자본투자를 과도히 투자를 줄이지 않기 위해 마케팅 비용을 삭감한다.

당시 MCI는 장거리 연결시장을 두고 "선거(선택)" 경쟁을 하고 있었음을 상기하자. 이는 마케팅 지출이 중요하다는 의미이다. 법원이 이 선택을 명령하였고, 이 선택은 한 차례로 끝나게 된다. 만일 MCI가 고객의 선택을 받지 못하면 언제 다음 기회가 오는가? 절대 오지 않는다. 이 선택이 끝나면 MCI는 신규 고객을 개별적으로 확보해야 한다. 우리가 매시퍼거슨을 살펴볼 때 이 회사가 한국과 일본기업에게 시장을 영구적으로 잃었던 것에 대해 이야기 한바 있다. MCI의 경우에도 이 선택에서 고객을 잃는다는 것은 영구적이지는 아닐지라도 상당기간 시장점유율을 상실한다는 의미가 된다.

그렇다면 MCI는 무엇을 했는가? 회사는 자신을 상품으로 내놓는다. 즉, 회사는 자신을 매수할 인수파트너를 물색하기 시작한다. 문제는 어느 누구도 MCI를 인수하길 원치 않았다는 것이었다. 결국 IBM가 MCI의 지분 18%를 인수하게 된다. 하지만 IBM는 현금을 지불하지 않고 수익이 나지 않고 있던 통신사업을 인수대가로 내놓는다.

그럼 MCI가 당시 주식을 발행했고, 이후 상황이 그렇게 되었다고 해보자. 그땐 MCI가 무엇을 할 수 있는가? 아마도 주식을 더 발행하고 가능하면 채권도 더 발행해야 할 것이다. MCI의 차입비율은 늘어난 자본 때문에 분명히 더 낮아져 있었을 것이다. 이는 마케팅 비용을 삭감하지 않는데 충분한가? 아마도 그럴 수 있지만, 그렇다고 확실한 것은 아니다.

설상가상으로 당시 MCI의 CEO였던 맥고완이 심근경색으로 1991년 심장을 이식받게 된다. MCI는 이런 사실을 2주 동안 함구한다. 나중에 SEC는 불성실공시 조사결과를 발표하면서 맥고완이 회사의 CEO지만 그의 건강상태에 대한 정보는 투자자가 알아야 할 중요정보는 아니라고 결정했다.[26)]

26) 기업은 개인에 의해 운영되고, 설립자와 최고경영자의 상황은 기업의 부에 영향을 미칠 수 있다. 최근의 대표적 사례가 스티브 잡스와 애플컴퓨터이다. 스티프 잡스가 병이 나자 애플은 그의 건강에 대한 정보를 거의 공개하지 않았다.

맥고완은 심장수술 후 CEO에서 사임하고 1992년 6월에 64세로 사망한다. 그가 사망할 당시 MCI의 연간 매출은 10.5십억 달러, 순이익은 609백만 달러, 임직원 수는 31,000명이었다. 또한 회사는 전국서비스망 구축 목표를 달성한다. 1993년 브리티시텔레콤은 MCI 지분 20%를 4.3십억 달러에 인수한다.

여담: 1998년 9월 14일 MCI는 40십억 달러에 월드콤(WorldCom)에 합병된다. 1988년부터 2000년까지 이 회사는 MCI월드콤으로 불린다. 2000년 이 회사는 MCI를 떼고 월드콤이 된다. 2002년 7월 21일 월드콤은 역대 최대 규모의 회계부정으로 약 11십억 달러의 자산 과대계상을 보고하면서 파산을 신청한다. (이는 당시 미국 최대의 파산신청으로 기록된다.)[27)]2003년 회사는 다시 이름을 MCI로 바꾼다. (5장에서 본 것처럼 파산회사는 사명을 변경하는 경향이 있다.) 이 회사는 2006년 버라이즌 커뮤니케이션즈(Verizon Communications)에 인수되고, 현재는 버라이즌의 사업부문이 되었다.

요약정리

MCI는 산업 내에서 가장 작은 회사였다. 또한 이 회사는 산업 내 가장 위험한 회사였다. 더하여 당시는 탈규제화와 "통신업체 선거(선택)"로 인해 사업위험도 엄청난 시기였다. 이런 제반 사정에서 회사는 산업 내에서 가장 높은 차입비율을 유지해서는 안된다. 물론 주가가 상승하다면 이 회사는 문제가 없을 것이다. 불행히도 주가가 상승하지 않으면 존디어의 역할을 하는 AT&T가 있었기 때문에 MCI는 메시와 같은 신세가 되고 말 것이다. 더욱이 메시를 존디어에 비교할 때 보다, AT&T와 비교할 때 MCI는 훨씬 더 작은 회사였다.

이 장의 주요 내용을 요약해보자.

1. 재무정책은 회사의 투자(사업)전략을 지원할 수 있어야 한다.
2. 재무정책은 회사의 차입비율에 관심을 가질 뿐 아니라 차입방식(장기 / 단기, 고정 / 변동 등), 증권 종류(우선주, 전환증권 등), 배당정책 등도 고려해야 한다.
3. 재무정책은 개별정책 간에 상호 일관성을 확보해야 한다. 우리가 두 번이나 논의한 기업재무에 대한 도해를 상기해보자. 기업재무는 기업의 제품시장전략과 재무전략에서 출발한다. 도해에서 재무전략 아래에 있는 재무정책은 각 정책들 간에 일관성이 있어야 한다. 다른 말로 하면 이런 정책들은 독립적으로 분리될 수 없다. 예를 들어 회사는 배당정책을 독립적이고 무작위로 설정할 수 없다. 배당액은 회사의 외부조달 필요

27) CNN Money, "WorldCom Files Largest Bankrupty Ever," http://money.cnn.com/2002/07/19/news/worldcom_bankruptcy (accessed February 12, 2015) 참조.

액과 연계되어 있고, 나아가 회사의 재무구조로 통합되어 나타난다.

4. 재무정책은 정보를 전달한다. 정보비대칭으로 인해 투자자들은 재무정책에 따른 결정을 신호로 간주한다.
5. 비대칭정보와 신호효과로 인해 회사는 배당 삭감과 주식 발행을 꺼린다. 이는 회사가 외부 자금조달보다 지속가능성장과 내부적으로 창출된 자금을 선호한다는 자본조달 순위이론의 논거가 된다.
6. 이러한 신호효과를 완화하기 위해 여러 하이브리드 금융상품(예: 전환증권, PERCS[28])이 설계되었다. 회사가 어떻게 자금을 조달할지는 중요한 사안이다.
7. 회사는 정태적으로 자신의 재무정책을 설정해야 하며, 동시에 동태적으로 이를 어떻게 구현할지 고민해야 한다. 재무정책의 오버슈팅과 언더슈팅의 다이나믹스를 이해해야 한다. 나아가 7장의 메리어트 사례에서 보듯이 회사의 재무정책은 회사의 제품시장전략 변화에 따라 변경되어야 한다.

모든 회사는 재무정책을 수립해야 하고, 모든 재무정책은 일관되어야 하며, 재무정책은 정보를 전달한다는 것을 명심하자.

지금까지 학습한 내용

이제 보다 큰 틀에서 지금까지 파트 2에서 학습한 내용을 생각해보자. 우리는 매시퍼거슨을 시작으로 자금조달의 문제를 살펴보았다. 그리고 올드 메리어트와 그의 재무정책에 대해 살펴보았다. 또한 메리어트가 제품시장정책을 (대규모 자본과 자금조달이 필요한) 호텔 소유에서 (자본과 자금조달을 크게 줄일 수 있는) 단지 운영으로 변경할 때, 이러한 새로운 제품시장전략이 뉴 메리어트의 자금조달정책을 어떻게 변화시키는지 알아보았다. 9장에서 우리는 올드 AT&T의 자금조달소요와 재무정책을 분석했다. 탈규제화와 기업분할로 인해 변화된 뉴 AT&T를 분석하고, 그에 맞는 새로운 재무정책을 도출해 보았다. 마지막으로 우리는 과거에 별다른 재무정책이 없었던 올드 MCI에 대해 살펴보았다. MCI의 경쟁 환경이 변화함에 따라 새로운 재무정책은 어떠해야 하는지 분석해보았다. 이상과 같이 우리는 총 여섯 차례에 걸쳐 제품시장정책과 자금조달정책의 연결을 시도했다. 세 번은 제품시장의 변화가 있기 전의 "올드" 회사, 세 번은 제품시장의 변동이 있은 후의 "뉴" 회사를 대상으로 했다.

28) PERCS(preference equity redemption cumulative stocks)는 전환우선주의 한 종류이다. PERCS는 보통주보다 높은 배당률을 지급해야 하지만 대부분의 전환증권과는 달리 전환옵션의 업사이드가 제한을 받는다. 일반적인 전환증권은 주가에 관계없이 일정한 전환비율을 가지기 때문에 전환증권의 가치는 주가에 따른 일정한 전환비율로 계속 증가한다. 반면 PERCS는 주가가 상당히 상승(통상 30%)하면 전환비율이 감소해서 업사이드가 제한된다.

다음 주제

다음 장에서는 또 하나의 재무정책인 배당과 주식재매입을 살펴본다. 이를 통해 회사가 주주들에게 어떻게 현금을 환원하지 살펴본다. 이 재무정책을 설명하는데 우리는 애플의 최근 사례를 사용한다.

[첨부 10A] MCI의 추정 재무제표 작성, 1984 ~ 1988

[표 10A.1] ~ [표 10A.3]의 MCI 추정 재무제표는 다양한 방법으로 작성할 수 있다. 실제에서는 몬테카를로 시뮬레이션을 포함해 여러 민감도분석이 가능하다. 하지만 이는 이 장의 주요 학습목표가 아니기 때문에 저자들은 다음 가정에 따라 재무제표를 작성한다. (우리는 여러분이 이 책을 처음부터 함께해온 독자라면 추정 재무제표가 어떻게 작성되는지 이해하고 있고, 가정을 변경해 자신만의 추정 재무제표를 작성할 수 있을 것으로 기대한다.) 아래는 추정 재무제표 각 항목에 저자들이 적용한 가정이다.

매출액: 본문에서 설명한 것처럼 저자들은 MCI의 매출이 장거리 통신시장의 성장과 MCI의 시장점유율 증가에 따라 증가한다고 가정한다. 시장은 전체 기간에 걸쳐 연 8%, MCI의 시장점유율은 1984년 50%, 1985년 40%, 1986년 30%, 1987년 20%, 1988년 10% 증가한다고 가정한다. 결과적으로 매출액의 순증가율은 1984 ~ 1988년 각각 62%, 51%, 40%, 30%, 19%가 된다.

접속 · 설치 · 영업비: 1978 ~ 1983년 평균인 매출액의 40%를 추정 기간 전체에 적용한다.

마케팅과 판관비: 1978 ~ 1983년 평균인 매출액의 20%보다 높은 30%로 설정한다. 우리는 MCI가 시장점유율을 높이기 위해 광고와 마케팅에 힘쓰기 때문에 비용이 증가할 것으로 예상한다.

감가상각비: PP&E의 기초와 기말 잔액을 평균하여 10년 동안 정액상각한다.

이자비용: 총차입금(장단기 차입금 합산)에 (당시 10년 만기 국채수익률에 3%를 가산한) 14%를 곱한다.

법인소득세: 세전이익에 35%로 설정.

현금: (1978 ~ 1983년 중간값[29]인) 매출액의 5%로 설정.

매출채권: (1978 ~ 1983년 평균인) 매출액의 12%로 설정.

기타자산: 장단기 기타자산은 편의상 추정기간 일정하다고 가정.

유형자산(PP&E): 1984년과 1985년은 매출액의 125%, 1986년은 매출액의 120%, 1987년은 100%, 1988년은 85%(이로 인해 1988년에는 거의 변동이 없음)로 가정한다. 이는 본문에서 설명한 것처럼 회사의 통신망투자는 시간에 따라 감소하기 때문이다. 이로 인해 유형자산회전율은 증가한다.

유동성장기차입금: 일정할 것으로 가정한다.

매입채무: (1978 ~ 1983년 평균인) 매출액의 17%로 설정

선수금과 기타부채: 일정하다고 가정한다.

29) 1983년 자금조달 때문에 현금이 크게 변동했기 때문에 평균대신 중간값을 사용한다.

장기차입금: 이는 플러그수치 또는 균형수치이다.

기타 자산: 시간이 흘러도 일정하다고 가정한다.

납입자본금: 시간이 흘러도 일정하다고 가정한다.

이익잉여금: 당기순이익만큼 증가하다고 가정한다. (MCI는 배당을 지급하지 않는다고 가정한다.)

[표 10A.1] MCI 추정 손익계산서, 1984 ~ 1988: 중립 시나리오

(천 달러)	1984	1985	1986	1987	1988
매출액	1,738,662	2,625,379	3,675,531	4,778,190	5,686,046
접속 · 설치 · 영업비	695,465	1,050,152	1,470,212	1,911,276	2,274,419
마케팅과 판관비	521,599	787,613	1,102,660	1,433,458	1,705,814
감가상각비	174,874	272,753	384,618	459,441	480,566
합 계	1,391,938	2,110,518	2,957,490	3,804,175	4,460,799
영업이익	346,724	514,861	718,041	974,016	1,225,247
이자비용	132,150	161,374	284,382	402,967	402,459
세전이익	214,574	353,487	433,659	571,048	822,788
법인세비용	75,101	123,720	151,781	199,867	287,976
당기순이익	139,473	229,767	281,878	371,182	534,812
이자보상배율	2.62	3.19	2.52	2.42	3.04
매출성장률	62.0%	51.0%	40.0%	30.0%	19.0%

[표 10A.2] MCI 추정 대차대조표, 1984 ~ 1988: 중립 시나리오

(천 달러)	1984	1985	1986	1987	1988
현금	86,933	131,269	183,777	238,910	284,302
매출채권	208,639	315,045	441,064	573,382	682,326
기타유동자산	9,566	9,566	9,566	9,566	9,566
유동자산	305,138	455,880	634,406	821,858	976,194
유형자산(순액)	2,173,327	3,281,724	4,410,637	4,778,190	4,833,139
기타자산	33,137	33,137	33,137	33,137	33,137
자산총계	2,511,602	3,770,741	5,078,180	5,633,185	5,842,470

유동성장기차입금	48,038	48,038	48,038	48,038	48,038
매입채무	295,572	446,314	624,840	812,292	966,628
선수금과 기타부채	70,728	70,728	70,728	70,728	70,728
유동부채	414,338	565,080	743,606	931,058	1,085,394
장기차입금	1,104,634	1,983,264	2,830,299	2,826,671	2,346,807
기타부채	87,525	87,525	87,525	87,525	87,525
부채총계	1,606,497	2,635,869	3,661,431	3,845,254	3,519,726
납입자본금	588,948	588,948	588,948	588,948	588,948
이익잉여금	316,157	545,924	827,802	1,198,983	1,733,796
자본총계	905,105	1,134,872	1,416,750	1,787,931	2,322,744
부채와 자본총계	2,511,602	3,770,741	5,078,180	5,633,185	5,842,470
차입비율(D / (D + E))	56.0%	64.2%	67.0%	61.7%	50.8%

[표 10A.3] MCI 추정 현금흐름표, 1984 ~ 1988: 중립 시나리오([표 10.5]와 동일)

(천 달러)	1984	1985	1986	1987	1988
당기순이익	139,473	229,767	281,878	371,182	534,812
감가상각비	174,875	272,753	384,618	459,441	480,567
운전자본 증감	–	–	–	–	–
영업활동 현금흐름	314,348	502,520	666,496	830,623	1,015,379
자본적 지출	1,024,036	1,381,150	1,513,531	826,994	535,516
우선주 배당	–	–	–	–	–
자금 필요액	1,024,036	1,381,150	1,513,531	826,994	535,516
순자금조달 필요액	709,688	878,630	847,035	(3,629)	(479,863)

CHAPTER 11

배당과 자사주매입 (Apple Inc.)

이 장에서는 왜 그리고 어떻게 회사가 배당과 자사주매입을 통해 주주들에게 현금을 반환하는지 살펴본다. 이를 위해 우리는 먼저 배당 관련 이론과 실증적 증거들을 살펴본다. 그 후 배당정책에 대한 논의를 위해 애플(Apple Inc.) 사례를 검토한다. 다음으로 우리는 자사주매입에 대해 알아본다. 또한 Apple이 자사주매입을 위해 최근 조성한 송환펀드(repatriated fund)에 대해서도 살펴본다.

배당정책이론

배당정책에 관한 이론에 대한 논의는 M&M(밀러와 모딜리아니)에서 시작한다. M&M(1961) 세계는 효율적 시장으로 정보비대칭이 존재하지 않는다. 즉 모든 사람들이 정보를 같이 알고 있다. 거래비용과 세금이 없고 비용이 없이 차익거래가 가능한 세계이다. 6장의 자본구조에 대한 논의는 이런 세계에서 출발했다.

M&M 세계에서 배당정책은 중요하지 않다. M&M(1961)은 배당은 NPV가 0인 거래임을 보여준다. 즉 배당 지급여부는 회사나 주식의 가치에 영향을 미치지 않는다. M&M 세계에서 배당이 중요하지 않다는 논리는 단순하다. 이 세계의 투자자는 비용 없이 차익거래가 가능하기 때문에 50달러의 가치를 갖는 주식에 대해 48달러의 가치를 갖는 주식과 현금 2달러는 무차별하기 때문이다.

차익거래의 논거는 어떤 투자자가 배당을 선호하지만 보유한 주식이 배당을 지급하지 않으면 그는 이 주식의 일부를 팔아 배당을 모방할 수 있다는 것이다. 5%의 배당을 얻기 위해 투자자는 매년 자신이 보유한 주식의 5%를 매각할 수 있다는 것이다. M&M 세계에서는 거래비용, 정보비용, 세금이 없기 때문에 개인이 주식을 매각하면 배당과 같은 효과를 누릴 수 있다. 비슷하게 개인이 배당을 원하지 않지만 회사가 배당이 지급하면, 배당받은 현금으로 주식을 추가로 매입하면 배당을 원상태로 되돌릴 수 있다.

따라서 거래비용과 세금이 없고 효율적 시장인 M&M 세계에서 개인은 회사의 배당 지급 여부에 관계없이 자신이 희망하는 어떤 배당정책도 주식과 배당 믹스를 통해 달성할 수 있다. 이 세계에서 배당과 자사주매입은 결국 같은 것이다.

자본구조이론을 다룬 6장에서 우리는 M&M 세계에서 현실 세계로 이동하기 위해 고려해야 할 다섯 가지 요인을 살펴본 바 있다.

1. 세금의 영향
2. 재무곤경비용
3. 신호효과
4. 정보비대칭성
5. 대리인 문제

우리는 이제 이들 다섯 가지 요인들이 최적 배당정책에 어떤 영향을 미치는지 하나씩 살펴보기로 한다. 자본구조정책을 결정하는 첫 번째 두 가지 요인, 즉 세금과 재무곤경비용은 배당정책의 결정에 그렇게 중요하지는 않다. 하지만 나머지 세 가지 요인은 배당정책 결정에 상당히 중요하다. 정보비대칭과 대리인 문제도 중요하지만 신효효과는 특히 배당정책에 중요하다.

현실적인 배당정책이론

1. 세금

   세금만큼 자본구조에 중요한 영향을 미치는 것은 아니지만 배당정책도 자본구조에 중요하다. 주주들에게 주식소득은 배당과 자본이득의 두 형태로 나타난다. 이 두 가지 소득은 동일한 세율과 같은 시기에 과세되지 않는다. 배당과 자본이득의 세율은 아래에서 보듯이 변화해왔다. 세율의 차이를 복잡하게 만드는 것은 납부시점 때문이다. 배당은 수령 즉시 과세되지만 자본이득에 대한 세금은 실현 때까지 과세가 이연된다. (자본이득에 대한 과세이연은 실효세율을 축소시키는 효과를 가져온다.) 이와 같이 두 소득에 대한 세율과 과세시점 차이가 회사의 배당정책에 영향을 미치게 된다.

배당소득세율

2003년 이전 배당은 자본이득보다 높은 세율로 과세되었다. (배당은 일반소득과 같은 세율로 과세된 반면 자본이득은 저율로 과세되었다.) 배당의 높은 세율과 자본이득의 과세 이연으로 투자자들에게는 배당보다 자본이득이 보다 매력적이었다.

2003년부터 2012년까지 배당은 자본이득과 같은 세율(15%)로 과세되었는데, 이로 인해 자본이득의 세율의 장점은 크게 줄어든다. 과거에는 저율 과세와 과세이연으로 자본이득이 세무상으로 배당보다 크게 유리했지만, 동일 세율이 적용되면서 과세이연의 장점만 남게 된 것이다. (2013년에는 배당과 자본이득의 최고세율이 20%로 인상되었다.)

2. 재무곤경

자본구조결정의 두 번째 현실적 고려사항은 재무곤경비용(cost of financial distress)이다. 재무곤경은 재무구조 결정에 중요한 역할은 한다. 다만, 배당정책에는 그 정도의 중요한 역할은 하지는 않는다. 재무곤경으로 대주(lender)에게 이자 지급을 하지 못하면 무슨 일이 발생할까? 대주는 회사에 파산을 선언하고 대출금 회수에 나설 수 있다. 재무곤경으로 회사가 배당을 지급하지 못하면 어떻게 되는가? 주주들은 회사를 실질적으로 징계할 수단을 갖지 못한다. 정기주총에서 경영진에 대한 불신임을 포함해 불만을 표하거나 주식을 매각할 수는 있다. 그렇다고 배당을 지급하지 않는다는 이유로 회사를 파산시킬 수는 없다.[1)]따라서 재무곤경비용은 자본구조에서만큼 배당정책에 중요한 고려 사항이 아니다.

3. 신호효과

배당의 신호효과이론은 다음과 같이 요약할 수 있다. 회사가 잉여현금으로 할 수 있는 것 중 하나는 주주에게 이를 환원하는 것이다. 현금이 필요한 회사는 배당을 할 수 없다. (우리는 메리어트, AT&T, MCI의 사례에서 이에 대해 살펴본바 있다.) 배당과 자사주매입은 회사가 주주들에게 현금을 반환하는 주요한 수단이다. 따라서 회사가 배당을 지급하거나 주식을 매입하면 이는 시장에 회사가 주주에게 지급할 충분한 현금이 있다는 신호를 보내게 된다. 반면 회사가 잉여현금흐름이 없는데도 배당지급(증액)이나 자사주매입으로 긍정적인 신호를 보내면 회사는 오신호에 따른 비용을 치러야 한다. 추가 자금조달을 통해 다른 곳에서 현금을 마련해야 하기 때문이다.

신호효과를 논할 때 왜 현금흐름을 강조하는가? 현금은 환상적인 신호이다. 현금은 가장 신뢰

1) 회사가 잉여현금흐름을 확보하지 않으면 배당이 지급되지 않기 때문에 재무곤경이 직접적으로 배당정책에 영향을 미치지는 않는다. 하지만 재무곤경기업은 다른 목적으로 현금흐름을 절약해야 하기 때문에 배당삭감을 결정할 수는 있다.

할 수 있고 단순하며 가시적이기 때문이다. 또한 현금흐름에 관한 잘못된 신호는 비용을 발생시키기 때문이다.

만일 어떤 회사의 경영진이 연차보고서를 통해 "우리는 작년 훌륭한 한해를 보냈고, 올해도 좋은 한해가 될 것입니다. 그리고 내년에는 특별한 한해가 될 것입니다."라고 말했다고 해보자. 이는 신뢰할 수 있는가? 이는 무슨 의미인가? 그 의미를 누가 알겠는가? 우리는 경영진이 진실을 말했는지 알 수 없다. 만일 올해와 내년이 좋은 해가 아니라는 것이 밝혀지면, 경영진은 "이런, 우리의 당초 예측에 실수가 있었습니다."라고 말할 수 있다. 경영진의 전망은 그저 전망일 뿐 그 정확성과 진실성은 미리 결정할 수 없다.

대신 경영진이 배당을 늘리겠다고 발표했다고 해보자. 배당증액은 신뢰할만한가? 그렇다. 배당증액은 실질적이고 회사의 비용으로 나타난다. 현금을 더 배당하는데 회사에 현금이 없다면 회사는 미래에 자금을 추가로 조달해야 한다. 결국 배당은 충분한 현금흐름에 대한 신뢰성을 제공한다.

배당은 단순한가? 그렇다. 비록 경영진이 작년이 훌륭한 한해였다고 말해도 투자자들은 "훌륭한"이 무엇을 의미하는지 알 수 없다. "훌륭한"은 측정하기 어렵다. 반면 경영진이 배당을 작년 1.00달러에서 올해 1.20달러로 올리면, 이 신호는 단순하고도 명확하다. "20% 증액"은 측정이 용이하고 회사가 훌륭한 한해를 보냈다는 것을 암시하게 된다.

배당은 가시적인가? 배당은 경영진 발표나 증권신고서보다 훨씬 가시적이다. 투자자는 회사의 뉴스를 모두 파악할 수 없다. 하지만 배당을 점검하는 것은 어렵지 않은 일이다. 투자자는 큰 어려움 없이 배당을 가시적으로 확인할 수 있다.[2)]

마지막으로 회사는 배당과 관련된 잘못된 신호에 비용을 지불해야 한다. 정보비대칭으로 인해 투자자들은 경영진의 예측이 정확한 판단에서 나온 것인지를 알기 어려우며, 실제 판단이 틀렸다고 하더라도 경영진에 대한 영향을 별로 없다. 하지만 경영진의 배당정책이 지속가능하지 않으면 회사에는 재무적 부담이 발생하게 된다.

10장에서 우리는 MCI가 배당을 지급해야 하는지에 대해 논의했다. MCI가 주당 1달러의 배당을 지급한다면 발행주식수가 약 117백만 주이기 때문에 5년간 약 585백만 달러가 필요하다. 만일 MCI가 오류로 현금흐름을 과대 추정했다면 (혹은 잘못된 신호를 보내려 했다면) MCI는 추가적으로 585백만 달러를 조달해야 한다.

그렇다면 신호로써 자사주매입은 어떤가? 8장 메리어트에서 논의한 것처럼 자사주매입은 회사가 주주에게 현금을 환원하는 또 다른 방법이다.

자사주매입은 신뢰할 수 있고 단순하며 가시적인가? 자사주매입도 현금의 사용을 나타내며 회

2) 지난 장에서 설명한 것처럼 모교 재상봉 행사에 갔을 때 자신이 성공했다고 말만 앞세우는 동문보다 귀퉁이에서 현금을 기부하는 동문이 "성공"에 대한 훨씬 신뢰할 수 있는 신호를 보낸다고 보아야 한다.

사에는 비용이기 때문에 배당과 같이 신뢰할 수 있다. 이는 배당과는 다른 측면에서 단순하다. 배당은 과거 배당과 비교하게 된다. 다만 자사주매입은 매입단가와 수량만 있으면 된다. 이는 또한 가시적이다. 주주들이 회사의 공개매수나 자사주매입 프로그램을 알지 못하는 경우는 거의 없기 때문이다.

그렇다면 자사주매입과 배당이 주주에게 현금을 반환하는 방법이고 자사주매입이 자본이득에 해당하기 때문에 배당보다 저율로 과세되는데도 자사주매입이 빈번하지 않은 이유는 무엇인가? 한 이유는 회사가 자사주매입으로 배당을 대신하지 못하게 하는 세법 때문이다. 회사가 정기적(예: 분기별)으로 자사주를 매입하면 과세당국은 자사주매입을 배당으로 간주할 수 있다. 이 경우에는 배당에 대한 자사주매입의 장점은 없어진다.

그렇다면 자사주매입은 배당처럼 신호로서 신뢰할 수 있는가? 자사주매입은 배당처럼 정기적이지 않아서 꼭 그렇지는 않다. 자사주매입은 통상 빈번하지 않은 사건이다. 또한 배당은 특별한 사유가 없는 한 삭감되지 않아 고정되는 경향을 갖는 반면 자사주매입은 그렇지 않다.

따라서 정기적인 분기 배당[3]은 신호효과이론에 정확히 부합한다. 이는 단순하고 가시적이며 신뢰할 수 있다. 배당을 지지할 수 있는 충분한 현금이 없이 배당을 지급하면 대가를 지불해야 한다. 이는 왜 신호효과가 배당정책에 대한 주된 이론적 논거인지를 말해준다.

4. 정보비대칭

정보비대칭은 경영진이 외부 투자자들보다 회사의 진정한 가치에 더 많은 정보를 가지고 있다는 아이디어이다. 물론 이는 신호효과가 존재하는 이유가 된다. 투자자는 회사에 대한 미래 전망을 예측함에 있어 경영진의 행동, 특히 현금유출입이 수반되는 회사 활동에 민감하게 반응한다. 따라서 정보비대칭이 존재한다는 사실로 인해 배당은 신호의 역할을 한다.

5. 대리인 문제

기업이 왜 배당을 지급하는지에 대한 또 다른 논거는 "현금흐름가설"이라고 불리는 대리인 이론이다.[4] 이 논거는 경영진과 주주들의 이익이 종종 정렬되지 않아, 회사에 잉여현금이 있으면 경영진은 주주보다는 자신들을 위해 이를 사용하려 한다는 것이다. 회사에 잉여현금이 있으면 경영진은 NPV가 음인 프로젝트를 추진하거나 과도한 특권

3) 지급액이 변동하는 부정기적 특별배당은 자사주매입의 세무상 장점도 없고 정기배당의 신호효과에 따른 장점도 없다. 이런 이유로 특별배당은 정기배당이나 자사주매입보다 훨씬 빈도가 낮다. 이는 주주에게 일회성으로 현금을 반환하는 것으로 이해된다.

4) Michael Jensen, "Agency Costs of Free Cash Flow, Corporate Finance and Takeovers," *American Economic Review* 76, no. 2 (1986): 323-329.

을 향유하려 하는 등 자신의 제국을 건설할 유인을 가지게 된다는 것이다. 배당은 이러한 잉여현금을 경영진으로부터 주주들에게 환원시키는 방법이 된다.

현금흐름가설은 현금흐름 사용에 대한 경영진의 자유재량을 제한하기 위해 일반적으로 회사의 차입금을 늘리고 이자비용을 증가시킨다는 것이다. 배당이 이런 목적으로 사용될 수는 있어도 이자지급은 의무인 반면 배당은 의무가 아니라는 점에서 차입금과 이에 상응하는 이자비용을 늘리는 것이 더 나은 선택이 된다.

실증적 증거

배당 관련 실증연구를 살펴보면 그 결과를 다음과 같이 정리할 수 있다.[5] 첫째, 배당은 고정화하는 경향을 갖는다. 즉, 회사가 한번 배당을 지급하기 시작하면 회사는 배당지급액을 가급적 유지하려는 경향을 보인다. 배당이 연도별로 크게 변동하지 않는다는 것이다. 예를 들어 어떤 회사가 한해에 주당 0.20달러의 배당을 지급하면 다음 해에 이익이 크게 변동하더라도 이 배당액을 유지하려는 경향을 보인다.

둘째, 배당이 변동할 때 배당의 움직임은 계단함수를 따르는 경향이 있다. 배당은 수년동안 일정하게 유지된 후 증가하며, 또 수년간 일정하게 유지되고 증가한다는 것이다.

셋째, 회사는 배당을 고정하는 경향을 가질 뿐 아니라 배당을 거의 삭감하지 않는다. 회사가 배당을 지급할 의무는 없기 때문에 배당은 감소할 수 있다. 하지만 회사가 배당을 감액하면 이는 시장에 부정적인 신호가 된다. 실증적으로 이때 주가는 크게 하락하는 것이 발견된다. 따라서 배당은 일반적으로 안정적으로 유지되며, 회사는 배당을 가급적 감액하지 않으려 한다.

중요한 것은 배당에 관한 실증연구 결과는 시간이 흘러도 동일한 결과를 보인다는 점이다. 이 분야에 대한 실증연구는 반복적으로 진행되지만 항상 같은 결과를 보인다는 것이다. 즉 배당은 시간이 흘러도 고정화되는 경향이 유지된다. 실증연구에 따르면 회사가 배당을 1% 늘리며 주가는 평균 약 3% 상승한다고 한다. 반면 회사가 배당을 1% 감액하면 주가는 평균 약 7% 하락한다고 한다. 따라서 시장은 배당증액보다 배당감액에 더 민감하게 반응한다. 이런 현상에 대한 설명은 시장이 회사가 어려울 때만 배당을 삭감한다고 믿는다는 것이다. 배당삭감은 회사가 배당을 유지하는데 충분한 현금흐름을 가지고 있지 못하다는 신호를 시장에 보내는 것이며, 배당은 회사의 현금흐름에 큰 부분을 자지하지는 않기 때문에 시장은 배당삭감을 매우 부정적인 신호로 간주한다는 것이다.

---

5) J. Linter, "Distribution of Incomes of Corporations among Dividneds, Retained Earnings, and Taxes," *American Economic Review* 46, no. 2 (1956): 97-113; E. F. Fama and H. Babiak, "Dividencd Policy: An Empirical Analysis," Journal of the American Statistical Association 63, (1968): 1132-1161; Douglas J. Skinner and Eugune F. Soltes, "What Do Dividend Tells US About Earnings Quality?" *Review of Accounting Studies*16, no. 1 (March 2011): 1-28.

위에서 살펴본 현금흐름가설과 최근 제시된 케이터링이론(catering theory)[6] 등 기업이 배당을 지급하는지에 대한 여러 설명이 존재한다. (케이터링이론은 시장이 배당을 원할 때 회사는 배당을 지급하고, 시장이 원하지 않으면 배당을 지급하지 않는다는 이론이다.) 그러나 이런 이론 중 어떤 것도 신호효과이론만큼 명쾌하지 않다. 또한 배당과 자본이득의 과세가 차이가 있다는 점에서 저자들은 이와 같은 세금 기반의 설명도 배당정책의 일부를 설명할 수 있다고 생각한다.[7]

신호효과이론에 대해 한 가지 더 생각해보자. 일부 연구자들은 인터넷의 발달이 시장정보 확산에 크게 기여했다고 주장한다. 현대의 투자자들은 회사에 보다 많은 정보를 손쉽게 구할 개연성이 높아졌다는 것이다. 이는 신호로서 배당의 역할과 그 중요성을 줄어들 수 있다는 뜻이다. 이는 흥미로운 아이디어이다. 다만 신규 배당에 대한 시장 반응의 강도가 줄어들고 있기는 하지만 여전히 유의한 반응이 존재한다는 것이 우리의 연구결과이다.

배당에 관한 또 다른 현상

배당에 관한 또 하나의 실증적 사실은 시간이 흐르면서 배당을 지급하는 회사의 비중이 줄어들었다는 것이다. 1926년부터 1962년에는 뉴욕증권거래소(NYSE) 상장회사의 70% 이상이 배당을 지급했다. 하지만 1970년대 들어서며 배당을 지급하는 회사의 비율은 감소하기 시작한다. 왜인가? 우리도 그 이유를 알지 못한다. Fama and French(2007)*는 이런 추세를 발견하고 학계에 “현금배당을 실시하는 회사의 비율이 1978년 66.5%에서 1999년 20.8%로 감소했다.”고 보고했다.

또 다른 실증적 사례를 살펴보자. 배당을 지급하는 회사는 배당을 중단할 수 없는가? 우리는 회사가 특별한 이유 없이 배당을 축소하지 않는다고 말한바 있고, 실제 회사들은 배당을 축소하지 않는다. 실제 배당의 총합산액은 증가해왔다. 배당을 지급했던 회사들은 여전히 배당을 지급하고 있고 금액을 올려가고 있다. 그렇다면 어떤 일이 있었는가? 그 이유는 1980년 이후 증권거래소에 상장된 신규 상장회사들이 배당을 지급하지 않는데서 찾을 수 있다. 모든 회사가 배당을 지급할 수 있으면 배당을 지급할 것이라는 것이 과거의 상식이었지만, 이는 분명 바뀌었다.

6) Malcolm Baker and Jeffrey Wurgler, “A Catering Theory of Dividends,” *Journal of Finance* 59, no 3 (June 2004): 1125-1166.

7) 배당지급액은 배당세율과 관련된다는 것이다. R. Chetty and E. Saez., “Dividend Taxes and Corporate Behavior: Evidence from the 2003 Dividend Tax Cut,” *Quarterly Journal of Economics* 120, no. 3 (2004): 791-833.

이런 변화는 어디서 오는 것인가? 아마도 이는 주요 거래소에 상장이 용이해진 결과로 보인다. 거래소들은 모두 상장 유치에 경쟁하고 있다. 과거에는 NYSE에 상장하기 위해서는 회사 규모가 상당히 크고 연혁이 길어야 했다. 하지만 현재는 소규모 신생회사도 NYSE에 상장이 가능하다. 아마도 이런 회사들은 성숙단계에 돌입해야 만 배당을 지급할 것이다. 이들이 배당을 지급하지 않는 또 하나의 가능성 있는 설명은 이런 신규 상장회사가 과거와는 다른 산업을 영위하는 회사라는 것에서 찾을 수 있다. 이런 회사들은 하이텍크기업, 성장기업, 닷컴회사 등이다. 우리가 알듯이 하이테크기업은 현금흐름 소요가 많은데, 성장 목적의 현금이 필요할 때 기업은 배당을 지급하지 않는다. 저자들은 이러한 가설에 관심을 가지고 배당을 지급하는 회사의 비율과 회사의 생태계(유니버스)가 어떻게 변화하는지 설명하는 회귀예측모형을 개발해왔다. 불행히도 저자들의 모형은 썩 좋지 않다. 계량경제학적 용어로 우리 모형에는 누락변수(omitted variable)의 문제가 있다. 이 모형에는 우리가 설명하지 못하는 것들이 있지만, 아직 무엇이 문제인지 파악하지 못하고 있다. 저자들이 이 책의 3판을 쓸 때까지는 우리나 다른 연구자들이 이에 대한 해답을 찾을 수 있기를 기대한다.

NYSE 배당지급회사 비중

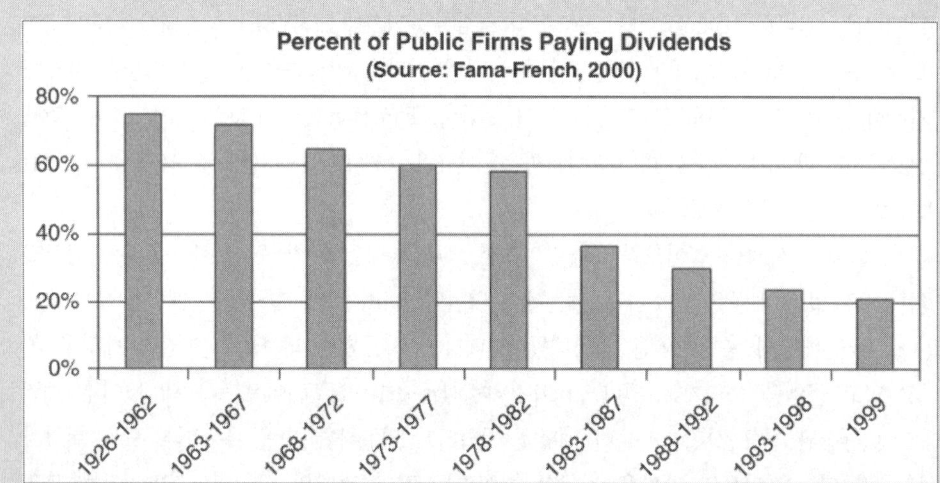

* Eugene F. Fama and Kenneth R. French, "Disappearing Dividends: Changing Firm Characteristics or Lower Propensity to Pay?" *Journal of Financial Economics* 60, no. 1 (2001): 3-43.

M&M(1961)은 정취한 이론이지만 실세계에서는 작동하지 않는다. 실증적으로 많은 회사들이 배당을 지급하고 있고, 배당을 늘리거나 개시할 때 주가가 상승하는 것을 발견하게 된다. 또한 회사가 배당을 삭감하면 주가는 하락한다. 저자들은 배당에 대한 가장 확실한 이

론은 신호효과라고 믿는다. 하지만 불행히도 신호효과는 배당을 지급하는 기업의 비중이 급격히 감소하는 이유를 설명하지 못한다.

배당정책과 현금흐름

신호효과이론은 회사가 잉여현금흐름으로 배당을 지급한다는 것을 암시한다. 하지만 배당이 잉여현금을 사용하는 유일한 방법은 아니다. 7장의 메리어트 사례처럼 잉여현금을 처리하는 데는 다섯 가지 방법이 있다.

1. 성장 가속
2. 기업 인수
3. 부채상환
4. 배당지급
5. 자사주매입

아는 것처럼 첫 두 방법은 제품시장의 솔루션이다. 나머지 세 가지 방법은 재무정책의 솔루션이다. 따라서 배당지급은 회사가 잉여현금흐름을 처리하는 다섯 가지 옵션 중 하나일 뿐이다.

애플과 배당결정

지금까지 배당에 관한 이론과 실증적 사실에 대해 알아보았다. 지금부터는 실세계의 배당결정에 대해 알아본다. 애플은 2011년 배당을 지급하지 않았지만 2012년 배당지급을 고려중이다. 이 배당결정을 살펴보기에 앞서 회사에 대해 간단히 살펴보자.[8)]

스티브 잡스(Steve Jobs)와 스티브 워즈니악(Steve Wozniak)은 1977년 1월 3일 캘리포니아에서 애플컴퓨터(Apple Computer)를 설립한다. 이 회사의 첫 제품인 애플-I 컴퓨터의 소비자판매가는 666.66달러였다. 1977년에 출시된 애플-II는 컴퓨터 소프트웨어 스프레드 프로그램인 비지칼크(VisiCalc)를 탑재해 기업용 개인컴퓨터 시대를 여는데 기여한다. 창업 후 4년 동안 1980년 연말 상장 전까지 애플의 매출은 네 달마다 두 배씩 증가했다. 이 회사는 1980년 12월 12일 주당 22달러(2014년 6월까지의 액면분할을 조정하면 주당 0.39달러)에 기업을 공개한다.[9)] 2007년 이 회사는 사명을 애플컴퓨터에서 애플(Apple Inc.)로 변경한다.

8) 특별한 언급이 없는 한 애플에 대한 모든 정보는 SEC에 보고된 회사의 연차보고서(10K)에서 가져온 것이다.
9) 당초 주당 22달러에 발행되었으나 애플은 이후 세 번의 2:1 액면분할(1987년 5월 15일, 2000년 1월 21일, 2005년 2월 18일), 한 번의 7:1 액면분할(2014년 6월 2일)을 실시했다.

여담

애플의 성공을 가져온 비지칼크(ViSiCalc)는 하바드 비즈니스스쿨의 학생이었던 댄 브릭클린(Dan Bricklin)과 밥 프랭스컨(Bob Frankston)이 개발했다. 이를 개발한 직후 MIT 학생이던 미치 케이퍼(Mitch Kapor)와 에릭 로젠펠드(Eric Rosenfeld)는 스프레드시트 숫자를 도표화 할 수 있는 프로그램을 개발해 30만 달러를 받고 비지칼크에 매각한다. 미치 케이퍼는 MIT를 중퇴했고 자기 몫의 매각 대금을 챙겨 로터스(Lotus Development Corporation)라는 회사를 창업한다. (그는 1986년 회사를 떠났고, 이 회사는 1995년 3.5십억 달러에 IBM에 매각된다.) MIT에서 재무관리 박사학위를 받은 에릭 로젠펠드는 살로만브라더스(Salomon Brothers)의 매니징 디렉터가 되었고, 이후 롱텀캐피탈 매니지먼트(Long-Term Capital Management)의 공동창업자가 된다. 이는 재무관리 박사의 길을 최소한 기술 스타트업의 길만큼 빛나게 만들었다.

초반의 큰 성공에도 불구하고 스티브 잡스는 새 경영진과의 파워게임에 밀리면서 1985년 5월 애플을 떠난다. 애플은 1995년까지 성공을 이어가지만 1996년과 1997년 2년 연속 대규모 손실을 낸다. 1996년 12월 애플은 스티브 잡스가 설립해 운영 중이던 NeXT를 425백만 달러에 인수한다고 발표한다. NeXT의 인수로 창업자는 애플로 귀환하게 되고 1997년 잡스는 CEO에 복귀한다.

잡스가 복귀할 무렵 직후 애플은 재무적으로 바닥을 치고 있었다. 1997년 10월 애플의 경쟁사인 델의 창업자 마이클 델(Michael Dell)은 자신이 애플을 맡는다면 주주에게 돈을 돌려주고 문을 닫을 것이라고 말하며, 애플의 전망을 매우 어둡게 예상했다.[10)]

하지만 스티브 잡스는 분명 다른 생각을 가지고 있었고 신제품을 출시하기 시작한다. 1998년 아이맥(iMac), 2001년 아이팟(iPod), 2003년 아이튠즈(iTunes)를 출시하고 2006년 맥북(MacBook)을 시장에 내놓았다. 드디어 2007년 아이폰(iPhone)의 성공으로 회사는 완전히 탈바꿈한다. 앱스토어(AppStore)가 2008년에 출시되고, 아이패드(iPad)가 2010년, 아이클라우드(iCloud)가 2011년에 시장에 선을 보였다. 이 기간 애플의 액면분할 조정 기준 주가는 1998년 초 0.50달러에서 2004년 초 1.50달러를 넘어서더니, 2012년 9월에는 100달러를 돌파한다.[11)] 15년간 20,000%에 달하는 수익률을 기록한 것이다. (이 주식은 2018년 10월 3

10) CNET, "Dell: Apple Should Close Shop," CNET, October 6, 1997, www.news.cnet.com/Dell-Apple-should-close-shop/2100-1001_3-203937.

11) 애플의 시가총액(주가 * 발행주식수)은 2006년 1월 델컴퓨터를 추월한다. 2012년 8월 20일 애플은 시가총액 619십억 달러를 기록하며 역사상 가장 비싼 회사가 된다. 이 기간 동안 애플 주식은 2012년 9월 19일 703.99달러(액면분할 조정 100.25달러)로 역사상 최고점을 찍고 (회계연도 말인) 2012년 9월 28일 667.10달러(액면분할 조정 99.30달러)로 마감된다. 애플은 2018년 8월 주가가 (액면분할 조정 후) 207.05달러를 기록하면서 1조 달러의 시장가치를 갖는 첫 번째 미국 회사가 되었다.

일에 $237.07까지 상승한다.)

스티브 잡스는 오랜 췌장암 투병 끝에 2011년 10월 5일 56세의 일기로 사망한다. 그는 죽기 전인 2011년 8월 24일 사임을 발표했다. 사임 소식이 알려진 몇 시간 후 주식거래는 정지되었고, 거래가 재개 후 주가는 357달러(액면분할 조정 $51)로 5%나 떨어졌다.[12] 시장은 여전히 애플의 제품라인과 수익성에 매력을 느끼고 있었지만, 창업자이자 가장 훌륭한 브랜드이고 대변인을 잃은 애플이 이러한 성공을 계속 이어나갈 수 있을지 우려를 보인 것이다.

애플은 2014년 연차보고서에서 "애플은 모바일 커뮤니케이션과 미디어 디바이스, 개인용 컴퓨터, 포터블 디지털 뮤직플레이어를 디자인, 제작, 판매하며 관련된 소프트웨어, 서비스, 주변기기, 네트워킹 솔루션과 3자 디지털 콘텐츠와 어플리케이션을 제공하고 있다. 우리 회사는 개인용과 전문가용 소프트웨어 어플리케이션인 아이폰, 아이팟, 맥, 아이패드, 애플TV, 운영시스템인 iOS와 OS X, 아이클라우드와 다양한 주변장치, 서비스, 지원 오퍼링을 판매하고 서비스하고 있다. 우리 회사는 또한 아이튠즈 스토어, 앱스토어, 아이북스 스토어, 맥 앱 스토어를 통해 다양한 디지털 콘텐츠와 어플리케이션을 제공하고 있다."고 적고 있다. 2014년 애플의 브랜드 가치는 코카콜라를 능가하는 것으로 평가되었다.

스티브 잡스 사후의 애플

[표 11.1]과 [표 11.2]는 2007~2011년 애플의 손익계산서와 대차대조표이다. 이 기간 애플은 매출과 이익이 큰 폭으로 성장한다. 2011 회계연도 애플은 매출 108.2십억 달러에 순이익 25.9십억 달러로 24%의 순이익률을 기록했다. 매출총이익률은 40.5%($43,818 / $108,249)에 달했다. 회사의 규모에도 불구하고 이 회사는 2010년 79% 성장한 후 2011년에도 매출이 66%나 성장한다. 이 기간 애플은 연구개발과 설계 역량 강화에 대규모 투자를 실행했고, 2011년에는 이 규모가 2.4십억 달러(매출액의 2.2%, 순이익의 9.3%)에 달했다.

12) CNN Money, "Apple Stock Tumbles 5% in After Hours Trading," *CNN Money*, August 25, 2011, http:/money.cnn.com/2011/08/24/technology/apple_after_hours_shares/.

[표 11.1] 애플 손익계산서, 2007 ~ 2011

(백만 달러)	2007.09.29.	2008.09.27.	2009.09.26.	2010.09.25.	2011.09.24.
순매출액	24,006	32,479	36,537	65,225	108,249
매출원가	15,852	21,334	23,397	39,541	64,431
매출총이익	8,154	11,145	13,140	25,684	43,818
연구개발비	782	1,109	1,333	1,782	2,429
판매비와 관리비	2,963	3,761	4,149	5,517	7,599
영업이익	4,409	6,275	7,658	18,385	33,790
기타손익	599	620	326	155	415
세전이익	5,008	6,895	7,984	18,540	34,205
법인세비용	1,512	2,061	2,280	4,527	8,283
당기순이익	3,496	4,834	5,704	14,013	25,922
EPS	4.04	5.48	6.39	15.41	28.05
배당	0	0	0	0	0
매출성장률		35%	12%	79%	66%

[표 11.2] 애플 대차대조표, 2007 ~ 2011

(백만 달러)	2007.09.29.	2008.09.27.	2009.09.26.	2010.09.25.	2011.09.24.
현금과 단기금융상품	15,386	22,111	23,464	25,620	25,952
매출채권(순액)	1,637	2,422	3,361	5,510	5,369
재고자산	346	509	455	1,051	776
기타자산	4,587	7,269	8,985	9,497	12,891
유동자산	21,956	32,311	36,265	41,678	44,988
장기시장성증권	–	2,379	10,528	25,391	55,618
유형자산	1,832	2,455	2,954	4,768	7,777
영업권과 무형자산	1,559	2,427	4,104	3,346	7,988
자산총계	25,347	39,572	53,851	75,183	116,3741
매입채무	4,970	5,520	5,601	12,015	14,632
미지급비용	4,329	3,719	3,376	5,723	9,247
이연수익	–	4,853	10,305	2,984	4,091
유동부채	9,299	14,092	19,282	20,722	27,970
장기차입금	–	–	–	–	–
기타의 비유동부채	1,516	4,450	6,737	6,670	11,786
부채총계	10,815	18,542	26,019	27,392	39,756

납입자본금	5,368	7,177	8,210	10,668	13,331
이익잉여금	9,101	13,845	19,538	37,169	62,841
기타자본	63	8	84	(46)	443
자본총계	14,532	21,030	27,832	47,791	76,615
부채와 자본총계	25,347	39,572	53,851	75,183	116,371
자기자본 / 자본총계	57%	53%	52%	64%	66%

애플의 대차대조표는 이 회사의 수익성을 잘 보여준다. 애플은 사실상 차입금이 없으며 총자산에 대한 자기자본의 비율은 평균 58%(2011년 66%)였다. 2011년 애플은 차입금 없이 대규모 현금(시장성증권 포함 81십억 달러 이상)과 자기자본을 보유하고 있었다. 중요한 것은 대규모 현금과 시장성증권의 비축에도 불구하고 2012년 애플은 배당을 포함해 어떤 형태의 주주환원도 하지 않았다는 것이다.

애플은 핫한 주식이어야 할 것처럼 보이지만 그렇지는 않았다. 2012 회계연도 개시일인 2011년 9월 26일 애플 주식의 개장가는 399.86달러(액면분할 조정 $57.12), P/E는 14.3 ($399.86 / $28.05)에 불과했다.[13] 참고로 S&P 500의 P/E는 약 15정도이다. 이는 애플이 높은 성장률에도 불구하고 전체 시장보다 낮은 멀티플에 거래되고 있었다는 것을 말해준다.

애플은 2012년 왜 핫한 주식이 아니었는가? 애플은 큰 성공으로 엄청난 돈을 벌어들였다. 하지만 주식에 대한 평가에 영향을 미친 것은 경쟁심화로 애플이 주력제품, 특히 태블릿과 스마트폰의 신제품 시장점유율이 축소되지 않을까 시장이 우려였다. 실제 구글 안드로이드를 사용하는 스마트폰 점유율은 2012년 50%까지 상승한 반면 아이폰의 시장점유율은 20%에 머물러 있었다.[14] 애플은 또한 태블릿 시장에서 아마존(Amazon)과의 경쟁에 직면해 있었다. *그래서 주식시장은 무엇을 우려하고 있었다는 것인가?* 시장은 경쟁자들이 애플의 시장점유율을 잠식할 뿐 아니라 애플과의 경쟁을 위해 가격을 인하하면 애플의 수익성도 둔화될 것을 걱정했다.

제품시장전략과 신제품 프라이싱

2012년 애플 경영진의 입장이 되어 보자. *이런 경쟁 상황에서 애플의 가격정책은 어떠해야 하는가? 애플은 시장점유율 유지를 위해 가격을 인하해야 하는가? 아니면 현재의 수익성을 유지해야 하는가? 예를 들어 애플이 2011년 10월 출시된 신형 아이폰 4S의 가격을 2011년 4월 출시된 아이폰 4의 출고가 660달러 이하로 내*

13) 애플의 주당 약 87달러인 현금과 시장성증권을 제외하면 주가는 313달러가 되고 이때 P/E는 11.2($313 / $28.05)로 하락한다.

14) Sameer Singh, "Global Smartphone Market Share Trends: Android, iPhone Lead, Windows Phone Struggles," tech-thoughts, July 17, 2012, www.tech-thoughts.net/2012/07/globalsmartphone-market-share-trends.html 참조.

려야 하는가?[15] 가격을 내리면 경쟁자를 물리칠 수 있는가? 애플이 이를 위한 충분한 원가우위를 가지는지는 명확하지 않았다. 만일 애플이 가격을 인하하면 수익성은 어떻게 될 것인가?

애플의 상황은 비내구적 독점(nondurable monopoly)으로 알려져 있다. 이는 경제학의 전통적인 문제이다. 즉 어떤 회사는 시장을 독점하고 있지만 이것이 지속되지 않을 알고 있는 상황이다. 이 회사는 어떻게 해야 하는가? 이 회사는 완전독점가격으로 단기간 이익을 얻거나, 낮은 가격을 부과해 장기간 이익을 얻을 수 있다. 애플은 프라이싱과 관련해 이런 트레이드오프에 직면했다. 이 문제는 경제학 교과서에서 잘 다루고 있어 여기서는 더 언급하지 않는다. 어쨌든 애플은 가격을 인하하지 않기로 결정한다.

그렇다면 애플은 경쟁자들에 대처하기 위한 어떤 전략을 택했는가? 애플은 경쟁자들, 특히 삼성을 상대로 소송을 제기한다. 애플은 소송에서 무엇을 주장했는가? 자사의 특허기술을 침해했다는 것이었다. 애플은 승소했는가? 2012년 삼성의 책임이 인정되었다. 2018년 미국 법원은 삼성이 539백만 달러를 애플에 배상하라고 판결한다. 다만 추가적인 분쟁을 원하지 않았기 때문에 2018년 6월 27일 양측은 합의로 사건을 종결한다. 최종 배상액은 공개되지 않았다.

한편 애플의 가장 중요한 대응은 최대한 혁신에 속도를 높이는 것이었다. 더 새롭고 강력하고 실용적이며, 더 나은 디자인의 제품을 지속적으로 출시함으로서 선점자 우위를 지켜낸다는 것이다. 즉 기존 제품보다 새롭고 더 우수한 기능의 제품을 출시함으로써 새로운 비내구적 독점을 지속적으로 창출하는 것이다. 이러한 제품시장전략에 따라 애플은 고가정책을 유지했다.

또한 애플은 막대한 광고비를 지출하고 신제품 출시를 대규모로 홍보한다. 디자인이 우수하고 최첨단의 "멋진" 제품을 가진 혁신기업이란 명성은 애플에게는 더 없이 중요했다. 애플의 제품시장전략은 성공적이었는가? 현재까지 애플은 다른 경쟁자들보다 성공적으로 보인다. 애플의 신형 스마트폰이나 컴퓨터가 출시되면 이를 사기 위해 사람들이 매장 앞에 긴 줄을 선다. 경우에 따라 이제는 며칠 전부터 줄을 서는 것도 이상한 일이 아니게 되었다. 왜인가? 모든 사람이 애플의 신제품을 누구 보다 빨리 사용해보고 싶기 때문이다.

이 전략에 문제가 있는가? 매우 빠른 혁신에 따른 다운사이드가 있는가? 그렇다. 애플은 혁신에 막대한 연구개발비를 지출했고 그 결과 이익이 이전 제품만은 못한 상황이다. 일반적으로 신제품을 출시하는 회사는 투자액에 대비해 최대로 많은 수익을 뽑고자 한다. 애플의 전략도 그러했는가? 아니다. 애플은 현재 모델의 수익이 최대치에 이르기 전에 차세대 모델을 출시했다. 애플의 경쟁자들은 애플만큼 혁신적이지 않았다. 경쟁자들은 애플이 혁신적인 신제품을 출시할 때를 기다려 엔지니어링을 모방하고자 했다. 이런 방식으로 경쟁자들은 연구개발 부담

15) Wikipedia, "iPhone," http://en.wikipedia.org/wiki/IPhone (accessed November 13, 2014) 참조.

을 줄이고자 했다.

또한 스티브 잡스는 애플의 혁신과 이미지에 중요한 부분을 차지하고 있었다. 그의 사망은 애플이 지속적 혁신을 통해 시장을 선도할 수 있을지에 대한 의문을 남겼다. 그의 사망 소식은 전략 변경의 신호(예: 가격인하)인가? 이 책을 쓰고 있는 현 시점까지 애플의 초기 대답은 "아니다."이다.

2012년 애플의 재무정책

지금까지 애플의 제품시장전략을 알아보았으니, 재무정책으로 넘어가보자. 논의한 것처럼 재무정책에는 일반적으로 재무구조(차입)정책과 배당정책이 포함된다. 애플의 차입정책은 무엇인가? 어떤 차입금인가? 애플은 차입금이 없다. 사실 엄청난 잉여현금 때문에 애플은 음의 차입금을 가지고 있다. 애플이 채권을 발행한다면 채권의 만기는 어떠해야 하는가? 고정금리 또는 변동금리? 국내발행 또는 해외발행? 보통채권 또는 전환사채? 애플은 차입금이 없기 때문에 이런 재무정책의 어떤 것도 애플과는 관련이 없다.

애플은 어떤 배당정책을 가지고 있는가? 이 회사는 2011 회계연도 말 기준으로 배당을 지급하지 않았다. 애플의 자본정책은 무엇인가? 애플은 2007년부터 2011년까지 신주를 발행한 적이 있지만, 이는 임직원을 대상으로 한 스톡옵션(각각 \$365백만, \$483백만, \$475백만, \$665백만, \$831백만)이 행사된데 따른 것이다.

그럼 정리해보자.

2012 회계연도 시작 시점에 애플은 차입과 관련해 다음과 같은 선택을 한다.

- 차입금 비중? 0%
- 고정 또는 변동금리? 해당 없음
- 장기 또는 단기? 해당 없음
- 공모 또는 사모? 해당 없음
- 미국 또는 유럽시장? 해당 없음

또한 애플은 자본과 관련해 다음과 같은 결정을 했다.

- 공모 또는 사모? 공모
- 보통주 또는 우선주? 보통주
- 보통주식 또는 전환주식? 보통주식
- 액면분할? 가능(Yes)

배당정책과 관련해 애플은 배당을 지급하지 않는다.

- 배당 또는 무배당? 무배당
- 배당성향? 0%
- DPR 프로그램[16]? 채택하지 않음(No)

액면분할(stock split)은 과거부터 애플이 채택해 온 재무정책 중 하나이다. 앞에서 언급한 것처럼 기업공개 시 애플 주가는 22달러였지만, 이후 세 차례(1987년 5월 15일, 2000년 6월 21일, 2005년 2월 18일) 2:1, 한 차례(2014년 6월 2일) 7:1의 주권 액면분할을 한다.

이상의 분석을 바탕으로 다음의 질문을 던진다. *애플의 재무정책은 합리적인가?*

우리는 애플이 오직 하나의 재무정책을 가지고 있었고, 그것이 현금을 축적하는 것이라고는 생각하지 않는다. 이 회사는 2007 ~ 2011년 34 ~ 40%의 매출총이익률을 유지했고, 이는 우수한 수익성이다. 현금을 환원하는 재무정책은 가지고 있지 않았다. 비슷하지만 반대 의미로 10장에서 MCI는 하나의 재무정책을 가지고 있었다. 즉, 생존을 위해 할 수 있는 모든 방법으로 현금을 조달하는 것이었다.

현금 축적의 주된 단점은 무엇인가? 회사에 현금 보유액이 많으면 인수대상이 될 수 있다. *애플이 인수대상 회사인가?* 애플은 기업인수의 표적이 아니다. 현금만으로 공격목표가 되지는 않는다. 애플의 높은 주가와 시장가치/장부가치 비율은 이 회사의 강력한 성장 동력을 반영한다. 하지만 다른 회사가 애플을 이 가격에 산다고 해서 그 이상의 가치를 실현할 수 있을지는 확실하지 않다.[17] 애플은 공격대상으로써 부담스러운 회사이다.

현금 축적의 또 다른 단점은 자본구조를 부분 최적화하는 것이다. 애플은 시장성증권을 포함해 81십억 달러의 현금성 자산을 가지고 있지만, 세금절감효과는 보지 못한다. (우리는 6장에서 레버리지의 효과를 설명하고, 7 ~ 10장에서 이를 실증적으로 살펴보았다. 또한 잉여현금은 음의 금융부채라는 것도 기억하자.)

잉여현금 보유의 세 번째 단점은 대리인 비용을 발생시킨다는 것이다. 애플 경영진은 자신이 원할 때 언제라도 막대한 현금을 사용할 수 있다. 다시 말해 경영진이 잉여현금으로 특전(perks)을 누리거나 최적화되지 않은 투자에 나설 수 있다는 것이다.

그렇다면 잉여현금의 축적이 가지는 주된 장점은 무엇인가? 현금은 최고의 유연성을 갖는다. 애플은 자신의 R&D를 보호하길 원하고 이는 절대적으로 보호된다. (재무정책의 첫 번째 목표는 회

16) 배당재투자 프로그램인 DRP(dividend reinvestment programs)에 대해서는 9장을 참조하라.

17) 2012년 초 애플의 가치는 연구개발(R&D), 궁극적으로는 유능한 종업원에서 온 것이다. (이는 현재까지도 애플이 존재하는 힘이다.) 다른 회사가 이들 종업원(또는 R&D)으로부터 더 많은 가치를 끌어 낼 수 있을지는 의문이다. 애플을 인수하더라도 종업원들이 유지된다는 보장도 없다 (종업원들은 "밤에는 집으로 가는 회사의 자산"이란 말에서 알 수 있듯이, 이들은 이직이 가능하다.) 기업인수에 대해서는 18장에서 다루기로 한다.

사의 제품시장정책을 보호하는 것임을 기억하라.) 애플은 매년 R&D에 얼마를 투자하는가? 애플은 엄청난 금액을 R&D에 투자하고 있다. (2008 ~ 2012년 각각 0.8, 1.1, 1.3, 1.8, 2.4십억 달러이다.) 2012년 애플의 제품시장전략은 선점자 우위를 누리는 것이기 때문에 항상 차세대 신제품 출시에 신경을 써야 한다. 이는 대규모 현금흐름을 필요로 한다. 다만, 애플은 그 요구를 충족할 현금을 보유하고 있다.

2012년 애플과 다국적 기업들은 해외에 자금을 보유하면서 상당한 세금혜택을 보았다. 미국 세법은 해외에서 얻은 소득이 미국으로 송환될 때까지 세금을 부과하지 않는다. 이는 애플과 같은 다국적 기업은 해외에 현금을 유지하면 해외 소득에 대한 과세를 이연 받을 수 있다는 의미이다. 과거 회사는 미국과 외국 세율 중 높은 세율을 적용받았고, 통상 미국의 세율이 높았다. 다만 미국 기업은 이익을 국내로 송환할 때까지 세금을 이연할 수 있다. 환송 시 미국과 외국의 세율 차이를 정산한다. 외국납부세액은 공제된다. 이 경우 보유현금이 해외 소득에서 발생했다면 현금의 대규모 보유는 상당한 인센티브가 된다.

2018년 감세와 일자리 법이 통과되면서 미국은 세계 대부분의 나라가 채택하고 있는 것처럼 이익이 발생한 국가에 소득세를 납부하는 "속지주의"를 수용했다. 또한 이 법은 해외 보유 현금과 등가물에 15.5%, 비유동자산에 8%의 일회성 송환세를 부과했다. 이는 미국 법인세율이 35%에서 21%로 하락한 것과 더불어 역외 현금보유에 낮은 환송세를 부과하면서 역외 현금보유의 장점이 현재는 많이 사라졌다는 의미이다.

잉여현금을 약탈적 가격정책에 사용하는 것은 어떠한가? 즉 애플은 자사 제품의 가격을 큰 폭으로 내리면 경쟁자들에게 큰 손실을 야기할 수 있다. 하지만 애플이 그에 관여했거나 약탈적 가격정책을 작동했다는 증거는 확인되지 않는다. 사실 애플의 비용구조는 막대한 R&D 투자로 인해 경쟁자들보다 우위에 있지 않다. 애플이 경쟁사에 손실이 발생하는 수준으로 가격을 인하하면 애플도 손실이 발생한다. 애플의 제품시장전략은 신제품에 고가정책을 채택하고 신제품라인에서 수익을 극대화하는 것이다. 결국 애플은 과거에도 지금도 막대한 R&D가 필요한 산업에서 대규모 현금흐름을 창출하는 수익성 있는 회사로 남아 있다.

잠시 애플의 지속가능성장률을 한번 살펴보자. 여기서는 지속가능성장률의 개념을 다시 한 번 점검하고 애플 사례에 적용해 보기로 한다. 지속가능성장은 회사가 내부적으로 창출되는 현금의 양과 외부에서 조달해야 하는 자금의 양을 정의하기 때문에 재무정책과 배당정책에 영향을 미친다. 지속가능성장률이란 무엇인가? 지속가능성장률은 ROE와 1에서 배당성향을 뺀 값을 곱한 것이다. 애플의 배당성향은 어떤가? 제로이다. 이는 애플의 지속가능성장률이 곧 이 회사의 ROE라는 의미이다.

2011년 애플의 지속가능성장률인 ROE은 얼마인가? 당기순이익 25.9십억 달러를 순자산 76.6십억 달러로 나누면 33.8%의 ROE가 구해진다.

ROE = 당기순이익 / (연말)자기자본 = $25.9 / $76.6 = 33.8%

2장의 설명처럼 이 계산의 문제점은 자기자본에 연말 수치를 사용했다는 것이다. 따라서 ROE를 정확히 계산하기 위해서는 연초 자기자본 수치를 사용해야 한다. 이 경우 ROE는 54.2%가 된다.[18)]

ROE = 당기순이익 / (연초)자기자본 = $25.9 / $47.8 = 54.2%

따라서 2011년 애플의 ROE와 무배당에 따른 지속가능성장률은 54.2%나 된다.

[표 11.3]에서 보듯이 애플의 2008 ~ 2011년 평균 ROE는 41.2%였다. 이는 매우 높은 것이다. 동시에 이 기간 애플의 매출성장률은 48.1%였고, 자산은 연평균 46.7%가 증가했다. 따라서 지속가능성장의 관점에서 애플은 균형 상태에 있다고 볼 수 있다. (지속가능성장 균형의 중요성에 대해서는 9장을 참조하라.)

[표 11.3] 애플의 주요 재무비율, 2008 ~ 2011

(백만 달러)	2008.09.27.	2019.09.26.	2010.09.25.	2011.09.24.
ROE(순이익 / 순자산$_{연말}$)	23%	20%	29%	34%
ROE(순이익 / 순자산$_{연초}$)	33%	27%	50%	54%
매출성장률	35%	12%	79%	66%
총자산증가율	56%	36%	40%	55%

애플은 혁신의 선점자로서 프리미엄 가격을 받는 제품시장전략을 가지고 있다. 2012년을 기준으로 할 때 애플의 이 전략은 잘 작동하고 있었다. 이 회사는 수익성이 매우 좋아 2012년 초 잉여현금을 81십억 달러 이상 쌓아두고 있었다. 이는 애플이 앞으로 상당기간 R&D에 자금을 댈 수 있는 충분한 자금력을 가지고 있다는 의미이다. 하지만 애플의 재무정책은 제품시장에 대한 정책만큼 잘 정의되어 있지는 않다. 애플의 재무정책은 현금을 축적하고 음의 레버리지를 갖는 자본구조를 유지하며 배당을 하지 않는 정도이다. 애플의 매출과 자산은 급격히 증가했지만, 애플은 여전히 지속가능성장의 균형 상태를 유지하고 있었다. 따라서 애플은 외부에서 자금을 조달할 필요가 없었다.

---

18) 2장에서 설명한 것처럼, 만일 은행에 1,000달러를 예치하고 연말에 100달러를 받았다면 수익률은 어떻게 되는가? 수익률은 연말 잔액을 사용해 계산하는 $100/$1,100이 아니다. 대신 연초 잔액을 사용한 $100 / $1,100이다. 우리는 다시 한 번 강조한다. 실험이든 실생활에서든 ROE를 계산할 때 연말 순자산을 사용하는 실수를 해서는 안 된다. 실무적으로 재무전문가들은 대부분 당기순이익/연말순자산을 사용하지만 이는 순자산이 일반적으로 연중에 크게 변동하지 않는다고 보기 때문이다. 하지만 애플은 빠르게 성장하고 수익성이 높기 때문에 연초 순자산을 사용해 ROE를 계산하면 33.8%가 나오지만 적절히 계산하면 54.2%가 된다. 이런 차이는 고성장기업, 특히 배당을 (거의) 지급하지 않는 기업에서 두드러진다.

애플의 향후 재무정책

이제 애플에게 중요한 질문은 "애플은 이 현금으로 무엇을 해야 하는가?"이다. 이 질문을 달리 하면 "올바른 회사의 재무정책은 무엇인가?"가 된다.

애플의 향후 차입정책과 배당정책을 논의해보자. 애플은 얼마만큼의 차입금을 가져야 하는가? 6장에서 우리는 차입정책이 산업별로 다르다고 설명했다. 비록 추가 차입에 따른 세무상 혜택이 있지만 회사의 현금흐름이 차입금을 항상 뒷받침할 수 없다면 차입에 따른 위험도 존재한다.

유틸리티와 같이 안정적인 현금흐름을 가진 산업은 제약업이나 기술기업 같이 불안정한 현금흐름을 가진 산업보다 높은 차입비율을 갖는 경향을 보인다. 제품혁신이 핵심 경쟁력이며 경쟁자의 신제품이 자사 제품을 대체할 수 있는 산업에서는 현금흐름의 변동성에 취약한 자본구조를 갖지 않는 것이 중요하다. 또한 혁신이 중요한 하이테크 산업에서 R&D 투자는 필수적이다. 따라서 이런 회사는 자사의 기존 제품이 갑자기 구식이 되더라도 일정기간 매출 감소를 감내하고 제품 혁심에 대한 투자가 가능한 재무적 역량을 가지고 있어야 한다. 이 경우 보유 현금은 가장 소중한 자산이 된다.

이 산업의 여러 회사를 비교하면 이들이 비슷한 대차대조표를 가지고 있다는 것을 알게 된다. 2011년 말 마이크로소프트는 차입금 11.9십억 달러에 68.6십억 달러의 현금, 시장성증권, 투자증권을 보유하고 있다. 구글도 차입금은 3.0십억 달러지만 현금과 시장성증권은 45.4십억 달러나 보유하고 있다. 역시 하이테크산업이며 R&D기업인 제약회사도 대규모 현금을 보유하고 있다. 당시 머크는 19.3십억 달러의 현금과 투자주식에 17.5십억 달러의 차입금을 가지고 있었다. 화이자는 현금 36.3십억 달러, 차입금 34.9십억 달러를 가지고 있었다. 근본적으로 이 회사들은 모두 비슷한 제품시장전략을 공유하고 있다.[19] 즉, 높은 R&D 투자비, 빈번한 제품 출시, 지속적인 신제품 혁신과 개발, 급속한 진부화가 그것이다. 이들은 또한 대규모 현금을 보유하고 낮은 차입금 수준을 유지한다. (잉여현금은 음의 부채이기 때문에 이들의 차입비율은 사실상 마이너스이다.)

애플의 자본구조도 비슷하다. 애플은 여러 신제품을 개발해 고도의 기술과 가격경쟁력을 무기로 하는 경쟁자들로부터 지속적인 공격을 받는다. 이로 인해 내부성장을 통해 확보한 막대한 현금도 안정적이거나 보장된 것으로 간주될 수 없다. 이는 애플에게 있어 낮은 차입비율을 유지하는 것이 올바른 재무정책이라는 뜻이 된다. 실제 여러 산업에서 대부분의 메이저 플레이어들은 극단적으로 낮은 차입금 수준을 유지하고 있다.

2011년 애플은 차입금은 없이 미래 R&D에 대비하기 위한 충분한 자금을 축적하고 있

19) 세무상 목적으로 제약회사와 애플 같은 다국적기업은 종종 자금을 역외에 두고 국내로 환송하지 않는다. 이는 국내에서는 자금을 빌리지만 동시에 전체적으로는 대규모 현금을 보유하는 이유가 된다.

다. *그렇다면 얼마의 현금이 충분한 것인가?* 매우 안전하려면 애플은 수년치 R&D에 필요한 자금을 가지고 있어야 한다. 물론 애플은 그보다 훨씬 많은 현금을 보유하고 있다. 현재 연구개발 투자액을 기준으로 애플의 보유현금은 연간 R&D투자액의 33년분(현금 $81십억 / R&D $2.4십억)에 해당한다. 따라서 하이테크산업과 혁신적인 R&D산업 기준에서도 애플은 상당한 잉여현금을 보유하고 있다.

우리가 2011년 애플의 주주였다면 이런 고민을 할 것이다. *애플은 막대한 보유현금을 현명하게 사용하고 있는가?*

7장의 메리어트 사례에서 우리는 회사가 잉여현금으로 할 수 있는 다섯 가지를 열거했었다.

1. 차입금 상환
2. 배당 증액
3. 기존 사업에 투자 확대
4. 기업 인수
5. 자사주매입

애플에게 있어 하나의 가능성은 배당지급을 개시하는 것이다. *그래야 하는가?* 그렇다. 애플은 이 현금이 모두 필요하지는 않기 때문에 주주들에게 상당부분을 환원해야 한다. *얼마의 배당을 지급해야 하는가?* 간단한 시나리오를 생각해보자. 애플이 주당 2.00달러를 배당한다고 해보자. 발행주식수가 924백만 주이기 때문에 주당 2.00달러를 배당하면 연간 약 1.85십억 달러가 배당으로 지출된다. *이는 회사에 부담이 되는가?* 81십억 달러의 현금을 보유하고 있는 애플에게 이는 큰 부담이 아니다. 현금 보유액은 연 1.85십억 달러를 40년 이상 지급할 수 있기 때문이다.

시장에 긍정적인 신호를 보내는데 더하여 애플의 배당개시는 잠재적으로 투자자의 수를 늘리는데 도움이 된다. 이는 배당주식을 선호하는 개인투자자가 있고, 일부 기관투자자는 배당을 지급하는 회사에만 투자가 가능하도록 제한을 받기 때문이다.

잠시 애플의 배당정책과 MCI와 AT&T의 배당정책을 비교해보자. MCI의 배당정책에 관해 우리는 MCI가 계속적으로 자본적 지출에 현금이 필요하기 때문에 1983년 당시로는 배당을 지급해서는 안 된다고 했다. 애플도 계속 R&D 투자에 상당한 현금이 필요하지만 높은 수익성으로 인해 막대한 현금이 쌓이고 있다. (MCI는 현금흐름 부진으로 고생하고 있었다.) 따라서 애플은 배당을 개시하기에 충분한 형편이다.

AT&T는 배당지급을 위해 외부차입을 해야 함에도 수년간 정기적인 현금배당을 지급해왔다. 이것이 가능했던 것은 분할 전 AT&T의 지속가능성장률이 자본적 지출과 균형 상태를 이루고 있었기 때문이다. 이러한 균형으로 인해 AT&T는 자본적 지출과 제품시장전략에 부담을 주지 않으면서도 정기적으로 현금배당을 실시할 수 있었다.

잉여현금으로 회사가 할 수 있는 또 다른 선택지인 자사주매입(share repurchase)에 대해 살펴보자. 애플은 자기주식을 매입해야 하는가? 경영진은 자신이 경영하는 회사의 주가가 저평가되었다고 믿으면 일반적으로 자사주매입을 고려한다. 애플의 주가는 과도히 싼가? 시장에는 비대칭 정보가 존재한다는 우리의 믿음에 따르면 저자들은 이에 대해 알지 못한다. 이는 애플의 경영진이 자신들에게 물어야 할 질문이며, 그들은 아마도 알고 있을 수 있다. (참고: 애플 주가는 2011년 10월 1일 $50.68[20], 2014년 12월 1일 $120가 된다.)

애플이 자사주매입을 하기로 했다면 재매입 프로그램을 어떻게 실행해야 하는가? 메리어트의 자사주매입 사례를 기억해보자. 회사가 주식을 재매입하는 데는 세 방법이 있다. 첫째, 회사는 경쟁시장인 주식시장에서 주식을 매입할 수 있다. 다만 단기간에 대규모 주식을 매입하려면 회사는 사전에 매수기간을 정해 재매입계획을 공시해야 한다. 특히 회사가 직전 4주간 일평균 거래량의 25%를 초과해 주식을 매입하기 위해서는 사전에 SEC는 재매수계획을 의무적으로 공시해야 한다.

둘째, 회사는 공개매수를 할 수 있다. 공개매수를 위해서는 회사가 재매입할 주식의 가격과 수량을 사전에 공시해야 한다. 이때 회사는 매입할 최소 주식의 수를 정할 수 있다. 다시 말해 공개매수에 응한 주식의 수가 너무 많은 경우 의무적으로 매수해야 하는 주식을 수를 정하는 것이다. 최소 수량 이상에서 몇 주를 매입할 것인지는 회사의 재량사항이다.

셋째, 회사는 더치옥션텐더를 할 수 있다. 이때 회사는 재매입할 주식의 매수수량과 매수가격 중 최소 하나 이상을 사전에 확정해야 한다. 다시 말해 사전에 회사가 매수할 최소 수량을 확정하고 주주에게 매수할 가격범위를 제시하게 하거나, 회수가 매수할 가격을 확정하고 주주에게 매수할 주식의 수의 범위를 제시하게 하는 것이다. 물론 둘 다를 사전에 확정할 수도 있다. 일반적으로 회사는 매입수량을 확정하는 방식으로 더치옥션텐더를 진행한다.

애플은 배당이나 자사주매입을 위해 장기차입을 해야 하는가? 그럴 수도 있다. 왜 그냥 잉여현금의 일부를 사용하지 않는가? 주된 이유는 세무상 혜택을 위해서다. 애플이 가진 잉여현금의 상당 부분은 미국 밖에 있고 이를 국내로 가지고 올 때 세금이 부과된다. 따라서 배당이나 자사주매입을 위해 미국 내에서 채권을 발행하면 자금을 국내로 환송할 때 발생하는 세금 부담을 피할 수 있다.

주주 관점에서 애플의 재무정책은 어떠해야 하는가? 저자들이라면 2011년 당시로는 주주가치의 극

---

20) 주석 10에서 말한 것처럼 이 주가는 2014년 6월 2일 7:1 액면분할을 조정한 가격이다. http://finance.yahoo.com/q/hp?s=AAPL&a=09&b=1&c=2011&d=10&e=14&f=2011&g=d (accessed January 15, 2015).

대화를 위해 애플에게 다음과 같이 권고할 것이다.

1. 애플은 최소 수십억 달러 규모의 은행 크레디트라인을 설정한다. 만일을 대비해 은행 크레디트라인을 가지라는 것은 모든 기업에 대한 공통적 조언이다.
2. 애플은 최소한 두 세대, 필요하다면 세 세대 앞을 위해 기술개발에 필요한 충분한 현금을 유지해야 한다.
3. 애플은 배당을 지급해야 한다.
4. 경영진이 주가가 과도히 낮다고 판단하면 애플은 자사주를 매입해야 한다.
5. 미국의 세무정책이 우호적으로 변경될 것으로 예상한다면 애플은 당분간 해외에 보유한 현금을 현지에 계속 유지해야 한다.

이런 권고의 이유

이 책의 초반부에 우리는 재무관리에 오답은 있어도 유일한 정답이란 존재하지 않는다고 말했었다. 물론 위의 권고 역시 이 책의 다른 조언들처럼 절대적인 것은 아니다. 하지만 간단히 이 권고사항을 정당화해 보기로 한다.

1. 신용한도(크레디트라인)는 애플이 차세대 아이폰이나 태블릿 실패 등으로 현금을 소진했을 때 신용한도까지 자금을 확보하게 해준다. 크레디트라인은 애플이 한 번 더 성공에 도전하도록 기회를 제공할 것이다. *이를 위해 애플은 얼마의 비용을 부담해야 하는가?* 2011년 10월 당시 애플의 재무상태는 매우 양호해서 연간 25bps 수준의 저렴한 비용으로도 크레이트라인을 확보할 수 있을 것이다. 이는 비용이 저렴한 보험이다. 실패를 맛본 후에 자금을 차입하는 것은 훨씬 어려울 뿐 아니라 비용도 비싸진다. (아프기 전에 보험을 가입해야 하는 것과 같다.)
2. 애플은 두 세 세대의 기술혁신에 필요한 충분한 현금을 유지해야 한다. 하지만 애플이 현재보다 더 많은 현금을 보유하는 것은 바람직하지 않다고 본다. 우리는 일정한 수준의 잉여현금이 주주들에게 환원되길 원한다. 애플이 경쟁력을 잃고 두 세 차례 시도에도 성공적인 제품을 출시하지 못한다면, 계속 시도를 위해 주주들의 재산을 더 사용하는 것은 바람직하지 않다고 본다.
3. 애플은 주주들에게 현금을 환원하고 투자자 기반을 넓히기 위해 배당을 해야 한다. 애플이 당시 기준으로 33년 분 R&D 투자액에 상당하는 과도한 현금을 유지할 필요는 없다고 본다.
4. 애플이 자사주를 매입할 수 있지만, 그렇다고 반드시 그럴 필요는 없다. 애플의 경영

진이 미래에 주식이 상승할 것으로 기대하면 주식을 매입할 수 있다. (애플을 이를 위한 충분한 현금을 가지고 있다.) 하이테크산업에서 비대칭정보는 중요한 이슈이다. 경영진은 회사의 R&D 파이프라인을 알고 있지만 투자자들은 그렇지 못하다. 애플의 경영진은 자신의 기술에 대해 경쟁자들이 알기를 원치 않기 때문에 미공개 중요정보인 R&D 파이프라인을 공개하지 않는다. 이로 인해 일부 애널리스트들은 회사의 특허출원서를 열람하려 한다. 특허를 열람하는 사람은 비단 애널리스트가 다는 아니다. 경쟁자들도 그렇다.[21)]

애플은 어떻게 자사주를 매입해야 하는가? 공개매수를 하거나 공개시장에서 매입을 해야 한다. 만일 주가가 급등할 것으로 예상하면 공개매수가 더 적합해 보인다. 주가에 큰 변화가 없거나 점진적으로 상승할 것으로 예상되면 공개시장 매입이 더 좋을 수 있다. 애플이 자사주를 매입할 것인지, 한다면 어떻게 할 것인지는 경영진이 향후의 주가 움직임을 어떻게 예상하느냐에 달려있다.

5. 애플은 금융부채를 가지고 있을 필요가 없는 수준의 현금을 보유하고 있다. 하지만 설명한 것처럼 세무상 고려로 인해 일부 차입은 정당화될 수 있다.
6. 마지막으로 미국의 해외소득에 대한 세무정책이 우호적으로 변경될 것으로 예상하거나, 2014년에 해외소득에 대해 5.25%의 환송세를 적용해 준 것처럼 한시적으로 해외소득에 세제혜택 줄 것으로 예상하면 배당을 위해 35%의 세금을 내면서 해외 보유현금을 국내로 들여오기보다 역내에서 차입을 하는 것이 합리적이다.

우리는 애플이 두 세 차례의 신제품 개발을 할 수 있는 재무적 역량을 가지고 있어야 한다고 생각한다. 이는 이 회사의 성공적이고 혁신적 과거 성과에 따른 것이다. 신제품이 실패하거나 경쟁자에게 선점을 당하더라도 애플은 한 두 번의 추가 기회를 가질 수 있어야 한다. 하지만 연속으로 두 세 차례 실패를 한다면 주주는 다른 기업에 투자를 준비할 것이다. 애플이 다섯 혹은 여섯 차례 연속으로 실패하게 되면 잠재적으로 잉여현금을 모두 소진하게 되기 때문에 주주들은 더는 자금을 대고 싶어 하지 않을 것이다.[22)] 투자자들은 궁극적으로 투자에 대한 수익을 원한다. 투자자는 배당이나 자사주매입을 원한다. 동시에 성공적인 기업은 성공을 위해 한 번 이상의 기회를 가지고 있어야 한다.

---

21) 이는 제약산업도 같다. 기업들은 경쟁자들이 먼저 특허를 출원하지 못하도록 제품라인의 진행 상황을 공개하는 것을 원하지 않는다. 가령 한 제약회사가 새로운 신약이나 의료기기를 개발하고 있어도 FDA 승인신청까지는 이를 기밀로 유지한다. 하지만 회사가 신청서를 제출하면 경쟁회사들은 이를 통해 정보를 파악하게 된다.

22) 이러한 한 사례가 블랙베리(BlackBerry)이다. 1997년 10월 28일 IPO 주가는 1.20달러(2004년과 2007년 2:1과 3:1의 액면분할을 조정하면 7.25달러)이다. 2008년 주가는 140달러까지 급등했지만 2014년 12월 21일에는 10달러로 마감한다. Nick Wadell, "My 1996 Investment in RIM: Adam Adamou Remembers," March 29, 2010, www.cantechletter.com/2010/03/my-1996-investment-in-rim-adam-adamou-remembers/.

애플의 배당

애플은 1987~1995년 배당을 지급한다. (1991~1995년에 매년 주당 $0.12, $0.32, $0.40, $0.44, $0.48을 배당했다.) 하지만 손실 발생 이후인 1996년 2분기부터 배당을 중단한다. (배당을 중단하기 전인 1996년 1분기에도 주당 $0.12를 배당했다.) 이후 애플은 2011년 말까지 배당을 지급하지 않았다.

2012년 3월 19일 월요일에 애플은 2012 회계연도 1분기에 주당 2.65달러의 분기 배당(총액 분기 $2.5십억, 연간 $10십억)을 발표했다. 회사는 또한 자사주매입 프로그램을 가동하겠다고 발표했다. 이 발표에 힘입어 애플의 주가는 2.7%($15.53) 상승하며 601.10달러에 도달한다.[23)]

분기 배당금은 2013년에 주당 3.05달러(분기 $2.9십억, 연간 $11.6십억), 2014년에 액면분할 전 기준 주당 3.29달러(연간 $12.4십억)로 증가한다. 애플은 또한 2014년에 7:1의 액면분할을 실시했다. 또한 애플은 2013년 22.9십억 달러, 2014년 35.0십억 달러의 자사주를 매입한다. 이 자사주매입 프로그램은 (증권거래법 Rule 10b5-1의 규정에 따라) 사적 협상과 공개시장 매입으로 실행되었다.

여담이지만, 애플이 연간 10십억 달러의 현금환원을 발표했다면, 여러분은 이 회사에 대해 어떻게 생각할까? 이 회사에 우호적인 생각을 하게 될 것이다. 신호효과가 작동하는 것이다.

동시에 애플은 2013년에 2016~2043년을 만기로 하는 17십억 달러의 장기채권을 발행했다. 애플은 또한 2014년에 6.3십억 달러의 기업어음을 발행한다. 이러한 대규모 차입에도 불구하고 막대한 잉여현금을 보유한 탓에 애플의 순차입금은 여전히 제로(0) 수준을 유지했다.

참고: 1992년 9월 17일 애플과 비슷한 기술회사인 인텔도 현금배당을 시작한다. 당시 애널리스트인 리차드 샤포드(Richard Shafford)는 *Technology Computer Review*에 "하이테크 기업이 배당을 개시하는 것은 이 회사가 주주들이 다른 곳에서 더 많은 수익을 거둘 수 있다고 믿기 때문이다. 만일 내가 인텔의 주주라면 나는 그들이 연간 나의 40센트를 혁신에 투자하게 할 것이다."라고 썼다. **이 인용문은 무엇을 말하는가?** 이는 그가 이 책을 읽지 않았다는 것을 말해준다. 그가 이 책을 읽었다면 그는 배당이 시장에 대한 긍정적인 신호라는 것을 알았을 것이다. 실제 인텔이 배당개시를 발표한 당일 주가는 1.2% 상승한다.[24)]

---

23) David Goldman, "Apple Announces Dividend and Stock Buyback," CNN Money, March 19, 2012, http://money.cnn.com/ 2012/03/19/technology/apple-dividend/.

24) Lawrence M. Fisher, "Company News; Intel to Pay a Dividend, Its First Ever," *New York Times*, September 18, 1992, www.nytimes.com/1992/09/18/business/company-news-intel-to-pay-a-dividend-its-first-ever.html.

이후에 일어난 일

[표 11.4]처럼 2012년 애플의 매출과 순이익은 156.5십억 달러와 41.7십억 달러로 급증한다. 2012년 애플은 주당 0.38달러의 분기 배당을 시작한다. ($0.38를 2014년 6월 9일 실시된 7:1 액면분할을 감안한 배당액은 $2.65이다.) 이후 애플의 성장성은 둔화된다. 2012~2017년 매출은 156.5십억 달러에서 229.2십억 달러로 증가하지만, 순이익은 41.7십억 달러에서 48.4십억 달러로 증가하는데 그친다. 하지만 배당은 2017년 주당 2.40달러까지 증가한다.

[표 11.4] 애플 손익계산서, 2012 ~ 2017

(백만 달러)	2012.09.29.	2013.09.28.	2014.09.27.	2015.09.26.	2016.09.24.	2017.09.30.
순매출액	156,508	170,910	182,795	233,715	215,639	229,234
매출원가	87,846	106,606	112,258	140,089	131,376	141,048
매출총이익	68,662	64,304	70,537	93,626	84,263	88,186
연구개발비	3,381	4,475	6,041	8,067	10,045	11,581
판매비와 관리비	10,040	10,830	11,993	14,329	14,194	15,261
영업이익	55,241	48,999	52,503	71,230	60,024	61,344
기타손익	522	1,156	980	1,285	1,348	2,745
세전이익	55,763	50,155	53,483	72,515	61,372	64,089
법인세비용	14,030	13,118	13,973	19,121	15,685	15,738
당기순이익	41,733	37,037	39,510	53,394	45,687	48,351
EPS	5.81	5.72	6.49	9.28	8.35	9.27
주당배당금	0.38	1.64	1.82	1.98	2.18	2.40
매출성장률	45%	9%	7%	28%	−8%	6%
자기주식 취득총액	−	22,860	45,000	35,253	29,722	32,900
배당금 지급총액	2,488	10,564	11,126	11,561	12,150	12,769
채권 발행액	−	16,896	11,960	27,114	24,954	28,662
채권 상환액	−	−	−	−	2,500	3,500

또한 애플은 2013년에 22.9십억 달러의 자기주식을 매입했다. (2008~2011년에는 자사주매입이 없었고, 2007년에 단 $3백만를 매입했다.) [표 11.4]에서 보는 것처럼 2013~2017년 누적 자사주 매입액은 165.7십억 달러에 달했다. 이 자사주 매입액에 2012~2017년 누적 배당금 60.7십억 달러를 합하면 애플은 이 기간 주주들에게 226.4십억 달러를 환원하게 된다.

226.4십억 달러에 달하는 배당과 자사주매입에도 불구하고 애플의 현금 잔액(시장성증권 포함)은 [표 11.5]와 같이 2012년 121.3십억 달러에서 268.9십억 달러로 증가한다. 이 중 해외 현금 규모는 82.6십억 달러(전체의 68%)에서 252.3십억 달러(전체의 94%)로 증가한다.

[표 11.5] 애플 대차대조표 2012 ~ 2017

(백만 달러)	2012.09.29.	2013.09.28.	2014.09.27.	2015.09.26.	2016.09.24.	2017.09.30.
현금과 단기금융상품	29,129	14,259	25,077	41,601	67,155	74,181
매출채권(순액)	10,930	26,287	17,460	16,849	15,754	17,874
재고자산	791	13,102	2,111	2,349	2,132	4,855
기타자산	16,803	19,638	23,883	28,579	21,828	31,735
유동자산	57,653	73,286	68,531	89,378	106,869	128,645
장기시장성증권	92,122	106,215	130,162	164,065	170,430	194,714
유형자산	15,452	16,597	20,624	22,471	27,010	33,783
영업권과 무형자산	10,837	10,902	12,522	14,565	17,377	18,177
자산총계	176,064	207,000	231,839	290,479	321,686	375,319
매입채무	21,175	22,367	30,196	35,490	37,294	49,049
미지급비용	11,414	13,856	18,453	25,181	22,027	25,744
이연수익	5,953	7,435	8,491	8,940	8,080	7,548
기업어음	–	–	6,308	8,499	8,105	11,977
유동성장기차입금	–	–	–	2,500	3,500	6,496
유동부채	38,542	43,658	63,448	80,610	79,006	100,814
장기차입금	–	16,960	28,987	53,463	75,427	97,207
기타의 비유동부채	19,312	22,833	27,857	37,051	39,004	43,251
부채총계	57,854	83,451	120,292	171,124	193,437	241,272
납입자본금	16,422	19,764	23,313	27,416	31,251	35,867
이익잉여금	101,289	104,256	87,152	92,284	96,364	98,330
기타자본	499	(471)	1,082	(345)	634	(150)
자본총계	118,210	123,549	111,547	119,355	128,249	134,047
부채와 자본총계	176,064	207,000	231,839	290,479	321,686	375,319
자본 / 총자산	67.1%	59.7%	48.1%	41.1%	39.9%	35.7%
현금과 시장성증권	121,251	144,761	155,239	205,666	237,585	268,895
해외 보유 현금	82,600	111,300	137,100	186,900	216,000	252,300
해외 보유 비중	68.1%	76.9%	88.3%	90.9%	90.9%	93.8%

대규모 배당과 자사주매입에도 불구하고 애플의 현금이 증가한 이유는 무엇인가? 대규모 이익을 실현했고, 채권으로 자금을 조달했기 때문이다. 얼마나 차입을 한 것인가? [표 11.5]를 보면 애플은 97.2십억 달러의 장기채권을 발행했다. 현금을 그렇게 많이 보유하고도 애플은 왜 채권을 발행했는가? 애플은 해외 현금을 환송하기보다 배당과 자사주매입에 채권을 발행하는 것이 비용측면에서 유리하다고 본 것이다. (9장에서 AT&T 역시 배당을 위해 채권을 발행했었다.)

2017 회계연도 애플은 매출 229.2십억 달러, 순이익 48.4십억 달러를 기록했고, 주가는 154달러에 현금 보유액은 252.3십억 달러(해외 비중 94%)였다.

우리의 6번 권고사항처럼 애플의 세율과 면세혜택 전망은 2018년에 와서 빛을 보게 된다. 2018년 감세와 일자리 법 통과에 따라 법인세는 35%에서 21%로 낮아진다. 법인세 과세 기준도 단일 시스템에서 속지주의로 변경된다. 또한 기존 역외 유동자산에 대해서는 15.5%, 비유동자산에 대해서는 8%의 일회성 세금만 내는 것으로 바뀌었다. 이로 인해 애플이 35%의 환송세율에 따른 88.3십억 달러가 아닌 약 39.1십억 달러만 내면 역외의 252.3십억 달러를 환송할 수 있게 된 것이다.

애플은 이러한 환송자금으로 무엇을 해야 하는가? 2018년 5월 1일 애플은 연간 배당을 2.52달러에서 2.92달러로 16% 늘린다고 발표했다. 또한 자사주매입을 위해 최소 100십억 달러를 사용하겠다고 발표한다. 이렇게 되면 실제 무슨 일이 일어날까? 이 책을 다 읽을 때쯤 우리는 해답을 얻을 것이다.

요약정리

이 파트에서 우리는 자본구조와 재무정책을 살펴보고 있다. 우리는 M&M을 통해 이론적인 고찰을 하는 동시에 대조적인 제품시장전략을 가지고 있는 여러 회사의 사례를 통해 경험적으로 자본구조와 재무정책의 실제를 살펴보았다. 그리고 우리는 이런 기업들에 대한 최적 재무정책을 유도해 보았다. 이 장에서는 제품시장의 혁신이 급격하고 수익성이 좋고 잉여현금이 급격히 쌓이는 산업에 속한 애플의 사례를 통해 배당을 포함한 주주환원 방안에 대해 살펴보았다.

1. 이 장은 M&M 세계에서 배당은 문제가 되지 않는다는 것으로 논의를 시작했다. M&M 세계에서는 배당정책의 필요성은 존재하지 않는다. 우리는 M&M의 가정을 완화해 배당의 세무상 시사점과 파산비용에 대해 살펴보았다. 우리는 세금과 재무곤경비용은 배당에 큰 영향을 미치지 않는다는 사실을 발견했다. 반면 우리는 배당이 신호효

과를 갖는다는 강력한 실증적 증거를 발견했다. 배당을 개시하거나 증액하는 회사의 주가는 상승한다는 것이다. 반대로 배당을 감액하는 회사는 주가 하락을 경험한다.

2. 애플의 사례를 통해 우리는 대규모 R&D 투자, 빠른 매출성장, 혁신적 신제품으로 무장했지만 명확한 재무정책은 없는 하이테크기업에 대해 살펴보았다. 동시에 애플은 대규모의 잉여현금을 창출하고 있었다.
3. 애플의 상대방에 대한 진입장벽은 선점자 우위 확보를 위한 R&D 혁신이다. 또한 애플의 제품시장전략도 진입장벽이 된다. 애플은 최신 제품과 최고 기술, 최고 가격을 표방한다. 이것들은 애플을 재무적으로 가장 성공적인 회사로 만들었다.
4. 애플의 재무정책에 대한 저자들의 권고는 수차례 기술개발에 필요한 충분한 현금을 보유하되, 현금 배당과 적절한 차입을 실시하라는 것이다. R&D에 상당한 자금이 필요하다면 과도한 배당은 합리적이지 않을 수 있다. 그러나 애플의 현금 보유액을 감안할 때, 일정 수준의 배당과 자사주매입은 합리적이라고 판단된다.
5. 비록 이 장에서 강조하지는 않았지만 정보비대칭의 이슈가 큰 혁신산업에서 R&D 지출이 많은 애플과 같은 회사의 주식가치를 평가하는 것은 쉽지 않다. 이는 왜 이 산업의 훌륭한 애널리스트라도 특허신청서나 FAD 승인서를 살펴보면서 정보를 얻으려 하는지 잘 보여준다.

다음 주제

다음 장에서는 자본구조이론을 정리하고, 6장에서 제시된 정태적 모형에 동태적 상황을 반영해 본다.

CHAPTER 12

자본구조이론의 정리

이 장으로 우리는 5장에서 13장에 걸친 자금조달과 재무정책 논의의 정리 단계에 들어간다. 이 장은 지난 일곱 개 장의 내용을 정리하고, 자본구조이론을 소개한 6장과 유사한 구조로 논의를 확장한다. 6장이 통계치를 활용했다면 여기 12장은 동태적 관점에서 자본구조이론을 확장해 본다.

따라서 독자들이 편한 마음으로 내용을 정리하길 바란다. 집중해야 할 부분에 대해서는 별도의 주의를 줄 것이다. 이 장은 단순한 사례로 시작해, 점차 복잡한 사례를 살펴보는 방식으로 진행된다. 다시 한 번 말하지만 이 장은 그 동안 논의의 정리이며, 이미 여러분이 대부분 이해하고 있는 내용들이다.

우리는 두 가지 접근방법을 병행한다. 첫째는 관련 이론을 개관하는 것이며, 둘째는 그에 관한 실증연구결과를 살펴보는 것이다. 여러분은 이 장을 학습하면서 재무관리이론이 실제에도 잘 부합한다는 것을 알게 될 것이다. 물론 일부 이론은 현실에 부합하지 않거나 일관성을 보이지 않는다는 것도 확인하게 된다. 심지어 일부 실증연구는 이론을 반박하거나 이론적 결과가 확인되지 않는다는 것도 알게 될 것이다.

이를 겸손하게 바라보면 그 이유는 재무관리가 변화한다는 데서 찾을 수 있다. 희망하건데 20년쯤 후에 이 책의 20판을 읽게 된다면 그 책과 이 책은 아마도 같은 책이 아닐 수도 있을 것이다. 따라서 이 책은 우리가 향후에도 변화하지 않을 것으로 생각하는 재무관리이론과 향후에 변화가 있을 것으로 예상되는 재무관리이론을 함께 논의하는 것이다.

현대의 기업재무는 자본구조이론에서 특히 1958년 모딜리아니와 밀러(M&M)에서 출발한다. 가장 단순화된 M&M 세계의 결론은 자본구조정책은 상관이 없다는 것이다. 문제가 되지 않는다는 뜻이다. *가장 단순화된 M&M 세계에서 왜 자본구조는 문제가 되지 않는가?* M&M 세계는 완전한 시장, 일관된 투자정책, 세금의 부재를 가정한다. 이런 조건하에서는 모든 재무정책은 무차별하다는 것이다. 이를 증명하는 것은 매우 쉽다. M&M(1958)의 가정 하에서 재무정책에 따른 모든 재무적 거래는 NPV가 0이기 때문이다. NPV가 0이기 때문에 재무적 거래는 중요하지 않으며, 자본구조도 문제가 되지 않는 것이다. (세부 사항은 6장을 참조하라.)

이와 같은 연장선상에서 단순한 M&M 세계에서는 다음의 모든 것들이 무차별하다.

- 자본구조
- 차입금의 만기구조: 장기 vs. 단기
- 배정정책
- 위험관리

단순한 M&M 세계는 저자들이 1970년대 후반 재무관리를 공부하던 시절에 기업재무에서 학습한 것이다. 당시 이 과정의 교수들은 기업재무를 2주간 강의했는데, 그게 다였다. 나머지 수업은 모두 투자론(효율적 시장, CAPM, 옵션가격결정모형 등)과 관련된 과목들이었다. 하지만 그때 이후로 기업재무에 대한 실무와 학계의 시각은 계속해 변화해왔다.

6장에서 우리는 실세계에서 비현실적인 M&M의 다섯 가지 가정을 살펴보았다. 그리고 난 후 세금과 재무곤경비용이 없다는 두 가정을 완화해 보았다. 이를 통해 자본구조의 “트레이드오프”에 접근했다.

이 장에서는 거래비용, 비대칭정보, 대리인비용이 없다는 나머지 세 가정을 완화해 본다. 주식과 채권발행에 따른 소규모 거래비용은 이론에 큰 영향을 미치지 않는다. 다만 현금흐름에 대한 비대칭정보와 대리인비용에 관한 가정은 훨씬 중요한 영향을 미친다.

우리는 6장에서부터 정리를 시작한다. 여기서는 교과서적 모형인 정태적 트레이드오프이론에 대해 살펴본다. 가장 단순화된 교과서적 관점에서 본 최적자본구조이론은 부채(차입금) 사용에 따른 편익과 비용의 역관계에 관한 것이다. 주된 편익은 부채의 세금절감효과이다. 이는 회사가 그 효과를 극대화하기 위해서는 더 많이 차입해야 한다는 것이다. 하지만 이때 재무곤경비용이 증가한다. 이는 회사가 부채를 늘리지 못하는 요인으로 작용한다. 이 이론에서는 정확한 목표 차입 수준을 제시하기보다 그 범위를 제시한다. 이 트레이드오프는 게리 윌슨이 메리어트의 자본구조를 결정할 때 언급한 것이다. 이는 또한 회사가 가중평균자본비용(WACC)을 최소화하면 주가를 극대화할 수 있다는 것과 궤를 같이 한다.

차입금의 세금절감효과

차입금의 세금절감효과는 법인세와 개인소득세에 따라 결정된다. 첫째, 차입금을 사용하면 법인세를 절감할 수 있다. 이자비용은 소득공제 항목인 반면 주식에 대한 배당은 소득에서 공제되지 않기 때문이다. 하지만 개인소득세는 소득공제에 따른 법인세 절감효과를 반감시키거나 일부를 상쇄시킨다.

개인소득세는 회사의 자본구조에 어떤 영향을 미치는가? 투자자가 기업에 자본을 공급했을 때 그의 입장에서 적절한 수익률은 세후수익률이다. 투자자의 수익은 주식의 경우 배당과 매각차익, 채권의 경우 이자수입이다. 이때 배당과 매각차익이 이자수입보다 저율로 과세된다. 동일한 조건이라면 투자자는 이자수입보다 주식의 현금흐름을 선호하게 된다. 그 결과 채권에 부과되는 높은 세율을 보상받기 위해 투자자는 채권에 높은 수익률을 요구한다.[1] 회사는 채권발행으로 세금을 절감하지만 투자자에게 적용되는 높은 개인소득세율을 보상하기 위해 높은 금리를 지급해야 한다. 이로 인해 법인세가 기업가치에 미치는 긍정적 효과는 개인소득세의 효과로 인해 희석된다. 다시 말해 법인세 절감효과는 단순히 법인세율에 따라 결정되지 않는다.

차입금의 법인세 절감액이 개인소득세로 인해 얼마나 상쇄되는지는 이자소득, 배당, 자본이득에 대한 개인소득세율과 법인세율에 따라 결정된다. 우리는 6장에서 세율의 변화에 대해 잠시 살펴보았다. 역사적으로 배당은 이자소득과 동일한 세율로 과세되기도 하고 더 낮은 세율로 과세되었다. 법인세 관점에서는 차입이 많을수록 기업가치가 증가한다. 반면 개인소득세 관점에서는 차입금에 지급이 늘면 개인투자자(주주)에 대한 세후 지급액은 줄어든다. 이는 왜 법인세와 개인소득세 사이에 트레이드오프가 존재하는지에 대한 이유이다.

정리하면, 회사는 차입금 사용에 따른 편익(기업가치 증가)을 누린다. 이 편익은 법인세 절감효과에 따른 것이지만 개인소득세에 때문에 그 효과는 감소하게 된다.

재무곤경비용

이제는 레버리지의 비용측면과 재무곤경의 영향에 대해 논의해보자. 재무곤경의 기대비용은 재무곤경에 빠질 확률과 재무곤경에 빠졌을 때 발생할 것으로 예상되는 비용을 곱한 값이다. 이는 다음과 같이 정리할 수 있다.

---

1) 이는 채권의 수익률이 주식의 수익률보다 높다는 것을 의미하지는 않는다. 이는 단지 채권의 수익률이 세무효과의 차이가 없을 때에 비해 높아야 한다는 것을 의미하는 것이다.

(재무곤경의 확률) * (재무곤경의 비용)

재무곤경의 확률

1. 다음 질문을 통해 최상 / 최악의 시나리오에 따른 현금흐름의 변동성을 추정하라.
   - 산업의 변동성은 어떠한가? 회사의 전략은 위험한가?
   - 경쟁으로 인한 불확실성이 존재하는가?
   - 기술변화에 따른 위험이 존재하는가?
   - 거시경제적 충격에 대한 민감도와 경기순환적 변동은 어떠한가?
2. 회사와 산업에 대한 지식을 활용하라.
3. 환경의 변화를 살펴보라. (이것은 간과되기 쉽다.)

재무곤경의 비용

1. 법률 비용(통상은 소액)
2. 위험추구적 행태("구원을 위한 도박")
3. 고객과 공급자의 우려
4. 경영진의 업무 집중도 저하
5. 좋은 투자를 실행하기 위한 자금조달 능력의 상실: "채무과잉"
6. 경쟁자의 공격

재무곤경의 확률은 많은 변수에 따라 결정되지만 주로 현금흐름의 변동성에 따라 결정된다. 어떻게 회사의 재무곤경위험을 평가할 것인가? 이는 최상과 최악의 시나리오에 따른 재무추정에서 시작한다. 재무추정에서는 다음과 같은 질문을 고려한다. 산업의 현금흐름은 변동성이 있는가? 회사의 제품시장전략은 위험한가? 경쟁으로 인한 불확실성이 존재하는가? 기술변화의 위험이 존재하는가? 등등.

이러한 질문들에 답하기 위해서는 회사의 제품시장 상황에 대한 이해가 필요하다. 특히 안정적인 현금흐름을 가진 "안전한" 회사를 현금흐름의 변동성이 큰 "위험한" 회사로 바꿀 수 있는 제품시장의 환경변화(특히 신기술 개발)를 예측할 수 있어야 한다. 제품시장의 환경변화는 재무추정에서 간과하기 쉬운 요인이다.

이에 관한 사례를 살펴보자. 코닥의 필름과 사진 인화기술은 오랜 기간 미국 사진시장을 주도했었다. 한때 폴라로이드와 경쟁관계를 형성하기도 했지만 코닥은 사진시장의 지배적 사업자였다. 이후 코닥은 후지라는 강력한 경쟁자를 만나게 된다. 하지만 코닥의 현금흐름에 치명상을 준 것은 폴라로이드도 후지도 아니었다. 디지털 사진, 즉 신기술이었다. 이는 사람들이 위험을 고려할 때 빈번히 간과하는 것이다. 보통 사람들은 현재의 위험과 경쟁자를 알고 새로운 경쟁자의 출현을 걱정한다. 하지만 제품시장에 구조적 변화를 미치는 신기술을 예측하기는 쉽지 않다. (우리도 이를 예측할 수 있는 명확한 방법론을 가진 것은 아니지만, 어떤 신기술이 치명적 영향을 미칠지에 대해 항상 경계해야 한다는 것은 분명하다.)

재무곤경의 비용에는 여러 가지가 있다. 사실 직접적인 법률비용은 큰 금액이 아니다. 매시퍼거슨 사례에서 보듯이 변호사와 호텔 비용이 수백만 달러에 달할 수 있겠지만, 전체 파산비용에 비하면 소액에 불과하다. 경영진의 위험추구적 행태에 따른 잠재적 비용, 경영진의 업무 집중도 저하, 고객과 공급자의 상실에 비하면 법률비용은 아마것도 아닐 수 있다.

재무곤경기업은 때때로 채무과잉(debt overhang)에 따른 문제를 경험하게 된다, 채무과잉은 채무의 원금(장부가치)이 회사의 기업가치보다 커지는 상황을 말한다.[2] 이 경우 채권자는 원금을 모두 상환 받지 못한다. 채무가 과잉한 회사는 투자와 회사 운영에 필요한 신규 자금조달을 제한 받는다. 또한 이런 회사는 양의 순현재가치를 가진 프로젝트를 포기하도록 강요받을 수 있다.

재무적으로 어렵거나 파산한 회사는 왜 수익성이 우수한 새로운 기회를 포기하도록 강요받는가? 채무과잉 상황에서는 기존 채권자가 추가 투자를 꺼릴 뿐 아니라 신규 투자자도 자신의 투자에서 창출된 부가 기존 채권자들에 이전되어 투자를 꺼리기 때문이다. 신규 프로젝트에서 발생하는 양의 NPV는 채무과잉으로 인해 기존 채권자에게 먼저 돌아가고 남는 NPV가 있을 때 비로소 프로젝트에 자금을 댄 신규 투자자들에게 기회가 오는 것이다. 따라서 채무과잉은 신규 차입을 어렵게 하고, 회사는 양의 NPV 프로젝트들을 포기할 수밖에 없게 된다.

마지막으로 경쟁자들은 재무적으로 어려운 회사를 공격하게 된다. 재무적으로 어려워진 매시가 존디어에게 국내시장을, 한국과 일본업체에게 해외시장을 빼앗긴 것은 그 좋은 예이다.

정리하면 회사의 자본구조를 결정한다는 것은 산업과 회사의 특성은 물론이며 회사의 예상되는 재무곤경비용이 어느 정도인지를 평가하는 것과 맥락을 같이한다.

이제 차입금의 세금절감효과와 재무곤경비용에 관한 이론적, 실증적 연구결과를 정리해보자. (6장 참조)

- 세금절감효과 재무곤경비용에 대한 이론은 실증적으로 강력히 입증된다.
- 현금흐름의 변동성과 재무곤경비용에 대한 이론과 실증적 연구결과는 매우 강력하다.
- 자본구조결정에는 분명한 산업 효과가 존재한다. 안정적인 현금흐름을 가진 산업(예: 유틸리티, 부동산)에 속한 회사들의 차입비율은 높다. 반면 현금흐름의 변동성이 크거나 기술과 R&D의 변화가 빠른 산업에 속한 회사들의 차입비율은 매우 낮다.
- 따라서 산업 간에 존재하는 자본구조의 큰 차이에 관해서는 이론과 실증적 연구결과

2) 이런 상황은 종종 파산을 초래한다.

가 매우 강력하다.

이론을 다룬 6장에서 우리는 회사가 자본구조결정에 세 가지 관점을 고려한다고 했다. 즉 내부 관점(회사의 부채부담 능력), 외부 관점(애널리스트나 채권자, 신용평가사의 입장), 횡단면 관점(경쟁자 비교)을 고려하는 것이다. 이는 회사의 자본구조 정책결정에 여전히 합리적인 방법이다.

거래비용, 비대칭정보, 대리인비용

우리는 이제 M&M 세계의 나머지 세 가지 기본 가정, 즉 거래비용, 비대칭정보, 대리인비용이 없다는 가정을 완화함으로써 자본구조에 관한 논의를 확장하고자 한다.

실세계에서 거래비용이 없지는 않지만 자본구조에 영향을 주는 모든 재무거래의 거리비용은 전체 기업가치에 비하면 상당히 소액이다. 거래비용에는 증권발행 비용, 차익거래 비용, 직접적 파산비용 등이 포함된다. 이로 인해 거래비용에 대한 이론적 고찰이 거의 없을 뿐 아니라 실증적 연구에서도 자본구조에 미치는 영향은 미미한 것으로 나타난다.[3)]

비대칭정보

비대칭정보는 경영진이 외부 투자자들보다 회사에 대해 더 많은 정보를 가지고 있을 때 발생한다. 순수한 M&M 세계에서 비대칭정보는 존재하지 않는다. 하지만 현대재무이론은 비대칭정보가 존재한다고 가정하며, 경험적 증거들도 이를 지지한다. 우리는 비대칭정보에 관해 메리어트를 다룬 8장에서 관련 이론을 소개했고 AT&T와 MCI를 다룬 9장과 10장에서 논의를 확장했었다.

이때 우리는 비대칭정보로 인해 외부의 투자자와 애널리스트가 회사가 주는 신호에 의존하게 되는 신호효과가 발생한다고 설명했다. 특히 주식현금흐름은 매우 유의한 신호가 된다.

주식현금흐름은 주식발행, 자사주매입, 배당 증액과 감액 등으로 구성된다. 주식현금흐름의 "유입"은 시장에서 부정적 신호로 인식되는데, 이는 시장이 회사가 외부로부터의 주식현금흐름이 필요하다고 해석하기 때문이다. (즉 내부현금흐름이 충분하지 않은 것으로 해석한다.) 반면 주식현금흐름의 "유출"은 시장이 회사가 유출을 감당할 수 있는 충분한 잉여현금을 보유한 것으로 해석하게 하는 긍정적인 신호이다.

3) 저자들은 NYSE와 AMEX 상장기업의 파산비용이 부채의 장부가치와 주식의 시장가치를 합한 기업가치의 평균 3.1%라는 것을 발견한 바 있다. Lawrence A. Weiss, "Bankruptcy Resolution: Direct Costs and Violations to Priority of Claims," *Journal of Financial Economics* 27 no. 2 (1990): 285-314.

또한 경영진이 신주를 모집하거나 구주를 매출하는 것도 신호로 간주된다.[4] 이는 현재 주식이 시장에서 고평가되어 있으며 조만간 주가가 하락할 것이라는 강력한 신호이다. 경영진이 자기주식을 매입하겠다는 결정은 그 반대의 신호이다. 이는 현재 주가가 저평가되어 있고 조간만 주가가 상승할 것이라는 강력한 신호이다. 이러한 주가의 변동은 시장이 신호를 파악하고 그에 반응하기 때문이다.

실증분석 결과를 좀 더 살펴보자. 저자 중 한 명의 1986년 논문[5]에서 인용한 [그림 12.1]은 주식발행 발표 전 10일과 발표 후 10일의 평균 누적초과수익률을 그래프로 그린 것이다. 초과수익률이란 전체 시장의 기대수익률을 상회하거나 하회하는 수익률을 말한다. 기본적으로 어떤 회사의 베타와 단순시장모형을 이용해 계산한 기대수익률과 실제 수익률을 비교한 것이다.[6] 연구결과 주식발행 발표를 전후로 한 20일간 주식의 평균 누적초과수익률은 약 −3%였다. 즉, 주식발행을 발표한 주식들의 포트폴리오는 시장조정 주가수익률보다 약 3%정도 수익률이 떨어지는 것으로 나타난 것이다.

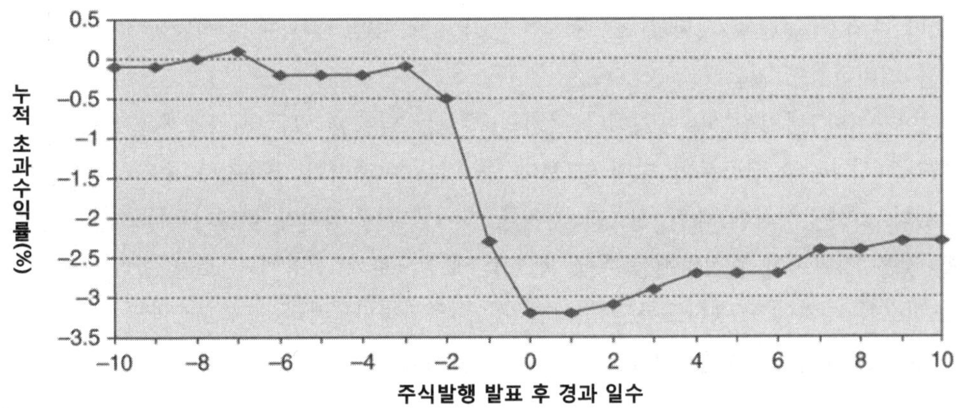

[그림 12.1] 주식발행 발표에 대한 주가반응

531건의 보통주 발행 발표 전후 10일간 평균 누적초과수익률(Asquith and Mullins, 1986)

4) 회사가 신주를 발행해 발행대금이 회사로 유입되는 것을 "신주모집(primary offering)"이라 한다. 경영진을 포함한 기존 주주들이 자신의 주식을 매각하는 것을 "구주매출(second offering)"이라 한다. 회사가 신주모집과 구주매출을 동시에 하면 이를 "병행모집매출(combined offering)"이라고 한다.

5) P. Asquith and D. Mullins, "Equity Issues and Offering Dilution," *Journal of Financial Economics* 15, no. 1-2 (1986): 61-89.

6) 가령 어떤 회사의 베타가 1이고 시장이 2% 상승하면 이 주식의 기대수익률은 2%가 된다. 주가가 실제 2% 상승하면 이때 초과수익률은 0%가 된다. 하지만 이 주식이 0.6%만 상승하면 초과수익률은 -1.4%가 된다. 보다 자세한 사항은 주석 5의 논문의 참조하라.

핵심 포인트: 주식을 발행하면 주가가 하락한다는 것이 주식발행이 반드시 나쁘다는 의미는 아니다. 존디어가 주식을 발행했을 때 주가는 하락했지만 이는 잘한 결정이었다. AT&T도 주식을 발행했고 주가는 하락했지만 역시 잘한 일이었다. 주식발행은 주가가 하락할 수 있다는 신호지만 제품시장에서의 투자를 지원하는데 자금이 필요하다는 점에서 주식을 발행하지 않는 것이 더 비싼 선택일 수 있다. 9장에서 AT&T가 1십억 달러의 주식을 발행했을 때 시가총액이 2.1십억 달러 감소했던 것을 생각해보자. 주식발행을 통해 AT&T는 미래 현금흐름과 사업에 대한 전망이 시장이 생각하는 것처럼 좋지는 않다는 신호를 보냈다. 그럼에도 AT&T는 분할 이후 맞게 되는 새로운 경영 환경이 기존 보다 더 어려울 것이라고 예측하고 대비한 것이다.

만일 AT&T가 주식을 발행하지 않았어도 주가는 하락했을 것으로 생각하는가? 여전히 그랬을 수 있다. 조만간 시장은 경영진이 알고 있는 사실, 즉 자신들이 AT&T를 과도히 낙관적으로 보고 있다는 것을 간파할 것이다. 주가는 결국 하락했을 것이다. AT&T가 주식을 발행함으로써 시장이 이를 더 빨리 인식했고, 좀 더 빨리 주가가 하락한 것뿐이다. 이는 주식발행을 하지 않았으면 주가가 높게 유지되었다고 볼 수 없다는 것이다. 동시에 주식발행이 나쁜 것이라는 것을 의미하지도 않는다.

존디어가 1981년 1월 5일 172백만 달러의 주식을 발행한 그날 시가총액은 241백만 달러 감소했다. (시가총액 감소분이 발행규모보다 큰 것은 이례적인 경우지만 주가 하락폭은 6%에 달했다.) 이는 시장에 대한 신호가 가치를 파괴했다는 의미가 아니다. 시장이 스스로 알게 될 것을 경영진이 주식발행을 통해 신호를 보냄으로써 시장이 신호를 통해 펀드멘털과 이코노믹스를 주가에 조정하도록 가속화한 것에 불과하다. 따라서 신호효과의 관점에서 경영진의 주식발행이 나쁘다는 것을 의미하는 것은 아니다.

외부 자금조달에 대한 회사와 투자자의 행태

이제 회사 경영진과 투자자 사이에 존재하는 비대칭정보의 효과에 대해 살펴보자. 다시 말해 비대칭정보가 일반적인 상태라면 경영진과 주식시장의 행태가 어떨 것이라고 예상할 수 있는가?

비대칭정보를 가진 경영진은 주식이 시장에서 고평가되면 주식을 발행하려 할 것이다. 반대로 주식이 저평가되었을 때 주식을 발행하길 피하고자 할 것이다. 비대칭정보에 관한 실증연구는 이 이론을 강력히 지지한다. 투자자들은 주식발행을 신호로 간주한다. 이 역시 이론연구와 실증연구의 강력한 지지를 받는다.

또한 회사는 다음의 순서에 따라 자본을 조달하는 것으로 보인다. 우선적으로 회사 내부에서 창출된 현금을 사용한다. 다음으로 회사는 은행이나 자본시장을 통해 조달한 차입금을 사용한다. 마지막으로 회사는 주식발행으로 자금을 조달한다. 이와 관련된 이론을 자금조달 순위이론이라 한다.[7] 실증연구도 이를 강력히 지지한다.

하지만 이러한 자금조달 순위이론은 주식발행이 아주 흔한 일이라고 주장한 Fama와 French(2005)에 의해 도전받는다. 이 연구에 따르면 1973~2002년 표본기간 동안 표본기업의 절반 이상이 주식을 발행했다. 하지만 주식발행은 시장에 직접 주식을 매각하거나 인수단을 사용하는 방식이 아닌 비대칭정보를 줄이는 방식(예: 종업원에 대한 발행, 신주인수권 발행, 직접 매입 프로그램)이 사용되었다고 한다. 이들은 연구결과를 통해 모든 유형의 주식발행을 고려하면 주식발행은 과거에 생각했던 것보다 훨씬 중요하고 일반적인 자금조달 원천이라고 주장한다. 따라서 자본조달 순위이론은 수정되어야 한다고 제안한다.[8]

회사의 주식발행에 대한 자발성은 시간에 따라 변동하는가? 분명하지 않다. 그렇다는 이론이 존재하지만 아직 어떤 이론도 경험적 증거를 찾지는 못하고 있다. 동시에 주식발행이 무리화하는 경향, 다시 말해 특정시기에 주식발행이 몰리는 경향이 실증연구에서 발견된다. "핫(hot)"마켓과 "콜드(cold)"마켓이 존재한다는 것이다. 하지만 이러한 현상을 설명할 수 있거나, 주식시장이 가열되고 있거나 식어가고 있다는 것을 예측할 수 있는 훌륭한 이론은 아직 발견되지 않는다.

비대칭정보에서 유발된 자본조달 순위이론에서 유추하면 경영진이 주식발행을 꺼리기 때문에 양의 NPV를 가진 프로젝트를 때때로 포기하게 만드는 결과를 낳을 수 있다. 하지만 저자들은 이 가정은 그렇게 강력한 실증적 지지를 받지 못하며, 경험적으로 입증되지는 않았다고 생각한다.

요약하면, 세금절감효과와 재무곤경비용의 트레이트오프를 통해 부채와 자본에 대한 회사의 선택을 바라보는 정태적 관점은 완벽하지 않다. 이런 관점은 비대칭정보를 고려하지 않기 때문이다. 비대칭정보를 추가한다는 것은 시장이 회사의 자금조달 형태에 반응한다는 것을 의미한다.

비대칭정보와 자금조달

이제 비대칭정보가 어떻게 작동하는지 사례로 살펴보자. 이를 위해 비대칭정보의 유무에 따라 자금조달 상황을 설정해보고 회사가 어떤 선택을 할 가능성이 높은지 판단해본다.

---

7) S.C. Myers, "The Capital Structure Puzzle," *Journal of Finance* 39 (1984): 575-592.

8) E.F. Fama and K.R. French, "Testing Trade-Off and Pecking Order Predictions about Dividends and Debt," *Review of Financial Studies* 15 (2002): 1-33과 E.F. Fama and K.R. French, "Financing Decisions: Who Issues Stock?" *Journal of Financial Economics* 76 (2005): 549-582.

가상의 회사인 로직코퍼레이션("로직")은 다음과 같은 고유위험에 노출된 자산을 가지고 있다. (보다 정확히 말하면 이 회사는 같은 확률을 같은 두 결과 중 하나를 실현하게 된다.)

자산가치	확 률	기대가치
150백만 달러	50%	75백만 달러
50만 달러	50%	25백만 달러

이때 기업가치의 기대값은 100백만 달러($75 + $25)가 된다.

이때 로직이 다음과 같은 신규 투자안을 고려하고 있다고 가정하자.

- 투자액: 12백만 달러
- 다음 해 보장수익: 22백만 달러
- 할인율: 10%[9)]
- 현재가치(PV) = 22백만 달러 / 1.1 = 20백만 달러
- 순현재가치(NPV) = −12백만 달러 + 20백만 달러 = 8백만 달러

주의: 편의상 이 프로젝트 자체에는 정보비대칭이 없다고 가정한다.

이때 두 가지 케이스를 생각해보자. 케이스 1은 정보비대칭이 없는 경우이고 케이스 2는 정보비대칭이 있는 경우이다. 또한 두 가지 자금조달 시나리오를 가정한다. 시나리오 a에서는 내부자금으로 신규 프로젝트를 투자한다. 즉, 로직은 외부 자금조달 없이도 투자를 할 수 있는 충분한 현금을 보유하고 있다고 가정한다. 시나리오 b에서는 외부자금을 사용한다. 즉, 로직은 프로젝트에 투자할 충분한 내부자금을 가지고 있지 못해 차입이나 주식을 발행해야 한고 가정한다. 따라서 2x2의 모두 네 가지 조합이 만들어진다.

케이스 1: 정보비대칭 부재(모든 사람이 동일한 정보를 가진다.)

- 시나리오 a: 로직은 내부에 충분한 현금을 보유하고 있다.
- 시나리오 b: 로직은 외부에서 자금을 조달해야 한다.

케이스 2: 정보비대칭 존재(경영진이 투자자보다 많은 정보를 가진다.)

- 시나리오 a: 로직은 내부에 충분한 현금을 보유하고 있다.
- 시나리오 b: 로직은 외부에서 자금을 조달해야 한다.

9) 이는 "안전"한 할인율이며, 우리가 프로젝트의 수익률이 보장된다고 가정하기 때문에 이는 무위험할인율이다. 다시 말해 이 프로젝트는 무위험 차익거래와 동일하며, 따라서 무위험이자율로 할인된다.

네 가지 경우 모두에 세금효과와 재무곤경비용은 같다고 가정한다. 또한 이 신규 프로젝트의 NPV는 확실히 달성된다고 가정한다. (즉, 이 프로젝트에 대한 투자는 위험이 없으며, 다음 해 22백만 달러 수익이 확실히 보장된다.) 결국 이 프로젝트는 차익거래와 같으며, 8백만 달러의 NPV가 보장된 프로젝트이다.

로직은 이 프로젝트를 해야 하는가? 확실히 로직은 이 프로젝트를 해야 한다. 불확실성이 없는 양의 NPV 프로젝트이기 때문이다. **로직이 이 프로젝트를 할 것인가?** 상황에 따라 다르다. 정보비대칭과 자금조달 형태가 회사의 결정에 영향을 미칠 수 있다. 질문을 다시 하면, **어떤 경우에 로직코퍼레이션이 이 프로젝트를 수행할 것인가?**

이제 네 가지 경우의 수를 차례로 분석해 보자.

케이스 1a: 정보비대칭이 존재하지 않고, 회사는 충분한 내부자금을 보유하고 있다. 즉, 외부 투자자들도 경영진이 알고 있는 만큼 알고 있고, 로직은 이 프로젝트에 투자할 12백만 달러의 내부자금을 보유하고 있다. 로직은 현재가치로 20백만 달러의 수익을 보장받기 때문에 이 프로젝트의 NPV는 8백만 달러이다. 로직은 내부자금으로 투자하기 때문에 기존 주주들이 8백만 달러 전부를 얻게 된다. 이 프로젝트는 채택될 것이다.

케이스 1b: 정보비대칭이 존재하지 않고, 회사는 필요한 내부자금을 보유하고 있지 않다. 자금을 조달하기 위해 로직은 주식을 발행한다. 이제 프로젝트가 발표되면 (정보비대칭이 없기 때문에) 모든 사람들이 이 프로젝트의 현재가치가 20백만 달러라는 것을 알게 된다. 기업가치는 이제 120백만 달러(현재 기대가치 $100 + 신규 프로젝트 $20)가 된다. 필요한 자금을 조달하기 위해 로직은 12백만 달러의 주식을 발행한다. 이는 회사 전체 자본의 10%($120 * 10% = $12)에 해당한다.

이 경우 기존 주주들은 자본의 90%인 108백만 달러(90% * $120)를 보유하게 된다는 뜻이다. 회사가 100백만 달러의 기대가치를 가질 때 이들은 회사의 100%를 보유했다. 신주발행으로 기존 주주들의 지분율은 하락했지만 지분가치는 오히려 100백만 달러에서 108백만 달러로 증가한다. 이 프로젝트는 채택될 것이다.

따라서 정보비대칭이 없는 상황에서는 투자자금의 보유 여부에 관계없이 프로젝트는 실행된다. 경영진이 프로젝트에 필요한 자금을 회사 내부나 외부에서 조달하는 것은 무차별하다. 기존 주주들은 동일한 수익을 얻게 된다.

이제 정보비대칭을 감안해 보다 현실적인 가능성들을 검토해보자.

주주/시장의 평가		경영진의 판단	
자산가치	확 률	자산가치	확 률
150백만 달러	50%	150백만 달러	100%
50백만 달러	50%	50백만 달러	0%

케이스 2a: 경영진이 외부 투자자들보다 더 많은 정보를 가진 정보비대칭이 존재한다. 로직은 프로젝트에 필요한 내부자금을 보유하고 있다. 추가된 두 번째 세로줄(경영진의 판단)은 경영진이 투자자들보다 더 많은 정보를 가지고 있다는 것을 나타낸다. 이는 비대칭정보가 존재하다는 의미이다.

주주들과 시장은 여전히 이 회사가 50% 확률로 150백만 달러, 역시 50% 확률로 50백만 달러의 가치를 가지다고 믿는다. 하지만 경영진은 회사의 진정한 가치가 100% 확률로 150백만 달러라는 것을 알고 있다. 따라서 경영진은 이 회사가 현재 저평가되었다는 것을 알고 있다.

로직은 12백만 달러의 내부 현금으로 이 프로젝트를 수행한다. 결론적으로 이 경우의 결과는 케이스 1a와 유사하게 결론난다. 로직이 이 프로젝틀 실행하면 8백만 달러의 NPV를 얻고, 기존 주주들은 8백만 달러의 증가분 모두를 취하게 된다.

따라서 프로젝트에 투자할 내부자금(케이스 1a와 2a)이 있으면 정보비대칭의 존재는 중요하지 않다.

케이스 2b: 정보비대칭이 존재하며 로직은 이 프로젝트를 필요한 현금을 보유하고 있지 않다. 필요한 자금을 조달하기 위해 로직은 주식을 발행한다. 시장은 회사를 100백만 달러로, 프로젝트를 20백만 달러로 평가한다. 이는 회사의 기대가치가 100백만 달러에서 120백만 달러로 증가한다는 의미이다. 결국 12백만 달러를 조달하기 위해서는 로직이 10%의 주식을 더 발행해야 한다. 기존 주주들은 신주발행 이후 회사의 90%를 소유하게 된다.

이 케이스에서 경영진은 이 회사가 170백만 달러(현재 $150 + 추가 $20)의 가치가 있다는 것을 알고 있다. 따라서 이 회사가 10%의 신주를 발행하면 기존 주주들은 153백만 달러($170 * 90%)의 가치를 갖게 되고, 신규 주주들은 17백만 달러($170 * 10%)의 가치를 갖게 된다. 만일 회사가 이 프로젝트를 포기하고 주식을 발행하지 않으면 기존 주주들은 150백만 달러의 가치가 있는 회사의 100%를 계속 소유하게 된다. 그렇다면 기존 주주들의 관점에서 이 신규 프로젝트에서 얼마의 가치를 얻을 수 있는가? 3백만 달러($153 − $150)이다.

따라서 이 프로젝트에서 발생하는 8백만 달러의 NPV 중 기존 주주들은 단 3백만 달러를 얻는 반면 신규 주주들은 5백만 달러를 얻게 된다. 이는 시장이 회사를 저평가하고 있을 때 신주가 발행되었기 때문에 발생하는 현상이다. 신규 주주들이 업사이드의 상당부분을 포착할 수 있게 되는 것이다. 그럼에도 이 경우 프로젝트는 역시 수행된다.

하지만 뒤에서 다루는 것처럼 신주주들에게 이 프로젝트의 NPV 전부보다 더 많은 혜택이 돌아가, 결국 구주주들이 손해를 보는 상황이 발생할 수 있다. 정보비대칭이 없는 세계에서는 이런 일은 발생하지 않는다. 정보비대칭이 있고 주가가 저평가되어 있는 경우 경영진이 주가가 상당히 상승할 것으로 예상하면 경영진에 따라서는 주식을 추가로 발행하지 않을 수 있다.[10)]

핵심 포인트: 기존 주주들 입장에서 저평가된 기업의 신주발행은 내부 자금조달보다 덜 매력적이다. 회사의 가치가 적정하게 평가되거나 정보비대칭이 존재하지 않으면 회사가 내부자금을 사용하거나 외부조달을 하는지는 중요하지 않다. 회사가 저평가되어 있고 정보비대칭이 존재하면 경영진은 외부 투자자에게 주식을 발행하는 것보다는 내부자금 사용을 선호할 것이다. 내부자금을 사용하면 기존 주주들은 신규 주주와 업사이드를 공유하지 않고 모두 얻을 수 있기 때문이다.

정리하면, 주식이 저평가된 경우 경영진은 외부 투자자에게 주식을 발행하기보다 내부적인 자금조달을 선호한다.

그렇다면 언제 신규 차입이 신주 발행보다 선호되는가?

우리가 정보비대칭이 존재하고 투자에 필요한 내부자금은 없는 케이스 2b에 있다고 해보자. 그리고 이번에는 외부조달에 주식 대신 채권을 발행한다고 하자. 이 채권에 로직이 지급해야 하는 이자는 할인율인 10%와 같다고 가정하자. (이 프로젝트의 수익은 보장되기 때문에 이는 또한 무위험 채권이자율이 된다.) 로직이 12백만 달러의 신규 채권을 발행하면 1년 뒤 13.2백만 달러(원금 $12 + 이자 10%)를 상환해야 한다. 이 프로젝트의 NPV는 미래기대가치(22백만 달러)에서 채권 상환액(13.2백만 달러)을 뺀 금액을 10%의 자본비용으로 할인한 8백만 달러(즉, ($2.2 − $13.2) / 1.1 = $8.4 / 1.1 = $8.0)가 된다. 이는 기존과 같은 값이다.

회사가 프로젝트를 위해 채권을 발행하면 기존 주주들은 얼마를 얻게 되는가? 158백만 달러이다. *왜 그런가?* 기존 주주들은 150백만 달러의 현재 기업가치와 프로젝트의 NPV 8백만 달러 전부를 얻게 된다. 주식 대신 채권을 발행해 12백만 달러를 조달함으로써 기존 주주들은 프로게트의 NPV 8백만 달러 전부를 챙기게 된다. 이는 주식이 저평가되어 있고 내부자금이 충분하지 않은 회사가 양의 NPV 프로젝트를 위해 자금조달에 주식보다 채권 발행을 선호하는 이

10) 비대칭정보는 주가가 저평가 혹은 고평가되는 원인이 된다. 만일 경영진이 주가가 저평가되어 있다는 것을 알면 양의 NPV 프로젝트가 있더라도 주식발행을 꺼릴 것이다. 반면 경영진이 주가가 고평가되어 있다는 것을 알면 조달이 필요한 신규 프로젝트의 존재 여부에 관계없이 주식을 발행하려 할 것이다.

유이다.

정리하면, 주식이 저평가된 경우 경영진은 외부 투자자에게 주식을 발행하기보다 채권을 통한 자금조달을 선호한다.

만일 경영진이 주가가 저평가되었다고 믿으면 (심지어 그렇지 않은 경우에도) 경영진의 행태는 같다는 것에 유의하자. 즉 그들은 주식발행보다 내부자금과 차입을 선호하게 된다.

이제 사소하지만 여러분들이 교과서들을 숙독해야만 파악할 수 있는 포인트를 생각해보고자 한다. 위에서 우리가 고려한 채권은 "안전"채권이다. 이는 채권 보유자들에게 수익이 보장된다는 뜻이다. 이 회사는 프로젝트의 자금조달에 내부자금이나 안전채권 중 어느 것을 사용해도 무차별하다. 하지만 채권이 위험하다면, 다시 말해 수익이 보장되지 않으면 이 사례의 분석은 작동하지 않는다. 안전채권의 가치는 기업가치와는 독립적이며, 정보비대칭이 문제가 되지 않는다. 경영진과 시장은 안전채권에 동일한 가격을 책정하기 때문에 저평가되거나 고평가되지 않는다. 하지만 이 채권이 위험하고 회사의 가치가 저평가되어 있다면, 회사의 진정한 가치가 알려지는 시점에 채권 보유자도 (신규 주주들보다는 작더라도) 업사이드의 일부를 얻게 된다.

이제 케이스 2b를 통해 안전채권(safe debt)과 위험채권(risk debt) 발행의 이슈를 살펴보자. 시장은 로직에 대해 100백만 달러의 기대가치를 평가하지만, 경영진은 이 회사가 150백만 달러의 가치가 있다는 것을 알고 있다. (즉, 정보비대칭이 존재하고, 회사가치는 시장에서 저평가되어 있다.) 또한 신규 프로젝트를 위해 12백만 달러를 차입하려 한다고 해보자. 이제 시장이 이 회사가 실제로는 150백만 달러의 가치가 있다는 것을 알게 되면, 이 채권은 시장이 100백만 달러의 가치가 있다고 생각하는 경우보다 높은 등급으로 평가될 것이다. 기업가치에 대한 이러한 불확실성 때문에 이 채권의 이자율은 무위험이자율인 10%보다 높아진다. 여기서는 이 회사가 12%의 금리를 지급해야 한다고 가정하자. 이는 이 회사의 진정한 위험은 10%에 불과하지만 회사는 채권자들에게 12%(또는 1.44백만 달러)의 이자를 지급한다는 의미이다. 결국 채권 보유자들은 정보비대칭 때문에 2% 또는 240,000달러를 추가로 얻게 된다.

위험채권을 고려하는 것은 자금조달결정에 어떤 의미를 가지는가? 위험채권에는 시장이 높은 이자율을 부과한다. 따라서 자금조달의 첫 번째 원천은 보유현금이다. 비용이 가장 낮기 때문이다. 보유현금의 대안은 안전채권이다. 다음은 위험채권이다. 어떤 시점에는 위험채권이 너무 비싸져서 가용하지 않게 되는데, 이때 회사는 주식을 눈을 돌린다. 따라서 우리는 자본조달 순서를 "내부자금 = 안전채권 > 위험채권 > 주식"의 순으로 정렬할 수 있다고 본다.

위의 모든 예에서 비대칭정보는 양의 NPV 프로젝트를 실행하기 위한 회사의 자금조달에 영향을 미칠 수 있다는 것을 알 수 있다. 여기서 논의를 좀 더 확장해보면 정보비대칭으로 인해 로직이 양의 NPV 투자안을 기각하는 경우가 생기게 된다.

다시 케이스 2b에서 시작하되, 신규 프로젝트에 투자비가 더 드는 상황을 가정해보자. 투자비가 12백만 달러가 아닌 18백만 달러로 증가했다고 해보자. 다만 이 프로젝트의 현재가치는 20백만 달러($22 / (1 + 10%))로 유지된다고 가정하자. 이렇게 되면 이 프로젝트는 여전히 양의 NPV를 가지지만, NPV는 8백만 달러에서 2백만 달러로 줄어든다.

로직이 충분한 내부자금으로 18백만 달러를 투자해 확실히 20백만 달러를 얻게 되고, 기존 주주들은 2백만 달러를 챙기게 된다. 하지만 주식으로 18백만 달러를 조달하려면 전체 주식의 15%(투자액 $18 ÷ 기대가치 $120)를 발행해야 한다. 이렇게 되면 기존 주주들은 회사의 85%만 소유하게 된다.

경영진은 이 회사의 진정한 가치가 170백만 달러($150 + $20)라는 것을 알고 있다. 만일 신규 프로젝트를 실행하지 않고 신주를 발행하지 않으면 경영진은 기존 주주들이 150백만 달러 전부를 소유하는 것을 안다. 이는 170백만 달러의 85%인 144.5백만 달러보다 크다. 따라서 정보비대칭으로 인해 기존 주주들은 비록 양의 NPV 프로젝트라도 실행하지 않는 것이 유리한 상황이 된다.

비대칭정보가 투자에 미치는 영향에 관한 이론은 매우 견고하며 직관적으로 합리적이다. 비대칭정보가 존재하는 상황에서 양의 NPV 프로젝트가 있는 경우 회사는 채권이나 주식보다 내부자금을 선택한다. 기업가치가 크게 저평가되어 있는 경우에는 비록 NPV가 양의 값을 가지더라도 규모가 크지 않으면 이론적으로 이 프로젝트를 포기하는 것이 가능하다. 다만 우리는 실제에서 이것이 얼마나 자주 일어나는지는 알 수 없다. 이는 정보비대칭 때문에 회사가 얼마나 자주 양의 NPV 프로젝트를 포기하는지 알 수 없기 때문이다. 일어나지 않은 사건, 다시 말해 포기한 사건을 연구하기는 어렵다는 뜻이다.

비대칭정보와 주식발행의 타이밍

주식발행은 시기적으로 균등하게 일어나지 않는다. [그림 12.2]와 [그림 12.3]과 같이 유상증자(seasoned equity offering, SEO)와 기업공개(initial public offering, IPO)가 있었던 시기를 그림으로 그려보면 이들이 군집화하고 있다는 것을 확인할 수 있다. 실제 월가에서는 종종 "뜨거운(hot)" 발행시장과 "식은(cold)" 발행시장에 대한 이야기가 있다. 하지만 아직 SEO와 IPO가 집단적으로 관찰되는 이유를 잘 설명해 주는 이론은 확인되지 않는다. 다만 그에 대한 몇 가지 설명들은 존재한다. 기업들이 시장이 붐을 일으키는 시기에는 투자기회의 NPV가 증가하기 때문에 기꺼이 주식발행의 비용을 부담한다는 것이다. 이는 합리적인 설명처럼 보이지만 이론으로써 잘 정의되지 않는다. 또한 군집화 현상은 우호적인 경기 환경과 항상 동행하지 않는다는 문제가 있다.

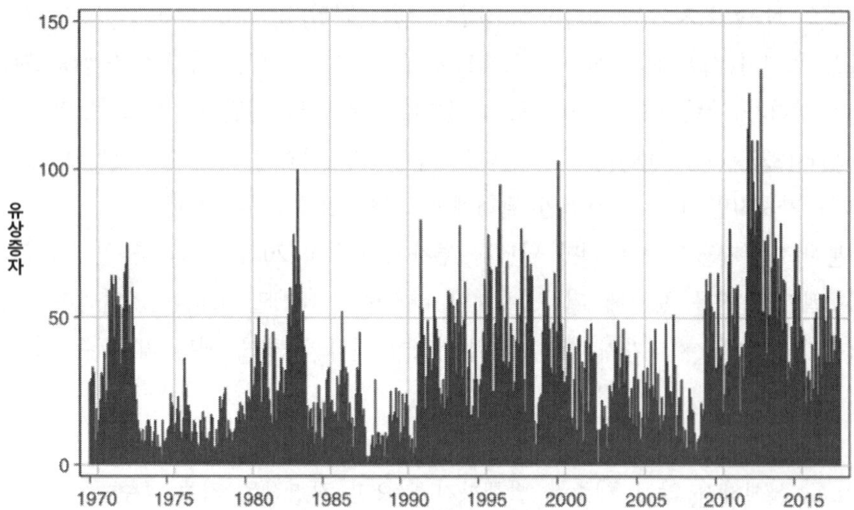

[그림 12.2] 유상증자(SEO), 1970 ~ 2017

(자료) SDC Platinum

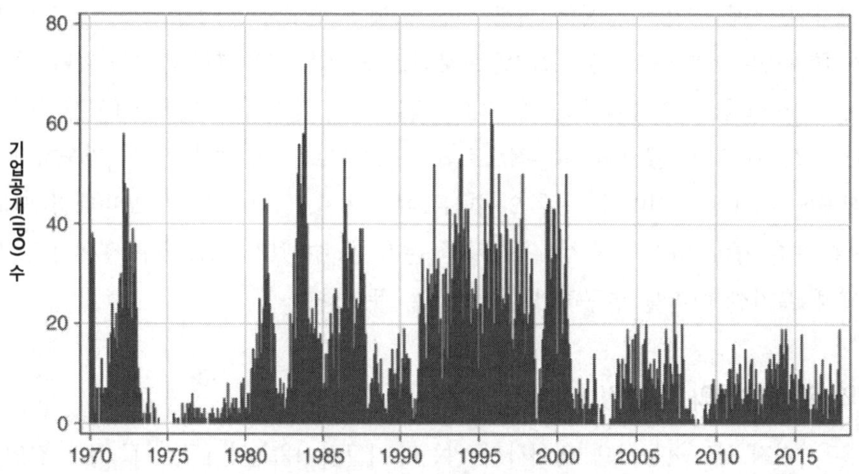

[그림 12.3] 기업공개(IPO), 1985 ~ 2017

(자료) SDC Platinum

또 다른 군집화에 대한 설명은 주식발행 비용이 낮을 때 회사가 주식을 발행한다는 것이다. 다시 말해 주식을 발행하기에 “좋은”시점과 “나쁜”시점이 존재할 수 있다는 것이다. 이런 현상이 일어나는 이유 중 하나는 정보비대칭이다. 정보비대칭의 정도에 따라 시기가 결정된다는 것이다. 정보비대칭이 작으면 시장이 주가를 조금 할인하기 때문에 발행비용은 낮아진다. 반대로 정보비대칭이 크면 주가를 많이 할인하기 때문에 발행비용이 증가한다. 이 설명이 정당화되기 위해서는 정보비대칭 수준의 변동 여부에 대한 정보가 필요하다. 하지만 이에 대한 실증적 증거는 존재하지 않는다. 이 아이디어는 이론이라기 보다 가설에 가깝다고 봐야 한다.

주식발행의 군집화를 주식시장 버블의 결과로 설명하기도 한다. 예를 들어 1997~2000년 닷컴버블 기간 닷컴주식은 비현실적으로 높은 멀티플(주가배수)에 거래되었다. 시장상황이 주식발행을 강력히 장려할 수 있다는 것이다. 이 설명은 주식시장이 경우에 따라 비효율적일 수 있다는 것을 의미한다.

결국 여러 설명이 있지만 아직 명쾌한 이론은 확인되지 않는다. 단지 관찰을 통해 주식발행이 군집화하는 것만 확인될 뿐이다. 불행히도 현재로서는 군집화가 거시경제적 이슈인지, 주식시장의 이슈인지 아니면 규제적 이슈인지 설명할 수 없다. (M&A도 웨이브(파도)로 비유되며 군집화하는 경향을 보이지만, 역시 그 이유를 설명하는 적절한 이론은 존재하지 않는다.)

요약하면 세금절감과 재무곤경비용 이론은 견고하며, 경험적으로도 잘 지지를 받는다. 정보비대칭에 대한 이론은 직관적으로 합리적이며 배당, 주식발행, 자사주 매입에서 적절히 작동한다. 자본조달 순위이론 역시 정보비대칭에 따라 합리적이며 실증 연구결과와도 부합한다. 하지만 주식발행의 타이밍에 관한 설명은 아직 확신할 수 있는 정도가 아니며 경험적 지지도 존재하지 않는다.

대리인비용: 경영진의 행태와 자본구조

M&M(1958)은 회사의 투자정책이 자본구조의 함수로써 영향을 받지 않는다고 가정했다. 이는 M&M(1958)이 자금조달에 대리인비용이 존재하지 않는다고 가정하기 때문이다. 하지만 이 가정을 완화하면 회사 경영진의 유인과 행태가 회사의 자본구조에 따라 바뀔 수 있다.

대리인 상황은 대리인(경영진)이 본인(주주)이 아닌 자신을 위해 행동할 때 나타난다. 경영진이 주주의 이익을 위해 행동하기보다 자신의 이익을 위해 행동할 때 문제가 발생한다. 경영진이 주주의 부인 주가를 극대화보다 자신들의 복지를 극대화하는 것이다. 이러한 사례에는 경영 태만, 제국건설(무리한 사업 확장), 과대한 특전 향유(자가용비행기, 고가 예술품, 화려한 사옥과 사무실)과 불필요한 위험의 회피(위험하지만 양의 NPV 프로젝트의 기각) 등이 포함된다.[11)]

11) 우리는 앞에서 채권자와 주주 사이의 충돌이 자본구조 결정에 고려사항이라고 설명했었다. 또한 주주와 경영진 사이에도 이해충돌이 존재한다. 이들이 대리인 관계에 있기 때문에 이런 종류의 충돌은 대리인 문제로 불린다. 본인-대리인 문제(또는 대리인 문제)는 기업재무에 국한된 특별한 개념은 아니지만, 경영진과 주주 사이의 관계를 살펴보는데 매우 유용하게 사용된다.

대리인비용(agency cost)을 어떻게 최소화할 수 있는가? 회사가 대리인 문제를 최소화하기 위해 취하는 전형적인 방법은 회사의 부에 경영진의 부를 정렬시키는 것이다. 이는 최고경영진의 보상을 정액으로 지급하는 대신 보상의 일부를 성과에 연동시키는 보상정책으로 나타난다.

회사의 성과에 경영진의 보상을 연계하는 한 방법이 경영진에게 주식이나 스톡옵션을 지급하는 것이다. 회사가 좋아지면 경영진도 좋아지며, 이 유인을 주주들과 일치시키는 것이다.

대리인 문제를 축소하는 두 번째 방법은 경영진의 행동을 감시(모니터링)하는 것이다. 이는 (단지 내부 경영진만이 아닌) 이사회의 사외이사(independent director)에 의해 이루어진다. 또한 회사에는 소액주주들보다 이사회에서 적극적인 역할을 하는 주요주주, 연금펀드, 뮤추얼펀드 등이 있다. 아울러 기업인수를 위한 M&A시장도 존재한다. (기업경영권 시장에는 사모펀드의 기업인수도 포함된다. 사모펀드는 주식을 소유하면서 경영진이 자신을 책임을 다하도록 적극적인 역할을 한다.)

세 번째 방법으로 논란은 있지만 레버리지를 통해 경영진의 행동을 통제하는 것이다. 레버리지가 증가하면 경영진은 보다 많은 현금흐름을 채권자에게 지급하도록 강제 받게 된다. 채권자에게 이자를 지급해야 하기 때문에 경영진은 낭비를 줄이게 된다는 것이다.[12)]

1980년대 한 석유회사의 사례는 대리인비용에 관한 전형적이고 잘 정리된 사례이다. 당시 걸프오일(Gulf Oil)은 새로운 유정 탐사에 연간 약 2십억 달러를 사용하고 있었다. 비록 이 회사가 연간 2십억 달러의 가치가 있는 새로운 유정을 발견하더라도 문제는 이를 시장에 내다 파는데 평균 7년이 걸린다는 것이었다. 오늘 2십억 달러를 쓰고 2십억 달러를 7년 동안 회수한다는 것은 프로젝트가 음의 NPV를 갖는다는 것이지만, 걸프오일은 매년 이를 반복했다. 당시 기업사냥꾼으로 유명했던 티 분 피켄스(T. Boone Pickens)는 이런 사실을 파악하고 음의 NPV 투자를 중단시킨다는 명분으로 여러 석유회사에 대한 인수를 시도했다. 결과적으로 많은 석유회사들의 경영진은 이런 음의 NPV 투자를 중단하게 된다. (우리는 인수합병을 다루는 장에서 경영진의 자유재량을 제약하는 인수시장에 대해 보다 자세히 살펴보기로 한다.)

그렇다면 어떤 회사가 잉여현금흐름을 가지고 있을 때 레버리지를 증가시키면 대리인비용이 줄어드는가? 채무상환에 대한 부담으로 인해 경영진은 개인적으로 선호하는 펫프로젝트나 제국건설에 투입할 자금이 줄게 된다. 따라서 채무가 늘어나면 경영진은 현금흐름을 낭비하지 않고 채무상황에 집중한다. 배당지급 역시 잉여현금흐름을 사용하는 것이다. 다만 배당지급에 대한 약속은 강제되지 않는다.

---

12) Michael C. Jensen, "Agency Costs of Free Cash Flow, Corporate Finance, and Takeovers," *American Economic Review* 76, no. 2 (1986): 323-329. 제98회 전미경제학회 연차총회(5월) 발표논문 및 간행물 참조.

이는 차입금을 사용해 레버리지가 증가하면 경영진과 주주들 사이의 본인-대리인 문제를 축소시킬 수 있다는 주장이다. 이는 합리적이고 좋은 이론인 것처럼 보인다. 그렇다면 본인-대리인 문제를 최소화하기 위해 차입금을 사용한다는 아이디어는 상장회사에서 실증적으로 증명되었는가? 그렇지는 않다. 우리는 특정 시점에 이 이론이 작동한다는 것을 알지만 모든 시점에 이 이론이 작동하는지는 확실하지 않다.

또 다른 본인-대리인 문제: 경영진의 현실 안주

또 다른 본인-대리인 문제는 어떻게 경영진을 현실에 안주하지 않게 할 것인지에 대한 것이다. 잉여현금을 가진 기업은 효율성이 둔화되지만 임금은 시장보다 떠 빨리 상승한다. 어떤 사업의 손실을 다른 사업의 이익으로 보전하는 문제도 생긴다. 예를 들어 유리섬유를 개발한 오웬코닝 화이버글라스(Owens Corning Fiberglass)는 훌륭한 틈새시장을 가지고 있다. 독점은 아니지만 지배적 시장점유율을 가지고 잉여현금흐름을 창출했다. 이 회사에는 한때 여러 종류의 사보가 있었고, 각 사보는 별도의 편집인, 사진기자, 직원을 가지고 있었다. 여러 사보를 발간하는 회사를 보면 이런 종류의 낭비가 있는 회사를 발견할 수 있을 것이다. 차입금을 늘리는 것은 경영진이 이자지급에 매진하게 함으로써 경영진이 보다 효율적으로 경영에 매진하게 하고자 함이다. 채권자들은 자신들을 위해 이를 감시하게 된다. 이 아이디어에 대해 좀 더 살펴보자.

대리인 문제와 레버리지를 다루는 차입매수(leveraged buyout, LBO)에 관한 학술문헌은 방대하다. 이들 문헌에서 알 수 있는 것은 부채를 많이 사용하는 LBO구조는 대리인 문제를 해결하는 경향이 있고, 회사 경영의 효율화를 통해 가치를 제고한다는 것이다. 예를 들어 76건의 LBO와 경영자매수(management buyout, MBO)를 연구한 스티브 카플란(Steve Kaplan)은 이들 M&A 이후 회사의 부채비율이 19%에서 88%로 엄청나게 증가하는 것을 발견했다. 동시에 총자산영업이익률, 영업이익률, 순현금흐름이 모두 개선되었다.[13] 다시 말해 부채가 증가한 이후 영업활동의 효율성이 좋아졌다는 것이다. 왜 기업들은 레버리지가 증가된 이후 보다 효율적이 되었는가? 대규모 차입금을 지속적으로 상환해야 하기 때문에 당연히 그렇게 해야 했다. 그렇지 않으면 기업은 파산으로 내몰릴 수 있다. 카플란은 효율적 경영에 대한 유인이 증가하고, 채권자들의 경영진 감시가 적절히 이루어지면서 LBO가 경영효율성을 증가시킨 것으로 보인다고 했다.

사모펀드인 PEF(경영권인수 전문회사)도 LBO와 비슷한 효과를 가질 수 있다. 차입금이

13) Steven Kaplan, "The Effects of Management Buyouts on Operating Performance and Value," *Journal of Financial Economics* 24, no. 2 (October 1989): 217-254.

증가하고 단독주주인 사모펀드회사는 경영진을 잘 감시하고 경영의 효율성을 높일 수 있기 때문이다.

요약하면 LBO는 경영 효율화에 대한 유인을 증가시키고 채권자에 의한 경영진 감시를 강화시키기 때문에 효율성을 증가시키는 것으로 보인다. 이러한 이론은 설득력 있는 설명으로 보인다. LBO가 효율성을 높인다는 이론은 증명되었는가? 그렇다.

레버리지 그리고 주주와 채권자간 대리인 충돌

부채가 주주와 경영진간의 대리인 충돌을 완화할 수 있지만, 주주/경영진과 채권자 사이의 충돌이 발생할 수 있다. 왜인가? 경영진이 주주의 부를 자신에게 이전하려는 유인을 가지는 것처럼 주주와 경영진은 채권자의 부를 자신들에게 이전하려는 유인을 가질 수 있다.

이러한 행태는 자금을 차입해 회사의 재무적 위험을 증가시키거나, 파산절차를 지연하거나, 파산 과정에서 회사의 재산을 횡령하는 등 여러 가지로 나타날 수 있다. 관련된 예로, 투자은행인 드렉셀 번햄 램버트는 파산신청(1990년 2월 13일) 3주 전 종업원들에게 350백만 달러의 보너스를 지급했다. 또한 메릴린치(Merrill Lynch)는 뱅크오브아메리카(Bank of America)에 인수(2009년 1월)되기 전 몇 달 동안 수백만 달러의 보너스를 임직원에게 지급했다.

하지만 이런 행동이 통제되지 않는 것은 아니다. 채권자들은 이런 문제를 예상하고, 채무약정을 부과하거나 높은 금리를 요구한다. 위험채권에는 더 높은 금리를 요구한다. 채무약정은 약정의 내용에 따라 정도의 차이는 있지만 부의 이전을 유발하는 행태에서 오는 이해충돌을 완화하는 역할을 한다. 이는 이론적으로 명확한 근거를 가지며, 실증적 증거의 지지를 받는다.

이제 지금까지의 논의를 요약하고 몇 가지 중요한 시사점을 정리해 보기로 한다.

요점 1: 차입금의 세무 상 혜택과 추가적인 재무위험 간에는 트레이드오프가 존재한다.

M&M(1963)은 차입금의 법인세 혜택에 대한 이론적 토대를 세웠다. 재무곤경비용에 대한 이론은 왜 레버리지가 제한되어야 하는지에 대한 논거를 제공했다. 이 두 이론을 합한 자본구조이론은 세무상 차입금을 늘리는 것과 재무곤경비용으로 인해 차입금을 줄여야 하는 것 사이에 트레이드오프가 있다는 것을 강력히 지지한다.

이러한 트레이드오프에는 산업효과가 존재한다. 안정적인 현금흐름을 가진 산업에 속한 기업들은 현금흐름의 변동성이 큰 산업에 속한 기업들보다 레버리지가 높다는 것이다. 이 예측은 실증적으로 강력한 지지를 받는다.

요점 2: 재무정책은 시장에 정보 콘텐츠를 전달한다.

회사를 드나드는 현금흐름은 회사에 관한 정보를 시장에 전달한다. 시장은 회사가 먼저 내부현금을 사용하고, 내부현금이 부족하면 채권을 발행한다고 믿는다. 내부현금이 없는 회사는 주식을 발행한다고 본다. 이는 왜 시장이 주식발행에 부정적으로 반응하는지를 설명한다. 일반적으로 회사의 재무정책은 정보를 전달하며, 주가는 재무정책의 변화에 반응한다. 회사는 배당, 주식발행, 자사주매입에 관한 정책을 무작위로 변경하지 않는다. 경영진이 주가를 하락시킬 정책을 선택하지 않을 것으로 보는 것은 합리적이다. 이 이론은 명확하고 직관적일뿐 아니라 실증적 증거의 지지를 받는다.

한 연구에 따르면 1972~1983년 10년 동안 360개 기업이 오직 80번 주식발행을 했다고 한다. (이는 1년 동안 주식을 발행한 회사가 전체 기업의 약 2%에 불과했다는 뜻이다.)[14] 따라서 주식을 발행하지 않는 것은 매우 일반적인 현상이다. 이는 무엇을 말하는가? 기업은 먼저 내부자금이 가용한지 확인한다. 차입은 내부자금 다음의 선호이다. 두 옵션으로도 자금이 부족하면 주식을 발행한다. 이러한 자금조달의 선호체계가 자본조달 우선순위가설이다.

실증적 증거는 자본조달 우선순위이론을 일관되게 지지한다. 위험증권이 발행되었을 때 투자자들은 회사의 경영진이 주가가 고평가되었다고 보고 있다는 신호를 시장에 보내는 것으로 이해한다. 실증적 연구결과에 따르면 회사가 주식을 발행할 때 주가는 평균 3% 하락한다고 한다. 이때 시가총액 감소액은 발행액의 약 30%에 해당한다. 회사가 전환사채를 발행하면 주가는 평균 2%가 하락하며, 감소액은 발행액의 약 9%에 해당한다.[15] 회사가 채권을 발행하면 주가에는 평균적으로 변화가 없다. 회사가 자사주매입을 시작하면 시장은 평균적으로 4% 상승하는 것으로 조사되었다.

결론적으로 실증연구는 자본조달 순위이론을 지지한다. 이와 관련된 첫 연구인 Asquith Mullins(1986)는 1962~1983년 자료를 사용해 30년 전에 진행되었다. 저자들 중 한명도 최근 미발표 본문에서 1962~2010년 기간에 대해 같은 연구를 진행한 바 있다. 연구결과는 회사가 주식을 발행하면 주가는 하락하고, 주식을 매입하면 주가는 상승하며, 배당을 삭감하면 주가는 하락한다는 것이었다. 30년이 지났지만 모든 결과는 여전히 유지되고 있었다.

---

14) W. Mikkleson and M. Partch, "Valuation Effects of Security Offerings and the Issuance Process," *Journal of Financial Economics* 15 (January/February 1986): 31–60.

15) 평균적인 주식발행은 발행주식의 약 10%라고 하며, 따라서 주가가 3% 하락하면 발행액의 약 30%에 해당하는 시가총액이 줄어들게 된다. 반면 평균적인 전환사채 발행은 발행주식의 약 22%라고 하며, 따라서 주가가 2% 하락하면 발행액의 9%에 해당하는 시가총액이 줄어들게 된다.

요점 3: 프로젝트의 가치는 자금조달에 따라 결정된다.

세 번째 요점은 프로젝트의 가치가 자금조달 방법에 따라 결정될 수 있다는 것이다. 주가가 현재 저평가되어 있다면 비대칭정보가 있는 프로젝트는 외부자금보다 내부자금을 사용할 때 더 가치가 있다. 이는 주식이 저평가되었다면 구주주들이 신주주들과 업사이드를 공유하기 때문에 발생한다.

이는 기업이 내부자금을 조달할 수 없거나 안전채권을 발행할 수 없으면 양의 NPV가 예상되는 프로젝트라도 경우에 따라 포기할 수 있다는 시사점을 가진다. 우리는 이런 상황이 실제 얼마나 자주 발생하는지 알 수 없지만, 이는 어떤 상태에는 이 이론이 명확히 적용될 수 있다는 것을 보여준다. 이는 왜 현금이 부족하고 부채가 많은 기업들이 투자를 덜하게 되는지를 설명한다. 왜 기업이 현금을 축적하여 "재무적 여력(financial slack)"을 유지하려 하는지 알 수 있는 대목이기도 하다.

여기서 여러분은 이렇게 이야기할 수 있다. "잠시만요. 이것은 주식보다 채권을 발행하는 것이 유리하다고 들립니다. 그렇지만 재무곤경비용은 어떠합니까, 이것이 부채사용에 따른 문제가 아닌가요?" 좋은 질문이다. 재무곤경비용으로 인해 채권발행이 증가하면 주식가치는 하락한다. 따라서 채권발행은 상호 반작용적인 두 가지 효과를 갖는다.

요점 4: 자본조달 순위이론

우리의 네 번째 요점은 비대칭정보로 인한 가치 손실을 최소화하는 기대에 따라 자금조달 수단이 선택될 수 있다는 것이다. 결과적으로 자금조달에 순위가 형성된다. 회사는 프로젝트에 필요한 자금을 내부현금, 차입금, 주식의 순으로 조달한다. 정보비대칭이 심할수록 회사는 주식발행을 회피하며 차입능력을 유지하기 위해 노력한다.

자본조달 순위이론은 또한 수익성 있는 기업들이 "재무적 여력"을 창출하기 위해 레버지리를 줄이는 경향을 시사한다. 이 아이디어는 예상하지 못한 자금조달소요가 발생했을 때 주식발행을 피하기 위함이다. 다음과 같이 회사의 현금흐름 상태에 따라 이를 실행할 수 있는 능력에 차이가 생긴다.

현금흐름이 좋은 기업	→	채권 발행 불필요
	→	사실상 일부 채권 상환 가능
	→	레버리지 감소
현금흐름이 나쁜 기업	→	채권 발행 필요
	→	주식 발행 꺼림
	→	레버리지 증가

현금흐름이 좋고 안정적인 회사는 내부자금으로 프로젝트를 실행할 수 있어 채권 발행이 필요하지 않다. 사실 이런 회사들은 채권을 상환하고 레버리지를 줄이는데 충분한 잉여현금을 보유한다. 반면 현금흐름이 나쁘고 불안정한 회사는 (자본조달순위에 따라 주식발행을 꺼리기 때문에) 프로젝트에 자금을 조달하기 위해서는 채권을 발행해야 한다. 이런 회사의 레버리지는 증가한다. 실증적으로 레버리지는 산업에 따라 차이를 보이며, 산업 내에서도 회사의 수익성에 따라 차이를 보인다. (평균적으로 제약업체는 유틸리티회사보다 차입금을 덜 사용한다. 또한 수익성이 좋은 회사는 나쁜 회사보다 낮은 부채비율을 보인다.)

이는 요점 1의 트레이드오프이론을 위반하는 것처럼 보인다. 트레이드오프이론에서는 안정적인 현금흐름을 가진 기업은 차입금 비중을 늘려 이자에 대한 세금절감 효과를 이용해야 한다. 반면 현금흐름이 위험한 기업은 재무곤경비용 때문에 차입금을 덜 사용해야 한다.

또한 실증연구들은 주어진 산업 내에서 안정적인 현금흐름을 가지며 상당한 현금을 보유한 기업은 현금흐름의 변동성이 큰 기업보다 부채를 덜 사용한다는 것이 발견한다. 다시 말해 주어진 산업 내에서 가장 안정적인 현금흐름을 가진 기업이 가장 불안한 현금흐름을 가진 기업보다 차입금을 덜 사용한다는 것이다.[16]

요점 5: 주식발행은 시점별로 균일하게 발생하지 않는다.

다섯 번째 요점은 주식발행이 시기적으로 균일하게 일어나지 않는다는 것이다. 기업공개(IPO)와 유상증자(SEO)에는 "뜨거운" 시장과 "식은" 시장이 존재한다는 것이다. 왜인가? 이는 비대칭정보 환경과 시장효율성의 차이 때문일 것이다. 우리는 주식발행이 "파도"와 같이 일어난다는 증거를 가지고 있다. 하지만 왜 이런 현상이 발생하는지를 적절하게 설명하는 이론은 부족하다. 불행히도 이는 아직 가설적인 설명일 뿐이다. 주식발행이 군집화하는 것은 알지만 왜인지에 대한 검증된 설명은 보이지 않는다.

1997~2000년 기간 많은 인터넷기업이 IPO에 나섰고, 주식은 높은 멀티플에 거래되었다. (일부 주식은 너무 비싸게 거래되었다.) 이를 설명하려는 사람들은 많지만 우리는 아직 그 이유를 알지 못한다. 그들의 주장을 읽어보아도 설득력이 떨어진다. 그들이 맞을 수도 있지만, 증거는 없다. 그것들은 그저 떠도는 이야기일 뿐이다.

요점 6: 하이브리드증권은 회사가 신호효과를 완화하는데 도움이 될 수 있다.

다음 요점은 비대칭정보와 관련된 신호효과를 완화하는 수단으로써 하이브리드증권이 매력적일 수 있다는 것이다. 전환사채는 "우회(backdoor)" 주식으로 여겨진다. "우회"주식의 이면에 있는 아이디어는 무엇인가? 회사는 좋은 투자기회를 가지고 있어 주가가 상승할 것이라고 믿

16) Lakshmi Shyam-Sunder and Stewart C. Myers, "Testing Static Trade-off vs. Pecking Order Theories of Capital Structure," *Journal of Financial Economics* 51 (February 1999): 219-244.

지만, 시장은 이를 확신하지 못한다고 가정해보자. 이때 회사는 투자에 필요한 자금을 보유하고 있지 않고 차입금은 신용도가 낮아 비싸다고 하자. 이 회사는 주식을 발행해야 하지만 주식발행에 따른 시장의 부정적 반작용을 피하고 싶어한다. 또한 이 회사는 실적 개선에 따라 주가가 상승할 것으로 예상하기 때문에 싼 가격에 주식을 발행하길 원하지 않는다. 이상과 같이 회사에 내부자금이 부족하고 채권을 발행할 수 없는 상황에서, 주식발행도 원하지 않으면 회사는 어떻게 해야 하는가? 일단 전환사채를 발행하고, 주가가 상승하는 시점에 전환이 강제되도록 함으로써 우회적으로 주식을 발행할 수 있다.

시장은 전환사채 발행에 어떻게 반응할 것인가? 아마도 외부주주에 대한 주식발행의 경우보다는 덜 부정적일 것이다. 왜인가? 회사가 전환사채를 발행한 후 회사에 미래 현금흐름이 충분하지 않으면 이는 계속 채권으로 남는다. 경영진은 이를 상환해야 하며 파산의 위험을 지게 된다. 따라서 전환사채는 주식보다 경영진을 잘 구속할 수 있고, 이는 시장이 전환사채 발행을 주식보다 덜 부정적으로 인식하는 이유가 된다. 이는 전환사채가 신호효과를 완화하는 데 대한 훌륭한 이론이 된다. 실증적 증거도 이 이론을 지지한다. 즉 시장은 전환사채 발행에 대해 주식발행보다 덜 부정적인 반응을 보인다.

그 외에도 하이브리드증권에는 모간스탠리가 처음 발행했던 일정 경과기간 후 의무적으로 전환되는 전환사채인 PERCS(preference equity redemption cumulative stock), PERCS와 비슷하지만 보다 많은 전환옵션이 부여되는 보통주교환채권(debt exchangeable to common stock, DECS), 단일 주식이 아니라 포트폴리오나 인덱스를 대상으로 하는 합성PERCS인 스텝스(STEPS, short-term equity participation units) 등이 있다.

여담: 금융상품 작명

아이디어는 상표로 등록하거나 저작권을 가질 수 없기 때문에 월가에서 머리글자를 딴 약어는 중요하다. 월가에서 새로운 금융상품을 개발해 투자설명서에 이를 소개할 때, 개발자는 경쟁자들이 이를 역설계하면 자신이 개발한 금융상품을 쉽게 복제할 수 있다는 것을 잘 안다. 그러나 금융상품의 머리글자 약어(acronym)는 상표등록이 가능하며, 판촉활동에 중요한 역할을 한다. 예를 들어 살로먼브라더스가 CATS(collateralized accrued treasury securities)를 출시한 후 메릴린치는 TIGRS(treasury investor growth receipts)라는 유사 상품을 내놓았다. 동물과 관련된 약어를 이름을 사용하는 금융상품으로는 LYONS(liquid yield option notes), ELKS(equity linked securities), ZEBBRA(zero-based preferred stock), CARS(certificates for automobile receivable), CARDS(certificates for amortizing revolving debits), PIPEs(private investment in public equity) 등이 있다.

* PIPEs는 금융상품으로, 2-4장에서 논의된 배관업체 PIPES와는 다름.

요점 7: 대리인 문제와 자본구조

M&M은 회사의 실제 투자정책은 자본구조에 영향을 받지 않는다고 가정한다. 하지만 우리는 자본구조가 경영진의 인센티브와 행태에 영향을 미친다는 것을 안다. 레버리지가 대리인 문제를 줄일 수 있지만, 과도한 레버리지는 이를 악화시킨다. 레버리지가 낮아도 문제지만 높아도 문제인 것이다. 비M&M 세계에서는 투자정책이 정해진 것이 아니며, 자본구조는 회사가 실행하는 투자에 영향을 미친다.

정리

지금까지 살펴본 바에 따르면 자본구조결정에 영향을 미치는 요인에는 다음과 같은 것들이 있다.

1. 세금. 차입금이 늘수록 세금절감 효과는 커진다. 세금절감 효과를 포착하기 위해서는 차입금을 늘려야 한다.
2. 재무곤경. 차입금이 적을수록 기대되는 재무곤경비용은 작다. 회사는 기대 재무곤경비용을 줄이기 위해 차입금을 축소해야 한다.

   이는 6장에서 배운 세금절감과 재무곤경비용 사이의 트레이드오프에 대한 정태적 균형이론이다. 이 장에서는 여기에 다음 두 가지를 요인을 추가했다.
3. 비대칭정보. 비대칭정보로 인해 주식발행은 부정적 신호로 인식되기 때문에 주식보다 채권이 자금조달 수단으로 선호된다.
4. 대리인 문제. 자본구조에 미치는 영향은 불확실하다. 어떤 경우에는 차입금이 대리인 문제를 완화하기도 하지만 어떤 경우에는 이를 증가시키기도 하기 때문이다.

자금조달 필요액

자본구조를 결정함에 있어 실제로는 자금조달 수단의 결정 이전에 다음 질문에 먼저 답해야 한다. 회사의 영업활동과 매출 전망에 따르면 얼마의 자금이 언제 필요한가?

정리하면, 자본구조결정을 위한 우리의 체크리스트는 다음과 같다.

- 지속가능성장률 개념은 성장이 좋은지 나쁜지를 말하는 것이 아니다. 이는 단지 어떤 회사가 내부적으로 얼마를 성장할 수 있다는 것이며, 그렇게 해야 한다는 것을 의미하는 것도 아니다.
- 주식을 발행할 수 없거나 발행하지 않는 경우에만 지속가능성장률에 구속을 받으며, 그렇지 않으면 차입비율(차입금 / 자본)을 증가시키면 된다.

■ 재무전략과 사업전략은 독립적으로 설정될 수 없다.

얼마나 많은 자금이 언제 필요한지에 대한 질문에 답하기 위해 우리는 재무추정을 통해 장단기 미래 현금흐름을 추정하게 된다. 또한 우리는 외부로부터의 자금조달이 없이 회사가 성장할 수 지속가능성장률을 계산해 본다.

$$\text{지속가능성장률: } g = ROE * (1 - DPR)$$

재무추정의 현금흐름 예측과 지속가능성장률은 회사의 외부 자금조달 필요액을 추정하는 데 활용된다.

자금조달 소요가 결정되면 두 가지 주요 이론을 고려해 최적 자본구조를 결정한다. 세금절감과 재무곤경비용을 고려하는 정태적 트레이드오프이론과 비대칭정보와 관련된 자본조달 순위이론이 그것이다. 이 두 이론이 공존하지 않는 것은 아니다. 하지만 우리는 최적 레버리지의 결정에서 정태적 트레이드오프이론을 먼저 고려하는 것이 최선이라고 제안하고 싶다. 따라서 레버리지가 트레이트오프이론에 따른 최적 수준에 접근하면 신호효과를 고려하는 것이다.

지금까지 우리가 다룬 매시퍼거슨과 메리어트에 체크리스트를 적용해보자.

목표 자본구조 설정을 위한 체크리스트 적용

	매시퍼거슨	메리어트
법인세 절감액:		
차입금 세금절감 가능성	가능	가능
재무곤경비용:		
현금흐름 변동성	높음	보통
제품시장의 투자 소요	높음	낮음
외부자금의 조달 필요성	높음	현재 낮음
현금부족 시 경쟁위험	높음	낮음
재무곤경에 대한 고객 우려	높음	낮음
차입계약의 구조/재협상의 용이성	복잡	단순
자산 매각의 용이성	없음	있음
신호효과:		
정보비대칭	높음	높음
발행시장에 대한 선호도	낮음	낮음
대리인비용:		
명확한 점검리스트 부재	?	?

따라서 정태적 평가에 따르면 매시는 실제보다 차입금 비중을 줄였어야 했다. 매시와 메리어트는 모두 세금절감의 혜택을 보았는데, 이는 차입금을 늘려야 하는 논거이다. 하지만 두 회사의 재무곤경비용에는 차이가 있었다. 매시는 현금흐름의 변동성이 더 컸고 투자 소요가 더 많아서 외부 자금조달 소요 역시 더 많았다. 매시는 또한 현금이 고갈되면 경쟁사들과 보다 치열한 경쟁에 직면하게 된다. 매시가 재무곤경 상태에 들어가면 장기적으로 시장점유율을 상실할 수 있다. 매시의 고객들은 부품 구입과 서비스를 계속 받아야하기 때문에 매시의 재무건전성을 신경 쓰게 된다.

메리어트의 현금흐름은 변동성이 크지 않았고 투자 필요액도 매시보다 훨씬 적었다. 나아가 호텔을 소유에서 임대로 전환함에 따라 메리어트의 외부 자금조달 필요액은 큰 폭으로 줄어든다. 또한 메리어트의 고객들은 메리어트의 장기적 재무건전성에 큰 관심을 갖지 않는다. 메리어트의 고객들은 숙박시 방이 깨끗하면 하루 이틀 묶으면 그만이다. 이들은 향후 호텔의 소유주가 누가 될 것인지에 관심을 갖지 않는다. 따라서 정태적 평가에 따르면 매시는 차입금 비중을 낮추어야 한다.

하지만 세금절감과 재무곤경비용 사이의 트레이드오프 이외의 부분을 살펴보자. 매시와 메리어트에게 신호효과와 대리인비용은 큰 차이가 없다. 첫째, 두 회사는 이해하기 어렵지 않은 산업에 있으며 사업이 복잡하지도 않다. 따라서 이들 회사의 정보비대칭 수준은 다른 산업보다 낮다고 볼 수 있다.

반면 제약회사를 생각해보자. 외부 투자자들은 회사의 차세대 신약의 성공 확률을 알기 어렵다. 이러한 정보비대칭은 매시나 메리어트보다 제약회사가 주식을 발행하는 것을 회피하게 만든다.

매시는 여러 나라의 여러 은행들로부터 차입을 한 반면 메리어트는 하나의 주채권은행을 가지고 있었다는 점도 차이점이다. 이로 인해 매시는 재무곤경을 해결하기 위한 채무조정에 어려움을 겪는다.

재무구조이론이 이제 끝났다고 말한다면 여러분은 태만한 것일 수 있다. 오늘날 M&M의 다섯 가지 가정(세금, 재무곤경비용, 거래비용이나 발행비용, 비대칭정보, 투자에 대한 자본구조의 영향과 거꾸로 자본구조가 투자에 미치는 영향)은 완화되어 모형화되었다. 하지만 아마도 여전히 모형화하지 못한 특성들이 존재한다. 즉, 채권이 고정 또는 변동금리를 지급하는지에 관한 지급구조, 왜 채권이 주식보다 먼저 상환되어야 하며 언제 지급되어야 하는지를 의미하는 자금조달의 우선순위구조, 그리고 단기인지 장기차입인지를 의미하는 차입금의 만기 등이 그것이다.

이것들이 M&M모형에서 다루지 않는 특성들의 전부는 아니다. 예를 들어 채무의 약정사항은 명시적으로 모형에 포함되지 않지만 우리는 이의 가치를 평가할 수 있고 가치가 있다는 것을 안다. 또한 우리는 의결권, 옵션, 전환증권, 콜조항(만기전상환조항)[17] 등의 가치도 평가할 수 있다. 우리는 이런 것들 모두가 중요함에도 불구하고 재무이론이 아직까지 이를 모두 모형화하지 못했다는 것을 알고 있다. 이 장의 초점은 비대칭정보와 대리인비용에 있기 때문에 이러한 시도는 하지 않는다.

요약정리

저자들은 자본구조의 결정은 먼저 트레이드오프이론(세금 대 재무곤경비용)으로 장기 목표 자본구조를 결정하는 것에서 시작한다고 믿는다. (여기서 기업과 산업의 전략과 구조를 주의 깊게 살펴봐야 한다는 것을 기억하자.) 이때 주식발행이나 배당삭감에서 발생하는 주가의 신호효과를 고려하는 것도 필요하다고 본다.

만일 회사에 내부현금흐름이 충분하면 회사는 오직 수익성에 대한 시장의 반작용을 걱정한다. 만일 회사가 외부 자금조달을 요구하면 장기적 목표 레버리지에서 벗어나는데 대한 유효한 정당성이 있을 수 있다. 하지만 회사는 어떤 정당성에 대해서도 체계적이고 정확해야 한다. 목표차입 수준에서 벗어남으로써 얻는 혜택은 비용에 비해 상당히 큰가? 자본구조결정은 또한 다음과 같은 무조건적 경험법칙을 피해야 한다. "약세시장에서 주식을 결코 발행하지 말라." "전환사채가 수면 아래 있으면 주식을 발행하지 말라."[18] 월가에서 빈번히 듣게 되는 이런 법칙들은 어떤 환경에서는 합리적일 수 있지만 모든 환경에서 항상 그렇지는 않다. 분석은 항상 개별 건별로 진행되어야 한다.

기업재무의 네 가지 목적과 그 트레이드오프를 생각해보자.

회사의 목적	트레이드오프
1. 모든 양의 NPV 프로젝트 채택	투자를 위한 배당삭감 또는 채권발행
2. "최적" 차입비율(차입금 / 자본) 확보	투자삭감 또는 주식발행
3. 고액 배당금 지급	배당지급을 위한 투자삭감 또는 외부조달
4. 신주 발행 제한	투자삭감, 배당삭감 또는 차입증액

만일 회사가 다수의 양의 NPV 투자안을 가지고 있지만 내부자금이 충분하지 않으면 회사는 어떤 투자안을 포기할지, 배당을 삭감할지, 채권이나 주식발행으로 차입비율의 구조를 변경할지를 결정해야 한다. 목적 1과 2는 회사의 정태적 최적을 나타낸다. 목적 3과 4는 신

17) 콜조항(call provision)은 옵션의 한 종류이다.
18) 현재 주가가 전환가격보다 아래에 있으면 전환사채가 "수면 아래"에 있다고 한다.

호효과에 대한 반응이다. 만일 신호효과가 없다면 (즉, 배당삭감이나 주식발행에 시장의 영향이 없다면) 목적 3과 4는 상관없다.[19] 따라서 자본구조에 관한 현재의 두 이론은 위의 네 가지 목적으로 설명된다. 그러나 두 이론이 완벽하게 일관되지 않은 것처럼 이 네 가지 목적도 완벽히 일관되지는 않는다.

여기에는 우리가 기억해야 할 중요한 두 가지 레슨이 있다.

첫째, 기업가치는 일차적으로 제품시장에서 결정된다. 기업은 재무적 측면에서 많은 가치를 창출하지 않는다! (독자들은 이 문장을 재무관리 교수들인 저자들이 썼다는데 유의해야 한다.) 훌륭한 재무적 결정이 기업가치를 증가시킬 수는 있어도 재무적 결정의 진정한 역할은 회사의 제품시장 결정을 지원하고 강화하는 것이다. (우리는 또한 나쁜 재무적 결정이 회사의 제품시장 전략과 가치를 파괴할 수 있다는 것을 강조하고 싶다.) 또한 회사는 제품시장 전략에 대한 함의를 정확히 알지 못하면 훌륭한 재무적 결정을 내릴 수 없다.

둘째, 우리는 회사의 제품시장 측면이 재무적 측면보다 중요하다고 언급해왔다. 하지만 이는 재무관리가 중요하지 않다거나, 어느 누구라도 이를 할 수 있다는 것을 의미하지는 않는다. 수년간 MIT는 정식 CFO없이 운영되었다. MIT의 모든 재무담당 직원들은 사실상 CFO 역할을 하는 교무처장에게 보고하고 지시를 받았다. 하지만 교무처장은 MIT의 교무위원으로서 통상 자연과학대학이나 공과대학의 교수가 맡아온 자리이다. 그들이 전문 영역을 가지고 있기는 해도 이전 교무처장들도 재무관리를 거의 이해하지 못했다. 수년전 어떤 모임에서 저자 중 한명은 MIT의 재무정책에 대한 토론에 다음과 같이 언급했다. "여러분은 회계사가 건설한 다리로 차를 몰지는 않으면서, 왜 엔지니어에게 재무업무를 맡긴 겁니까?" 우리는 이 장의 마지막에 비슷한 점을 지적하고 싶다. 재무관리는 너무 중요해서 비전문가가 담당하게 해서는 안 된다는 점이다. 재무가 회사를 성공시킬 수는 없어도 회사를 망하게 할 수는 있다는 것을 기억하자.

마지막으로 이상의 두 가지 점을 설명하기 위해 기업재무에 관한 일화 하나를 소개하고자 한다. (기업재무에 관한 훌륭한 일화가 많지 않지만, 이는 그 중 하나이다.)

> 우리 모두는 경영대학원이 입학 사정에 실수를 한다는 것을 알고 있다. 어떤 학년도에 아마도 실수로 입학한 학생을 제외하면 모든 학생들은 누가 실수로 입학한 학생인지 알 것이다. 그들은 학교의 실수로 입학한 학생이 자신들의 스터디그룹에 들어오는 것을 원하지 않을 것이고, 수업에서 그들의 발표를 들으려 하지 않을 것이다.
>
> 이제 졸업 후 20년 뒤 여러분이 길을 걷다가 실수로 입학했던 대학원 동기 졸업생 한명이 당신 쪽으로 걸어오는 상황을 생각해보자. 당신은 피하기를 기대하면서 반대쪽으로 걸어갈 수도 있지만, 그가 당신을 보고 당

19) 대리인 문제는 잠재적으로 목적 2에 들어가지만, 아주 명확하지는 않다.

신을 만나기 위해 길을 건너왔고 결국 만나게 되었다고 하자. 짧은 대화가 오간 후 그는 당신이 그의 집에 방문해줄 것을 요청한다. 금요일 밤 만찬이다. 당신은 사양했지만 주소를 보고는 이곳이 이 도시에서 가장 비싼 주택이 자리 잡고 있는 곳이라는 것을 알고 놀란다. 금요일 밤 당신은 그의 집을 방문했고 그가 복층의 펜트하우스에 살고 있다는 것을 알게 된다. 당신은 집안으로 걸어 들어갔고 집 내부는 믿을 수 없을 정도였다. 벽에는 진본으로 보이는 미술품이 걸려있고 값비싼 가구들과 어디를 둘러봐도 값비싼 것들. 당신은 충격에 휩싸인다.

마지막으로 당신은 더 이상 참지 못하고 그에게 무엇을 하고 있냐고 물었다. 그가 말하길 "글쎄, 조그마한 제조업을 하고 있어. 우리는 몇 년이면 교체가 필요한 주방용 기구들을 만들고 있어. 사람들은 그걸 갈아줘야 하거든. 만드는 비용은 1달러 정도인데, 우린 하나를 8달러에 팔거든. 너도 8%가 얼마나 빨리 늘어나는 건지 정말 놀랄 거야."

요지: 만일 회사가 뭔가를 (애플이나 인텔처럼) 1달러에 만들어서 8달러에 판다면 자금조달은 그렇게 중요하지 않다. 기업은 자신의 제품 사이드에서 돈을 번다. 그곳이 가치가 창출되는 곳이다. 재무관리는 일차적으로 회사의 제품시장전략을 지지하는데 목적이 있다.

다음 주제

다음 장에서는 현금흐름이 채무상환에 부족할 때 회사가 자신의 자본구조를 어떻게 구조조정하는지 살펴본다.

CHAPTER 13

구조조정과 파산: 재무곤경의 발생 (어바이어홀딩스)

이 장은 기업이 어떻게 재무곤경을 해결하는지에 대해 다룬다. 매시퍼거슨을 다룬 5장에서 우리는 회사의 현금흐름이 부채에 대한 원리금 상환에 부족하게 되면 회사에 어떤 일이 발생하는지 간단히 살펴본 바 있다. 매시퍼거슨은 수익성 있는 사업을 가지고 있었지만, 재무정책은 사업전략과 정렬되지 못했고 경쟁사들보다 레버리지가 매우 높은 자본구조를 가지고 있었다. 업황이 둔화되면서 매시퍼거슨은 부채 상환에 어려움을 겪게 되고 구조조정을 요구받게 된다. 이로 인해 제품시장의 지위는 회복할 수 없을 정도로 약화되고, 결국 보유자산을 매각하는 상황에 내몰리게 되었다.

5장은 독자들에게 재무관리의 중요성을 보여주는데 목적이 있었다. 다만 이는 재무정책의 서론으로 재무곤경에 대한 전반적인 개요를 설명한 것에 불과했다. 5장은 재무곤경을 자세히 다루지는 않았다. 재무곤경에 대한 자세한 사항은 이번 장에서 다룬다. 재무적으로 어려움에 빠진 회사는 그에 따른 경제적 유인과 구조조정 및 파산 관련 법령에 따라 행동하게 된다.

이 장에서 우리는 2017년 파산한 어바이어홀딩스(Avaya Holdings Ltd., AVYA)를 통해 구조조정과 파산절차를 설명한다. 우리는 이 사례에서 재무곤경에 관한 이론과 규정에 대해 학습한다.

상황 악화

언제 기업이 재무적 곤경에 빠지는가? 회사가 채무계약상 약정된 원리금을 지급하지 못해 재무적 의무를 이행할 수 없거나, 회사의 부채가치가 자산가치를 초과할 때 발생한다. 재무곤경은 제품시장의 실패에서 올 수도 있고 금융시장의 실패에서 올 수도 있다. 언급한 것처럼 모든 회사는 제품시장과 금융시장, 두 시장에서에서 운영된다. 시장환경의 변화(예: 수요 감소, 경쟁자, 고비용, 신제품 등)가 회사 영업활동에 손실을 초래할 때 제품시장 실패가 발생한다. 앞서 살펴본 코닥 필름과 디지털 사진의 출현은 이에 대한 좋은 예이다. 한편 회사가 잘못된 재무정책을 취했을때, 특히 잘못된 재무구조를 채택했을 때 금융시장 실패가 발생한다. (매시퍼거슨의 수익성은 양호했지만 과도한 차입금을 사용하고 있었다.)

어바이어홀딩스는 제품시장과 금융시장 모두에 문제를 가지고 있었다. 결과적으로 이 회사는 재무곤경에 빠지게 되고 파산을 신청하게 된다. 다만 어바이어는 1년 내에 파산에서 나오게 된다.

어바이어홀딩스

글로벌 비즈니스 커뮤니케이션 회사인 어바이어는 콜센터, 비디오 메시징, 네트워크, 서비스를 위한 하드웨어와 소프트웨어 공급업체였다. 이 회사는 1996년 AT&T에서 분사된 루슨트 테크놀로지스(Lucent Technologies)에서 2000년 다시 분사해 나온 회사이다. (루슨트는 과거 AT&T의 웨스턴일렉트릭과 벨연구소의 일부를 합병한 회사였다.) 어바이어의 주요 경쟁사는 마이크로소프트(Microsoft Corp)와 시스코시스템(Cisco Systems Inc.)이었다.

이 회사의 사업은 어떠한가? [표 13.1]은 2004~2007년 어바이어의 요약 재무정보이다. 어바이어는 2004년 매출액 4.1십억 달러에 영업이익 323백만 달러, 순이익 291백만 달러를 기록했다. 2007년에는 매출 5.3십억 달러에 영업이익은 266백만 달러, 당기순이익은 215백만 달러였다. 금융측면에서 보면 어바이어는 2004년 소액의 금융부채(총자산의 14.3%인 593백만 달러)를 가지고 있었고, 2005년에서 2007년을 거치면서 이마저도 상환해 없어진다.[1)]

차입금이 작고 현금흐름 안정적이기 때문에 어바이어는 매력적인 인수대상이 되었다. (어떤 회사가 매력적인 인수대상인지에 대해서는 나중에 살펴본다.) 2007년 10월 어바이어는 8.2십억 달러에 두 사모펀드 TPG캐피털(TPG Capital)과 실버레이크파트너스(Silver Lake Partners)에 매각된다.[2)] 새 주인은 비용을 절감하고 콜센터 소프트웨어 사업을 키워 어바이어의 현금흐름을 개선하고자 했다. 어바이어의 우수한 재무상태와 긍정적 현금흐름 전망을 바탕으로 사모펀드들은 어바이어 인수대금 중 5.8십억 달러를 차입으로 조달했다.

---

1) 어바이어의 차입금은 (각각 총자산의 11.2%, 23.5%, 23.9%인) 2001년 645백만 달러, 2002년 933백만 달러, 2004년 953백만 달러였다.

2) 실버레이크와 TPG는 2007년 6월 4일 전일 종가에 약 28%의 프리미엄을 더한 주당 17.50달러에 어바이어를 인수하는데 합의한다. http://www.genesisglobalinc.com/nortelhistory.html와 http://www.enterprisenetworkingplanet.com/news/ article.php/3854486/Avaya-Closes-Nortel-Enterprise-Acquisition.htm.

TPG캐피털과 실버레이크파트너스의 어바이어 인수대금(8.2십억 달러) 조달 내역은 다음과 같다.

	(백만)
선순위 자산담보부 회전대출(리볼빙 크레디트)	$335
선순위 담보부 장기대출(2014년 만기)	$3,800
선순위 담보부 다통화 리볼버	$200
선순위 무담보부 캐피페이 대출(2015년 만기)	$700
선순위 PIK 토글대출(2015년 만기)	$750
금융부채 합계	$5,785
자본 투자액	$2,441
총 인수가액	$8,226

[표 13.1] 어바이어 요약 재무정보 2004 ~ 2007

(백만 달러)	2004.09.30.	2005.09.30.	2006.09.30.	2007.09.30.
제품	2,048	2,294	2,510	2,882
서비스	2,021	2,608	2,638	2,396
매출총액	4,069	4,902	5,148	5,278
제조원가	928	1,049	1,168	1,295
기술투자상각	1,196	1,297	1,320	20
서비스	–	259	270	1,512
간접비총액	2,124	2,605	2,758	2,827
매출총이익	1,945	2,297	2,390	2,451
판매비와 관리비	1,274	1,583	1,595	1,552
연구개발비	348	394	428	444
무형자산상각	–	22	104	48
영업권과 무형자산 손상	–	–	–	36
구조조정비용(순액)	–	–	–	105
영업비용총계	1,622	1,999	2,127	2,185
영업이익(EBIT)	323	298	263	266
이자비용	66	19	3	1
기타손익	(15)	(32)	24	43
세전이익	242	247	284	308
법인세비용	(49)	(676)	83	93
당기순이익	291	923	201	215

(백만 달러)	2004.09.30.	2005.09.30.	2006.09.30.	2007.09.30.
감가상각비와 감모상각비	272	272	269	291
EBITDA	595	570	532	557
자산총계	4,159	5,219	5,200	5,933
이자부부채(차입금)	593	–	–	–
자본총계	794	1,961	2,086	2,586

2007년 어바이어는 공개매수를 통해 상장폐지를 한 후 비상장회사가 된다.

다음엔 무슨 일이 발생했는가? 재무적 어려움에 대한 이야기가 시작된다. 회사의 치밀한 미래 준비와 재무추정, 현금흐름 예측에도 불구하고 상황은 나빠져진다. 잘못된 재무정책으로 회사가 어려움에 빠지는 경우가 더 많을지는 몰라도 재무정책이 적정해도 재무적 어려움은 발생한다. [그림 13.1]은 어바이어가 비상장회사가 된 2007~2016년 기간의 매출 움직임이다. [그림 13.2]는 동기간 어바이어의 영업이익과 당기순손익 변화를 보여준다. [그림 13.3]은 동기간 어바이어의 총차입금과 총자산에 대한 차입금(금융부채)의 비율을 보여준다.

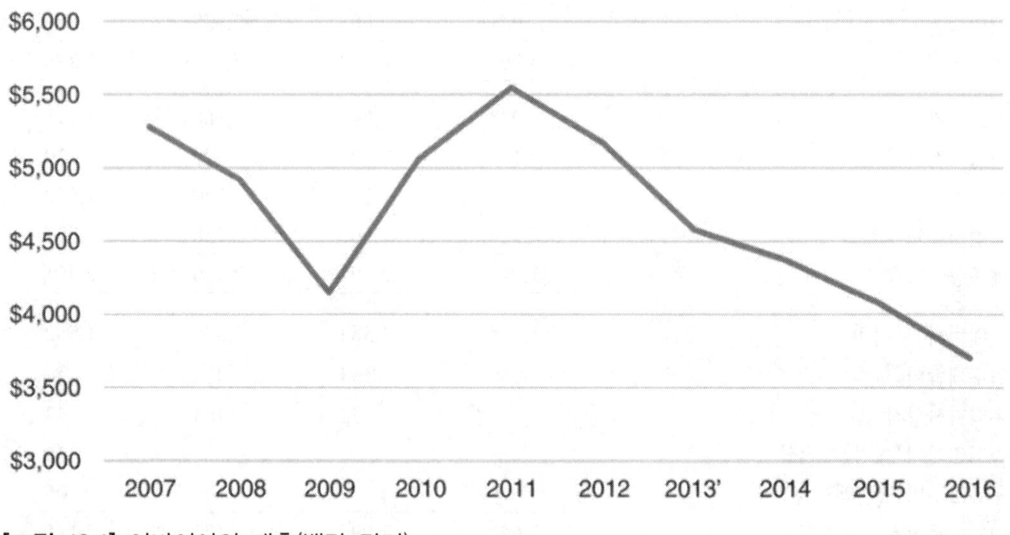

[그림 13.1] 어바이어의 매출(백만 달러)

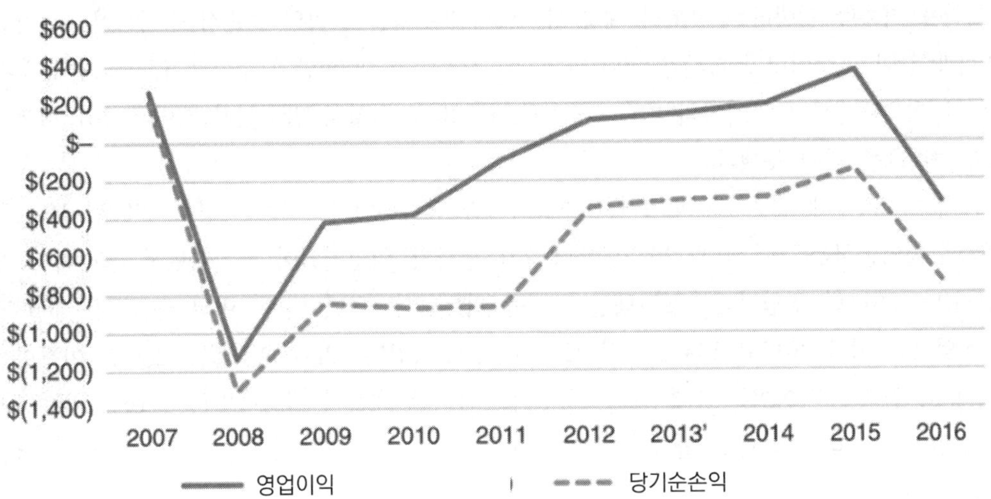

[그림 13.2] 어바이어의 영업이익(EBIT)과 당기순손익(백만 달러)

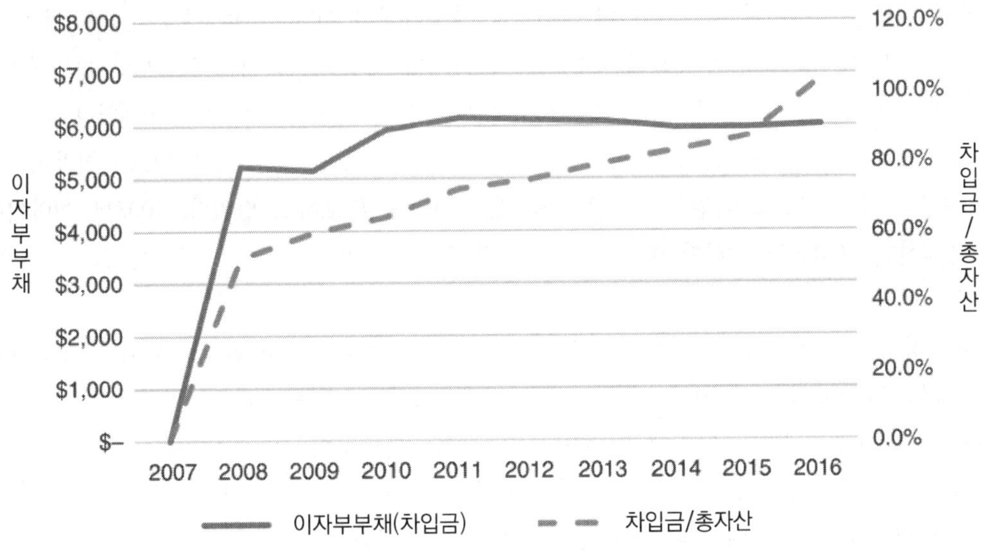

[그림 13.3] 어바이어의 금융부채(백만 달러)와 차입금/총자산

2007년 하반기에 시작된 글로벌 금융위기는 어바이어 사업에 부정적 영향을 미친다. 또한 이 회사의 제품시장이 하드웨어 중심에서 소프트웨어 중심으로 이동한 것도 실적에 부담으로 작용했다. 나아가 경쟁자인 시스코와 마이크로소프트는 더 좋은 서비스와 가격을 무기로 어바이어의 고객들을 공략하고 있었다.[3] 이로 인해 어바이어는 2009년 418백만 달러의

3) https://www.wsj.com/articles/avaya-how-an-8-billion-tech-buyout-went-wrong-1482321602 참조

순이익을 기록할 것이라는 당초의 예상과는 달리 845백만 달러의 순손실을 기록한다. [그림 13.1]과 같이 어바이어의 매출은 2007년 6.7% 감소하고 2009년에 추가로 15.7% 감소했다. 경기가 회복되면서 어바이어의 매출은 2010년과 2011년 일시 반등했지만 이후 2016년까지 계속 하락세를 면치 못했다.

[그림 13.2]에서 보듯이 어비이어는 영업이익과 당기순이익이 감소하면서 2008년 1.1십억 달러의 영업손실을 기록한다. 2012년부터 2015년까지 영업이익이 증가하면서 실적이 소폭 개선된다. 2015년 영업이익은 371백만 달러를 기록한다. 또한 어바이어의 순손실은 2008년 1.3십억 달러에서 2015년 144백만 달러로 개선된다. (영업이익이 흑자를 보였지만 이자비용 부담으로 인해 어바이어는 순손실을 기록했다.) 하지만 매출이 감소하면서 2016년 어바이어의 영업이익은 다시 적자로 돌아선다. (영업손실 316백만 달러, 당기순손실 730백만 달러를 기록한다.)

[그림 13.3]과 같이 어비이어의 차입금은 2008년 인수 때문에 크게 증가한다. 어바이어는 2007년에 차입금이 없었지만, 새로운 주인이 된 TPG캐피털과 실러레이크파트너스가 시장에 거래되고 있던 어바이어 주식 매입에 차입금을 사용하면서 어바이어의 차입금은 5.2십억 달러나 증가한다. (그 이유에 대해서는 18장에서 자세히 설명한다.) 이는 52.2%의 차입금 / 총자산 비율을 나타낸다. 반면 시스코의 이 비율은 11.7%, 마이크로소프트는 0%였다. (이 두 회사는 모두 상당한 현금을 보유하고 있었다.) 또한 시스코와 마이크로소프트는 어바이어보다 훨씬 큰 기업이었고 다양하고 다원화된 매출 기반을 확보하고 있었다. 2008년 어바이어는 총자산은 10.0십억 달러인 반면 시스코는 58.7십억 달러, 마이크로소프트는 72.8십억 달러에 달했다.

비상장회사가 된 후에도 어바이어는 투자를 계속한다. 2009년 노텔네트웍스(Nortel Networks Corporation)를 915백만 달러에 인수하고 2012년에는 비디오콘퍼런스회사 라드비전(Radvision)을 230백만 달러에 인수한다. 인수에는 차입금이 사용되었는데, [그림 13.3]에서 보는 것처럼 2010 회계연도 차입금이 증가한 것은 이 때문이다. 이러한 투자에도 불구하고 2016년 어바이어의 매출은 2007년보다 29.9% 감소한다.

[그림 13.3]에서 보듯이 어바이어의 차입금은 5.9십억 달러까지 증가해 (차입금 / 총자산) 비율도 59.5%까지 상승한다. 2010년부터 2016년까지 차입금은 일정 수준을 유지하지만 총자산에 대한 차입금 비율은 자산의 가치가 감소하면서 급격히 상승한다. 2016년 차입금은 6.0십억 달러로 증가하며 (차입금 / 총자산)비율은 102.3%에 달하게 된다. (이 비율이 100% 이상이면, 이자부부채가 총자산보다 많다는 것을 의미이다.)

매출이 감소하는 가운데 이자 부담이 증가하면서 어바이어의 재무적 어려움은 가속화한다. (이는 메시퍼거슨의 사례와 유사하다.) 어바이어의 영업 실적은 차입금 상환에 충분하지 않았지만 2010~2016년 회사의 총차입금은 비슷한 수준을 유지되었다. 이런 상황에 2014년 회사가 처음 발행한 대부분의 채권 만기가 도래하면서 어려움을 가중시키게 된다. 당초 어바이어는 이 채권의 일부를 차환한다는 계획을 가지고 있었다. [그림 13.3]과 같이 실제 상환을 하지는 않고 이 기간 네 번(2011년, 2013년, 2014년, 2015년)의 주요 차환(리파이낸싱)을 실행한다. 차환 시 어바이어는 만기가 도래하는 채권을 만기가 긴 다른 채권으로 대체했다.

어바이어의 파산 신청

어바이어는 왜 파산을 신청했는가?

어바이어는 이자를 지급하면서 만기가 도래하는 채권을 장기로 차환했다. 채권등급도 2007~2015년 일정 수준(평균 무디스 B3, S&P B-)으로 유지했다. 그러나 [그림 13.3]에서 보듯이 어바이어의 차입금비율은 계속 상승했고 매출액 감소로 제품시장 지위는 하락했다. 2016년 말 어바이어는 다시 만기도래 채권을 차환해야 했다. 불행히도 2016년 어바이어의 실적은 큰 폭으로 악화된 상태였다. 2015년 4.1십억 달러였던 매출은 2016년 3.7십억 달러로 떨어진다. 보다 중요하게도 영업이익이 적자로 돌아서면서 144백만 달러였던 순손실은 730백만 달러까지 확대된다.

2016년 말 당시 어바이어의 향후 현금흐름은 이자비용을 감당하지 못할 것으로 보였다. 또한 [그림 13.3]과 같이 차입금이 회사의 총자산을 넘어서고 있었다. 이로 인해 어바이어의 상환능력에 의문이 제기되었다. 물론 차환도 불가능하게 된다. 어바이어는 이자 지급에 쓸 현금이 없을 뿐 아니라 신규 차입의 능력도 상실했기 때문에 파산보호를 신청하기에 이른다. (글자 그대로 현금이 고갈된 것이다.)[4)]

어바이어는 2017년 1월 19일 자산 5.5십억 달러, 차입금 6.3십억 달러를 신고하며 챕터 11(Chapter 11)에 따른 파산을 신청했다. 이 회사는 그로부터 1년이 지나지 않은 2017년 12월 15일 챕터 11 파산에서 빠져나와 다시 상장회사(종목코드 AVYA)가 된다. 어떻게 된 것이지는 아래에서 자세히 설명한다.

어바이어의 제품시장은 2007년 발생한 글로벌 금융위기에 어려움을 겪게 되고 덩치가 크고 재무적으로 탄탄한 회사들과 경쟁하면서 매출과 이익이 줄고 제품시장 지위도 잠식되었다. 새로운 주인이 발생시킨 대규모 채무 부담이 더해지면서 회사를 옥죄었고 재무적 곤경에 빠진다. 어바이어가 대규모 레버리지를 사용하지 않았다면 파산을 신청할 이유도 없었고 생존이 좀 더 용이했을 것이다.

이제 재무곤경과 관련된 경제학적 측면과 제도적 측면을 살펴보자.

---

4) 우리는 이 책의 서두에서 CFO의 세 가지 기본 책무에 대해 설명했다. 그 중 하나가 현금고갈을 막는 것이다. 하지만 불행히도 어바이어는 현금이 고갈된 것이다.

파산의 핵심원칙은 생존 가능한 기업을 구하는 것이다.

언제 우리는 재무적 곤경에 처한 기업을 구해야 하는가? 반대로 말하면, 언제 우리는 재무적 곤경에 처한 기업을 청산해야 하는가? 많은 사람들이 파산을 회사의 운명이 끝났다는 신호로 여긴다. 경우에 따라 그렇기는 하지만 이는 반드시 그렇지 않고 최적의 결과도 아니다. 만일 제품시장 실패가 아닌 잘못된 재무정책 때문에 회사가 파산한 것이라면 특히 그렇다고 봐야 한다.

대부분의 사람들은 제품시장 이슈(예: 코닥의 사례와 같이 더 우수하거나 저렴한 제품이 나왔을 때)로 인해 재무곤경이 발생한다고 이해한다. 어바이어도 하드웨어 매출 둔화, 경기 부진, 마이크로소프트와 시스코와의 경쟁 심화로 재무적인 어려움에 빠진다. 영업 실적과 수익성이 나빠지면 회사는 생존을 위해 제품시장의 문제를 해결해야 한다. 부실 사업의 정리, 자산매각, 비용절감 등이 통상적인 방법이다. 때론 이런 방법들이 효과를 거두면서 회사가 일부라도 계속 운영되기도 한다. 물론 경우에 따라서는 이런 노력이 작동하지 않아 회사가 없어지기도 한다.

하지만 재무곤경은 제품시장의 문제가 아닌 회사가 선택한 재무정책에 의해서도 발생할 수 있다. 소형 트랙터 시장에서 확고한 시장지위를 가졌던 매시퍼거슨이 경기 불황기에 과도한 차입금으로 인해 어려움에 빠진 것이 그런 예이다. 어바이어도 비상장사가 된 후 높은 레버리지를 사용하면서 비슷한 상황에 놓인다. 만일 어바이어가 과거와 같은 무차입 재무구조를 유지했다면 실적악화에도 생존이 가능했을 것이다. (실제 2008~2016년 동안 어바이어는 영업이익을 실현했다.) 결국 원리금 상환 부담이 회사에 재무곤경이 발생하는 원인이 된 것이다.

항상 그렇지는 않겠지만 회사의 생존 가능성을 판단하는 일반 원칙은 회사가 영업활동에서 이익을 창출하는지 여부이다. 다시 말해 회사가 자본구조와 독립적으로 제품시장에서 이익을 내고 있는지 여부이다. 또 다르게 말하면 회사가 모든 자금을 주식을 조달했다면 이익을 낼 수 있는지 여부이다.

회사는 언제 파산을 신청해야 하는가?

파산이란 무엇인가? 파산은 회사의 모든 청구에 대한 자동 지급중지를 제도화하는 법적 절차이다. 즉, 채권자들의 추심활동을 중단시키는 법률 행위이다. 그 대상에는 채권자에 대한 이자와 원금 지급이 포함된다. 또한 파산은 법원의 감독 하에 회사에 대한 청구권을 변경하는 절차를 개시한다. 근본적으로 파산은 채권자에 대한 지급을 중지하고 영업현금흐름의 배분을 재조정한다. **파산이 어떻게 회사에 도움이 되는가?** 만일 회사의 현금흐름 지급 의무가 줄어들면, 특히 채권자에 대한 원리금 상환 부담이 줄면 기업가치가 양의 값을 가질 수 있다. **그렇다면 이런 목적을 위해서라면 반드시 파산을 선언해야 하는가?** 그렇지는 않다. 대신 회사는 채권자 등 청구권자들과 자발적 협상을 통해 기존의 청구권을 변경하는 구조조정(restructuring)을 할 수 있다. 회사가 자발적인 구조조정을 할 수 있다면 파산의 필요성은 없어진다. 거래비용, 재무곤경비용, 세금, 정보비대칭이 없는 효율적인 시장인 M&M 세계에서는 회사에 대한 청구권의 가치를 간단히 그리고 비용이 들지 않고도 재평가 할 수 있다.[5] 하지만 M&M 세계는 현실적이지 않고 구조조정에는 비용이 따른다는 것을 우리는 알고 있다.

파산 이외의 방법으로 회사가 채무를 구조조정하기 어려운 이유는 무엇 때문인가? 많은 기업들이 파산 이외의 방법(예: 채무약정 조정, 원리금 탕감)으로 채무를 재구조화할 때 두 가지 큰 장애물을 만나게 된다. 하나는 여러 이해관계자들의 동의를 받는 것이며, 다른 하나는 세금 문제이다.

채권자들이 회사의 구조조정 제안을 거부하고 참여하지 않는 데는 두 가지 경제적 유인이 존재한다. 즉, 한 채권자를 제외한 모든 채권자들이 자신들의 원금 이하로 채권을 탕감해주기로 동의했다면 이에 동의하지 않는 채권자는 다른 채권자들의 부담으로 전액을 상환받을 수 있다.[6]

예를 들어 어떤 회사에 각자 1백만 달러의 청구권을 가진 채권자 100명이 있어, 이들이 총 100백만 달러의 청구권을 가지고 있다고 가정해보자. 또한 제품시장의 변화 때문에 기업가치는 현재 80.2백만 달러에 불과하다고 해보자. 이 회사는 각 청구권자에게 800,000달러, 총 80백만 달러의 신규 채권을 주겠다고 제안한다. 만일 99명의 채권자가 이 채무조정에 응하고 한 채권자가 이를 거부하면, 새로운 청구권을 수용한 이들은 각자 800,000달러의 청구권을 갖게 되지만 제안을 거부한 한 명은 당초와 같은 1백만 달러의 청구권을 유지하게 된다. (전체로 청구권은 80.2백만 달러가 된다.) 당연히 많은 채권자들이 동시에 이런 계산을 하게 되고 한명이 아닌 다수가 회사 제안에 반대하게 되면 회사의 계획은 실패하게 된다.

그렇다면 다수결을 구성하는 충분히 합리적인 청구권자들을 확보하면 모든 청구권자에게 동일 조건을 수용하게 할 수 없는가? 그렇다. 다수결이라고 하더라도 파산 이외에는 모든 사람들이 이러한 채무조정을 수용하게 강제할 수 없다. **왜 그런가?** 미국에서는 Trust and Indenture Act of 1939에 따라 공모채권의 이자, 원금 또는 만기를 변경하려면 채권자의 만장일치가 필요하다. 따라서 비록 한 명만 반대하더라도 파산이 아닌 경우 딜이 무산될 수 있다.

---

5) 5장에서 논의된 매시와 채권자들 간 협상은 파산이 아닌 구조조정의 사례이다. 매시는 단기차입금을 주식으로 출자전환해 채무를 재조정했다.

6) 사실 채권자들과 기타의 청구권자들은 비록 재구조화를 통해 기업가치가 증가하더라도 청산가치 분배액이 더 크면 재구조화에 반대하는 것이 일반적이다.

구조조정 기간 이를 거부하는 또 다른 경제적 유인은 1986년 LTV코퍼레이션(LTV Corporation)의 파산 소송에서 가시화 되었다. 이 소송은 회사가 기존에 자발적인 재구조화를 실행한 후에 다시 파산을 신청하면서 제기되었다. 소송 판결에서 판사는 이전에 채권 교환(즉 기존 채권을 낮은 액면가의 새로운 채권으로 스왑)에 동의했던 채권자들은 구조조정 합의 이전에 자신들이 가지고 있었던 원금이 아니라 교환으로 재구조화된 채권만큼만 청구권을 가진다고 판시했다. 반면 기존 채권으로 교환하는데 반대한 채권자들은 당초의 원금에 대한 청구권을 유지하게 되었다. 1986년 이 소송 판결 이후 청구권자들은 구조조정에 참여하면 향후 파산 시 자신의 청구권이 줄어들 것을 우려하게 되었다.

어떻게 하면 구조조정 제안을 수용하도록 강제할 수 있는가?

위 설명처럼 만일 회사가 생존한다면 제안에 반대하는 채권자들은 전체 금액을 상환받기 때문에 제안을 거부하는 유인이 존재한다. 문제는 너무 많은 투자자들이 이 같은 결론을 내리면 구조조정은 실패하고 모든 사람들이 손해를 입는다는 것이다. 이로 인해 재무전문가들은 구조조정 제안을 거부하는 투자자들이 제안에 응하도록 하는 여러 전략을 짜내고 있다. (기본적으로 거부의 문제를 동의의 문제로 만드는 것이다.)

교환을 제안할 때 새로이 발행되는 증권은 종종 다음과 같이 반대 투자자들에게 불리하도록 설계된다.

1. 가능하면 신규 채권을 기존 채권보다 선순위로 한다. 이는 후에 파산이 발생하더라도 교환에 응한 찬성 채권자들이 반대 투자자들보다 채권 회수에 우선권을 갖게 하기 위함이다.
2. 신규 채권의 만기를 기존 채권보다 단기가 되도록 한다. 이 경우 반대 투자자들은 교환에 찬성한 투자자들보다 위험이 커진다.
3. 기존 채권에 대해 선순위인 신규 채권 발행이 어려운 경우 기존 채무약정을 제거하는데 "엑시트 동의(exit consents)"가 사용된다. 미국 Trust and Indenture Act는 채권의 이자율이나 만기를 변경할 수 없을 때 대부분의 경우 채권액 3분의 2 이상의 동의로 채무약정을 변경할 수 있도록 허용한다. 기존 채권에 대한 채무약정이 제거되면 반대 투자자들은 불리한 상황에 놓이게 된다.
4. 가능하면 기존 채권을 "신규 채권 + 현금"으로 교환하면 비록 기존 채권의 가치가 더 높더라도 교환에 응하는 것이 매력적일 수 있다. 반대 채권자들은 당초 청구권을 유지하는 반면 교환에 찬성한 투자자들은 일부를 당장 현금으로 받기 때문에 회사가 향후 채무를 불이행하더라도 자신의 위험을 줄일 수 있다.

5. 구속력을 갖는 교환에 높은 동의율을 요구하면 모든 반대 투자자가 핵심 의사결정 포인트가 되기 때문에 죄수의 딜레마를 만들 수 있다. (즉, 각 개별 투자자가 없으면 구조조정의 성공확률은 줄어든다.)

자발적 구조조정을 방해하는 두 번째 장애물은 세금이다. IRS 세법 Section 108은 파산 외 채무면제를 즉시 수익으로 인식하도록 규정한다. 따라서 현금 부족으로 어려움에 빠진 회사가 채무를 조정하면 세금고지서를 받을 수 있다. (위의 사례에서 채권 가치가 100백만 달러에서 80.2백만 달러로 줄면 19.8백만 달러의 과세소득이 발생한다.)[7)]

구조조정은 많은 비용이 들며 일부 청구권자들의 반대와 세금 문제로 실행에 방해를 받는다. 그렇다면 어떻게 하면 이해관계자의 반대나 세금 부담을 극복할 수 있을까? 기업은 파산 신청이라는 선택지를 가지고 있다. 파산은 반대와 세금 문제를 모두 해결할 수 있다. 파산에는 Trust and Indenture Act가 적용되지 않는다. 다수 청구권자(얼마나 많아야 하는지는 후술)의 동의로 모든 청구권자들이 구조조정 계획을 수용하도록 강제할 수 있기 때문이다.

하지만 파산에는 상당한 비용이 발생한다. 6장에서 직접적 파산비용(예: 변호사, 회계사, 법무 비용)만 대기업(포춘 500)의 경우 총 기업가치의 2~5%, 중소기업의 경우는 20~25%에 달한다는 실증 증거를 제기한바 있다. 나아가 재무곤경의 간접적 비용(예: 고객, 공급자, 종원원, 사업기회의 상실, 시장 경쟁 집중하기보다 회사를 구하는데 경영진이 집중하는 문제)은 훨씬 크다. 따라서 파산 이외의 해결책을 찾으려는 유인은 여전히 존재한다.

구조조정이나 파산보다 재구조화의 비용을 줄일 수 있는 방법이 있는가? 그렇다. 파산과 당사자 간 합의를 결합한 재구조화 방법이 존재한다. 이를 사전 동의 절차에 의한 회사 정리제도인 "프리패키지드 파산(prepackaged bankruptcy)"이라고 한다. 이는 파산을 신청하기 전에 (자율적 구조조정과 같이) 청구권자들이 재구조화 플랜에 합의하고, 이를 첨부해 파산을 신청하는 제도이다. 파산을 신청하면 반대채권자는 다수 채권자가 합의한 재구조화 계획을 수용해야 하기 때문에 반대채권자들이 재구조화를 방해하지 못하게 된다. 또한 이 제도는 회사가 파산절차에서 신속히 빠져 나올 수 있다는 장점을 가진다. 이 제도는 청구권자들의 만장일치가 필요 없고 채무면제에서 발생하는 소득에 대한 세금 문제를 피할 수 있는 구조조정이다.

프리패키지드 파산에도 비용이 발생한다. 첫째, 회사는 협상기간 영업활동을 계속하고 채

7) 회사의 손실이 채무면제액보다 크다면 문제가 없다는데 유의하자. 구조조정 과정에서는 여러 가지 복잡한 세무 문제와 예외사항이 발생한다. 예를 들어 어떤 회사의 소유권이 변경되면 회사가 특정 연도에 사용할 수 있는 이월결손금의 사용이 제한될 수 있다. 또한 어떤 회사가 (차입금이 자산보다 많아) 지급불능에 빠진 경우 파산을 통하지 않은 채무면제액에 대한 과세는 회사가 다시 지급 능력을 가질 때까지 이연된다. 채권자는 또한 채무면제액을 맞추기 위해 자산가치를 감액하거나 이월결손금을 사용할 수 있다. 일정 수준까지 채무를 주식으로 교환하는 출자전환도 가능하다. 또한 채권자가 동시에 주주라면 채무면제는 주식 취득가의 스텝업으로 간주될 수 있다.

무를 상환할 수 있는 충분한 현금흐름을 가지고 있어야 한다. 이는 회사가 상황이 너무 나빠지기 전에 재무곤경 가능성을 인식해야 한다는 의미가 된다. 일부의 경우 경영진은 회사에서 일어나고 있는 문제를 인식하는 것을 꺼린다. 이로 인해 문제가 갑작스럽게 불거지곤 한다. 둘째, 협상기간 중에는 자동중지제도가 존재하지 않는데, 이는 일부 채권자들이 자신의 주장을 관철하려 노력할 여지가 있다는 의미이다. 셋째, 파산이 아닌 경우 부담보청구권(예: 상거래, 리스, 종업원/노조 등)을 파악하는 것이 어려울 수 있다. 파산을 신청해야만 모든 청구권을 파악할 수 있다.[8] 그럼에도 불구하고 프리패키지드 파산은 시간이 오래 걸리는 파산절차를 피할 수 있어 비용을 크게 줄일 수 있다.

파산 관련 법령

미국 파산법은 기업 파산을 두 유형으로 나누고 있다.[9] 파산법의 특정 장에서 따온 챕터 7(Chapter 7)과 챕터 11(Chapter 11)이 그것이다. 챕터 7은 자산의 일부 혹은 전체를 매각하는 질서 있는 기업 청산을 규정한다. 이때 청산가치가 존속가치보다 크면 이는 이상적인 해결책이다. 이는 종종 치유가 불가능한 제품시장의 문제로부터 발생하는 결과이다. 챕터 7에 따른 파산 시 채권자들은 자신의 우선순위(예: 1순위 담보채권, 2순위 담보채권, 무담보채권, 그리고 주식)에 따라 채권을 상환 받게 된다.

하지만 존속가치가 청산가치보다 큰 경우에는 회사를 계속 유지하는 것이 타당하다. 챕터 11은 청구권자간 협상을 통해 각 청구권자조(claimant class)의 배당을 결정하는 재구조화에 대해 규정한다. 챕터 11에 따른 파산은 회사의 모든 채무를 파악해 변제의 우선순위를 정하고, 전액을 변제 받지 못하는 채권자들이 회사를 청산할 것인지 변제 계획을 수용하고 회사를 유지할지 결정하는 것을 핵심 절차로 한다.[10] 이는 자신의 투자금을 날릴 위기에 처한 채권자들이 회사가 계속기업으로 유지될 가치가 있는지 여부를 가장 정확히 결정할 수 있다는 논리이다.

지금부터는 존속가치가 청산가치보다 커서 올바른 재무정책을 실행하면 계속기업으로 유

8) 회사는 통상 파산과정에서 대차대조표상 채무보다 많은 채권신고를 받게 된다. 이는 파산 이전에 이를 다 파악하지 못하기 때문이기도 하고 일부는 채권자가 채권의 포기 가능성을 감안해 청구권을 부풀리기 때문이기도 하다.

9) 파산법 Chapter 13은 개인에게 시간(예: 5년)을 두고 채무를 상환하면서 자산 보유를 허용하는 개인 파산을 규정하고 있다.

10) 담보채권자들은 오직 자신의 담보가치만큼만 채권을 보장받는다. 예를 들어 어떤 담보채권자가 80백만 달러의 담보를 확보하고 100백만 달러를 대출했다면, 이 채권자는 오직 80백만 달러만 보장받는다. 나머지 20백만 달러는 무담보청구권이 된다. 또한 파산기간 발생한 이자 역시 담보가치의 범위 내에서만 보장받는다. 예를 들어 어떤 담보채권자가 105백만 달러의 담보를 확보하고 100백만 달러를 대출했다면, 5백만 달러를 넘는 이자 발생액은 무담보청구권이 된다. 이는 어떤 채권자가 (100백만 달러의 담보를 확보하고) 100백만 달러를 대출한 채권자는 신속한 해결을 위해 100백만 달러 이하의 변제를 수락할 수 있다는 의미이다. 왜인가? 아마도 회수에 상당기간의 시간이 걸릴 뿐 아니라 발생이자는 무담보여서 채권 전부를 변제받을 가능성이 없기 때문이다.

지가 가능한 기업의 청산을 규정한 챕터 11 파산에 논의를 집중하기로 한다.

중요 포인트: 챕터 11 파산 자체로는 어떠한 제품시장 이슈도 교정되지 않는다. 파산절차를 거치면서 새로운 경영진이 들어서고 전략과 시장 포지션이 변경될 수 있다. 하지만 이 자체가 파산법이 달성하고자 하는 목표는 아니며 당연히 파산절차의 일부로 발생하는 것도 아니다. 파산절차는 어떤 채권자들이 얼마를 받을 것인지를 결정해 회사의 미래 현금흐름을 재배분하는 것을 목적으로 한다. 따라서 파산법은 어바이어와 같이 회사가 양의 영업활동 현금흐름을 재배분하는 것만을 돕게 된다.

챕터 11에 따른 파산기간 동안 누가 회사를 경영하는가? 이는 중요한 질문인데, 어떤 청구권이 유효한 것인지, 제품시장 오퍼레이션에 어떤 변화를 야기할 것인지, 재무정책에 어떤 변화가 있을 것인지 그리고 재구조화 플랜을 누가 먼저 제안할 것인지를 결정하기 때문이다. 많은 나라에서 법원이 선임하는 파산관재인(trustee)이 회사의 경영을 감독한다. 미국에서는 (채권자가 부정이나 중대한 과실을 증명하지 않는 한) 기존 경영진이 계속 회사를 경영할 기회를 가진다. 기존 경영진이거나 파산관재인인은 파산신청 후 120일 이내에 재구조화 계획(회생계획)을 작성해 법원에 제출하고, 추가 60일 이내에 회사에 채권이 있다고 주장하는 청구권자들의 동의를 얻어야 한다. 다만, 법원은 필요한 경우 이 기간을 탄력적으로 운영할 수 있다.

파산 기업에 대해 신고된 청구권의 유효성은 어떻게 판단하는가? 법원은 판사의 판단으로 회사에 대한 청구권이 합법적인지 판단한다. *만일 판사의 판단이 중요하다면 회사에 유리한 결정을 할 수 있는 판사를 섭외할 수 있는가?* 기술적으로 회사는 등록지, 주소지, 주된 사업장 소재지 관할법원 중 한 곳에 파산신청을 할 수 있다. 이는 회사에 법원과 판사 선택에 상당한 재량을 부여하는 것이다. *그렇다면 회사는 파산신청을 어디에 할지 결정할 때 재량을 사용하는가?* 회사들이 그렇게 하는지에 대한 입증은 어렵지만 그에 대한 개연성을 간접적으로 살펴볼 수 있는 증거는 있다. 저자들 중 한 명은 과거 전국에 93개나 되는 파산법원이 있음에도 NYSE와 ASE 파산회사의 30% 이상이 뉴욕남부법원(Southern District of New York)에 파산을 신청했다는 사실을 발견했다. (다시 말해 파산 규모나 복잡성으로 이러한 파산신청의 집중을 설명할 수는 없다고 보인다.[11])

그렇다면 파산 시 재구조화계획(회생계획)은 어떻게 승인을 받게 되는가? 위에서 말한 것처럼 파산회사의 기존 경영진이나 파산관재인은 120일 이내에 회생계획을 작성하여 법원에 제출하고, 그로부터 60일 이내에 채권자와 주주인 등 청구권자들의 승인을 얻어야 한다. 물론 법원은 해당 기한을 연장할 수 있다. 이때 회생계획은 손실을 보게 되는 청구권자조별로 승인을 받아야 한다. 청구권자조는 동일한 법적 우선순위(예: 선순위 채권자, 후순위 채권자, 주주 등)에

11) 현재는 델라웨어(Delaware)가 주된 파산 신청지로 보인다.

있는 청구권자들의 묶음이다. 각 청구권자조별로 채권자와 주주 1인당 1표를 기준으로 투표에 참여한 청구권자의 과반과 청구채권 2/3 이상의 동의로 회생계획은 승인된다. 이런 것들이 실제로 의미하는 것은 무엇인가? 첫째, 손실이 예상되는 채권자들만 투표권을 가진다. 만일 회생계획에 따라 전액을 변제 받는 청구권자조는 회생계획을 승인할 권한이 없다. 그들은 이 재구조화계획을 승인하는 것으로 간주된다. 둘째, 과반 투표는 투표한 채권자의 수를 기준으로 한다. 셋째, 두 조건 중 하나, 다시 말해 투표한 채권자의 과반이 반대하거나 각 청구권자조의 청구채권 1/3 이상이 반대하면 회생계획은 부결된다.

회사 자산은 80.2백만 달러에 불과하지만 100명의 채권자가 각 1백만 달러의 채권을 가지고 있는 이전 앞의 사례를 생각해보자. 회생계획이 승인되기 위해서는 모든 채권자가 투표했을 때 채권금액의 2/3인 67백만 달러의 채권을 가진 투표자의 과반인 51명 이상의 채권자들이 찬성표를 던져야 한다.[12] 만일 모든 청구권자조가 이 같은 과정을 거쳐 회생계획에 찬성하면 반대채권자들도 회생계획을 수용해야만 한다. 다만 이때 채권자의 청구가 균등하게 분배되지 않으면 투자표자의 과반수와 금액 기준 2/3의 동의가 여전히 필요하다.

파산 시 회생계획이 승인 받지 못하면 어떻게 되는가? 즉, 투표에서 계획이 부결되면 어떻게 되는가? 첫째, 판사는 채권자에게 수정계획을 제출하게 할 수 있다. 둘째, 모든 조의 찬성을 얻지 못하더라도 판사는 회생계획을 승인하고 협약을 강제할 수 있다. 이를 "강제인가(cram down)"라고 한다. 판사는 회생계획에 반대한 청구권자들이 청산 시 배당이 더 작을 것으로 판단하면 강제인가를 결정할 수 있다. 과거에는 존속가치와 청산가치 중 어느 것이 큰지를 결정하는데 상당한 시간이 필요했다. 하지만 최근 법원과 관련법이 파산절차를 대폭 간소화하면서 시간은 크게 단축되었다.

파산 시 기업가치의 유지

챕터 11에 따른 파산기간 중 회사가 중요하게 해야 할 것은 사업을 잘 유지하는 것이다. 1장에서 이미 언급한 것처럼 CFO의 핵심 책무 중 하나는 회사의 현금흐름을 관리하는 것이다. 파산기간 중 원리금 지급을 중단하는 것만으로는 이 책무를 완수하는데 충분하지 않다. 종업원들은 급여를 받지 않으면 일하지 않을 것이고, 재무곤경기업의 공급자는 인도 시에 대금이 완납되지 않으면 신규 공급을 중단할 것이다. 결국 회사의 모든 사업적 문제를 해결하는 것이 필요하다.

12) 이 경우 100명의 청구권자 모두가 각각 1백만 달러의 채권을 가지고 있기 때문에 채권액 기준으로 2/3이 되기 위해서는 67명의 찬성 동의가 필요하다. 여기서 구속력 있는 제약조건은 채권가치의 2/3이다. 모든 청구권자들이 투표하지 않으면 투표자의 절반이나 채권액이 1/3의 반대로 회생계획은 부결될 수 있다.

그렇다면 파산기업은 어떻게 영업활동에 필요한 자금을 확보하는가? 글쎄, 원리금 상환을 중단하는 것이 도움은 되지만 회사를 유지시키는데 이것만으로는 부족하다. 회사가 파산해도 고객으로부터 수금은 계속 할 수 있다. (일부 고객은 거래관계를 끊거나 법원의 명령이 떨어질 때까지 공급한 상품과 서비스에 대한 대금지급을 미룰 수 있기 때문에 수금에 어려움을 겪을 수 있지만 수금 자체는 가능하다.) 하지만 대부분의 파산기업은 자금조달이 필요하다. 즉, 현금을 조달할 필요가 있다. 자산매각이 선택지가 되지만 시간이 걸리고 계속기업을 유지하는 능력이 훼손될 수 있다. 차입시장이나 주식시장은 파산에 들어가거나 파산상태인 회사에 선택지가 되지 못한다. 이때 DIP 파이낸싱(debtor-in-possession financing, DIP financing)이라고 불리는 특수한 형태의 자금조달 방식이 해결책이 될 수 있다.

DIP 파이낸싱은 파산법에 따라 모든 채권에 대해 가장 선순위인 최우선변제권을 갖는 채권이다. 파산회사는 채권자에게 최우선변제권(super priority)을 주지 않으면 자금을 빌릴 수 없기 때문에 이는 파산회사의 자금조달에 필수적으로 요구된다. DIP 파이낸싱은 선순위 담보채권, 후순위 담보채권, 무담보채권, 주식 순으로 변제 받는 절대적 우선순위의 원칙에 위배된다. 이런 이유로 회사가 DIP 파이낸싱을 하기 위해서는 법원의 허가를 얻어야 한다.

DIP 파이낸싱은 파산회사에 대한 대출이지만 최우선변제권으로 인해 대출에 대한 위험은 그렇게 높지 않을 수 있다. 이로 인해 파산회사는 파산 전보다 오히려 낮은 금리로 차입을 할 수 있다. 이는 파산회사가 회생하도록 돕는 DIP 파이낸싱의 장점이다. (모든 국가에서 DIP 파이낸싱이 허용되는 것은 아니라는데 유의하자.)

그렇다면 파산에는 얼마가 걸리는가? 과거 파산 협상은 타결까지 수년이 걸릴 수 있었다. 일단 각 조별로 표결과정을 거쳐 승인된 회생계획은 모든 참여자가 따르도록 강제된다. 이때 변제순위가 낮은 채권자조가 회생계획의 승인을 거부하면 최종 승인이 지체될 수 있다. **왜 순위가 낮은 채권자조가 회생계획에 승인을 하지 않는가?** 그들은 빠른 합의를 원하는 선순위 채권자들의 양보를 얻기 위해 고의적으로 절차를 지연하고자 회생계획에 반대할 수 있다. 하지만 이런 일이 현재는 과거처럼 자주 일어나지 않는다.

저자 중 한 명이 수행한 최근 연구에서 "오늘날 … 파산절차는 자산의 전부 또는 대부분의 자산에 큰 영향력을 가지고 있는 담보채권자들에 의해 통제된다.[13]"고 적었다. 이러한 통제는 20년 전보다 파산절차를 훨씬 신속하게 만들었다. 오늘날 파산절차는 비록 대기업의 경우라도 종종 1년이 걸리지 않으며, 청구권의 우선순위는 예외가 아니라 일반규칙이 되었다.

13) Barry Adler, Vedran Capkun, and Lawrence A. Weiss, "Value Destruction in the New Era of Chapter 11." *The Journal of Law Economics and Organizations 29* (2013).

어바이어의 파산 탈출

어바이어가 파산절차를 밟고 있는 동안 회사의 경영을 책임진 것은 누구인가? 어바이어의 최고경영진은 파산절차에도 불구하고 교체되지 않았다. 다만 회사가 파산에서 벗어나자 2008년부터 CEO를 맡아왔던 케빈 케네디(Kevin Kennedy)는 2008년부터 어바이어에서 근무해 온 COO 짐 치리코(Jim Chirico)로 교체되었다.

위에서 언급한 것처럼 전액을 변제받지 못할 것을 아는 청구권자들이 파산회사가 자신에게 줄 채권액을 부풀리는 것은 일반적인 일이다. 어바이어의 경우에도 예외는 아니었다. 파산 신청 후 어파이어는 자신이 파산신청서에 적시한 6.3십억 달러를 크게 초과하는 3,600여 건 약 20십억 달러의 채권신고를 받는다. 어바이어는 이들 대부분과 분쟁을 벌였고 법원도 이들 청구의 상당부분을 기각한다.

2017년 8월 7일 기준 어바이어의 정보공개확인서에 따르면 어바이어는 자신의 채무를 다음과 같이 추정하고 있다.

	(백만 달러)
행정적 청구액	150.0
전문가 수수료	65.0
DIP 파이낸싱	727.0
우선 조세채권	14.4
1순위 담보청구권	4,377.6
2순위 담보청구권	1,440.0
연금 부채	1,240.3
일반 무담보청구권	305.0
합 계	8,319.3

전체 채무에는 727백만 달러의 DIP 파이낸싱와 재평가된 연금부채가 포함되어 있다. 어파이어는 파산기간 중 영업활동을 계속하기 위해 시티은행으로부터 리보+750bps에 727백만 달러의 DIP 파이낸싱을 얻었다. (2017년 6개월 리보금리는 평균 1.475%여서 어바이어의 DIP 대출금리는 약 8.975%가 된다.) 회사의 영업활동 현금흐름과 DIP 파이낸싱으로 어바이어는 파산 중에도 영업활동에 필요한 유동성을 확보할 수 있었다.

그 동안 제품시장 측면에서는 무슨 일이 발생했는가? 어바이어는 비즈니스센터 사업을 매각하기로 한다. 회사는 34군데 잠재적 매수자를 접촉했고 8개 업체가 입찰에 응하였다. 입찰자 중 한 곳은 제시가가 3.9십억 달러에 달했지만 협상은 끝내 결렬되었다. 이후 어바이어는 3.7십억 달러의 제안을 받지만, 매각을 하지 않는 것을 결론 내린다.[14] 이 회사는 또한 네트워킹 비즈니스 매각을 위해 37개 잠재 매수자를 접촉하고 그 중 4개 업체가 입찰에 응하였다. 330백만 달러의 최고 입찰가를 제시한 원매자는 입찰을 철회한다. 차순위 입찰자인 익스트림 네트웍스(Extreme Networks)가 이 사업을 최종적으로 100백만 달러에 인수하게 된다.[15] 어바이어는 2017년 5월 13일 1차 회생계획을 제출한다. 하지만 이 계획은 채권자들의 동의를 얻지 못했다. 2017년 9월 9일 법원은 채권자들과 그들의 이해관계자들의 중재에 나섰고, 그 결과 2017년 10월 24일 두 번째 회생계획이 제출된다. 이 회생계획은 채권자들의 동의를 얻어 2017년 11월 28일 법원의 인가를 받는다. 확정된 회생계획의 주요 내용은 다음과 같다.

- DIP 파이낸싱 725백만 달러는 회사가 파산에서 졸업하는 즉시 전액을 상환한다.
- 1순위 담보권자(선순위 담보채권자)는 현금 2.1십억 달러와 총 1.6십억 달러 상당의 보통주 99.3백만 주(파산 졸업 후 최대 2.55% 희석된 후를 기준으로 재구조화된 회사의 보통주 90.5%)를 배당받았다. (2.25%는 이사, 중역, 특정 임직원을 위한 주식 인센티브 플랜에 따른 것이다.) 따라서 1순위 담보권자는 4.4십억 달러의 청구권에 대해 3.7십억 달러를 배당받았다.[16] 이는 이들이 가진 청구권 총액의 84.1%, 전체 청구권자에게 지급되는 금액의 86.6%를 차지한다.
- 2순위 담보권자(1순위 담보권자 배당 후의 담보채권자)는 70.4백만 달러 상당의 보통주 4.4백만 주를 배당받았다. 이는 파산 졸업 후 (최대 2.25% 희석된 후를 기준으로) 재구조화된 회사의 보통주 4%에 해당한다. 이들은 또한 주당 행사가격 25.55달러에 보통주를 추가로 매수할 수 있는 워런트 5.6백만 개도 받았다.[17] 따라서 2순위 담보권자는 1.4십억 달러의 청구권에 대해 약 70.4백만 달러를 얻어냈다. 이는 청구권 총액의 5%, 전체 청구권자 지급총액의 1.7%에 해당한다.
- 무담보채권자들은 58백만 달러를 받거나 보통주를 200,000주까지 살 수 있는 옵션을 가지게 되었다. (무담보채권자가 받아가지 않는 현금은 모두 1순위 담보권자에게 지급되는 조건이었다.) 따라서 무담보채권자는 305백만 달러의 청구에 58백만 달러를 배당받았다. 이는 청구권 총액의 19.0%, 전체 청구권자 지급총액의 1.4%에 해당한다.[18]

---

14) https://www.crn.com/slide-shows/networking/300084634/avayas-reorganization-plan-filing-10-key-takeaways-for-partners.htm/pgno/0/5.

15) https://www.bizjournals.com/sanjose/news/2017/03/08/extreme-networks-avayanetworking-acquisition.html.

16) 어바이어 주식은 2017년 12월 18일 거래가 재개되었다. 개장가는 15.875달러, 종가는 18달러였다. 저자들은 청구권자들에게 지급한 주식의 가치를 16달러로 평가했다. 각 청구권조의 청구권 추정치는 2017년 8월 18일자 수정 공시보고서를 참고했다.

17) 모든 옵션은 가치가 있지만 이 상황에서 옵션가치를 평가하기는 쉽지 않다. 행사가격이 IPO가격 이하였기 때문에 저자들은 옵션가치를 반영하지 않았다.

18) 이미 언급한 것처럼 챕터 11에 따른 재구조화에서는 절대적 우선순위가 지켜지지 않을 수 있다.

- 연금혜택보증공사(Pension Benefit Guaranty Corporation, PBGC)는 현금 340백만 달러와 97.6백만 달러 상당의 보통주 6.1백만 달러(잠재적인 2.55%의 희석을 감안할 때 재구조화된 회사의 보통주 약 5.5%)를 배당받았다. 따라서 PBGC는 1.2십억 달러의 청구에 대략 437.6백만 달러를 배당받았다. 이는 청구권 총액의 36.5%, 전체 청구권자 지급총액의 10.4%에 해당한다.[19)]
- 파산 졸업 전 기존에 발행된 우선주와 보통주는 모두 소각했다. (즉, 구주주들은 아무것도 배당받지 못했다.) 구주를 소각하는 대신 액면가 0.01달러의 우선주 55백만 주, 액면가 0.01달러의 보통주 550백만 주가 발행할 주식의 총수로 승인되었다.
- 새로이 재구조화된 회사는 2024년 12월 15일이 만기인 2.9십억 달러의 장기차입금과 2022년 12월 15일이 만기인 300백만 달러 규모의 회전신용한도대출을 지원받았다.

추가적으로 회사는 약 150백만 달러의 행정비용, 65백만 달러의 전문가 수수료, 14.4백만 달러의 조세채권을 전액 지급하기로 했다.[20)]

어바이어는 파산에서 졸업하는 시점에 약 3십억 달러의 신규 자금을 확보한다. 파산 중에 있던 2017 회계연도에 어바이어는 매출이 11%, 400백만 달러나 감소했음에도 137백만 달러의 영업이익을 실현했다. 다만 어바이어는 243백만 달러(2016년 471백만 달러)의 이자비용과 98백만 달러의 재구조화비용 때문에 182백만 달러의 순손실의 내며 어려움을 겪었다. 하지만 2018년 당시 파산절차에 따른 채무와 연금 탕감으로 향후 300백만 달러 이상의 현금흐름 개선을 기대할 수 있게 되었다.

요약정리

회사는 제품시장 혹은 금융시장 실패로 인해 재무적 어려움에 처한다. 회사가 생존하기 위해서는 이 두 가지 실패를 모두 교정해야 한다. 제품시장 실패는 잘못된 경영의 결과일 수도 있지만 제품시장 환경의 변화(예 경쟁사, 신제품, 비용 변화)를 수반하는 것이 일반적이다. 금융시장 실패는 잘못된 재무정책, 특히 그 중에서도 잘못된 자본구조정책에 따른 것이 일반적이다. 이 장에서 다룬 부채의 사적 구조조정과 챕터 11에 따른 파산은 전자가 아닌 후자의 실패를 교정하기 위해 설계된 것이다.

---

19) PBGC는 기업 연금플랜을 부분적으로 보증하는 정부기관이며, 챕터 11의 별도 청구권자이다. PBGC는 어바이어의 연금플랜이 1.2십억 달러 덜 납입되었다고 주장했다. 파산기간 동안 어바이어는 1,000명의 현직 종업원과 7,000명의 퇴직자에 대한 연금플랜을 중단했다.
https://www.reuters.com/article/us-bankruptcy-avaya/us-judge-clears-avaya-inc-to-exit-bankruptcy-idUSKBN1DS2W9.

20) 행정비용과 전문가 수수료를 합한 215백만 달러는 파산절차 개시 시점의 회사 장부가치 5.2십억 달러의 4%에 해당한다.

핵심 포인트

구조조정과 파산은 회사의 현금흐름을 재분배하여 기업가치와 그 구성요소인 주식과 차입금의 청구권 가치를 변동시킨다.

회사를 생존시켜야 하는지에 대한 결정은 새로운 재무정책이 실행되면 존속가치가 청산가치보다 높을 것인지 여부에 달려있다. (다시 말해 이 회사가 새로운 재무정책으로 양의 NPV를 가지는지가 관건이 된다)

재무적 실패를 해결하는데 세 가지 유형의 구조조정이 존재한다.

1. 자발적 구조조정. 이는 채권자들의 동의 확보의 어려움과 채무면제에 대한 세무상 부담으로 실행에 어려움이 따른다.
2. 챕터 11 파산에 따른 구조조정. 이는 위에서 언급한 두 가지 문제를 모두 해결할 수 있지만 법적 시스템 사용에 따른 추가적 비용이 수반된다.
3. 프리패키지드 파산. 이는 반대자들의 동의를 강제하기 위해 자발적 구조조정 합의를 파산법원에 제출하고 합의된 파산절차를 밟는 것이다. 이 제도가 효과적으로 작동하기 위해서는 임박한 재무곤경을 조기에 인지할 수 있어야 한다.

다음 주제

이로써 자금조달결정과 재무정책에 다한 논의를 마친다. 이제 우리는 가치평가와 좋은 투자결정에 대한 논의로 옮겨간다. 다음 장에서는 가치평가의 핵심 도구인 할인과 순현재가치(NPV)에 대해 살펴본다.

[참조 13.A] 채권자간 조정 문제

파산절차에서 쉽게 간과되는 특징 중 하나는 파산시 동일한 우선순위조에 모든 사람은 동일한 배당을 받을 것을 강제받는다는 것이다. (즉, 이들은 청구권에 대해 동일한 비율로 배당받는다.) 이런 특징이 없다면 재무곤경기업의 채권자들은 서로 먼저 상환받기 위해 노력할 유인을 갖게 된다. 이는 채권자들에게 상당한 감시비용을 발생시킨다. "첫 번째는 첫 번째로 줄서기이다."라는 말은 초기 은행의 위기를 발생시킨 주된 원인이 되었다. 파산법은 채권자 개인의 추심권을 유지한 상태에서 협상의 장을 마련해 주는 것으로 우선순위가 같은 채권자들 사이에서는 자산의 비례적 배분을 보장한다.

첫 번째는 첫 번째로 줄서기이다.

1910년 런던을 배경으로 한 동화 메리 포핀스(Mary Poppins)에는 "first in time is first in line"의 개념을 잘 보여주는 명장면이 있다. (메리 포핀스의 고용주인) 미스터 뱅크가 자신이 일하고 있는 은행으로 자기 아들 미카엘을 데리고 갔을 때 은행장은 아들이 소년의 2펜스를 예금을 하겠다며 가져가 버린다. 소년은 그 돈으로 새 모이를 사길 원하고 자기 돈을 돌려 달라고 소리치며 요구했다. 사람들은 소년의 말을 듣고 은행이 예금자에게 돈을 돌려주길 거부하고 있다고 생각한다. 이는 은행으로 달려가는 시발점이 되고 (예금자들은 자신의 돈을 돌려받기 위해 은행에 줄을 선다.) 은행은 일시적으로 문을 닫을 수밖에 없게 된다. 이 이야기는 영국이나 미국이 예금자 보호가 시행되기 이전의 일로, 이는 은행이 예금을 지급하지 못하면 예금자가 손실을 봐야 했던 시절의 이야기다. 문제를 인식한 예금자들은 출금을 위해 은행으로 달려갈 것이다. 처음 몇 명은 자신들의 돈을 돌려받겠지만 마지막 줄을 선 사람들은 한 푼도 찾지 못하는 상황이 발생할 수 있다.

PART Three

투자와 가치평가

CHAPTER 14

화폐의 시간가치: 할인과 순현재가치

이 장에서 우리는 이 책의 세 번째 파트인 가치평가에 대한 논의를 시작한다. 이 책의 서두에서 우리는 CFO의 세 가지 핵심 책무에 대해 언급했었다. 좋은 자금조달결정을 하고, 좋은 투자결정을 하며, 이 두 가지를 하는 동안 현금이 고갈되지 않도록 하는 것이다. 두 번째 파트는 좋은 자금조달과 재무정책을 다루었다. 이번 파트는 좋은 투자결정을 다룬다. 이를 위해서 우리는 먼저 가치평가 기법에 대해 학습하게 된다. 물론 이때 할인(discounting)과 순현재가치(net present value, NPV)가 가장 중요한 개념이다. 이 책의 다른 주제들(저자들의 생각으로는 다른 재무관리 교과서들은 이를 다루지 않고 있다. 그랬다면 우리가 이 책을 쓰지도 않았을 것이다.)과 달리 할인과 NPV는 모든 회계와 재무관리 기본 교재에서 다루고 있다. 다음은 이 주제에 대한 우리의 생각이다.

화폐의 시간가치

화폐의 시간가치(time value of money)는 재무관리에서 가장 중요한 개념 중 하나이다. 이는 어린 아이들이 "지금 갖고 싶어, 나중이 아니라, 지금 당장!"이라고 말할 때 그들은 이미 이 개념을 이해하고 있는 것이다. 간단하게 말하면, 현재의 1달러는 내일의 1달러보다 가치가 있다는 것이다.

화폐의 시간가치를 설명하는 가장 쉬운 방법은 은행예금을 생각하는 것이다. 만일 여러분이 연초 은행에 100달러를 예금하고 연 5%의 이자를 얻는다면, 당신은 연말에 얼마를 가지게 되는가? 당초의 예금 원금 100달러에 그 해 동안 얻은 이자 5달러($100 * 5%)를 합한 105달러를 받게 될 것이다. 이는 이자율이 5%이면 현재 100달러는 1년 후 105달러와 대등하다는 것을 의미한다. 거꾸로 말하면 1년 후의 105달러는 현재 100달러의 가치를 가진다.

현재 어떤 금액이 미래에 얼마의 가치를 갖는지를 수리적으로 계산하는 것을 복리계산(compounding)이라 한다. 반대로 미래의 어떤 금액이 현재 얼마의 가치를 갖는지를 수리적으로 계산하는 것을 할인(discounting)이라 한다. 복리계산과 할인은 서로에 대해 역의 관계에 있다.

여러분이 다음해에도 5% 이자에 105달러를 은행에 예금하면 어떻게 되는가? 당신은 그해 말에 얼마를 갖게 되는가? 110.25달러를 갖게 될 것이다. 여러분은 두 번째 해 시작 시점에 105달러를 가지게 되고, 두 번째 해에 추가로 5.25달러($105 * 5%)의 이자수익을 얻게 된다. 더 많은 돈으로 두 번째 해를 시작하기 때문에 첫 번째 해($5)보다 두 번째 해($5.25)에 더 많은 이자수익을 얻는다. 두 번째 해에는 최초 원금 100달러에 대한 5달러의 이자에 더하여, 첫 번째 해에 얻은 5달러에 대해 5%의 이자 즉, 0.25달러를 추가로 얻는다. 두 번째 해에는 이자에 이자가 붙게 된다. 따라서 이 경우 두 번째 해 말 110.25달러는 현재 100달러의 가치가 있다는 의미가 된다.

이를 시각적으로 표현하면 다음과 같은 시간표로 나타낼 수 있다.

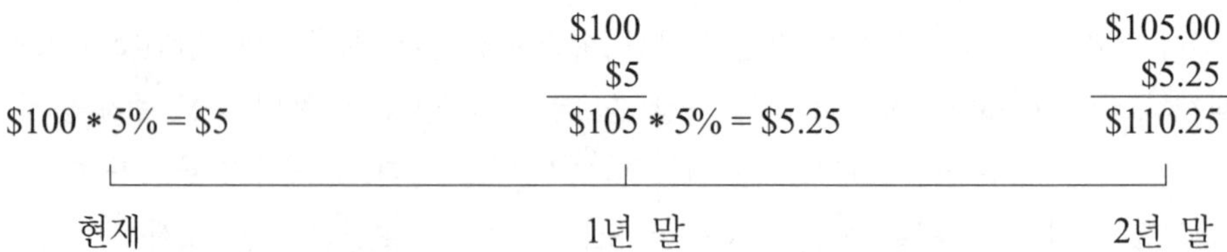

오늘을 현재로 보면 100달러는 현재가치(present value, PV)이다. 110.25달러와 105달러는 미래가치(future value, FV)이다. 이 둘을 구별하기 위하여 105달러를 첫 번째 해말 미래가치(FV_1), 110.25달러를 두 번째 해말 미래가치(FV_2)라고 부른다. 시간표에 다음과 같은 이름표를 붙일 수 있다.

$100 * 5% = $5 $105 * 5% = $5.25 $110.25

PV FV_1 FV_2

5%는 r로 나타내는 이자율이다. (r은 경우에 따라 i로도 나타낸다.) 이 경우 위의 시간표는 다음과 같은 공식으로 변환된다.

$$FV_1 = PV * (1 + r) \rightarrow \$105 = \$100 * (1 + 5\%)$$
$$FV_2 = FV_1 * (1 + r) \rightarrow \$110.25 = \$105 * (1 + 5\%)$$

이들을 대수적으로 대입해보면 다음을 얻는다.

$$FV_2 = PV * (1 + r) * (1 + r) = PV * (1 + r)^2$$

이 수식을 사례에 적용하면, $\$110.25 = \%100 * (1.05)^2$이 된다.

이를 미래의 어떤 기간 n에 대해 일반화하면 다음과 같이 나타낼 수 있다.

$$FV_n = PV * (1 + r)^n$$

여기서 기간 이자율이 r이면, 현재부터 n기간 후 미래가치는 현재가치에 $(1 + r)^n$을 곱한 것과 같다.

현재가치를 미래가치로 복리화하는 것은 재무관리가 아니더라도 대부분에서 유사하게 적용되는 개념이다. 우리가 은행에 예금을 하고 이자를 받을 때 통상 이 개념을 접하게 된다.

반대로 미래가치를 현재가치로 할인하는 것은 재무관리에 익숙하지 않은 사람들에게 다소 생소할 수 있다. 하지만 언급한 것처럼 이는 복리화의 반대 개념이다. 수학적으로 할인을 다음과 같이 작동한다.

$FV_n = PV * (1 + r)^n$의 양변을 $(1 + r)^n$으로 나누면 PV(현재가치)를 얻을 수 있다.

$$PV = FV_n / (1 + r)^n$$

이 수식에 위의 수치를 대입하면, 이자율 5%로 110.25달러의 FV_2를 2년에 대해 과거로 할인하면 현재 100달러의 가치를 가진다.

$$PV = \$110.25/(1.05)^2 = \$100$$

이것이 (미래로 보내는) 복리화, (과거로 보내는) 할인, 시간가치의 핵심이다. 이제 우리는 이 개념을 다른 상황에 적용해 보기로 한다.

다기간 복리화와 할인

위의 개념을 설명하기 위해 간단한 사례를 하나 더 살펴보자. 여러분이 오늘 12,000달러의 일시금(옵션 1)을 받거나 4년 후에 18,000달러의 일시금(옵션 2)을 받는 두 가지 옵션을 제안 받았고, 이때 적정 연간 이자율은 8%라고 해보자.[1] 어느 옵션이 더 가치가 있는가? 오늘

1) 사업관점에서 이는 오늘 12,000달러를 투자해 4년 후 18,000달러를 받는 것과 같다. "적정" 이자율은 인플레이션이 감안된 투자안의 위험을 반영한다.

12,000달러인가 아니면 4년 후 18,000달러인가?

이에 답하기 위해서는 우리가 특정일을 정해 그 날(어떤 날도 가능하다. 오늘, 4년 말, 아니면 그 사이에 어떤 날도 가능하다.) 두 옵션의 가치를 비교하면 된다. 4년 후 두 옵션의 가치를 비교하는 것에서 시작해보자. 옵션 2는 글자 그대로 4년 후 18,000달러이다. 4년 후 옵션 1의 가치는 얼마인가? 즉, 오늘 12,000달러는 4년 후 얼마의 가치가 있는가? 위의 식에서 PV = \$12,000, r = 8%, n = 4이면,

$$FV_n = PV * (1 + r)^n = \$12,000 * (1.08)^4 = \$16,325.87$$

따라서 오늘 12,000달러의 일시금을 받아 4년간 연간 8%로 투자하기보다 4년 후에 18,000달러를 일시금으로 받는 것이 유리하게 평가된다.

기억하듯이 오늘 12,000달러를 미래의 가치로 환산하는 것을 복리화라고 한다. 이를 시각적으로 표현하면 다음과 같다.

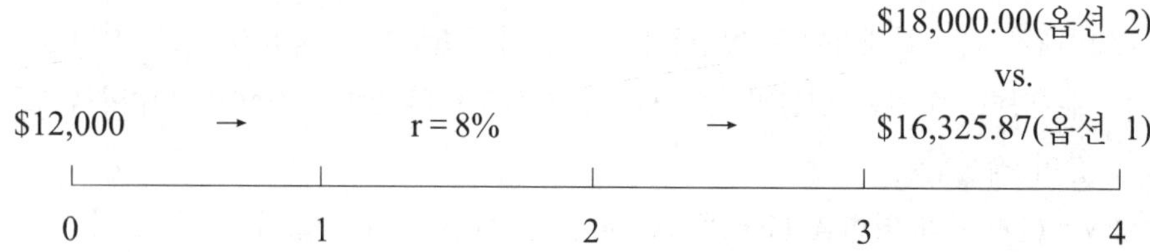

이와 함께 우리는 현재 기준으로 두 가지 옵션을 비교해 어느 옵션이 더 가치가 있는지 답할 수도 있다. 정의상 옵션 1의 가치는 오늘 12,000달러이다. 옵션 2의 오늘 가치는 얼마인가? 다시 말해 4년 후 18,000달러는 오늘 얼마의 가치가 있는가? 위의 식에 FV = \$18,000, r = 8%, n = 4를 대입하면,

$$PV = \$18,000/(1.08)^4 = \$13,230.54$$

미래가치 18,000달러를 현재가치로 계산하는 것을 할인이라고 한다. 이를 시각적으로 표현하면 다음과 같다.

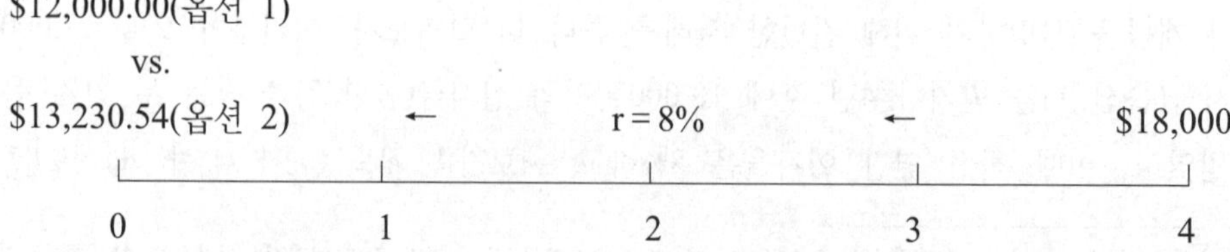

미래가치를 구하기 위해 옵션 1을 복리화하는 것과 현재가치를 구하기 위해 옵션 2를 할인하는 것은 모두 4년 후 18,000달러가 오늘 12,000달러보다 더 가치가 있는 것으로 나타난다. 미래가치와 현재가치 어느 것으로 비교해도 그 결과는 일치한다는데 유의하자.

따라서 복리화나 할인 두 가지 방법으로 어느 시점에서도 옵션들을 비교할 수 있고, 어느 경우나 동일한 결론이 도출된다. 결과는 일관되게 나타난다. 따라서 옵션 2의 현재가치가 옵션 1의 현재가치보다 크며, 옵션 2의 미래가치도 옵션 1의 미래가치보다 크다.[2)]

기간이자율

이자율에 복리를 적용할 때 사용되는 기간을 명확히 하는 것은 중요하다. 위의 예는 이자율이 연리라고 가정하는데, 매년 말 1년에 한 번 이자를 지급한다는 의미이다. 하지만 1년에 한 번 이상 복리로 계산되는 이자율이 적용되는 것은 상당히 일반적이다. 미국에서 발행되는 채권은 일반적으로 1년에 두 번 이자(이표)를 지급한다. 이 경우 복리화에 적용되는 이자율은 채권에 표시된 연간 표면금리를 2로 나눈 것이 된다. 1년에 두 번 복리로 계산되는 표면금리 8%의 미국 채권을 생각해보자. 이는 이 채권이 실제 매 6개월마다 4%의 이자를 지급한다는 뜻이다. 6개월마다 4%를 지급하면 1년에 한 번 8%를 지급하는 것보다 지급액이 많아진다. 왜 그런가? 채권의 액면가가 100달러이면 첫 6개월 말 이 채권에 4%의 이자(4% * $100)가 발생한다. 두 번째 6개월의 이자 역시 4%이지만, 이때는 104달러에 대한 4%인 4.16달러의 이자가 발생한다. 만일 이 채권의 만기가 그해 말이라면 투자자는 액면가 100달러("원금")와 4달러와 4.16달러의 합산 8.16달러의 이자를 받게 된다. 이 채권이 1년에 한 번 이자를 지급하는 채권이면 동일 기간의 이자율은 8.16%가 되어야 한다.

따라서 어떤 기간에 대한 실질이자율은 명목이자율을 얼마나 많이 복리로 계산하느냐에 따라 결정된다.

위의 예에서 8%의 표면금리에 12,000달러를 연 단위 복리로 투자하면 4년 후에는 총 16,325.87달러가 된다. 이를 바꾸어 8%의 표면금리에 12,000달러를 분기 단위 복리로 투자하면, 매 3개월마다 2%에 재투자하는 것으로 계산된다. (8%의 표면금리를 4로 나누면 분기당 2%가 된다.) 만일 분기 단위 복리로 12,000달러를 4년간 투자하면 얼마의 가치가 있는

---

2) 어느 옵션이 유리한지를 판단하는 또 다른 방법으로 두 금액를 등가로 만들어 주는 할인율을 계산해 할인이나 복리화에 사용되는 "이자율"과 비교하는 방법이 있다. 두 옵션을 같게 만드는 이자율을 찾기 위해서는 $FV_n = PV * (1+r)^n \rightarrow (1+r)^n = FV_n/PV$ 에서 r의 해를 구하면 된다. 여기서 두 옵션을 같게 만들어주는 r을 $r_{등가}$라고 하자. 우리 예에서 $(1+r_{등가})^4$ = $18,000/$12,000이기 때문에 $r_{등가} = 10.67\%$가 된다. 10.67%는 8%보다 높기 때문에 8%에 12,000달러를 투자하면 4년 후 18,000달러보다 작게 된다. 만일 두 수치를 등가로 만드는 r을 풀고 $r_{등가}$가 할인이나 복리화에 사용되는 이자율보다 높으면 우리는 미래 일시금을 선호하게 된다. 반대로 $r_{등가}$가 이자율보다 낮으면 현재 일시금을 받고 이를 이자율로 투자하는 것이 합리적이다. 이는 이 투자안이 미래 일시금을 받는 옵션보다 더 많은 수익을 내기 때문이다.

지 알고자 하면 r에는 2%, n에는 16을 적용한다. (n은 기간의 수이고 이 예에서 기간은 분기의 수이므로 4년에는 16분기가 있다는 것을 기억하자.)[3]

계산은 다음과 같다.

$$FV_n = PV * (1 + r)^n$$
$$FV_{16} = \$12{,}000 * (1.02)^{16} = \$16{,}473.43$$

4년에 대해 8%의 분기 단위 복리로 계산($\$12{,}000 * (1.02)^{16}$)한 FV_{16}은 8%에 1년 단위 복리로 계산된 16,325.87달러(또는 $\$12{,}000 * (1.08)^4$)보다 크다.

우리는 이 개념을 연간등가금리인 연이율(annual percentage rate, APR) 계산에 사용할 수 있다.[4] APR은 복리 계산의 간격(단위기간)이 다른 이자율을 비교하는데 유용하게 사용된다.

연간 1회 이상 복리 계산을 해야 하는 금리를 APR로 변환하는 공식은 다음과 같다.

$$APR = (1 + r / j)^{n * j} - 1 \quad (j = \text{연간 이자율을 복리화해야 하는 기간의 수})$$

연금

연금(annuity)은 동일한 정기 지급액을 갖는 계약을 말한다. 다만 "연금"이라는 이름에도 불구하고 지급가격이 반드시 연간 단위일 필요는 없다. 주택모기지는 연금의 한 형태이다. 일시금으로 빌린 후 10년, 20년 또는 30년 동안 월납으로 균등상환하기 때문이다. 또한 대부분의 차입계약은 연금(정기적 이자지급)과 최종적 일시 원금상환의 혼합 형태를 취한다.

과거에는 할인율에 따른 연금의 현재가치와 미래가치를 비교해주는 환산표가 많이 사용되었다. 하지만 현재는 몇 가지 변수들을 입력만 하면 할인이나 복리 계산을 해주어 연금가치를 구할 수 있는 컴퓨터 스프레드시트가 보편화되었다.

가령 2019년 6월에 첫 번째 지급을 하고 매년에 두 번씩 6월과 12월 말에 300,000달러를 지급하는 연금이 있다고 해보자. 이자율은 12%이고 반면마다 복리(즉, 매 6개월에 6%)로 계산한다고 가정한다. 이런 계약은 2019년 1월 1일 현재 얼마의 가치가 있는가? 풀이 과정은 다음과 같다.

3) 이자지급 기간을 기준으로 금리를 표시(예: 매 3개월마다 2%)하지 않는 데는 특별한 이유가 있는 것은 아니다. 1년에 대한 금리를 표시하는 것은 그저 관행일 뿐이다.

4) 이것은 연간수익률(annual percentage yield, APY)로도 불린다.

지급일	지급액	할인	할인계수	가치
2019.6.30.	\$300,000	$1/(1+r)$	0.943396226	\$283,019
2019.12.31.	\$300,000	$1/(1+r)^2$	0.889996440	\$266,999
2020.6.30.	\$300,000	$1/(1+r)^3$	0.839619283	\$251,886
2020.12.31.	\$300,000	$1/(1+r)^4$	0.792093663	\$237,628
2019.01.01. 가치 (r = 6%)				\$1,039,532

순현재가치(NPV)

재무관리에서 투자 여부는 주로 순현재가치(net present value, NPV)로 결정된다. 투자안의 NPV가 양이면 좋은 투자로 간주된다. 반대로 NPV가 음이면 나쁜 투자로 간주된다. *NPV란 무엇인가?* NPV는 프로젝트에서 발생하는 모든 현금흐름의 유입과 유출을 현재가치로 계산해 더한 순현금흐름 합계액이다. 일반적으로 투자안은 최초 지출액(즉, 현금유출)과 이후 일련의 수익(즉, 현금유입)으로 구성된다.

은행에 연복리 이자율 5%로 100달러를 예금하는 예로 돌아가 보자. 예금을 첫해 말에 인출한다고 해보자. NPV는 다음과 같이 계산된다. 은행에 대한 100달러의 현금유출(예금) 이후 1년 후 모든 자금을 인출하면 105달러의 현금유입(원리금)이 발생한다. NPV는 이러한 두 현금흐름 현재가치의 합이다. 오늘 현재 100달러의 현재가치는 100달러이고, 이는 유출이기 때문에 현금흐름의 현재가치는 －100달러로 처리된다. 1년 후 105달러 현금유입의 현재가치는 1년에 대해 105달러를 5%의 할인율로 할인한 ＋100달러가 된다. 따라서 이 경우 NPV는 －\$100＋\$100＝0이다.

이를 일반화한 공식은 다음과 같다.

$$NPV = \text{Cash Flow}_0 + \text{Cash Flow}_1 / (1+r)^1 + \cdots + \text{Cash Flow}_n / (1+r)^n$$

각각의 현금흐름은 양(＋)의 값을 가질 수도 음(－)의 값을 가질 수도 있음에 유의하자. 이때 현금유입은 양의 값으로 처리되고, 현금유출은 음의 값으로 처리된다.

위의 예에서 NPV는 다음과 같이 계산된다.

$$NPV = -\$100 + \$105 / (1.05)^1 = -\$100 + \$100 = \$0$$

NPV가 0이라는 것이 투자안이 수익을 얻지 못한다는 것은 아니다. 대신 해당 투자안이 다른 투자안에서도 얻을 수 있는 경쟁적인 수익만 얻는다는 의미를 갖는다. 이자율이 진정

5%라면 오늘 100달러를 투자하고 1년 후 105달러를 받는 것은 좋은 투자도 나쁜 투자도 아닌 것이다. 이는 공정한 수익률이다. 투자자는 5%의 수익을 얻게 되지만, NPV는 0이 된다. 한편 은행에 100달러를 예금하는 대신 (은행과 같은 위험을 갖는) 신규 장비에 100달러를 투자하고 1년 후 110달러를 얻었다고 가정해보자. 이 경우 NPV는 4.76달러(-$100 + $110/1.05)가 된다. 즉 이 프로젝트는 양의 NPV를 갖는다. 투자 위험이 동일하다면 NPV가 크기 때문에 첫 번째 투자안(예금 가입)보다 두 번째 투자안(장비 투자)이 선호된다.

NPV를 이용한 투자결정에는 다음 규칙이 적용된다. 양의 NPV는 투자안의 미래 수익이 투자안이 부담하는 위험보다 크다는 것을 의미한다. 음의 NPV는 투자안의 미래 수익이 투자안이 부담하는 위험보다 작다는 것을 의미한다. 음의 NPV가 미래 현금흐름의 (명목)총액이 최초 투자액보다 작다는 것을 의미하지는 않는다. (예를 들어 100달러를 투자해 80달러를 얻는다는 의미는 아니다.) 이는 주어진 요구수익률 하에서 미래 현금흐름이 최초 투자액을 정당화하기에 충분하지 않다는 것을 의미한다. 따라서 다음 규칙이 가능하다.

NPV > $0 "좋은 투자"
NPV < $0 "나쁜 투자"
NPV = $0 투자안은 경쟁적 수익을 얻는다.

이제 연금에 이 의사결정 규칙을 적용해보자. 1백만 달러를 처음에 투자하고 이후 일련의 현금흐름이 발생한다고 가정하자. 시각적으로는 다음과 같다.

($1,000,000)	$300,000	$300,000	$300,000	$300,000
1/1/2019	12/31/2019	12/31/2020	12/31/2021	12/31/2022

할인율이 6%이면 이 연금의 NPV는 39,532달러(-$1,000,000 + $1,039,532)가 된다. 만일 이러한 기대 현금흐름과 이자율을 갖는 프로젝트가 있다면 NPV가 양의 값을 가지기 때문에 1백만 달러를 기꺼이 투자한다.[5)]

5) 제시된 사례는 하나의 최초 현금유출 이후에는 일련의 양의 현금흐름만 이어지는 사례이다. 이 경우 NPV로 투자기회를 분석하려면 4년까지 매년 300,000달러의 연금을 할인하여 최초 비용 1백만 달러와 비교하면 된다. 정기적인 300,000달러 연금은 투자안의 정기 수익 또는 유입과 같다. 반면 연금의 최초 투자 1백만 달러는 투자안의 최초 유출과 같다. 하지만 모든 투자안의 현금흐름이 항상 이와 같은 연금의 형식을 취하지는 않는다. 즉, 투자안의 현금흐름이 시간에 따라 변동할 수 있다. 그럼에도 불구하고 NPV 기법은 모든 상황에서 일관되게 적용된다. 결국 어떤 경우든 NPV는 시간에 따라 발생하는 모든 양과 음의 현금흐름을 할인하여 합산하면 된다.

내부수익률(IRR)

내부수익률(internal rate of return, IRR)이 가끔 NPV를 대신하는 투자 의사결정 규칙으로 활용된다. IRR은 모든 현금흐름의 NPV를 0으로 만들어주는 할인율이다. IRR은 허들레이트(hurdle rate)라고 불리는 "문턱" 요구수익률이다. 만일 IRR이 요구수익률보다 높으면 이는 좋은 투자이다. 반대로 낮다면 이는 나쁜 투자이다.

다음과 같이 NPV 수식에서 NPV를 0으로 놓고 r을 풀면 IRR을 얻게 된다.

$$\text{NPV} = \$0 = \text{Cash Flow}_0 + \text{Cash Flow}_1 / (1 + r)^1 + \text{Cash Flow}_2 / (1 + r)^2 + \cdots + \text{Cash Flow}_n / (1 + r)^n$$

Cash Flow_0은 초기 투자이며, Cash Flow_1은 1년 후의 수익이고 Cash Flow_n은 n년 후의 수익이다. 각각의 현금흐름은 양이거나 음의 값을 가질 수 있다는데 유의하자.

IRR과 관련된 의사결정 규칙은 다음과 같다.

IRR이 요구수익률보다 높으면 이는 좋은 프로젝트이다.

IRR이 요구수익률보다 낮으면 이는 나쁜 프로젝트이다.

IRR이 요구수익률과 같으면 투자는 경쟁적 수익을 얻는다.

직관적으로 IRR로 투자안을 평가하는 것은 어떤 프로젝트가 회사의 요구수익률 이상의 수익률을 얻으면 이는 좋은 투자안이라고 판단하는 것이다. 반대의 경우라면 나쁜 투자안이 되는 것이다.

은행에 5%의 이자율로 100달러를 예금하는 앞의 예로 돌아가 보자. 첫해 말에 105달러를 인출한다고 가정하자. 위에서 본 것처럼 5%의 이자율에서 NPV가 0이기 때문에 이 투자의 IRR은 5%가 된다. IRR 5%는 요구수익률 5%와 같기 때문에 이 투자에서는 경쟁적 수익을 얻게 된다.

이번에는 앞에서 본 오늘 1백만 달러를 투자하고 반기별로 300,000달러의 현금유입이 4번 발생하는 연금의 예를 생각해보자. 이전처럼 할인율은 반년에 6%라고 가정한다. 이 예에 IRR 공식을 적용하면 다음과 같다.

$$\text{NPV} = \$0 = \text{CashFlow}_0 + \text{CashFlow}_1 / (1 + r)^1 + \text{CashFlow}_2 / (1 + r)^2 + \cdots + \text{CashFlow}_n / (1 + r)^n$$

$$\$0 = -\$1\text{million} + \$300{,}000 / (1 + r)^1 + \$300{,}000 / (1 + r)^2 + \$300{,}000 / (1 + r)^3 + \$300{,}000 / (1 + r)^4$$

이 식을 r에 대해 풀면 7.71%의 IRR을 얻는다. IRR이 회사의 허들레이트인 6%보다 높기 때문에 이 프로젝트는 좋은 투자로 간주된다.

이를 표 형식으로 분석해 보면 다음과 같다.

지급일	지급액	할인	할인계수	가치
2019.1.1.	− \$1,000,000	1/1	1.000000	− \$1,000,000
2019.6.30.	\$300,000	$1/(1+r)$	0.928384	\$278,515
2019.12.31.	\$300,000	$1/(1+r)^2$	0.861898	\$258,569
2020.6.30.	\$300,000	$1/(1+r)^3$	0.800172	\$240,052
2020.12.31.	\$300,000	$1/(1+r)^4$	0.742868	\$222,860
2019.1.1. 가치	(연복리 r = 15.428% 또는 반년 r = 7.714%)			− \$4*

* \$4는 라운딩 에러임.

선택: IRR vs. NPV?

일반적인 경우 IRR과 NPV는 같은 결정을 추천하게 된다. 위의 은행 예금 예에서 투자안은 NPV가 0이고 IRR은 요구수익률과 같게 나타난다. 이는 투자기회(예금)가 위험에 비추어 경쟁적으로 공정한 수익을 제공한다는 것을 의미한다.

위의 연금 사례의 경우 할인율 6%에서 NPV는 양의 값을 갖고, IRR 7.714% 역시 할인율 6%보다 높았다. 따라서 두 의사결정 규칙 모두 이것이 좋은 투자라는 것을 말하고 있다.

그러나 때때로 IRR과 NPV가 다른 결과를 낳기도 한다. 이런 상황이 발생하는 것은 주로 다음 네 가지 이유 때문이다.

첫째, IRR은 프로젝트의 규모를 무시한다. 회사가 둘 중 하나에만 투자해야 하는 두 개의 상호배타적인 프로젝트(예: 특정 토지를 사용하는 두 프로젝트)를 가지고 있다고 하자. 허들레이트를 12%로 가정하자. 이 두 개 프로젝트의 IRR이 같을 수는 있지만 프로젝트의 규모가 하나는 크고 하나는 작을 수 있다. 예를 들어 오늘 100,000달러가 필요하고 1년 후 150,000달러의 수익을 얻는 프로젝트는 IRR이 15%이다. 이는 다음과 같이 계산된다.

프로젝트 A:

$$\$0 = \text{CashFlow}_0 + \text{CashFlow}_1 / (1+r)^1 + \cdots + \text{CashFlow}_n / (1+r)^n$$

$$\$0 = -\$100{,}000 + (\$115{,}000 / (1+r))$$

$$\text{IRR} = 15\%$$

비슷하게, 오늘 1백만 달러가 필요하고 1년 후 1,150,000달러의 수익을 얻는 프로젝트도 IRR은 15%이다.

프로젝트 B:

$$\$0 = -\$1{,}000{,}000 + (\$1{,}150{,}000 / (1+r))$$

$$IRR = 15\%$$

따라서 IRR이 같고, 할인율이 12%라면 둘 다 좋은 투자안이 된다. IRR로는 어떤 투자안이 더 좋은지 판단할 수 없다.

하지만 할인율 12%에서 두 프로젝트의 NPV는 다르게 계산된다. NPV는 다음과 같다.

프로젝트 A:

$$NPV = -\$100{,}000 + (\$115{,}000 / (1.12)) = \$2{,}679$$

프로젝트 B:

$$NPV = -\$1{,}000{,}000 + (\$1{,}150{,}000 / 1.12) = \$26{,}786$$

프로젝트 B가 같은 위험 수준에서 더 큰 NPV를 가지며 둘 중 하나의 프로젝트만 실행해한다면 이 프로젝트가 선호된다. 이런 경우 IRR과 NPV는 우선순위를 답하는데 다른 결과를 도출한다. IRR 규칙에서는 두 프로젝트는 무차별하다. 하지만 NPV 규칙에서는 프로젝트 B가 우위를 점한다.

IRR과 NPV가 다른 결론을 도출할 수 있는 두 번째 이유는 할인율이 변동하면 프로젝트의 NPV는 변동하지만 IRR은 변동하지 않는다는데 있다.

다시 한 번 상호배타적인 투자안 A와 B를 고려해보자. 둘 다 현재의 초기 지출은 1백만 달러이다. 프로젝트 A는 처음 3년 동안 수익이 0이고 4년 말에 1,688,950달러의 수익이 발행한다. 반면 프로젝트 B는 4년 동안 매년 말에 357,375달러의 수익이 발생한다.

프로젝트 A:

($1,000,000)				$1,688,950
1/1/2019	12/31/2019	12/31/2020	12/31/2021	12/31/2022

프로젝트 B:

($1,000,000)	$357,375	$357,375	$357,375	$357,375
1/1/2019	12/31/2019	12/31/2020	12/31/2021	12/31/2022

다음과 같이 프로젝트 A의 r을 풀면 14%의 IRR을 얻을 수 있다.

$$\$0 = -\$1{,}000{,}000 + \$1{,}688{,}950 / (1 + r)^4),$$

프로젝트 B의 IRR은 16%가 된다.

$$\$0 = -\$1{,}000{,}000 + \$357{,}375 / (1 + r) + \$357{,}375 / (1 + r)^2 + \$357{,}375 / (1 + r)^3 + \$357{,}375 / (1 + r)^4$$

IRR 규칙을 사용하면 할인율이 14% 이하이기 때문에 IRR이 더 높은 프로젝트 B를 채택해야 한다.

이때 주의할 것은 IRR 계산결과는 회사의 허들레이트와 무관하게 동일하다는 것이다. 즉, 허들레이트는 IRR 계산에 사용되지 않는다는 것이다

우리가 NPV 규칙을 사용할 때 NPV는 할인율에 따라 변동한다. 두 프로젝트에 대한 NPV 산식을 적용하면 다음과 같다.

$$\text{프로젝트 A의 NPV} = -\$1{,}000{,}000 + \$1{,}688{,}950 / (1 + r)^4 = \$0$$

$$\text{프로젝트 B의 NPV} = -\$1{,}000{,}000 + \$357{,}375 / (1 + r) + \$357{,}375 / (1 + r)^2 + \$357{,}375 / (1 + r)^3 + \$357{,}375 / (1 + r)^4 = \$0$$

할인율에 따른 NPV 값은 아래 표에서와 같다. 할인율 11% 이하에서는 프로젝트 A의 NPV가 프로젝트 B보다 크다. 할인율이 12% 이상이면 프로젝트 B의 NPV가 프로젝트 A보다 커진다. 할인율이 14%이면 프로젝트 A의 NPV가 0이 되고, 16%에서는 프로젝트 B의 NPV가 0이 된다. NPV를 0으로 만드는 이런 할인율이 프로젝트의 IRR이다.

NPV 규칙을 이용하면 할인율이 12% 미만이면 프로젝트 A가 선호되고 할인율이 12%에서 16% 사이라면 프로젝트 B가 선호된다. 16% 이상의 할인율에서는 두 프로젝트 모두 선택되지 않는다.

앞에서 본 것처럼 프로젝트 B의 IRR은 프로젝트 A보다 크다. 하지만 NPV는 적용된 할인율에 따라 달라지기 때문에 프로젝트 B의 NPV가 프로젝트 A의 NPV보다 항상 크지 않다. 따라서 우리가 두 프로젝트 중에서 선택을 해야 할 때 NPV를 사용하면 IRR과 다른 결론에 도달할 수 있다.

따라서 할인율이 변동할 때 IRR과 NPV 규칙은 다른 결론에 도달할 수 있다.

할인율	투자안 A의 NPV	투자안 B의 NPV
10%	$153,582	$132,831
11%	$112,570	$108,737
12%	$73,365	$85,473
13%	$35,871	$63,002
14%	0	$41,288
15%	($34,332)	$20,298
16%	($67,202)	0
17%	($98,686)	($19,636)
18%	($128,853)	($38,639)

IRR과 NPV 규칙이 다른 결론에 도달할 수 있는 세 번째 이유는 IRR 규칙은 수령한 모든 현금흐름을 IRR로 재투자한다고 가정하기 때문이다.

다시 말해 IRR 규칙은 회사가 수령한 모든 현금흐름을 프로젝트가 종료될 때까지 계속해서 IRR과 동일한 수익률로 재투자가 가능하다고 가정한다. 이는 종종 비현실적 가정일 수 있다. 특히 IRR이 매우 높아서 (이는 통상 회사가 이 프로젝트를 좋은 투자라고 결론짓게 하지만) 프로젝트에서 발생한 현금흐름을 같은 수익률로 재투자하기 어려울 수 있다.

앞에서 살펴본 두 프로젝트를 사용해 보자.

프로젝트 A:

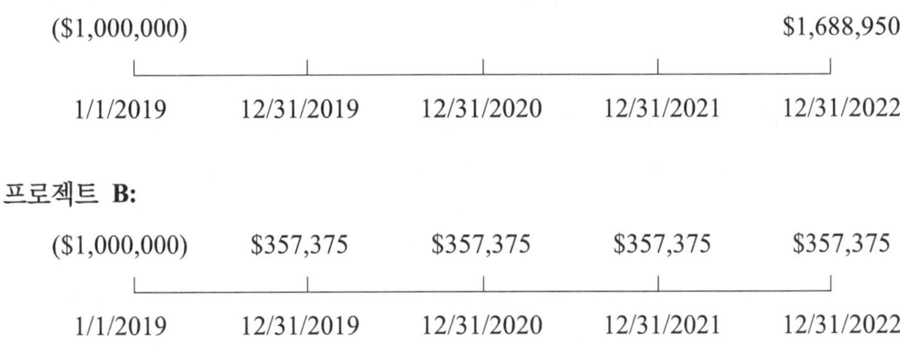

프로젝트 A는 14%의 IRR로 4년차 말에 1,688,950달러의 수익을 얻는다.

프로젝트 B는 16%의 IRR로 4년 동안 매년 말 357,375달러의 수익을 얻는다.

하지만 프로젝트 B로부터 얻은 수령액이 오직 11%의 수익률로 재투자될 수도 있다. 이 경우 프로젝트 B의 2022년 12월 31일 미래가치는 얼마가 되는가? 계산은 다음과 같다.

$$\$357,375 * 1.11^3 + \$357,375 * 1.11^2 + \$357,375 * 1.11^1 + \$357,375 = \$1,683,140$$

따라서 현금흐름이 IRR로 재투자될 수 없을 때 IRR 규칙을 적용하면 부분 최적화된 결론에 도달하게 된다.

마지막으로 IRR과 NPV가 다른 결론을 내릴 수 있는 네 번째 이유는 어떤 프로젝트의 IRR이 반드시 하나일 수는 없다는 점 때문이다.

위의 수식에서 보는 것처럼 IRR 규칙을 적용하기 위해서는 r에 대한 다항식을 풀게 된다. 시간에 따라 현금흐름의 부호(즉, 유입은 양, 유출은 음)가 변경되면 복수의 IRR 해(복수 실근)가 존재할 수 있게 된다.[6] 만일 앞의 예와 같이 투자안의 현금흐름이 유출 후 유입되어 부호가 한 번만 변동하는 경우에는 하나의 실근을 갖기 때문에 IRR은 하나가 된다. 하지만 어떤 투자안의 현금흐름에서 유출, 유입, 그리고 다시 유출이 발생해 부호가 두 바뀐다고 해보자. 이 경우는 실근이 2개가 되어 IRR도 2개가 된다. 따라서 초기 현금 유출 이후 미래에 다시 현금흐름의 유출(투자)이 필요(예: 보완투자)한 투자안은 단일 해의 IRR을 갖지 않는다. 반대로 NPV는 언제라도 단일 해를 가지게 된다.

2019년 1월 1일 최초 1백만 달러를 투자하고 첫 해말에 2.1백만 달러를 받지만 두 번째 해 말에 1.1백만 달러의 투자가 필요한 프로젝트를 생각해보자.

($1,000,000)	$2,100,000	($1,100,000)
1/1/2019	12/31/2019	12/31/2020

이 경우 NPV를 0으로 만드는 r을 풀면, 다음과 같이 r = IRR = 0%와 10% 두 개의 r이 구해진다.

$$r = 0\%,\ \ 0 = -\$1{,}000{,}000 + \$2{,}100{,}000 / 1.0 - \$1{,}100{,}000 / 1.0^2$$
$$r = 10\%,\ \ 0 = -\$1{,}000{,}000 + \$2{,}100{,}000 / 1.1 - \$1{,}100{,}000 / 1.1^2$$

이에 반해 NPV의 경우에는 모든 할인율에서 단일한 특정 값을 갖는다.

이상의 네 가지 경우에서 보듯이 IRR와 NPV는 경우에 따라 선호 프로젝트에 대해 다른 결론을 도출한다. 하지만 NPV는 프로젝트의 규모, 이자율 변동, 미래 현금흐름에 대한 재투자율, 여러 실근의 문제를 모두 고려하기 때문에 투자규칙으로 사용될 때 IRR보다 선호된다.

6) 이를 데카르트의 부호규칙(Descartes's Rule of Signs)이라고 하는데, 실근의 수는 부호 변동의 수와 같다는 것을 보여준다.

페이백(회수)기간

투자의 의사결정 규칙을 다룸에 있어 "페이백(payback)"을 언급하지 않을 수 없다. 비록 현재는 많은 기업들이 사용하지는 않지만 과거에는 기업의 투자 프로젝트 평가에 널리 사용되었다. 다만 여전히 많은 가계와 개인들이 자영업을 생각할 때 페이백이 널리 사용하고 있다. 페이백(회수기간)은 프로젝트에 대한 초기 투자액을 회수하는데 걸리는 기간을 추정해 프로젝트를 평가한다. 위의 두 번째 연금 예에서 회수기간은 2.8년이 된다. 1백만 달러의 초기 투자 이후 4년 동안 매년 357,375달러의 수익이 창출되기 때문에 초기 투자액은 2.8년($1,000,000 / $357,375)이면 회수된다. 이 규칙은 회수기간이 더 짧은 프로젝트를 선택하게 된다. 이 방법은 일견 합리적으로 보이지만, 경우에 따라서는 그렇지 않기도 하다.

페이백의 단점

회수기간은 시장수익률이나 화폐의 시간가치를 고려하지 않는다. 프로젝트 A와 B의 단순한 경우를 생각해보자. 두 프로젝트 모두 오늘 1백만 달러의 투자가 필요하다. 프로젝트 A는 1차 년도에 800,000달러, 2차 년도와 3차 년도에 각각 200,000달러의 수익이 발생한다. 프로젝트 B는 1차 년도에 200,000달러, 2차 년도에 800,000달러, 3차 년도에 200,000달러의 수익이 발생한다. 두 프로젝트는 모두 회수기간이 2년이지만, NPV는 같지 않다. 언급한 것처럼 중요한 것은 어느 프로젝트의 NPV가 더 큰지 파악하는 것이다. 비록 두 프로젝트의 전체 현금흐름 합계액은 같지만 프로젝트 A의 수익은 1차 년도에 프로젝트 B보다 네 배나 된다. 할인으로 인해 같은 금액이라도 2차 년도보다 1차 년도의 수익이 현재가치 측면에서 더 가치가 있다. 이처럼 NPV 규칙은 화폐의 시간가치를 고려하는 반면 회수기간 규칙은 그렇지 못하다.

그렇다고 이 말이 회수기간은 정상적인 상황에서 정확한 답을 제시하지 못한다는 의미는 아니다. 예를 들어 1990년대 초까지도 프록터앤드갬블(Procter and Gamble, P&G)은 프로젝트 평가의 보충적 수단으로 회수기간을 사용했다. P&G의 제품 대부분이 비슷한 위험과 현금흐름 프로파일을 가진 소비재이기 때문에 P&G 입장에서는 이 방법이 적절한 평가수단이었기 때문이다. P&G는 투자를 한 후 제품을 광고하고, 이를 다른 제품으로 수평적으로 전개했다. 비슷한 위험 프로파일을 가진 제품은 비슷한 할인율을 가진다는 의미이다. 이는 회수기간에 따른 프로젝트의 우선순위가 NPV에 따른 우선순위와 거의 같다는 의미가 된다. 따라서 경험적으로 P&G는 회수기간으로 프로젝트의 순위를 결정할 수 있었고, 좋은 투자의 요건을 충족하는 프로젝트를 결정할 수 있었다. P&G는 회수기간을 사용해도 프로젝트의 NPV가 양인지 음인지 결정할 수 있었던 것이다.

수명이 다른 프로젝트의 평가

재무관리에서 빈번히 발생하는 문제 중 하나는 기간(수명)이 다른 프로젝트들을 비교하는 것이다. 이는 내용연수 말에 기존 프로젝트를 교체해야 하는 경우에 주로 발생한다. 예를 들어 어떤 집의 주인이 지붕을 널빤지로 교체하면 수명이 20년이고 슬레이트로 교체하면 수명이 30년인 상황에 있다고 해보자.

수명이 다른 널빤지와 슬레이트 중 하나를 선택하기 위해서는 어떻게 비교할 것인가? 여전히 NPV가 큰 프로젝트를 선택하는 것이 옳은가? 아니다. 왜 아닌가? 널빤지를 사용하면 30년 수명의 슬레이트보다 10년 먼저 지붕을 교체해야 한다. 집 주인은 21년째부터 30년째까지 기간 동안 지붕 없이 살 수 없다. 30년짜리 프로젝트의 NPV를 20년짜리 프로젝트의 NPV와 단순 비교할 수 없는 것이다. 이 경우 우리는 동일 기간에 대해 두 옵션의 NPV를 비교하면 된다.

이런 문제를 처리하는 방법에는 두 가지 방법이 있다.

첫째 방법은 두 프로젝트의 기간을 같게 만든 후 평가하는 것이다. 같게 만들어진 기간을 "공통기간"이라 부른다. 만일 수명이 20년과 30년인 두 프로젝트가 있다면 둘 다 60년으로 보고 평가하는 것이다. (즉, 프로젝트들의 수명의 최소공배수 기간을 찾는다.) 이는 20년짜리 프로젝트를 3번하는 경우의 NPV와 30년짜리 프로젝트를 2번하는 경우의 NPV를 비교해, NPV가 큰 프로젝트를 선택한다는 의미이다.

두 번째 방법은 "연간등가매출(equivalent annual revenue)"로도 불리는 "연간등가비용(equivalent annual cost)"을 계산하는 것이다. 이 방법은 IRR을 계산하는 것과 일견 비슷하다.

연간등가비용은 NPV 산식에서 초기 투자액과 시장할인율이 주어질 때 NPV를 0으로 만드는데 필요한 연간 현금흐름을 계산한 것이다. IRR에서 NPV를 0이 되도록 만드는 할인율을 구하는 것과 유사하다. NPV를 0으로 만드는 IRR을 구하는 대신 NPV를 0으로 만드는 현금흐름을 구하는 것이다. 수식은 다음과 같다.

$$\$0 = \text{Cash Flow}_0 + \text{Cash Flow}_1 / (1+r)^1 + \text{Cash Flow}_2 / (1+r)^2 + \cdots + \text{Cash Flow}_n / (1+r)^n$$

여기서 r이 주어지면, 현금흐름을 구하게 된다.

다음과 같은 두 가지 경우를 생각해보자.

프로젝트 1: 100백만 달러 자본유출, 10년 수명, 할인율 10%

프로젝트 2: 150백만 달러 자본유출, 15년 수명, 할인율 10%

두 프로젝트를 NPV = $0이 되도록 풀면,

$$\$0 = -\$100 + \text{Cash Flow} * (1/1.10 + 1/1.10^2 + 1/1.10^3 + \cdots 1/1.10^9 + 1/1.10^{10})$$

$$= -\$100 + \text{Cash Flow} * \sum_{1}^{10}(1/(1.10)^n)$$

$$\$100 = \text{Cash Flow} * \sum_{1}^{10}((1/(1.10)^n) = \text{Cash Flow} * (6.1446)$$

$$\$100 / 6.1446 = \text{Cash Flow}$$

$$\$16.3 / \text{년} = \text{Cash Flow}$$

따라서 프로젝트 1의 연간등가비용은 16.3백만 달러가 된다.

$$\$160 = \text{Cash Flow} * \sum_{1}^{15}(1/(1.10)^n) = \text{Cash Flow} * (7.6061)$$

$$\$160 / 7.6061 = \text{Cash Flow}$$

$$\$21.0 / \text{년} = \text{Cash Flow}$$

따라서 프로젝트 2의 연간등가비용은 21백만 달러가 된다.

이 경우의 투자 의사결정 규칙은 연간등가비용이 가장 작은 프로젝트를 선택하는 것이다. 이 예에서 프로젝트 1은 16.3백만 달러, 프로젝트 2는 21백만 달러의 연간등가비용을 갖는다.

이를 달리 생각해보면 이 방법은 최초 현금유출액을 연간 렌탈료와 같이 연간등가 지급액으로 바꿔보는 것이다. 사실 위에서 설명한 두 가지 방법, 즉 기간을 동일하게 하거나 연간등가비용을 찾는 방법은 같은 방법이다. 수명이 다른 프로젝트를 비교할 때 연간 현금유출액이 작은 프로젝트의 NPV가 더 크기 때문이다.

영구연금

가치평가에서 우리는 종종 영구연금 공식을 사용하게 된다. 개념적으로 가치평가는 현금흐름이 종료되는 시점까지의 모든 현금흐름을 고려하고 이를 현재가치로 할인한다. 하지만 실제에서 현금흐름을 실질적으로 추정할 수 있는 기간은 현금흐름이 있을 것으로 예상되는 기간보다 훨씬 짧다. 예를 들면 애플이 애플페이(Apple Pay) 같은 새로운 서비스를 출시하면, 이 프로젝트의 실제 수명은 아마도 50년 이상일 수 있다. 하지만 애널리스트가 어느 정도 확신을 가지고 편안하게 현금흐름을 추정할 수 있는 기간은 고작 5년 내지 10년 정도일 것이다. 이때 질문은 다음과 같다. 우리가 추정에 편안함을 느끼는 기간 이후의 현금흐름에 대한 가치평가는 어떻게 처리할 것인가?

이때 영구연금 공식이 해답이 된다. 이 공식은 영구적으로 지속되는 정기적인 지급액의 집합에 대한 가치를 평가한다. 이처럼 영구적으로 영속하는 동일 현금흐름의 현재가치를 구하는 공식은 다음과 같다.

PV = Cash Flow / r

은행 예금을 사례로 돌아가서 예금에 연간 5달러의 이자가 영구적으로 발생한다고 가정해보자. 이는 영구연금으로 할인율 5%에 영구적인 연간 5달러의 현재가치는 100달러(= $5 / 0.05)가 된다. 이를 다음 같이 생각해보라. 만일 은행에 100달러를 5%의 금리에 영구적으로 예치하면, 매년 5달러의 이자가 발생할 것이다. 따라서 5%에 연간 5달러가 영구적으로 발생하는 것은 현재 100달러의 가치를 갖는다.

현금흐름이 증가하는 영구연금

이제 정기적 지급액이 일정하지 않고 일정한 비율 g로 증가하는 경우를 생각해보자. 할인율이 r일 때 고정성장률 g로 증가하는 현금흐름의 현재가치를 평가하는 공식은 다음과 같다.

PV = Cash Flow / (r − g)

애플페이의 예를 들어보자. 애플은 첫해 100백만 달러의 현금흐름을 예상하고, 이후 매년 2%씩 현금흐름이 늘어날 것으로 기대한다고 가정하자. 또한 이 프로젝트에 대한 애플의 할인율은 12%라고 하자. 이는 이 영구연금의 가치(즉, 영구적인 현금흐름의 현재가치)가 100백만 달러 / (12% − 2%) = 1십억 달러라는 것을 의미한다.

영구연금은 기업가치 평가에 자주 활용된다. 이는 영구가치(terminal value)를 계산할 때 특히 유용하다. 이에 대해서는 가치평가를 다루는 장에서 자세히 다루기로 한다.

요약정리

이 장은 투자결정에 사용되는 여러 도구들을 소개하고 있다. 이러한 도구들은 화폐의 시간가치와 할인의 개념에 기초를 두고 있다. 특히 여기서는 순현재가치, 내부수익률, 회수기간에 대해 알아보았다. 비록 이들이 대부분 일관된 결론을 내리기는 하지만, 투자안의 특성을 감안할 수 있는 NPV가 가장 우수한 평가수단이 된다. 사실 NPV의 투자 규칙은 상당히 단순하다. 즉, 요구수익률로 모든 현금흐름을 할인하여, 현금흐름의 NPV가 양의 값을 가지면 프로젝트를 실행하는 것이다. NPV가 음이면 실행하지 않는다. NPV가 0인 프로젝트는 요구수익률과 동일한 경쟁적 수익을 얻게 된다는데 유의하자.

다음 주제

다음 두 장에서는 투자결정에 방금 소개한 도구들을 적용해본다. 논의는 재무추정으로 기업에 대한 잉여현금흐름(FCF)을 도출하는 것에서 시작한다. 그리고 이렇게 도출된 현금흐름을 할인하는데 사용할 자본비용을 계산해 본다. 또한 영구가치를 어떻게 계산하는지도 살펴본다. 이런 활동을 합하면 어떤 프로젝트나 회사의 가치를 결정하게 된다.

CHAPTER 15

가치평가의 기초 (썬그린 A)

이 책의 서두에서 우리는 다음과 같은 CFO의 핵심 책무에 대해 언급했었다.

1. 좋은 자금조달 결정을 하고,
2. 좋은 투자결정을 하며,
3. 앞의 두 가지를 하는 동안 현금고갈이 발생하지 않도록 한다.

2장에서 4장까지는 현금고갈을 막는 것을 포함해 운전자본 관리가 논의의 중심을 이루었다. 여기서는 이를 분석하는 여러 도구(원천과 사용, 재무비율, 재무추정)에 대해 살펴보았다. 그리고 5장에서 13장까지는 어떻게 좋은 자금조달 결정을 할 것인지에 집중했다. 우리는 M&M(1958, 1961, 1963), 세금절감 혜택, 재무곤경비용, 신호효과, 비대칭정보, 자금조달 순위이론, 배당정책에 대해 살펴보았다.

지금부터는 어떻게 좋은 투자 결정을 할 것인지에 대한 논의를 시작한다. 우리는 어떻게 가치평가를 하는지에 우선적으로 집중한다. 기대 투자수익률이 투자액과 기대 위험을 정당화하기에 충분한지를 파악하는 것이 핵심이다. 이전과 마찬가지로 처음에는 다소 어려운 내용을 습득해야 하기 때문에 다소 당황할 수 있겠지만, 마지막에는 모두가 함께 할 수 있을 것이라고 믿는다. 이제 논의를 시작하자.

투자결정

모든 투자결정은 세 가지 핵심 요소를 가진다.

1. 전략적 요소: 주어진 고려사항 하에서 프로젝트는 경제적으로 합리적인가? 프로젝트는 회사의 사업과 목적에 부합하는가?
2. 가치평가 분석: 프로젝트는 얼마의 가치가 있는가? 가치평가의 관점에서 프로젝트는 좋은 투자안으로 평가되는가?
3. 실행: 어떻게 투자안이 결실을 맺게 할 것인가? 중요한 제도적 요인은 무엇인가?

기업은 전략적 요소를 무엇보다 우선적으로 고려해야 하지만, 이 책은 가치평가가 중요한 기업재무 교재이기 때문에 우리의 논의는 가치평가에서 시작한다.

프로젝트의 가치평가

투자안 평가에는 다섯 가지 주된 방법이 있다. (이 다섯 가지 방법 각각에 대해 많은 세부적인 방법들이 있지만, 저자들은 가치평가의 방법론을 이처럼 다섯 가지 "패밀리"로 분류한다.)[1)]

1. 현금흐름할인: 기업잉여현금흐름, 주주잉여현금흐름, APV, EVA 등
2. 수익(이익)배수 또는 현금흐름배수: P/E, EBIT, EBITDA, EBIAT 등
3. 자산배수: 장부가치, 장부가치에 대한 시장가치, 대체가치 등
4. 컴패러블스(comparables): 유정 배럴, 금 온스, 목재 에이커, 매장 면적, 웹사이트 방문자 수 등
5. 조건부청구권(contingent claims): 옵션가치평가

여기서는 앞의 네 가지 방법에 집중한다. 다수 독자들이 익숙하지 않은 옵션가치평가를 위해서는 상당한 지식이 필요하기 때문에 이 책에서 조건부청구권은 다루지 않는다. 또한 조건부청구권이 기업재무의 프로젝트 가치평가에는 잘 사용되지 않는 것도 그 이유이다.

프로젝트를 평가하는 다섯 가지 방법 중 학계가 가장 선호하는 것은 현금흐름할인이다. 학자인 저자들도 이 방법을 가장 선호하기 때문에 이 방법에서 논의를 시작한다. 현금흐름

1) 만일 이 장이 M&A를 다루는 장이라면 우리는 전략에 먼저 집중할 것이다. 전략적 분석은 인수대상 회사가 현재와 같이 독자적인 기업으로 운영될 때보다 인수 시 인수자에게 얼마나 더 가치가 있는지에 대한 경제적 합리성을 파악하게 된다.

할인에도 여러 기법이 존재한다. 가장 일반적으로 사용되고 있고, 우리가 처음 다룰 기법은 기업잉여현금흐름(FCF_f)이다. FCF_f는 이 기법의 명칭인 동시에 우리가 평가할 투자 프로젝트로부터의 잉여현금흐름을 의미하기도 한다.

"프로젝트, 프로젝트, 프로젝트" 규칙

가치평가의 중요한 규칙은 프로젝트, 프로젝트, 프로젝트이다. 다시 말해 현금흐름, 자본구조, 자본비용은 모두 평가대상 프로젝트에 대한 것을 사용해야 한다는 것이다. 즉 프로젝트의 현금흐름, 프로젝트의 자본구조, 프로젝트의 자본비용을 사용하라는 것이다. 이는 가치평가의 중요한 규칙이지만 종종 간과되는 것이 사실이다.

만일 회사가 다른 회사를 인수하거나 공장 신축을 고려하고 있다면 가치평가에 반영되는 현금흐름은 해당 프로젝트로 인해 새로 발행하는 (증분의) 현금흐름에 한정되어야 한다. 또한 이러한 현금흐름은 해당 프로젝트의 위험 수준에서 평가되어야 한다. 이는 투자안에 대한 적절한 자본비용으로 이 현금흐름을 할인해야 한다는 의미이다. 하지만 놀랍게도 많은 재무전문가들이 프로젝트의 가치평가에 회사의 자본비용을 사용하는 오류를 범한다. 설명한 것처럼 프로젝트의 자본비용을 결정한다는 것은 먼저 프로젝트의 자본구조를 결정해야 한다는 것을 의미한다.

우리는 이러한 이슈들에게 대해 이 장과 다음 장에서 보다 자세히 살펴보기로 한다.

현금(Cash)이 왕(King)이다.

가치평가에서 첫 번째로 기억할 것은 현금이 최고라는 것이다. 현금은 여러분을 성공으로 이끌 수도 실패로 이끌 수도 있다. 비록 회계사는 이익을 중요하다고 보지만 재무관리는 현금흐름을 가장 중요하다고 본다. 이익은 현금흐름의 중요한 부분을 차지하고 절대적으로 중요하지만, 현금흐름의 중요성은 이익을 압도한다. 적자회사도 오랫동안 생존할 수 있지만 현금이 고갈되면 당장 생존이 불가능하게 된다. (실제 아마존은 사업 시작 후 8년 동안 3십억 달러의 손실을 기록했다.) 닷컴버블 동안 닷컴회사의 단기적 생존은 회사의 번레이트(현금 고갈속도)에 따라 결정되었다. 이때는 아주 소수의 닷컴기업만이 이익을 내고 있었다. 1장에서 우리는 "이익으로는 샴페인을 사고, 현금으로는 맥주를 사라."는 옛말을 인용한바 있다. 어떤 회사가 이익을 내고 있으면 모든 이들이 축하하겠지만, 회사를 하루 하루 유지시키는 것은 현금이다. 결론적으로 가치평가는 모두 현금흐름에 대한 것이다. 이익이 가치평가에서 중요성을 가지는 것은 이익이 현금흐름의 중요한 부분을 차지한다는 정도에 불과하다. 한편 어떤 가치평가기법을 사용하느냐에 따라 현금흐름의 정의(예: 기업잉여현금흐름, 주주잉여현금흐름 등)가 달라진다. 여러 현금흐름의 차이를 이해하기 위해서는 대차대조표에서 출발하는 것이 유용하다. 다음과 같은 단순한 대차대조표를 생각해보자.

기업의 대차대조표	
자 산	금융부채와 순자산
순자생운전자본	단기차입금
(현금 + A/R + 재고 − A/P)	은행차입금
장기자산	장기차입금
	자기자본

자산 쪽에는 순자생운전자본(net spontaneous working capital)이 있다. 이는 무엇인가? 현재 이는 잘 사용되지 않는 용어이다. 유동자산에서 이자부부채(금융부채)를 제외한 유동부채를 뺀 것이 순자생운전자본이다.[2] 따라서 유동성장기차입금, 은행차입금, 이자부어음 등은 순자생운전자본에서 제외된다. 순자생운전자본에 순유형자산을 더하면 총자산이 된다. 이것이 대차대조표의 좌측이다. 대차대조표 우측에는 단기차입, 은행대출, 장단채권 등 이자부부채(금융부채)와 자본이 위치한다.

자산에서 오는 현금흐름, 즉 자산이 창출하는 현금흐름부터 살펴보자. 우리는 자산이 창출하는 현금흐름을 기업잉여현금흐름(free cash flow to the firm, FCF_f)이라고 부른다. 이는 회사의 세후영업이익에 감가상각비를 더하고 요구되는 자본적 지출과 순자생운전자본의 증가분을 뺀 것이다. (반대로 순자생운전자본의 감소분은 더해 준다.) 보다 정확하게 기업잉여현금흐름(FCF_f)를 구하는 공식은 다음과 같다.

$$FCF_f = EBIT * (1 - t_c) + Dep - CAPEX - (NWC_{end} - NWC_{begin}) + Extras$$

여기서
FCF_f = 기업잉여현금흐름
EBIT = 영업이익(이자와 세금 차감 전 이익)
T_c = 회사가 납부하는 평균세율
Dep = 감가상각비와 감모상각비
CAPEX = 자본적 지출
$NWC_{end,begin}$ = 연말과 연초의 순운전자본
(순운전자본 = 필요현금 + 매출채권 + 재고자산 − 매입채무)
Extras = 보조금과 같은 기타 항목(모든 경우에 다 있는 것은 아님)[3]

2) 순자생운전자본와 관련되어 유동부채는 대차대조표 우측에 표시되어 있지 않다. 유동부채는 대차대조표 좌측에 유동자산과 결합되어 영업부채로 함께 표시되어 있다. 이때 1년 이내에 만기가 도래하는 유동성차입금은 유동부채지만 순자생운전자본에 포함되지 않는다. 비록 단기라고 할지라도 모든 이자부부채(금융부채)는 순자생운전자본에서 제외된다.

3) 이연법인세(deferred taxes) 변동액도 기업잉여현금흐름의 일부이다. 이것은 경우에 따라 운전자본에 포함되기도 하고 독자적으로 취급되기도 한다.

잠시 후 우리는 이것의 각 요소들을 하나씩 살펴보기로 한다. 다만 다시 한 번 강조하는 것은 이 식은 기업잉여현금흐름(FCF_f)을 구하는 공식이다.[4]

또한 우리는 대차대조표의 우측으로부터도 현금흐름을 계산할 수 있다. 금융부채(차입금)와 자기자본에 대한 현금흐름이 존재하기 때문이다. (다만 이에 대해서는 나중에 논의하기로 한다.) 이때 대차대조표 양쪽의 현금흐름이 섞이지 않도록 하는 것이 중요하다. 예를 들어 FCF_f에 이자지급액, 배당금, 차입금 상환액 등을 포함해서는 안 된다. 대차대조표 좌측으로부터의 현금흐름과 우측으로부터의 현금흐름은 개별적이고 별도의 개념이다. 가치평가에서 이 둘이 섞여서는 안 된다.

은행은 채권자인 자신에게 가용한 회사의 현금흐름에 관심을 가지기 때문에 가끔 실수를 한다. 이들은 회사의 신용을 평가할 때 자산에서 발생하는 현금흐름에서 주식에 대한 현금흐름을 빼는 방식으로 채권자인 자신에게 가용한 현금이 얼마인지 파악하려 한다. 이는 신용분석에서 적절한 방식일지는 몰라도 가치평가에서는 틀린 접근법이다.

가치평가 사례: 썬그린 코퍼레이션

기업잉여현금흐름을 창출하는 투자프로젝트의 가치를 어떻게 평가할 것인지를 설명하기 위해 가상의 회사인 썬그린 코퍼레이션을 소개한다.

썬그린 코퍼레이션은 2017년 매출 6.5십억 달러, 당기순이익 221백만 달러를 기록한 대형 목재 및 제지회사이다. 이 회사는 2018년 현재 건자재, 종이와 펄프, 화학제품 등 세 가지 사업을 영위하고 있었다. 썬그린의 최근 3년간 손익계산서, 대차대조표, 기타 중요 재무정보는 [표 15.1]~[표 15.3]에 나와 있다. 애널리스트는 이 회사를 목제품회사로 분류하는데 2017년 매출의 60%, 영업이익의 70%가 건자재 사업부문에서 나왔기 때문이다.

[표 15.1] 썬그린 코퍼레이션 손익계산서(12월 31일 기준)

(백만 달러)	2015	2016	2017
순매출액	5,414	5,402	6,469
COGS	4,720	4,791	5,653
SG&A	327	377	399
EBIT	367	234	417
이자비용	87	89	77
세전이익	280	145	340
법인세(35%)	98	51	119
당기순이익	182	94	221

4) 실무적으로 사용되는 것처럼 우리도 "기업잉여현금흐름"이란 용어를 사용한다. 하지만 실제 이것은 특정 프로젝트에 대한 잉여현금흐름이다.

[표 15.2] 썬그린 코퍼레이션 대차대조표(12월 31일 기준)

(백만 달러)	2015	2016	2017
유동자산	1,417	1,449	1,516
순고정자산	3,643	3,701	3,463
자산 총계	5,060	5,150	4,979
단기차입금	257	167	10
매입채무	552	568	627
유동성장기차입금	85	95	95
장기차입금	1,487	1,618	1,523
기타의 부채	475	480	482
자기자본	2,204	2,222	2,242
부채와 자본의 총계	5,060	5,150	4,979

[표 15.3] 썬그린 코퍼레이션 주요 재무정보

(백만 달러)	2015	2016	2017
COGS / 매출액	87.2%	88.7%	87.4%
SG&A / 매출액	6.0%	7.0%	6.2%
유동자산 / 매출액	26.2%	26.8%	23.4%
순고정자산 / 매출액	67.3%	68.5%	53.5%
매입채무 / 매출액	10.2%	10.5%	9.7%
법인세 / 세전이익	35%	35%	35%
차입금 / (차입금 + 보통자본)	45.4%	45.8%	42.1%
발행주식수(백만 주)	100.00	100.00	100.00
연말 주가	30.15	36.25	37.75
시가총액	3,015	3,625	3,775
차입금 / (차입금 + 시가총액)	37.8%	34.2%	30.1%
베타			1.1

전반적으로 목재회사는 경기변동에 민감하게 반응한다. 플리우드 같은 산업재의 매출과 이익은 건설경기에 큰 영향을 받고, 순차적으로 경기변동과 이자율에 매우 민감하게 반응한다.

우리 이야기의 주인공은 회장인 패트 라헤이(Pat Lahey)와 CFO인 하나 써머스(Hanna Summers)이다. 이들은 포장지 사업 확대를 위한 제지/인쇄공장 증설 프로젝트에 대해 상의하기 위해 오찬 회동을 계획하고 있다.

포장지 시장

화려하며 예술적인 지류제품인 포장지는 선물 포장에 주로 사용되지만 의류와 장난감 포장에도 사용된다. 포장지 공급자들은 가격, 디자인, 종이와 인쇄 품질로 시장에서 경쟁한다. 포장지는 펄프에서 특수 공정으로 생산하는 종이가 원재료이다. 펄프는 통상 소프트우드로 분류되는 나무에서 추출된다. 포장지는 펄프를 종이로 만들기 전에 탈색하고 나서 종이를 코팅하게 된다. 오늘날 환경에 대한 관심이 증가하면서 제지업체와 약품처리 업체는 친환경 탈색제와 안료를 사용하라는 요구를 받고 있다.

디자인팀이 종이 디자인을 결정하면 프린팅 실린더로 이미지 인식 장비가 디지털화된 디자인을 담은 컴퓨터 파일을 읽어 들인다. 포장지업체는 다양한 색상에 은박, 무지개, 진주 광택, 솜털 마감 같은 특수 마감이 가능한 최신 인쇄기계를 보유한다. 인쇄된 종이가 프레스에서 나오면 큰 원통으로 말아서 공장의 다른 쪽으로 이동시키게 된다.

포장지를 소비자에게 납품하기 위해 소단위 롤포장으로 인쇄지를 말거나 평평하게 겹쳐 접어 포장한다. 선물 포장지 롤은 생산자 정보와 가격이 표시하고 투명랩으로 즉시 포장한다. 평포장지도 말아서 봉인한다. 두 타입의 포장지는 모두 엽서가게, 백화점, 소매점에 납품하기 위해 박스에 벌크로 포장된다.

포장지 산업은 연중 하반기에 약 60%가 팔리는 계절성을 보인다. 선물 포장, 특히 고급 선물 포장지는 일종의 사치재이기 때문에 포장지 업황은 경기에 영향을 받는다. 결과적으로 포장지 가격은 역사적으로 상당한 변동성을 보이며, 연간 변동성도 10%에서 15%에 달한다. 다만 포장지 산업은 건자재보다는 경기 변동성이 작다. 이는 금리가 상승하면 신규 주택건설이 실질적으로 줄어들지만 소비재 포장은 그렇지는 않기 때문이다.

공급자와 애널리스트들은 2019년에 포장지 산업이 호조를 보일 것으로 예상한다. 수요는 견조하게 유지되는 가운데 공급능력 확대도 제한적이어서 산업 가동률이 거의 100%에 이를 것으로 예상한다. 이 산업은 비용의 상당부분이 고정비이기 때문에 가동률이 높다는 것은 수익성이 개선을 의미한다.[5] 경기회복에 따라 실질GNI와 소비 수요가 증가하면서 포장지 판매는 거의 7% 증가할 것으로 예상된다. 매출증가율의 많은 부분은 5%의 기대 인플레이션 때문이다. 다만, 2021년 말까지 신규 생산능력은 1~2% 정도만 늘어날 것으로 예상된

5) 이는 변동비에 대한 고정비의 비중인 "영업레버리지(operating leverage)"효과 때문이다. 고정비의 비중이 높을수록 매출 증가에 따라 수익성은 크게 개선된다. 예를 들어 매출이 100달러, 전체 비용이 90달러, 순이익이 10달러인 두 회사가 있다고 해보자. 한 회사는 전체 비용 90달러 중 변동비가 80달러이고 고정비가 10달러이다. 또 한 회사는 전체 비용은 90달러로 같지만 변동비가 20달러이고 고정비가 70달러이다. 두 회사 모두 매출과 변동비가 10% 증가했다고 가정해보자. 두 회사의 매출은 모두 10달러 증가할 것이다. 각각 10달러와 70달러인 고정비는 변동하지 않는다. 첫 번째 회사의 변동비는 8달러($80 * 10%) 상승하지만, 두 번째 회사의 변동비는 단지 2달러($2 * 10%)만 증가한다. 첫 번째 회사의 순이익은 단 2달러($10 - $8), 20%($2/$10)가 증가하지만 두 번째 회사의 순이익은 무려 8달러($10 - $2), 80%($8 / $10)가 증가한다.

다. 따라서 포장지업체들은 역사상 높은 가동률을 보이고 있고, 가동률은 약 96%(연간 350일 가동)에서 안정적으로 유지될 것으로 예상된다. 포장지의 톤당 가격은 2004년 740달러에서 2023년까지 882달러로 상승할 것으로 예상된다.

썬그린의 포장지 사업에 대한 관심

썬그린이 포장지 생상능력을 확충하려는 것은 제지와 펄프업계에 잘 알려진 사실이다. 오하이오주 토렐로에 있는 이 회사의 기존 포장지 공장은 일 780톤의 포장 원료지를 생산한다. 썬그린은 국내 공급능력에서 작은 비중을 차지한다. 따라서 포장지 산업 전체가 향후 견조하게 성장을 이어가더라도 썬그린은 큰 수혜를 기대할 수 없었다. 보다 중요한 것은 썬그린이 메이저 종이공급자지만 자신의 인쇄 프레스를 가동할 만큼의 원료지도 자체적으로 생산하지 못하는 원료지 순구매자라는 점이다. 썬그린은 자신의 인쇄공장에 사용하기 위해 인쇄 원료지를 매년 150,000톤이나 경쟁사로부터 구매해왔다. 현재와 같이 수급이 어려운 상황에서는 비싼 가격을 지불하고도 원료지 확보에 어려움을 겪게 된다. 썬그린의 인쇄공장이 주문을 감당하지 못하면 인쇄사업부의 이익이 악화될 수 있다.

썬그린은 가능한 해결책을 모색해왔다. 이 회사는 생산능력과 가동연령에 따라 미국 내 기존 포장지 공장을 조사하고, 각 공장에 평가등급(A, B, C)을 부여했다. 경영대학원 학생들의 학점과는 달리 많은 공장이 C등급을 받았다. 라헤이 회장은 A등급을 받은 11개 공장의 오너를 찾아 공장 매각 의사를 타진했다. 하지만 어느 누구도 매각에 관심을 보이지 않았다.

2018년 초 리헤이 회장은 콘티넨탈그룹이 제지공장 3개를 포함해 자산을 일괄매각할 의향이 있다는 것을 알게 되었다. 이 회사의 전체 생산능력은 연산 1.1백만 톤, 일산 3,143톤 이상으로 썬그린의 기존 생산능력의 약 네 배에 달하는 규모이다. 하지만 경쟁입찰에서 포장지와 화장지 전문업체인 시페루스에 패하고 만다. 시페루스의 회장이자 CEO인 데이비드 스톤은 이 딜을 다음과 같이 요약했다.

> 운전자본을 제외하고 거래에 포함된 인쇄공장에 어떤 가치도 더 감안하지 않고, 3개 공장을 일산 톤당 약 288,000달러에 인수했다. 이는 신규 공장 건설비용의 약 80% 정도의 비용이다. 신규 공장은 당장 착공하더라도 1년 내에 가동을 할 수 없고 일산 톤당 360,000달러 이상의 비용이 소요된다.

생산능력 확충

마땅히 인수할 공장이 없다는 것을 확인한 라헤이 회장은 써머스에게 생산능력 확충이 타당한지 검토할 조직을 구성하라고 지시했다. 기본 아이디어는 연산 약 350,000톤 (350일 가동 시 일산 1,000톤) 규모의 신규 공장을 건설하겠다는 것이다. 생산물의 일부는 최신 인쇄공장에서 바로 최종 포장지 제품 생산에 사용하고 나머지는 썬그린의 기존 인쇄공장에서 활용하는 방안이 고려되었다. 예상 투자비(예산)는 410백만 달러(제지공장 330백만 달러, 인쇄공장 45백만 달러, 운전자본 필요액 약 35백만 달러)이다. 신규 공장의 건설 후보지는 테니시주 킹스포트이다. 공사계약에 따르면 2019년 초로 예상되는 공장 가동시점에 모든 건설대금이 지급된다.

CFO인 써머스가 처음 할 일은 미래 현금흐름을 추정하는 것이다. *얼마 동안의 미래 현금흐름을 추정해야 하는가?* 쉽게 답하면 추정기간이 길면 길수록 좋다. 만일 어떤 회사가 5년 추정치를 제시한다면 애널리스트도 5년을 사용해야 한다. 5년 추정이 일반적으로 사용되는 표준이지만, 실제 추정기간은 프로젝트의 성격과 현금흐름을 합리적으로 추정될 수 있는지 여부에 따라 달라진다. 선택된 추정기간이 얼마인지에 관계없이 일정 시점 이후에는 일정한 상태가 지속(일정, 점진적 증가, 전진적 감소 등)될 것으로 보는 영구시점이 존재하게 된다. 이 시점의 가치를 영구가치(terminal value)라고 한다.

썬그린은 이 프로젝트의 기업잉여현금흐름을 추정하기 위해 무엇을 해야 하는가? 앞의 수식에서 본 기업잉여현금흐름의 정의는 다음과 같다.

$$FCF_f = EBIT * (1 - T_c) + Dep - CAPEX - (NWC_{end\text{-}of\text{-}year} - NWC_{start\text{-}of\text{-}year}) + Extras$$

이제 각 변수의 추정이 필요하다. 이 변수들은 추정 손익계산서와 대차대조표에서 구할 수 있다.

[표 15.4]와 [표 15.5]는 킹스포트 제지 및 인쇄공장 프로젝트를 담당하는 써머스의 직원이 작성한 추정 손익계산서와 대차대조표이다. 추정은 2023년 말까지 향후 5년의 기간을 추정한다. 담당 직원은 2023년 이후 이 공장의 매출은 예상 물가상승률 수준인 연 3% 증가할 것으로 예상한다. 또 그는 2023년 이후 순운전자본은 매출액과 같이 움직이고, CAPEX는 감가상각비 수준일 것으로 예상한다. 기타의 가정은 추정 재무제표와 [표 15.5] 아래에 열거되어 있다.

[표 15.4] 썬그린의 킹스포트 프로젝트 추정 손익계산서

(백만 달러)	2019	2020	2021	2022	2023
매출액	259.00	271.95	285.54	296.97	308.85
제조원가(COGS)	186.48	195.80	205.59	213.82	222.37
매출총이익	72.52	76.15	79.95	83.15	86.48
판매비와 유통비(11%)	28.49	29.91	31.41	32.67	33.97
상각비((PP&E + CAPEX) / 40)	9.38	9.28	9.21	9.17	9.14
영업이익	34.66	36.96	39.33	41.31	43.37
이자비용(4.48% * 차입금)	4.13	4.11	4.10	4.10	4.11
세전이익	30.53	32.85	35.23	37.21	39.26
이자비용21%	6.41	6.90	7.40	7.81	8.24
당기순이익	24.12	25.95	27.83	29.40	31.02

[표 15.5] 썬그린의 킹스포트 프로젝트 추정 대차대조표

(백만 달러)	2019_{open}	2019_{end}	2020	2021	2022	2023
현금	0	0	0	0	0	0
매출채권(매출액의 13%)	33.00	33.67	35.35	37.12	38.61	40.15
재고자산(매출액의 12%)	30.00	31.08	32.63	34.27	35.64	37.06
PP&E(기초 - 감가상각비 + CAPEX)	375.00	371.25	368.47	366.62	365.70	365.70
자산 총계	438.00	436.00	436.45	438.01	439.95	442.91
매입채무(매출액의 11%)	28.00	28.49	29.91	1.41	32.67	33.97
차입금((D + E)의 22.5%로 설정)	92.25	91.69	91.47	91.49	91.64	92.01
주식((D + E)의 77.5%로 설정)	317.75	315.82	315.07	315.11	315.64	316.93
부채와 자본의 총계	438.00	436.00	436.45	438.01	439.95	442.91

2019 ~ 2023년 주요 가정:

- 2019년 매출은 연간 생산량 350,000톤에 톤당 740달러를 적용했다. 가격은 2020년 5%, 2021년 5%, 2022년과 2023년 각 4% 상승할 것이다. (2023년 말 톤당 882달러)
- 제조원가(COGS)는 매출액의 72%로 추정된다.
- 판매비와 유통비는 매출액의 11%로 추정된다.
- 공장 자산은 40년에 걸쳐 정액으로 상각된다. 이는 PP&E의 기초 잔액을 40으로 나누어 구한다.
- 2019 ~ 2023년 CAPEX는 감가상각비의 60%, 70%, 80%, 90%, 100%로 정한다. 감가

상각비는 전년도 CAPEX를 40으로 나눈 만큼 증가한다.

- 이자비용은 전년도 차입잔액의 (다음 장에서 설명하는) 4.48%이다.
- 소득세율은 21%로 예상한다.
- 현금은 편의상 없다고 가정한다. (이 프로젝트는 공장이기 때문에 크레디트라인으로 모든 현금 필요액을 충당할 수 있다고 가정한다.)
- 매출채권은 매출액의 13%로 추정한다. (기술적으로 매출채권은 0달러에서 시작하고 둘째 달 중순이 지나면서 연말 수준에 이른다고 본다. 여기서는 편의상 연초에 이 금액을 가정한다.)
- 재고자산은 매출액의 12%로 추정된다. (매출이 일정하면 이 금액의 재고자산은 연초에 필요하다.)
- 이 공장은 2019년 초에 가동될 것으로 기대한다. 공장이 설립되고 가동되면 매입채무는 매출액의 11%로 예상한다.
- 차입금은 차입금(금융부채)과 자기자본을 합한 금액의 22.5%로 일정하게 유지한다고 가정한다. 이 비중을 어떻게 정했는지는 다음 장에서 논의한다.
- 자기자본은 기초잔액에 당기순이익을 더하고 배당금을 뺀다. 배당금은 자기자본이 차입금과 자기자본의 합에서 77.5%로 유지되는 선에서 결정된다.

명목현금흐름과 실질현금흐름

현금흐름은 명목할인율로도 실질할인율로도 할인할 수 있다. 대부분의 사람들은 경제신문에서 쉽게 확인할 수 있는 명목수익률을 할인에 사용한다. 명목수익률은 실질수익률과 기대인플레이션을 포함한다. 반면 실질수익률은 인플레이션의 영향을 배제한다. 예를 들어 어떤 채권의 명목수익률이 6%이고 인플레이션(물가상승률)이 4%라면, 이 채권의 실질수익률은 약 2%가 된다.

이 두 수익률간의 관계는 다음과 같은 공식으로 나타낼 수 있다.

$$r = [(1 + R_n) / (1 + i)] - 1$$

r = 실질수익률
i = 물가상승률
R_n = 명목수익률

명목수익률로 할인하는 것이 일반적이기 때문에 현금흐름에도 명목현금흐름을 사용한다. 경우에 따라 실질현금흐름을 사용하기도 했지만, 이때는 실질수익률로 할인을 해야 한다. 반대로 명목현금흐름은 명목수익률로 할인한다. 따라서 어떤 회사가 (물가상승률을 제외한) 실질할인율을 사용한다면 현금흐름에도 실질현금흐름을 사용해야 한다.

반복해서 말하지만, 일반적인 가치평가에서는 명목현금흐름과 명목할인율(즉, 명목과 명목)을 사용한다. 이는 우리가 타인자본비용과 자기자본비용에 통상 시장수익률을 사용하게 되는데, 이 시장수익률이 명목수익률이기 때문이다. 실질수익률을 구하기 위해서는 시장수익률을 구하고 인플레이션의 영향을 조정해야 한다.

또한 현금흐름 추정에 인플레이션이 반영된 명목현금흐름을 추정하는 것이 더 용이한 점도 고려된다. 왜 그런가? 명목현금흐름은 기대 미래가치에 따라 가격과 비용의 예측을 반영하기 때문이다. 이는 (비록 오류 확률을 더 높일지라도) 명목현금흐름을 더 정확하게 만든다. 특히 손익계산서의 여러 항목들이 각자 다른 증가율로 성장할 때 이런 차이는 명목현금흐름을 이용한 가치평가에서 보다 쉽게 반영될 수 있다. 실질현금흐름을 사용하면 성장률의 차이를 조정하기가 훨씬 복잡해서 조정이 쉽지 않게 된다.

기업잉여현금흐름의 개별 요소

반복하면 기업잉여현금흐름(free cash flow to the firm)을 계산하는 공식은 다음과 같다.

$$FCF_f = EBIT * (1 - T_c) + Dep - CAPEX - (NWC_{end\text{-}of\text{-}year} - NWC_{start\text{-}of\text{-}year}) + Extras$$

이자와 세금 차감 전 이익(Earnings before Interest and Taxes, EBIT), 즉 영업이익에서 세금효과를 조정해 $EBIT * (1 - T_c)$를 구한다. 이때 어떤 세율을 사용해야 하는가? 한계세율인가? 평균세율인가? 우리는 회사에 가용한 평균적인 현금흐름을 구하고자 하기 때문에 평균세율을 사용한다. 개인과 달리 일반적으로 기업의 평균세율과 한계세율은 거의 같다는 것을 기억하자. EBIT에서 세금을 차감하면 세후 이자비용 차감 전 이익(Earnings before Interest After Taxes, EBIAT)인 $EBIT * (1 - T_c)$가 나온다.

2019년 EBIT는 34.66백만 달러로 예상되기 때문에 $EBIT * (1 - T_c)$는 27.38백만 달러 ($\$34.26 * (1 - 0.21)$)가 된다.

따라서 다음과 같이 된다.

$$FCF_f = \$27.38 + Dep - CAPEX - (NWC_{end\text{-}of\text{-}year} - NWC_{start\text{-}of\text{-}year}) + Extras$$

보충: 이 계산은 EBIT가 양의 값을 가질 것을 암묵적으로 가정한다. 만일 EBIT가 음이면 회사가 이익을 낼 때까지는 세금절감 효과가 발생하지 않는다. 다시 말해 회사가 세금을 내지 않으면 세금절감 혜택도 없다. 이는 중요하지 않아 보여도 실제로는 중요한 포인트이다. 회사가 세금을 낼 때만 세금절감의 효과가 발생하기 때문이다.

예를 들어 여러분이 주차장에서 첫 5년간 매년 1백만 달러가 들어가지만 수익은 발생하지 않는 어떤 프로젝트를 한다고 하자. 따라서 여러분은 처음 5년간 매년 1백만 달러의 손실을 본다. 또한 마이크로소프트가 회사 랩에서 같은 프로젝트를 시작하기로 했다고 하자. 이 경우의 현금흐름도 초기 5년간 매년 1백만 달러씩 유출될 것으로 예상한다. 현금흐름과 관련해 마이크로소프트와 여러분의 프로젝트 사이에 어떤 차이가 존재하는가? 마이크로소프트(MS)는 이 프로젝트의 연간 1백만 달러의 비용을 다른 사업의 이익으로 만회할 것이다. 이는 이들의 세전 손실 1백만 달러가 세후로는 790,000달러(세율 21% 가정)로 줄어든다는 의미이다. 다시 말해 여러분과 MS은 세전 현금흐름이 같더라도 세후 현금흐름은 큰 차이가 발생할 수 있다. 비록 여러분이 미래의 어떤 시점에 발생한 이익에 대해 세금절감을 얻을 수 있더라도 현금흐름의 현재가치는 크게 달라질 수 있다.

EBIT를 계산해 세금을 조정했으면 현금흐름 공식에서 다음 추정 항목은 감가상각비이다. [표 15.4]와 같이 감가상각비는 공장 건설비용 375백만 달러를 예상 내용연수(이 경우 40년) 동안 균등하게 감액하는 방식으로 계산된다. 2020년 이후의 감가상각비는 각 연도의 추가적인 자본적 지출(CAPEX)에 따라 늘어나게 된다. (우리는 추가 자본적 지출 역시 40년에 걸쳐 정액으로 상각된다고 가정한다.)

[표 15.4]와 [표 15.5]에는 미래 기간에 대한 추정 CAPEX 규모가 나와있지 않다. 우리는 2019년부터 2023년까지 CAPEX가 감가상각비의 60%에서 100%까지 매년 10% 포인트씩 증가하다고 가정한다. 이 수치는 감가상각비 추정뿐 아니라 CAPEX 추정에도 필요하다. 추정 재무제표에서 어떻게 CAPEX를 계산할 수 있는가? 다음과 같은 회계적 관계를 이용한다. 순고정자산 변동액은 CAPEX에서 감가상각비를 뺀 것과 같다는 것이다. 따라서 CAPEX는 순고정자산 변동액에 감가상각비를 더하면 된다.

$$PP\&E_{\text{start-of-the-year}} + \text{CAPEX} - \text{Depreciation} = PP\&E_{\text{end-of-the-year}},$$

따라서

$$\text{CAPEX} = PP\&E_{\text{end-of-the-year}} + \text{Depreciation} - PP\&E_{\text{star-of-the-year}}$$

이 수식은 3장의 식료품 창고 사례에서 간단히 설명한바 있다. 여러분이 주초에 100달러어치 식료품을 창고에 가지고 있었다고 가정하자. 여러분이 그 주 동안 70달러어치 식료품을 먹었다. 여러분이 그 주 동안 식료품을 아무것도 사지 않았다면 창고에는 30달러어치 식료품이 남게 될 것이다. 하지만 그 주에 70달러어치 식료품을 소비했음에도 주말 창고에 80달러어치 식료품이 남았다면 이는 여러분이 그 주 동안 50달러어치 식료품을 구매했다는 뜻이 된다. 비유를 하면 다음과 같다. 주초 창고에 있는 100달러의 식료품은 기초 PP&E이다. 주말 식료품 재고 80달러는 기말 PP&E이다. 여러분이 주중에 소비한 70달러는 감가상각비이다. 또한 주중에 구입한 50달러는 CAPEX가 된다.

위에서 언급한 가정들을 적용해 만든 [표 15.6]은 2019년부터 2023년까지 킹스포트 프로젝트의 CAPEX를 추정하는 과정을 보여준다.

[표 15.6] 썬그린 킹스포트 프로젝트 CAPEX 추정

(백만 달러)	2019	2020	2021	2021	2021
기말 PP&E	371.25	368.47	366.62	365.70	365.70
감가상각비(PP&E + CAPEX) / 40	9.38	9.28	9.21	9.17	9.14
기초PP&E	375.00	371.25	368.47	366.62	365.70
CAPEX	5.63	6.50	7.37	8.25	9.14
CAPEX 책정(감가상각비 대비)	60%dep	70%dep	80%dep	90%dep	100%dep

이상과 같이 2019년 잉여현금흐름은 다음과 같이 계산되다.

$$FCF_f = \$27.38 + \$9.38 - \$5.63 - (NWC_{end\text{-}of\text{-}year} - NWC_{start\text{-}of\text{-}year}) + Extras$$

기업잉여현금흐름 계산에 필요한 마지막 항목은 [표 15.7]의 순운전자본 변동액이다. 순운전자본의 증가는 자본적 지출과 거의 같다. 회사는 순운전자본(현금 + 매출채권 + 재고자산 - 매입채무) 증가액을 조달해야 하며[6], 그만큼 기업잉여현금흐름은 감소한다. CAPEX 증가와 차이가 없다는 것이다 순운전자본의 감소는 기업잉여현금흐름을 증가시킨다. 따라서 매년의 순운전자본을 추정해서 연도별 변동을 계산한다. (만일 순운전자본이 매년 동일하게 유지되면, 순운전자본의 변동액은 없기 때문에 회사의 현금흐름에 미치는 영향도 없다.)

[표 15.7] 써그린 킹스포트 프로젝트 순운전자본 추정

(백만 달러)	2019_{open}	2019_{end}	2020	2021	2022	2023
매출채권	33.00	33.67	35.35	37.12	38.61	40.15
재고자산	30.00	31.08	32.63	34.27	35.64	37.06
매입채무	28.00	28.49	29.91	31.41	32.67	33.97
순운전자본	35.00	36.26	38.07	39.98	41.58	43.24
변동액(증감)		1.26	1.81	1.91	1.60	1.66

이제 썬그린의 연도별 순운전자본을 추정해보자. 신규 공장은 2019년 초 가동 예정이다. 2019년 초에 순운전자본은 35백만 달러이다. 왜 그런가? 이것은 공장을 가동하는데 필요한 재고와 그의 조달과 관련된 매입채무이다. 매출채권은 기술적으로 0에서 시작해 매출이 생

6) 이는 필요현금의 규모는 변동하지 않는다고 가정한다.

기면서 증가한다. 매출채권은 두 번째 달 중순에 연말 수준이 된다. 여기서는 편의상 이 수치가 연초부터 시작된다고 가정한다.

순운전자본이 2019년 초 35백만 달러라면 그해 말에는 어떻게 되는가? [표 15.7]의 수치는 [표 15.5]의 추정 대차대조표에서 온 것이다. 그해 말 회사의 순운전자본은 매출채권($33.67)에 재고자산($31.08)을 더하고 매입채무($28,49)를 뺀 36.36백만 달러($33.67 + $31.08 − $28.49)로 추정된다.7) 그 해 순운전자본은 연초 35백만 달러에서 연말 36.26백만 달러가 된다. 따라서 순운전자본은 그 해 1.26백만 달러 증가했다. 회사는 순운전자본의 증가액을 조달해야 하며, 이는 기업잉여현금흐름의 감소를 의미한다.

결과적으로 2019년 FCF_f = $27.38 + $9.38 − $5.63 − ($36.36 − $35.0) + Extras

개별 요소의 합산

[표 15.5] ~ [표 15.7]을 이용하면 [표 15.8]과 같이 킹스포트 프로젝트의 기업잉여현금흐름을 추정할 수 있다. 우리가 용어상 *기업잉여현금흐름(cash flows to the firm)*을 추정하고 있지만, 실제로는 이는 이 프로젝트(즉, 킹스포트 프로젝트)에 대한 잉여현금흐름이라는 점에 유의한다.

[표 15.8] 썬그린 킹스프트 프로젝트의 추정 기업잉여현금흐름

(백만 달러)	2019	2020	2021	2022	2023
이자와 세금 차감 전 이익	34.66	36.96	39.33	41.31	43.37
$(1 - T_c) = 1 - 0.21$	0.79	0.79	0.79	0.79	0.79
EBIT * $(1 - T_c)$	27.38	29.19	31.07	32.64	34.26
+ 감가상각비	9.38	9.28	9.21	9.17	9.14
− CAPEX	(5.63)	(6.50)	(7.37)	(8.25)	(9.14)
− 운전자본 증가액	(1.26)	(1.81)	(1.91)	(1.60)	(1.66)
기업잉여현금흐름	29.87	30.16	31.00	31.96	32.60

이는 마법이 아니다. 숨겨진 것도 감춘 것도 없다. [표 15.8]의 숫자들은 모두 위에서 설명한 킹스포트 프로젝트의 추정 손익계산서와 대차대조표에서 온 것들이다.

7) 매출채권은 매출액의 13%, 재고자산은 매출액의 12%, 매입채무는 매출액의 11%로 추정한다.

가중평균자본비용(WACC)

잉여현금흐름을 계산했다면 가치평가를 위해 다음 질문을 하게 된다. 이러한 미래 현금흐름은 현재로는 얼마의 가치가 있는가? 보다 정확히 말하면 썬그린의 킹스포트 프로젝트가 창출하는 미래 현금흐름의 가치가 프로젝트의 투자비용보다 큰가? 이 질문에 답하기 위해서는 미래 현금흐름을 할인해야 하며, 이를 위해서는 할인율이 필요하다. 우선 여기서는 어떻게 할인율을 구하는지 간단히 소개만 하고 세부적인 사항은 다음 장에서 설명한다. 할인율은 여러 자본비용에 따라 결정되며 다소 복잡한 과정을 거쳐 계산된다. 따라서 이 주제는 할인율을 전문적으로 다루는 장에서 살펴보기로 한다.

기업현금흐름은 대차대조표의 좌측에서 오는 현금흐름이다. 따라서 이는 자산이 창출하는 현금흐름이며 "기업잉여현금흐름(FCF_f)"이라 부른다. 이것은 채권자나 주주 즉, 자본의 공급자들에게 귀속된다. 기업현금흐름은 회사(혹은 프로젝트)의 할인율로 할인해야 한다. 주주에 대한 현금흐름은 자기자본비용으로 할인하고, 부채(차입금)에 대한 현금흐름은 타인자본비용으로 할인한다. 반면 기업잉여현금흐름을 이용하려면 할인율은 타인자본과 자기자본의 혼합비용이 되어야 한다. 이렇게 여러 자본이 혼합된 경우의 할인율이 가중평균자본비용(weighted average cost of capital, WACC)이다.

자본비용은 다음 두 가지를 반영해야 한다.

1. 현금흐름의 위험
2. 자본시장에서의 자금 비용

우리는 현금흐름의 위험을 반영할 수 있고 자본시장이 자본의 사용에 대해 회사에 얼마의 비용을 부과하는지를 반영하는 할인율을 원한다. 대부분의 경우 자본시장이 어떤 프로젝트에 대한 자금 사용에 부과하는 비용은 그 프로젝트의 현금흐름에 대한 위험을 반영한다. 다만 이는 항상 그런 것은 아닌데, 경우에 따라 자본시장의 할인율에 보조금이나 기타의 고려사항이 감안되기 때문이다. (즉 특정 상황에서는 시장이 실제 위험과는 다른 할인율을 부과하기도 한다는 뜻이다.) 여기서는 시장수익률이 프로젝트의 위험을 적절히 반영한다고 가정한다. (우리는 17장에서 이 가정을 완화해 보기로 한다.)

가중평균자본비용(WACC)의 공식은 다음과 같다.

$$\text{WACC} = \%\text{차입금} * \text{세후 타인자본비용} + \%\text{주식} * \text{자기자본비용}$$

보다 공식적으로 표현하면

$$WACC = K_o = (D / (D + E)) * K_d * (1 - T_c) + E / (D + E)) * K_e$$

D = 이자부(금융)부채
E = 자기자본
(D / (D + E)) = 자본구조상 부채(이자부부채)의 비중(차입비중)
(E / (D + E)) = 자본구조상 자기자본의 비중
K_d = 타인자본비용
T_c = 한계세율(FCF_f 공식에서는 평균세율을 사용한 것에 유의)
K_e = 자기자본비용

WACC를 결정하기 위해서는 먼저 공식에 있는 각 요소들을 추정해야 한다. 즉 각 가중치와 수익률(할인율)을 정의해야 한다. 각 요소들에 대해서는 다음 장에서 자세히 살펴보기로 한다.

영구가치

미래 기업잉여현금흐름을 추정해 현재가치로 할인했다면 이 프로젝트의 가치평가가 끝난 것인가? 아니다. [표 15.8]은 오직 처음 5년에 대한 현금흐름 추정치만 제공하고 있다. 2024년과 그 이후의 현금흐름 가치를 계산해야 한다. 다만 우리는 영구적인 기간에 대해 현금흐름을 추정하길 원하지 않는다. 대신 특정 시점 이후의 모든 현금흐름의 가치를 포착하는 영구가치(terminal value)를 계산한다. 이것은 어떻게 하는가? 영구가치 계산에는 여러 방법이 사용된다. 그 중 가장 일반적인 방법은 다음과 같다.

1. 영구연금 공식을 활용하는 방법
2. 수익배수(멀티플)를 활용하는 방법
3. 자산배수(멀티플)를 활용하는 방법

이는 상당히 친숙해 보인다. 기억한다면 우리는 이 장의 모두에서 자산의 가치를 평가하는 데 다섯 가지 방법이 있다고 말했었다. 현금흐름할인, 수익배수, 자산배수, 컴패러블스, 조건부청구권이 그것이다. 이 다섯 가지 방법은 모두 영구가치 계산에 사용될 수 있다. 다만 처음 세 가지가 가장 일반적으로 사용된다.

위의 현금흐름할인에서 했던 것처럼 영구연금 공식부터 살펴보자. 영구연금 공식은 어떻게 되는가?

$$\text{영구가치(TV)} = \text{잉여현금흐름}_{\text{영구연도}} * (1 + g) / (k - g)$$

k = 할인율
g = 미래 현금흐름의 성장률

이 공식이 재무관리에서 널리 사용되지만, 실제로는 수학적으로 도출된 것이다. 먼저 현금흐름의 성장이 없는 경우, 즉 g = 0을 가정해보자. 연간 기대 현금흐름이 영구적으로 1000달러이고 할인율 k가 10%라면, 이 영구연금의 가치는 10,000달러($1000 / 10%)이다. 우리가 오늘 연리 10%에 10,000달러를 투자하고 올해부터 영구적으로 매년 1,000달러를 얻을 것으로 기대한다면 이는 합리적이다.

당신이 오늘 10,000달러를 투자하고 1,000달러의 수익을 얻는데 1년을 기다려야 한다는 것은 수학적으로 (그리고 재무적으로) 중요하다. 따라서 기억할 것은 영구연금 영구가치 공식은 현재로부터 1년 후부터 시작하는 모든 미래 현금흐름의 현재가치를 나타내는 것이다.

한편 미래의 현금흐름이 일정하지 않고 성장할 수 있다. 예를 들어 현금흐름이 물가상승률과 함께 증가한다고 예상할 수 있다. (이때 명목현금흐름에는 명목할인율을 사용해야 한다는 것을 기억하자.) 다만 영구연금 공식은 1년 이후의 현금흐름을 영구시점으로 가져온다. 따라서 1,000달러의 현금흐름이 연 5%씩 성장할 것으로 기대되면 1년 후의 현금흐름은 1,050달러이다. 수학적으로 이 공식은 영구연도의 현금흐름을 결정한 후 g만큼 증가시키게 된다. 따라서 이 사례의 분자에는 1,000달러가 아닌 1,050달러를 사용해야 한다.[8] 그리고 이를 자본비용(k)에서 미래 현금흐름의 성장률(g)을 뺀 것으로 할인한다.

다시 썬그린 사례로 돌아가자. 이 프로젝트의 영구가치 추정은 기대 성장률을 추정하는 것에서 시작한다. 라헤이의 재무담당 직원은 킹스포트 공장의 매출은 2023년 이후 3%로 추정되는 물가상승률가 같은 성장률로 증가할 것으로 예상한다. 또한 그는 2023년 이후 순운전자본이 매출액과 같이 증가할 것으로 예상하고, CAPEX는 감가상각비와 같을 것으로 예상한다. 영업이익률은 변동하지 않고 유지될 것으로 기대하며, 세율은 21%에서 일정할 것으로 예상한다. 이런 가정들을 사용해 2023년 이후 FCF의 성장률은 3%로 가정한다.[9]

이전 논의에 따라 영구연도인 2023년 잉여현금흐름은 32.60백만 달러이고, 2024년에는 3% 증가한 33.58백만 달러가 된다.

$$FCF_{2024} = FCF_{2023} * 1.03 = \$32.60 * (1.03) = \$33.58$$

성장하는 영구연금 공식을 이용하면 2023년 말 영구가치는 다음과 같다.

$$TV_{2023} = FCF_{2024} / (k - g)$$

8) 영구연도의 현금흐름(여기서는 1,000달러)을 (k - g)로 나누어 성장하는 영구연금의 영구가치를 계산하는 것은 매우 흔한 실수이다. 현재가치를 구하기 위해서는 1년 뒤의 현금흐름을 사용해야 한다.
9) 사실 현금흐름은 감가상각비와 CAPEX의 성장에 따라 정확히 3%씩 증가하지 않을 수 있다.

k = 할인율
g = 성장률
$TV_{2023} = \$33.58(k - 3\%)$

이것은 2023년 말의 영구연금이다. 하지만 우리는 2019년 초의 현재가치가 필요하기 때문에 2023년 영구가치를 다음과 같이 다시 2019년 초로 할인해야 한다.

$$TV_{2019\text{-start-of-year}} = TV_{2023} / (1 + k)^5 = (\$33.58 / (k - 3\%)) / (1 + k)^5$$

성장하는 영구연금의 영구가치를 계산하고 첫 5년간 현금흐름을 할인하기 위해 이제 하나 남은 변수는 할인율 k이다. 기업잉여현금흐름 기법을 사용할 때 이 할인율은 WACC가 된다. 이에 대해서는 다음 장에서 자세히 살펴본다.

영구가치를 계산하는 다른 방법은 어떤가? 설명한 것처럼 영구가치를 결정하는 방법은 가치평가의 다섯 가지 방법(현금흐름 할인, 수익 / 현금흐름배수, 자산배수, 컴패러블스, 조건부청구권)과 동일하다. 우리는 17장에서 영구가치에 대해 보다 자세히 살펴보기로 한다.

요약정리

이 장은 다섯 가지 주된 가치평가 방법을 열거하는 것으로 시작했다. 그리고 그 중 하나의 방법인 기업잉여현금흐름 할인에 대해 자세히 살펴보았다. 우리는 어떻게 기업(프로젝트)에 대한 잉여현금흐름을 계산하는지를 효과적으로 설명하기 위해 썬그린 코퍼레이션과 이 회사의 신규 인쇄공장 건설 프로젝트에 대해 소개했다. 이 사례를 통해 추정 손익계산서와 대차대조표를 작성하고, 이를 바탕으로 기업잉여현금흐름을 추정해 보았다.

다음으로 우리는 잉여현금흐름을 평가할 때 할인율로 사용되는 자본비용을 어떻게 추정하는지 소개했다. 마지막으로 영구가치 계산에 사용되는 다양한 기법을 소개했다. 다만 자본비용과 영구가치에 대해서는 잉여현금흐름만큼 자세히 다루지는 않았다. 독자들이 이 부분에 익숙하지 않다면 이는 저자들이 예상하는 것이니 너무 걱정할 필요는 없다.

다음 주제

다음 장에서 우리는 썬그린 사례를 통해 자본비용과 영구가치를 계산해본다. 후속하는 장들에서 우리는 현금흐름, WACC, 영구가치에 대해 보다 자세히 살펴보기로 한다.

CHAPTER 16

가치평가의 이론과 실제 (썬그린 B)

앞 장에서는 가치평가의 개념을 소개하고 현금흐름할인 기법과 기업잉여현금흐름을 이용해 회사나 프로젝트의 가치를 어떻게 평가하는지 설명했다. 이 장에서는 15장에서 시작한 썬그린의 킹스포트 프로젝트의 가치평가를 마무리한다. 우리는 15장에서 추정된 현금흐름 추정치를 계속 사용한다. 그리고 이 프로젝트의 자본비용과 영구가치가 프로젝트의 가치평가에 어떻게 사용되는지 살펴볼 것이다. 반복 학습을 위해 앞으로의 장에서도 역시 같은 방법을 사용할 것이다.

썬그린의 추정 현금흐름

[표 16.1]은 15장의 [표 15.8]의 썬그린 킹스포트 공장 건설 프로젝트에 대한 기업잉여현금흐름 추정치이다.

15장에서 배운 것처럼 기업잉여현금흐름을 구하는 공식은 다음과 같다.

$$FCF_f = EBIT * (1 - T_c) + Dep - CAPEX - (NWC_{end} - NWC_{begin}) + Extras$$

사실 대부분의 재무관리 학생들은 이 현금흐름 공식이 어떻게 도출된 것이지 알지 못한 상태에서 무조건 외우려 하는 것이 사실이다. 하지만 이 공식은 여러 가지 이유에서 특별하다. 첫째 이유는 이 공식이 $EBIT * (1 - T_c)$항에서 시작한다는 점이다. 세금은 영업이익(EBIT)에서 직접 차감되지 않기 때문에 $EBIT * (1 - T_c)$항은 손익계산서에 나타나지 않는다. 실제 손익계산서에서 세금은 EBIT에 이자비용 등을 감안한 "세전이익"에서 차감된다. 다시 말해 손익계산서는 세금을 이자와 세금 차감 전 이익(즉, 영업이익)을 기준으로 계산하지 않는다. 대신 EBIT에서 이자비용 등을 차감한 세전이익을 기준으로 세금을 계산한다.

반면 FCF 공식은 EBIT에서 세금을 바로 차감하는 EBIT * $(1 - T_c)$을 사용한다. 따라서 이 공식을 사용하면 회사가 지급하는 세부담이 과대계상되는 것처럼 보인다. FCF 공식은 왜 이렇게 하는가? 이는 기업잉여현금흐름에 대한 할인율인 WACC를 계산하는 방식 때문이다.

[표 16.1] 썬그린의 킹스포트 프로젝트 추정 기업잉여현금흐름

(백만 달러)	2019	2020	2021	2022	2023
영업이익(EBIT)	34.66	36.96	39.33	41.31	43.37
$(1 - T_c) = 1 - 0.21$	0.79	0.79	0.79	0.79	0.79
EBIT * $(1 - T_c)$	27.38	29.19	31.07	32.64	34.26
+ 감가상각비	9.38	9.28	9.21	9.17	9.14
- CAPEX	(5.63)	(6.50)	(7.37)	(8.25)	(9.14)
- 운전자본 증가액	(1.26)	(1.81)	(1.91)	(1.60)	(1.66)
기업잉여현금흐름	29.87	30.16	31.00	31.96	32.60

가중평균자본비용(WACC)

15장에서 본바와 같이 가중평균자본비용(WACC)의 공식은 다음과 같다.

$$WACC = K_0 = (D / (D + E)) * K_d * (1 - T_c) + (E / (D + E)) * K_e$$

D = 이자부부채(차입금)
E = 자기자본
(D / (D + E)) = 자본구조상 차입금이 차지하는 비중(차입비중)
(E / (D + E)) = 자본구조상 자기자본이 차지하는 비중(자기자본비중)
K_d = 타인자본비용
T_c = 한계세율
K_e = 자기자본비용

공식에서 보는 것처럼 WACC는 차입비중에 $K_d * (1 - T_c)$를 곱하고, 자기자본비중에 K_e를 곱한 후 둘을 더한 값이다.

왜 타인자본비용(K_d)에서 세율을 빼주는가? 차입금에 대한 이자비용의 세금절감 효과를 고려하기 위함이다. 이는 차입금 사용에 따른 세금절감의 가치가 WACC에 감안된다는 의미이다. 다만 세금절감의 효과를 WACC에서 반영하기 때문에 FCF에서 이를 중복해서 반영하지 않는다. 즉 세금절감액은 현금흐름이나 할인율 중 오직 한쪽에만 반영해야 한다. WACC가 차입금의 세후 비용을 기준으로 계산되기 때문에 세금절감 효과는 WACC에 반영된다. 따라서 이를 현금흐름에 또 반영해서는 안 된다. 이로 인해 EBIT $*(1-T_c)$가 손익계산서에 나타나지 않음에도 불구하고 FCF 공식에서는 EBIT $*(1-T_c)$를 사용하는 것이다.[1)]

우리는 또한 앞 장에서 기업잉여현금흐름은 킹스포트 공장의 현금흐름이기 때문에 이 현금흐름은 킹스포트 공장의 기대 자본구조를 반영한 킹스포트 공장의 자본비용으로 할인되어야 한다는 것을 설명했었다. 결국 WACC는 킹스포트 공장의 자본비용과 자본구조를 반영해야 한다.

킹스포트 공장의 WACC를 계산하기 위해서는 그 구성요소들을 결정할 필요가 있다. 즉 이 프로젝트에 대한 자본구성의 가중치와 세율을 정의해야 한다.

자본구성의 가중치

차입금과 자기자본의 가중치(전체 자금조달에서 차지하는 비중)란 무엇인가? 차입금은 이자를 지급하는 금융부채를 모두 포함하며, 가용한 정보가 있다면 장부가치보다 시장가치로 측정되어야 한다. 다만 차입금의 시장가치를 파악하는 것은 쉽지 않기 때문에 일반적으로 장부가치가 사용된다. 장부가치가 완전하지는 않으나 통상 시장가치에 근접한다는 점에서 대용치가 된다.[2)] 자기자본은 주가에 발행주식수를 곱한 시가총액을 사용한다. *만일 시가총액이 가용하지 않으면 자기자본의 장부가치를 사용할 수 있는가?* 그럴 수도 있고 아닐 수도 있다. 그럴 수도 있지만 일반적으로 자기자본의 장부가치는 시장가치에 대한 합리적인 대용치가 아니다. 실무에서 차입금에는 장부가치, 자기자본에는 시장가치를 사용하지만, 이론적으로는 둘 다 시장가치를 사용해야 한다.

킹스포트 프로젝트의 자본구조에서 차입금과 자기자본이 차지하는 비중을 결정하기 위해 먼저 썬그린의 자본구조를 검토한다. 이렇게 하는 것은 우리가 썬그린의 자료를 가지고 자본구조를 어떻게 측정하는지 파악할 수 있기 때문이다. 우리는 이후 킹스포트 공장의 자본구조에 대해 살펴보기로 한다.

썬그린에 알아보기 위해 [표 15.2]로 돌아가 보자. 대차대조표에서 2017년 썬그린 이자부부채의 장부가치는 1,628백만 달러(단기차입금 $10 + 유동성장기차입금 $95 + 장기차입금 $1,523)이다. 자기자본의 장부가치는 2,242백만 달러지만 시장가치는 3,775백만 달러([표 15.3] 참조)이다. 주가는 주당 37.75달러이고 발행주식수는 100백만 주이다. 자기자본의 장부가치를 사용

1) 나중에 설명하는 것처럼 이는 기업에 대한 잉여현금흐름이 주식과 차입금에 대한 잉여현금흐름의 합과 같지 않은 이유가 된다.
2) 차입금의 시장이자율과 신용등급이 크게 변동하지 않는 한 발행 후 차입금(금융부채)의 시장가치는 발행가에 근접해야 한다.

하면 썬그린은 차입금으로 42.1%($1,628 / ($1,628 + $2,242))의 자금을 조달하지만, 시장가치를 사용해 정확히 계산하면 썬그린은 차입금으로 30.1%($1,628 / ($1,628 + $3,755))의 자금을 조달하고 있다.

만일 킹스포트 공장이 썬그린과 같은 자본구조로 가동되면 이 프로젝트의 차입금 비중은 30.1%가 된다. 하지만 아래에서 설명하는 것처럼 킹스포트 공장은 보다 낮은 목표 차입금 수준에서 운영될 것으로 가정한다.

프로젝트의 자본구조를 사용하라.

왜 특정 프로젝트의 자본비용을 추정할 때 회사 전체의 자본구조를 사용하지 않는가? 여러 사업부와 프로젝트가 있는 어떤 회사의 위험은 어떻게 평가해야 하는가?

여러분이 두 회사의 주식을 가지고 있다고 해보자. 하나는 유전개발업체이고 다른 하나는 송유관업체이다. 시장은 높은 위험을 반영해 유전개발업체에 20%의 자본비용을 부과하고, 유전이 발견될 때까지 송유관을 건설하지 않아도 되기 때문에 위험이 낮다는 점에서 송유관업체에 10%의 자본비용을 부과한다고 하자.

이때 유전개발업체에 수익률이 16%, 18%, 22%, 25%인 네 개의 잠재 유정개발 프로젝트가 있다고 하자. 이 회사는 이들 프로젝트 중 어떤 것을 실행해야 하는가? 22%와 25%의 수익이 예상되는 프로젝트만이다. 왜인가? 이 두 프로젝트만이 회사의 허들레이트인 20%의 자본비용을 넘는 수익을 내기 때문이다.

또한 송유관업체에도 수익률이 8%, 9%, 12%, 14%인 네 개의 잠재 송유관 프로젝트가 있다고 하자. 이 회사는 이 중 어떤 프로젝트를 실행해야 하는가? 당연히 12%와 14%의 수익이 예상되는 프로젝트만이다. 오직 이 두 프로젝트만이 회사의 허들레이트인 10%의 자본비용을 넘는 수익을 내기 때문이다.

그렇다면 이제 시나리오를 조금 변경해보자. 두 개 별도회사 대신 사업비중이 유전개발 50%, 송유관사업 50%인 종합오일회사가 있다고 해보자. 이 회사의 가중평균자본비용은 얼마인가? 이는 이 회사의 두 사업부문 자본비용을 가중 평균한 15%(50% * 20% + 50% * 10%)가 된다. 이때 이 회사가 위에서 열거한 여덟 개의 프로젝트(수익성이 16%, 18%, 22%, 25%인 유전개발 프로젝트와 8%, 9%, 12%, 14%인 송유관건설 프로젝트)를 가지고 있다고 하자. 이 회사는 어떤 프로젝트를 실행해야 하는가? 이 회사는 위에서 결정한 것과 같은 프로젝트를 실행해야 한다. 즉 기대수익률이 22%와 25%인 유전개발 프로젝트와 기대수익률이 12%와 14%인 송유관 프로젝트를 실행해야 한다.

왜인가? 이 종합오일회사는 15% 이상의 수익률을 내는 프로젝트를 채택하고 수익률이 그 이하인 프로젝트를 기각해야 하지 않는가? 만일 이 회사가 모든 프로젝트에 허들레이트로 15%를 동일하게 적용하면 어떤 일이 일어날지 생각해보자. 모든 유전개발 프로젝트는 수익률이 15% 이상이므로 모두가 채택될 것이다. 반면 송유관건설 프로젝트는 모두 수익률이 이를 하회해 하나도 채택되지 않을 것이다. 이는 일부 나쁜 유전개발도 채택되고, 일부 좋은 송유관건설도 기각된다는 의미이다. (프로젝트의 수익성이 자본비용을 하회하면 "나쁜" 프로젝트로 간주된다. 반대로 수익성이 자본비용을 상회하면 "좋은" 프로젝트로 간주된다.)

이렇게 되면 이 회사는 기존의 사업 균형(유전개발과 송유관건설이 각각 50%)에서 멀어지고 유전개발에 집중하게 될 것이다. 이 회사의 유전개발사업의 비중이 높아지면 자본비용은 어떻게 되는가? 글쎄, 채권자들은 처음에 15% 금리에 대출을 해주겠지만 곧 20%의 위험을 가진 유전개발 프로젝트에 15% 금리로 대출을 해주고 있다는 것을 알게 될 것이다. 유전개발 프로젝트만 실행되면 채권자들은 신규 프로젝트에 20%를 부과해야 한다. 따라서 이 회사는 15%의 자본비용으로 50:50(유전과 송유관)의 사업 비중을 유지할 수 없게 된다. 결국 이 회사는 자본비용이 20%인 유전개발업체가 될 것이고, 일부 유전개발 프로젝트의 수익은 20%에 미치지 못하게 된다.

이 간단한 사례는 왜 사업이나 프로젝트의 평가에 회사의 평균 위험이 아닌 해당 사업이나 프로젝트의 위험을 반영한 할인율(허들레이트)을 사용해야 하는지 잘 보여준다. 이 개념을 다중허들레이트(multiple hurdle rates)라고 부른다. 어떤 프로젝트를 정당화하고자 하는 프로젝트 책임자들이 종종 회사의 평균적인 수익률을 자본비용으로 사용해야 한다고 주장한다. 하지만 이런 주장은 회사의 전체 자본비용이 회사의 모든 프로젝트들의 포트폴리오에 기반하고 있기 때문에 어떤 개별 프로젝트도 다른 프로젝트들로부터 보조금을 받아서는 안된다는 것을 간과하는 문제점을 가지고 있다.

여러분은 아마도 모든 기업이 이를 이해하고 있고 그에 따라 행동할 것이라고 생각하겠지만 실상은 그렇지 않다. 몇 년 전 저자 중 한명은 모든 프로젝트에 회사 전체의 자본비용을 사용하는 미국의 대형은행을 자문한 일이 있었다. 이 은행은 위험이 높은 개도국(LDCs)에 대출해 주는 금리로 위험이 낮은 투자은행에 오버나이트 대출을 하고 있었다. 당연히 시간이 흐르면서 이 은행의 대출 포트폴리오는 급격히 LCDs 대출로 옮겨갔고 안전한 투자은행 대출 비중은 줄어들었다. 왜인가? 이들이 안전한 대출에는 비용을 과다하게 부과해 사업이 축소된 반면 위험한 대출에는 비용을 과소하게 부과해 사업이 확대된 때문이다. 여러분이 은행이라면 재무관리에 수준 높은 정교함에 있을 것으로 예상할 것이다. 하지만 이런 오류는 많은 기업에서 일반적으로 일어나고 상당한 비용을 유발하는 실책이다.

이는 중요한 개념이기 때문에 다른 방식으로 한 번 더 생각해 보기로 한다. NYSE 상장기업 중 자본비용이 가장 낮은 회사를 LOWCOST라고 하자. 자본비용이 가장 낮은

LOWCOST가 거래소에 상장된 다른 회사를 인수하려 한다고 가정하자. 만일 LOWCOST가 ANYOTHER라는 회사를 인수하는데 자신의 자본비용을 적용하면 이 M&A는 양의 NPV를 가질 것으로 평가될 수 있다. *왜 그런가?* ANYOTHER의 현금흐름 가치를 상장회사 중 자본비용이 가장 낮은 LOWCOST의 자본비용으로 할인하기 때문이다.

만일 LOWCOST가 자신의 할인율로 평가한 NPV가 양인 모든 회사를 인수하려 한다면 LOWCOST는 어떤 회사를 인수하려 할까? **세상의 모든 회사일 것이다.** 하지만 LOWCOST가 세상의 모든 회사를 인수하기 시작하면 이 회사의 자본비용은 상승하게 된다. 이제 LOWCOST는 더 이상 세상에서 가장 낮은 자본비용을 갖는 회사가 아니게 된다. 이는 왜 어떤 프로젝트의 가치평가에 회사의 자본비용이 아닌 해당 프로젝트의 자본비용을 사용해야 하는지 잘 보여준다.

요약하면 여러분이 잘못된 자본비용을 적용하면 해당 프로젝트의 수행 여부에 대해 잘못된 의사결정을 할 수 있다는 것을 기억해야 한다. 우리가 이 장에서 왜 "프로젝트, 프로젝트, 프로젝트"를 외치는지 명심하길 바란다. 프로젝트의 현금흐름, 프로젝트의 할인율, 프로젝트의 자본구조를 통해 프로젝트를 평가해야 한다.

자금조달의 실행

또 하나 기억할 것은 자금조달 실행과 목표 차입수준을 혼동하지 말라는 것이다. *이는 무슨 말인가?* 어떤 회사가 사업이나 다른 회사를 인수할 때 인수대금을 차입금에 크게 의존할 수 있다. 이는 자금조달의 실행이다. 즉 매입이나 인수 시점의 파이낸싱이다. 하지만 이 차입금 수준은 회사가 장기적으로 이 프로젝트를 어떻게 운영할 것인지에 대한 것은 아니다. 따라서 이는 평가에 사용되는 차입금 수준이 아니다. 늘어난 차입금은 인수 후 주식 발행을 통해 확보한 자금으로 상환하면 감소할 수 있고, 회사의 다른 사업 부분에 할당될 수도 있기 때문에 차입금 수준은 변동할 수 있다. 따라서 평가에 사용되는 자본구조는 특정 프로젝트의 목표 차입수준으로 계산되어야 한다. 이는 프로젝트가 운영될 것으로 예상되는 방식을 의미한다. 이에 대해서는 다음 장에서 좀 더 자세히 다루기로 한다.

수익률: 베타와 위험-수익률 스펙트럼

차입금과 자기자본의 비중을 결정하기 전에 위험의 변동에 따른 수익률 변동의 스펙트럼에 대해 생각해보자. *투자자산 중 위험이 가장 낮은 자산은 무엇인가?* 미국 국채는 위험이 가장 낮아 수익률도 가장 낮다. *다음으로 투자 위험이 낮은 자산은 무엇인가?* AAA등급 회사채일 것이다. 위험 스펙트럼을 따라 그 외의 회사채들이 순차적으로 펼쳐질 것이다. 그리고 곧 주식이 나타난다. 가장 위험이 낮은 주식에는 유틸리티가 포함된다. 다음은 아마도 슈퍼마켓일 것이다. 어느 순간 시장 전체에 대한 위험이 스펙트럼 상에 나타날 것이다. 개별 주식들은 위험 스펙트럼 우측에 연속해서 포진하게 된다. 예를 들어 전체적으로 시장의 우측(즉, 시장 전체보다 위험한)에는 화학회사가 위치하고 더 우측에는 바이오기업이 있을 것이다.

어떤 회사의 차입금과 주식을 위험 스펙트럼 상에 위치시키는 방법은 자본시장이론의 베타 개념을 차용하는 것이다. 베타는 자본시장 가격결정모형(CAPM)에서 사용되는 시장위험의 척도이다. 이는 전체 시장수익률의 움직임과 관련된 특정 자산의 수익률의 움직임이 어떤 관계를 가지는지에 따라 정의된다.[3)]

위험 프로파일로 돌아가면, 우리는 베타를 이용해 위험을 측정한다. *국채의 베타는 얼마인가?* 0이다. *왜인가?* 국채는 무위험증권이기 때문에 시장수익률의 움직임에 관계없이 국채의 수익률은 변동하지 않는다.[4)] 7장에서 소개한 $K_e = R_f + \beta(R_m - R_f)$의 CAPM에서 베타가 0이면 $K_e = R_f$가 된다. (여기서 R_f는 무위험이자율로 정의된다.)

AAA급 회사채의 베타는 얼마인가? 약 0.15 정도로 매우 낮다. 이는 경제 전반의 상황 변화에도 채권수익률이 크게 변동하지 않는다는 의미이다. 따라서 이 채권의 베타는 국채 베타에 근접하며, 위험 스펙트럼 상에서 국채의 바로 오른쪽에 위치한다. *다음으로 유틸리티 주식의 베타는 얼마인가?* 0.6과 0.75 사이 어딘가에 있을 것이다. *슈퍼마켓 체인의 베타는 얼마인가?* 약 0.85 정도로 생각된다.

S&P 500같은 시장 전체의 베타는 얼마인가? 정의에 따라 1이다. CAPM을 도출할 때 시장수익률은 시장 자체와 일치한다. CAPM 공식($K_e = R_f + \beta(R_m - R_f)$)에서 베타가 1이면 $K_e = R_m$이 되고 이는 시장 전체의 수익률이다.

마지막으로 화학회사, 항공사, 바이오회사의 베타는 얼마나 되는가? 이들 기업은 시장 전체보다 위험하기 때문에 각각 약 1.2, 1.6, 2.1 정도로 생각된다. 따라서 베타는 위험 스펙트럼의 개념과 상관관계를 갖는다.

대부분의 사람들은 실제 베타를 어떻게 계산하는가? 글쎄, 대부분의 사람들은 베타를 계산하지 않는다. 아마도 인터넷에서 찾아보거나 증권회사 직원에게 물어볼 것이다. *그렇다면 여러분에게 베타를 알려주는 사람들은 베타를 어떻게 계산할까?* 시장수익률에 대한 특정 자산(주식) 수익률의 회귀식을 구하고, 그 회귀식의 회귀계수를 베타로 사용한다. 특정 자산(혹은 주식)의 수익률은

3) 이는 베타에 대한 아주 대략적인 설명이다. 베타는 대부분의 자본시장 관련 재무관리 교과서에서 다뤄지며 이때 자산의 위험 척도로 사용된다. 학술적으로 베타는 어떤 자산의 수익률과 시장수익률의 공분산을 시장수익률의 분산으로 나눈 것이다.

4) 2008년 미국 금융위기 이전 대부분의 사람들은 미국 국채가 무위험이라고 생각했다. 하지만 오늘날 모든 자산에는 항상 위험이 수반된다는 것을 인지하게 되었다. 심지어 미국 국채의 경우에도 그렇다. 다만 미국 정부가 채무를 불이행할 위험은 우리가 우려하는 위험들 중에서는 가장 작을 것이다.

뉴욕증권거래소나 시장벤치마크의 수익률에 대해 회귀분석을 하게 된다. 회귀분석에는 얼마의 기간이 사용되는가? 통상 5년이 사용된다. 왜 5년인가? 과거 월간 자료를 사용할 때 5년이면 60개 표본(5년 * 12개월/년)이 확보되는데, 일반적으로 통계적 유의성을 확보하는데 충분한 표본수가 되기 때문이다. 다만 오늘날 회귀분석에는 1년 동안의 일간 주식시장 수익률(1년에 약 240 거래일)과 일간 주가수익률이 이용되고 있다.[5)]

그렇다면 썬그린의 킹스포트 프로젝트의 베타는 얼마나 되는가? 우리는 알 수 없다. 킹스포트 공장이 아직 존재하지 않기 때문이며, 존재하는 경우에도 이는 여러 사업을 영위하는 대기업의 일부이기 때문이다. 결과적으로 회귀분석을 실시할 수 있는 수익률이나 주가가 존재하지 않는다. 그렇다면 [표 15.3]과 같이 썬그린의 베타 1.1을 킹스포트 프로젝트에 대한 자본비용으로 사용하는 것은 옳은가?[6)] 그렇지 않다. 포장지는 썬그린의 기존 제품라인보다 위험하기 때문에 앞에서 논의한 것처럼 "프로젝트의 현금흐름, 프로젝트의 자본비용, 프로젝트의 자본구조" 원칙에 위배된다.

그렇다면 이 프로젝트의 베타를 어떻게 파악할 수 있는가? 일반적인 방법은 비교 대상이 되는 유사한 "쌍둥이" 회사를 찾고, 이 비교대상 회사의 베타를 프로젝트의 베타로 사용하는 것이다.

쌍둥이 회사

"쌍둥이 회사" 기법은 재무관리에서 널리 사용되는 개념이다. 예를 들어 BBB등급 20년 만기 신규 채권의 가격을 평가할 때 투자은행은 비슷한 BBB등급 채권의 유통수익률을 보게 된다. 당연히 비상장회사의 베타 추정도 동일 산업에 있는 상장회사의 베타에서 시작한다. 우리는 이 방법을 썬그린의 킹스포트 프로젝트에도 적용한다.

이 기법을 적절히 적용하려면 몇 단계를 거치게 된다. 우리는 회사의 제품시장 위험뿐 아니라 회사의 재무위험도 일치시켜야 한다. 이는 우리가 회사의 제품라인과 재무 레버리지를 모두 고려해야 한다는 것을 의미한다. 이를 위해 다음 네 단계를 밟기로 한다.

1. 평가대상 프로젝트와 유사한 사업을 수행하는 상장회사를 찾는다.
2. 비교대상 회사의 베타를 파악하고, 현재 부채 수준, 즉 레버리지가 베타에 미치는 영향을 제거한다. (이를 "베타를 무부채화하다"라고 표현한다.)

5) 어떤 회사가 다른 회사를 M&A하고 있거나 어떤 이유로 사업의 위험이 이전과 크게 변동한다면 이전 기간의 수익률로 계산한 베타는 이 회사의 현재 위험을 적절하지 반영하지 못할 수 있다.
6) 제지회사 주가는 아마도 시장 전반의 움직임과 밀접하게 관련성을 가질 것으로 보이며 항공사나 바이오회사보다 덜 위험하기 때문에 직관적으로 썬그린의 베타 1.1은 합리적으로 보인다.

3. 이렇게 계산한 비교대상 회사의 무부채베타를 평가대상 프로젝트의 무부채베타 대용치로 사용한다.
4. 프로젝트의 목표 차입금 수준(즉, 프로젝트 운영 시 차입금 수준)을 감안해 3단계에서 파악한 프로젝트의 무부채베타를 재부채화한다. 이렇게 하면 최종적으로 프로젝트의 제품시장과 재무위험을 감안한 프로젝트의 베타가 도출된다.

1단계: 썬그린의 써머스 팀은 시페루스페이퍼와 스탠더드페이퍼, 두 상장회사를 쌍둥이 회사로 파악했다. 이들 회사는 썬그린 경영진이 생각하고 있는 종이 제지소와 유사한 사업을 하고 있다. 두 회사는 모두 포장지 사업을 하고 있다. 따라서 킹스포트 프로젝트의 가치평가에 썬그린 전체의 자본비용보다 두 회사의 자본비용을 사용하는 것이 더 정확하다. 아래 [표 16.2]에서 보는 것처럼 시페루스와 스탠더드의 베타는 각각 1.38과 1.55이다.

[표 16.2] 킹스포트 프로젝트의 쌍둥이 회사 재무정보

	시페루스페이퍼	스탠더드페이퍼
매출액	$1,688백만	$2,755백만
순이익	$133백만	$193백만
포장지 매출 비중	88.4%	93.6%
주당순이익	$2.95	$4.75
연말 주가	$70.98	$73.83
차입금의 장부가치	$800백만	$1,000백만
주식의 장부가치	$3,200백만	$3,000백만
레버리지(차입금$_{bv}$ / (차입금$_{bv}$ + 주식$_{mv}$))	20.0%	25.0%
채권 등급	A	A
주식베타	1.38	1.55

2단계: 현재 베타는 쌍둥이 회사의 제품시장 위험과 현재 부채 수준에서의 재무위험을 반영하고 있다. 킹스포트 프로젝트의 베타를 추정하기 위해서는 (쌍둥이 회들사의 레버리지와 다를 수 있는) 프로젝트의 레버리지에 따른 재무위험을 조정해야 한다. 이는 쌍둥이 회사들의 베타를 "무부채화"한 후 프로젝트의 예상 부채 수준을 감안하여 다시 "재부채화"하면 된다. 이를 위해서는 다음 공식을 이용한다.

$$\beta_{무부채=} = \beta_{부채} * 주식 / (차입금 + 주식)$$

$$\beta_{부채} = \beta_{무부채} * (차입금 + 주식) / 주식$$

무부채베타를 계산하는 공식은 많다. 여러 기업과 대학이 이 조정과 관련된 자신만의 공식을 가지고 있다. 예를 들어 여러분이 베타의 무부채화에 세금절감의 효과를 반영하는 사람을 만난다면 아마도 그는 시카고대학교 졸업생일 것이다. 왜인가? 시카고대학교의 학장이었던 밥 하마드(Bob Hamad) 교수는 세금절감을 반영한 무부채화 모형을 개발하고 가르쳤다. 만일 여러분이 MIT에서 공부한다면 위에서 우리가 제시한 공식을 배울 것이다. 이는 이 모형이 브릴리와 마이어 교수의 교과서에 소개되었기 때문이다. (스튜어트 마이어스(Stewart Myers)와 저자 중 한명은 MIT의 동료 교수이다.) 저자들은 이 공식이 가정 적절한 공식이라고 생각한다. 이는 이 공식이 가장 일반적으로 사용되고 있으며, 단순한 가정에 기반하고 있지만 복잡한 공식으로 도출한 결과와 큰 차이가 없기 때문이다.[7)]

위의 공식을 이용해 시페루스페이퍼와 스탠더드페이퍼의 베타를 무부채화하기 위해서는 각 회사의 차입금과 주식(자기자본)에 대한 정보가 필요하다. [표 16.2]에서 시페루스페이퍼 차입금의 장부가치는 0.8십억 달러, 주식의 시장가치는 3.2십억 달러인 반면 스탠더드페이퍼 차입금의 장부가치는 1.0십억 달러, 주식의 시장가치는 3.0십억 달러이다. 이는 자본구조에서 차입금의 비중이 시페루스는 20%(\$0.8 / (\$0.8 + \$3.2)), 스탠더드는 25%(\$1.0 / (\$1.0 + \$3.0))이라는 뜻이다. 이를 이용하면 다음과 같이 무부채베타를 계산할 수 있다.

$$\text{시페루스페이퍼 } \beta_{\text{무부채}} = \beta_{\text{부채}} * \text{자기자본} / (\text{차입금} + \text{자기자본})$$
$$= 1.38 * (3.2 / (0.8 + 3.2)) = 1.10$$
$$\text{스텐더드페이퍼 } \beta_{\text{무부채}} = \beta_{\text{부채}} * \text{자기자본} / (\text{차입금} + \text{자기자본})$$
$$= 1.55 * (3.0 / (1.0 + 3.0)) = 1.16$$

당연히 두 회사는 유사한 회사들이기 때문에 두 회사의 무부채베타도 비슷한 값을 가진다. 무부채베타(unlevered beta)는 기초사업위험(BBR)을 반영하며 두 회사는 동일 산업 내에 있기 때문에 우리는 이들의 BBR이 비슷할 것으로 기대한다. 무부채베타는 재무위험이 없을 때 자산의 위험을 나타내기 때문에 자산베타(asset beta)라고도 부른다. 쌍둥이 회사의 무부채베타가 비슷한 값을 가질 때 우리는 둘 중 하나를 선택하거나 평균을 선택할 수 있다. 평균을 선택하면 1.13((1.10 + 1.16) / 2)이 된다. 이것이 3단계이다.

4단계: 그렇다면 우리는 썬그린의 킹스포트 프로젝트의 자기자본비용 결정에 1.13의 베타를 사용하는가? 썬그린이 이 프로젝트를 차입금을 사용하지 않고 자기자본으로만 운영하고자 한다면 그렇다. 기억할 것은 우리가 금방 구한 것은 이 프로젝트의 사업위험만 반영한 자산베타를 계산한 것이다. 우리에게 최종적으로 필요한 것은 사업위험과 재무위험 모두를 고려한 주식베타(equity beta)이다. 다음 단계는 이 프로젝트의 목표 차입 수준을 감안해 베타를 부채화하는

7) 베타를 부채화하거나 유부채화하는 다른 공식과 변형에 대해서는 17장에서 살펴본다.

것이다. 이는 무엇인가? 우리는 킹스포트 공장이 22.5%의 차입비율 수준에서 운영될 것으로 가정한다. (이는 시페루스와 스탠더드 두 회사의 평균 차입비율이다. 다만 우리가 계획하고 있는 자본 구조에 대한 추가 정보가 있다면 이를 사용할 수도 있다.)

다음과 같이 무부채화 공식을 이항하면 베타를 다시 부채화할 수 있다.

$$\beta_{부채} = \beta_{무부채} * (차입금 + 자기자본) / 자기자본$$

따라서 최종적으로 킹스포트 프로젝트의 베타는 다음과 같이 추정된다.

$$\beta_{부채} = \beta_{무부채} * (차입금 + 자기자본) / 자기자본 = 1.13 * (1 / 0.775) = 1.46$$

우리가 시페루스와 스탠더드의 무부채베타를 계산한 후 이들의 평균 자본구조로 부채화 했기 때문에 부채베타는 두 쌍둥이 회사의 부채베타의 평균이 된다. 따라서 동일한 비율로 무부채화와 부채화하면 이 단계는 생략할 수 있다. (여기서 이 과정을 설명한 것은 계산 과정을 정확히 보여주기 위함이다. 다만 주의할 것은 재부채화에 회사의 차입비율이 아닌 프로젝트의 목표 차입비율을 사용해야 한다는 점이다.)

여기서 여러분은 이렇게 계산된 베타가 이 공식이 가지고 있는 두 가지 주요 가정에 따른 근사치라는 것을 이해할 필요가 있다. 첫째, 이 공식은 베타와 차입금 규모가 선형의 관계를 가진다고 가정한다. 이는 차입비율이 10%에서 20%로 상승하는 경우와 50%에서 60%로 상승하는 경우 베타에 미치는 영향(위험 증가)이 동일하다고 가정한다. 즉 선형적으로 증가한다고 가정한다. 하지만 우리는 이것이 틀렸다는 것을 알고 있다. 6장에서 위험이 증가하면 자기자본비용 K_e는 처음에 천천히 증가하지만 점점 증가 속도가 빨라진다고 배웠다. 따라서 베타는 실제 선형적이 아니라 곡선적으로 증가한다.

둘째, 이 공식은 부채(차입금)의 베타가 0이라고 가정한다. 하지만 부채의 베타는 상당히 작을 뿐 0은 아니다. (국채가 0이고, AAA급 회사채가 0.15 정도이다.) 다만 다음 장에서 (보다 복잡한 공식을 사용해서) 이 가정을 완화해도 일반적으로 결과값이 크게 변동하지 않는다는 것을 설명한다. 여기서는 일단 이 공식이 작동한다고 기억하고, 부채의 베타는 0이라고 가정한다.

자기자본비용

그렇다면 썬그린의 킹스포트 프로젝트에 대한 자기자본비용은 얼마인가? 이론적으로 자기자본비용(cost of equity)은 주주들이 회사에 투자하면서 요구하는 수익률이다. 오늘날 자기자본비용(K_e)을 결정하는 가장 보편적인 방법은 다음의 자본자산 가격결정모형(CAPM)이다.

$$K_e = R_f + \beta(R_m - R_f)$$

R_m = 시장수익률
R_f = 무위험이자율
β = 위험 척도

앞에서 유도한 바에 따라 베타값은 1.46이다. 이제 R_f와 $(R_m - R_f)$를 추정하는 일이 남았다. R_f는 무위험이자율이고 $(R_m - R_f)$는 시장위험프리미엄이다.

어떻게 무위험이자율인 R_f를 측정하는가? 미국 국채수익률은 무위험이자율의 최적 대용치이다. 왜 미국 국채인가? 7장에서 언급한 것처럼 미국 국채는 가장 안전한 자산이기 때문이다. (미국 정부는 다양한 만기의 국채를 발행하고 있는데) 그렇다면 어떤 국채수익률을 말하는가? 대부분의 재무관리 교수들은 20 또는 30년 만기의 장기 국채수익률을 사용한다. 하지만 많은 재무전문가들과 재무관리를 가르치는 사람들이 수익률 계산에 사용되는 국채의 만기와 프로젝트의 만기가 일치되어야 한다고 주장한다. 따라서 10년짜리 프로젝트에는 10년 만기 국채수익률을 사용하고 더 장기 프로젝트에는 20년이나 30년 만기 국채수익률을 사용한다.

저자들을 포함해 일부 사람들은 무위험이자율에 추가적인 조정을 한다. 20년이나 30년의 장기 프로젝트에 경우 저자들은 미국 장기 국채수익률에 1%를 뺀 값을 R_f로 사용한다. 왜인가? 1%를 빼는 조정을 하는 것은 자본자산 가격결정모형 이론의 공식이 자기자본비용을 즉시 평가한다고 가정한다. 이는 R_f가 단기 수익률이어야 한다는 의미이다. 하지만 K_e가 장기간에 대해 사용되면 R_f도 장기간에 걸쳐 추정된 단기수익률일 필요가 있다.

이 조정을 위해서는 투자자들이 장기채 보유에 대해 단기채 수익률에 더하여 위험프리미엄을 요구한다는 사실을 이해할 필요가 있다.[8] 이 위험프리미엄은 종종 "유동성프리미엄(liquidity premium)" 또는 "기간프리미엄(term premium)"으로 불린다. 이것은 투자자가 장기 투자에 따른 위험에 대해 보상받아야 하는 추가 수익률이다.[9]

로저 이봇슨(Roger Ibbotson)[10] 교수는 단기 국채(T-bill) 수익률에 대한 장기 국채의 유동성 프리미엄을 약 0.8%(80 베이시스포인트)로 계산했다.[11] 따라서 우리도 CAPM의 무위험이자율을 장기 국채수익률에서 1%의 유동성 프리미엄을 빼서 추정한다. 이것이 장기

8) 예를 들면 향후 5년간 단기 기대 미국 국채(T-bill)수익률이 10%로 일정하다고 하면(즉, 10%, 10%, 10%, 10%, 10%), 5년짜리 수익률은 종종 10%를 넘어선다. 10%가 넘는 수익률은 유동성프리미엄이다.
9) 이자율의 기간구조의 맥락이 아니면 유동성프리미엄은 다른 것을 의미할 수 있음에 유의하자.
10) 예일대학교의 이봇슨 교수는 현재 모닝스타를 소유하고 있는 재무정보 제공업체 이봇슨 어소시에이츠를 설립했다.
11) 1년 이하의 만기를 가진 미국 정부 발행 증권이 "빌(bills)"이기 때문에, 일반적으로 Treasury를 나타내는 T를 사용해 T-bills라고 한다.

T-bill 수익률의 최적 추정치이기 때문이다.[12)]

썬그린 킹스포트 공장의 경우 20년 만기 국채수익률 2.96%에서 유동성프리미엄 1%를 빼면 무위험이자율(R_f)은 1.96%가 된다.

자기자본비용(K_e)을 구하는데 마지막으로 필요한 정보는 시장위험프리미엄인 $R_m - R_f$이다. 즉 시장위험프리미엄(market risk premium)은 기대 시장수익률에서 무위험자산의 기대수익률을 뺀 것이다. 이는 해당 자산을 보유하면서 시장위험을 보유하는데 대해 추가적으로 보상받아야 하는 수익률이다. 시장위험프리미엄은 일반적으로 시장 평균수익률에서 T-bill 수익률을 빼서 구한다.

베타와 마찬가지로 시장위험프리미엄도 정보제공 업체의 자료를 활용할 수 있다.[13)] 추정치는 시간의 흐름에 따른 $R_m - R_f$의 평균을 사용한다. *평균은 어떻게 계산되는가?* 평균을 계산하는 방법에는 두 가지가 있다. (모든 관측값을 더하여 관측값의 수로 나누는) 산술평균과 (복리수익률 또는 n개 관측값의 곱의 n제곱근인) 기하평균이 있다.

어떤 평균을 사용하는 것이 옳은가? 먼저 간단한 예를 살펴보자. 6년간 다음과 같이 수익률이 예상된다고 해보자. 10%, 10%, 10%, 10%, 10%, 10%. 이 경우 산술평균과 기하평균은 모두 10%이다. 이번에는 수익률이 +30%에서 −10%까지 변동하는 경우(+30%, −10%, +30%, −10%, +30%, −10%)를 생각해보자. 산술평균은 여전히 10%(60% / 6)이다. 그러나 기하평균은 아래와 같이 8.17%로 10%보다 작아진다.

왜 그런지 살펴보자. 투자자가 100달러로 시작해서 30%를 벌고 이후 10%를 손해 봤다고 해보자. *마지막에 투자자는 얼마를 가지는가?* 답은 117달러($100 * (1 + 30%) = $130, $130 * (1 − 10%) = $117)이다. 하지만 산술평균수익률은 10%((30% − 10%) / 2)이다. 복리수익률(또는 기하평균)은 8.17%($\$117 / (1 + r)^2 = \$100$)이다. 사실 복리수익률인 기하평균수익률은 산술평균수익률과 항상 같거나 작다. 모든 개별 수익률이 동일할 경우에만 두 수익률은 같다.[14)] (이는 재무관리가 아닌 수학적인 개념이기 때문에 더 이상의 자세한 내용은 다루지 않는다.)

그렇다면 우리는 어떤 평균을 사용해야 하는가? 산술평균이다. *왜인가?* 1년 동안의 최적 수익률 추정치가 산술평균(여기서는 10%)이기 때문이다. 이는 수익률 시계열 상에서 모든 연도의 기

---

12) 주의 사항: 만일 독자가 취업 면접에서 정확한 수익률은 장기 국채수익률에서 1%를 빼야 한다고 말하면 여러분을 인터뷰하는 사람이 이 실무적 관행에 익숙하지 않을 수 있다. 많은 사람들이 이런 방식을 학습하지 않았기 때문이다. 그럼에도 불구하고 (우리 의견으로는) 장기 국채수익률에서 유동성프리미엄을 빼는 것이 실제 최적 추정치이다.

13) 미국 주식의 베타를 구글 파이낸스, 야후 파이낸스, 밸류라인 등에서 손쉽게 찾을 수 있는 있지만 시장위험프리미엄을 찾기는 쉽지 않다. 이에 대한 주요 정보소스는 이봇슨 어소시에이츠이다. 은행과 금융기관에 따라서는 다른 시장위험프리미엄 추정치가 사용된다. 우리 독자들은 은행들 사이의 가치평가 결과에 차이가 나는 이유 중 하나가 시장위험프리미엄을 포함한 WACC에 사용되는 투입값의 추정치 차이에서 온다는 것을 이해해야 한다.

14) 좀 더 단순한 예: 수익률이 +10%이고 −10%라고 해보자. 산술평균은 0((10 − 10) / 2)이다. 기하평균은 마이너스이다. 다시 말해 100달러에서 10%가 상승하면 110달러가 되고, 다시 10%가 하락하면 이때는 11달러가 하락해 99달러가 된다. 수익은 1달러의 손실이며 수익률은 0보다 작아진다.

대수익률이다. 수익률이 연도별로 변동한다는 사실이 우리의 기대수익률을 변동시키지는 못한다. 불행히도 모든 사람들이 이 개념을 이해하지 못하고, 많은 교과서와 논문에서 부정확한 기하평균을 사용해야 한다고 주장한다.[15]

어떤 기간에 대해 시장위험프리미엄을 추정할 것인가? 보통은 1926년부터 현재까지의 기간을 사용한다. 왜 1926년부터 시작하는가? 이 해가 전산자료를 확보할 수 있는 가장 빠른 연도이기 때문이다. 이때부터 Center for Research into Security Prices(CRSP)가 주가수익률의 시계열 전산자료를 제공하고 있다. CRSP의 자료가 1946년부터 시작되었다면 우리는 그때부터 시작했을 것이다. 일부에서는 1960년대부터 추정을 시작해야 한다고 주장한다. 다른 추정기간을 사용하는 것이 반드시 틀린 것은 아니지만 추정기간이 미래에 대한 좋은 예측치를 제공할 정도로 충분히 장기인지에 대해서는 검토를 해야 한다. 예를 들어 여러분이 시장이 과열된 기간만 본다면 추정치에 편향이 발생한다.

썬그린 킹스포트 프로젝트의 자기자본비용에는 시장위험프리미엄($R_m - R_f$) 추정치로 6%를 사용한다. 이는 1926년부터 2016년까지 기간에 대해 이봇슨 어소시에이츠(Ibbotson Associates)가 산출한 시장프리미엄의 산술평균 추정치이다.[16]

모든 투입치를 대입하면 다음과 같이 K_e가 계산된다.

$$K_e = R_f + \beta(R_m - R_f) = 1.96\% + 1.46 * (6\%) = 10.72\%$$

R_f는 국채수익률 2.96%에서 유동성 조정 1%를 뺀 1.96%이다. 쌍둥이 접근법에 따라 $\beta = 1.46$이다. 마지막으로 시장수익률에서 T-bill 수익률을 뺀 시장위험프리미엄 ($R_m - R_f$)은 6%이다.

타인자본비용

이제 킹스포트 프로젝트의 타인자본비용(cost of debt)을 추정한다. 타인자본비용을 결정하는 가장 쉬운 방법은 부채에 대한 시장수익률을 보는 것이다. 신규 프로젝트를 위해 추가로 차입금을 조달할 때 그 비용은 얼마인가? 우리는 과거 회사가 기존 프로젝트의 자금조달에 얼마를 지불했는지를 사용할 수는 없다. 이는 현재 프로젝트의 자금을 조달하는데 얼마를 지불해야 하는지와 관련이 없기 때문이다. 주택 구입을 생각하고 있는 친구들이 여러분에게 모기지

15) Breadly와 Myers의 초기 판본에서는 주석에 추가적인 설명 없이 산술평균을 사용하는 이유를 "명확하다"고만 표현했다. 이것이 여러분에게 명확했다면 여러분의 양해를 구하는 바이다.

16) 시장위험프리미엄에 대한 심도 있는 논의가 필요하면 다음을 참조하라. Pablo Fernandez, "Equity Premium in Finance and Valuation Textbooks," IESE Business School-University of Navarra, 2008.

금리를 불었다고 생각해보자. 여러분은 과거 자신이 대출했을 때의 모기지 금리를 친구에게 알려줄 것인가? 아니다. 그들이 미래에 빌릴 수 있는 금리여야 하기 때문에 그들에게 현재 모기지 금리를 말해 주어야 한다.

10년 전에는 금융시장이 상당한 변동성을 가졌지만 2019년 1월 현재는 시장은 상대적으로 안정된 상태이다. 투자적격 채권의 수익률은 최근 몇 달간 다소 상승했지만 여전히 역사적 평균을 하회하고 있다. [표 16.3]은 최근 자본시장의 동향을 보여주고 있다.

[표 16.3]을 보면 썬그린의 차입비율은 30.1%로 이 회사의 채권은 A등급으로 평가될 가능성이 높고 금리는 4.48%가 될 것이다. 킹스포트 프로젝트의 차입비율은 (쌍둥이 회사의 평균인) 22.5%로 예상된다. 이는 킹스포트 프로젝트의 채권도 A등급으로 평가될 가능성이 높다는 의미이다.[17] 제지산업의 차입비율과 킹스프트 프로젝트가 낮은 차입 수준에서 운영될 것을 고려한 후 라헤이의 담당직원은 이 프로젝트의 타인자본비용을 4.48%로 추정했다.

[표 16.3] 2018년 6월 11일 현재 자본시장 자료[18)]

시장수익률:					
	20년 미국 국채	5년 미국 국채	미국 T-Bills (6개월)	은행 프라임레이트	
	2.96%	2.80%	2.06%	4.75%	
회사채 수익률:					
	AAA	AA	A	BBB	BB
	4.00%	4.35%	4.48%	4.85%	6.10%
채권등급에 따른 레버리지(시가총액 기준 전체자본 중 차입금 비중):					
	AAA	AA	A	BBB	BB
산업재	18%	25%	30%	37%	47%
제지산업		18%	23%	30%	40%

세금절감액 조정

가중평균 자본비용(WACC)을 계산할 때 우리는 세후 타인자본비용인 $K_d * (1 - T_c)$를 사용한다. 따라서 다음으로 T_c를 추정해야 하는데, 이는 썬그린이 킹스포트 프로젝트에서 발생한 수익에 대해 납부할 것으로 예상하는 한계세율이다. 2015년부터 2017년까지 썬그린의 실제 세율은 각각 30%, 34%, 35%였다. 하지만 앞에서 설명한 것처럼 미국의 법인세율은

17) 채권의 신용등급은 특정 채권에 대한 투자와 관련한 위험을 측정하는데 목적이 있다. 부채의 비중은 신용평가 절차의 중요한 부분이지만 이것이 유일한 요소는 아니다. 회사의 규모, 경영진의 자질, 업력 등과 같은 많은 요소들이 평가에 반영된다.

18) 표의 일부 수치는 2014년 1월 10일자 www.ferdralreserve.gov에서 가지고 왔다. 그 외의 수치들은 저자들의 추정치이다.

감세와 일자리 법안의 통과에 따라 2018년 21%로 내려갔다. 따라서 우리도 21%를 사용한다.

프로젝트의 WACC(K_0)

이제 킹스포트 프로젝트의 전체 자본비용을 계산할 모든 요소들이 준비되었다. WACC는 다음과 같다.

$$WACC = K_0 = (D / (D + E)) * K_d * (1 - T_c) + (E / (D + E)) * K_e$$

$$WACC = K_0 = 22.5\% * 4.48\% * (1 - 21\%) + 77.5\% * 10.72\% = 9.10\%$$[19]

최종 가치평가

이제 우리는 킹스포트 프로젝트의 순현재가치를 계산할 수 있다. 우리는 다음과 같이 세 부분으로 나누어 가치를 평가하길 추천한다.

1. 초기 투자비(또는 구입가). 이는 [표 15.1]에서와 같이 410백만 달러이다.
2. 현금흐름의 현재가치. 이는 15장의 [표 15.8]의 재무추정을 통한 현금흐름을 9.10%의 WACC로 할인한 현재가치이다. [표 16.4]에서 보는 것처럼 이 프로젝트의 현재가치는 120.24백만 달러이다.
3. 영구가치. 이것은 2023년 말 미래 현금흐름의 가치이다. 영구가치 추정에 대해서는 15장에서 간단히 살펴보았다. 영구가치에 대한 자세한 내용은 17장에서 살펴보기로 한다. 여기서는 영구가치 계산에 (15장에서 언급된 것처럼 라헤이의 담당직원이 추정한 데로) 간단히 3%의 성장률을 갖는 영구연금 공식을 사용한다. 영구연금은 현재 시점(이 경우는 2019년 초)으로 할인하여 현가화해야 한다. 이 경우 다음과 같이 영구가치의 현재가치로 356.12백만 달러가 도출된다.

$$TV_{2019\text{-start-of-the-year}} = TV_{2023} / (1 + 9.10\%)^5 = ((\$32.60 * 1.03) / (9.10\% - 3\%)) / (1 + 9.10\%)^5$$
$$= (\$33.58 / (9.10\% - 3\%)) / (1 + 9.10\%)^5 = \$356.12$$

19) 참고로 썬그린 전체의 WACC는 30.1% * 4.48% * (1 - 21%) + 69.9% * 8.7% = 7.105%이다.

[표 16.4] 킹스프트 프로젝트 잉여현금흐름 순현재가치

(백만 달러)	2019	2020	2021	2022	2023
기업잉여현금흐름	29.87	30.16	31.00	31.96	32.60
할인계수$(1/(1+r)^n)$	1.09	1.19	1.30	1.42	1.55
현재가치$(FCF/(1+r)^n)$	27.38	25.34	23.87	22.56	21.09
현재가치(5년 합계)	120.24				
2019 ~ 2023 잉여현금흐름 순현재가치	$120.24백만				
영구가치의 순현재가치	$356.12백만				
킹스포트의 현금흐름 순현재가치	$476.36백만				
킹스포트 투자액	$410.00백만				
킹스포트 프로젝트 NPV(최종)	$66.36백만				

킹스포트 프로젝트의 순현재가치는 위에서 보는 것처럼 세 요소의 합이다. 즉 현금흐름의 현재가치 120.24백만 달러 + 영구가치의 현재가치 356.12백만 달러 − 투자비 410백만 달러 = 순현재가치 66.36백만 달러이다.

현금흐름의 NPV에서 영구가치를 별도로 표시하는 것은 전체 NPV에서 영구가치가 얼마만큼 중요한 비중을 갖는지 파악하기 위함이다. 예를 들어 투자비($10백만)와 NPV($20백만)가 같은 두 프로젝트를 가정해보자. 첫 번째 프로젝트는 투자비 10백만 달러, 5년간 현금흐름의 현재가치 18백만 달러, 영구가치의 현재가치 12백만 달러라고 하자. 따라서 이 프로젝트의 NPV는 20백만 달러(−$10 + $18 + $12)가 된다. 두 번째 프로젝트는 투자비 10백만 달러, 5년간 현금흐름의 현재가치 8백만 달러, 영구가치의 현재가치 22백만 달러라고 하자. 이 프로젝트의 NPV 역시 20백만 달러(−$10 + $8 + $22)이다. NPV가 동일하기 때문에 우리가 두 프로젝트의 NPV만 고려한다면 두 프로젝트는 무차별해야 한다. 하지만 첫 번째 프로젝트는 5년간 양의 NPV를 가지는 반면 두 번째 프로젝트는 5년간 음의 NPV를 가진다는 점은 중요한 차이이다. 만일 이 두 프로젝트가 상호배타적이라면 이 사실로 인해 첫 번째 프로젝트가 선호될 수 있다. (이는 왜 회수기간이 여전히 어느 정도는 유효성을 가지는지 보여준다.)

킹스포트 프로젝트의 경우 현금흐름의 현재가치에서 영구가치의 현재가치를 분리하는 것은 또 다른 시사점을 제공한다. 이 경우 영구가치가 이 프로젝트를 양의 NPV를 갖도록 하는데 핵심이라는 것을 분명히 보여준다. (영구가치는 5년간 현금흐름의 3배로 모든 현금흐름의 74.8%에 달하기 때문이다.) 전체 가치에서 영구가치가 차지하는 비중이 크면 클수록 우리는 가치평가 결과에 편안함을 덜 느끼게 된다. 왜인가? 보다 많은 양의 가치가 미래에 형성되면 그 만큼 가치평가에 대한 확실성이 떨어지기 때문이다.

지금까지 우리가 킹스포트 프로젝트의 NPV를 구했지만 이것으로 끝난 것은 아니다. 처음에 우리는 투자는 전략, 가치평가, 실행의 세 가지 요소를 가진다는 것을 강조했었다. 또한 우리는 이를 순서대로 분석하지 않고 가치평가를 먼저 검토한다고 언급했었다. 이는 단지 이 책이 재무관리 교과서이기 때문이다. 실무적으로는 전략적 분석을 먼저 실시하고, 해당 투자가 회사의 제품시장전략과 일치하는지 살펴보아야 한다. 여기서는 전략적 분석에 대해 간단히 살펴볼 것이지만, 자세한 논의는 19장으로 미루기로 한다.

전략적 분석

전략적 분석이란 무엇을 의미하는가? 이 사례에서는 기본적으로 다음 질문에 답하려고 노력하는 것이다. *썬그린이 제지회사와 인쇄공장을 확보해야 하는가?* 재무적 평가에 따른 대답은 "이는 양의 NPV를 가지기 때문에 그렇다"이다. 왜 이것이 양의 NPV를 가지는지는 전략적 분석에 대한 대답이다. 이 프로젝트가 썬그린에게 양의 NPV를 가져다준다는 것은 이 회사가 킹스포트 프로젝트에서 경쟁적 수익 이상의 수익률을 얻는다는 의미이다. 그 이유는 킹스포트 프로젝트가 경쟁 제지회사와 인쇄공장보다 많은 현금흐름을 창출하거나 자본비용이 낮기 때문이다.

만일 어떤 기업이 공장을 인수하거나 건설할 때 하나의 질문은 "*우리가 산업 내 경쟁자들보다 싼 비용을 예상할 수 있는가?*"이다. 만일 (입지가 나빠 물류비가 더 드는 것 같이) 우리의 비용이 높을 것으로 예상한다면 이는 아마도 좋은 전략적 결정이 아닐 것이다. 만일 (배송비가 싼 좋은 입지를 확보해) 우리의 비용이 싸다면 이는 아마도 좋은 전략적 절정일 것이다.

그렇다면 우리의 재무추정은 실현될 것인가? 이 해답은 궁극적으로 제품시장에서 결정된다. 예를 들어 우리가 연 10%의 매출성장률을 가정한다면 이 가정에는 제품시장의 합리적 이유가 있어야 한다. 산업의 매출이 현재 연 2% 증가하고, 모든 경쟁자들이 신규 공급능력 확보를 위한 투자를 진행 중이라고 해보자. *왜 이 회사는 연 10%씩이나 성장하는가?* 아마도 그렇게 성장하기는 쉽지 않을 것이다. 이는 왜 전략적 분석이 재무추정의 경제적 토대이자 합리성을 제공하는지 알게 해주는 대목이다.

무엇 때문에 킹스포트 프로젝트가 양의 NPV를 가지는가? 다음 요인들 중 어떤 것일 것이다. 높은 가격을 받거나 더 많이 팔거나 비용을 낮출 수 있거나 중에 그 이유가 있을 것이다. 이를 달성하는 데는 여러 방법이 있다. 아마도 썬그린은 새로운 공장 건설이나 인수로 독점적 지위를 얻을 수 있다. 그렇다면 이 회사는 가격을 인상해 동일한 판매량과 생산비에서도 더 많은 매출을 얻을 수 있다. 또한 이 회사는 저원가의 신기술을 채택할 수도 있다. 또한 새

로운 계약을 통해 경쟁자보다 노무비를 덜 부담할 수도 있다. 아울러 썬그린은 신규 공장 건설을 통해 규모의 경제를 달성할 수도 있다.

그 외에도 많은 가능성이 존재하며 여기서 언급한 것은 그 중 몇 가지일 뿐이다. 인수나 신규 투자 이후 양의 NPV를 가진다는 것은 과거의 경영이나 경쟁자들에 비해 새로운 경영을 통해 매출을 늘리거나 비용을 줄일 수 있다는 것을 의미한다. 썬그린은 가치평가를 설명하기 위한 가상의 회사라는 점을 상기하자. 이로 인해 우리는 진정한 전략분석에 필요한 충분한 제품시장 정보를 제공하지 않았다. 19장에서는 실제 회사의 사례를 통해 이에 대해 보다 자세히 알아보기로 한다.

전략적 분석은 창업 재무관리나 벤처캐피탈 과목에서 중요한 부분을 차지한다. 가치평가의 부분은 여기서 보는 것처럼 추정한 현금흐름을 자본비용으로 할인하는 것으로 동일하다. 차이는 전략적 분석과 모든 우발상황과 옵션에 대한 계약에 있다. 예를 들어 어떤 인수자가 매입 후 6개월이 지나 매도자에게 기술적 문제 해결에 도움을 요구한다면 매도자는 소극적으로 대응할 가능성이 높다. 하지만 최종 결과에 따라 대규모의 잔금 지급이 남아 있다면 매도자는 약속한 바에 따라 인수자가 해당 프로젝트를 종료할 수 있도록 같은 인센티브(유인)을 가지게 되고, 인수자에게 보다 적극적으로 협조할 것이다. 이런 논의가 중요함에도 불구하고 이런 유형의 분석은 이 책의 범위를 넘는다. 여기서는 가치평가에 집중하고자 한다.

요약정리

1. 이 장은 기업잉여현금흐름의 할인 기법을 통해 썬그린의 킹스포트 프로젝트의 가치를 평가했다. DCF는 가치평가의 다섯 가지 기법 중 하나이다. 기업잉여현금흐름은 DCF 기법들 중 가장 일반적으로 사용되는 방법이다.
2. 기업잉여현금흐름을 이용하는 DCF기법은 (15장에서 다룬바와 같이) 회사의 현금흐름을 추정하고, 자본비용(WACC)을 결정하며, 영구가치를 계산한다.
3. 기업잉여현금흐름은 다음과 같이 정의된다.

$$FCF_{firm} = EBIT * (1 - T_c) + Dep - CAPEX - (NWC_{end} - NWC_{begin}) + Extras$$

4. WACC는 다음과 같이 정의된다.

$$WACC = K_0 = (D / (D + E)) * K_d * (1 - T_c) + (E / (D + E)) * K_e$$

5. WACC 공식에서 금융부채와 자기자본의 가중치는 일반적으로 부채에는 장부가치, 자기자본에는 시장가치가 사용된다. K_d는 프로젝트가 현재 차입할 수 있는 시장금리이다.

(이는 전체 회사가 차입할 수 있는 금리와 다를 수 있다.) K_e는 프로젝트 베타, 무위험 이자율, 시장위험프리미엄을 사용하는 단일요인 CAPM모형으로 계산한다. 무위험이자율은 프로젝트와 동일한 만기를 가지는 미국 국채의 수익률을 사용한다. (만일 기간이 장기라면 1%를 차감한다.) 시장위험프리미엄은 T-bill 수익률에 대한 주식시장의 추정 프리미엄의 산술평균이다. 세율 T_c는 한계 기대세율이다.

6. 중요한 것은 프로젝트는 항상 "프로젝트, 프로젝트, 프로젝트"의 원칙에 따라 평가되어야 한다는 것이다. 다시 말해 프로젝트의 현금흐름, 프로젝트의 자본구조, 프로젝트의 자본비용을 이용하라.
7. 가치평가는 세 가지 요소로 계산된다. 초기 투자액(또는 구입가), 현금흐름의 현재가치, 영구가치의 현재가치가 그것이다. 이렇게 하면 우리는 각 부분의 상대적 중요성을 확인할 수 있게 된다.
8. 마지막으로 이 장에서는 투자에 합리성과 토대가 되는 전략적 분석을 소개했다. 보다 정확히 말하면 우리는 프로젝트의 경제성이 어떻게 추정된 현금흐름을 달성시킬 수 있는지 살펴보았다. 특히 재무추정은 합리적인 경제적 토대 없이는 도출될 수 없다는데 유의하자.

다음 주제

이 장은 현금흐름 할인 가치평가의 개요에 대해 살펴보았다. 다음 장에서는 가치평가의 보다 세부적인 사항과 확장에 대해 살펴보기로 한다.

CHAPTER 17

가치평가의 확장

이전 두 장에 걸쳐 우리는 기업잉여현금흐름을 이용해 썬그린 코퍼레이션이 추진 중인 프로젝트의 가치를 평가해보았다. 이를 위해 우리는 미래 잉여현금흐름을 추정하고 이를 가중평균자본비용(WACC)으로 할인했다. 이 장에서는 이러한 분석을 확장해 가치평가의 실제에 접근해보기로 한다.

이 장은 가치평가의 세 부분, 즉 현금흐름, 자본비용, 영구가치에 대해 보다 세부적인 사항을 설명할 것이다. 15장과 16장의 논의를 각 부분별로 확장할 것이다. 마지막에는 APV와 APT 같은 대안적 가치평가기법과 기타의 관련 주제들에 대해서도 살펴보기로 한다.

현금흐름

가치평가에서 현금이 왕이라는 사실을 명심할 필요가 있다. 이익이 아니라 현금흐름이 회사의 존속 여부를 결정한다는 것이다. 적자기업이라도 경우에 따라 상당 기간 생존할 수 있지만 현금흐름이 마이너스이면 생존하기 불가능하기 때문이다. 1장에서 언급한 것을 기억하라. "현금은 공기와 같고 이익은 음식과 같다. 생존을 위해서 둘 다 필요하지만 공기가 없다면 훨씬 더 빨리 죽을 수 있다."

예를 들어 (닷컴기업과 같은) 대부분의 스타트업은 번레이트, 즉 현금고갈을 우려한다. 다시 말해 어떤 회사의 현금이 얼마나 빨리 고갈(소모)되는지가 문제가 된다. 많은 스타트업들은 이익을 전혀 내지 못하지만, 그들의 생존기간은 실제 현금이 얼마나 버티는지에 달려 있다.

그렇다고 이익이 중요하지 않는다는 것은 아니다. 이익은 보통 회사의 현금흐름에서 중요한 부분을 차지하기 때문에 이익은 중요하다. 하지만 우리는 단지 이익만으로 어떤 회사의 가치를 평가하지 않으며 궁극적으로 회사에 핵심인 전체 현금흐름으로 가치를 평가해야 한다. 1장에서 우리는 "이익으로 샴페인을 사고, 현금으로 맥주를 사라."는 오래된 격언을 인용했었다. 따라서 가치평가에서는 이익이 아닌 현금흐름이 가장 중요하다는 것을 반드시 기억하길 바란다.

현금흐름: 무엇을 포함하고 무엇을 제외할 것인가?

다음은 현금흐름에 어떤 것을 포함하고 어떤 것을 제외할 것인지 살펴보자. 가치평가를 위한 현금흐름에서는 비현금항목과 매몰비용(sunk cost)이 제외된다. 예를 들어 회사의 간접비는 프로젝트 가치평가에서 매몰비용으로 간주되는데, 이는 프로젝트 실행에 따른 증분의 현금흐름이 아니기 때문이다. 만일 어떤 현금흐름 항목이 평가대상인 투자안의 실행 여부에 관계없이 일정하다면 이 현금흐름은 평가대상 현금흐름에서 제외되어야 한다.

매몰비용이란 무엇인가? 매몰비용은 과거에 소비된 현금이다. 예를 들면 이미 완료된 기술 타당성조사 비용은 매몰비용, 즉 이미 소비된 현금이다. 매몰비용은 프로젝트의 가치평가에 고려되지 않는다.

만일 회사 전체가 아닌 어떤 프로젝트를 평가할 때, 이 프로젝트에 따라 변동이 발생하지 않는 관련이 없는 프로젝트나 회사의 다른 부분의 현금흐름 역시 무시해야 한다. 다시 말해 이런 현금흐름이 평가대상 프로젝트의 일부가 아니라면 이는 적절한 평가대상 현금흐름이 아니며 프로젝트 가치평가에서 무시되어야 한다.

적절한 현금흐름을 파악하는 한 방법은 프로젝트로 인해 변동하는 증분의 현금흐름을 파악하는 것이다. 즉 현금흐름이 회사의 어디에서 발생하는지에 관계없이 프로젝트와 관련된 모든 현금흐름 변동을 포착하는 것이다. 이것은 아마도 우리가 강조하는 "프로젝트, 프로젝트, 프로젝트"의 원칙에 배치되는 것처럼 보일 수도 있지만 절대 그렇지 않다. 중요한 것은 현금흐름이 어디서 발생하는지가 아니라 프로젝트로 인해 발생하는 전체 현금흐름을 포착하는 것이다. 동시에 프로젝트와 관계없이 발생하는 현금흐름(즉, 프로젝트에 영향을 받지 않는 현금흐름)은 제외되어야 한다.

현금흐름의 발생 시점 역시 중요하다. 앞에서 우리는 적절한 현금흐름을 파악하는 한 방법은 프로젝트와 관련되어 변동하는 현금흐름을 살펴보는 것이라고 했다. 이러한 변동은 그 대상이 금액일 수도 있고 발생시점일 수도 있다. 다시 말해 해당 프로젝트의 현금흐름이 다른 경우보다 일찍 또는 늦게 발생한다면 현금흐름의 시간가치는 중요하기 때문에 이러한 시점상의 변동은 가치평가에 반영되어야 한다. (현금흐름의 시간가치에 대해서는 14장에서 상세히 다룬바 있다.)

2018년 미국 감세와 일자리 법은 현금흐름의 시점을 변경시킨 사례이다. 이 법에서는 가

속상각이 허용된다. 자본적 지출의 상당부분을 시간을 두고 상각하는 대신 단기간에 비용화하는 것이 허용된다. 이러한 회계상 가속상각은 현금흐름의 시간가치로 인해 기업가치를 증가시킨다.

잠재적으로 여러 목적을 가진 자산의 현금흐름은 어떻게 해야 하는가? 다시 말해 그러한 자산의 현금흐름 중 일부가 평가대상 프로젝트와 관련이 없는 경우 어떻게 해야 하는가? 예를 들어 철도 부설에 필요한 신규 프로젝트를 고려해보자. 철도를 건설하는데 필요한 부지가 다른 용도로 사용되지 않으면 모든 비용은 이를 사용하는 프로젝트에 귀속되어야 한다. 하지만 선로부지가 신규 프로젝트(철도 부설)의 실행 여부에 관계없이 다른 목적에 사용된다면 (만일 전력선, 송유관, 통신선 등도 해당 부지를 사용한다면) 부지비용은 무시될 수 있다. 중요한 것은 신규 프로젝트로 인해 야기된 현금흐름의 변동을 포착하는 것이다.

다른 사업의 잉여 생산능력을 활용하는 프로젝트는 어떻게 해야 하는가? 다시 말해 해당 프로젝트에 사용할 수 있는 잉여 생산능력이 지금 회사 내에 있다면 이는 프로젝트의 가치평가에 어떤 영향을 미치는가? 이 프로젝트가 없다면 회사가 잉여 생산능력을 결코 사용하지 않는다면 신규 프로젝트에 대한 비용으로 감안되지 않는다. 하지만 잉여 생산능력이 궁극적으로는 사용될 것이라면 이는 현금흐름에 영향을 미치며 신규 프로젝트의 비용으로 감안되어야 한다. 이 비용은 요구되는 추가적인 생산능력에 대한 미래 비용이다.

어떤 프로젝트의 현금흐름을 평가할 때 기타 어떤 항목들을 적절히 고려해야 하는가? 현금흐름 분석에서 우리는 흔히 프로젝트로 인해 발생하는 기회비용(opportunity costs)이 간과되는 경우를 보게 된다. 신규 프로젝트를 추진하면 종종 기존 오퍼레이션에 변화를 가져와 회사의 다른 현금흐름에 영향을 미치게 된다. 예를 들면 가장 단순한 형태로 신제품이 기존 제품의 판매에 영향(예: 회사의 제품라인 추가가 자사의 다른 제품 판매에 부정적 영향을 미침)을 미칠 수 있다. 따라서 프로젝트의 가치평가에는 현금흐름에 대한 모든 영향이 반영되어야 한다. (즉 다른 제품의 생산량 감소는 매출 감소로 이어지고 이는 해당 제품의 영업손실을 유발할 수 있다.)

포기비용(abandonment cost)도 가치평가에 반영되어야 하지만 자주 무시되는 현금흐름이다. 이는 어떤 프로젝트의 종료와 관련된 현금흐름으로 프로젝트 가치평가에 반영되어야 하는 현금흐름이다.[1] 포기비용에는 순운전자본이 포함된다. 특히 손상이나 감액을 감안한 매출채권이나 재고자산을 반영해야 한다.

요약하면 가치평가는 프로젝트로부터 새로이 발생되는 현금흐름과 이 프로젝트로 인해 야기되는 기존 현금흐름의 모든 변동을 모두 고려해야 한다. 가치평가는 회계적 손익이 아

1) 어떤 프로젝트가 종료될 때, 종결과 관련된 현금흐름이 종종 발생한다. (예를 들어 공장을 폐쇄하더라도 퇴직이나 의료 관련 혜택에 대한 책임을 계속해서 부담해야 하는 상황이 발생할 수 있다.)

닌 현금에 관한 것이다. 또한 해당 프로젝트와 무관하게 과거에 진행된 것들은 무시된다. 매몰비용이기 때문이다. 나아가 우리는 신규 프로젝트로 인해 발생하는 미래 현금흐름뿐 아니라 그 시점에 대해서도 신경을 써야 한다.

인플레이션은 어떠한가?

15장에서 논의한 것처럼 인플레이션의 영향이 배제된 실질현금흐름을 실질할인율로 할인할 것인지 아니면 인플레이션이 감안된 명목현금흐름을 명목할인율로 할인할 것인지는 중요한 문제이다.

대부분의 실무자들은 명목할인율로 명목현금흐름을 할인한다. 왜인가? 이는 명목수치를 구하기가 더 쉽다는 것이 주된 이유이다. 명목현금흐름은 실제 수령하는 현금흐름으로 회계명세서는 명목 수치를 사용한다. 명목할인율은 시장이 부과하는 수익률이다. 따라서 통상적인 방법은 명목을 명목으로 할인하는 것이다. 또한 현금흐름의 여러 요소들이 각자 다른 비율로 성장할 때 명목현금흐름을 사용하면 편리하다. 예를 들어 회사의 노무비는 임금협약에 따라 일정하게 증가하는 반면 재료비는 물가상승률에 따라 늘어날 수 있다. 명목현금흐름을 사용하면 여러 증가율을 상대적으로 용이하게 조정할 수 있는 장점이 있다.

자본비용

16장에서 기업잉여현금흐름의 할인을 위한 자본비용으로 WACC를 사용했다. WACC 공식은 다음과 같다.

WACC = %부채 * 세후 타인자본비용 + %자기자본 * 자기자본비용

$$WACC = K_0 = (D / (D + E)) * K_d * (1 - T_c) + (E / (D + E)) * K_e$$

D = 이자부부채(차입금)
E = 자기자본
(D / (D + E)) = 자본구조에서 차입금이 차지하는 비중
(E / (D + E)) = 자본구조에서 자기자본이 차지하는 비중
K_d = 타인자본비용
T_c = 한계세율[2)]
K_e = 자기자본비용

2) 자본비용을 계산할 때는 한계세율을 사용한다. 반면 세후 EBIT를 계산할 때는 평균세율을 사용한다.

WACC 공식을 사용하기 위해서는 금융부채(차입금)와 자기자본의 비중, 타인자본비용, 자기자본비용, 세율에 대한 정보가 필요하다. 또한 자기자본비용 구하기 위해서는 베타, 무위험이자율, 시장프리미엄인 $R_m - R_f$를 결정해야 한다. 자기자본비용 공식은 다음과 같다.

$$K_e = R_f + \beta(R_m - R_f)$$

R_m = 시장수익률
R_f = 무위험이자율
β = 위험 척도

16장에서 계산한 WACC는 간단하다. 다만 우리는 아래와 같이 이 계산에 몇 가지 뉘앙스를 추가하고자 한다.

차입금과 주식의 비중을 계산할 때 중요한 것은 목표 차입비율과 자금조달의 실행을 혼동해서는 안 된다는 것이다. 이는 무슨 의미인가? 회사가 어떤 프로젝트에 투자하거나 다른 회사를 인수할 때 회사는 특정 자금조달 수단을 사용하지만 이것이 영구적으로 그런 수단을 유지한다는 것은 아니라는 뜻이다.

예를 들면 어떤 회사가 처음 자산 매입에 전액 차입금(혹은 자기자본)을 사용할 수 있다. 이는 자금조달의 실행이다. 즉 투자나 구매 시점에 조달하는 자금의 양과 형태인 것이다. 하지만 이때의 자본구조(차입금과 자기자본 수준)는 장기적으로 이 프로젝트를 어떻게 운영할 것인지는 아니다. 따라서 이는 자본비용을 계산하는 차입비율이 될 수 없다. 실행 수준의 차입금은 일시적으로 회사의 차입능력을 사용하는 것이며 (이익잉여금이나 신주 발행으로) 자기자본의 사용량이 증가하면 줄어들 수 있다. 반대로 처음에 자기자본의 의존도가 높은 거래도 (신규 차입에 따라) 시간이 경과하면 자기자본의 비중은 줄어들 수 있다. 결론적으로 어떤 프로젝트의 자본비용에는 이 프로젝트가 운영될 것으로 예상되는 방식에 따른 목표 차입비율의 자본구조가 반영되어야 한다.

WACC의 가정

16장에서 설명한 WACC 공식은 우리가 고려해야 할 몇 가지 중요한 가정을 가지고 있다. 이 공식의 기본 가정 중 하나는 WACC가 일정한 차입비율(차입금 / (차입금 + 자기자본))을 가진다고 본다. 물론 WACC는 시점별로 차입금의 규모가 변동하지 않고 일정하다고 가정하는 것은 아니다. 대신 WACC는 차입금이 회사 기업가치의 특정 비율로 일정하게 유지될 것을 가정한다. 따라서 기업가치가 증가하거나 감소하면 차입금 수준도 변동하게 된다. 예를 들어 차입금이 22.5%로 시작해 기업가치가 두 배가되면, 차입금의 비중을 일정하게 유지하기 위해서는 차입금도 두 배가 되어야 한다.

이는 매우 강력한 가정이며 실제에서 항상 그렇게 되지는 않는다. 그럼에도 WACC가 일정한 차입비율을 가정하는 이유는 세금절감의 가치가 영구연금 공식에서 도출되기 때문이다. 따라서 WACC는 이 차입금이 영구적이라고 가정한다. 실제에서 자본구조는 재무추정에서 보다 더 크게 변동하기 때문에 평균적인 자본구조에 따라 추정된 WACC가 종종 사용된다. 이는 회사가 실행을 위한 파이낸싱을 영구적인 파이낸싱으로 전환할 때 특히 타당하다. [표 15.5]에서 우리는 자본구조가 22.5%로 일정하다고 보았다.

WACC의 또 다른 특징은 기업잉여현금흐름이 자본구조가 바뀌어도 변동하지 않는다고 보는 것이다. (이에 대해서는 20장에서 살펴본다.) 또한 재무관리는 과학이 아닌 기술이기 때문에 적절한 가치평가를 위해서는 여러 자본비용에 따른 민감도분석이 포함되어야 한다.

차입비율이 일정하다고 보는 것이 언제 문제가 되는가? (18장에서 다루게 될) LBO나 PE 딜의 가치평가를 고려해보자. 두 경우에 있어 전형적으로 회사는 처음에 높은 레버리지(차입비율)를 가지게 되지만 시간이 지나면서 차입금을 상환하게 된다. 기업가치가 증가함에 따라 차입금은 줄어든다. 따라서 차입금의 비중은 기업가치의 함수로서 일정하게 유지되지 않고 시간이 지나면 감소하게 된다. 이런 상황에서는 세금절감의 효과가 영구적으로 발생하지 않기 때문에 가치평가에 WACC를 사용할 수 없다. 대신 (21장과 같이) K_e로 할인된 주주잉여현금흐름을 가치평가에 사용해야 한다.

타인자본비용

WACC에 사용되는 타인자본비용은 시장수익률을 가정한다. 이는 시장수익률보다 낮은 이자율을 유발시키는 보조금이 없다는 의미이다. (예를 들어 산업수익채권이나 정부의 특별세금감면과 같은 것이 없다고 본다.)[3] 시장수익률 가정에 대한 예외 사항은 쉽게 반영할 수 있다. 예를 들어 이자율 감면 조정의 혜택을 별도로 계산해 프로젝트의 순현재가치에 합산하면 된다. 하지만 보조금이 있을 때도 WACC에는 보조금이 반영된 수익률이 아닌 여전히 시장수익률을 사용해야 한다는 것을 기억할 필요가 있다.

그렇다면 보조금이 반영된 이자율은 어떻게 처리해야 하는가? 한 사례를 생각해보자. (이는 설명을 목적으로 만든 예이다.) 장기 채권의 현재 시장금리는 10%지만 프로젝트의 첫 3년 동안은 금리가 7%인 산업수익채권(industrial revenue bond)을 발행할 수 있다고 가정하자. *만일 이 프로젝트가 시장금리보다 낮은 금리를 적용받을 수 있다는 이 프로젝트에 대한 정당한 할인율은 얼마가 되어야 하는가?* 이 프로젝트의 할인율은 여전히 10%인 장기 시장수익률이어야 한다. *왜 이 프로젝트의 할*

3) 산업수익채권의 이자율에 대해서는 7장에서 논의한바 있다.

인율은 프로젝트를 위해 발행된 산업수익채권의 7%가 아닌가? 첫째, 산업수익채권은 이 프로젝트의 위험을 반영하지 않는다. 다시 말해 보조금이 반영된 수익률이다. 사용되는 할인율은 이 프로젝트에 대해 시장이 반영하는 위험과 동일한 위험을 반영해야 한다. 둘째, 이 회사는 자신이 필요한 모든 자금을 보조금이 반영된 금리로 조달할 수 없을 것이다. 그렇다면 산업수익채권의 이자율 보전은 무시해야 하는가? 아니다. 보조금의 가치는 별도로 계산해 프로젝트의 가치에 가산해야 한다.

이를 개인적인 적용할 수 있는 예를 살펴보자. 여러분이 이 책을 다 읽고 난 후 소위 책거리를 자축하기 위해 차를 한 대 사기로 했다고 해보자. 자동차 딜러에게 갔을 때 여러분이 다음과 같은 제안을 받았다고 하자. 자동차를 현금으로 구매하면 23,000달러지만 3,000달러의 캐시백을 해주기 때문에 실제 구매가는 20,000달러라고 한다. 오토론을 이용하면 시장 금리는 6%지만 1%의 금리로 할부구매가 가능하다고 한다. 여러분은 캐시백과 오토론 중 어느 것을 선택해야 하는가? 1% 금리가 얼마나 가치가 있는 것일까? 여러분이라면 오토론의 금리절감액의 현재가치를 계산해 3,000달러의 캐시백과 어느 것이 더 유리한가 비교하게 된다.

여러분이라면 어떻게 할 것인가? 이 책의 독자라면 모두 이 숫자들의 의미를 자동차 딜러보다 잘 알고 있어야 하기 때문에 비교 평가과정을 차례로 밟아보도록 하자.

두 옵션을 비교하는 첫 번째 방법은 6%가 아닌 1% 금리의 오토론으로 23,000달러의 자동차를 살 때 월간 이자절감액을 계산해보는 것이다. (우리는 이 오토론이 월납 3년 만기이고, 판매일에 첫 번째 월납부액을 지불한다고 가정한다.)

23,000달러를 6%에 차입하면 월납부액은 696.22달러이다.4)
23,000달러를 1%에 차입하면 월납부액은 648.25달러이다.
따라서 그 차이는 월간 47.97달러이다.

3년간 발생하는 월간 차액 47.97달러를 현금흐름의 위험을 반영해 은행이 부과하는 시장 금리인 6%로 할인한 현재가치는 1,584.71달러가 된다.

이를 구매일의 캐시백 혜택과 비교한다. 구매일에 받는 캐시백은 3,000달러의 현재가치를 갖는다.

결국 NPV가 1,415.29달러 더 크기 때문에 3,000달러의 캐시백이 유리한 것으로 평가된다.

두 옵션을 비교하는 또 다른 방법은 각 옵션에서 여러분이 지급하는 실제 지급액을 비교

---

4) 월납액의 공식은 다음과 같다. 월납액 = $23,000 / [1 + 1 / (1 + r / 12)^1 + 1 / (1 + r / 12)^2 + ⋯ + 1 / (1 + r / 12)^{35}]. 이때 r = 6% 또는 1%이고, n = 36이다. 이와 관련된 자세한 사항은 14장을 참조하라.

하는 것이다. 만일 여러분이 오토론을 이용하면 23,000달러 전체 금액에 대한 파이낸싱을 해야 한다. 하지만 은행에서 구입대금을 대출받아 현금으로 자동차를 사려면 20,000달러(23,000달러에서 캐시백 3,000달러 제외)만 대출을 받으면 된다.

23,000달러를 1%에 차입하면 월납부액은 648.25달러이다.
20,000달러를 6%에 차입하면 월납부액은 605.41달러이다.[5)]

따라서 은행에서 6% 금리로 20,000달러를 빌린 후 구매대금을 현금으로 지급하면 매월 42.84달러를 아낄 수 있다. 6%의 금리로 3년간 매월 42.84달러를 할인하면 NPV는 1,415.23달러가 된다. (두 방법에 따른 NPV 차이 0.06달러는 반올림 차이이다.)

어떤 프로젝트에 보조금이 존재해 시장보다 낮은 수익률이 적용될 때 보조금의 가치를 평가하는 이상의 두 가지 방법은 정확히 같은 결론을 내리고 있다. 낮은 할인율을 적용받는다는 것은 보조금이 가치를 갖는다는 뜻이다. 따라서 프로젝트의 가치에는 보조금의 부가적인 가치가 고려되어야 한다. 다만 보조금이 반영된 수익률은 해당 프로젝트의 자본비용이 아니다. 회사는 자신의 전체 프로젝트들에 대해 보조금이 감안된 수익률로 자금을 조달할 없기 때문이다. (예: 여러분이 다른 자동차를 구매할 때 이와 같은 보조금이 반영된 오토론 금리를 적용받을 수 없는 경우에 해당한다.) 나아가 보조금이 반영된 금리는 프로젝트 전체 기간 아닌 일정한 기간에만 적용되기 때문에 프로젝트의 시장수익률이 가치평가에 정확한 할인율이다.

보조금 사례

테슬라의 사례는 보조금이 고려된 수익률에 대한 최근의 극적인 사례이다. 2014년 미국 네바다주는 3.5십억 달러 규모의 배터리 공장 건설 대가로 테슬라에게 1.25십억 달러의 세금 혜택을 제공했다. 세금감면의 주요 내용은 다음과 같다.

- 20년간 소비세 100% 감면: 725백만 달러
- 10년간 부동산세와 동산세 100% 감면: 332백만 달러
- 10년간 수정 사업소세 (고용세) 100% 감면: 27백만 달러

(계속)

5) 은행 월납액도 매월 초에 지급한다고 가정한다.

- 일자리 6천개를 한도로 1개당 12,500달러 상당의 이전가능 세액공제: 75백만 달러
- 십억 투자에 대해서는 5% 상당, 이후 2.5십억 투자에 대해서는 2.8% 상당의 이전가능 세액공제: 120백만 달러
- 8년간 전기요금 감면: 8백만 달러
- 네바다주가 USA Parkway [확장] 부지 매입: 43백만 달러
- 네바다주가 USA Parkway를 라이언 카운티에 있는 U.S. Highway 50까지 연결: 비용 미확정
- 5년간 테슬라는 네바다주에 매년 7.5백만 달러 교육 관련 기부: 37.5백만 달러

(출처) [Nevada] Governor's Office of Economic Development; Anjeanette Damon, "Inside Nevada's 1.25 Billion Tesla Tax Deal," *Reno Gazette*-Journal, September 16, 2014, www.rgj.com/story/news/2014/09/04/nevada-strikes-billion-tax-break-deal-tesla/15096777/.

미국의 이자비용 소득공제 한도

2018년 미국 감세와 일자리 법은 WACC의 적용에 중요한 영향을 미쳤다. 이 법이 통과되기 전까지 모든 국가에서 이자비용은 (6장에서 논의한 것처럼) 과세소득에서 전액 공제되었다. 하지만 이 법의 통과로 미국에서는 이자비용의 소득공제 한도가 신설되었다. 즉 미국 내에서 기업은 2022년까지 EBITDA의 30%까지, 이후에는 EBIT의 30%까지만 이자비용을 공제 받을 수 있게 되었다.

그렇다면 이러한 이자비용의 소득공제 한도는 가치평가에 어떻게 반영되어야 하는가? 지금까지 살펴 본 WACC에서는 세금절감액이 영구적이며 무제한이라고 가정했다. 하지만 법인세법이 소득공제 한도를 EBITDA의 30%로 제한하기 때문에 세금절감을 무제한으로 허용하는 WACC를 사용하면 프로젝트의 가치를 과대평가할 수 있다. WACC를 사용할 때 세금절감액 제한의 효과를 적절히 평가하기 위해서는 위에서 논의한 보조금이 있는 이자율(수익률)의 경우와 유사하게 실제로는 세금절감이 허용되지 않는 한도초과 이자비용의 세금절감액의 가치를 별도로 구분해야 한다. 그리고 소득공제 한도가 없다고 가정하고 WACC로 구한 가치에서 이 가치를 빼준다.

세금절감액의 불인정 부분에 대한 가치를 평가한 후 WACC 가치평가 결과에서 빼주면 정확한 NPV를 구하게 된다. 허용되지 않는 세금절감액은 타인자본비용으로 할인된다. 이는 우리가 타인자본비용이 세금절감의 위험을 측정한다고 가정하기 때문이다.

기업은 소득공제 한도 초과액을 이연해 미래에 사용할 수 있다. 세금절감의 인식 시점을 적절히 할당하는 것은 평가를 복잡하게 만들기는 하지만 개념적으로 이해가 되는 부분이다.

실무적으로는 평가기간 처음 몇 년간 소득공제 한도가 적용되면 대부분의 실무자들은 이연된 소득공제의 가치를 무시한다. 미래 소득공제액의 현재가치가 전체 NPV의 가치에 비해 크지 않을 것이기 때문이다.

하지만 6장에서 살펴본 [표 17.1]은 미국 세법 개정이 가치평가에 상당한 영향을 미칠 수 있다는 사실을 보여준다. 이 표는 2017년에 이 법이 발효되었다면 두 가지 30% 한도에 얼마나 많은 NYSE 상장기업이 영향을 받을 것인지를 보여주고 있다.

[표 17.1] 2017년 이자비용이 EBIT와 EBITDA의 30% 이상인 NYSE 상장기업 비중

산 업	EBITDA	EBIT
제지 · 고무 · 플라스틱	3.4%	27.6%
제약	8.3%	16.7%
음식료	9.1%	36.4%
소매업	9.8%	28.3%
화학	11.8%	25.0%
전기 · 가스 · 상하수도	18.1%	49.1%
컴퓨터 소프트웨어	20.0%	30.0%
항공	25.0%	50.0%
전체(금융 제외)	18.0%	34.9%
전체(금융 포함)	13.8%	33.6%

출처: Compustat.

소득공제를 받지 못하는 이자비용의 가치를 차감하는 방법 외에도 WACC를 사용하지 않지만 세금절감의 변동을 적절히 설명할 수 있는 가치평가기법이 두 가지 더 있다. 하나는 이 장에서 살펴볼 APV이고 다른 하나는 21장에서 다룰 주주잉여현금흐름 기법이다.

프로젝트의 채권등급과 타인자본의 추정

어떤 프로젝트의 예상 차입비율이 회사의 다른 사업과 크게 다르고 이 프로젝트의 자금을 회사가 공모채권을 발행해 조달하는 경우가 아니면 이 프로젝트의 타인자본을 추정하는 것이 어려워진다. 실제 개별 프로젝트는 물론 비상장회사는 일반적으로 관측 가능한 시장수익률이 있는 공모채권을 가지고 있지 않다. 어떤 프로젝트의 자본구조와 위험 수준이 모회사와 유사하다면 모회사의 이자율을 사용 수 있겠지만 그렇지 않은 경우 우리는 프로젝트의 타인자본비용을 별도로 추정해야 한다.

채권등급은 투자자가 부담하는 채권의 위험을 반영하기 때문에 타인자본비용은 채권등급

과 밀접한 상관관계를 가진다. 따라서 시장이자율을 직접 시장에서 파악할 수 없다면 쌍둥이 회사의 채권등급을 이용해 타인자본비용을 추정할 수 있다. 쌍둥이 기법은 프로젝트의 잠재적인 채권등급을 결정한 후 시장에서 같은 등급 채권의 이자율을 확인한다.

이제는 다음과 같이 질문해보자. 어떤 회사의 채권에 대한 신용등급은 어떻게 결정되는가? 신용평가사는 부채비율과 이자보상비율 등 평가 가이드라인을 가지고 있다. 우리는 이 가이드라인을 우선적으로 고려할 수 있다. 회사가 크고 경영진의 능력이 뛰어나면 신용등급을 올라간다. 반대로 회사가 작고 경영진이 무능하면 신용등급은 하락한다. 업력도 중요한 고려사항이다. 업력이 길면 신용등급에 긍정적인 영향을 준다. 저자들은 재무비율이 어느 정도일 때 어떤 신용등급을 받게 되는지 설명하고자 하는 것은 아니다. 대신 어떤 회사의 재무비율을 예상할 수 있다면 그 회사의 채권등급을 추정할 수 있다는 것을 말하고자 하는 것이다.

일반적으로 채권의 신용등급은 신용평가사나 채권브로커 등을 통해 확인할 수 있다. 신용등급이 공개되지 않은 경우 현재와 미래의 재무비율을 추정해 예측한다. 15장에서 본 것처럼 썬그린의 킹스포트 프로젝트는 2019년 22.5%의 차입비율을 예상하며, 이자보상배율(EBIT/I)은 약 8.4배로 추정되었다. 또한 이 회사는 상당히 안정적인 사업을 영위하고 있다. 종합적으로 보면 썬그린에 대한 세 가지 요인의 평가결과는 A등급을 부여받은 회사들과 부합한다. 썬그린의 채권등급은 회사나 프로젝트의 규모, 사업위험(위험이 낮고 안정적인 현금흐름), 차입비율 22.5%(산업 내에서 낮은 레버리지), 이자보상배율 8.4배(이자지급에 상당한 안정성) 등으로 결정된다.

썬그린의 채권등급이 A라고 추정했으면 시장에서 A등급 채권의 이자율을 파악해 이를 이 프로젝트의 타인자본비용으로 결정한다.

자기자본비용: 베타의 무부채화와 재부채화

이제 주식베타를 부채화하는 다른 방법에 대해 살펴보자. 재무관리에는 이에 대한 여러 공식이 존재한다. 16장에서는 아래와 같은 가장 간단한 공식이 사용되었다. (주석 7번에서 다른 공식들을 살펴볼 수 있는 참고문헌을 확인할 수 있다.)

$$\beta_{\text{unlevered}} = \beta_{\text{levered}} / (1 + \text{차입금} / \text{자기자본}) = \beta_{\text{levered}} * \text{자기자본} / (\text{차입금} + \text{자기자본})$$

이렇게 무부채화된 베타를 목표 차입비율로 재부채화한다.

$$\beta_{\text{levered}} = \beta_{\text{unlevered}} * (\text{차입금} + \text{자기자본}) / \text{자기자본}$$

이 공식에 사용된 베타는 주식베타이며, 부채(차입금)의 베타는 0이라고 가정한다.

이제 전체 프로젝트 또는 회사의 베타에서 출발해 공식이 어떻게 도출되었는지 파악해보기로 한다. 어떤 프로젝트의 베타는 이 프로젝트의 자본구조와 함께 자기자본과과 금융부채(차입금)의 베타를 반영한다. (세율은 0이라는 가정이 있다.)

$$\beta_{project} = \beta_{debt} * \%\text{차입금} + \beta_{equity} * \%\text{자기자본}$$

부채도 베타를 가지는가? 그렇다. 부채도 베타가 있다. **부채베타의 기댓값은 얼마인가?** 부채베타는 부채의 수익률이 시장수익률과 어떻게 관련되는지에 따라 결정된다. 개념적으로 이는 주식베타와 동일하며 같은 방식으로 계산된다. 따라서 무위험부채의 베타는 0이며, 위험이 있는 회사채의 베타는 0보다 크다. (통상 미국 국채는 무위험이라고 가정한다.)

무위험부채에 대한 CAPM 공식을 이용하면 다음을 얻게 된다.

$$R_{debt} = R_f + \beta_{debt} * (R_m - R_f)$$

$$\text{만일 } \beta_{debt} = 0\text{이면}$$

$$R_{debt} = R_f$$

여기서 물론 국채수익률은 무위험이자율이라고 말해주고 있다.

이제 부채의 베타가 0이 아닌 예를 살펴보자. 이는 실제 모든 회사채에 적용된다. 애플을 예로 들면 전체 시장이 상승하고 모든 조건이 동일하면 애플 주식도 상승할 것이다. (애플 주식의 베타는 약 0.9이다.) 애플 주가가 상승할 때 애플이 발행한 채권의 가격 역시 상승할 것이다. **왜 그런가?** 시장의 개선과 애플의 주식가치 증가로 채권의 채무불이행 가능성이 하락하기 때문이다. 다른 조건이 동일하다면 이는 애플 채권에 대한 시장의 요구수익률(할인율)을 낮추게 되고 채권의 가치는 상승하게 한다.[6] 유사하게 주식 시장이 부진해서 애플 주가가 하락하면 이 회사의 채권도 위험해진다. 타인자본비용이 상승해 채권 가격은 하락할 것이다. 애플 채권의 수익률과 시장수익률 간 관계가 애플 채권의 베타를 정의한다.

다만 이러한 가치변동은 시장이자율의 변동에 의한 채권가치의 변동과는 같지 않다는데 유의하자. 채권가격은 이자율 움직임과 반대로 움직이지만, 이는 채권의 베타에 직접적인 영향을 주지는 않는다. 채권베타는 채권수익률과 시장수익률 간의 상관관계에 영향을 받는다. 물론 시장수익률은 이자율에 영향을 주며 반대로 이자율도 시장수익률에 영향을 준다. 채권베타를 계산할 때 우리는 시장이자율의 변동을 사용하지 않고 시장수익률의 변동을 사용한다.

6) 14장에서 우리는 현금흐름이 일정할 때 할인율이 감소하면 현재가치가 증가한다는 것을 설명한바 있다.

지난 장에서 우리는 위험수익률 스펙트럼을 설명하면서 AAA채권의 베타가 약 0.15라고 했었다. 베타가 0.15인 AAA급 채권을 가진 회사의 주식베타가 1.5이고 차입비율이 33.3% (즉, 자기자본비율은 66.7%)라고 가정해보자.

위의 식에서 이 프로젝트의 베타는 같이 계산된다.

$$\beta_{project} = \beta debt_{levered} * \text{차입금} / (\text{차입금} + \text{자기자본}) + \beta equity_{levered} * \text{자기자본} / (\text{차입금} + \text{자기자본})$$

가정한 수치들을 대입하면 프로젝트의 베타는 0.15 * 33.3% + 1.5 * 66.7% = 1.05가 된다.

프로젝트 베타는 자산베타(asset beta)라고 불린다. 자산베타는 부채가 없는 회사의 무부채 주식베타와 같다.

지난 장에서는 다음 공식으로 베타에서 레버리지 효과를 제거했었다.

$$\beta_{unlevered} = \beta_{levered} * \text{자기자본} / (\text{차입금} + \text{자기자본})$$

이 공식을 사용하면 이 사례의 무부채 주식베타는 1.5 * 66.7% = 1.0이 된다. 이렇게 계산한 결과는 위에서 완전한 공식으로 계산한 결과인 1.05에 근접하는 것이다. 단순화된 공식은 완전한 공식의 부채베타가 0이라고 가정한데 따른 것임을 기억하자.

이 사례에서 단순화된 공식은 1.0의 무부채베타를 산출하는 반면 완전한 공식은 1.05의 무부채베타를 산출한다.

이제 완전한 공식과 단순화된 공식으로 이용해 (차입금 33.3%와 자기자본 66.7%가 아닌) 목표 자본구조가 차입금 66.7%, 자기자본 33.3%인 경우의 주식베타를 부채화해보자.

단순화된 공식을 사용하면:

$$\beta_{levered} = \beta_{unlevered} * (\text{차입금} + \text{자기자본}) / \text{자기자본} = 1.0 * (1.0) / 0.333 = 3.00$$

완전한 공식을 사용하면:

$$\begin{aligned}\beta equity_{levered} &= [\beta_{project} - \beta debt_{levered} * (debt) / (debt + equity)] * (debt + equity) / (equity) \\ &= [1.05 - 0.15 * 0.667] * (1.0) / (0.333) = 2.85\end{aligned}$$

역시 완전한 공식과 단순화된 공식에 따른 결과는 비슷하게 나온다. 다만 회사의 레버리지가 상당히 증가하면 부채의 베타가 일정하게 유지된다고 볼 수 없다는 점은 유의해야 한다.

베타를 무부채화 한 후 재부채화 할 때 완전한 공식과 단순화된 공식을 사용하는지에 따라 얼마나 차이가 나는가? 채권의 신용등급이 높아 부채의 베타가 상당히 낮고 차입비율이 낮다면 단순화된 공식으로 도출된 베타는 완전한 공식으로 도출된 베타에 매우 근접한다. 심지어 부채베타와 차입비율이 크게 변동하더라도 모형간의 차이는 그렇게 크지 않다. 나아가 주식베타는 파악이 상당히 용이한 반면 부채베타는 파악이 훨씬 어려울 수 있다. 이러한 이유로 많은 애널리스트들이 단순화된 근사치를 사용하고 있다.

그렇다면 베타의 부채화 및 무부채화와 관련해 우리가 기억할 것은 무엇인가? 다음 두 가지를 기억하자. 첫째, 여기서는 가장 단순화된 공식과 가장 일반적인 공식 두 가지만 다루고 있지만 실제는 많은 공식이 존재한다.[7] 둘째, 단순화된 공식은 프로젝트의 부채베타가 0이라고 가정한다.

이는 가치평가에서 사용되는 자본비용에 어떤 의미를 가지는가? 무부채화하고 재부채화한 베타가 정확하지 않다는 것이다. 여기에는 두 가지 중요한 가정이 존재한다. 첫 번째는 부채베타가 0이라는 가정이다. 다만 우리는 살펴본 바에 따르면 이 가정이 사실이 아닐지라도 일반적으로 큰 영향을 미치지 않는다했다. 두 번째 가정은 베타가 선형적으로 증가한다는 가정이다. 하지만 우리는 이 가정이 옳지 않다는 것을 알고 있다.

위의 예에서 우리는 차입비율이 33.3%에서 66.7%로 두 배 증가한다고 가정했다. 이때 우리가 사용한 공식은 부채가 증가하면 주식베타의 위험이 선형적으로 증가한다고 가정한다. 그러나 5장과 16장에서 우리는 차입비율이 증가하면 타인자본비용과 자기자본비용이 처음에는 천천히 증가하지만 점차 증가속도가 빨라진다는 사실을 학습했다. 다시 말해 레버리지와 위험의 상관관계는 휘어진 곡선형태를 가지게 된다.

결국 종합하면 완전한 공식을 사용해도 근사치를 주식베타의 근사치를 얻는 것이지만, 단순화된 공식을 사용하면 좀 더 차이가 있는 근사치를 얻게 된다. 다만 둘은 모두 여전히 근사치이며, 지금까지 학습을 통해 두 근사치간의 차이를 확인할 수 있게 된 것이다. 실무에서는 대부분의 사람들이 단순화된 공식을 사용한다. 왜일까? 일반적으로는 그 크기의 차이가 그렇게 크지 않고, 두 공식 모두 일정한 가정을 가지고 있기 때문이다. (여러분은 이제 완전한 공식이 무엇인지, 어떻게 유도되었는지, 왜 일반적으로 사용되지 않는지 알았을 것이다.)

부채베타의 계산에 일반적으로 사용되는 또 다른 공식 중 하나는 시카고대학교의 밥 하마다(Bob Hamada) 교수가 개발한 다음 공식이다.

---

7) 이 두 공식은 베타를 무채화하고 재부채화하는 유일한 공식이 아니며 가장 일반적으로 사용되는 공식들에 불과하다. 부채의 수준과 세금절감에 대한 여러 가정을 바탕으로 실제로는 베타를 조정하는 데는 여러 방법이 존재한다. 이와 관련하여 여러 공식을 알고 싶다면 일곱 가지 공식을 자세히 설명하고 있는 Pablo Fernandez, "Levered and Unlevered Beta,"Working Paper IESE Business School, October 17, 2008을 참조하라.

$$B_U = \frac{B_L}{[1 + (1 - T_C) * (D / E)]}$$

여기서 B_u는 무부채베타, B_L은 부채베타, T_c는 법인세율이며 D / E는 차입금비율(debt-equity ratio)이다.

기타의 자기자본비용 추정 방법: 차익거래 가격결정이론(APT)

지금까지 우리는 K_e의 측정에 단일요인 CAPM을 사용했다. 차익거래 가격결정이론(arbitrage pricing theory, APT)은 주식과 같은 자산의 기대수익률을 측정하는 또 다른 방법이다. 이 단순화된 형태에서는 자산의 수익률은 각 요인에 대해 베타를 갖는 위험요인(risk factor) 집합의 선형 조합을 정의한다. 이 이론은 MIT 교수였던 스티브 로스(Steve Rose)에 의해 개발되었다. APT는 어떤 자산의 수익률은 다음과 같은 해당 자산의 위험요인들의 관계식으로 나타낸다.

$$R_j = \alpha_j + (\beta_{j1} * F_1) + (\beta_{j2} * F_2) + (\beta_{j2} * F_3) + \cdots$$

α_j = 상수항
β_{jn} = 각 요인의 베타
F_n = 위험요인

APT는 또한 자산 j에 대한 기대수익률을 다음과 같이 나타낸다.

$$E(R_j) = R_f + \beta_{j1} * (F_1 - R_f) + \beta_{j2} * (F_2 - R_f) + \beta_{j3} * (F_3 - R_f) + \cdots$$

R_f = 무위험이자율
β_{jn} = 각 요인의 베타
F_n = 위험요인

APT의 베타들은 CAPM과 유사하게 종속변수인 자산 j의 수익률(R_j)과 독립변수들인 위험요인들의 회귀분석으로 측정된다. *그렇다면 위험요인이란 무엇인가?* 이 이론은 어떤 요인이 중요한지를 말하는 것이 아니다.[8] 실무에서는 증권수익률에 영향을 미치는 위험요인들을 사용하길 원한다. 요인(F_n)에는 거시 경제적 요인(이자율, 유가), 시장요인(시장수익률), 산업요인(산업주가지수), 기업특정요인(규모) 등이 포함될 수 있다.

실증적으로 통상 시장수익률을 포함해 여러 설명변수를 가지는 APT 회귀분석이 일반적

8) 많은 투자펀드들은 자신들이 위험요인들을 파악하고 있다고 주장하지만, 재산권 보호를 이유로 위험요인을 공개하지 않는다.

으로 CAPM보다 높은 통계적 설명력을 보이는 것으로 알려져 있다. 따라서 일부에서는 특정 자산의 수익률을 시장수익률에 회귀분석 한다는 점에서 CAPM을 베타가 하나인 특수한 형태의 단일요인 APT로 보기도 한다.

한편 Fama and French(1993)은 실증적으로 주가수익률을 설명하는 세 요인을 파악했다. 시장수익률(R_m), 규모수익률(R_s), 장부가대시가비율(book-to-market)이 그것이다.[9] Fama and French는 주가수익률은 시장수익률과 양의 상관관계를 가지며, 소규모 회사가 대규모 회사보다 높은 수익률을 보이기 때문에 규모와는 음의 상관관계를 가진다는 사실을 발견했다. 또한 주가수익률은 회사의 장부가대시가비율과 음의 상관관계(장부가대시가비율이 높은 회사가 낮은 회사보다 수익률이 낮음)를 가진다는 것을 발견했다. 이들의 3요인모형 역시 APT의 특수한 형태로 생각할 수 있다.

최근 일부 학자들은 Fama and French(1993)의 3요인모형에 4번째 요인인 모멘텀(momentum)을 추가한 연구를 진행하기도 했다. 이때 이 요인은 주가가 상승할 때 주가가 계속 상승하는지 또는 주가가 하락할 때 계속 주가가 하락하는지 포착한다.

오늘날 대부분의 투자관리회사는 다요인모형을 사용하고 있다. 하지만 기업재무 실무자들은 여전히 자기자본비용 측정에 거의 예외 없이 CAPM을 사용한다. 저자들은 향후 언젠가는 가장 일반적으로 사용되는 자본비용 측정 모형이 APT가 될 것으로 보고 있다. 그때가 되면 여러분은 준비가 되어 있을 것이다.

현금흐름과 영구가치의 분리

이전 장에서 우리는 현금흐름과 영구가치의 현재가치를 합산해 이를 투자비와 비교해 프로젝트의 가치를 평가했다. (18장의 M&A에도 이런 방법이 적용된다.) 이때 전체 가치의 큰 부분이 현금흐름에서 오는지 영구가치에서 오는지가 중요한가? 16장에서 살펴본 것처럼 이는 중요하다. 어떤 회사에 NPV의 크기는 같지만 현금흐름과 영구가치가 다른 두 개의 프로젝트가 있다고 해보자. 프로젝트 A는 프로젝트 기간 중 첫 3년간 현금흐름의 현재가치가 10백만 달러이고 영구가치의 현재가치가 2백만 달러이다. 전체로는 현재가치가 12백만 달러이다. 이 프로젝트의 투자비가 10백만 달러이면, 순현재가치는 2백만 달러가 된다. 회사는 이 프로젝트에 투자를 결정할 것이다. 반면 프로젝트 B는 프로젝트 기간 중 첫 3년간 현금흐름의 현재가치가 마이너스 20백만 달러이고 영구가치가 32백만 달러이다. 따라서 전체 현재가치는 12

9) Eugene F. Fama and Kenneth R. French, "Common Risk in the Returns on Stocks and Bonds," *Journal of Financial Economics* 33 (1993): 3-56.

백만 달러이다. 역시 투자비용이 10백만 달러라면, 이 프로젝트도 2백만 달러의 순현재가치를 가진다.

프로젝트 A와 B의 현재가치는 같다. 그렇다면 이들은 진정으로 같은가? 경영진은 두 프로젝트를 동일하게 볼 것인가? 확실히 아니다. 두 프로젝트는 매우 다르다. 어째서 그런가? 프로젝트 A는 대부분의 현재가치가 처음 몇 년 동안에 실현되기 때문에 채택될 가능성이 더 높다. 프로젝트 B는 대부분의 현재가치가 영구가치에서 오기 때문에 채택될 가능성이 더 낮기 때문이다.

비록 이는 극단적인 사례지만 왜 영구가치와 현금흐름의 현재가치를 분리해서 보는 것이 중요한지 잘 설명하고 있다. 우리는 어떤 프로젝트(또는 인수)가 0시점에 초기 투자가 있다면 NPV를 세 가지 가치, 즉 투자 지출, 현금흐름의 현재가치, 영구가치의 현재가치로 분리해 볼 것을 권고한다. 엑셀과 같은 스프레드시트 프로그램을 사용하기 때문에 대부분의 학생들과 많은 애널리스트들이 오직 단일 수치의 결과값으로 NPV만 보고한다. 하지만 이들 세 가치를 구분해보면 실제 가치가 어디에서 오는지 보다 명확히 파악할 수 있다. 이는 다음 장에서 다루는 인수합병의 평가에서 특히 중요하다. 기술적으로 프로젝트 A와 B의 NPV 크기가 같지만 가치가 실현되는 시점은 중요한 시사점을 가지기 때문이다.

영구가치

영구가치(terminal value)를 분리하는 것이 중요한 만큼 이제 이를 계산하는 방법들에 대해 살펴보자. 만일 우리가 현금흐름을 손쉽게 영구적으로 계산할 수 있어서 영구가치를 무시할 수 있다면 이는 좋은 일이다. 하지만 불행히도 이것은 불가능하다. 영구가치를 계산하기 전까지 어느 정도 기간의 현금흐름을 추정해야 하는가? 할 수 있는 만큼 오랜 기간 또는 추정에 편안함을 느끼는 기간 동안 현금흐름을 추정한다. 5년 정도가 일반적이지만, 짧게는 2년 길게는 10년을 추정하기도 한다. 현금흐름을 어떤 기간에 대해 추정하면, 이후에는 영구가치를 계산한다.

그렇다면 어떻게 영구가치를 계산하는가? 영구가치 추정에는 주로 5가지 방법이 사용된다.

1. 영구연금 공식
2. 장부가치 또는 청산가치
3. 수익 또는 현금흐름배수
4. 컴패러블스
5. 조건부청구권

이러한 영구가치 계산방법은 친숙해 보일 것인데, 이는 어떤 프로젝트의 가치를 평가하는데 사용되는 다섯 가지 기법과 동일하기 때문이다. 저자들이 지금까지 보아온 모든 가치평가방법은 이 다섯 가지 방법 중 하나로 분류될 수 있다.

다만 실제에서는 처음 세 가지 방법이 가장 일반적으로 사용되며, 아래에서는 이들에 대해 살펴보기로 한다.

가치평가 기법은 전체 회사의 가치를 평가하거나 회사의 부채 혹은 주식의 가치를 개별적으로 평가할 때도 사용된다. 이는 영구가치에 대해서도 마찬가지이다. 일부 영구가치 기법은 전체 기업가치를 측정한다. 일부는 오직 부채 또는 주식의 가치를 측정한다. 아래 논의는 이와 관련된 사례를 포함한다.

영구연금 공식을 이용한 영구가치 측정

15장에서 제시된 영구연금 공식은 다음과 같다.

$$영구가치(TV) = 잉여현금흐름(FCF) * (1 + g) / (k - g)$$

k = 자본비용
g = 미래 현금흐름의 성장률

15장에서 우리는 이 공식이 재무관리에서 사용되지만 실제로는 수학적으로 유도된 것이라고 언급한바 있다. 이 공식이 어떻게 유도되었지 알고 싶으면 해당 부분을 다시 살펴보기 바란다.

여기서 우리는 다음과 같이 질문한다. *영구가치를 구하는 영구연금 공식에는 어떤 성장률을 사용해야 하는가?* 우리가 현금흐름이 증가할 것으로 기대하는 성장률이다. 만일 회사가 성숙시장에서 생산능력 수준에서 풀가동되고 있다면 통상 물가상승률이 현금흐름의 성장률로 사용된다. 하지만 미래 현금흐름의 성장률을 측정하는 보다 일반적인 방법은 재무추정을 통해 현금흐름의 성장속도를 예측하는 것이다. 다시 말해 5년간 재무추정에서 마지막 4년 동안의 성장률을 정하고 이를 영구연금 공식에도 적용한다. 하지만 불행하게도 이렇게 계산한 결과는 영구가치를 과대 추정할 가능성이 높다.

이러한 과대 추정이 발생하는 것은 재무추정에서, 특히 신설회사나 신규 프로젝트의 경우 추정기간의 성장률이 장기간에 걸쳐 기대되는 성장률보다 높기 때문이다. 또한 경우에 따라 성장률(g)이 자본비용(k)보다 높일 수 있는데, 이때는 이 공식이 적용되지 않는다. “초고속성장률”로 불리은 이 성장률은 지속 가능하지 않은 성장률이다. 이러한 초고속성장률은 재무추정에서 예외 없이 의심해 봐야한다. 일반적으로 경제 전반의 성장률보다 회사의 성장률이 높은 기간은 경쟁자들의 비용으로 시장점유율을 확대하는 창업기나 신산업이 생성되는 짧은 기간으로 한정된다.

예를 들어 처음 5년간 현금흐름이 연간 30%씩 증가하고 자본비용이 15%라도 우리는 영구적으로 이러한 상황이 지속될 것으로 예상할 수 없다. 만일 이런 상황이 영구적으로 계속된다면 이 회사의 가치는 궁극적으로 세계 경제 전체보다도 큰 수준으로 늘어나야 한다. 따라서 우리는 성장률이 느려져 영구적으로 지속가능한 수준에 이르는 시점을 확정해야 한다.

주의: 15장에서 설명한 것처럼 성장률이 있는 영구가치 계산에서 빈번한 오류는 영구가치 계산에 (FCF) * (1 + g) / (k − g)가 아닌 FCF / (k − g)를 사용하는 것이다. 영구연금 공식은 1년 이후에 발생하는 모든 현금흐름을 포착해 현재 시점으로 환원하는 것이다. 따라서 현재 시점의 가치를 구하기 위해서는 오늘의 현금흐름 가치가 아니라 1년 뒤 현금흐름의 가치를 사용해야 한다.

자산가치를 이용한 영구가치 측정

영구가치를 측정하는 두 번째 방법은 회사의 자산가치를 측정하는 것이다. 즉 회사가 자산을 매각할 수 있거나 대체할 수 있는 가격을 측정해 사용하는 것이다. 우리는 3장에서 PIPES가 보유한 자산의 담보가치를 평가할 때 이 개념을 사용한 적이 있다.

영구자산가치를 측정하는 출발점은 장부가치(book value)이다. 기업의 장부가치는 가끔 영구가치 추정치로 사용된다. 하지만 장부가치는 시장가치를 적절히 반영하지 않는 회계적 가치이기 때문에 개략적인 대용치에 불과하다. 그렇다면 어떻게 시장가치를 반영하도록 회계적 가치를 조정할 것인가?

이 질문에 대한 해답은 간단하지 않다. 하지만 일반적으로 우리는 시장가치가 회계적 가치보다 높은지 낮은지는 판단할 수 있다. 예를 들어 설명해보자.

어떤 회사의 재무추정 기간 말 자산의 장부가치가 100백만 달러라고 가정하자. 이때 이 회사의 총자산이익률을 이 회사에 대한 시장의 요구수익률과 비교해보자. 다시 말해 이 회사의 총자산영업이익률(EBIT / 총자산)과 시장에 부과하는 이 회사의 자본비용(K_0)을 비교해보자. 만일 장부가치수익률이 이 자산에 대한 시장의 요구수익률보다 높으면, 이는 이 회사 자산의 시장가치가 장부가치보다 높아야 한다는 것을 의미한다. 반대로 장부가치수익률이 요구수익률보다 낮으면, 이는 자산의 시장가치가 장부가치보다 낮아야 한다는 것을 의미한다.

예를 들어 설명해보자. 여러분이 생수회사를 시작한다고 가정하자. 여러분이 고정자산에 백만 달러를 투자하면 처음에는 이 자산의 시장가치와 장부가치는 모두 백만 달러이다. 연간 기대 잉여현금흐름은 영구적으로 100,000달러라고 하자. 따라서 장부가치수익률은 10%($100,000 / $1,000,000)이다. 이때 시장이 부과하는 자본비용(K_0)도 10%라면 (14장의 영구연금 공식을 이용하면) 이 회사의 시장가치도 1백만 달러($100,000 / 10%)가 된다. (우리는 여기서 현금흐름이 영구적으로 일정하다고 가정하기 때문에 단순한 영구연금 공식을 사용할 수 있다.) 따라서 자본의 시장수익률과 장부수익률이 일치하면 자산의 시장가치와 장부가치는 일치한다.

이제 여러분이 생수에 멋진 브랜드를 입히고 (사실은 기포를 인공적으로 주입한 것이지만) 이것이 자연산 광천수라는 광고하기 시작했다고 가정하자. 제품이 고객의 인기를 끌면서 현금흐름은 영구적으로 연간 200,000달러로 증가했다고 하자. 자산에 대한 장부수익률은 얼마가 되었는가? 20%($200,000 / $1,000,000)이다. 시장위험은 이전과 같아서 요구되는 시장수익률은 10%라고 가정하자. (시장수익률은 회사나 프로젝트의 위험에 의해 초래되는 수익률임을 기억하자.) 따라서 장부수익률(20%)이 시장요구수익률(10%)보다 높아진 것이다.

만일 이 회사가 매각된다면 이 회사는 1백만 달러에 팔리는가? 아니다. 그럼 얼마에 팔릴 것인가? 영구적인 200,000달러의 연간 현금흐름을 10%의 시장요구수익률로 할인한 2백만 달러이다. 이 경우 장부수익률이 시장수익률보다 높기 때문에 이 자산의 시장가치는 장부가치보다 커진다.

이 회사가 매각되면 새 주인은 회사 자산을 2백만 달러로 재평가하고 이는 새로운 장부가치가 된다. 이제 자산의 장부수익률은 10%($200,000 / $2,000,000)로 시장수익률과 같아진다. 따라서 자산의 시장가치는 다시 장부가치와 같아진다.

한편 시장에서 이 회사가 광천수의 기포를 인공적으로 생성시키기 위해 대표적 발암물질인 벤젠을 주입했다는 사실이 발각되었다고 해보자. 이제 회사의 매출이 급락하면서 영구적으로 연간 현금흐름이 100,000달러로 감소했다고 하자. 이렇게 되면 장부수익률은 5%($100,000 / $2,000,000)가 된다. 시장이 여전히 10%의 수익률을 요구하며 이 자산의 시장가격은 1백만 달러($100,000 / 10%)로 평가된다. 따라서 장부수익률이 시장수익률을 하회하면 자산의 시장가치는 장부가치보다 작아진다.

다만 이러한 관계는 사례에서 잘 보여주는 것처럼 반드시 선형의 관계를 갖는 것은 아니다. 다시 말해 장부수익률이 시장 요구수익률의 두 배라고 해서 이 자산이 반드시 장부가치의 두 배의 가격에 팔릴 필요는 없다는 것이다. 우선은 현금흐름이 반드시 영구적이지 않기 때문이다. 또한 제품시장 환경의 변화에 따라 현금흐름이 두 배가 되면 시장위험 수준 역시 변동하기 때문이다. 그러나 우리는 시장의 요구수익률이 장부수익률보다 낮으면, 이 자산은 장부가치보다 비싸게 거래될 가능성이 높다는 것을 알아야 한다. (반대로 시장의 요구수익률이 장부수익률보다 높으면, 시장가치는 장부가치보다 작아질 것이다.) 따라서 자산의 장부수익률(ROA)과 시장의 요구수익률(K_0)의 관계를 보면 영구가치가 장부가치보다 클 것인지

작을 것인지 가늠할 수 있게 된다.

보충: 이때 중요한 질문 하나는 자산가치를 그냥 사용할 것인지 부채를 차감하고 사용할 것인지 여부이다. 이를 보다 공식적으로 질문하면 다음과 같다. 기업의 영구가치를 사용해야 하는가 아니면 주식의 영구가치를 사용해야 하는가? 기업잉여현금흐름을 사용할 때 영구가치는 기업의 영구가치이다. 이렇게 구한 기업의 영구가치에서 부채의 영구가치를 빼면 주식의 영구가치를 얻게 된다. 사람들이 자주 범하는 오류는 주식의 영구가치와 기업의 영구가치를 혼동해서 사용하는 것이다. (기업가치는 부채가치와 주식가치를 더한 것임에 유의하자.)[10]

멀티플(배수)을 활용한 영구가치 측정

지금까지 우리는 영구연금 공식과 자산가치를 이용해 영구가치를 측정했다. 영구가치를 결정하는 세 번째 접근법은 멀티플을 사용하는 것이다. 재무관리에서 가장 일반적으로 사용되는 멀티플은 P/E(주당 가격 / 주당 수익)이다. P/E를 사용하면 어떤 영구가치를 얻게 되는가? 주식의 영구가치를 얻게 된다. 기업의 영구가치를 얻기 위해서는 (P/E로 계산한) 주식의 시장가치에 부채의 시장가치를 합산한다. (다만 부채의 시장가치를 파악할 수 없는 경우에는 장부가치를 사용해야 하는 문제가 있다.)

주가수익비율(P/E)의 또 다른 문제점은 P/E가 회사에 따라 차이를 보여며 심지어 동일 산업 내에서도 큰 차이를 보일 수 있다는 것이다. 동일 산업 내에서도 왜 P/E는 그렇게 큰 차이를 보이는가? 일반적인 원인은 회사의 레버리지 차이 때문이다. 메리어트를 다룬 7장에서 학습한 것을 생각해보면 이 질문에 답할 수 있다. 회사의 레버리지가 증가하면 P/E는 어떻게 움직이는가? 7장에서 우리는 레버리지가 증가하면 P/E는 계속 하락한다고 배웠다. 이는 회사가 더 많은 부채를 부담할수록 회사가 점점 더 위험해져 멀티플이 낮아지기 때문이다.

그렇다면 정확한 P/E를 얻기 위해 부채의 영향을 제거, 즉 무부채화할 수 있는가? P/E를 무부채화하는 공식은 없지만, 기업의 전체 가치를 평가하는 멀티플을 사용하는 접근법은 있다. 기업 전체의 가치를 평가하는 가장 일반적인 멀티플은 EBIT와 EBITDA 멀티플이다. 이 멀티플은 부채가치와 주식가치를 합산한 기업가치를 EBIT 또는 EBITDA로 나눈 배수이다. 이때 일반적으로 부채의 가치는 장부가치를 사용하고 주식의 가치는 (1주당 주가에 발행주식의 총수를 곱한) 시가총액을 사용한다.

10) 이 예에서 ROA와 K_o는 자기자본의 장부수익률(ROE)과 자기자본에 대한 시장의 요구수익률(K_e)로 대체될 수 있다. 다시 말해 회사의 ROE가 시장의 요구수익률인 K_e보다 크면 주식의 시장가치는 장부가치보다 크게 된다. 이 관계는 자기자본 즉 주식의 가치가 어떻게 평가될 것인지를 알려준다.

EBIT 멀티플 or EBITDA 멀티플 = 기업가치 / EBIT or 기업가치 /EBITDA
= (부채가치 + 주식가치) / EBIT or (부채가치 + 주식가치) / EBITDA

일반적으로 EBIT 멀티플 또는 EBITDA 멀티플은 산업 내에서 P/E 멀티플보다 회사 간에 편차가 훨씬 작다. 왜 그런가? 기업의 전체 가치와 관련된 멀티플을 사용하면 P/E 멀티플에서 나타나는 레버리지 효과를 상당부분 제어할 수 있기 때문이다. 이런 이유로 EBIT 또는 EBITDA 멀티플이 1970년대 LBO에서 사용되기 시작했을 때 (비록 이것들이 기술적으로 무부채화하는 것은 아니지만) 무부채 P/E라고 불리기도 했다.

요약: P/E 멀티플은 레버리지 비율의 차이로 인해 회사 간에 차이를 보인다. 반면 EBIT 또는 EBITDA 멀티플은 부채와 주식의 가치를 모두 고려하기 때문에 회사 간에 그렇게 큰 차이를 보이지 않는다.

영구가치와 NPV

영구가치 계산에서 유용한 접근법은 프로젝트의 손익분기점(즉, 프로젝트의 NPV = 0)을 만드는데 필요한 영구가치를 고려해보는 것이다. 이는 프로젝트의 가격(투자비)에서 현금흐름의 현재가치를 빼서 구한다. 다시 말해 영구가치가 없는 NPV를 계산하는 것이다. 일반적으로 이 경우 NPV는 음의 값을 갖는다. 다음으로 이 NPV를 0으로 만드는데 필요한 최소 영구가치를 계산한다.

그리고 나면 사용된 영구가치 추정기법에 따라 그 영구가치를 달성하는데 필요한 주요 가정을 계산하고 해당 가정이 달성 가능한 것인지 여부를 점검한다. 만일 이 가정이 비현실적이면 회사는 손익분기점을 달성하기 어려울 수 있다.

예를 들어 영구연금 공식으로 영구가치를 추정할 때 NPV가 0이 되도록 하는데 필요한 최소성장률은 얼마가 되는가? 자산가치접근법으로 영구가치를 구할 때 NPV가 0이 되기 위해서는 해당 자산이 추정 기간 말에 최소한 장부가치의 몇 퍼센트에 매각되어야 하는가? 또한 EBIT 멀티플로 영구가치를 계산한다면 NPV가 0이 되도록 하는데 필요한 EBIT 멀티플은 얼마인가?

이 접근법의 핵심은 각 영구가치 접근법에서 NPV = 0을 달성하는데 필요한 가정을 역으로 찾아내는 것이다. 다시 말해 NPV의 손익분기점을 만드는데 어떤 가정이 필요한지 파악하는 것이다. 그리고 난후 이렇게 파악된 핵심 가정과 과거의 성과를 비교한다. 만일 가정이 현실적이고 실현 가능하다면, 계산된 영구가치는 NPV의 손익분기점 달성 혹은 양의 NPV를 달성에 긍정적으로 기여할 것이다. 하지만 계산된 가정이 과거의 성과에 비추어 달성 가능성이 낮다면, 계산된 영구가치는 NPV의 손익분기점을 달성하는데 기여하지 못할 가능성이 높다. 예를 들어 과거 역사적 성장률이 5%를 넘지 못했음에도 영구연금 접근법을 사용해 구한 NPV를 0으로 만드는 영구성장률이 10%로 추정되었다면 이 프로젝트는 NPV=0을 달성하기 어려울 수 있다.

이것은 영구가치를 현금흐름과 투자액에서 분리해서 보는 것이 왜 중요한지를 보여준다. 영구가치를 분리해서 보면 어떤 프로젝트를 채택 또는 기각할 때 확신의 수준을 높일 수 있다.

영구가치의 합리성과 중요성

우리는 어떤 프로젝트나 투자안의 가치를 평가하는 방법으로 현금흐름할인, 자산멀티플, 수익멀티플, 컴패러블스, 조건부 청구권 등 다섯 가지 방법을 제시했다. 영구가치는 어떻게 결정되는가? 역시 이 다섯 가지 방법을 사용한다. 현금흐름의 가치평가에 사용되는 기법들이 정확히 영구가치 계산에도 사용된다.

그렇다면 어떤 방법을 사용하는 것이 최상인가? 우리는 영구가치를 추정할 때 한 가지 방법만 사용하지 말 것을 권고한다. 왜 그런가? 각 방법의 차이와 그에 따른 추정치의 차이를 이해하면 최종적 가치평가의 확신을 높일 수 있기 때문이다.

예를 들어 어떤 프로젝트가 내용연수 말 근처에 있다면 (예를 들어 내용연수가 20년인 공장이 현재 가동한지 18년이 되는 해 말에 있다면) 영구연금 공식이나 자산멀티플을 사용하는 것은 합리적이지 않다. 이 경우는 자산가치 평가기법의 일종인 청산가치를 사용하는 것이 합리적이다. 반면 회사가 상태가 양호해서 향후 100년은 더 운영될 수 있을 것으로 예상되면 청산가치를 사용하는 것은 합리적이지 않다. 이는 영구연금 공식이나 자산 혹은 P/E 멀티플을 사용해야 하는 상황이다. 가치평가 기법을 선택하기 위해서는 평가의 맥락을 이해해야 한다는 것을 알 수 있다. 이는 재무관리에서 정확한 판단과 신중함이 요구된다는 것을 보여준다.

또한 가치평가를 하는 대부분의 사람들이 현금흐름에 집중하고 영구가치를 나중에 추가된 것 정도로 여기는 것을 경계하는 것 역시 중요하다. 지난 장에서 썬그린의 결과를 기억하자. 이 프로젝트는 영구가치를 고려하지 않으면 음의 현재가치를 가지는 프로젝트이다. 영구가치가 고려된 후에야 이 프로젝트는 양의 NPV로 평가된다. 따라서 현금흐름 가치평가에서 대부분의 노력을 현금흐름 평가에 소모하고 영구가치는 간단히 계산해 더하는 방식은 타당하지 않다. 어떤 성장률을 사용할 것인지와 같은 주요 가정은 프로젝트의 NPV에 큰 영향을 미칠 수 있다. 영구가치는 중요하고 NPV에 결정적인 영향을 미치기 때문에 신중하게 검토해야 한다.

가치평가의 정치학

재무관리 교과서에서 자주 다루지 않는 또 하나의 가치평가 이슈는 가치평가의 정치학이다. 정치나 인간본성(예: 자익추구)은 경우에 따라 정확한 재무적 분석을 무력화시킨다. 경영진은 자신의 보너스나 회사 규모의 극대화를 추구하기도 하고 고통스러운 인력 감축을 피하고 싶어 할 수 있다. 정치적 고려는 현금흐름에 대한 가정에서 계산된 자본비용에 이르기까지 가치평가의 여러 부분에 영향을 미칠 수 있다.

2장에서 4장에서 우리는 재무추정에 재무비율이나 성장률에 대한 가정이 얼마나 중요한지 살펴보았다. 현금흐름할인 가치평가가 추정 현금흐름에 대한 가정이 바뀌면 (예를 들어 매출증가율을 연 6% 대신 8%를 가정하거나, COGS비중을 22%가 아닌 20%를 가정하면) 미래 현금흐름이 바뀌고 나아가 가치평가 결과가 바뀐다. 따라서 정치적 고려가 가끔 재무추정에 상당한 영향을 미칠 수 있다는 것을 숙지하는 것이 중요하다.

어떤 이유로 재무추정에 사용되는 재무비율이나 성장률 가정이 바뀌는가? 2~4장에서는 그 이유를 재무비율과 성장률의 불확실성에서 찾고 있다. 하지만 정치도 역할을 한다. 공장 현대화를 주장하는 경영자가 있다고 해보자. 이 경영자는 리노베이션의 실제 비용을 축소하고 편익을 과장할 유인을 가진다. 가치평가는 결코 수치에 대한 것만이 아니다. 이는 가정에 대한 것이며, 반드시 그런 것은 아니지만 이러한 가정은 종종 사람들이 주관적으로 느끼는 것일 수 있다.

또 하나의 사례는 많은 대학들이 공사비의 일정 비율(예: 60%)이 기부자들로부터 모금되거나 약정될 때 건물 신축을 허용한다는 것이다. 신축에 필요한 건축비가 110백만 달러이고 60백만 달러가 모금되었다고 하자. 대학본부로부터 건축을 허가받기 위해 학장은 건축비가 100백만 달러라고 말하고 나중에 부족한 10백만 달러는 공사비 초과가 발생했다고 이해를 구하겠다고 할 수 있다. (이 상황은 다음의 격언으로 요약된다. "허락보다는 용서를 구하는 것이 더 쉽다.")

다양한 상황에서 프로젝트 평가가 정치에 영향을 받는다. 경영진은 겸손한 제안을 한 후 조직이 당초의 제안을 수용하면 이를 확대하려 할 수 있다. 경영진이 할 수 있는 또 다른 정치적 작전은 대규모 프로젝트를 작은 프로젝트로 나누는 것이다. (예를 들어 건축비에서 가구 비용을 제외하는 것이다.) 경영진은 또한 현금흐름의 시점을 변경하여 프로젝트의 가정을 조작할 수 있다.

조작될 수 있는 것이 추정된 현금흐름만은 아니다. 할인율에 대한 가정 역시 프로젝트의 가치평가에 큰 영향을 미칠 수 있다. 예를 들어 단순 영구가치 공식에서 연간 현금흐름이 10백만 달러일 때 할인율이 10%라면 현재가치는 100백만 달러지만 9%라면 현재가치는 111백만 달러가 된다.

회사 퇴직연금의 출연 요구액 결정을 위한 연금부채의 가치평가에 사용되는 할인율은 조작될 수 있는 흔한 예이다. 할인율은 연금부채 평가에 큰 영향을 미친다. 제너럴모터스(General Motors)는 2014년 미국 퇴직연금 적립액 평가에 3.73%의 할인율을 사용했다. 반면 포드(Ford)는 이 계산에 4.74%의 할인율을 사용했다. 100백만 달러 영구연금의 경우 이 할인율의 차이는 순현재가치를 570백만 달러 변동($2.68십억 vs. $2.11십억)시킨다.

투자은행은 현금흐름과 할인율 가정을 가치평가에서 공식적으로 다룬다. 프로젝트 평가에 투자은행은 종종 현금흐름의 차이와 할인율 가정이 프로젝트 가치에 미치는 영향을 보여주는 (4 × 4 또는 5 × 5 형태의) 매트릭스를 준비한다. 이는 분석에서 정치적 고려를 제거할 수 있는 것처럼 보이지만 사실은 매트릭스 셀의 대부분이 이 프로젝트의 NPV가 양의 값을 갖는다는 것을 보여준다. 다시 말해 다수 셀이 이 프로젝트가 수행되어야 한다는 것을 보여준다. *왜 투자은행의 매트릭스는 사용된 성장률과 할인율 가정에 관계없이 대부분의 경우에서 해당 프로젝트가 수행되어야 한다고 보여주는가?* 아마도 기댓값이 정말 양의 값을 가지기 때문일 수 있다. 하지만 투자은행이 지급받는 수수료 체계 때문일 수도 있다. 투자은행은 일반적으로 가치평가 서비스에 대해 고정 수수료를 지급받고 거래가 종료되면 성공보수를 추가로 지급받는다. 이러한 수수료 체계는 투자은행이 해당 거래가 실행되도록 보고할 강력한 인센티브를 제공한다.

기타의 가치평가기법: DCF의 변형

비록 가치평가에 다섯 가지 주된 방법이 있다고 했지만 각 방법에는 많은 변형들이 존재한다. 현금흐름할인(DCF)도 예외는 아니며, 우리는 14장에서 이미 IRR과 회수기간의 변형에 대해 다룬 바 있다. 여기서는 또 다른 변형인 수정현재가치법(adjusted present value, APV)에 대해 살펴보기로 한다.[11)] 우리가 이를 이 책에 포함한 것은 이 방법이 학계와 교과서에서 널리 사용되기 때문이다. 다만 설명의 말미에 우리는 이 방법이 실무에서 거의 사용되지 않는다는 것도 언급할 것이다.

수정현재가치법

수정현재가치법(APV)은 어떤 회사나 프로젝트를 여러 부분으로 분할해 평가한다. 가장 단순한 형태는 먼저 모든 자금을 주식으로 조달한 경우의 회사나 프로젝트의 가치를 평가하고 나서 다음과 같이 부채의 사용에 따른 세금절감액의 가치를 평가해 합산하는 것이다.

---

11) 이 방법은 스튜 마이어스(Stew Myers)에 의해 고안되었다.

$$Value_{firm/project} = Value_{unlevered\text{-}equity} + Value_{tax\text{-}shield}$$

다시 말해 APV는 투자 자금의 전액을 주식으로 조달한 회사나 프로젝트의 현금흐름 가치에 부채에 대한 세금절감의 가치를 합산한다. 이때 자본비용에는 무부채베타가 사용하기 때문에 $K_a = K_e$가 되어 현금흐름은 K_a로 할인된다. 또한 세금절감액은 뒤에서 설명하는 것처럼 K_d와 K_a 사이의 할인율로 할인된다.

전액 주식으로 자금을 조달된 회사의 가치는 어떻게 평가하는가? 먼저 부채가 없는 주주잉여현금흐름을 계산하고, 이를 자기자본비용으로 할인한다. APV를 계산할 때 전액 주식조달 회사의 잉여현금흐름은 WACC로 할인하는 유부채기업의 잉여현금흐름과 같다. 전액 주식조달 회사의 FCF가 WACC를 사용하는 유부채기업의 FCF와 일치할 수 있는가? WACC와 함께 사용되는 기업잉여현금흐름은 부채의 비중에 따라 변동하지 않는다. 왜인가? 기억한다면 현금흐름에는 이자비용에 대한 세금절감효과가 반영되지 않는다. (우리의 WACC 논의에서 이자비용의 세금절감효과는 현금흐름이 아닌 할인율에 반영된다고 한 것을 유의하자.) 이는 기업잉여현금흐름은 부채의 수준이나 유무와 관련이 없다는 의미이다. (20장에서 이를 증명해 보기로 한다.)

만일 현금흐름이 동일하면 부채가 없을 때의 할인율(k_a)은 무엇인가? 이는 (단지 자산으로부터의 현금흐름인) 무부채기업의 현금흐름에 대한 할인율이다. 만일 부채가 없다면 자산의 현금흐름은 모두 주주에 대한 현금흐름이 된다는 것을 기억하자.

자산에 대한 할인율을 구하기 위해서는 자산의 현금흐름이 갖는 위험을 측정해야 한다. 이를 위해 전액 주식조달 회사의 자본비용을 계산한다. 자본비용은 이전 장에서 사용한 CAPM 공식을 사용하지만 베타는 어떠한 부채도 사용하지 않는 자산에 대한 것이다.

$$K_a = R_f + \beta_{unlevered} * (R_m - R_f)$$

이때 베타는 무부채베타 또는 자산베타이며, 다음과 같이 계산한다.

$$\beta_{unlevered} = \beta_{levered} / (1 + 부채 / 자본) = \beta_{levered} * 자본 / (부채 + 자본)$$

위의 CAPM 공식에서 무위험이자율과 $(R_m - R_f)$항은 어떠한가? 이것들은 이전과 동일한 것이 사용된다. 따라서 R_f는 1%를 차감한 장기국채수익률이며, $(R_m - R_f)$는 시장위험프리미엄이다. 정리하면 APV를 사용할 때 무부채기업의 가치는 부채가 없는 WACC로 현금흐름을 할인해서 구한다.

언급한 것처럼 이제 세금절감의 현재가치를 전액 주식조달 회사의 가치에 합산해야 한다. 이 가치는 어떻게 계산하는가? 먼저 회사나 프로젝트가 얼마나 많은 부채를 사용할 것인지 가정한다. 첫 번째 옵션은 부채의 액면가가 유지되고 따라서 이자지급액이 일정하게 유지된다고 가정하는 것이다. 다시 말해 회사가 시간이 경과해도 변동하지 않는 일정액의 부채를 발행한다고 가정하는 것이다. 이 경우 이자에 대한 정확한 할인율은 (시장이 회사의 부채발행에 대해 부과하는) K_d이다. 다시 말해 세금절감의 가치는 세율에 부채에 대한 이자지급액을 곱($T_c * I$)해 자본비용 K_d로 할인한다. 이때 K_d는 세금절감효과를 얻는 부채의 위험을 나타낸다. 주식현금흐름 역시 K_d로 할인된다.

두 번째 옵션은 부채가 기업가치의 일정한 비율로 유지된다고 가정하는 것이다. 따라서 기업의 가치가 변동하면 부채의 가치도 변동한다. 이 경우 세금절감의 가치도 기업가치에 따라 변동한다. 이는 세금절감의 위험이 당초의 K_d보다 크다는 것을 의미한다. 부채와 세금절감의 규모가 회사의 위험에 따라 변동하기 때문에 세금절감에 대한 할인율은 K_a와 같거나 그에 근접하게 된다.

예를 들어보자. 만일 어떤 회사가 50백만 달러의 부채를 발행했다면 세금절감효과는 오직 이 부채의 이자지급에 따른 것이기 때문에 확실하다. 부채의 이자를 지급하는 회사의 위험은 K_d이므로 부채와 세금절감에 대한 할인율은 K_d이다. 하지만 회사가 발행하는 부채의 규모가 기업가치에 따라 변동하면 세금절감효과 역시 기업가치에 따라 변동한다. 이렇게 세금절감효과의 위험이 정확히 기업가치에 따라 변동하면 세금절감효과는 K_a로 할인되어야 한다.

따라서 두 번째 옵션(부채가치가 기업가치에 따라 변동한다는 가정)을 사용하면 가치 추정이 복잡해진다. 매년의 부채가치를 구하기 위해서는 매년의 기업가치를 추정해야 한다. 다시 말해 매년의 세금절감의 가치를 구한다는 것은 먼저 매년의 기업가치를 계산해야 한다는 것을 의미한다. 따라서 APV접근법으로 회사나 프로젝트의 가치를 평가한다는 것은 먼저 매년의 기업가치를 구해야 한다는 의미가 된다.

APV를 사용하고 기업가치에 따라 부채가 변동한다고 가정할 때 매년의 기업가치를 어떻게 결정하는가? 믿기 힘들겠지만 기업잉여현금흐름을 사용해 (부채의 비중이 일정하다고 가정하고) WACC로 할인하는 방법이 빈번히 사용된다. *정말인가?* 정말 그렇다. 부채비중이 기업가치에 따라 변동한다는 가정을 가진 APV접근법을 사용하기 위해서는 매년의 부채 규모와 세금절감액을 알아야 한다. 이를 위해서는 일반적으로 잉여현금흐름과 WACC를 이용해 추정되는 매년의 기업가치를 알아야 한다. (이는 순환 참조처럼 보이는데, 실제로 그렇다.)

APV는 매우 매력적인 모델이기 때문에 학자들과 일부 교과서는 이 접근법을 선호한다. APV는 기업가치가 전액 주식조달 기업의 가치에 세금절감의 가치를 합산하는 것으로 본다. 이는 기업가치평가를 접근하는 훌륭한 방법이다. 세금절감이 독립적으로 계산되는 가치를 가진다는 점을 부각하고 기업의 레버리지 변동의 영향을 강조한다. 하지만 실제에 있어

APV접근법은 복잡한 계산을 필요로 한다. (매년의 기업가치와 부채 수준을 계산해야 하기 때문이다.)

APV접근법은 주식현금흐름과 부채의 세금절감효과 이외의 효과를 반영할 수 있는 장점도 있다. APV는 재무곤경비용이나 보조금이 있는 이자율과 같이 특수한 상황을 가치평가에 반영할 수 있기 때문이다. 재무곤경비용과 관련해서 보면 회사의 부채가 증가하면 세금절감효과가 커지지만 더 높은 재무곤경비용을 부담해 자본비용은 높아진다. 상승한 재무곤경위험을 조정하는 방법 중 하나는 전액 주식조달 회사의 가치에 세금절감의 현재가치를 더하고 재무곤경에 따라 추가적 비용의 현재가치를 차감하는 것이다. (재무곤경비용은 재무곤경의 확률에 자중손실을 곱한 것이다.)

APV = PV 전액 주식조달 회사 + PV 세금절감효과 - PV 재무곤경비용

위의 공식은 세금과 재무곤경이 존재하는 M&M(1963) 세계로 우리를 인도해 준다.

APV는 미국에서 새로 적용된 이자비용의 30% EBITDA 공제한도의 처리를 용이하게 할 수 있다. 이자비용의 세금절감은 오직 30% 한도로 허용된다. 이를 초과하는 이자비용은 세금절감효과에 따른 가치평가에 반영되지 않는다. 따라서 이 경우 공식은 위의 공식과 동일하지만, 세금절감효과는 공제가 허용된 이자비용의 효과로 국한된다.

APV는 기업가치가 전액 주식조달 회사의 가치에 세금절감의 가치를 합산(만일 고려해야 한다면 재무곤경비용을 차감)한다는 점에서 매력적인 방법이다. 하지만 실질적으로 APV를 측정한다는 것은 어려운 일이다. 이런 이유로 저자들이 아는 한 어떤 주요 투자은행도 APV를 가치평가의 주된 수단으로 사용하지 않는다. 이는 이자비용의 세액공제한도 때문이며, 이로 인해 (위에서 설명한 것처럼) WACC로 평가된 기업잉여현금흐름을 부정확하게 만들 수 있다.

실물옵션

마지막으로 재무관리 교수들이 "실물옵션(real options)"이라고 부르는 전략적 선택에 관해 간단히 언급하고자 한다. 회사는 미래 투자를 결정할 수도 변경할 수도 있으며 프로젝트를 매각 또는 청산하거나 포기할 선택권을 가진다. 이들은 모두 옵션이다. 어떤 회사가 프로젝트 B를 나중에 투자할 수 있는 옵션을 가지고 지금 프로젝트 A에 투자를 결정한다고 해보자. 예를 들어 어떤 회사가 중국시장에 진출을 원하고 있다고 하자. 중국시장에 대한 첫 번째 프로젝트는 단독으로 음의 NPV를 가질 수 있다. 하지만 만일 이 회사가 첫 프로젝트를 수행하지 않으면 이후 투자에서 배제될 수 있다. 확장에 대한 옵션의 가치는 첫 번

째 프로젝트를 양의 NPV로 만들 수 있다. 질문은 전략적 옵션 또는 실물옵션의 가치를 어떻게 결정하느냐이다.

미국 영화산업을 가지고 이 개념을 설명해보자. 미국에서 제작되는 영화를 손익 순서로 나열하면 중간에 위치하는 영화는 적자이다. 이는 매년 미국에서 만들어지는 모든 영화의 최소 50%가 적자라는 의미이다. 만일 미국에서 제작되는 영화의 50%가 음의 NPV를 갖는다면 왜 영화를 만드는 것일까? 생각해 볼 수 있는 답 중 하나는 흥행하는 영화의 수익성이 매우 좋다는 것이다. (이로 인해 미국 영화는 평균적으로 양의 NPV를 기록한다.) 또 다른 답은 수익성이 좋은 일부 영화가 속편에서도 흥행을 기록해 좋은 수익성을 기록한다는 것이다.

영화가 제작될 때 흥행을 장담할 수 없다. 하지만 영화가 블록버스터가 되면 속편이 제작되고 수익을 낼 것이라는 것은 거의 확실해진다. 중요한 것은 원작 영화의 흥행 결과가 나올 때까지 속편 제작의 결정이 이루어지지 않는다는 것이다. 따라서 원작 영화 제작의 결정은 어려운 반면 속편 제작을 결정하는 것은 쉬운 결정이 된다. 만일 원작이 블랙버스터가 되면 속편이나 후속작을 예상할 수 있다. 속편의 옵션가치는 원작 영화의 현재 가치를 증가시킨다.

이 옵션가치는 영화산업에 또 다른 시사점을 제공한다. 예를 들어 스타워즈와 같은 영화에서 악당이 죽는 경우는 드물다. 관객은 속편에서 원작에 출연했던 배우들을 만나길 기대한다. 터미네이터의 팬들은 속편에서 원작의 스타인 아놀드 슈왈제네거가 돌아올 것을 기대한다. 이는 아놀드 슈왈제네거가 옵션가치를 가진다는 의미이다. 만일 속편이 제작되면 슈왈제네거는 속편 출연에 높은 출연료를 요구할 수 있다. 이를 알기에 영화사들은 종종 현재 영화뿐 아니라 속편에 대해서도 미리 배우와 출연 계약을 체결하곤 한다. 이는 또한 세 편으로 구성된 반지의 제왕 시리즈가 한 편도 공개되기 전에 전부 사전 제작된 이유이기도 하다. 제작자는 반지의 제왕이 블록버스터가 될 것을 예상했고, 그 판단이 옳았을 때 속편에서 더 큰 흥행을 위해 주인공인 프로도를 미리 확보하고자 했을 것이다.

이는 또한 어느 영화가 제작될 가능성을 높은지 설명한다. 플린스톤에 관한 영화와 어니스트 헤밍웨이의 "노인과 바다"를 원작으로 하는 영화를 제작하는 것 사이의 선택을 생각해 보자. 원작이 흥행한다면 플린스톤의 속편 제작 가능성이 더 높다. 반면 노인과 바다를 원작으로 하는 영화는 속편 제작 가능성이 낮다. (스포일러 환기: 노인은 영화 말미에 죽는다.) 이러한 선택은 영화의 예술적 완성도뿐 아니라 흥행에도 영향을 받는다.

우리는 이 책에서 실물옵션에 대한 세부적 논의를 담지는 않지만 모든 프로젝트의 가치 중 일부는 실물옵션의 가치이기 때문에 이 개념을 소개한 것이다. 따라서 어떤 프로젝트의 NPV는 프로젝트의 가치에 그 실물옵션의 가치를 한산한 것과 같다. 회사가 처음부터 양의 NPV를 기대하지 않지만 프로젝트를 수행하는 경우(예: 중국에 청량음료 공장 건설, 유정

탐사 등)가 있다. 이 프로젝트를 수행하는 것은 실물옵션의 가치 때문이다.

전략적 고려

NPV가 양인지 음인지 그리고 NPV 중 얼마가 현금흐름 혹은 영구가치에서 창출되는지를 파악하는 것은 프로젝트나 M&A의 가치평가를 위한 하나의 단계에 불과하다. 이 책이 재무관리 교과서이기 때문에 우리는 숫자의 계산을 첫 단계로 다루고 있지만 사실 이는 가치평가의 두 번째 단계여야 한다. 전략적 이슈들이 먼저 고려되어야 한다.

숫자 그 자체는 경영자가 무엇을 할 것인지 말해주지 않는다. 숫자는 그저 어떤 것을 하는데 따른 비용이나 편익에 관한 정보를 제공할 뿐이다. 예를 들어 모든 조건이 동일하다면 NPV가 양인 프로젝트는 수행되어야 하고 NPV가 음인 프로젝트는 수행되어서는 안 된다는 정도를 말할 뿐 이다. 하지만 가치평가에 반영되지 않은 여러 요소가 있을 수 있다. 그 중에서도 전략적이고 경제적 이슈는 재무추정의 결과가 실제 달성될 수 있을지 여부를 결정한다.

재무추정을 작성하는 것 자체는 쉽지만 이를 정확히 하는 것은 쉬운 일이 아니다. 여러분은 어떤 프로젝트나 회사가 경쟁적 수익을 얻으면 이 경우 NPV가 0이라는 사실을 기억해야 한다. 양의 NPV는 오직 (경쟁사대비 높은 판매가나 낮은 원가에 의해 달성되는) 높은 현금흐름이나 낮은 자본비용에 의해서만 가능하다. 전략적 고려들은 현금흐름과 자본비용이 실제로 달성 가능한 것인지 검토하는 경제적 분석을 포함한다. 이코노믹스가 숫자를 산출하고 견인한다는 것을 기억하자. 숫자가 이코노믹스를 견인하지 않는다. 저자들은 양의 NPV 프로젝트를 볼 때 왜 이 프로젝트의 NPV가 양인지 다섯 문장 이내로 설명할 수 있어야 한다는 경험법칙을 가지고 있다. 만일 여러분이 이를 할 수 없다면 우리는 여러분의 분석을 믿기 어렵다고 볼 것이다.

예를 들어보자. 썬그린이 왜 신규 공장을 건설해야 하는지에 대한 핵심 전략요소는 무엇인가? 썬그린이 고려해야 하는 이슈에는 경쟁자의 동향, 시장의 잠재적 신규 진입자, 원재료 가격, 최종 제품에 대한 예상(가격과 수량) 등이 포함된다. 썬그린이 신기술을 적용하려면 회사는 이 기술이 잘 작동할 것인지 신경을 써야만 한다. 썬그린의 투자평가에는 프린팅 프레스를 포함한 신기술에 대한 검토가 포함되어야 한다. 썬그린이 공장 건설에 205백만 달러, 최신 프린터 구입에 50백만 달러를 투자한다고 가정해보자. 신형 프린터가 작동하지 않는다면 회사의 투자에 어떤 결과가 발생하겠는가? 프린터에 투자한 50백만 달러만 문제가 생기는 것이 아니라 공장에 투자된 205백만 달러의 전부 또는 일부에 문제가 발생할 수 있다. (만일 공장에서 썬그린이 사용할 수 없는 용지를 생산하게 되더라도 다른 곳에 판매가 가능하면 이 공장을 전손 처리하지는 않아도 된다. 하지만 당초 용지를 자체 용도로 사용하기로 했다면 썬그린에 대한 해당 공장의 가치는 줄어들게 된다.)

따라서 썬그린에게 있어 신형 프린터가 잘 작동할지 여부 역시 중요한 관심사이다. 프린터는 핵심적 전략요소인 것이다. 만일 프린터가 잘 작동한다면 이 프로젝트는 양의 NPV를 가질 것이다. 신기술이 실패한다면 어찌되는가? 프로젝트는 어떻게 평가되어야 하는가? 성공확률의 추정은 가능하지만 실세계에서 가치평가의 문제는 아마도 조건부 계약에 따라 관리될 수 있다. 다시 말해 프린터 공급자는 일부 선수금을 받은 후에 신기술이 작동하면 나머지 잔금을 받게 될 것이다.

이런 종류의 계약은 기업재무 혹은 벤처캐피탈 과목에서 중요하게 다루는 부분이다. 가치평가 부분은 위에서와 같은 방법으로 진행된다. 방법론도 정확히 일치한다. 차이가 있다면 모든 우발사항을 계약으로 처리하는 것이다. 예를 들면 회사가 대금을 미리 지급하면 공급자는 제품 공급에 대한 책임감을 느끼지 못할 수 있다. 하지만 대규모 잔금이 계약상 의무의 충족에 따라 지급되는 조건이라면 공급자는 회사가 기대하는 결과를 달성하기 위해 노력할 유인을 가지게 될 것이다. 결과적으로 공급자는 계약상 약속한 것처럼 회사가 프로젝트를 정상적으로 작동해야 하는 것과 동일한 인센티브를 가지게 된다.

참고로 실무상 조건부 계약이 없다면 무언가에 문제가 생기면 변호사가 개입되어 법적 구제절차를 밟아야 한다. 이를 피하고 해결을 도울 목적으로 재무관리에서는 조건부 계약을 고려한다. 다만 이런 계약에도 불구하고 기본적인 가치평가는 이전 장들에서 제시된 것과 동일하게 수행된다.

추가적인 사항

이 책의 범위를 넘어서는 여전히 많은 가치평가의 이슈들이 존재한다. 예를 들어 미적립 연금부채를 가진 어떤 회사가 수명을 다해간다고 가정해보자. 미적립 연금부채(또는 회사의료보험)에는 어떤 할인율을 적용하는가? 이는 노조와의 단체협약에 따라 회사가 적립할 의무가 있는 부담액 전부를 적립하지 못한 것이다. 미적립 연금부채가 다른 채권자에게 보다 먼저 지출되어야 하는가 아니면 나중에 지출되어야 하는가? 종업원에 대한 이 부채가 먼저 지급된다면 이는 부채보다 위험이 낮아 낮은 할인율을 가지게 된다. 반면 이 부채가 다른 채권자에게 보다 나중에 지급된다면 이는 부채보다 높은 위험과 할인율을 가지게 된다.[12)]

---

12) 이 책을 쓰고 있던 시점에 발생한 디트로이트시의 파산은 정확히 이 이슈를 다루고 있다. 제안된 파산합의안은 모든 종류의 채무가 전액 상환을 받지 못했지만 연금혜택은 일반 무담보부채보다 훨씬 많은 배당을 받았다. 많은 기업파산 소송에서 법원은 연금부채를 무담보채권과 동일하게 취급하는 결정을 해왔다. 또한 연방정부는 (비록 보증액이 실제 연금혜택 손실액에 크게 미치지 못하지만) 일정액의 최소 퇴직연금을 보장하기 위해 연금혜택보증공사(Pension Benefit Guarantee Corporation)를 통해 보험 프로그램을 운영하고 있다. 여러분은 13장에서 PBGC가 어바이어 파산 시 한 청구권자이고 다른 무담보채권자보다 많은 배당을 받았던 것을 기억할 것이다.

이 책에서는 가치평가의 개념과 여러 방법론을 소개했지만 여전히 실무적으로 고려되어야 할 많은 이슈들이 존재하는 것도 사실임을 기억하기 바란다.

요약정리

우리는 이 책의 앞부분에서 가치평가가 전략, 가치평가, 실행의 세 부분으로 구성된다고 했다. 우리는 지금까지 NPV를 사용한 가치평가에 집중해왔다. NPV를 계산하기 위해서는 기업잉여현금흐름과 할인율을 결정해야 한다.

기업잉여현금흐름은 다음 공식을 사용한다.

$$FCF = EBIT * (1 - T_c) + \text{감가상각비} - CAPEX \pm \text{운전자본의 증감}$$

언급한 것처럼 이 공식에는 재무제표에 나와 있지 않은 항목과 처음에는 합리적으로 보이지 않는 항목도 있다. 하지만 이 공식을 잘 살펴보면 이것이 여러 가정과 수정을 거친 결과라는 것을 알 수 있다. 예를 들면 부채 사용에 따른 세금절감의 효과는 할인율인 WACC에서 반영되기 때문에 현금흐름에는 당기순이익이 아닌 $EBIT * (1 - T_c)$가 사용된다.

할인율 WACC는 부채와 자본의 비중을 결정하는 것에서 출발해 K_d와 K_e를 결정하게 된다.

앞에서 언급했듯이 프로젝트의 NPV를 음으로 만드는 가격은 언제나 존재하며 프로젝트의 NPV를 양으로 만드는 가격은 (제한된 범위에서) 존재한다는 것을 기억하는 것은 중요하다.

기억해야 할 핵심사항

1. 현금이 왕이다. 가치평가는 현금흐름의 크기와 발생 시점에 관한 것이다.
2. 평가대상 프로젝트의 현금흐름에는 양이거나 음에 관계없이 모든 곳에서 발생하는 모든 현금흐름이 포함되어야 한다. 프로젝트가 변동시키는 현금흐름의 크기나 시점이 모두 반영되어야 한다.
3. 고정비와 회계상 비현금비용은 현금흐름이 아니기 때문에 감안되지 않는다.
4. 매몰비용은 고려하지 않는다.
5. 인플레이션은 적절히 조정되어야 한다. 명목현금흐름에는 명목할인율을 사용하고 실질현금흐름에는 실질할인율을 사용해야 한다.
6. 영구가치는 별도로 결정한다. 나아가 영구가치는 가치평가의 대상에 부합하도록 평가되

어야 한다. (즉, 주식의 가치를 평가할 때는 주식의 영구가치를 사용하고 기업의 가치를 평가할 때는 기업의 영구가치를 사용한다.)

7. 운전자본(매출채권 + 재고자산 - 매입채무)의 변동과 운전자본의 영구가치도 가치평가에 반영되어야 한다.
8. CAPEX는 가치평가에 중요한 항목이다.
9. 실물옵션의 가치도 고려되어야 하지만 실제 가치평가는 쉽지 않다.

다음 주제

다음 장에서는 콩골리움의 사례를 다룬다. 이는 차입매수(LBO)에 관한 알아보는 첫 번째 장이다. 이 장은 LBO를 어떻게 평가할지 알아보기 보다는 LBO의 가치가 어디서 창출되는지에 관해 설명한다. 이 사례는 또한 사모펀드 시장이 어떻게 그리고 왜 작동하는지에 관해서도 설명한다.

CHAPTER 18

LBO와 사모펀드 파이낸싱 (콩골리움 코퍼레이션)

이 장은 현재 널리 사용되고 있는 프라이빗에쿼티(사모펀드)의 차입매수(leveraged buyouts, LBO)에 대해 소개한다. LBO가 어떻게 실행되며, 어느 부분에서 가치가 창출되는지 알아본다. 이를 위해 우리는 콩골리움 코퍼레이션(Congoleum Corporation)의 1979년 LBO 사례로 살펴본다. 이전의 어떤 LBO보다 훨씬 규모가 컸던 이 사례는 오늘날에도 LBO를 추진하는 많은 사모펀드 인수자들에게 본보기가 되고 있다.[1)]

콩골리움의 역사

1886년에 설립된 콩골리움 나린(Congleum Narin)은 콩고에서 원재료를 수입해 바닥재를 생산하는 회사였다. 이후 이 회사는 코르크와 나무, 분말형 안료와 산화 아마인 오일, 유기농 원재료에서 가요성 비닐 바닥 매감재인 리놀륨을 생산하게 된다. 콩골리움은 리놀륨의 선도업체가 되었고, 연구개발과 생산과정에서 품질개선을 위한 다수의 특허를 보유하게 된다.[2)]

1968년 미국에서 가장 오래된 조선회사 중 하나인 배스 아이언 웍스(Bath Iron Works)의 지주회사인 배스 인더스트리스(Bath Industries)는 콩골리움 나린의 지분 42%를 매입해 경영권을 인수한다. 인수 후 배스 인더스트리스는 바닥재 사업이 매출의 40%와 이익의

1) LBO(차입매수)는 일반적으로 부채로 조달해 상장회사를 인수하는 것을 말한다. LBO로 인수된 회사는 통상 비상장회사가 된다. 사모펀드회사는 투자자들로부터 자금을 조달해 회사를 인수하는 투자회사이다.

2) 일부 특허권은 1979년 LBO 시점까지도 여전히 유효했다. 실제 콩골리움은 1976년 암스트롱 코르크(Armstrong Cork Co.)와의 특허 분쟁에서 35백만 달러를 합의금으로 받는다.

95%를 차지하자 사명을 콩골리움 인더스트리로 변경한다.

주요 인물

1975년 콩골리움에 입사한 바이런 라다커(Byron C. Radaker)는 1976년 COO를 거쳐, 1977년 사장 겸 CEO로 승진하고 1980년에는 회장이 된다. 바이런은 입증되지 않은 자기거래 의혹으로 건자재업체 서튼 티드 코프레이션(Certain Teed Corporation)을 그만 둔 전력을 가지고 있었다.

에디 니콜슨(Eddy G Nicholson)은 (나중에 듀크대 경영대학원이 이름을 붙이게 되는) J. P. Fuqua 건설에서 2인자로 일하다, 1975년 콩골리움으로 자리를 옮긴다. 니콜슨은 1978년에 COO가 되고 1980년에 라다커가 회장이 되면서 사장이 된다.

제임스 하펠(James Harpel)은 콩골리움이 적당한 LBO 대상이라는 것을 파악한 하버드대 MBA 졸업생이었다. *그렇다면 콩골리움이 적당한 LBO 타깃이라고 판단한 하펠은 무엇을 했는가? 그가 콩골리움을 인수했는가?* 그렇다고 볼 수도 있고 아니라고 볼 수도 있다. 그는 자신이 매니징파트너로 일하던 센츄리 캐피탈 어소시에이츠(Century Capital Associates)로 하여금 주당 단돈 13달러도 안 되는 가격에 콩골리움 주식 124,000주를 약 1.6백만 달러에 인수하게 했다. 동시에 그는 투자은행 퍼스트 보스톤(First Boston)에게 LBO로 콩골리움을 비상장회사로 바꾸는 아이디어를 제공했다. *이는 불법적인 내부거래가 아닌가?* 전혀 그렇지 않다. 하펠 스스로가 아이디어를 낸 것이기 때문이다. 그는 다른 어느 누구보다 먼저 잠재적 LBO 후보를 발굴해왔다. 그래서 주식을 산 것이다. 그는 내부거래자가 아니며 어떠한 비공개 내부 정보도 사용하지 않았다. 나중에 상당한 재산가가 되는 하펠은 하버드 케네디 정책대학원의 고액기부자가 된다. *왜 그에게 부자가 되는 지식을 전수한 경영대학원이 아닌가?* 이에 대해서는 잠시 후 다루기로 한다.

퍼스트 보스톤은 LBO를 위한 자금을 조달하기 위해 푸르덴셜 생명보험을 포함한 다수의 기관투자자를 접촉한다.[3] *왜 LBO를 하려는 회사는 잠재적 투자자로 보험회사를 접촉하는가?* 이에 대해서도 잠시 후에 살펴보기로 하자.

1980년대 초 퍼스트 보스톤, 하펠의 센츄리 캐피탈 어소시에이츠, 푸르덴셜 등 금융기관과 콩골리움의 바이런 라다커와 에디 니콜슨이 공동으로 LBO를 위한 지주회사로 파이빅 코프(Fibic Corp.)라는 회사를 설립한다. 파이빅은 시장가격에 50% 이상의 프리미엄을 더한 주당 38달러, 총 445백만 달러에 콩골리움 주식 전량을 인수한다.

---

3) 푸르덴셜이 주요 기관투자가로 큰 지분을 보유하고 있었지만 기타의 기관투자자들도 있다. 다만 여기서는 설명의 편의를 위해 기관투자가 그룹을 단순히 푸르덴셜로 부르기로 한다.

적합한 LBO 대상

그렇다면 다음과 같이 물어보자. *LBO 이전에 콩골리움은 어떠했는가? 짐 하펠이 콩골리움을 적당한 인수대상으로 본 이유는 무엇인가?* 뒤에서 자세히 설명하겠지만, 결론부터 말하면 콩골리움은 부채가 적고 현금흐름이 안정적이었기 때문에 이상적인 LBO 후보가 되었다.

바이런 라다커와 에디 니콜슨은 콩골리움의 회생을 위해 1975년 고용되었다. [표 18.1]에서 보는 것처럼 1973~1975년 콩골리움은 부진한 실적을 기록한다. 콩골리움의 순이익은 1973년 22.2백만 달러에서 1974년 50만 달러로 감소한다. 1975년 순이익이 9.6백만 달러로 회복되지만, 매출은 전년대비 30%인 111백만 달러나 떨어진다.

바이런과 에디의 실적회복 노력은 성과를 거두었는가? 상당한 성과를 기록한다. 1975~1978년 단 4년 만에 콩골리움의 매출은 575.8백만 달러로 증가한다. 이는 1974년 보다 50.4%가 증가한 것이고, 연평균 성장률은 약 11%에 달하는 것이다. 매출액순이익률은 7.5%까지 개선되고, 주당순이익(EPS)도 1974년 0.07달러에서 1978년 3.58달러로 크게 증가한다. 이에 콩골리움은 배당성향을 주당 0.40달러에서 0.80달러로 올렸고, 차입비율은 41%($78.5 / $192.3)에서 8%($15.4 / $202.9)로 급락한다. 다만 이는 잉여현금을 감안하지 않고 계산한 수치이다. [표 18.2]에서 보는 것처럼 회사는 1978년 말 15.4백만 달러의 채무에 대해 77백만 달러의 현금과 시장성증권을 보유하고 있었다. 월가가 이러한 콩골리움의 변화를 인식하면서 회사 주가는 1974년 3.83달러에서 1978년 26.25달러로 상승한다.

주가가 4년 만에 거의 585% 상승한 이후에도 콩골리움은 여전히 "매수" 대상이었는가? 그렇다. 콩골리움은 여전히 "매수" 의견이었다. (우리는 기간의 사정을 다 알고 있는 탓에 그렇게 말할 수 있겠지만, 짐 하펠은 당시에도 그런 판단을 하고 있었다.) 1978년 말 콩골리움 주식은 후행순이익의 7.3배($26.25 / $3.58)에 거래되고 있었다.[4] 당시 S&P는 후행순이익의 10배에 거래되고 있었고, 장기적인 역사적 평균은 약 15배에 달했다.[5] 따라서 콩골리움 주가는 여전히 상승 여력이 있었다.

콩골리움의 주력 사업은 무엇인가? 바닥재(전체 매출의 40%, 전체 순이익의 65%), 조선(38%, 21%), 자동차부품(22%, 14%) 사업이다.[6] *사업에서 창출되는 현금흐름의 안정성은 어떠하며, 콩골리움의 사업위험은 무엇인가?* 당시 콩골리움의 바닥재사업은 특허로 잘 보호받고 있었다. 또한 콩골리움의 조선사업(즉, 배스 아이언 웍스)은 미국 정부와 관급계약을 통해 안정적 수주잔고를 확

---

4) 후행순이익(trailing earnings)은 전년도 순이익을 의미한다. P/E비율은 후행순이익으로 계산하는 것이 일반적이지만 추정순이익(다음해 순이익)을 사용할 수도 있다.

5) 2014년 1월 15일 현재 S&P500의 월간 P/E비율은 장기 평균 15.5배, 중간값 14.5배이나, 변동성은 큰 것으로 나타난다. www.multpl.com/참조 (2014년 1월 15일 접속)

6) 매출액의 3%를 차지하는 본점 및 기타 사업은 제외하였다.

보하고 있었다. 자동차부품사업은 많은 특허재산권을 보유하고 있었고, 장착품시장(OEM)이 아닌 정비시장에 부품을 공급하고 있었다. 정비부품은 신차 판매에 의존도가 높은 OEM사업보다 경기변동에 훨씬 덜 민감했다. 종합해보면 콩골리움의 세 주력 사업은 모두 강력하고 안정적으로 현금흐름을 창출하고 있었다.

[표 18.1] 콩골리움 손익계산서 1973 ~ 1978[7)]

(천 달러)	1973	1974	1975	1976	1977	1978
순매출	382,065	382,767	272,000	284,735	375,466	558,633
로열티	–	–	6,983	10,080	13,163	17,197
총매출	382,065	382,767	278,983	294,815	388,629	575,830
매출원가	285,602	323,036	219,182	224,028	285,770	385,851
판매비와 일반관리비	49,703	53,116	34,441	37,805	55,023	108,648
영업이익	46,760	6,615	25,360	32,982	47,836	81,331
기타손익	–	–	5,171	3,821	3,538	4,281
이자비용	4,153	6,412	5,192	2,064	1,734	1,266
세전이익	42,607	203	25,339	34,739	49,640	84,346
법인세	19,752	(1,705)	11,985	17,400	24,900	42,600
중단사업손실	(666)	(1,380)	(3,796)	(1,615)	–	–
당기순이익	22,189	528	9,558	15,724	24,740	41,746
주당순이익	2.83	0.07	1.25	2.04	2.39	3.58
주당배당금	0.30	0.40	0.40	0.50	0.60	0.80
주가(최고가)	36 7/8	22.25	13.75	19.38	21.88	26.25
주가(최저가)	12.75	3.83	4.50	12.00	13.25	16.25

7) 출처: Moody's 산업 매뉴얼, 연차보고서, 10-K(사업보고서)

[표 18.2] 콩골리움 대차대조표 1973 ~ 1978

(천 달러)	1973	1974	1975	1976	1977	1978
현금과 시장성증권	8,578	10,748	6,428	40,424	12,369	77,254
매출채권	48,212	43,518	28,533	37,478	73,989	64,482
재고자산	67,216	71,022	27,727	33,656	73,318	75,258
기타 유동자산	14,218	7,258	65,253	34,382	5,679	3,511
유동자산	138,224	132,546	127,941	145,940	165,355	220,505
순고정자산	70,004	79,324	53,113	51,102	71,149	70,777
영업권 등	24,616	24,964	48,798	31,320	29,876	31,770
자산총계	232,844	236,834	229,852	228,362	266,380	323,052
유동성장기부채	5,170	3,880	2,170	1,939	2,055	460
매입채무	25,663	20,534	15,2121	18,662	38,391	41,578
기타 유동부채	19,240	15,419	29,419	48,542	46,913	68,359
유동부채	50,073	39,833	46,801	69,143	87,359	110,397
장기차입금	59,330	74,627	52,246	16,596	16,067	14,949
기타 장기부채	7,139	8,564	10,489	10,075	9,886	10,221
부채총계	116,542	123,024	109,536	95,814	113,312	135,567
납입자본금	14,967	15,015	15,032	15,390	15,812	16,256
이익잉여금	101,335	98,795	105,284	117,158	137,256	171,229
자본총계	116,302	113,810	120,316	132,548	153,068	187,485
부채와 자본총계	232,844	236,834	229,852	228,362	266,380	323,052

핵심 경영진인 바이런과 에디는 어떤 보상을 받고 있었는가? 그들은 이러한 보상에 만족했는가? 그들은 각자 기본 연봉 370,000달러와 295,000달러에 스톡옵션을 받고 있었다. 이는 큰 돈인가? 그때로 돌아간다는 그렇다고 할 수 있다. 하지만 그들의 기여를 감안하면 분명 충분한 것은 아니었다. 스톡옵션을 가지고 있지만, 주가가 큰 폭으로 상승해도 이들은 보상을 더 받기 위한 다른 방안에 눈을 돌릴 수 있는 상황이었다.

그렇다면 왜 월가는 콩골리움이 강력하고 안정적인 현금흐름 창출능력과 유능한 경영진을 가지고 있음에도 순이익의 7.3배 수준으로 주가를 평가했는가? 잠재적 이유 중 하나는 콩골리움의 특허가 조만간 만료되기 때문이었다.[8] 이는 콩골리움이 당시 캐시카우였지만, 특허권 만료에 어떻게 대응할지 해법을 찾아야 한다는 것을 의미했다. 하지만 이는 1970년대 후반 콩골리움이 진정으로 당면한 문제는 아니었다. 당시 회사의 최대 현안은 개선된 영업활동에서 창출된 현금을 어떻

8) 당시 특허는 17년간 주어졌다. 콩골리움은 수년간 특허를 사용해왔고, 따라서 잔여 특허기간은 17년보다 크게 줄어 있었다.

게 사용할 것인지였다.

회사가 잉여현금으로 할 수 있는 것은 무엇인가? 앞에서 언급한 것처럼 잉여현금으로 회사가 할 수 있는 것은 다섯 가지뿐 이다.

1. 부채 상환: 콩골리움은 더 이상 상당한 부채를 가지고 있지 않았다.
2. 배당 증액: 콩골리움은 배당을 1974년 주당 0.40달러에서 1978년 주당 0.80달러로 증액했다. 이로 인해 배당수익률(현금배당액 / 주가)은 3.1%까지 증가했다. 하지만 배당을 더 늘릴 수 있을 것이다.
3. 자사주매입: 시장 평균 약 15배와 비교해 7.3배에 불과한 멀티플을 볼 때 시장은 콩골리움 주식의 상승여력이 부족하다고 보는 것이 분명하다. (바닥재, 조선, 자동차부품은 성장산업으로 보이지 않기 때문이다.) 이는 콩골리움의 과제로 보인다.
4. 성장을 위한 투자: 콩골리움은 이미 다수의 안정된 산업에서 잘 성장하고 있다. 이러한 산업에 추가 투자를 해도 양의 NPV를 달성할 수 있는 수익 창출이 가능할지 불분명하다.
5. 기업 인수: 바이런과 에디가 이를 원하는지 불분명하다.

언급한 것처럼 짐 하펠은 콩골리움이 적당한 LBO 후보라고 믿었다. 그의 제안을 받은 퍼스트 보스톤은 그의 분석에 동의하고 아이디어를 바로 푸르덴셜에 전달했다. *퍼스트 보스톤은 왜 다른 회사로 갔는가?* 인수 자금을 조달하기 위해서다. 1979년 당시는 투자은행이 자신의 거래를 위해 자금을 조달할 수 없었고, 사모펀드도 존재하지 않던 시절이다. 퍼스트 보스톤은 전체 거래에 자금을 댈 능력이 없었기 때문에 보험사에 접촉한 것이다. 보험사는 연기금과 함께 자본시장의 큰 손이었고 지금도 그렇다. 통상 보험사와 연금펀드는 대표적인 기관투자자로 간주된다. 그들은 보험금과 퇴직연금 청구에 대비하기 위해 보험료와 퇴직적립액을 자본시장 등에 투자한다.

흥미로운 이야기로 버크셔 해서웨이(Berkshire Hathaway)의 주력사업도 보험이다. 워렌 버펫은 막대한 보험료 수입으로 투자자금을 확보한다. 그는 투자의 귀재로 알려져 있지만, 그의 성공은 투자자금을 확보한데서 출발한다. 투자자금 중 상당부분은 보험료에서 온 것이다.

거래의 세부 사항

그렇다면 콩골리움의 LBO는 어떻게 한 것인가?[9] 1979년 7월 16일 파이빅코프(Fibic Corp.)는 당시 콩골리움 주가에 50% 할증된 주당 38달러, 경영진 스톡옵션 매입대금 10.1백만 달러, 거래 관련 수수료 10백만 달러 포함 총 467.8백만 달러에 발행 주식 전부를 매입하겠다고 제안했다.

[표 18.3] 콩골리움의 총 인수가격

주주 지급액(11.783백만 주 @ 주당 38달러)	$447.7백만
경영진 스톡옵션 매입	$10.1백만
수수료	$10.0백만
합 계	$467.8백만

기억하겠지만 파이빅코프는 콩골리움 인수를 위해 푸르덴셜, 퍼스트 보스톤, 바이런, 에디 등이 공동으로 투자해 설립한 회사이다.

인수 전 파이빅은 [표 18.4]와 같이 다양한 투자자로부터 379.6백만 달러의 자본과 부채를 조달했다. 생각해볼 것은 파이빅이 467.8백만 달러를 투자하면서 379.6백만 달러만 조달했다는 점이다. 수학적인 오류가 있는가? 어떻게 조달한 금액보다 88.2백만 달러를 더 지출할 수가 있는가? 추가 자금은 어디서 온 것인가? 추가 자금은 콩골리움에서 온 것이다. 파이빅은 콩골리움을 사는데 콩글리움이 보유하고 있던 현금과 시장성증권 등 "잉여현금"의 일부를 사용했다. 이 과정을 자세히 살펴보자.

1. 푸르덴셜, 퍼스트 보스톤, 센추리 캐피탈, 바이런, 에디는 공동으로 인수목적 회사인 파이빅을 설립하고, 주식과 부채로 379.6백만 달러를 조달한다. 파이빅은 447.7백만 달러에 콩골리움의 모든 자산과 부채를 인수한다. 이때 콩골리움이 보유한 약 130백만 달러의 현금도 파이빅에 양도된다.
2. 이렇게 되면 콩골리움에는 오직 하나의 자산, 즉 파이빅으로부터 받을 447.7백만 달러의 미수금만 남게 된다. 파이빅은 주식과 부채로 조달한 379.6백만 달러와 콩골리움의 보유 현금 약 130백만 달러 등 총 509.6백만 달러의 현금을 포함해 콩골리움의 자산

9) LBO에 관한 세부 정보는 1980년 1월 8일 SEC에 제출된 콩골리움의 위임장권유서를 참조했다. 위임장권유서(proxy statement)는 주주의 의결권 행사에 대해 미리 주주들에게 제공해야 하는 금융당국이 요구하는 공식문서이다. 위임장권유서는 주주들에게 자신들이 투표할 안건에 대한 세부 정보를 제공한다.

과 부채 전부를 가지게 된다. 파이빅은 또한 콩골리움의 채무 447.7백만 달러도 승계한다. 파이빅은 콩골리움에 447.7백만 달러를 지급하고, 경영진 스톡옵션 보상에 10.1백만 달러와 수수료 10백만 달러를 지불한다. 파이빅은 이제 현금 약 41.8백만 달러($509.6 - $447.7 - $20.1)와 콩골리움이 가지고 있던 비현금자산과 채무 전액을 가지게 된다.

3. 콩골리움은 현금 447.7백만 달러만 가진 회사가 된다. 콩골리움은 이 현금을 기존 주주에게 배분하고 해산한다.

이를 좀 더 자세히 정리해보면 다음과 같다.

1. 거래 이전

파이빅		콩골리움
현금 379.6백만 달러		현금 130백만 달러
		모든 자산과 부채
		(조선소, 자동차부품, 바닥재 등)
	←	현금 130백만 달러
	←	모든 자산과 부채

2. 거래의 중간 단계

파이빅		콩골리움
현금 509.6백만 달러		
콩골리움의 자산과 부채		
콩골리움에 447.7백만 달러 미지급		파이빅 미수금 447.7백만 달러
수수료 10백만 달러 미지급		
스톡옵션 보상 10.1백만 달러 미지급		
현금 447.7백만 달러 지급	→	

3. 거래 이후

파이빅	콩골리움
현금 41.8백만 달러[10]	현금 447.7백만 달러
콩골리움의 모든 기타 자산과 부채	

10) 1979년 중순 거래 시점에 콩골리엄의 현금은 130백만 달러였다. 거래가 종결 시점 파이빅에는 현금 41.8백만 달러가 남아 있었다. 따라서 파이빅이 콩골리움에 지급한 차액 88.2백만 달러는 콩골리움에서 온 것이다.

사실 이 거래는 위에서 설명한 것보다 훨씬 더 복잡했다. 좀 더 자세히 살펴보자. 배스 아이언 웍스는 콩골리움의 완전 자회사였다. 이는 콩골리움이 아이언 웍스를 개별적인 자산과 부채가 아닌 주식으로 보유했다는 의미이다. 세무 이슈를 피하기 위해 콩골리움은 배스 아이언 웍스를 92.3백만 달러에 별도 거래로 파이빅에 먼저 매각한다. 이후 콩골리움은 잔여 자산과 부채 전부를 355.4백만 달러에 파이빅에 넘긴다. 거래대금 447.7백만 달러는 92.3백만 달러와 355.4백만 달러를 더해 나온 거래대금이다. 또한 인수를 목적으로 설립된 파브릭은 거래 종료 후 콩골리움이 된다. (사명도 과거 콩골리움이 파브릭에 매각한 자산이다.) 이 과정을 통해 다수의 주주를 가진 상장회사에서 새로운 콩골리움은 퍼스트 보스톤, 푸르덴셜, 센추리 캐피탈, 바이런, 에디가 소유한 비상장회사가 된다. 회계나 법적인 세부사항을 제외하면 거래의 핵심은 이상에서 기술한 것과 같다.

이를 다른 관점에서 살펴보자. 콩골리움의 11.783백만 주가 379.6백만 달러에 거래되었기 때문에 주당 가격은 32.22달러($379.6 / 11.783)가 된다. 주주에게 주당 37.50달러를 제안하고 어떻게 32.22달러만 지불할 수 있는가? 매입 자금을 조달하는데 콩골리움의 자금을 사용했기 때문이다.

거래대금의 조달

거래를 위한 자금조달은 어떻게 했는가? 즉, 379.6백만 달러는 어디서 온 것인가? 파이빅은 은행에서 125백만 달러를 차입했다. 푸르덴셜과 기관투자자들은 파이빅에 246.1백만 달러의 스트립 파이낸싱을 제공했다. 또한 퍼스트 보스톤과 센추리 캐피탈은 신설회사의 보통주 4.5백만 달러를 취득했다. 라다커와 니콜슨를 포함한 경영진도 총 4백만 달러 규모의 파이빅 보통주를 매입한다.[11] 이렇게 379.6백만 달러의 인수금액이 마련되었다.

스트립 파이낸싱(strip financing)은 투자자가 여러 종류의 증권 “스트립”을 동시에 구매하는 금융기법이다. 스트립은 단일 증권처럼 매매된다. 이 당시 246.1백만 달러의 스트립은 선순위채권 113.6백만 달러, 후순위채권 89.8백만 달러, 우선주 26.2백만 달러, 보통주 16.5백만 달러 네 종류의 증권으로 구성되었다. 원래 스트립은 분리형과 비분리형이 있다. 분리형 스트립은 여러 증권으로 분리해 별도 상품으로 매각할 수 있다. 비분리형 스트립은 여러 증권들이 발행 시와 동일 비율로 계속해서 묶여 있어야 한다. 콩골리움의 스트립은 비분리형이었다.

[표 18.4]는 파이빅의 신규 자금조달을 재무제표 측면에서 정리한 것이다.

---

11) 주당 25달러에 라다커가 7만 주(7%), 니콜슨이 5만 주(5%), 그 외 20~30명의 임원들이 4만 주(4%) 등 총 16만 주(16%)를 매입했다.

[표 18.4] 거래대금 조달

은행차입금(14%)	125.0백만 달러	
선순위채권(11.25%, B+)	113.6백만 달러	
후순위채권(12.25%, B-)	89.8백만 달러	
차입총계		328.4백만 달러
우선주(13.5%, CCC)	26.2백만 달러	
보통주	25.0백만 달러	
자본총계		51.2백만 달러
조달총계		379.6백만 달러
또는		
은행차입금		125백만 달러
스트립 파이낸싱: 선순위채권	113.6백만 달러	
후순위채권	89.8백만 달러	
우선주	26.2백만 달러	
보통주	16.5백만 달러	246.1백만 달러
투자은행과 경영진의 보통주		8.5백만 달러
조달총계		379.6백만 달러

투자은행인 센추리 캐피탈과 퍼스트 보스톤은 4.5백만 달러의 투자금을 어떻게 마련했는가? 이 투자금의 대부분은 거래를 주선하고 받은 수수료에서 충당되었다. 언급한 것처럼 이 거래에 들어간 전체 수수료는 퍼스트 보스톤과 센추리 캐피탈 몫의 수수료와 (거래에 대한 공정성 검토의견을 작성한 투자은행인) 라자드(Lazard) 수수료 3백만 달러, 그리고 회계사와 변호사 비용을 포함해 10백만 달러에 달했다.[12] *경영진은 투자금 4백만 달러를 어디서 구했는가?* 그들은 과거 회사에서 받은 스톡옵션에 10.1백만 달러를 보상받아 그 중 4백만 달러를 투자했다.

그렇다면 신설 콩골리움의 대차대조표는 어떻게 생겼을까? [표 18.5]는 LBO를 가정해 1978년 부채와 자본을 재작성한 것이다. 신설회사는 1978년 말 콩골리움의 기존 부채 15.4백만 달러에 위에서 언급한 신규 부채 328.4백만 달러 등 총 343.8백만 달러의 부채를 가지게 된다. 콩골리움의 자본은 우선주와 보통주를 합해 51.2백만 달러이다. 따라서 콩골리움의 차입비율(부채/(부채+자본))은 기존 7.6%($15.4 / ($15.4 + $187.5))에서 87.0%($343.8 / ($343.8 + $51.2)로 상승한다. 이는 기존 콩골리움 대차대조표에 있는 잉여현금을 감안하지 않은 것이다. 보다

12) 공정성 검토의견(fairness opinion)이란 독립적인 제3자가 해당 거래가 기존 주주 입장에게 공정하게 이루어졌다는 것을 검토한 의견서이다. 이는 경영진이 주주들로부터 회사를 매입하는 LBO에서 특히 중요한데 자기거래를 회피하기 위한 것이다. 라자드의 공정성 검토의견의 주요 내용은 [첨부 18B]에 나와 있다.

자세한 정보를 원하는 독자들은 [첨부 18A]를 참조하라.

[표 18.5] 1978년 요약 부채와 자기자본

	LBO가 없는 경우		LBO 이후 추정
부채	$15.4백만	신규 부채 + $328.4백만	$343.8백만
자본	$187.5백만	재작성	$51.2백만
부채 / (부채 + 자본)	7.6%		87.0%

이는 엄청나게 큰 폭의 레버리지 증가이다. 앞에서 자본구조에 대해 논의한 바에 따르면 이는 재무위험이 크게 증가했다는 것을 의미한다. 이는 맞는가? 신규 부채의 증가에 따라 위험 수준이 정말 그렇게 높아졌는가? 아니다. 왜 아닌가? [표 18.4]의 부채와 주식 구성을 면밀히 살펴보자. 보통주부터 보자. 콩골리움은 총 25백만 달러의 보통주를 발행했다. 이 보통주는 푸르덴셜이 16.5백만 달러, 퍼스트 보스톤과 센추리 캐피탈이 4.5백만 달러, 바이런과 에디 등 경영진이 4백만 달러를 보유하고 있었다. 지분율로 보면 푸르덴셜이 66%, 퍼스트 보스톤과 센추리 캐피탈이 18%, 바이런과 에디 등이 16%이다.

다음으로 콩골리움의 은행차입금을 살펴보자. LBO 이후 콩골리움이 기존 차입금이나 신규 차입금을 상환하지 못하면 어떻게 되는가? 회사는 파산에 내몰릴 수 있다.

그렇다면 콩골리움이 선순위채권이나 후순위채권을 상환하지 못하면 어떻게 되는가? 기억할 것은 푸르덴셜이 인수한 선순위 및 후순위채권은 우선주 및 보통주와 묶여 있고 비분리형 스트립으로 매각되었다는 점이다. 이는 중요한 사항이다. 푸르덴셜이 정말로 콩골리움을 상대로 소송을 제기하고 파산시킬 수 있을까? 만일 푸르덴셜이 이를 실행하고자 하면 누가 손해를 감수해야 하는가? 주주들이 손해를 보게 된다. 그러나 푸르덴셜은 LBO 이후 콩골리움 주식 66%를 소유한 최대 주주이다. 따라서 주주가 보유한 선순위채권과 후순위채권은 전통적 관점에서의 부채라고 볼 수 없다. 이 부채를 주주가 보유하고 있고 주식과 분리될 수 없기 때문이다. 중요한 것은 파산으로 강제될 위험의 측면에서 본다면 이는 부채로 볼 없다. 실제 푸르덴셜이 콩골리움의 파산을 강제하면 자신에게 손실을 끼치기 때문이다.

따라서 기존 차입금과 신규 은행차입금만이 6장에서 논의한 바에 따른 콩골리움에 재무적 위험을 부담시키는 진정한 부채이다. 이로 인해 LBO 이후 신설회사의 진정한 부채는 전체 파이낸싱 금액의 35.5%((기존 차입금 $15.4 + 신규 은행차입금 $125) / 부채와 주식 조달 합계액 $395)에 불과하다는 의미가 된다. 콩골리움의 안정적인 현금흐름을 감안하면 35.5% 수준의 진정한 차입금은 파산위험이 낮고 안전한 수준이라고 봐야 한다.

따라서 명목상 차입비율은 87%(부채 $348.8 / 부채와 자본 $395)로 보이지만, 실질 차입비율은 그렇지 않은 것이다. 푸르덴셜은 스트립을 통해 부채의 59.2%와 보통주의 66%를 가지고 있었다. 설명한 것처럼 진정한 부채 수준은 실제 35.5% 수준이었다.

단순한 사례를 통해 이 상황을 다시 한 번 생각해보자. 당신이 차고에서 사업을 시작하면서 자신에게 자금을 빌려준다고 생각해보자. 당신은 모든 주식을 보유하고 있다. 만일 당신이 자신에게서 빌린 돈을 갚지 못하면 스스로 법원으로 가서 자신을 파산시킬 수 있겠는가? 아니다. 유사하게 콩골리움도 기존 부채와 신규 은행차입금을 상환하는 한 안전하다고 봐야 한다. 푸르덴셜은 선순위채권, 후순위채권, 우선주, 보통주의 대부분을 모두 가지고 있기 때문에 콩골리움이 상환에 실패하더라도 심각한 파산위험에 직면하지는 않는다. 따라서 스트립은 앞에서 언급한 것처럼 채무불이행이나 채무불능의 경우 파산으로 강제될 수 있다는 관점에서 보면 전통적 의미의 진정한 부채는 아니다.

그렇다면 기존 부채와 은행차입금은 얼마나 위험한가? 연간 이자는 기존 부채가 약 1.2백만 달러, 신규 은행차입금이 약 17.5백만 달러이다. 이는 콩골리움이 기존 부채와 은행차입금에 대한 이자를 지급하기 위해서는 연간 18.7백만 달러를 벌어야 한다는 의미이다. [표 18.1]을 보면 1978년 콩골리움의 EBIT는 85.6백만 달러나 된다. 이자보상배율이 4.6배에 달한다. 콩골리움의 1978년 로열티 수입도 17.2백만 달러로 이자비용의 92%를 충당할 수 있다. 이는 콩골리움이 기존 부채와 신규 은행차입금에 이자를 지급하지 못할 위험이 높지 않다는 것을 보여준다.

그럼 자본구조이론에 대해 우리가 알고 있는 지식을 활용해 콩골리움 LBO를 다른 방식으로 생각해보자. 세금이 없는 순수한 M&M 세계에서 자본구조는 문제가 되지 않는다. 반면 세금이 있고 재무곤경비용이 없는 M&M 세계에서 바람직한 부채 규모는 100%가 된다. 하지만 실제 세계에서는 부채가 추가되면 재무곤경비용이 증가하기 때문에 최적자본구조는 세금절감에 따른 편익과 재무곤경비용의 트레이드오프에 따라 결정된다. 따라서 LBO의 목표자본구조 결정을 위해서는 우리가 LBO에 따른 재무곤경비용이 어느 정도인지 이해할 필요가 있다.

앞의 질문을 다음과 같이 해보자. 콩골리움을 LBO하기 위한 자금조달에 사용된 스트립에 재무곤경위험이 존재하는가? 실제로는 아니다. LBO 자금을 조달하기 위해 비분리형 스트립을 사용함으로써 퍼스트 보스톤은 세금이 있고 재무곤경비용이 매우 작은 M&M 세계를 만들어낸 것이다. 따라서 이 경우 부채의 최적 규모는 이 회사가 통상적으로 재무곤경비용의 부담을 느끼게 되는 수준보다 훨씬 높아진다.

우리는 지금까지 콩골리움 LBO에 사용된 스트립이 이 회사의 재무위험을 증가시키지 않기 때문에 진정한 부채가 아니라고 했다. 이에 대해 증거를 좀 더 찾아보자.

[표 18.4]에서 보는 것처럼 스트립의 구성 요소를 살펴보자. 이자율은 선순위채권이 11.25%, 후순위채권이 12.25%이다. 우선주는 주당 11달러의 배당을 지급하기 때문에 배당률은 13.5%($11 / 주당 발행가 $81.25)이다. 이 세 증권의 신용등급은 각각 B+, B－, CCC였다.

당시 신규 은행차입금의 금리는 얼마였는가? 약 14%였다. 이를 좀 더 살펴보자. 이는 이 회사가 가지고 있는 최선순위 차입금인가? 이 은행차입금은 최선순위이다.[13] 누가 가장 먼저 상환을 받게 되는가? 당연히 최선순위 채권자가 가장 먼저 상환을 받으며 이 사례에서는 은행이다. 이 최선순위 은행차입금의 대출금리는 얼마인가? 약 14%이다. 은행 다음에는 누가 선순위인가? (무담보사채로도 불리는) 선순위채권 소유자이다. 선순위채권의 금리는 얼마인가? 11.25%이다. 그리고 후순위채권은 12.25%이다.

1978년 평평했던 수익률곡선은 1979년에 약간 우상향하는 모습을 보이고 있었다는데 유의하자. (1년 만기 국채수익률은 9.28%, 30년 만기 국채수익률은 10.65%였다.) 이는 콩골리움의 선순위부채와 후순위부채 간 금리 차이가 만기 차이에 따른 것이 아니라는 의미이다.

최선순위 은행차입금의 이자율은 합리적인가? 최선순위가 14%라면 후순위부채의 수익률은 얼마여야 하는가? 전형적으로 후순위부채의 위험이 더 크기 때문에 선순위부채보다 금리가 높아진다. 그렇다면 후순위채권을 가진 푸르덴셜은 왜 최선순위인 은행보다 낮은 금리를 수용했는가? 푸르덴셜이 가지고 있던 부채는 진정한 의미의 부채가 아니기 때문이다. 따라서 푸르덴셜은 선순위나 후순위채권에 은행차입금보다 낮은 금리를 기꺼이 수용한 것이다. 나아가 푸르덴셜은 채권의 이자율을 낮게 설정함으로써 기술적 채무불이행이 없이 콩골리움의 현금흐름으로 채권을 서비스할 수 있도록 만들었다. 이처럼 최선순위인 은행차입금이 14%의 금리를 적용하는데도 그보다 후순위인 채무에 잘해야 12.25%의 금리를 적용한다는 사실이 이 채무들이 전통적 관점에서 진정한 부채가 아니라를 것을 말해준다.

따라서 스트립은 주식에 보다 가깝다. 대주주인 푸르덴셜 역시 스트립을 보유하고 있다. 그렇다면 왜 그냥 주식을 사용하지 않고 스트립을 사용했는가? 만일 이 회사가 스트립 주식에 배당을 지급하면, 회사는 배당 지급전에 세금을 납부해야 한다. 하지만 회사가 스트립 부채에 이자를 지급하면, 이자비용을 공제 받아 세부담을 줄일 수 있는 장점이 있다.

이 LBO의 핵심적인 결과는 무엇인가? 콩골리움의 기존 주주들은 새로운 주주들로 교체되었다. 즉, 이 회사는 공개시장의 주주들을 사적인 소수 주주들로 스왑한 것이다. 이를 위해 회사

13) 회사에 대한 청구권은 순위에 따라 우선순위를 갖는다. 최선순위 청구권자는 1순위로 상환을 받으며 따라서 위험이 가장 낮아 이자율도 가장 낮다. 은행차입금은 일반적으로 다른 부채에 비해 선순위이다. 보통주는 우선순위가 가장 낮고 마지막에 지급된다.

는 혁신적 금융기법을 사용했다. 콩골리움은 스트립 파이낸싱을 통해 재무곤경비용을 증가시키지 않으면서도 부채를 늘리고 세금을 절감할 수 있었다.

이는 스트립 파이낸싱을 활용한 첫 LBO 사례가 되었다. 이 거래는 이전에 있었던 최대 LBO보다 다섯 배나 큰 규모의 거래였다. 콩골리움 LBO는 미래 LBO의 본보기가 되었고, 현재와 같은 LBO와 사모펀드 붐의 출발점이 되었다. 이제 우리는 푸르덴셜에 얼마의 이익을 가져갔고 부채의 낮은 금리를 만회했는지 살펴본다.

LBO의 리스크

다시 한 번 질문해보자. *콩골리움의 기초사업위험(BBR)은 무엇인가?* 콩골리움은 세 가지 각기 다른 제품라인을 가지고 있었기 때문에 이 질문을 다음과 같이 할 수 있다. *세 가지 사업 각각에는 얼마나 큰 위험이 존재하는가?* 그렇게 위험이 크지는 않았다. 이미 언급한 것처럼 이는 왜 이 회사가 좋은 LBO 후보인지의 이유가 된다. 가정용 바닥재는 콩골리움의 특허와 브랜드 파워로 인해 기초사업위험이 매우 낮았다. (콩골리움 바닥재는 40년이 지난 현재도 여전히 시장에 남아있다.) 조선업도 다년간 수주잔고를 보유한 관급 공급자이기 때문에 BBR은 매우 낮았다. 자동차부품 역시 많은 특허의 보호를 받고 있었고, 신차 부품보다 덜 위험한 정비시장에 팔리기 때문에 위험이 낮았다. 나아가 이 세 사업은 독립적이었기 때문에 회사의 현금흐름이 기대치를 하회하면 그 중 하나를 손쉽게 매각할 수 있었다.

그렇다면 기대되는 현금흐름은 어떠했는가? 이 장의 후반부에서 LBO에 대한 재무추정을 하겠지만, 우리는 강력한 현금흐름이 존재하고 따라서 채권자의 위험이 매우 낮다는 것을 안다.[14] 우리가 추정한 바에 따르면 이자보상배율(EBIT / 이자비용)은 매우 양호하며 시간이 지날수록 개선([표 18.9] 1.38배 → 5.74배)되고 현금흐름은 안정적이다. 또한 콩골리움의 특허 관련 로열티 수익은 예상 이자비용의 절반에 달한다. 낮은 BBR에 안정적인 현금흐름, 사업부 분할 매각 가능성, 35.5%에 불과한 실질 부채 규모 모두 채권자들에게 상당한 안정성을 제공하고 있었다.

콩골리움의 경영진에 대한 평가는 어떠한가? 이들은 훌륭한 경영진인가? 투자자들은 경영진의 이직에 대한 우려가 있는가? 그들은 충분한 경력과 능력을 가지고 있어 우리는 당시 그들이 이 회사를 잘 경영할 수 있다는 것을 안다. 또한 LBO와 함께 경영진은 콩골리움의 상당한 지분을 보유하게 되었고, 이는 경영진에게 인센티브를 제공하고 이직 가능성을 낮추고 있었다.

그렇다면 은행의 관점에서 위험은 어떠한가? 중간 이하이다. 이 회사는 양호한 현금흐름과 담보,

14) 우리는 [첨부 18A]에서 매우 보수적인 가정으로 LBO가 있었던 1980년 당시의 관점에서 1980~1984년 콩골리움의 손익계산서와 대차대조표를 추정하였다. ([표 18A.3]과 [표 18A.4] 참조)

능력 있는 경영진, 실질 부채가 적은 안정적인 회사이다. 또한 은행이 가진 전체 자본의 32%인 125백만 달러의 차입금은 모두 선순위부채이다.

푸르덴셜의 입장에서 위험은 어떠한가? 부채의 실질 여부에 관계없이 콩골리움의 총부채는 전체 자본의 87%($343 / $395) 수준이다. 이 중 푸르덴셜은 전체 부채의 59%($203.4 / $343)를 가지고 있었고, 이는 모두 후순위였다. 이 회사가 안정적인 현금흐름과 낮은 사업위험을 가진 회사지만 주식을 제외하고 보면 이 정도의 부채는 푸르덴셜의 지위를 상당히 위험하게 할 수 있다. 하지만 푸르덴셜은 콩골리움 주식의 66%를 보유하고 있었다. 이는 이 회사의 지위를 채권자가 아닌 주주로 보아야 한다는 의미이다. 또한 푸르덴셜의 지위는 은행보다 위험하지만 다른 주주와 마찬가지로 주가상승에 따른 수혜를 기대할 수 있었다. 나아가 일반적인 회사의 주주와 달리 푸르덴셜은 주주이면서 회사 채권을 대규모로 보유하고 있었다. 따라서 후순위채권의 재무곤경위험은 그렇게 높지 않았다. 대주주로서 푸르덴셜은 대부분을 자신이 소유하고 있는 콩골리움을 파산으로 강제할 가능성이 낮기 때문이다.

가치창출

우리는 앞에서 콩골리움 인수에 사용된 LBO가 가치를 창출했다고 말했다. LBO를 통해 얼마의 가치가 창출되었는가? 1979년 7월 15일 당시 콩골리움의 주가는 25달러였다. 발행주식이 11.783백만 주였기 때문에 콩골리움의 시가총액(마켓캡)은 299백만 달러였다. 이는 주식의 시장가치이다. 1979년 7월 16일 푸르덴셜, 퍼스트 보스톤, 센추리 캐피탈, 콩골리움 경영진 컨소시엄은 기존 주주들에게 주당 38달러의 공개매수(tender offer)를 제안했다. 이는 11.783백만 주 전부에 대해 447.7백만 달러를 제안했다는 의미이다. 주식의 시장가치는 하루 만에 50%인 148.7백만 달러($447.7 - $299.0)나 상승했다. 어떻게 그렇게 높은 공개매수 가격을 제시해 주식의 시장가치를 올릴 수 있는가?

현대 재무관리의 기적!

	1979.07.15	1979.07.16
주가	$25.375	$38.000
발행주식수	11.783백만 주	11.783백만 주
시가총액	299.0백만 달러	447.7백만 달러

콩골리움의 오퍼레이션은 LBO로 인해 어떤 영향도 받지 않았으며, 그들도 이를 기대하지 않았다.

동일한 회사인가?	그렇다.
회사의 경영진은 이전과 동일한가?	그렇다.
이 회사가 어떤 사업을 매각하거나 인수했는가?	아니다.
시너지를 창출했다고 말할 수 있는가?	아니다.
매출이 증가했는가?	아니다.
새로운 단체협약을 체결했는가?	아니다.

그럼에도 불구하고 콩골리움은 299백만 달러의 상장회사에서 (인수가 기준) 467.8백만 달러의 비상장회사가 되었다. 추가적인 가치는 어디서 온 것인가? 이에 관해 자세히 살펴보자.

콩골리움의 재무추정

현재가 1979년 7월이라고 보고 LBO가 있는 경우와 없는 경우 콩골리움의 추정 재무제표를 작성해보자. 이 책의 앞에서 재무추정에 관해 설명했기 때문에 콩골리움의 재무추정에 관해서는 [첨부 18A]를 참조한다. LBO가 없는 경우와 비교할 때 LBO가 있는 경우의 재무추정에는 두 가지 중요한 변화가 있다. 첫째는 추가적인 부채 사용에 따른 이자비용의 증가(1978년 1.2백만 달러에서 1980년 41.6백만 달러)이다. 두 번째는 LBO의 매입가격을 감안해 자산가치를 재평가(평가증)함에 따른 감가상각비와 감모상각비의 증가이다. [표 18.6]은 [표 18A.1]과 [표 18A.4]의 LBO가 있는 경우와 없는 경우의 추정 손익계산서를 비교해서 보여주고 있다.

기적의 이유: LBO와 세금

[표 18.6]을 보면 LBO가 없는 경우 1980년 콩골리움의 당기순이익은 51.6백만 달러로 추정된 반면 LBO가 있는 경우는 8.2백만 달러로 추정되었다. 왜 이렇게 큰 차이가 나는 것인가? 원인은 LBO에서 찾을 수 있다.

1. LBO에 따른 자산가치 증가로 인해 상각비가 42백만 달러 증가하면서 세전이익이 감소한다.
2. LBO를 위해 대규모 부채를 조달하면서 발생하는 이자비용으로 세전이익이 감소한다.

[표 18.6] LBO 여부에 따른 1980년 콩골리움의 추정 손익계산서

(백만 달러)	LBO가 없는 경우	LBO가 있는 경우	차 이
총매출	709.5	709.5	0.0
매출원가	475.4	475.4	0.0
판관비	134.8	176.8	42.0
영업이익	99.3	57.3	-42.0
이자비용	0.0	41.6	-41.6
기타비용	0.0	0.0	0.0
세전이익	99.3	15.7	-83.6
법인세비용(48%)	47.7	7.5	-40.2
당기순이익	51.6	8.2	-43.2

이러한 두 가지 변동으로 인해 법인세비용은 40.2백만 달러 감소했다. 재무관리에서 이러한 세금절감은 종종 상각비 세금절감과 이자비용 세금절감으로 불린다. 이를 좀 더 자세히 살펴보면, LBO로 인해 상각비(판관비)가 42백만 달러 증가하지만 법인세율 48% 감안 시 20.2백만 달러의 세금절감이 발생한다.

비슷하게 1980년에 이자비용이 41.6백만 달러 증가하지만 역시 세부담을 감안하면 20백만 달러의 세금절감이 발생한다.

상각비의 세금절감($20.2)과 이자비용의 세금절감($20.0)을 합해 1980년 전체 세금절감액은 40.2백만 달러에 달한다.

5년간 이 효과를 살펴보면 [표 18.7]과 같이 LBO로 절감할 수 있을 것으로 예상되는 세금은 매년 최소 29.3백만 달러에서 최대 40.2백만 달러, 연평균 35.3백만 달러로 추정된다.

[표 18.7] LBO에 따른 콩골리움의 법인세 절감효과

(백만 달러)	1980	1981	1982	1983	1984
LBO가 없는 경우 법인세	47.7	52.9	58.7	65.2	72.4
LBO가 있는 경우 법인세	7.5	14.4	22.9	32.5	43.1
LBO에 따른 법인세 절감 추정액	40.2	38.5	35.8	32.7	29.3

“현대 재무관리의 기적”에 대한 이론적 배경

잠시 자본구조이론으로 되돌아가자. 기억하는 것처럼 M&M(1958)은 “파이”는 정해진 것이며, 자본구조이론은 이를 어떻게 나누어 누가 가져갈 것인지를 결정한다는 것을 보여주었다. M&M(1963)은 세금이 존재하면 정부 역시 파이의 일부를 가져가고 따라서 세금은 다

른 이해관계자들에게 돌아갈 파이의 크기를 줄어들게 한다는 것을 보였다. 부채를 증가시키면 우리는 정부에게 가는 조각의 크기를 줄일 수 있다. 비슷한 이야기를 이어가면 이자와 상각비가 증가함에 따라 LBO를 통해 정부 몫을 줄이고 다른 당사자들의 몫을 키울 수 있게 된다. 콩골리움의 경우 우리 추정에 따르면 정부 몫은 40.2백만 달러가 감소한다.

그러나 이것이 핵심이라면 정부가 세금으로 가져갔어야 할 40.2백만 달러를 누가 가지게 되는가? 이것은 원리금 상환의 형태로 채권자들에게 돌아간다. 그럼 채권자는 누구인가? 부분적으로 은행이지만 주되게는 푸르덴셜이다. 푸르덴셜은 주식의 66%를 소유한 최대 주주이기도 하다. 회사의 레버리지를 87%까지 증가시키면 정부에 낼 세금을 줄여 채권자에 대한 지급액을 늘릴 수 있다. 부채가 늘면 위험이 증가한다는 자본구조의 이전 논리와 달리, 채권자와 주주가 동일한 스트립 파이낸싱은 부채가 증가해도 재무곤경의 위험이 그렇게 많이 증가하지 않도록 구조화했다.15)

그렇다면 콩골리움은 LBO로 무엇을 얻었는가? 회사는 1980년에만 40.2백만 달러의 세금을 절약할 수 있었다. 핵심적으로 콩골리움은 자신의 주식을 매입하기 위한 자금을 푸르덴셜에서 빌렸고 이제는 푸루덴셜에 채무를 상환하면서 세금절감의 효과를 보고 있다.

이전 질문으로 돌아가서 왜 이 모든 것을 고안한 하버드대 MBA 졸업생 하펠은 나중에 경영대학원이 아닌 케네디 정책대학원에 고액기부자가 되는가? 아마도 현대 재무관리의 기적을 허락한 세법에 감사하기 위한 것이 아니었을까? 이는 순전히 근거 없는 저자들의 추측일 뿐이다.

잉여현금흐름 추정의 확장

[첨부 18A]는 우리가 작성한 1980 ~ 1984년 추정 재무제표의 작성 과정을 보여준다. 이를 바탕으로 [표 18.8]에서 보는 콩골리움의 추정 잉여현금흐름을 작성할 수 있다.

[표 18.8] 콩골리움의 추정 잉여현금흐름 1980 ~ 1984

(천달러)	1980	1981	1982	1983	1984
영업이익	57,346	68,272	80,400	93,862	108,805
EBIT * (1 - 법인세 48%)	29,820	35,501	41,808	48,808	56,579
+ 감가상각비와 감모상각비	41,981	41,981	41,981	41,981	41,981
- CAPEX	0	0	0	0	0
+ 기초 순운전자본	31,247	56,185	70,622	86,649	104,437
- 기말 순운전자본	(56,185)	(70,622)	(86,649)	(104,437)	(124,183)
기업잉여현금흐름	46,863	63,045	67,762	73,001	78,814

15) M&M(1963)에 대한 주된 비판은 레버리지에 따른 재무곤경의 위험을 고려하지 않는다는 것이다. 스트립 파이낸싱을 이용하면 이 위험을 상당 부분 제거할 수 있어서, M&M(1963) 세계의 가정을 충족할 수 있다.

우리는 콩골리움이 세무 목적상 특허권과 기타자산을 상각하지만 이를 유지하기 위한 신규 CAPEX는 필요하지 않다고 가정한다. ([첨부 18.A]와 같이 CAPEX는 LBO 이전 감가상각비와 같다고 가정함에 따라 시간이 흘러도 변동하지 않지만 LBO 평가증은 감소하게 된다.) LBO 이전인 1977년과 1978년 PP&E 투자액은 각각 6.7백만 달러와 12.7백만 달러이다.

[표 18.9] LBO에 따른 콩골리움의 추정 자본구조

(천달러)	1980	1981	1982	1983	1984
부채(차입금)	306,710	267,089	219,866	163,967	98,544
자본총계	55,847	67,924	89,193	120,899	164,087
차입비율	84.6%	79.7%	71.1%	57.6%	37.5%
이자보상배율	1.38	1.79	2.46	3.60	5.74

[표 18A.5]를 정리한 [표 18.9]를 보면 LBO 이후 5년간 부채는 큰 폭으로 축소된다. 이는 [표 18.8]에서 추정된 잉여현금흐름을 부채 상환에 사용한다고 가정한 때문이다. 물론 회사가 부채를 상환하지 않고 잉여현금을 보유하고 있다고 해도 부채에서 잉여현금을 빼서 부채 수준을 봐야 하기 때문에 의미는 동일하다.

따라서 콩골리움의 차입비율은 LBO 직후 85%에서 5년 후 37.5%가 될 것으로 예상한다. 중요한 것은 정부에 낼 세금이 LBO로 인해 인수자금의 공급자에게 돌아가고 이들 대부분은 푸르덴셜과 같이 채권자이자 주주라는 사실이다. 부채를 상환한 후 자본구조는 LBO 이전 수준으로 되돌아가지만 소유권은 푸르덴셜과 투자은행 등으로 넘어간 상태가 된다.

부채의 급격한 감소에 더하여 [표 18.9]에서 보듯이 콩골리움의 자본은 큰 폭으로 증가한다. 우선주 자본은 26.2백만 달러로 유지된다. 하지만 보통주 자본은 25백만 달러 투자에서 137.9백만 달러로 증가한다.

LBO는 여러 종류의 부채와 우선주 등을 발행하는 복잡한 거래인 것처럼 보인다. 실제로도 실질은 그렇게 복잡하지 않지만 LBO는 외관상 상당히 복잡해 보일 필요가 있다. 왜인가? 위험 수준이 상당히 낮음에도 불구하고 세무 목적상 부채의 조건에 부합되어야 하기 때문이다. 이 파이낸싱은 기술적으로 부채지만 실질은 주식에 가깝다는 것이다. 이는 왜 이 거래가 선순위부채, 후순위부채, 우선주 등으로 구성된 복잡한 구조를 가지는지의 이유이다. 정부도 문제점을 인식하고 이런 방식으로 세금을 회피하는 것을 막을 수 있도록 법령을 변경했는가? 그렇기도 하고 아니기도 하다. 일부 규정은 변경되었지만 일부는 그렇지 않다. 여전히 이 거래구조는 콩골리움뿐 아니라 많은 거래에서 이용되고 있다.

주식의 투자수익률

퍼스트 보스톤, 센추리 캐피탈, 콩골리움 경영진은 콩골리움 주식에 얼마를 투자했는가? 1979년 이들은 모두 8.5백만 달러를 투자했다. 그와 별도로 푸르덴셜은 보통주에 16.5백만 달러를 투자했다. 따라서 전체 보통주 투자금액은 총 25.0백만 달러였다. 이 주식은 1984년 말 얼마의 가치가 있을 것으로 예상되는가? [첨부 18A]의 재무추정에 따르면 1984년 콩골리움의 순이익은 46.7백만 달러로 예상된다. 또한 [표 18A.5]처럼 콩골리움의 장단기부채는 1980년 말 306.7백만 달러에서 1984년 98.5백만 달러로 크게 감소할 것으로 예상된다.

비상장 콩골리움의 주주들이 기업을 공개하기로 했다고 가정하자. 그들은 주식에서 얼마의 수익을 얻을 것으로 기대하겠는가? 우선 P/E 멀티플을 고려해보자. 순이익 멀티플 1.0배에 주식을 공개하면 보통주 주주들의 투자금은 25.0백만 달러에서 46.7백만 달러로 거의 두 배로 늘어난다. 이는 너무나 보수적인 밸류에이션 수준이다. LBO 이전 콩골리움의 순이익 멀티플 7.3배를 적용하면 이 회사의 마켓캡은 340.91백만 달러가 된다. 이는 1,263%의 수익률이며 복리로 연평균 68.5%에 달하는 수익률이다. 여러분은 우리가 이를 왜 현대 재무관리의 기적이라고 불렀는지 알게 되었을 것이다. 만약 주주들이 시장평균 멀티플인 15.0배에 콩골리움을 매각할 수 있다면 수익률은 2,700%가 넘고 이를 연간으로 환산하면 복리로 94.7%에 이르게 된다.

바이런과 에디의 수익은 어떻게 되는가? 아는 것처럼 이들은 당초 스톡옵션 포기의 대가로 받은 10.1백만 달러 중 6백만 달러를 챙기고 4백만 달러를 투자해 지분 16%를 취득했다. 이들은 경영진으로서 받은 급여와 복리후생에 더해 순이익 멀티플 7.3배에서 4백만 달러 투자해 54.5백만 달러($340.9 * 16%)의 주식가치를 기대하게 된다. LBO 이전 바이런이 받은 연봉 37만 달러와 이를 비교하면 어떠한가? 이는 부자가 되려는 사람과 진정한 부자의 차이라고 봐야 한다. 이제 우리는 LBO가 경영진에게 왜 매력적인지 이유를 알게 되었을 것이다.

푸르덴셜은 스트립으로 총 246.1백만 달러를 투자했고, 그 중 16.5백만 달러는 보통주 지분 66%에 대한 투자액이다. 재무추정을 보면 푸르덴셜은 5년 간 229.6백만 달러의 부채와 우선주를 전액 상환 받고, 그들의 주식가치는 멀티플 7.3배에서 225백만 달러($340.9 * 66%)로 추정된다. 이를 합하면 전체 회수 가능액은 454.6백만 달러($229.6 + $225.0)가 된다. 따라서 푸르덴셜은 스트립 투자를 통해 이자수익과 우선주배당에 더하여 누적 84.7%, 연평균 13.1%의 수익률을 달성할 것으로 예상된다.

이를 간단히 정리해보자. 콩골리움은 현대 첫 LBO로 기록되었다. 이 사례에서 가치창출의 원천은 현대 LBO가 재무곤경비용이 없거나 매우 작은 세계를 만들어 낼 수 있다는 것이다. M&M의 세계에서는 세금은 있지만 재무곤경비용이 없기 때문에 우리는 부채 규모를 극대화해야 한다. 다만 실제에서는 재무곤경비용으로 인해 우리는 부채를 극대화하길 원하지 않는다. 하지만 콩골리움 사례에서는 부채로 불리지만 실제로는 주식으로 인수 자금을 조달하면서 이 문제를 해결했다. 이들은 정부에 낼 세금을 돌려 채권자인 자신에게 지급한 것이다.

구주주에게 지급된 가격

이제 다음과 같이 질문해보자. LBO 가격인 주당 38달러는 공정한 가격인가? 이 가격은 당시 시장가격에 50%의 프리미엄을 더한 가격이었다. 그럼에도 주당 38달러에 콩골리움을 인수한 투자자들은 모두 엄청난 돈을 벌었다. 이들은 구주주의 비용으로 이렇게 엄청난 이익을 본 것인가? 이들은 구주주에게 보다 많이 지급했어야 했는가? 글쎄, 구주주들은 당시 시가보다 50%를 더 받아갔다.

상장회사의 경영진이 주주로부터 회사를 샀다면 이는 자기거래(self-dealing)인가? 이와 관련해 경영진은 나중에 책임을 질 수 있는가? 책임을 사전에 예방하거나 자기거래 혐의에서 자신을 방어하기 위해 경영진은 무엇을 해야 하는가? 그들은 투자은행을 고용한다. 왜인가? 공정성 검토의견(fairness opinion)을 받기 위해서다.[16] 경영진은 LBO와 관련해 소송을 당할 수 있지만 공정성 의견서가 있다면 자기거래 혐의에서 경영진 스스로를 보호하는데 도움이 된다. 저자들이 아는 한 LBO 이전에 공정성 검토의견을 받아 둔 경우 경영진, 이사회, 투자은행이 소송에서 패소한 경우는 없다.

그렇다면 콩골리움 컨소시움은 어디서 공정성 검토의견을 받았는가? 퍼스트 보스톤, 푸르덴셜, 센추리 캐피탈, 콩골리움 경영진 등과 독립적인 라자드 프레레스로부터 의견서를 받았다. 라자드의 공정성 의견서는 [첨부 18B]에 요약되어 있다. 라자드는 거래가격이 공정하다는 것을 정당화하기 위해 어떤 근거를 들었는가? 라자드는 콩골리움의 세 독립 사업부를 평가하는데 여러 멀티플을 사용하고 있다. 만일 여러분이라면 콩골리움의 독립적인 세 사업부를 평가할 수 있겠는가? 책을 여기까지 읽었다면 저자들은 여러분이 "당연히"라고 답하길 기대한다. 라자드는 의견서를 제출한 후 다른 입찰자가 혹시라도 더 높은 가격을 제시하지 않을까 걱정했을 것으로 생각한다.

여러분이라면 공정성 의견서 작성에 얼마를 받겠는가? 시간당 얼마를 청구하겠는가? 라자드가 청구한 금액이 3백만 달러에는 미치지 못할 것이다. (저자들과 동료 학자들은 적은 비용에도 투자은행 이상의 분석을 수행할 능력을 가지고 있다는 것을 말하고 싶다.)

일부 사람들은 라자드가 공정성 의견서를 제출한 후 자신의 귀책으로 손해가 발생하면 이를 배상할 책임이 있다고 생각할 수 있다. 하지만 투자은행은 공정성 검토의견을 제시할 때 전형적으로 의견서 요청회사에 어떠한 손해에 대해서도 투자은행을 면책한다는 확약을

16) 주석 12에서 설명한 것처럼 공정성 검토의견은 회사의 공정가치에 대한 전문가(주로 투자은행이 작성)의 의견서를 말한다.

요구한다. 이는 투자은행이 소송을 당해 손실이 발생해도 이를 부담하지 않는다는 의미이다. 어떤 책임도 지지 않겠다는 것이다. 투자은행의 명성은 어떻게 되는가? 투자은행의 명성이 훼손되는지에 대한 판단은 독자들에게 남기고자 한다. 하지만 우리는 명성위험이 수수료의 결정 요인이라고 생각하지 않는다.

나아가 M&A에서 성공보수를 두는 것은 일반적인 관행이다. 이 사례에서 위임장권유서 12쪽에 따르면 라자드는 딜의 성공 여부에 관계없이 1백만 달러를 정액보수를 받는다. 또한 라자드는 딜이 성공하면 2백만 달러의 성공보수를 받게 된다. 따라서 라자드는 이 거래가 공정하지 않다는 것을 발견하면 1백만 달러의 정액보수만 받게 된다. 반면 라자드는 거래가 공정하다고 말하고 거래가 성사되면 3백만 달러를 받게 된다. 긍정적 의견서 작성에 대한 유인효과가 분명히 있다는 뜻이다.

여담이지만 중동에 평화를 원한다면 한편에는 골드만삭스가, 다른 한편에는 모간스탠리가 성공보수 조건으로 평화협정문 서명을 자문하게 하면 된다는 오래된 농담이 있다.

이후 이야기

그렇다면 콩골리움에는 이후 어떤 일이 벌어졌는가? 콩골리움은 LBO 이후 승승장구한다. 회사는 계속 효율적으로 운영되었고 이자비용과 감가상각비 증가에 따른 세금절감의 혜택을 누렸다. 콩골리움은 당초 예상보다 더 높은 수익성을 보였고, 부채는 급속히 줄어들었다. 5년 후 자산이 상각되고 부채가 감소에 따라 세금절감 효과도 크게 감소했다. 이 시기가 되면 많은 LBO 기업이 상장을 고민하게 된다. 왜인가? LBO의 세무 상 혜택이 다 실현되어 더 이상 큰 효과를 볼 수 없기 때문이다. 나아가 앞에서 말한 것처럼 보수적인 멀티플에서도 LBO 투자자들은 상당한 수익을 기대할 수 있기 때문이다.

하지만 콩골리움은 다시 상장하지 않았다. 대신 1984년에 2차 LBO를 한다. 두 번째 LBO에서 경영진은 새로운 투자자를 영입했고, 바이런과 에디는 지분의 70%를 보유하게 된다. 퍼스트 보스톤과 센추리 캐피탈은 첫 번째 LBO에 참여한 대가로 투자액의 세 배에 달하는 수익을 실현한다.

그 후에는 어떻게 되었는가? 1986년 콩골리움의 경영진은 회사를 매각하기로 결정한다. 월스트리트저널은 관련 내용을 다음과 같이 보도하고 있다.[17]

콩골리움은 배스 아이언 웍스를 마지막으로 회사 매각을 완료했지만, 850만 달러의 보유 현금으로 무엇을 할 것인지 고민 중이다. 지난 주 이전 경영진인 에디 니콜슨(48세)과 바이런 라디커(52세)는 이 문제를 심사숙고

17) 월스트리트저널, 1986년 8월 20일 및 8월 30일.

했다. 그들은 자신들이 콩골리움 보통주의 70%를 소유하고 있다고 말했다.

바이런과 에디는 콩골리움을 분할해서 매각한 후 595백만 달러($850 * 70%)를 챙기게 된다.[18)]

추진: 이후 LBO에 미친 변화

콩골리움 LBO 이후 현대 LBO는 어떤 변화를 겪는가? 많은 일들이 일어난다. 성공의 경험은 언제는 누군가에게 좋은 아이디어가 되고 답습된다. 결과적으로 이런 종류의 거래에 더 많은 자금이 몰리게 된다. 최고의 거래는 첫 거래이다. 이는 시간이 지나면서 딜의 위험이 커진다는 의미이다. 현금흐름이 안정적이고 유능한 경영진을 가진 적절한 LBO 후보를 찾기가 점점 어려워진 것이다.

또한 투자은행도 욕심을 내게 된다. 이들은 푸르덴셜 같은 기관투자자들에게 LBO를 중개하고 수익을 나누는 대신 스스로가 딜에 직접 참여해 더 많은 수익을 추구하게 된다. 1980년대 정크본드시장이 발전하는데, 이는 LBO에 대한 또 다른 잠재적 자금조달 수단이 된다. 이로 인해 투자은행이 보험회사를 찾지 않고 (10장에서 논의한) 정크본드 시장에서 자금을 조달할 수 있게 된다. 이로 인해 투자은행과 경영진은 지분의 100%를 확보할 수 있게 된다. 하지만 이들은 스트립 파이낸싱을 사용하지 않았다. 정크본드 투자자들은 주식을 가지지 않았고 여러 종류의 부채(차입금)는 한 묶음으로 묶여 있지 않았다. 이는 채권자들이 주식의 업사이드를 공유하지 않기 때문에 부채의 비용이 증가한다는 의미였다.

아마도 가장 중요한 점은 스트립 파이낸싱이 아닌 이러한 티어드 파이낸싱(tiered financing)으로 부채와 LBO의 위험이 훨씬 커졌다는 것이다. 회사가 재무적 어려움에 처하면 채권자들이 주주와 동일인이 아니기 때문에 회사의 파산을 강제할 가능성이 훨씬 높아진 것이다.

그렇다면 투자은행은 무엇을 했는가? 이들은 세금은 있지만 재무곤경비용은 없는 M&M 세계에서 다시 재무곤경비용이 있는 세계로 돌아왔다. 이런 변화가 있기 전인 1984년 후반까지 약 180건의 LBO가 있었지만 이 중 한 건만 파산했다. (카플랜과 스타인은 이러한 변화를 발견한 훌륭한 논문을 발표했다.[19)]) 하지만 이런 변화가 있은 후인 1984년 이후에는 다수의

18) 배스 아이언 웍스는 500백만 달러에 사장인 윌리엄 해거트를 포함한 배스의 경영진에게 또 다른 LBO 방식으로 매각된다. 당시 배스는 십억 달러의 수주 잔고를 보유하고 있었다.

19) S. Kaplan and J. Stein, "The Evolution of Buyout Pricing and Financial Structure in the 1980s," *Quarterly Journal of Economics* (1993): 313-357.

LBO가 파산했는데, 이는 분명 자금조달 구조의 변동에 따른 영향으로 볼 수 있다.

투자은행이 만든 변화에 더해 의회도 세법 개정으로 LBO의 매력을 약화시켰다. 특히 1986년 10월 22일 Tax Reform Act of 1986의 제정으로 General Utilities Act가 폐지된다. General Utilities Act에서는 회사가 지불한 가격이 장부가치 이상이면 자산 재평가를 통해 높아진 자산가액에서 감가상각을 하는 것이 허용되었다. 하지만 이 법 폐지에 따라 매도자가 자산의 증액분에 세금을 납부하지 않는 한 매입자산을 더 이상 매입가격으로 증액하는 것이 허용되지 않게 되었다.

예를 들어 General Utilities Act에서는 어떤 투자자가 100백만 달러에 빌딩을 구매하고 잔존가액이 0이 될 때까지 상각한 후 제3자에게 시장가격에 매각했다고 해보자. 이 빌딩을 구매한 두 번째 투자자 역시 빌딩을 매입가격에서 출발해 잔존가격이 0이 될 때까지 상각하는 것이 허용되었다. 이런 거래를 통해 반복적인 세무상 수혜가 가능했다. 하지만 이는 더 이상 허용되지 않게 되었다. 상각된 자산이 매각되면 매도자는 매도가액과 잔존가액의 차액에 세금을 납부해야 한다. 이 세제 변경으로 세금절감 효과가 콩골리움 사례의 거의 절반 수준으로 줄어들면서 LBO의 수익성이 크게 낮아졌다.

LBO의 퍼포먼스 인센티브

이상의 분석에도 불구하고 세금절감 효과가 LBO의 유일한 장점은 아니다. 경영진이 주주일 때 회사 경영을 더 잘한다는 실증적 증거도 존재한다. 스티브 카플랜의 연구에 따라면 LBO 이후 모든 성과지표(영업이익 증가, 자본적지출 감소, 순현금흐름 증가)가 크게 개선되었다고 한다.[20)]

따라서 적절히 구조화되면 LBO는 우리에게 재무곤경비용이 없는 M&M의 세계를 만들어 줄뿐 아니라 소유주인 경영진이 대리인비용 없는 세계를 돌려 줄 수도 있다.

요약정리

1. 어떤 회사가 좋은 LBO 후보인가? 좋은 LBO 후보는 적은 부채, 양호한 현금흐름, 유능한 경영진의 세 가지를 조건을 만족해야 한다. 왜 부채가 적어야 하는가? 부채가 많으면 레버리지를 높일 수 없기 때문이다. 양호한 현금흐름이란 어느 정도를 말하는가? 현금흐름은 새로이 조달하는 부채를 상환하기에 충분한 수준이어야 한다. 기존 경영진이든 새로 영입한 경

20) S. Kaplan, "The Effects of Management Buyouts on Operations and Value," *Journal of Financial Economics* 24 (1989a): 217-254.

영진이든 유능한 경영진 역시 필요하다.

비록 반드시 그런 것은 아니지만 LBO 후 계획대로 경영이 되지 않을 때 회사를 분할해 매각할 수 있는 사업구조를 가지고 있는 것도 도움이 된다. 또한 잉여현금이 있다면 좋은 LBO 후보로서 완벽한 조건을 충족한다.

2. 기업재무의 제품위험과 재무위험 관점에서 보면 콩골리움은 5장의 메시 퍼거슨과 정반대이다. 메시 퍼거슨은 위험한 제품시장을 가지고 있어 재무적 안정성이 필요했다. LBO의 경우 반대이다. LBO는 매우 안정적인 제품시장(매우 안전한 BBR)을 가지고 있어 재무적으로 더 큰 위험을 부담할 수 있어야 한다. 다만 지적한 것처럼 LBO는 부채의 상당 부분이 실제는 부채로 가장된 주식이기 때문에 외관상 보이는 것처럼 재무적으로 위험하지 않다.
3. 스트립 파이낸싱은 LBO의 재무위험을 축소하는 핵심이다. 퍼스트 보스톤이 콩골리움 LBO를 위해 개발한 스트립 파이낸싱은 부채로 인식되어 세금절감의 효과를 누리도록 설계되었다. 또한 스트립을 주주와 동일한 채권자가 보유하게 함으로써 재무곤경비용을 낮춘다. 스트립 파이낸싱으로 콩골리움 LBO의 채권자가 동시에 주주가 되게 함으로써 청구권자들 사이의 충돌을 제거했기 때문이다. 이를 통해 세금은 있지만 재무곤경비용이 극히 낮은 M&M(1963) 세계를 모방할 수 있었다.
4. 학술연구 결과에 따르면 LBO에 대한 유인은 추가적인 이자와 상각비 인식뿐 아니라 경영진의 동기에서도 온다고 한다. 우리는 경영진이 연간 37만 달러의 연봉을 받을 때 일을 열심히 하지 않는다는 것을 말하는 것이 아니다. 다만 경영진이 좋은 경영으로 LBO에서 큰 수익을 얻을 수 있다고 기대하면 사무실 간이침대의 고단한 생활도 기꺼이 받아들일 것이다.
5. *LBO 투자자들은 언제 수익을 얻는가?* LBO 회사가 다시 상장할 때 통상 큰 보상을 얻게 된다. 이자와 상각비에 대한 세금절감은 영구히 지속되지 않는다. 이 효과가 줄어드는 시점에 회사는 상장을 추진하고 LBO 주주들은 보상을 받게 된다. 이를 위해서는 통상 3년 내지 5년의 시간이 걸린다. (콩골리움의 경우 1984년 말이었다.) *왜 3년 내지 5년인가?* 이 시기가 되면 늘어난 고정자산의 대부분이 상각되고 부채가 상당히 줄며 보유 현금이 증가 때문이다.
6. *오늘날의 LBO는 콩골리움 시절의 그것과 같은가?* 아니다. *무엇이 바뀌었는가?* 여러 가지 부분에서 미묘한 변화가 있었다. 원래 새로운 수익성을 가진 기업이나 사업모델이 출현하면 변화가 발생한다. 투자자들이 새로운 모델(이 경우 LBO)에서 큰 성공을 보게 되면 더 많은 자금이 투자에 몰리기 마련이다. 1980년대 초반의 초기 LBO에서는 거의 모두가 엄청난 수익을 얻게 된다. 초기에 수익을 보는 것은 낮게 달려 있는 열매를 따는 것처럼 쉬

워보였다. 하지만 이후의 LBO에서는 그렇게 수익을 내지는 못하고 있다.

둘째, 입찰 경쟁이 치열해지면서 좋은 후보기업이 있는 경우에도 LBO 수익성은 크게 하락했다. 예를 들어 만일 콩골리윰이 첫 LBO가 아니었다면 퍼스트 보스톤이 주당 38달러의 인수가격을 제시했을때 어떤 일이 벌어졌을까? 입찰 전쟁이 벌어지면서 인수가격을 높여 인수에 승리해도 수익성 하락은 불가피했을 것이다. 콩골리윰 사례에서 모두가 LBO에 대해 정확히 알지 못했다면 어느 누구도 인수를 제안하지 않았을 것이다. (위임장권유서에 라자드는 자신들이 15개 잠재적 인수자를 접촉했지만 어느 누구도 관심을 보이지 않았다고 적고 있다.) 퍼스트 보스톤의 새로운 인수구조를 처음부터 이해하기는 어려웠을 것이다. (사람들은 이 구조가 재무곤경이 없는 M&M(1973)의 세계를 만들어 낸다는 것을 알지 못했을 것이다.)

7. 투자은행이 1984년 경 스트립 파이낸싱을 중단하면서 LBO 시장에 중요한 변화가 발생한다. 투자은행들은 스트립 대신 정크본드 시장에서 티어드 파이낸싱으로 자금을 조달했다. 이는 채권자들은 이제 더 이상 주주가 아니게 되었다는 것을 의미했다. 투자은행은 스트립을 티어드 파이낸싱으로 변경하면서 자신들이 보상받는 방식도 변경했다. 이로 인해 자금조달에 사용된 부채는 어떤 채권자도 경영진을 모니터링하는데 시간과 노력을 투자하지 않는 시장에서의 일반적인 부채에 훨씬 유사하게 되었다. 그러나 은행이 티어드 파이낸싱을 구성하면서 재무곤경의 위험은 증가하게 된다.
8. 이러한 경쟁적·구조적 변화에 더하여 규제환경에도 변화가 있었다. 앞에서 언급한 것처럼 General Utilities Act의 폐지로 인해 자산 평가증의 감가상각에 따른 세금절감효과를 더 이상 누릴 수 없게 되면서 LBO의 큰 매력 하나가 사라지게 되었다.

앞으로의 변화

LBO 전설에 이어지는 발전은 사모펀드(private equity)의 출현이다. 사모펀드회사는 당초 LBO모델을 상당부분 응용한다. 이 회사는 대규모 자금을 조달해 상장회사를 인수하고 비상장회사로 만든다. 이 과정에서 사모펀드회사는 인수에 부채와 주식으로 자금을 조달하고 이전 상장회사 시절보다 부채비율을 크게 높인다. LBO와 같이 대규모 이자비용의 소득공제를 통한 혜택을 누리면서 위험을 줄이게 된다. 또한 사모펀드회사는 인수회사 경영진을 면밀하게 모니터링해 대리인비용을 줄인다. 나중에서 사모펀드에 인수된 회사는 콩골리움 LBO모델과 같이 다시 상장회사로 분할 매각된다.

저자들은 2018년 감세와 일자리법이 사모펀드산업에 큰 영향을 미칠 것으로 예상한다.

새로운 법에서는 법인세율이 35%에서 21%로 내려가는 반면 이자비용의 소득공제 한도가 신설되었다. 공제한도는 현재 회사 EBITDA의 30%이다. 이 한도가 설정되면서 높은 레버리지 사용의 장점이 상당 부분 없어질 것으로 예상된다. 다만 사모펀드회사가 현재 보유하고 있는 포트폴리오는 이자비용의 세금공제 한도에 큰 영향을 받지는 않을 것으로 본다. 이는 법인세율이 낮아져 이자비용 소득공제 한도 설정에 따른 효과를 상당 부분 상쇄할 수 있을 것으로 보기 때문이다.

하지만 새로이 시도되는 LBO나 사모펀드의 기업인수에는 이자비용의 세금공제 한도가 큰 부담이 될 것으로 본다. 수익성이 하락하기 때문이다. 세금혜택의 많은 부분이 없었다면 콩골리움 사례에서 어떤 일이 발생했을지 생각해 보는 것은 크게 어렵지 않을 것이다.

2018년 감세와 일자리법 이전 사모펀드회사는 상장회사를 인수하는데 다른 상장회사와 경쟁했다. 이는 어떤 사모펀드회사가 상장회사 A를 인수하거나, 상장회사 B가 상장회사 B를 인수하겠다고 경쟁했다는 의미이다. 새로운 세법 시행 이후에도 이런 사례는 있겠지만 이자비용의 공제한도 적용에 따른 수익성 하락으로 사모펀드회사는 일반 상장회사가 제시하는 만큼의 가격을 지불하기는 쉽지 않을 것으로 본다. 이로 인해 우리는 사모펀드 산업의 성장이 둔화되거나 위축될 것으로 예상한다.

다음 주제

다음 장부터는 달러트리의 패밀리달러 인수 사례를 살펴본다. 이 사례에서는 전략, 가치평가, 실행 등 투자의 세 부분은 종합적으로 다루게 되며, 이 논의는 이후 네 장에 걸쳐 진행된다.

[첨부 18A] LBO 여부에 따른 콩골리움의 재무추정

첨부의 추정 재무제표는 역사적 재무비율을 기초로 저자들이 작성한 것이다. 재무제표의 작성 과정은 재무추정에 관한 3장과 4장과 일관된 논의를 이루고 있다. 우리는 다음과 같은 가정에 따라 추정 재무제표를 작성하였다.

[표 18A.1]과 [표 18A.2]는 LBO가 없었다고 가정한 상태에서 추정한 1978~1980년 콩골리움의 추정 손익계산서와 대차대조표이다.

[표 18A.3]은 LBO가 일어난 경우를 가정한 상태에서 1979년 말 콩골리움의 추정 대차대조표이다. 실제로 LBO는 1980년 1월 29일 발생했다. 편의상 한 달의 영향은 반영하지 않았다. LBO가 연초에 있었기 때문에 1979년 손익계산서에는 변동이 없다는데 유의하자.

[표 18A.4]와 [표 18A.5]는 LBO가 일어난 경우를 가정한 1980~1984년 콩골리움의 추정 손익계산서이다.

LBO가 없는 경우 재무추정에 적용한 가정([표 18A.1]과 [표 18A.2])

- 매출성장률 11%(1974~1978년 평균성장률)
- 매출원가는 매출액의 67%(1978년 수준)
- 판관비(SG&A)는 매출액의 19%(1978년 수준)
- 1979년 이자비용은 (매년 부채 상환을 반영하여) 1978년 금액보다 약간 작게 적용하고 (부채가 완전히 상환됨에 따라) 1980년은 0으로 적용
- 법인세율은 세전이익의 48%
- 주당순이익(EPS)는 당기순이익을 11.783백만 주로 나누어 산출
- 배당은 당기순이익의 25%, 주당배당금은 전체 배당금을 11.783백만 주로 나누어 산출
- 연말 주가는 EPS의 7.3배 적용
- 현금은 대차대조표 균형에 필요한 사후적으로 결정되는 플러그 수치
- 매출채권은 매출액의 11%(1978년 수준)
- 재고자산은 매출액의 13%(1978년 수준)
- 기타유동자산, 고정자산, 영업권은 1978년 수준 유지
- 부채(차입금)는 (대규모 현금 보유를 감안하여) 상환
- 매입채무는 매출액의 7%(1978년 수준)
- 기타유동부채는 일정(1978년 수준)
- 기타의 장기부채와 납입자본금은 일정(1978년 수준)

- 이익잉여금은 1978년 말 잔액에 [표 18A.1]에서 계산된 추정 당기순이익의 25%인 배당금을 차감한 금액을 합산

[표 18A.1] LBO가 없는 경우 1979 ~ 1980년 콩골리움 추정 손익계산서

(천달러)	1978	조 정	1979	1980
총매출액	573,830	11% / 연	639,171	709,480
매출원가	385,851	매출액의 67%	428,245	475,352
판관비	108,648	매출액의 19%	121,443	134,801
영업이익	81,331		89,483	99,327
기타수익	4,281	제거	0	0
이자비용	1,266	추정	1,000	0
세전이익	84,346	소계	88,483	99,327
법인세	42,600	세전이익의 48%	42,472	47,677
당기순이익	41,746		46,011	51,650
주당순이익	3.58	당기순이익 / 11,783	3.90	4.38
주당배당금	0.8	당기순이익의 25%	0.98	1.10
연말 주가	26.25	7.3 * EPS	28.47	31.97

[표 18A.2] LBO가 없는 경우 1979 ~ 1980년 콩골리움 추정 대차대조표

(천달러)	1978	조 정	1979	1980
현금	77,254	플러그	85,857	112,642
매출채권	64,482	매출액의 11%	70,309	78,043
재고자산	75,258	매출액의 13%	83,092	92,232
기타유동자산	3,511	일정	3,511	3,511
유동자산	220,505		242,769	286,428
고정자산(PP&E)	70,777	일정	70,777	70,777
영업권과 기타자산	31,770	일정	31,770	31,770
자산총계	323,052		345,316	388,975

(천달러)	1978	조 정	1979	1980
유동성장기차입금	460	상환	–	–
매입채무	41,578	매출액의 7%	44,742	49,664
기타유동부채	68,359	일정	68,359	68,359
유동부채	110,397		113,101	118,023
장기차입금	14,949	상환	–	–
기타장기부채	10,221	일정	10,221	10,221
부채총계	135,567		123,322	128,244
납입자본금	16,256	일정	16,256	16,256
이익잉여금	171,229	당기순이익 – 배당금	205,738	244,475
자본총계	187,485		221,994	260,731
부채와 자본총계	323,052		345,316	388,975

LBO가 있는 경우 콩골리움의 재무추정

LBO가 있는 경우를 가정한 1979년 말 콩골리움의 대차대조표 [표 18A.3]은 LBO가 없는 경우를 가정한 대차대조표 [표 18A.2]를 바탕으로 작성하였다. [표 18A.2]에서 LBO에 따른 변동(예: LBO에 따른 편익)을 반영한 것이다. LBO가 연말 이후 발생했기 때문에 1979년 손익계산서는 변동이 없으며, 따라서 1980년 이전 손익에 미치는 영향도 없다는데 유의하자. LBO에 따라 반영된 주요 변동사항은 다음과 같다.

1. LBO에 따라 특허권 174.0백만 달러, PP&E 71.8백만 달러 등 총 245.8백만 달러의 자산을 증액한다. *245.8백만 달러는 어디에서 얻은 수치인가?* 이는 콩골리움 인수를 위해 지불한 467.8백만 달러(주식 대금 $447.7백만, 수수료 $10백만, 경영진 보상 $10.1백만)와 [표 18A.3]와 같이 LBO가 없는 경우 회사의 순장부가치 222.0백만 달러의 차이이다. 특허에 할당된 174백만 달러는 콩골리움의 위임장권유서에 제시된 추정치이다.[21] 편의상 나머지 71.8백만 달러는 PP&E가 증가한 것으로 본다. 실제로는 각 개별 자산과 부채를 시장가격으로 조정하면 나머지 71.8백만 달러가 된다.[22]
2. 단기차입금은 신규 은행차입금으로 125백만 달러 증가한다.
3. 언급한 것처럼 장기차입금은 선순위채권 113.6백만 달러, 후순위채권 89.8백만 달러 등 총 203.4백만 달러가 증가한다.

21) 해당 위임장권유서는 1980년 1월 29일 임시주주총회를 위해 작성된 것이다. 이 서류는 1980년 1월 8일 SEC에 제출(C659750 16 22-78)되었다.
22) 재무제표상의 영업권은 매입 시점에 회사의 자산에서 부채를 차감한 금액 이상으로 지불한 금액을 나타낸다.

		(백만)
콩골리움에 대한 현금지급([표 18.3])		$467.8
1979.12.31. 추정 자본총계	$345.3	
1979.12.31. 추정 부채총계	$123.3	
1979.12.31. 추정 장부가치		$222.0
매입가 차이		$245.8
특허권 할당액(평가)	$174.0	
PP&E 할당액	$71.8	$245.8

4. 위에서 언급한 것처럼 납입자본금은 새로 발행하는 우선주 26.2백만 달러, 보통주 25백만 달러 등 51.2백만 달러를 반영하여 조정한다.
5. 자산과 부채가 매입가격으로 조정되면서 인수 이후 이익잉여금은 0으로 초기화된다.

[표 18A.3] LBO 여부에 따른 콩골리움의 추정 대차대조표

(천달러)	LBO가 없는 경우 1979년 말		LBO가 있는 경우 1979년 말
현금	85,857	플러그	(2,343)
매출채권	70,309	변동 없음	70,309
재고자산	83,092	변동 없음	83,092
기타유동자산	3,511	변동 없음	3,511
유동자산	242,769		154,569
고정자산(PP&E)	70,777	+조정 71,806	142,583
영업권과 기타자산	31,770	+조정 174,000	205,770
자산총계	345,316		502,922
은행차입금	0	+은행차입금 125,000	125,000
매입채무	44,742	변동 없음	44,742
기타유동부채	68,359	변동 없음	68,359
유동부채	113,101		238,101
장기차입금	0	+신규 채권 203,400	203,400
기타장기부채	10,221	변동 없음	10,221
부채총계	123,322		451,722
납입자본금	16,256	51.2로 조정[23)]	51,200
이익잉여금	205,738	0으로 초기화	0
자본총계	221,994		51,200
부채와 자본총계	345,316		502,922

LBO 이후 콩골리움 재무추정, 1980~1984([표 18A.4]와 [표 18A.5])

이제 LBO가 있는 경우 콩골리움의 추정 손익계산서와 대차대조표를 작성해보자. 이를 위해서는 [표 18A.1]과 [표 18A.2]에 적용한 주요 가정들과 [표 18A.3]에 제시된 변동사항을 사용한다.

[표 18A.4] LBO 이후 콩골리움의 추정 손익계산서

(천 달러)	1980	1981	1982	1983	1984
총매출액	709,480	787,523	874,150	970,306	1,077,041
매출원가	475,352	527,640	585,681	650,105	721,617
판관비	176,782	191,611	208,069	226,339	246,619
영업이익(EBIT)	57,346	68,272	80,400	93,862	108,805
이자비용	41,608	38,244	32,697	26,086	18,950
세전이익	15,738	30,028	47,703	67,776	89,855
법인세	7,554	14,414	22,897	32,533	43,130
당기순이익	8,184	15,614	24,806	35,243	46,725

[표 18A.4]의 추정 손익계산서는 다음 가정을 바탕으로 작성되었다.

- 매출성장률 11%(1974 ~ 1978년 평균성장률)
- 매출원가는 매출액의 67%(1978년 수준)
- 판관비(SG&A)는 매출액의 19%(1978년 수준)에 추가적인 감가상각비 41.98백만 달러를 합산. 편의상 PP&E는 10년간, 특허권은 5년간 균등 상각.
- 감가상각비는 다음과 같이 추정한다.

연간 고정자산 상각비 증가액	\$71.8 / 10	\$7.18
연간 특허권 상각비 증가액	\$174.0 / 5	\$34.80
총 상각비 증가액		\$41.98

- 이자비용은 전년 말 은행차입금의 14%(1980년 14% * \$125백만 = \$17.5백만), 선순위채무의 11.25%(1980년 11.25% * \$113.6백만 = \$12.8백만), 후순위채무의 12.25%(1980년 12.25% * \$89.8 = \$11백만)를 적용
- 편의상 매년의 이자비용은 전년 말 잔액을 기준으로 한다. 잉여현금은 연말에 부채 상

23) 우선주 26.2백만 달러, 보통주 25.0백만 달러

환에 사용된다고 가정한다. 그 중 은행차입금이 우선적으로 상환된다고 본다. 이는 금리가 높기 때문이기도 하며 선순위채무인 은행차입금은 일반적으로 후순위채무를 먼저 상환하는 것을 금지하는 채무약정을 가지고 있기 때문이다. 은행차입금을 전액 상환하면 선순위채무를 상환하고 마지막으로 후순위채무를 상환한다.[24)]

- 소득세율은 LBO 시점의 법인세율인 48%를 사용한다. (지금의 학생들은 현재 21%인 최고 법인세율을 사용할 것이다.)

[표 18A.5]의 추정 대차대조표는 다음 가정에 따라 작성되었다.

- 콩골리움은 매출액의 1.5%를 최소 현금잔액으로 유지한다. 그 이상의 현금잔액은 잉여현금으로 간주하여 부채 상환에 사용한다.
- 매출채권은 매출액의 11%(1978년 수준)
- 재고자산은 매출액의 13%(1978년 수준)
- 기타유동자산은 1978년 수준 유지
- [표 18A.3]와 같이 LBO에 따른 PP&E와 무형자산의 가치 증가액은 각각 10년간 연간 7.18백만 달러, 5년간 연간 $34.8백만 달러씩 균등 상각한다. 자본적 지출(CAPEX)은 직전 연도 대차대조표상 감가상각비와 일치한다고 가정한다. (즉, PP&E와 무형자산의 변동액은 오직 LBO로 인한 자산증가에 따른 추가적인 상각비만 반영한다.)
- 설명한 바에 따라 은행차입금은 상환된다.
- 매입채무는 매출액의 7%(1978년 수준)
- 기타유동부채는 일정(1978년 수준)
- 설명한 바에 따라 장기차입금은 상환된다.
- 기타의 장기부채와 납입자본금은 일정(1978년 수준)
- 납입자본금은 일정하다고 가정
- 이익잉여금은 추정 당기순이익만큼 증가하고, 우선주 배당금 3.542백만 달러(주당 11달러, 322천주) 만큼 감소한다. 모든 잉여현금은 차입금 상환에 사용되기 때문에 기타의 배당은 지급되지 않는다.

따라서 [표 18A.1]과 [표 18A.2]는 [표 18A.4]와 [표 18A.5] 작성의 기초가 된다. 이것들을 바탕으로 본문의 [표 18.8]을 작성하였다.

---

24) 콩골리움의 위임장권유서에는 여러 종류에 차입금별 실제 상환 스케줄을 기술하고 있다.

[표 18A.5] LBO 이후 콩골리움의 추정 대차대조표

(천달러)	1980	1981	1982	1983	1984
현금	10,642	11,813	13,112	14,554	16,156
매출채권	78,043	86,627	96,157	106,734	118,474
재고자산	92,232	102,378	113,639	126,140	140,015
기타유동자산	3,511	3,511	3,511	3,511	3,511
유동자산	184,428	204,329	226,419	247,939	278,156
고정자산(PP&E)	135,402	128,221	121,040	113,859	106,678
영업권	170,970	136,170	101,370	66,570	31,770
자산총계	490,800	468,720	448,829	431,368	416,604
은행차입금	103,310	63,689	16,466	–	–
매입채무	49,663	55,127	61,190	67,922	75,393
기타유동부채	68,359	68,359	68,359	68,359	68,359
유동부채	5221,332	187,175	146,015	136,281	143,752
장기차입금	203,400	203,400	203,400	163,967	98,544
기타장기부채	10,221	10,221	10,221	10,221	10,221
부채총계	434,953	400,796	359,636	310,469	252,517
우선주	51,200	51,200	51,200	51,200	51,200
보통주(CS&R/E)[25)]	4,647	16,724	37,993	69,999	112,887
자본총계	55,847	67,924	89,193	120,899	164,087
부채와 자본총계	490,800	468,720	448,829	431,368	416,604

25) 이는 보통주 25.0백만 달러와 추정 이익잉여금의 합산액이다.

[첨부 18B] 라자드 공정성 의견서 요지

January 8, 1980

Lazard Freres & Co.
One Rockefeller Plaza
New York, N.Y. 10020
The Board of Directors
Congoleum Corporation
777 East Wisconsin Ave.
Milwaukee, Wisconsin 53202

존경하는 관계자 여러분,

First Boston Corporation(이하 "First Boston")이 주도하는 사모투자자들의 금번 Congoleum Corporation(이하 "Congoleum") 인수 제안과 관련하여 당사는 콩골리움 주주에게 제안된 주당 현금 38달러의 적정성에 대한 의견 제시를 요청받은바 있습니다. 해당 인수는 콩골리움의 기존 채무의 대부분을 유지하는 조건으로 (아래에서 정의하는 바와 같이 위임장권유서에 기술된 것처럼 콩골리움이 보유하고 있는 현금과 등가물을 제외한) 대부분의 자산을 콩골리움의 인수를 위해 설립되는 특수목적의 비상장회사에 매각하는 방식을 계획되었습니다. 콩골리움의 주주들은 매각대금과 콩골리움 보유 현금을 재원으로 주당 38달러의 청산배분을 받게 되며, 매각이 완료되면 기존 콩골리움은 청산될 예정입니다. (지금부터 이 거래와 관련된 모든 것은 "거래"라고 칭합니다.)

의견서 제출을 위해 당사는 다음과 같은 사항을 실행하였습니다.

Ⅰ. 증권거래위원회에 제출된 사업보고서(10-K)상 연차보고서와 중간보고서를 포함하여 콩골리움이 제출했거나 콩골리움에 관한 주요 서류와 간행물 점검

Ⅱ. 1978년 12월 31일까지 5년간 콩골리움의 재무상태와 영업성과 점검

Ⅲ. 1979년 9월 30일과 1978년 9월 30일 이전 9개월 간 재무상태와 영업성과 점검 및 콩골리움의 현재 그리고 미래성과에 영향을 미칠 요인들에 대한 경영진 의견 청취

Ⅳ. 콩골리움의 주요 시설 방문

Ⅴ. 일반적으로 콩골리움 및 회사의 세 핵심 사업을 영위하는 것으로 간주하는 경쟁회사들의 동기간 재무상태와 영업성과 점검

Ⅵ. 세 핵심 사업부가 각각 독립적인 회사라고 간주하고 각 사업부의 경쟁자 또는 그와 유사한 회사의 분석을 통해 도출한 멀티플에 각 사업부의 이익을 적용하는 방식으로

콩골리움의 세 사업부에 대한 가치평가 실시

Ⅶ. 최근 콩골리움 재무상태와 경영성과의 획기적 개선에 대한 고려

Ⅷ. 지난 5년 간 콩골리움 주가 변동에 대한 리뷰와 점검

Ⅸ. 최근에 있었던 주요 인수 거래의 조건 검토

Ⅹ. 위임장권유서에 제시된 거래와 관련된 퍼스트 보스톤의 제안 관련 서류 검토와 점검

Ⅺ. 1980년부터 1984년까지 파이빅 코퍼레이션에 대한 추정 시가총액과 재무추정 결과 검토

우리는 독립적인 입증은 없이 위임장권유서에 제시된 정보, 기타의 공개 정보와 콩골리움과 파이빅이 당사에 제출한 정보가 정확하면 완결성을 가진다고 가정한다.

당사는 앞서의 분석과 함께 당사가 평가한 경기 상황, 시장, 금융 조건을 포함한 관련된 요인들에 기초하여 … 당사는 청산 배당으로서 지급되는 주당 38달러는 재무적 관점에서 콩골리움의 주주들에게 공정하다는 의견을 제시한다.

감사합니다.

라자드 프레레스 (Lazard Frères & Co.)

위의 입장문에 더하여 (라자드가 이사회에 제출한 보고서에 따르면) 위임장권유서는 라자드가 콩골리움이나 그 핵심 사업부 매각을 위해 15개의 원매자를 접촉했으나 어느 누구도 관심을 보이지 않았다고 적고 있다. 15개 접촉 대상은 아니지만 한 군데가 콩골리움 인수에 관심을 표해왔지만 적극적이지 않았다고 한다. … 라자드는 콩골리움의 세 사업부를 독립적인 회사라고 보고 세 사업부의 가치를 평가했다. 해당 가치평가 방법에 따르면 콩골리움의 가치는 최소 약 $430,000,000(주당 $35)에서 최대 약 $479,000,000(주당 $39), 중간값은 약 455,000,000(주당 $37)로 평가되었다. 이 평가액은 거래와 관련된 비용이 감안되지 않은 수치였다.

CHAPTER 19

M&A의 전략적 합리성 (달러스토어)

지금부터 우리는 네 개 장에 걸쳐 1.00달러 잡화점인 달러트리의 패밀리달러 인수 사례를 통해 M&A에 대해 살펴본다. M&A도 투자의 한 형태이기 때문에 모든 투자에서와 같이 다음과 같은 세 가지 중요 요소를 가진다.

1. 전략
2. 가치평가
3. 실행[1)]

M&A와 그린필드 투자(예: 공장 건설의 결정)의 주된 차이점은 실행에 있다. 만일 어떤 회사가 공장을 건설하기로 했다면 그 공장이 이를 거부할 수는 없다. 하지만 M&A의 경우에는 인수대상 회사가 종종 소송과 재무적 행동을 통해 인수 시도에 저항하곤 한다.

이미 수차에 걸쳐 언급한 것처럼 투자를 실행할 때 전략적인 부분을 가장 먼저 고려해야 한다. 다만 이 책이 재무관리 교과서이기 때문에 우리는 이전 장들에서 가치평가에 집중하면서 논의를 진행했었다. 따라서 M&A에 관한 이 네 개 장에서는 정상적인 순서에 따라 전략을 먼저 검토하고 가치평가와 실행에 대한 논의를 진행한다. 우리는 전략과 실행에 대해 각 한 장을 할애하고, 가치평가에 두 개 장을 할애할 것이다. M&A에 대한 논의는 흥미롭고 경우에 따라 논쟁거래가 되었던 저가 소매업체 달러트리의 경쟁업체 달러패밀리 인수를 다루고 있다.

---

1) 기업은 일반적으로 M&A의 실행을 위해 투자은행과 컨설팅회사 같은 외부 자문사를 고용한다. 실제 이런 자문사들은 MBA 졸업생들의 최대 고용주이다.

3대 경쟁자

매장에 전시된 모든 제품을 1.00달러에 판다는 "달러스토어"의 개념은 터너 부자(J.L Tuner와 Cal Turner)에 의해 창안되었다.2) 이 개념에서 출발한 달러제너럴(Dollar General)은 2014년 말 매장수 11,789개, 매출 18.9십억 달러, 순이익 1.1십억 달러, 시가총액 23십억 달러의 회사로 성장한다. 2014년 달러제너럴은 당시 이 산업에서 최대 기업이 된다. 1954년 설립된 달러트리는 달러제너럴의 경쟁사였다. 2014년 말 달러트리는 5,367개 매장에 매출 8.6십억 달러, 순이익 599.2백만 달러, 시가총액 16십억 달러를 기록했다. 달러트리는 매출액과 매장수에서 3위지만, 시가총액과 순이익은 업계 2위였다.

한편 또 하나의 경쟁사인 패밀리달러는 1959년 설립되었고, 2003년 창업자의 아들인 하워드 레빈(Howard Levine)이 CEO에 취임한다. 2014년 말 패밀리달러는 8,042개 매장에 매출 10.5십억 달러, 순이익 284.5백만 달러, 시가총액 9십억 달러를 기록했다. 패밀리달러는 매출액과 매장수에서는 2위, 시가총액과 순이익에서는 3위 업체였다.

[표 19.1]은 2014년 말 이 산업의 3대 경쟁업체를 비교하고 있다.

[표 19.1] 2014년 3대 달러스토어 현황 비교3)

회 사	달러제너럴	달러트리	패밀리달러
매출액	$18.9십억	$8.6십억	$10.5십억
순이익	$1.1십억	$599백만	$285백만
매장수	11,789	5,367	8,042
제곱피트당 매출액	$230	$185	$180
시가총액	$23십억	$16십억	$9십억
매장 입지	농촌 & 저소득	도시 외곽 교외	소도시

2007~2008 금융위기를 겪으면서 오히려 그 덕분으로 세 회사의 전체 매장수는 2007년 18,430개에서 2014년 25,198개로 연평균 4.6% 증가한다.4)

2) 달러트리 매장에서 팔리는 모든 물건은 1달러 이하였지만 달러스토어와 패밀리달러에서 팔리는 물건의 가격은 1달러에서 10달러 사이였다.

3) 달러제너럴과 달러트리의 재무정보 작성 기준일은 2015년 1월 31일이다. 반면 패밀리트리의 재무정보는 2014년 8월 30일이 작성 기준일이다. 시가총액은 세 회사 모두 2014년 12월 31일을 기준으로 한 것이다. 모든 재무정보는 사업보고서(10-K)를 참조하였다.

4) 20017년 말 매장수는 달러제네럴 8,194개, 패밀리달러 6,430개, 달러트리 3,806개였다.

최근 동향

2007년 7월 자칭 "글로벌 선도투자회사"인 KKR은 LBO를 통해 주당 22.00달러, 총 7.3십억 달러에 달러제너럴을 인수한다.[5] 인수 후 KKR은 매장 면적당 매출액을 높이고 비용을 절감하는 방식으로 달러제너럴의 수익성을 개선하려 했다. 인수 2년 만인 2009년 7월 하순 KKR은 달러제너럴의 IPO 계획을 발표한다.[6] 2009년 12월 10일 IPO에서 34.1백만 주가 공개된다. (달러제너럴은 22.7백만 주의 신주를 모집했고, KKR은 보유 주식 295.2백만 주 중 11.4백만 주를 매출했다.) 공모가격은 주당 21달러, 공모총액은 총 716.1백만 달러에 달했다.[7] IPO 직전 달러제너럴은 KKR에 200백만 달러의 특별배당을 지급했다. IPO 직후 달러제너럴의 발행주식은 총 317.9백만 주으로 늘어났고 시가총액은 6.7십억 달러가 된다. 이후 4년 동안 KKR은 보유하고 있던 달러제너럴 주식 전부를 30.50달러, 39.00달러, 45.25달러, 60.70달러(최종 2013년 12월 11일)에 분할 매각한다.

스스로를 "수십억 달러 대체투자운용사"라고 칭한 트라이언파트너스(Trian Partners)는 넬슨 펠츠(Nelson Peltz), 피터 메이(Peter May), 펠츠의 사위인 에드워드 가든(Edward Garden)이 주도하고 있었다. KKR이 달러제너럴에서 얻은 성공에 고무된 트라이언은 패밀리달러 주식을 매입하기로 한다. 2010년 7월 하순 트라이언은 패밀리달러 주식 6.6%(이후 8%까지 증가), 8.7백만 달러를 보유하고 있다고 공시했다. 그 후 펠츠와 가든은 패밀리달러 경영진과 실적개선을 통한 주주가치 향상 방안을 논의하기 시작한다.[8]

2010년 여름 무렵, 패밀리달러는 다음과 같은 목적으로 투자은행인 모건스탠리(Morgan Stanley)를 고용했다.

> 재무분석과 대차대조표 문제와 관련된 자문을 통해 패밀리달러는 신규 차입, 자사주매입 확대, 기존 매장 리모델링과 매장 신설을 위한 자본적 지출 확대를 포함한 독자적인 전략계획을 발표한다.[9]

2011년 2월 15일 트라이언은 주당 현금 55달러에서 60달러에 패밀리달러 주식 전부를 매입하겠다고 제안한다. 이 제안에는 창업자의 아들이자 CEO인 레빈이 트라이언의 인수에

---

5) "KKR Completes Acquisition of Dollar General Corporation," July 6. 2007, http://ir.kkr.com/kkr_ir/kkr_releasedetail.cfm?ReleaseID=333012.

6) Michael Corkery and Dennis K. Berman, "KKR Plans a Dollar General IPO," *Wall Street Journal*, July 29, 2009, www.wsj.com/articles/SB124883449189489059.

7) PhilWahba and Clare Baldwin, "Dollar General IPO Prices at Low End," Reuters, November 12, 2009, www.reuters.com/article/2009/11/13/us-ipos-idUSTRE5AC0A220091113.

8) Melly Alazraki, "Nelson Peltz's Trian Group Buys 6.6% of Family Dollar," *Daily Finance*, July 28, 2010, www.dailyfinance.com/2010/07/28/nelson-peltz-trian-group-buys-6-6-of-familydollar/.

9) Family Dollar Inc. Proxy Statement on Merger Proposal dated October 28, 2014, 68.

참여할 수 있게 허용하는 내용이 포함되었다.[10)]

2011년 3월 3일 레빈은 이사회에서 자신은 트라이언의 제안에 관심이 없으며, 그러한 투자 참여와 관련해 트라이언과 어떤 협의도 없었다는 점을 확인했다.

그 후 이사회는 자신들이 마련한 독자적인 전략계획을 계속해서 실행하는 것이 패밀리달러 주주들의 이익에 가장 부합하는 것이라고 밝히면서, 인수 제안을 "부적절"하다고 거절한다.[11)]

2011년 5월 25일 이번에는 윌리엄 애크만(William Ackman)[12)]이 설립한 헤지펀드 퍼싱 스퀘어(Pershing Square) 캐피탈매니지먼트가 패밀리달러 보통주 6.9%를 소유하고 있다고 공시한다. 이후 이 헤지펀드는 2011년 6월 9일까지 지분율을 8.9%까지 끌어 올린다.[13)]

한편 그해 11월 13일에는 또 다른 헤지펀드 폴슨앤드코(Paulson and Co.)가 패밀리달러 지분 9.9%의 보유를 공시하면서 회사 매각을 지지한다고 발표한다.

이처럼 세 헤지펀드가 패밀리달러의 주요 주주(트라이언 약 8.0%, 퍼싱 스퀘어 8.9%, 폴슨앤드코 9.9%)가 되면서 당시 패밀리달러 매각은 기정사실인 것처럼 보였다.

트라이언의 요구에 저항한 결과 패밀리달러는 (2013년 7월에 만료되는) 2년짜리 현상유지합의서를 체결한다. 현상유지합의(standstill agreement)란 무엇인가? 이는 모든 합의 당사자가 주식을 추가로 매입하지 않는다는 합의이다. 다시 말해 합의 당사자들이 현재의 상태를 유지하기로 합의하는 것이다. 패밀리달러는 이사의 수를 10명에서 11명으로 늘리는데 합의하고, 트라이언 측 에드워드 가든을 신임 이사로 선임한다. 경영참여의 대가로 트라이언은 패밀리달러 인수 제안을 취소하고 보통주를 9.9% 이상 보유하지 않기로 합의한다.[14)]

[표 19.2]를 보면 트라이언이 패밀리달러에 투자하기 직전인 2010~2013 회계연도 패밀리달러의 실적은 혼재된 모습을 보였다. 매장수는 6,785개에서 7,916개로 16.7%, 매출은 7.9십억 달러에서 10.4십억 달러로 31.6%, 당기순이익은 358.1백만 달러에서 443.6백만 달러로 23.9% 증가한다. 하지만 영업이익은 2012년과 2013년에는 별 변화가 없었고 2014년에는 큰 폭으로 감소한다. 특히 제곱피트당 매출은 180달러에 불과해 경쟁사인 달러제너럴의 230달러보다 21.7%나 적었다.

[표 19.3]은 이 기간 패밀리달러의 대차대조표이다. 다우존스지수 상승에 따라 패밀리달

10) 전게서 69.
11) 전게서.
12) 애크만은 2007-2008년 금융위기 동안 지방정부 채권보험의 파산에 베팅하여 성공을 거두면서 명성을 얻었다. 최근에는 또 다른 유명 투자자인 칼 아이칸(Carl Icahn)이 공개적인 지지를 표하면서 주식을 매입한 허벌라이프(Herbalife)를 경제 신문에 폰지사기라며 매도할 것을 종용하는 기고문을 싣기도 했다.
13) Family Dollar Inc. Proxy Statement on Merger Proposal dated October 28, 2014, 69.
14) 이 합의에는 다른 조항들도 포함되어 있었다. 예를 들어 패밀리달러의 승인을 얻거나 이사회가 현재 주주들이 주요 주주의 지위를 유지하는 것이 적절하지 않다는 제안을 권고하면 트라이언이 주식을 추가로 취득하는 것을 허용하는 내용도 있었다. Family Dollar Inc. Proxy Statement on Merger Proposal dated October 28, 2014, 69.

러 주가도 랠리를 이어간다. 패밀리달러의 주가는 이 기간 다우존스 상승률 30.6%보다 높은 33.7% 상승한다.

패밀리달러의 이사회는 달러제너럴 대비 취약한 성장 잠재력을 확충하기 위해 그 동안 추진해왔던 전략계획의 수정을 고려한다. 다만 이는 트라이언에 회사를 매각하는 것은 아니었고, 주주가치 제고를 위해 다른 회사와의 협력을 강화하는 것을 골자로 하고 있었다.

[표 19.2] 패밀리달러 손익계산서, 2010 ~ 2014

(천 달러)	2010.8.28.	2011.8.27.	2012.8.25.	2013.8.31.	2014.8.30.
매출액	7,866,971	8,547,835	9,331,005	10,391,457	10,489,330
영업비용	7,291,373	7,909,763	8,642,904	9,675,295	10,036,728
영업이익	575,598	638,072	688,101	716,163	452,602
이자수익	1,597	1,532	927	422	190
이자비용	13,337	22,446	25,090	25,888	30,038
세전이익	563,858	617,158	663,938	690,697	422,754
법인세	205,723	228,713	241,698	247,122	138,251
당기순이익	358,135	388,445	422,240	443,575	284,503
EPS	2.64	3.12	3.58	3.83	2.49
주당배당금	0.60	0.695	0.60	0.94	1.14
매장수	6,785	7,023	7,442	7,916	8,042
매출성장률	6.3%	8.7%	9.2%	11.4%	0.9%
순이익률	4.6%	4.5%	4.5%	4.2%	2.7%
ROA		13.0%	14.1%	13.0%	7.7%
ROE		27.3%	38.8%	33.9%	17.8%

[표 19.3] 패밀리달러 대차대조표, 2010 ~ 2014

(천 달러)	2010.8.28.	2011.8.27.	2012.8.25.	2013.8.31.	2014.8.30.
현금과 투자증권	503,079	237,411	224,885	180,442	180,020
재고자산	1,028,022	1,154,660	1,426,163	1,467,016	1,609,932
기타유동자산	129,107	141,773	117,122	209,547	312,094
유동자산	1,660,208	1,533,844	1,768,170	1,85,005	2,102,046
PP&E	1,111,966	1,280,589	1,496,360	1,732,544	1,688,213
기타자산	209,883	181,772	108,535	120,312	67,036
자산총계	2,9820,057	2,996,205	3,373,065	3,709,861	3,857,295

(천 달러)	2010.8.28.	2011.8.27.	2012.8.25.	2013.8.31.	2014.8.30.
단기차입금	–	16,200	31,200	16,200	16,200
매입채무	676,975	685,063	674,202	723,200	773,021
기타유동부채	377,512	315,792	360,255	340,822	339,809
유동부채	1,054,487	1,017,055	1,065,657	1,080,222	1,129,030
장기차입금	250,000	532,370	516,320	500,275	484,226
기타장기부채	256,016	359,706	493,461	530,309	578,314
부채총계	1,560,503	1,909,131	2,075,438	2,110,806	2,191,570
납입자본금	(244,092)	(882,675)	63,243	29,430	(58,316)
이익잉여금	1,665,646	1,969,749	1,234,384	1,569,625	1,724,041
자본총계	1,421,554	1,087,074	1,297,627	1,599,055	1,665,725
부채와 자본총계	2,982,057	2,996,205	3,373,065	3,709,861	3,857,295

인수대상과 인수자 물색

다른 회사와 협력 강화에는 두 가지 선택지가 있었다. 하나는 패밀리달러가 다른 회사를 인수해서 통합회사를 현재 경영진이 운영하는 것이었다. 대안으로는 패밀리달러가 다른 회사에 인수되는 것이었다. 후자의 경우에는 패밀리달러의 현재 경영진이 교체될 가능성이 높은 선택지였다.15)

이제 이 질문을 다음과 같이 바꿔보자. 기존 경영진의 계속 유지 여부에 따라 패밀리달러의 가치는 어떻게 되는가? 다시 말해 패밀리달러의 경영진이 계속해서 자리를 지키는 경우와 협력 상대방의 경영진이 통합회사를 경영하는 경우 어느 경우에 통합회사의 가치가 더 클 것인가?

M&A의 경제적 합리성은 "2 + 2"가 5가 되는 것처럼 합병회사의 가치가 합병 전 두 회사의 가를 합친 것보다 클 수 있다는 것이다. 이런 상황은 몇 가지 경우에 발생한다. 인수합병의 포괄적인 정당성은 "시너지"이다. 시너지는 실질적일 수도 있고 가상의 것일 수도 있다. 실질적 시너지는 합병회사의 매출증가 또는 비용절감을 수반한다. 이는 규모의 경제 실현, 시장지배력 확대, (우수한 재무정책과 제품시장정책을 포함하는) 경영의 개선을 통해 실현될 수 있다.

M&A가 오직 규모의 경제나 시장지배력 확대를 위한 것이라면 어느 경영진이 합병회사를 경영하는지는 문제가 되지 않는다. 하지만 증가된 가치가 경영의 개선 때문이라면 누가 경영을 할 것인지는 분명 중요한 문제이다. 같은 제품 모델을 가지고 있음에도 패밀리달러

15) 다만 우호적 M&A에서는 현재 경영진도 통합회사에서 계속 역할을 할 수 있을 것이다.

의 제곱피터 당 매출이 가장 적다는 것은 패밀리달러에 새로운 경영진을 투입하는 것이 시너지 창출에 도움이 될 수 있다는 뜻이다.

경제신문에 실린 기고문은 더 훌륭한 경영진을 발굴해야 한다는 주장을 지지한다. "해당 경영진이 일을 잘하지는 못하고 있다." "개인적인 소견으로는 현재 경영진은 새로운 경영진으로 교체해야 할 것으로 본다." "그들이 이를 적절히 실행해 옮기지 못했다. 이는 경영진의 문제이다."[16)]

동시에 시장지배력 확대를 통해 시너지를 창출하기 위해서는 연방거래위원회(Federal Trade Commission, FTC)의 승인을 얻어야 한다. 만일 패밀리달러가 달러제너럴이나 달러트리와 합병하면 이 산업 내 빅3 중 두 회사가 합병하는 것이기 때문에 산업의 집중도가 올라갈 것을 쉽게 예상할 수 있다. 이런 예상은 이러한 거래가 FTC의 승인에 필요한 조건을 충족시키지 못할 가능성이 높다는 의미가 된다.[17)]

패밀리달러 이사회는 어떻게 했는가? 이사회는 투자은행인 모건스텐리에 자문을 구했고, 모건스탠리는 패밀리달러를 달러제너럴이나 달러트리에 매각할 것을 권고했다. 이사회와 모건스탠리는 패밀리달러를 독자적으로 경영하는 것보다 경쟁자와 합병하는 것이 더 가치가 있다는 데 합의한다. 결국 패밀리달러는 달러제너럴이나 달러트리가 자신을 인수할 수 있는 1순위 후보라고 보고 이들을 협상에 초대한다.

패밀리달러 인수에 대한 달러제너럴의 전략적 합리성

달러제너럴 입장에서 이 M&A를 살펴보자. *어떤 산업에서 1등 업체가 2등 업체를 인수하는 것이 경제적으로 합리적인가?* 그렇다. 첫째, 제곱피터 당 매출(달러제너럴 $230 vs. 패밀리달러 $230)을 기준으로 달러제너럴이 패밀리달러의 오퍼레이션을 개선할 충분한 여지가 있어 보인다. 둘째, 해당 인수는 구매와 가격결정 모두에서 달러제너럴의 시장지배력을 확대시킬 수 있다. 다만 FTC가 이 거래를 승인할지는 미지수이다. 그리고 언제나처럼 "얼마에 인수할 것인지"가 문제이다. 기억하라. 투자안의 NPV를 양으로 만들어 주는 가격은 통상 존재하지만, NPV를 음으로 만들어 주는 가격은 항상 존재한다는 것을.

22장에서 보는 것처럼 초기 달러제너럴은 패밀리달러 인수에 적극적으로 참여하기로 한다.

---

16) Ely Portillo and Linly Lin, "Change Likely at Family Dollar, but Sale Far from Certain," *Charlotte Observer*, June 20, 2014. www.charlotteobserver.com/news/business/article9133838.html.

17) 종종 동일 산업 내에서의 합병승인에 FTC는 유효한 경쟁을 유지시키기 위한 조건으로 합병회사가 일부 자산(예: 사업부, 공장, 매장 등)을 매각할 것을 요구하기도 한다.

패밀리달러 인수에 대한 달러트리의 전략적 합리성

어떤 산업에서 3등 업체가 2등 업체를 인수하는 것이 경제적으로 합리적인가? 그렇다. 우선 달러제너럴의 경우와 같이 달러트리는 잠재적으로 패밀리달러의 오퍼레이션을 개선할 수 있다. 둘째, 이 인수를 통해 달러트리는 1등 업체로 도약할 수 있고 구매와 가격결정 모두에서 시장지배력을 강화할 수 있다. 또한 패밀리달러의 매장은 달러트리와 지역적 중복이 덜하다는 장점이 있다. 따라서 FTC의 합병 승인에 부담이 덜 수 있다.

2014년 7월 28일 한 보도에 따르면 달러트리는 M&A에 대해 입장을 밝히면서 패밀리달러 인수에 대한 "설득력 있는 전략적 합리성"을 다음과 같이 나열했다고 한다.

- **북미시장 최대 할인소매점으로 도약** 합병을 통해 미국 전역 48개 주와 캐나다 5개 주에서 13,000개 이상의 매장을 보유함으로써 매출 18십억 달러 이상, 종업원수 145,000명 이상의 최대 할인소매점으로 도약하고자 한다.
- **단일 및 다중 소매가 상품을 아우르는 보완적 사업모델 구축** 달러트리는 모든 상품을 1달러 이하에 판매하는 국내 최대 단일가격 소매업체이다. 패밀리달러는 가격에 민감한 고객에게 동네 편의점에서 경쟁력 있는 가격에 다양한 상품을 판매하는 국내 최대 다중가격 소매업체이다. 달러트리는 두 브랜드를 독자적으로 유지하면서 성장시킬 의도이며, 합병을 통해 부동산 포트폴리오의 최적화도 이룰 수 있다.
- **고객 및 지역기반 확충** 달러트리는 주로 도시 외곽에 위치한 매장에서 중산층을 목표고객으로 하는 반면 패밀리달러는 도심과 농촌을 기반으로 저소득층과 중하위 가구를 목표고객으로 하고 있다. 따라서 합병을 통해 달러트리는 고객기반을 확충할 수 있고 나아가 소비자에게도 보다 큰 가치를 제공할 수 있다.
- **상품 전문성의 상호 보완** 달러트리의 상품은 일반 소비상품과 특이 및 계절상품이 균형을 이루고 있다. 반면 패밀리달러의 상품은 주로 소비상품과 가정용품에 집중되어 있다. 이러한 양사의 보완적인 제품 구색은 달러트리와 패밀리달러 브랜드가 오퍼링 카테고리를 확대할 수 있게 하고 모든 고객층에게 보다 다양한 상품 선택권을 제공할 수 있다.
- **유의미한 시너지 창출 기회** 달러트리는 조달과 구매, 관리비, 배송과 물류 효율성, 제품 구성의 최적화를 통해 상당한 경영 효율성 증대를 기대한다. 이를 통해 달러트리는 합병 후 3년이 지나면 시너지 효과가 연간 300백만 달러에 달할 것으로 기대한다.
- **재무성과 개선과 성장 잠재력 확충** 시너지 창출에 필요한 일회성 비용을 제외하면 거래 종료 첫 해에도 현금 EPS 개선이 가능하다고 예상한다. 이를 통해 달러트리는 기존 및 신규 시장과 영업 채널 확대 여력을 확보하고, 복수 브랜드 운영으로 매장 기반을 확장할 수 있을 것으로 기대한다. 합병회사는 상당한 잉여현금흐름 창출을 기대하며, 신속한 부채 상환이 가능할 것이다.

언론 보도와 같이 달러스토어 간 합병은 전략적 합리성을 가진다고 보인다. 구매에 대한 규모의 경제와 시장지배력 확대는 잠재적인 시너지이다. 또 매장 면적당 매출이 많고 비용 통제력이 우수한 달러제너럴과 달러트리의 경영 능력도 패밀리달러의 실적을 개선할 수 있는 잠재적 시너지이다. 이와 관련해 트라이언의 가드너는 다음과 같이 언급했다.

> 달러제너럴은 연간 제곱피트 당 230달러의 매출을 기록한 반해 패밀리달러는 180달러의 매출을 기록하는데 그쳤다. 달러제너럴의 경영진이 패밀리달러에 그들의 노하우를 적용할 수 있다는 점에서 달러제너럴은 패밀리달러의 인수에 높은 가격을 제시할 수 있을 것이다.[18]

다른 언론 보도도 이와 동일한 의견을 제시하는 것처럼 보인다. 예를 들면:

> 패밀리달러는 더 싼 가격에 달러트리의 공급업체에서 상품을 공급받을 수 있을 것이다. 또한 두 회사는 유통센터와 배송시스템을 공유할 수 있고, 이는 물류비 절감에 도움이 될 것이다. 전체적으로 볼 때 이 거래는 패밀리달러가 경쟁력 있는 가격에 제품을 고객에게 공급하는데 기여할 것으로 본다.[19]

요약정리

이 장에서는 달러제너럴과 달러트리의 달러패밀리 인수에 대한 전략적 합리성에 대해 살펴보았다.

이제 여러분이 달러패밀리 인수에 대한 입장을 정해야 하는 달러제너럴이나 달러트리의 이사로써 이사회에 참석했다고 상상해보자. 여러분은 경영진으로부터 이 거래가 전략적으로 합리적이라는 설명을 들을 것이다. 그리고 투자은행으로부터 논의된 가격이 공정하다는 의견을 청취할 것이다. 또한 여러분은 경쟁회사가 이 거래에 관심을 가지고 있어 이를 인수가격에 고려해야 한다는 사실도 알게 될 것이다. 이사회는 단 몇 시간 동안 진행된다. 토론이 끝나고 이제 표결 시간이다. 여러분은 어디에 투표할 것인가? 여러분은 최종적인 결론을 내리기에 앞서 아마도 가치평가와 실행에 관해 더 알고 싶어 할 것이다.

다음 주제

결국 달러제너럴과 달러트리는 패밀리달러를 두고 치열한 인수전을 펼치게 된다. 이에

---

18) Shawn Tully, "How the Dollar Store War Was Won," *Fortune*, May 1, 2015, 89-103.

19) Trefis Team, "How Will Dollar Tree-Family Dollar Merger Impact Wal-Mart?" *Forbes*, August 7, 2014,www.forbes.com/sites/greatspeculations/2014/08/07/how-will-dollar-tree-family-dollar-merger-impact-wal-mart/.

대해서는 22장에서 살펴보기로 한다. 다만 그에 앞서 우리는 20장과 21장에서 패밀리달러에 대한 가치평가를 해보기로 한다.

CHAPTER 20

M&A의 가치평가: 기업잉여현금흐름 (달러스토어)

이전 장에서 우리는 달러제너럴이나 달러트리가 패밀리달러를 인수할 경우의 전략적 적합도와 합리성을 살펴보았다. 이 장에서는 패밀리달러의 기업가치를 평가해본다.

우리는 15장과 16장에서 썬그린 사례를 가지고 가치평가에 대한 논의를 시작했다. 이후 17장에 가치평가의 여러 측면을 살펴보면서 논의를 확장해 보았다. 이 장은 독자들이 단순히 공식을 암기하는 것에서 벗어나 공식의 의미를 잘 이해할 수 있도록 가치평가에 대한 심도 있는 논의를 하고자 한다. 썬그린에서 살펴본 것처럼 논의는 기업잉여현금흐름(FCF_f) 기법에서 시작한다. 그러고 나서 다음 장에서 주주잉여현금흐름(FCF_e)에 대해 설명하고 기업잉여현금흐름과 비교해 보기로 한다.

우리는 달러트리의 패밀리달러 인수에 대한 재무적 합리성부터 살펴본다. 패밀리달러의 현금흐름과 자본비용을 추정하기 위해서는 재무제표가 필요한데, 우리는 패밀리달러의 자문사인 모건스탠리가 작성한 위임장권유서(proxy statement)에 나온 추정 재무제표를 활용하기로 한다. 이때 위임장권유서에 제시되지 않은 가치평가 요소들은 역산해서 추정한다. 현금흐름 추정 후에 멀티플과 영구연금 접근법으로 영구가치를 계산한다. 마지막으로 가치평가의 세 부분(즉, 인수가격, 할인된 현금흐름, 영구가치)을 합산하여 패밀리달러의 인수가치를 계산한다.

유의할 것은 패밀리달러에 대한 재무추정이 2018년 감세와 일자리법 이전에 이루어졌다는 점이다. 따라서 이자비용의 소득공제 한도는 고려하지 않았다. 다만 실제 이자비용은 2018년 이전까지는 EBITDA의 30% 이상이었고, 이후에는 EBITDA의 30% 이하였다. 따라서 모건스탠리와 저자들의 분석 결과는 바뀌지 않는다. 참고로 다음 장에서 보는 주주잉여 현금흐름 접근법은 이자비용 공제한도에 대한 조정이 필요하지 않다.

패밀리달러에 대한 인수 제안

2014년 7월 24일 달러트리는 패밀리달러의 인수가격으로 패밀리달러 1주당 현금 59.60 달러와 제안일 현재 14.90달러인 달러트리 주식 0.2665주 등 주당 74.50달러, 총 8.52십억 달러를 제시한다. 인수대상은 발행주식 114.3백만 주 전량이며, 제안가는 제안 직전일 주가 60.66달러, 시가총액 6.93십억 달러에 약 22.9%의 프리미엄이 더해진 가격이었다.[1)]

정리하면 패밀리달러 인수제안은 다음과 같이 구성되었다.

현금	$6.81십억
달러트리 신주 30.5백만 주	$1.71십억
총 인수가격	$8.52십억

[표 20.1]에서 보는 것처럼 인수 제안가는 패밀리달러의 장부가치 1.67십억 달러는 물론 시가총액 6.93십억 달러와 비교해도 상당한 프리미엄이 붙은 가격이었다. 우선 시가총액과 주식의 장부가치 사이에 왜 이렇게 큰 차이가 존재하는가? 대차대조표상 장부가치는 [첨부 3A]에서 논의한 것처럼 경제적 실질과는 반드시 관련성을 가진다고 볼 수 없는 회계적 수치이다. ("회계는 경제적 실질이 아니다.") 반면 시가총액은 재무적 수치이며 주식의 시장가치를 반영한다.

[표 20.1] 인수되기 전인 2014년 8월 30일 **현재 패밀리달러 대차대조표**[2)]

(백만 달러)			
유동자산	2,102.0	차입금 제외 유동부채	1,112.8
고정자산	1,688.2	차입금	500.4
영업권	0.0	기타부채	578.3
상표권과 기타 무형자산	0.0	부채총계	2,191.5
기타장기자산	67.0	자기자본	1,665.7
자산총계	3,857.2	부채와 자본총계	3,857.2

1) 시가총액은 주식의 한계 거래가격(최종 거래가격)을 기준으로 회사의 가치를 평가한다.
2) 2014년 8월 30일자 패밀리달러 사업보고서 참조. 발행주식수 114.3백만 주와 기타 자료는 2014년 10월 28일자 패밀리달러 위임장권유서에서 인용.

둘째, 달러트리는 왜 패밀리달러의 시가총액에 1.59십억 달러의 프리미엄을 지급하겠다고 제안했는가? 이는 19장에서 논의한 합병의 시너지에 대한 기대 때문이다.

인수 제안가와 장부(회계)가치 사이의 차이는 합병 시점에 대차대조표를 재작성해 수정한다. 다시 말해 M&A의 경우 회계상 수치를 경제적 실질에 부합하도록 재작성한다. 패밀리달러의 경우 인수가격 8.52십억 달러와 순장부가치 1.67십억 달러의 차이인 6.85십억 달러를 자산으로 재무제표에 반영하게 된다. 위임장권유서에 따르면 패밀리달러는 그 차이를 다음과 같이 추정하고 있다.

영업권	$5.19십억
무형자산	$2.42십억
기타의 비유동자산(주로 이연법인세)	−$0.76십억
공정시장가치 조정 총계	$6.85십억

영업권(goodwill)이란 무엇인가? 이는 피인수회사의 순자산가치를 넘어 인수회사가 지불한 금액에 대한 회계상 조정액이다. 위에서 언급한 것처럼 달러트리의 제안가격은 패밀리달러의 회계상 순자산보다 훨씬 많다. 패밀리달러의 재무제표를 연결할 때 달러트리는 (특허권과 저작권과 같은 무형자산을 포함해) 모든 자산과 부채를 공정가치 또는 시장가치로 재평가하게 된다. 재평가에 따른 모든 차액은 대차대조표에 "영업권"으로 표시된다. 따라서 영업권은 매입가격에서 인수일의 자산과와 부채의 공정가치를 뺀 금액으로 평가된다.

무형자산(intangible asset)이란 무엇인가? 무형자산은 상표권, 특허권, 저작권, 기타 물리적이고 유형적인 형태를 갖지 않지만 경제적 가치를 가지는 자산을 말한다. 달러트리는 2.42십억 달러를 "패밀리달러"의 상표권 가치로 평가했다.

[표 20.2]는 이상의 조정사항을 반영하여 자산과 부채를 증액한 2014년 8월 1일자 패밀리달러의 대차대조표이다.

[표 20.2] 2014년 9월 1일 인수 이후 재작성된 패밀리달러 대차대조표

(백만 달러)			
유동자산	2,102.0	차입금 제외 유동부채	1,112.8
고정자산	1,668.2	차입금(+6,810)	7.310.4
영업권(+5,190)	5,190.0	기타부채(+760)	1.338.3
상표권과 기타 무형자산(+2,420)	2,420.0	부채총계	9.761.5
기타장기자산	67.0	자기자본(−1,665.7+1,705.7)	1.705.7
자산총계(+7,160)	11,467.2	부채와 자본총계(+7,610)	11.467.2

이 재무제표는 패밀리달러 구주를 현금 6.81십억 달러와 1.71십억 달러의 달러트리 신주 등 총 인수가격 8.52십억 달러에 재매입하여 소각한다고 가정한다. 영업권, 상표권, 부채는 위에서 설명한 것처럼 공정가치로 조정한다.

이제 우리는 가치평가를 위한 준비를 마쳤다. 가치평가는 추정 손익계산서와 대차대조표 작성에서 시작한다. 이 재무제표를 바탕으로 기업잉여현금흐름을 도출한다. 다음으로 회사의 WACC를 추정한다. 이를 위해서는 향후 자본구조뿐 아니라 타인자본과 자기자본비용을 추정해야 한다. 이렇게 추정한 현금흐름을 WACC를 할인한다. 마지막으로는 여러 기법들을 활용하여 영구가치를 산출한다. 인수가격, 현금흐름과 영구가치의 할인액을 합산하면, 이 합병에서 달러트리가 얻게 되는 가치 추정치가 산출된다.[3)]

기업잉여현금흐름

우리는 이제 패밀리달러의 현금흐름을 계산할 준비가 되었다. [표 20.3]은 2010년부터 2014년까지 인수 전 5개 회계연도 동안의 실제 손익계산서와 대차대조표이다.[4)]

[표 20.3] 인수 이전 패밀리달러 재무제표 2010 ~ 2014

손익계산서(천 달러)	2010.8.28.	2011.8.27.	2012.8.25.	2013.8.31.	2014.8.30.
매출액	7,866,971	8,547,835	9,331,005	10,391,457	10,489,330
매출원가	5,058,971	5,515,540	6,071,058	6,836,712	6,958,045
매출총이익	2,808,000	3,032,295	3,259,947	3,554,745	3,531,285
판매비와 관리비	2,060,365	2,211,768	2,381,899	2,627,303	2,844,372
감가상각비	172,037	182,455	213,835	239,485	265,461
영업이익	575,598	638,072	664,213	6877957	421,452
이자비용	1,597	1,532	927	422	190
이자수익	-	-	23,888	28,206	31,150
기타손익	13,337	22,446	25,090	25,888	30,038
세전이익	563,858	617,158	663,938	690,697	422,754
법인세	205,723	228,713	241,698	247,122	138,251
당기순이익	358,135	388,445	422,240	443,575	284,503

3) 실제 재무수치는 2014년 말을 기준으로 한다. 우리는 향후 5년간의 현금흐름과 영구가치를 추정하며, 이를 모두 2015년 개시 시점으로 할인한다.

4) 2014년 대차대조표 수치는 [표 20.2]와 같은 합병 조건을 가정해 조정된 것이다. [표 20.3]과 [표 20.4]는 순운전자본(유동자산 - 유동부채)을 좌측인 자산 쪽에 두고 있다. 이렇게 되면 자산총계와 부채총계는 유동부채만큼 줄어든다. [표 20.2]가 유동부채를 우측의 부채 쪽에 보여주는 것과는 차이가 있다.

대차대조표(천 달러)	2010.8.28.	2011.8.27.	2012.8.25.	2013.8.31.	2014.8.30.
유동자산	1,660,208	1,533,844	1,768,170	1,857,005	2,102,046
유동부채	1,054,487	1,000,855	1,034,457	1,064,022	1,112,830
순운전자본	605,721	532,989	733,713	792,983	989,216
고정자산(PP&E)	1,111,966	1,280,589	1,496,360	1,732,544	1,688,213
기타자산	209,883	181,772	108,535	120,312	67,036
자산총계	1,927,570	1,995,350	2,338,608	2,645,839	2,744,465
단기차입금	–	16,200	31,200	16,200	16,200
장기차입금	250,000	532,370	516,320	500,275	484,226
기타부채	256,016	359,706	493,461	530,309	578,314
부채총계	506,016	908,276	1,040,981	1,046,784	1,078,740
자본총계	1,421,554	1,087,074	1,297,627	1,599,055	1,665,725
부채와 자본총계	1,927,570	1,995,350	2,338,608	2,645,839	2,744,465
차입비율	15.0%	33.5%	29.7%	24.4%	23.1%

[표 20.4]는 인수에 따른 시장가치 조정(이 경우 영업권, 상표권, 부채)을 반영해 [표 20.2]를 재작성한 2015년부터 2019년까지 5년 동안의 패밀리달러 추정 재무제표이다.

[표 20.4] 인수에 따른 조정을 반영한 패밀리달러의 인수 후 재무제표, 2015 ~ 2019

손익계산서(천 달러)	2015	2016	2017	2018	2019
매출액	11,207,000	12,355,000	13,523,000	14,537,225	15,627,517
매출원가	7,306,964	8,055,460	8,816,996	9,478,271	10,189,141
매출총이익	3,900,036	4,299,540	4,706,004	5,058,954	5,438,376
판매비와 관리비	2,942,014	3,081,623	3,267,248	3,512,193	3,775,608
감가상각비	310,000	307,000	306,000	305,000	304,000
영업이익	648,022	910,917	1,132,756	1,241,761	1,358,768
이자비용	381,702	377,284	388,580	400,060	410,153
세전이익	266,320	533,633	744,176	841,701	948,615
법인세	95,343	191,041	266,415	301,329	339,604
당기순이익	170,977	342,592	477,761	540,372	609,011

대차대조표(천 달러)	2015	2016	2017	2018	2019
유동자산	2,151,744	2,372,160	2,596,416	2,791,147	3,000,483
유동부채	1,277,598	1,408,470	1,541,622	1,657,244	1,781,537
순운전자본	847,146	963,690	1,054,794	1,133,904	1,218,946
고정자산(PP&E)	1,748,292	1,927,380	2,109,588	2,267,807	2,437,893
영업권	5,190,000	5,190,000	5,190,000	5,190,000	5,190,000
무형자산: 상표권	2,420,000	2,420,000	2,420,000	2,420,000	2,420,000
기타자산	67,036	67,036	67,036	67,036	67,036
자산총계	10,299,474	10,568,106	10,841,418	11,078,747	11,333,875
단기차입금	16,200	16,200	16,200	16,200	16,200
장기차입금	7,239,260	7,456,503	7,677,261	7,871,360	8,077,768
기타부채	1,338,314	1,338,314	1,338,314	1,338,314	1,338,314
부채총계	8,593,774	8,811,017	9,031,775	9,225,874	9,432,282
납입자본금	1,705,700	1,705,700	1,705,700	1,705,700	1,705,700
이익잉여금	0	51,389	103,943	147,173	195,893
자본총계	1,705,700	1,757,089	1,809,643	1,852,873	1,901,593
부채와 자본총계	10,299,474	10,568,106	10,841,418	11,078,747	11,333,875
차입비율	81.0%	81.0%	81.0%	81.0%	81.0%

[표 20.5]는 [표 20.4]의 작성에 적용된 주요 가정을 보여준다. 이들 가정은 상당수는 패밀리달러의 위임장권유서에 나와 있다. 다만 언급한 것처럼 위임장권유서에는 재무추정에 필요한 가정이 모두 제시되어 있지는 않다. [표 20.5]는 저자들이 위임장권유서의 결과를 역산해서 계산한 내용도 포함하고 있다.

[표 20.5] 추정 재무제표 작성 가정

손익계산서 가정

a. 2015 ~ 2017년 매출은 위임장권유서상 모건스탠리 추정치(각 해에 6.8%, 10.2%, 9.5% 성장) 적용. 2018 ~ 2019년 매출은 저자들의 판단에 따라 2010 ~ 2014년 연평균 매출성장률 7.5% 적용.

b. 매출원가는 2010 ~ 2014년 평균인 매출액의 65.2% 적용.

c. 2015 ~ 2017년 판관비는 모건스탠리의 영업이익 추정치를 바탕으로 매출액의 각각 26.25%, 24.94%, 26.16% 적용. 2018 - 2019년 판관비는 매출액의 2017년 수준인 24.16% 적용.

d. 2015 ~ 2017년 감가상각비는 위임장권유서상 모건스탠리 추정치 적용. 2018 ~ 2019년 상각비는 2015년부터 2017년 추세 반영.

e. 이자비용은 직전 연도 말 장단기 차입금에 (모건스탠리의 타인자본비용 추정치인) 5.2% 적용.

f. 세율은 모건스탠리가 위임장권유서에 적용한 35.8% 적용. 이는 미국 법인세율 35%에 주세와 재산세에 대한 세율 0.8%를 가산한 것임. 참고로 2010 ~ 2014년 패밀리달러의 평균 세율은 35.7%였음.

대차대조표 가정

a. 유동자산, 유동부채, PP&E는 2010 ~ 2014년 평균을 적용하여 매출액의 각각 19.2%, 11.4%, 15.6% 적용.
b. 영업권, 무형자산, 차입금, 기타부채는 공정가치를 초과하는 인수가격을 반영하여 [표 20.2]와 같이 조정.
c. 기타자산, 단기차입금, 기타부채는 일정하다고 가정.
d. 자기자본(이익잉여금)은 당기순이익에서 배당금을 차감한 만큼 증가함. 배당은 차입비율을 일정하게 유지하는데 필요한 (플러그 수치인) 차입금 규모에 따라 결정. 결과적으로 배당과 차입금은 모두 플러그 수치로 결정됨.

우리는 앞에서 EBIT * $(1 - T_c)$에 감가상각비를 더하고 CAPEX와 순운전자본 증가액을 뺀 후 이연법인세 변동액과 엑스트라 항목을 조정해 기업잉여현금흐름(FCF_f)을 추정했다.[5)]

$$FCF_f = EBIT * (1 - T_c) + Dep - CAPEX - (NWC_{end} - NWC_{begin}) + Extras$$

FCF_f = 기업잉여현금흐름
EBIT = 이자와 세금 차감 전 이익(영업이익)
T_c = 회사의 평균세율
Dep = 감가상각비와 감모상각비
CAPEX = 자본적 지출
$NWC_{end/begin}$ = 연말 · 연초의 순운전자본(현금 + 매출채권 + 재고자산 - 매입채무)
Extras = (모든 경우에 발생하지는 않는) 보조금과 같은 항목

EBIT * (1 - Tc)

보다 심도 있는 학습을 위해 공식에 대해 좀 더 살펴보자. 손익계산서에는 당기순이익과 세금이 나와있다. 하지만 EBIT * $(1 - T_c)$는 표시되지 않는다. 이 항목이 손익계산서에서 표시되지 않는 것은 회사가 EBIT에 대해 세금을 내지 않기 때문이다. 법인세 산정에서 이자비용은 공제대상이기 때문에 회사는 이자비용을 차감한 (EBIT - I)에 대해 세금을 낸다. 이는 손익계산서에 세전이익으로 표시된다. 다시 말해 회사가 부담할 세액을 계산하기 위해서는 EBIT에서 이자비용을 차감해야 한다.

---

5) 이 공식에서는 순운전자본에 이연법인세 변동액이 포함되었다. 일부 공식에서는 이연법인세 변동액이 별도 항목으로 열거되기도 한다. 이때 증가액을 차감하고 감소액을 가산하기 때문에 이 공식을 증가액만큼 빼는 것으로 표시할 수도 있다.

*그렇다면 회사는 이자비용을 공제받아 (EBIT − I)에 대해 세금을 내는데 왜 기업잉여현금흐름 기법에서는 EBIT * (1 − Tc)를 사용하는가?* 그 이유는 이 기법이 세금절감의 가치를 포착하는 방식 때문이다. FCF_f 접근법에서 세금절감의 가치는 할인율인 WACC에 고려된다. 이것은 세금절감의 효과를 할인율에 고려하기 때문에 현금흐름을 계산할 때는 이를 고려할 필요가 없다는 의미이다.

WACC의 공식을 기억해보자.

$$WACC = K_0 = (D / (D + E)) * K_d * (1 - T_c) + (E / (D + E)) * K_e$$

D = 이자부부채(차입금)
E = 자기자본
(D/(D + E)) = 자본구조에서 이자부부채가 차지하는 비중
(E/(D + E)) = 자본구조에서 자기자본이 차지하는 비중
K_d = 타인자본비용(부채의 비용)
T_c = 한계세율
K_e = 자기자본비용

WACC는 세후 타인자본비용인 $K_d * (1 - T_c)$를 사용하는데, 이는 할인율에서 부채에 대한 이자비용의 세금절감 효과를 반영한다는 의미이다. 이자비용의 세금절감 효과를 현금흐름과 할인율에 이중으로 반영하지 않기 위해 세금을 계산하기 전 이익에서 이자비용을 차감하지 않는 것이다.

$EBIT * (1 - T_c)$항은 다음과 같이 나타낼 수 있다.

$$EBIT * (1 - T_c) = (EBIT - I) * (1 - T_c) + I * (1 - T_c)$$
$$EBIT * (1 - T_c) = NI + I * (1 - T_c)$$

두 공식은 단순히 수학적인 변환에 불과하며 회계나 재무상의 특별한 의미를 가지고 있지는 않지만, 뒤에서 보는 것처럼 이를 주주잉여현금흐름 공식에 대체해 사용할 것이다.

WACC와 자본구조

17장 "가치평가의 확장"에서 언급한 것처럼 기업잉여현금흐름 접근법의 WACC는 몇 가지 강력한 가정을 가진다. 그 중 하나가 자본구조가 변동하지 않는다는 것이다. 즉, 부채/자본의 비율이 일정하게 유지된다고 본다. 또 다른 강력한 가정은 세금절감의 가치가 $K_d * (1 - T_c)$를 통해 WACC에서 포착된다는 것이다. 중요한 것은 FCF_f 접근법에서는 자본구조가 변경되더라도 현금흐름에는 영향을 미치지 않는다고 본다. $EBIT * (1 - T_c)$는 금융부채나 이

자비용의 규모에 따라 변동하지 않는다. 공식에 나와 있는 현금흐름의 모든 요소들도 그렇다. 따라서 당기순이익이나 이자비용과 달리 현금흐름은 부채와 관계없이 일정하게 유지된다.

부채의 사용 규모가 달리지면 현금흐름이 아닌 WACC에 변동이 발생해 기업가치에 영향을 미친다. 자본구조의 변동은 여러 측면에서 WACC에 영향을 준다. 부채와 자본의 비중은 당연히 변동한다. K_d와 K_e도 위험 수준에 따라 변동한다. (우리는 7장에서 부채 수준의 변동이 어떻게 기업의 K_d뿐 아니라 베타와 K_e, 나아가 K_0에 영향을 미치는지 살펴보았다.)

[표 20.4]에서 우리는 패밀리달러의 새로운 자본구조에는 이 회사를 인수하는데 사용된 모든 부채가 포함된다고 가정했다. 우리는 이 가정을 변경할 것이다. 다만 [첨부 20A]에서 보는 것처럼 이렇게 해도 기업잉여현금흐름에는 영향을 미치지 않는다는데 유의할 필요가 있다. 다시 말해 [첨부 20A]는 자본구조에서 부채가 차지하는 비중을 (저자들의 판단에 따라) 35.7%로 보았지만, 부채의 비중을 81%로 본 [표 20.4]에서와 동일한 기업잉여현금흐름이 산출된다.

상각비, 엑스트라, CAPEX, 운전자본

FCF_f 공식의 두 번째 항은 감가(감모)상각의 회계적 비용을 나타내는 Dep이다. 이것은 실제 현금흐름이 아닌 비현금비용이다. 하지만 상각비는 세금절감을 통해 현금흐름에 영향을 미친다. 예를 들어 100달러의 상각비를 인식했다면, 이는 회사의 잉여현금흐름에 어떤 영향을 미치는가? 공식에 따르면 이는 현금흐름을 100달러 증가시키는 것처럼 보인다. 그러나 감가상각비 100달러의 실제 현금흐름 효과는 얼마일까? $\$100 * T_c$이다. 다시 말해 세율이 35%이면 감가상각비 100달러는 정부에 납부할 세금 35달러를 줄여준다. 이는 기업잉여현금흐름의 증가액이다.

실제 기업잉여현금흐름 공식은 이 효과를 정확히 보여준다. 어떻게 보여주는가? 이는 다음과 같이 이 공식의 여러 항을 통해 작동한다. 감가상각비가 100달러 증가하면 EBIT는 100달러 감소한다. 결과적으로 현금흐름은 EBIT에서 세금을 뺀 $\$100 * (1 - T_c)$만큼 감소한다. 그렇다면 이것이 최종적인 현금흐름인가? 아니다. 앞의 금액에 상각비 100달러를 다시 더해주어야 한다. 이렇게 되면 $-\$100 * (1 - T_c) + 100$이 되어, 현금흐름에 미치는 최종적인 순효과는 $\$100 * T_c$가 된다.

이 사례를 다시 한 번 설명하면:

만일 감가상각비가 100달러 증가하면,

EBIT가 $\$100 \downarrow$ 이고,

이는 $EBIT * (1 - T_c)$에서 $-\$100 * (1 - T_c) \downarrow = -\$100 + \$100 * (T_c)$가 된다.

여기에 비현금비용인 감가상각비를 다시 더 해주면
순현금흐름 효과는 $-\$100 + 100 * (T_c) + \$100 = \$100 * (T_c)$가 된다.

따라서 공식에서 감가상각비가 100달러 늘어나면 현금흐름도 100달러 증가시키는 것처럼 보이지만 실제 현금흐름에 미치는 순효과는 $\$100 * T_c$만큼이다.[6)]

이 예에는 적용되지 않지만 영업권과 무형자산 상각이 재무보고와 세무보고 모두에 공제 대상이면 영업권 상각과 동일한 논리가 적용된다. 다만 오늘날 영업권과 다수의 무형자산은 재무보고에서 상각이 허용되지 않으며, 특수한 상황에서 세무 목적에 한해 공제가 허용된다. 영업권과 무형자산이 세무 목적상 상각될 수 있는 상황에서는 상각비에 T_c 곱한 순현금흐름 효과가 공식에 엑스트라(추가) 항목으로 포함되어야 한다.[7)]

엑스트라 항목의 또 다른 사례로 이자 보전이나 세금공제 혜택 같은 정보 보조금이 있다. 이는 현금흐름 추정에 회계상으로는 공제되지 않지만 세무상 공제되는 무형자산 상각비와 동일하게 처리한다. 다시 말해 기업이 창출하는 현금흐름에 그 세후 순효과는 별도 항목으로 고려한다. 패밀리달러의 위임장권유서에는 추가적인 비현금항목이 없기 때문에 이 사례에서도 엑스트라 항목은 무시하기로 한다.

기업잉여현금흐름 공식에서 다음으로 살펴볼 항목은 CAPEX와 운전자본 변동액이다. *CAPEX는 어떻게 파악하는가?* 우리는 PP&E 변동액이 CAPEX에서 감가상각비를 뺀 것과 일치한다는 사실을 안다. 이러한 사실은 3장과 15장에서 본 식료품 사례에서 직관적으로 파악할 수 있다. *저장고의 식품 보유액은 얼마나 변동했는가?* 이는 처음에 가지고 있던 금액에서 추가로 구매한 금액을 더하고 소비한 금액을 빼면 된다. CAPEX는 구매한 금액이고, 감가상각비는 소비한 금액이다. CAPEX에서 감가상각비를 빼면 PP&E의 변동액이 된다. 이때 대차대조표에서 PP&E의 기초와 기말 잔액의 차이로 PP&E의 변동액을 파악한 후 손익계산서에서 감가상각비를 찾으면 CAPEX를 계산할 수 있다.

마지막은 유동자산에서 금융부채를 제외한 유동부채를 뺀 순운전자본의 변동액이다. 이는 특정 기간 동안 순운전자본의 변동액을 말하며 단순히 기말 잔액에서 기초 잔액을 빼면 된다.

---

6) 여담이지만 이 질문은 헤지펀드 운영사인 블랙스톤그룹(Blackstone Group)의 취업 면접에 자주 등장하는 질문이다. 블랙스톤그룹은 면접에서 지원자들에게 가상적인 회사의 감가상각비가 증가할 때 현금흐름이 어떻게 되는지를 자주 질문했다고 한다. 이때 현금흐름 공식을 단순히 암기만 하고 있는 지원자라면 "감가상각비만큼 증가한다."고 답할 것이다. 하지만 지원자가 해당 공식을 정확히 이해하고 있다면 "감가상각비에 T_c를 곱한 금액만큼 현금흐름이 증가한다."고 답할 것이다.

7) 만일 특정 상황에서 재무보고 목적상 상각될 수 없는 영업권이 세무 목적상 상각될 수 있다면, 영업권 상각에 따른 세금 절감액은 기업잉여현금흐름에 포함되어야 한다. 이에 관한 세부적인 사항과 M&A의 세무상 이슈에 대해서는 Myron S. Scholes, Mark A. Wolfson, Merle Erickson, Michelle Hanlon, Edward L. Maydew, and Terry Shevlin, *Taxes and Business Strategy*, fifth ed. (Upper Saddle River, NJ: Prentice Hall, 2014)를 참고하라.

가치평가의 현실

애널리스트는 어떤 가치평가기법을 사용하며, 어느 기법이 가장 정확한가? 저자들 중 한명은 이 두 질문에 대한 대답에 관한 논문을 발표한 적이 있다.* 이 논문에서 애널리스트가 가장 일반적으로 사용하는 평가기법은 이익 멀티플인 것으로 조사되었다. 애널리스트의 99% 이상이 이 기법을 사용하는 것으로 나타났다. 반면 자산 멀티플은 애널리스트의 25.1%가 사용하고 있었고, 현금흐름할인은 12.8%만이 사용하고 있었다.

학술적 관점에서 진짜 충격적인 것은 이런 기법들의 정확도에 큰 차이가 없어 보인다는 점이었다. 논문에 따르면 기업잉여현금흐름을 사용하는 애널리스트의 정확도가 이익 멀티플을 사용하는 애널리스트보다 크게 정확하지 않았다고 한다.

그렇다면 왜 여러 기법을 배우고 사용해야 하는가? 실제 여러분이 투자은행이나 회사 재무부서에서 일한다면 다양한 현금흐름할인에 익숙해질 것을 요구받게 된다. 다시 말해 여러분의 첫 직장이 어디인지, 그리고 연봉은 어떻게 되는지가 이러한 기법을 이해하고 활용할 수 있는 능력에 따라 결정된다는 것이다. (다만 이 연구에 따르면 비표준적 기법을 채택한 독특한 모형을 사용하는 애널리스트의 정확도는 더 낮았다.)

* P. Asquith, M. Mikhail, and A. Au, "Information Content of Equity Analyst Report," *Journal of Financial Economics* 75 (February 2005): 245-282.

현금흐름 추정

이제 우리는 패밀리달러의 기업잉여현금흐름을 추정할 준비가 되었다. [표 20.6]는 기업잉여현금흐름의 추정 결과이다.

[표 20.6] 패밀리달러의 추정 기업잉여현금흐름

(백만 달러)	2015	2016	2017	2018	2019
당기순이익	170,977	342,592	477,761	540,372	609,011
이자비용 * $(1-T_c)$	245,053	242,216	249,469	256,839	263,318
상각비	310,000	307,000	306,000	305,000	304,000
CAPEX	370,079	486,088	488,208	463,219	474,086
순운전자본 변동액	115,070	(89,544)	(91,104)	(79,110)	(85,043)
잉여현금흐름	471,021	316,176	453,918	559,882	617,200

기업잉여현금흐름 수식을 다시 한 번 생각해보자.

$$FCF_f = EBIT * (1 - T_c) + Dep - CAPEX - (NWC_{end} - NWC_{begin}) + Extras$$

$EBIT * (1 - T_c)$는 손익계산서에 나오지 않기 때문에 [표 20.4]의 당기순이익에 세후 이자비용을 더해 계산한다. 이를 재구성한 수식은 다음과 같다.

$$EBIT * (1 - T_c) = NI + I * (1 - T_c)$$

여기에 감가상각비를 더하고 CAPEX를 뺀 후 순운전자본 변동액을 조정한다.

이상의 과정을 2015년에 대해 따라가 보기로 하자. [표 20.4]에서 2015년 당기순이익은 171.0백만 달러이다.

여기에 세후 이자비용을 가산한다. 그렇다면 세후 이자비용은 어떻게 계산하는가? [표 20.4]에는 금융부채(차입금)에 대한 세전 이자비용 381.7백만 달러가 추정되어 있다. 다만 세후 이자비용은 나와 있지 않기 때문에 이를 따로 계산해야 한다. 당시 (그리고 표에 사용된) 세율이 35.8%이기 때문에 세후 이자비용은 245.0백만 달러($381.7 * (1 - 35.8%) = $381.7 * 64.2%)이 된다.

$$EBIT * (1 - T_c) = NI + I * (1 - T_c) = \$171.0 + \$245.0 = \$416.0$$

다음으로 [표 20.4]를 보면 감가상각비는 310.0백만 달러이다.

감가상각비와 PP&E의 기초/기말 잔액을 이용하면 CAPEX를 계산할 수 있다. [표 20.3]에서 2015년 기초 PP&E 잔액(2014년 말 PP&E 잔액)은 1,688.2백만 달러이다. [표 20.4]를 보면 2015년 말 PP&E 잔액은 1,748.3백만 달러이다. 여기에 감가상각비 310.0백만 달러를 결합하면 다음 공식에 따라 CAPEX를 구할 수 있다.

$$CAPEX = PP\&E_{end\text{-}of\text{-}the\text{-}year} + Depreciation - PP\&E_{start\text{-}of\text{-}the\text{-}year}$$
$$CAPEX = \$1,748.3 + \$310.0 - \$1,688.2 = \$370.1$$

이제 마지막으로 순운전자본의 변동액을 계산한다. 순운전자본은 2015년 초 989.2백만 달러에서 시작해 연말 874.1백만 달러로 끝난다. 이는 순운전자본이 감소한 것이며, 2015년 변동액은 115.1백만 달러의 현금흐름 유입을 의미한다.

이렇게 구한 각 구성요소를 공식에 대입하면 다음과 같이 2015년도 기업잉여현금흐름이 산출된다.

$$FCF_f = NI + I * (1 - Tc) + Dep - CAPEX - (NWC_{end} - NWC_{begin}) + Extras$$

$$= \$171.0 + \$245.0 + \$310.0 - \$370.1 + \$115.1 = \$471.0$$

2016 ~ 2019년 기간의 현금흐름은 이상과 같은 방식으로 산출하며, 산출된 결과는 [표 20.6]에 나와 있다.

자본비용 추정

기업잉여현금흐름을 추정했기 때문에 이제는 이를 할인하는데 필요한 할인율인 WACC(K_0)를 추정해야 한다. 우리는 두 가지 추정치를 고려한다. 하나는 모건스탠리가 작성한 달러트리의 위임장권유서에 나온 것이고, 하나는 저자들이 추정한 것이다.[8] 우리가 이 두 가지를 고려하는 주된 이유는 독자들에게 WACC와 관련된 뉘앙스를 설명하고 재무관리는 과학이 아닌 "기술"이라는 사실을 보여주기 위함이다.

$$WACC = K_0 = (D / D + E)) * K_d * (1 - T_c) + (E / (D + E)) * K_e$$

먼저 K_e부터 살펴보자. K_e의 추정 공식은 단일요인 CAPM이다.[9]

$$K_e = R_f + \beta(R_m - R_f)$$

R_m = 시장수익률
R_f = 무위험이자율
β = 위험척도

15장에서 논의한 것처럼 미국 국채를 이용하는 무위험이자율 R_f부터 살펴보자. 모건스탠리는 2014년 7월 25일 고시된 10년물 미국 국채(U.S. Treasury note) 시장이자율 2.48%를 참고하여 무위험이자율에 2.5%를 사용했다.

반면 장기 프로젝트의 경우 저자들은 장기간에 걸친 단기 국채수익률(T-bill rate)을 구하는데 최장기 미국 국채수익률에서 1%의 유동성 프리미엄을 빼주는 것이 더 적절한 방법이라고 생각한다. 따라서 저자들은 단기 국채수익률 3.24%에서 유동성프리미엄 1%를 차감한 2.24%를 무위험이자율로 사용한다.

모건스탠리는 패밀리달러의 베타 추정치로 바라(Barra Inc.)가 제시하고 있는 이 산업의 평균치 1.05를 사용했다.[10] 이를 위해 모건스탠리는 효과적으로 패밀리달러의 베타와 이 산

8) 특별한 언급이 없는 한 모건스탠리의 추정치는 패밀리달러 위임장권유서 117쪽에서 인용했다. 추정치 중 일부는 위임장권유서에 명시적으로 적시되어 있지만, 그렇지 않은 일부는 보간법으로 추정했다.

9) 17장 가치평가의 확장에서 언급한 것처럼 언젠가 K_e의 계산에 단일요인 CAPM보다 3요인 혹은 4요인모형이 더 많이 사용되는 시기가 올 것으로 생각한다.

업의 평균 베타 간에 유의한 차이가 있다고 보지 않는다고 말한다.

하지만 17장에서 언급한 것처럼 (이 사례에서와 같이) 인수 이후 회사의 레버리지가 변동할 경우 베타를 계산하는 "이론적으로 적정한" 방법은 현재 자본구조에 따른 베타를 무부채화한 후 예상되는 미래 재무구조를 반영해 재부채화하는 것이다. 다시 말해 현재 재무상태에서 부채베타를 구한 후 레버리지의 영향을 제거해 무부채베타를 계산한다. 그리고 이렇게 계산된 무부채베타를 인수 이후 회사의 예상 부채 수준에 따라 조정하는 것이다. 17장에서 언급한 것처럼 베타를 무부채화/재부채화에는 여러 가지 공식이 존재한다. 여기서는 17장에서 추천한 공식을 사용한다.[11)]

$$\beta_{\text{unlevered}} = \beta_{\text{levered}} * (\text{자기자본} / (\text{이자부부채} + \text{자기자본}))$$

$$\beta_{\text{levered}} = \beta_{\text{unlevered}} * ((\text{이자부부채} + \text{자기자본}) / \text{자기자본})$$

이 공식의 중요 요소는 회사의 (1) 현재 베타, (2) 현재 재무구조, (3) 예상 재무구조 셋이다.

이 거래 시점에 패밀리달러의 베타부터 살펴보자. 저자들은 피밀리달러의 베타를 0.77로 추정했다. (이를 위해 우리는 패밀리달러의 실제 주가수익률을 합병 전 1년 동안의 시장수익률에 회귀분석을 실행했다.)

다음으로 패밀리달러의 현재 재무구조는 어떠한가? 다시 말해 0.77의 베타를 계산할 때 사용된 재무구조는 어떠한가? 먼저 우리는 패밀리달러의 부채를 파악할 필요가 있다. 인수 시점에 패밀리달러의 부채는 500.4백만 달러이다. 신규 부채를 조달하기 위해 잉여현금으로 이를 상환할 수 있지만, 이 사례에서는 잉여현금이 없는 것처럼 보이기 때문에 500.4백만 달러 전부가 신규 부채가 된다.[12)]

둘째, 패밀리달러 주식의 가치를 찾아보자. 회계사들의 재무보고에 따르면 패밀리달러의 주식가치는 1.67십억 달러이다. 하지만 이것은 장부가치이며, 우리는 시장가치를 사용해야 한다. **어떻게 패밀리달러 주식의 시장가치를 구할 수 있을까?** 주당 74.50달러의 패밀리트리 인수 제안이 접수된 2014년 8월 31일 현재 패밀리달러의 발행주식수는 114백만 주였다. 하지만 시장가치 계산에 주당 74.50달러를 사용하지 않는다. **주식의 시장가치를 계산할 때, 왜 달러트리의 인수**

10) 현재는 MSCI에 인수된 바라(Barra)사는 다양한 재무정보를 투자자들에게 제공하고 있다.
11) 17장과 같이 여러 공식을 사용하더라도 레버리지 변화가 심각하게 크지 않으면 결과 차이는 그렇게 크지 않다.
12) 잉여현금과 이것이 베타에 미치는 영향에 대해 다시 한 번 살펴보자. 현금의 베타는 얼마인가? 잉여현금이 자본구조에 포함되면 측정된 베타가 작아진다. 많은 애널리스트들이 동일한 산업 내에 있는 일본회사와 미국회사의 베타를 비교했을 때 일본회사의 자본비용이 낮아 보인다는 것을 발견했다. 그 주된 이유는 일본회사들이 미국회사들보다 현금 보유액이 훨씬 많음에도 불구하고 애널리스트들이 잉여현금의 영향을 제외하지 않았기 때문이다. 만일 어떤 회사 자산의 절반이 현금이고 비현금 자산의 베타가 1이라면 회사에 베타는 0.5가 된다. 이는 자산의 절반이 베타가 1이고 나머지 절반은 베타가 0이기 때문에 전체 베타는 0.5로 추정되기 때문이다. 일본회사의 재무제표에 반영된 잉여현금을 조정하면 일본회사와 미국회사 간 베타의 차이는 대부분 사라진다.

제안가를 사용하지 않는가? 인수 이전의 차입비율을 사용해 베타를 무부채화한 후 이를 인수 후의 차입비율로 재부채화하기 때문이다. 인수 이전의 주가는 60.66달러로, 주식가치는 총 6.9십억 달러($60.66 * 114)이다. 베타 0.77이 이 주식의 주가수익률을 시장수익률에 회귀분석한 결과라는 것을 기억할 것이다. 따라서 투입값인 베타는 인수 제안가인 74.50달러가 아닌 인수 이전의 주가(시장가격)를 사용한다.

결과적으로 인수 이전 전체 자본에 대한 부채의 비중은 6.8%($0.5 / ($0.5 + $6.9))이다. 우리는 이를 이용해 인수전 베타(0.77)를 무부채화한다.

$$\beta_{\text{unlevered}} = \beta_{\text{levered}} * (\text{자기자본} / (\text{차입금} + \text{자기자본})) = 0.77 * (\$6.9 / \$7.4) = 0.72$$

이제 이 무부채베타를 재부채화하기 위해서는 인수 이후 패밀리달러가 운영될 것으로 예상되는 부채 수준을 파악해야 한다. [표 20.2]의 추정 대차대조표를 보면 인수 후 전체 차입금은 7.3십억 달러이고 회계상 자기자본은 1.7십억 달러이다. 차입비율은 81%가 된다. 하지만 반드시 이 수준에서 달러트리가 패밀리달러를 운영한다고 볼 수는 없다.

81%의 차입비율은 인수를 위한 "자금조달의 실행"을 나타낼 뿐 (17장에서 논의한 것을 기억한다면) 반드시 이 회사가 미래에 어떻게 자금을 조달할 것인지를 나타낸다고 볼 수 없다. 우리의 관심사는 회사가 어떤 자본구조로 운영될 것인지를 결정해야 한다는 것이다. 만일 우리가 회사 내부에서 가치를 평가하고 있다면 내부자로서 새로운 자본구조를 쉽게 파악할 수 있을 것이다. 비슷하게 우리가 회사가 고용한 인베스트먼트 뱅커라면 추정에 사용할 자본구조를 회사에 물어볼 수 있을 것이다. 또한 우리가 애널리스트라면 애널리스트 미팅이나 M&A 로드쇼에서 그에 관해 질의할 수 있다. 다만 우리는 이런 것들이 전부 불가능하기 때문에 패밀리달러의 자본구조 추정에 다른 방법을 사용할 것이며, 이렇게 추정된 자본구조를 모건스탠리의 추정치와 비교해보기로 한다.

2015년 10월 21일 현재 이 산업 내에 있는 주요 경쟁회사들의 자본구조는 다음에서 보는 바와 같다.

(십억)	금융부채(차입금)	시가총액	차입비율	베타[13)]
월마트	$49.7	$188.4	20.9%	0.83
달러트리	$8.4	$15.1	35.7%	1.03
달러제너럴	$2.9	$19.8	12.7%	1.30

위의 달러트리 차입비율은 인수 이후로 달러트리와 패밀리달러의 합병 이후를 나타낸다.

13) 야후 파이낸스(Yahoo! Finance)에서 인용.

위 표에서 우리는 7.3십억 달러의 차입금이 패밀리달러의 인수에서 발생한 것이란 것을 알게 된다. 저자들은 달러트리가 부채를 아주 적게 사용해 합병주체(달러트리)를 경영하는 반면 합병객체(패밀리달러)는 대규모 부채를 사용해 경영할 것으로 보지는 않는다. 두 회사가 비슷한 위험을 가진 동일 산업 내에 있기 때문에 합병의 중요한 전략적 합리성 중 하나는 두 회사 간의 시너지이다. 따라서 저자들은 달러트리의 두 부분(기존 회사와 인수한 회사)을 35.7%의 동일한 자본구조로 운영할 것으로 가정한다. (이는 내부자로서 검토를 수행한 모건스탠리의 추정치와는 다소 차이가 있지만, 그렇게 큰 차이가 있는 것은 아니다.)

다시 말해 달러트리는 자신의 대차대조표 레버리지를 높이기 위해 패밀리달러를 사용하고 있다. 패밀리달러 주식은 더 이상 거래되지 않으며, 우리가 달러트리가 자신의 레버리지를 높이기 위해 패밀리달러 인수를 효율적으로 활용했다고 가정하기 때문에 우리는 다음과 같이 달러트리의 인수 후 예상 차입비율로 패밀리달러를 재부채화한다.

$$\beta_{\text{levered}} = \beta_{\text{unlevered}} * ((\text{차입금} + \text{자기자본}) / \text{자기자본})$$

$$\beta_{\text{levered}} = 0.72 * ((\$8.4 + \$15.1) / \$15.1) = 1.12$$

따라서 저자들은 (모건스탠리가 제시한 1.05가 아닌) 1.12를 부채베타로 사용한다.

이제 단일요인 CAPM을 이용해 K_e를 구한다. 지금까지 우리는 $R_f = 2.24\%$와 $\beta = 1.12$의 추정치를 계산해 두었다.

다음은 $(R_m - R_f)$ 추정치가 필요하다. 16장에서 논의한 것처럼 시장프리미엄을 어떻게 계산할 것인지에 대해서는 논란이 있다. 이봇슨 어소시에이츠(Ibbotson Associates)는 최장 1926년부터 현재까지 다양한 기간에 대한 $(R_m - R_f)$를 제공하고 있다.[14] 이 추정치는 대상기간에 따라 변동한다.[15] 2013년 재무관리 교수를 대상으로 한 설문조사 결과에 따르면 가치평가에서 채택된 미국 평균 시장프리미엄은 5.0%였다. 이는 평균값이며, 중위값은 5.24%였다.[16] 달러트리의 위임장권유서에 따르면 모건스탠리는 회사의 "경험과 전문적 판단"으로 2014년에 6.0%의 시장위험프리미엄을 사용했다. 이 수치는 이봇슨 어소시어츠의 추정치와 궤를 같이 하고 저자들 입장에서도 합리적이고 보수적으로 보인다. 또한 이는 현재 저자들이 대학에서 가르치는 수익률이기 때문에 여기서도 이를 사용하기로 한다.

자기자본비용 K_e는 베타에 $(R_m - R_f)$를 곱해서 무위험이자율을 더한다.

$$K_e = R_f + \beta(R_m - R_f)$$

14) 16장에서 설명한바 있지만, 현재 모닝스타의 계열사가 된 이봇슨 어소시에이츠는 재무정보를 제공하는 리서치 회사이다.
15) 저자들과 관련 내용에 정통한 실무자들은 추정에 기하평균이 아닌 산술평균을 사용한다는 것도 기억하자.
16) Pablo Fernandez, Pablo Linares, and Isabel Fdez. Acin, "Market Risk Premium Used in 88 Countries in 2014," IESE Business School, June 20, 2014.

모건스탠리의 추정치를 사용하면:

$$K_e = 2.50\% + 1.05 * (6.00\%) = 8.80\%$$

저자들의 추정치를 사용하면:

$$K_e = 2.24\% + 1.12 * (6.00\%) = 8.96\%$$

가정에 약간의 차이가 있지만 저자들과 모건스탠리는 유사한 자기자본비용을 추정하고 있다.

아래 공식에서 보듯이 WACC의 추정을 위해서는 이제 타인자본비용과 세율을 결정해야 한다.

$$WACC = K_0 = (D / (D + E)) * K_d * (1 - T_c) + (E / (D + E)) * K_e$$

모건스탠리는 세전 타인자본비용을 5.2%, 세율을 35.8%, 차입비율을 15%로 가정하고, WACC = K_0을 8%로 계산했다.[17)]

저자들은 자기자본비용, 세율, 차입비율 추정치를 가지고 있다. 따라서 WACC를 구하기 위해서는 모건스탠리가 추정한 세전 타인자본비용을 사용할지만 결정하면 된다. 모건스탠리는 달러패밀리의 차입금리를 5.2%로 보고 있다. 우리가 가정한 부채 수준이 약간 높기는 하지만 모건스탠리의 5.2% 추정치를 사용하면 WACC = K_0은 6.95%가 된다.

$$WACC = K_0 = (D/(D + E)) * K_d * (1 - T_c) + (E/(D + E)) * K_e$$
$$K_0 = 35.7\%(5.2\% * 1 - 0.358)) + 64.3\% * 8.96\% = 6.95\%$$

결국 모건스탠리가 추정한 자본비용은 8.0%이고, 저자들이 추정한 자본비용은 7.0%가 된다. 두 수치는 상당히 근접하는 것이고, 8.5십억 달러의 인수 제안을 수용할 것인지를 결정하려면 현금흐름과 할인율 모두에 대한 민감도분석을 실행해야 한다. 따라서 두 자본비용을 모두 사용할 필요가 있어 보인다.

우리는 35.7%의 차입비율을 사용한 반면 모건스탠리는 15%를 사용했다는 점을 기억하자. 부채 수준이 변동하면 K_0 역시 변동한다. 이때 6장과 7장에서 본 것처럼 K_0은 처음에는 하락하다가 이후 상승한다.

잠시 지금까지 논의를 정리해보자. 첫째, 우리는 기업잉여현금흐름 공식을 자세히 살펴보

17) 위임장권유서상에는 차입비율 추정치가 나와 있지 않지만 타인자본비용, 자기자본비용, WACC는 나와 있다. 이때 WACC가 8%되기 위한 차입비율은 15%로 계산된다.

았다. 이 장 이전에는 기본 공식을 제시했지만, 그에 대한 검증을 하지는 않았다. 이 장에서는 왜 EBIT$(1-T_c)$를 사용하는지 또한 세금절감의 효과는 오직 $T_c * Dep$임에도 왜 감가상각비 전액을 가산하는지와 같이 현금흐름 공식의 보다 세부적인 사항을 설명했다. 다음 장에서 주주잉여현금흐름을 분석할 때도 우리는 기업잉여현금흐름이 어떻게 도출되는지 살펴볼 것이다. 다음으로 우리는 재무추정이 어떻게 이루어지며, 이를 기업영업현금흐름 계산에 어떻게 사용하는지 살펴보았다. [첨부 20A]에서 우리는 기업잉여현금흐름이 자본구조에 관계없이 동일하다는 사실을 살펴볼 것이다. 마지막으로 모건스탠리와 우리가 계산한 WACC의 구성요소에 대한 추정치에 대해 살펴보았다.

현금흐름 할인

다음은 향후 5년 동안의 기업잉여현금흐름 추정치를 할인하는 단계이다. 즉 패밀리달러의 WACC로 2015~2019년 잉여현금흐름 추정치를 할인한다. 편의상 여기서는 모건스탠리의 $K_0 = 8.0\%$를 이용한 할인 결과만 제시한다. [표 20.4]는 향후 5년 동안 기업잉여현금흐름의 순현재가치가 1.93십억 달러라는 것을 보여준다.

[표 20.7] 패밀리달러 추정 현금흐름의 현재가치

(천 달러)	2015	2016	2017	2018	2019
기업잉여현금흐름	471,021	316,177	453,918	599,882	617,199
할인계수(할인율 8%)	1.0800	1.1664	1.2597	1.3605	1.4693
현재가치	436,131	271,071	360,338	440,928	420,063
순현재가치	**1,928,531**				

영구가치

여러분이 15장과 16장의 썬그린에 대한 논의를 기억한다면 현금흐름 가치평가의 마지막 단계는 영구가치 계산이다. 현금흐름을 영구적으로 계산하여 할인할 수 있다면 이상적이겠지만 이는 불가능하기 때문이다.

실무적으로 회사는 자신이 현실적으로 예측 가능한 기간 동안의 현금흐름을 추정한 후 영구가치를 계산하게 된다. (우리는 5년의 예측 기간을 사용한다. 패밀리달러의 위임장권유서에서 모건스탠리는 3년 동안의 현금흐름을 예측하고 있다.) 영구가치 계산에는 여러 가지

방법이 있다. 15장에서 논의한 것처럼 영구가치 계산에도 회사 가치를 평가하는 다섯 가지 방법이 모두 사용될 수 있다. 이전에 설명한 것처럼 영구가치의 적절성을 확보하기 위해서는 하나 이상의 방법을 사용해 영구가치를 계산하는 것이 중요하다.

통상 저자들은 영구연금 공식을 먼저 고려하지만, 달러트리의 경우에는 멀티플을 먼저 사용한다. 왜 그런가? 위임장권유서에서 모건스탠리가 영구가치 계산에 멀티플을 사용하고 있기 때문이다. 모건스탠리는 7.0 내지 8.0배의 EBITDA 멀티플을 사용했다. 모건스탠리는 3년 동안만 현금흐름을 분석했지만, 우리는 5년을 분석했기 때문에 2019년 말 영구가치 계산에 2019년도 EBITDA에 7.0과 8.0의 평균인 7.5배를 곱하기로 한다. (다시 말해 이것은 2019년 이후의 모든 현금흐름을 2019년으로 되돌리는 영구가치이다.)[18] 이 수치는 다시 WACC 8%로 2015 회계연도 개시 시점으로 할인되어야 한다.

[표 20.4]에서 보면 2019년 말 우리의 EBITDA 추정치는 1.66십억 달러이다.

당기순이익	$609.0백만
이자비용	$410.2백만
세금	$339.6백만
감가상각비	$304.0백만
EBITDA	$1,662.8백만

EBITDA 1.66십억 달러에 7.5배를 곱하면 2019년 말 영구가치는 12.47십억 달러로 추정된다. 이를 5년에 대해 연 8%로 할인하면 영구가치의 현재가치는 8.49십억 달러($12.47 / 1.08^5)가 된다.

EBITDA 멀티플 기법은 기업의 영구가치 추정에 사용되는가? 아니면 주식의 영구가치 추정에 사용되는가? 기업의 영구가치에 사용된다. 왜인가? EBIT와 EBITDA 멀티플은 기업가치 즉, 부채와 주식의 가치 합계액을 EBIT나 EBITDA를 나누어 계산한다. 따라서 이 멀티플을 사용하면 부채와 주식의 가치가 합산되어 추정된다. 반면 P/E 멀티플은 주가를 주당순이익으로 나누어 구한다. 이 멀티플은 EPS나 당기순이익을 사용하기 때문에 오직 주식의 가치만 고려하게 된다. (당기순이익은 EPS에 발행주식수를 곱한 것이다. 따라서 당기순이익에 P/E 멀티플을 적용하면 시가총액 추정치가 된다.) 이는 중요한 고려사항이다. 현금흐름과 영구가치의 귀속 대상을 구분하고 이를 섞어 사용하지 않도록 해야 하기 때문이다. 다시 말해 기업잉여현금흐름에 주식의 영구가치를 합산하거나, 주주잉여현금흐름에 기업의 영구가치를 합산해서는 안

18) 영구가치는 미래의 특정 시점에 회사의 가치를 보여준다. 가치평가를 위해서는 이를 현재가치로 할인해야 한다. 영구가치를 현재가치로 할인하지 않는 것은 학생들과 애널리스트들이 범하는 매우 일반적인 실수이기도 하다.

되기 때문이다[19]

이제 다른 기법으로 영구가치를 구하고 이를 멀티플로 구한 결과와 비교해보자. 두 번째 기법에서는 다음과 같은 영구연금 공식을 이용한다.

$$영구연금 = 잉여현금흐름 * (1 + g) / (k - g)$$

k = 할인율

g = 현금흐름의 성장률

어떤 현금흐름을 사용하는가? 기업잉여현금흐름이다. 이를 성장률에 따라 조정된 WACC로 할인해 기업의 영구가치를 계산한다.

[표 20.6]의 우리 추정에 따르면 마지막 해인 2019년 기업잉여현금흐름은 617.2백만 달러이다. 하지만 주지하는 것처럼 영구연금 공식은 한 해 전의 현재가치를 구하게 된다. 다시 말해 5차년도 말 현금흐름에 영구연금 공식을 적용하면 4차년도 말 시점의 영구가치가 산출된다. (16장에서 이에 관해 설명했고 이는 수학적 결과이지 재무관리는 아니라고 언급했었다.) 이것이 의미하는 것은 마지막 해의 현금흐름은 실제로는 어떤 성장률로 1년을 더 고려해야 한다는 것이다.

어떤 성장률을 사용하는가? 그리고 이를 어떻게 구하는가? 기존과 같은 성장이 지속된다고 생각하면 성장률을 역사적으로 추정할 수 있다. 또한 회사나 프로젝트의 현금흐름이 경기 전반의 성장률에 따라 성장한다면 경기 전반의 성장률을 사용할 수도 있다. 우리가 추정한 현금흐름의 증가율은 2018년 23.3%에서 2019년 10.2%로 감소한다. 우리는 이런 성장세가 영구적으로 지속될 것으로 기대하지 않으며, 따라서 보수적으로 미래 성장률을 3%로 가정한다. 다시 한 번 말하지만 이는 과학이 아닌 기술이다. 또한 어떤 점에서는 이 회사가 계속해서 경제 전반보다 빨리 성장할 수 없다는 것을 인식하는 것도 중요하다.

성장률이 3%이면 영구연금 공식의 분자는 635.7백만 달러($617.2 * 1.03)가 된다.

앞에서 할인율(K_0) 8.0%와 성장률(g) 3.0%를 적용하면 2019년 말 영구가치는 다음과 같이 추정된다.

$$\$635.7 / (8.0\% - 3.0\%) = \$12.71십억$$

8.0%의 할인율로 12.71십억 달러를 2019년 말에서 2015년 초로 할인하면 영구가치의 현재가치는 8.65십억 달러($\$12.71 / 1.08^5$)가 된다. 이는 위에서 EBITDA 멀티플로 구한 8.49십억 달러에 매우 근접하는 것이다.

19) 주식의 영구가치 역시 기업의 영구가치에서 부채의 영구가치(부채를 부채의 자본비용으로 할인해 현재가치를 구함)를 차감하는 방식으로 결정될 수 있다.

영구가치의 적절성

이제 17장의 영구가치 논의에서 학습했던 기법들 적용해보자. 이를 위해 NPV를 0으로 만드는 영구가치를 찾아본다. 이러한 NPV의 분기점이 되는 영구가치를 구한 후 이를 달성하는데 필요한 가정들을 점검한다. 이제 M&A 거래가 성사되도록 하는 분기점 가치를 구하는데 필요한 내재성장률(implied growth rate)을 결정해보자. 거래가격은 8.52십억 달러로 정해져 있다. 기업잉여현금흐름의 NPV는 1.93십억 달러이다. 이는 이 거래의 손익분기점이 되는 영구가치가 6.59십억 달러라는 의미이다. 이는 인수 제안 시점의 영구가치이다. 이를 8.0%의 할인율로 2019년 말까지 5년 뒤로 복리화하면 9.68십억 달러가 된다.

이제 우리는 다음 공식을 이용하면 손익분기점 달성에 필요한 요구성장률을 풀 수 있다.

$$\text{손익분기 영구가치} = \text{현금흐름} / (K_0 - g)$$

$$\rightarrow (K_0 - g) = \text{현금흐름} / \text{손익분기 영구가치}$$

$$\rightarrow g = K_0 - (\text{현금흐름} / \text{손익분기 영구가치})$$

$$\therefore g = 8\% - (\$635.7 / \$9.68) = 8\% - 6.6\% = 1.4\%$$

결과적으로 2019년 이후 현금흐름의 성장률이 1.4%를 넘어야만 NPV가 양의 값을 가지게 된다. 한편 손익분기점을 달성하는 EBITDA 멀티플은 5.83배(손익분기점 영구기치 $9.68 / EBITDA $1.66)이다. 이렇게 계산된 5.83배를 모건스탠리가 제시하는 7.0 내지 8.0배의 이 산업 평균 EBITDA 멀티플과 비교해 본다. 이 경우 이렇게 계산된 멀티플 추정치가 모건스탠리 추정치보다 작다는 점에서 우리는 영구가치가 달성 가능하다는데 어느 정도 확신을 가질 수 있게 된다.

가치평가의 종합

우리는 가치평가를 매입가격, 현금흐름의 현재가치, 영구가치의 현재가치 등 세 부분으로 나눈다.

이 회사의 가치평가를 다시 한 번 주식의 매입가격 8.52십억 달러에서 부터 정리해보자. 이 가격은 패밀리달러의 주식에 대한 매입가격이다. 하지만 우리가 주식을 매입하면 패밀리달러의 부채도 떠맡게 된다. 따라서 주식과 부채의 가치인 기업의 매입가격은 주식 8.52십억 달러에 부채 0.50십억 달러를 합한 9.02십억 달러가 된다.

이를 다른 방법으로 생각해보자. 현금 50만 달러에 주택을 매입한다고 가정하자. 일반적으로 이 가격은 모지기를 사용하지 않고 집을 구하는 가격이다. (여러분은 모기지로 주택을 구입하지만, 매도자는 통상 모기지가 없는 주택을 매수자에게 이전한다.) 하지만 여러분이 현금 50만 달러에 주택을 구입할 때 매도자의 모기지 30만 달러까지 인수해야 한다고 상상해보자. *이 경우 여러분은 이 주택에 얼마를 지불하게 되는가?* 80만 달러($50 + $30)이다. 회사를 매입하는 것도 다르지 않다. *여러분은 어떤 회사에 대해 얼마를 기꺼이 지불하려고 하는가?* 여러분이 어떤 회사의 지분 전부를 인수하면 차입금과 기타의 부채 역시 인수하게 된다. 따라서 우리가 기업잉여현금흐름을 사용한다면 현금흐름과 영구가치의 현재가치를 전체 기업에 대해 우리가 지불하는 가격과 비교해야 한다.

이렇게 구한 매입가격에 잉여현금흐름의 현재가치 1.93십억 달러를 더해준다. 마지막으로 여기에 영구연금 공식으로 구한 영구가치의 현재가치 8.65십억 달러를 가산한다.

매입가격	－$9.02십억
기업잉여현금흐름의 현재가치	＋$1.93십억
영구가치의 현재가치	＋$8.65십억
순현재가치	＋$1.56십억

17장에서 언급한 것처럼 어떤 부분에서 가장 많은 가치가 창출되는지 살펴보는 것은 중요하다. 즉, 현금흐름이 향후 몇 년 이내에 주로 발생하는지 아니면 영구가치가 얼마나 큰지 살펴보는 것이다. 위에서 보는 것처럼 패밀리달러의 가치는 대부분 5년간의 현금흐름이 아닌 영구가치에서 오고 있다. 이러한 사실은 달러트리가 M&A에 상당한 위험을 감수할 수 있다는 것을 나타낸다. 이것은 우리의 영구가치가 합리적인지 여부를 점검하기 위해 손익분기점에 대한 현실성 점검을 하는 이유이기도 하다. 동시에 1.56십억 달러의 NPV는 상당히 큰 것이어서 추가적 위험을 보상하는데 적절한 수준일 가능성도 말해준다.

참고: 17장에서 설명한 것처럼 저자들은 NPV가 양인 프로젝트를 접했을 때 사용하는 경험법칙을 가지고 있다. 즉, 이 프로젝트의 NPV가 왜 양인지 다섯 문장 이내로 설명하는 것이다. 여러분이 이를 할 수 없다면 우리는 그 결과를 믿을 수 없다. *그렇다면 여기서 우리는 이를 설명할 수 있는가?* 그렇다. 19장에서 논의한 바와 같이 달러트리는 매장 면적당 매출을 늘리는 동시에 300백만 달러의 비용을 절감(우리 분석에서는 절감액을 판관비에 반영)함으로써 패밀리달러의 경영효율성을 증가시킬 수 있다고 가정한다. 만일 이러한 가정이 달성 가능하다면 이는 양의 NPV를 설명하는 것이다.

요약정리

이 장에서 우리는 기업잉여현금흐름 기법을 이용해 M&A 대상인 패밀리달러의 가치를 평가했다. 우리는 패밀리달러의 위임장권유서에 제시된 수치들을 이용했고, 분석에 내재된 중요한 가정들에 대해서도 논의했다. 또한 미래의 현금흐름을 추정하고, 이를 할인하기 위한 할인율에 대해서도 살펴보았다. 그리고 멀티플과 영구연금 접근법을 사용해 영구가치를 계산하고, 영구가치의 현실성에 대한 검토를 진행했었다. 마지막으로 가치평가의 세 조각인 매입가격, 현금흐름 할인액, 영구가치 할인액을 합산해서 순현재가치를 구했다.

이 장의 목적은 기업잉여현금흐름에 대해 살펴보는 동시에 잉여현금흐름 접근법에 더 깊이 접근함으로써 단순한 암기가 아닌 공식과 방법론을 보다 심도 있게 이해하도록 하는데 있다.

이 장과 다음 장, 그리고 썬그린에 대한 15장과 16장, 가치평가의 뉘앙스를 다룬 17장은 기업가치평가를 학습하는 이 책의 접근법을 잘 보여준다. 만일 이 주제가 여러분에게 다소나마 생소하다면 처음부터 관련 장들을 다시 읽어 볼 것을 권고한다.

다음 주제

다음 장에서는 주주잉여현금흐름에 대해 소개한다. 또한 기업잉여현금과 주주잉여현금흐름 공식이 어떤 관계를 가지는지에 대해서도 알아본다. 22장에서는 패밀리달러의 가치평가와 M&A 스토리를 마무리 하고 무슨 일이 있었는지 알아보기로 한다.

[첨부 20A] 패밀리달러 추정 재무제표 - 일정 차입비율 유지 가정

[표 20A.1] 추정 손익계산서 - 일정 차입비율 유지 가정

(천 달러)	2015	2016	2017	2018	2019
매출액	11,207,000	12,355,000	13,523,000	14,537,225	15,627,517
매출원가	7,306,964	8,055,460	8,816,996	9,478,271	10,189,141
매출총이익	3,900,036	4,299,540	4,706,604	5,058,954	5,438,376
판관비	2,942,014	3,081,623	3,267,248	3,512,194	3,775,608
상각비	310,000	307,000	306,000	305,000	304,000
영업이익	648,022	910,917	1,132,756	1,241,760	1,358,768
이자비용	167,203	164,344	171,334	176,559	180,722
세전이익	480,819	746,573	961,422	1,065,201	1,178,046
세비용	172,133	267,273	344,189	381,342	421,740
당기순이익	308,686	479,300	617,233	683,859	756,306

[표 20A.2] 추정 대차대조표 - 일정 차입비율 유지 가정

(천 달러)	2015	2016	2017	2018	2019
유동자산	2,151,744	2,372,160	2,596,416	2,791,147	3,000,483
유동부채	1,277,598	1,408,470	1,541,622	1,657,243	1,781,537
순운전자본	874,146	963,690	1,054,794	1,133,904	1,218,946
유형자산(PP&E)	1,748,292	1,927,380	2,109,588	2,267,807	2,437,893
영업권	5,190,000	5,190,000	5,190,000	5,190,000	5,190,000
무형자산: 상표권	2,420,000	2,420,000	2,420,000	2,420,000	2,420,000
기타자산	67,036	67,036	67,036	67,036	67,036
자산총계	10,299,474	10,568,106	10,568,106	11,078,747	11,333,875
단기차입금	16,200	16,200	16,200	16,200	16,200
장기차입금	3,144,260	3,278,688	3,278,688	3,459,216	3,555,520
기타부채	1,338,314	1,338,314	1,338,314	1,338,314	1,338,314
부채총계	4,498,774	4,633,202	4,633,202	4,813,730	4,910,034
납입자본금	5,800,700	5,800,700	5,800,700	5,800,700	5,800,700
이익잉여금	0	134,204	134,204	464,317	623,141
자본총계	5,870,700	5,934,904	5,934,904	6,256,017	6,423,841
부채와 자본총계	10,299,474	10,568,106	10,568,106	11,078,747	11,333,875
차입비율	35.0%	35.7%	35.7%	35.7%	35.7%
배당성향	100.0%	72.0%	72.0%	77.0%	79.0%
배당금	308,686	345,096	345,096	463,219	617,201

[표 20A.3] 패밀리달러 추정 재무제표([표 20A.1]과 [표 20A.2]) 작성 가정

손익계산서 가정

a. 2015 ~ 2017년 매출은 위임장권유서상 모건스탠리 추정치(각 해에 6.8%, 10.2%, 9.5% 성장) 적용. 2018 ~ 2019년 매출은 저자들의 판단에 따라 2010 ~ 2014년 연평균 매출성장률 7.5% 적용.

b. 매출원가는 2010 ~ 2014년 평균인 매출액의 65.2% 적용.

c. 2015 ~ 2017년 판관비는 모건스탠리의 영업이익 추정치를 바탕으로 매출액의 각각 26.25%, 24.94%, 26.16% 적용. 2018 ~ 2019년 판관비는 매출액의 2017년 수준인 24.16% 적용.

d. 2015 ~ 2017년 감가상각비는 위임장권유서상 모건스탠리 추정치 적용. 2018 ~ 2019년 상각비는 2015년부터 2017년 추세 반영.

e. 이자비용은 직전 연도 말 장단기 차입금에 (모건스탠리의 타인자본비용 추정치인) 5.2% 적용.

f. 세율은 모건스탠리가 위임장권유서에 적용한 35.8% 적용. 이는 미국 법인세율 35%에 주세와 재산세에 대한 세율 0.8%를 가산한 것임. 참고로 2010 ~ 2014년 패밀리달러의 평균 세율은 35.7%였음.

대차대조표 가정

a. 유동자산, 유동부채, PP&E는 2010 ~ 2014년 평균을 적용하여 매출액의 각각 19.2%, 11.4%, 15.6% 적용.

b. 영업권, 무형자산, 차입금, 기타부채는 공정가치를 초과하는 인수가격을 반영하여 [표 20.2]와 같이 조정.

c. 기타자산, 단기차입금, 기타부채는 일정하다고 가정.

d. 자기자본(이익잉여금)은 당기순이익에서 배당금을 차감한 만큼 증가함. 배당은 차입비율을 일정하게 유지하는데 필요한 (플러그 수치인) 차입금 규모에 따라 결정. 결과적으로 배당과 차입금은 모두 플러그 수치로 결정됨.

[표 20A.4] 기업잉여현금흐름 추정([표 20A.1]과 [표 20A.2]로 추정)

(천 달러)	2015	2016	2017	2018	2019
당기순이익	308,686	479,300	617,233	683,859	756,306
이자비용 * $(1 - T_c)$	107,345	105,509	109,997	113,351	116,023
감가상각비	310,000	307,000	306,000	305,000	304,000
CAPEX	370,079	486,088	488,208	463,219	474,086
순운전자본 변동액	115,070	(89,544)	(91,104)	(79,110)	(85,043)
잉여현금흐름	471,022	316,177	453,918	559,881	617,200

CHAPTER 21

잉여현금흐름의 이해 (달러스토어)

지금까지 우리는 기업잉여현금흐름(free cash flow to the firm, FCF_f) 기법을 이용해 패밀리달러의 가치를 평가했다. 이 접근법은 현금흐름을 할인하는데 WACC를 사용한다. 이 장에서 우리는 잉여현금흐름 공식이 어떻게 도출되는지 보다 심도 있게 살펴본다. 우리는 또한 주주잉여현금흐름(free cash flow to equity, FCF_e) 기법을 소개하고 이를 구하는 과정을 살펴본다. FCF_e는 FCF_f에 비해 몇 가지 장점을 가진다. 특히 FCF_e는 차입비율이 변동하는 것을 허용하기 때문에 차입금 수준이 시간에 따라 크게 변동하는 LBO와 구조조정을 평가할 때 유용하게 활용될 수 있다. 또한 FCF_e는 이자율에 대한 보조금과 미국 세법의 이자비용 소득공제 한도의 문제도 해결할 수 있다. 이로 인해 이 접근법은 현재 대부분의 투자은행에서 LBO 가치평가로 불리며 기업잉여현금흐름 접근법과 병행해 사용되고 있다. 이처럼 많은 기업들이 FCF_f와 FCF_e를 모두 사용하고 있지만, 여전히 FCF_f 접근법을 주된 가치평가기법으로 사용하고 있는 것도 사실이다.

잉여현금흐름의 비교

15장과 20장에서 설명한 것처럼 기업잉여현금흐름 공식은 세후 EBIT에서 감가상각비를 더하고 CAPEX를 뺀 후 순운전자본 변동액과 엑스트라 항목을 더해준다.

$$FCF_f = EBIT * (1 - T_c) + Dep - CAPEX - (NWC_{end} - NWC_{begin}) + Extras$$

FCF_f = 기업잉여현금흐름

EBIT = 이자와 세금 차감전 이익
T_c = 기업의 평균세율
Dep = 감가상각비와 감모상각비
CAPEX = 자본적 지출
$NWC_{end/begin}$ = 연말/연초의 순운전자본(영업현금 + 매출채권 + 재고자산 − 매입채무)
Extras = 보조금 등의 항목(모든 경우에 발생하는 것은 아님)

주주잉여현금흐름 공식은 이와 좀 다르다. FCF_e는 당기순이익에 상각비를 더하고 CAPEX를 뺀 후 순운전자본 변동액과 엑스트라를 더한 후 마지막으로 차입금 변동액을 더해준다.

$$FCF_e = NI + Dep - CAPEX - (NWC_{end} - NWC_{begin}) + Extras + DebtIR$$

FCF_e = 주주잉여현금흐름
NI = 당기순이익
Dep = 감가상각비와 감모상각비
CAPEX = 자본적 지출
$NWC_{end/begin}$ = 연말 / 연초의 순운전자본(영업현금 + 매출채권 + 재고자산 − 매입채무)
Extras = 보조금 등의 항목(모든 경우에 발생하는 것은 아님)
DebtIR = 신규 부채 발행액 − 원금 상환액($Debt_{연말} - Debt_{연초}$)

이 두 공식은 비슷해 보인다. 상각비, CAPEX, 순운전자본 변동액, 엑스트라 등 많은 항들이 일치한다. 차이점은 기업잉여현금흐름은 EBIT * $(1 - T_c)$를 사용하고 차입금의 변동액을 포함하지 않는 반면 주주잉여현금흐름은 당기순이익을 사용하고 차입금 변동액을 포함한다는 점이다.

여러분은 이 전 장에서 EBIT * $(1 - T_c)$ = NI * I * $(1 - T_c)$였던 것을 기억할 것이다. FCF_f 공식에 이를 대입하면:

$$FCF_f = NI + I * (1 - T_c) + Dep - CAPEX - (NWC_{end} - NWC_{begin}) + Extras$$
$$FCF_e = NI + DebtIR + Dep - CAPEX - (NWC_{end} - NWC_{begin}) + Extras$$

따라서 두 잉여현금흐름의 차이는 다음과 같다.

$$FCF_f - FCF_e = NI + I * (1 - T_c) - (NI + DebtIR)$$
$$= NI + I * (1 - T_c) - NI - DebtIR$$
$$FCF_f - FCF_e = I * (1 - T_c) - DebtIR$$

위의 과정이 다소 복잡해 보이지만 대수적인 과정에 불과하다. 따라서 두 공식의 차이는 단순히 세후 이자비용에서 차입금 변동액을 뺀 것이 된다.

이제는 부채(차입금)에 대한 잉여현금흐름에 대해 살펴보자. 부채에 대한 잉여현금흐름은 이자 지급액과 부채 상환액, 다시 말해 원리금 상환액에서 신규 부채 발행액을 뺀 것이다. 채권의 현재가치를 구하기 위해서는 이자와 원금 상환액을 적절한 할인율(상환의 위험 프로파일이 비슷한 채권의 시장이자율)로 할인한다. 부채의 잉여현금흐름은 다음의 공식으로 나타낼 수 있다.

$$FCF_d = I - DebtIR$$

따라서 이상과 같이 세 가지 잉여현금흐름 공식을 나열하면 다음과 같다.

$$FCF_f = NI + I * (1 - T_c) + Dep - CAPEX - (NWC_{end} - NWC_{begin}) + Extras$$
$$FCF_e = NI + DebtIR + Dep - CAPEX - (NWC_{end} - NWC_{begin}) + Extras$$
$$FCF_d = I - DebtIR$$[1]

왜 $FCF_f \neq FCF_d + FCF_e$인가?

기업잉여현금흐름(FCF_f)은 주주잉여현금흐름(FCF_e)과 부채잉여현금흐름(FCF_d)을 더한 것과 정확히 일치하지 않는데 유의하자. 차이점은 FCF_f에는 $EBIT * (1 - T_c)$항이 들어있지만, FCF_e와 FCF_d의 합에는 오직 I항만 들어 있다. 이를 대수적으로 살펴보자.

$$FCF_f = NI + I * (1 - T_c) + Dep - CAPEX - (NWC_{end} - NWC_{begin}) + Extras$$
$$FCF_e + FCF_d = NI + DebtIR + 1 - DebtIR + Dep - CAPEX - (NWC_{end} - NWC_{begin}) + Extras$$

여기서 $NI + DebtIR + I - DebtIR = NI + I$이기 때문에;

$$FCF_f = NI + I * (1 - T_c) + Dep - CAPEX - (NWC_{end} - NWC_{begin}) + Extras$$
$$FCF_e + FCF_d = NI + I + Dep - CAPEX - (NWC_{end} - NWC_{begin}) + Extras$$

따라서 FCF_f는 FCF_e와 FCF_d의 합과 거의 일치하지만 $I * (T_c)$에 차이가 있다.

그렇다면 기업에 대한 잉여현금흐름은 주주와 채권자에 대한 잉여현금흐름을 더한 것과 같아서는 안 되는가? 즉, 자산으로부터의 현금흐름은 자본과 부채에 대한 현금흐름과 같아서는 안 된다는 것인가? 이에 대해서는 잠시 후 다시 살펴보기로 한다.

1) 물론 DebtIR을 뺀다는 것(마이너스 DebtIR)은 원리금의 상환을 의미한다.

할인율로 돌아가서

이제 두 가지 잉여현금흐름 기법에서 사용되는 할인율에 대해 살펴보자. 아는 것처럼 기업잉여현금흐름을 WACC로 할인하면 기업가치가 도출된다. 이 연장선상에서 주주잉여현금흐름을 자기자본비용으로 할인하면 주식가치가 도출된다. 또한 위에서 언급한 것처럼 부채에 대한 잉여현금흐름을 타인자본비용으로 할인하면 부채가치를 얻게 된다.

기업의 가치는 다음과 같이 부채가치와 주식가치의 합으로 계산된다.

$$V_f = V_d + V_e$$

하지만 언급했듯이 기업잉여현금흐름은 부채와 주식에 대한 잉여현금흐름의 합과 거의 일치하지만 정확히 같지는 않다. **왜 정확히 같지 않을까?** 그 이유는 기업잉여현금흐름을 할인하는데 사용되는 WACC(K_d)가 부채의 비중에 타인자본비용을 곱하고 자본의 비중에 자기자본비용을 곱해 더 한 것이 아니기 때문이다. K_o는 부채의 비중에 세후 타인자본비용을 곱하고 자본의 비중에 자기자본비중을 곱해 더한 것과 같다.

$$K_o \neq (D / (D + E)) * K_d + (E / (D + E)) * K_e$$

대신

$$K_o = (D / (D + E)) * K_d(1 - T_c) + (E / (D + E)) * K_e$$

이는 잉여현금흐름 공식이 단순히 각 자본비용의 가중평균이 아니라는 것이다.

WACC가 타인자본비용과 자기자본비용의 가중평균이 아니기 때문에 기업잉여현금흐름은 부채와 주식에 대한 현금흐름의 합과 일치하지 않는다. WACC 공식은 세금절감효과를 포착해주기 위해 세후 자본비용을 사용한다. 이는 우리가 기업잉여현금흐름 기법에서 EBIT * ($1 - T_c$)를 사용하는 이유이다. 이는 또한 기업잉여현금흐름이 부채와 주식에 대한 잉여현금흐름의 합과 일치하지 않는 이유이기도 하다.

기업잉여현금흐름이 주식과 부채의 잉여현금흐름의 합과 일치하면 더 좋지 않을까? 여러분은 WACC가 자산과 (자기/타인)자본 양측의 현금흐름을 등가로 만들어 주도록 정의되어야 한다고 생각할 수 있다. 그런 생각이 틀린 것은 아니지만, WACC는 재무관리 교수들이 잉여현금흐름 공식에 관여하기 훨씬 이전부터 정의되어 사용되어 온 용어이다. 따라서 다소 불합리해보여도 WACC의 이 정의를 수용할 수밖에 없다.

이제 WACC의 사용과 관련해 추가적으로 두 가지 주의할 점이 있다.

첫째, WACC는 차입비율(차입금 / (차입금 + 자기자본))이 일정하다고 가정한다. 다시 말해

WACC는 부채가 기업가치의 일정 비중으로 일정하게 유지된다고 가정한다. 따라서 기업가치가 두 배가 되면 부채도 두 배가 되는 식이다. (차입비율이 일정하다고 가정하기 때문이다.) 이는 매우 강력한 가정이며, 영구적으로 부채의 이자절감 효과를 반영한 결과이다.

왜 WACC가 일정한 차입비율을 가정한다는 사실을 인지하는 것이 중요한가? LBO의 가치평가를 생각해보자. (18장에서 다룬바 있는) LBO나 사모펀드 딜에서 회사는 처음에 아주 높은 레버리지를 사용하지만, 시간이 지나면 부채는 상환된다. 따라서 시간이 지나면서 기업가치가 증가하지만 부채는 줄어들 수 있다. 이 경우 당연히 차입비율은 기업가치의 함수로서 일정하지 않고 감소한다. (나중에 기업공개가 이루어지는 시점이 되면 레버리지는 다시 증가한다.) 이런 상황에서 차입비율의 변동을 허용하지 않는 WACC를 가치평가에 사용할 수는 없다. 이때는 주주잉여현금흐름을 자기자본비용인 K_e로 할인하는 가치평가 기법이 타당하다.

둘째, WACC는 타인자본비용이 항상 시장수익률이라고 가정한다. 이는 보조금이 없으며 모든 이자는 세금공제가 된다는 의미이다. (산업수익채권이나 7장에서 논의한 이자비용의 소득공제 한도가 존재하지 않는다고 본다.) 이 가정은 17장에서 본 것처럼 조정이 가능하긴 하다. 즉 보조금에서 발생하는 편익과 이자의 공제한도 설정에 따른 손실을 별도로 계산해 프로젝트의 가치에 더하거나 빼주면 된다.[2] 다만 FCF_e 공식에서는 (보조금이 있는 경우라도) 실제 이자지급액을 차감한 후에 세금이 계산되기 때문에 이 가정이 문제가 되지 않는다.

물론 WACC가 가지는 장점도 있다. 가장 큰 장점은 FCF_f와 WACC를 사용하면 기업의 잉여현금이 레버리지에 따라 변동하지 않는다고 보는 것이다. 레버리지를 변동시키면 무엇이 변동하는가? 할인율이 변동한다. 다시 말해 회사가 부채 수준을 변동시키면 K_o가 변동하는 것이다. 대신 레버리지가 변동해도 기업잉여현금흐름은 변동하지 않는다. 기업잉여현금흐름은 레버리지에 무관하게 도출된다. 이러한 장점으로 인해 회사에 여러 자본구조를 적용해 가치평가에 미치는 영향을 쉽게 파악할 수 있다.

주주잉여현금흐름

이제 다음 공식을 이용해 패밀리달러의 주주잉여현금흐름을 계산해보자.

$$FCF_e = NI + Depreciation + Amortization - CAPEX - (NWC_{end} - NWC_{begin}) + DebtIR + Extras$$

2) 예를 들어 17장에서 살펴본 자동차의 현금구매와 파이낸싱에 대한 비용 논의에서 WACC는 차입비용 6%이지 자동차 딜러가 제공하는 1%의 할인된 금리가 아니다.

81%의 차입비율을 가정한 [표 20.4]에서 2015년 추정 당기순이익은 171.0백만 달러이다. FCF_e를 계산하기 위해서는 세후 이자비용을 가산해야 하는가? 아니다. 세후 이자비용은 주주잉여현금흐름 공식에 나와 있지 않다. 왜 아닌가? 이자비용은 부채에 대한 현금흐름이고, 우리는 주식에 대한 잉여현금흐름을 구하고 있기 때문이다. (당기순이익은 계산에서 세금공제가 가능한 이자 부분만 공제된다. 따라서 이자비용 공제한도 30%는 반영된다.)

다음으로 감가상각비를 가산하고 CAPEX를 차감한다. 이 수치는 FCF_f에서와 같다. 즉 감가상각비는 310.0백만 달러, CAPEX는 370.1백만 달러이다.[3)]

FCF_e 접근법에서는 감가상각비 증가액은 모두 현금흐름으로 가산된다는데 유의하자. FCF_f 기법에서와 같이 감가상각비 증가액은 EBIT에서 차감되어 세금이 계산되기 때문에 이 현금흐름 공식에서도 감가상각비를 가산하는 순효과는 $Dep * T_c$가 된다.

다음 순운전자본 변동액은 20장에서와 같이 115.1백만 달러이다. 마지막으로 이전과 같이 이 사례에서는 엑스트라 항목은 고려하지 않는다. FCF_e 공식에 이들 수치를 대입하면 다음과 같이 잉여현금흐름을 얻게 된다.

$$FCF_e = NI + Depreciation - CAPEX - (NWC_{end} - NWC_{begin}) + Extras + DebtIR$$

$$FCF_e = \$171.0 + \$310 - \$370.1 + 115.1 + DebtIR$$

FCF_e 공식의 마지막 항은 부채(차입금)의 순증감액이다. 다시 말해 신규 부채 조달에 따른 유입액에서 원금 상환에 따른 유출액을 뺀 금액이다. 여러분은 아마도 부채 발행에 따른 유입액과 상환에 따른 유출액을 부채현금흐름이 아닌 주주현금흐름에 포함해서는 안 된다고 생각할 수 있다. 사실 이 두 항목은 부채과 주식 모두에 대한 잉여현금흐름의 일부이다.

어떻게 부채의 조달과 상환이 FCF_e와 FCF_d 모두에 포함될 수 있는가? 이들은 모두 부채와 자본을 구성하는 대차대조표의 조달(우측) 사이드에서 조정된다. 모든 신규 부채 조달액은 주주잉여현금흐름에 가산되고 부채잉여현금흐름에서 차감된다. 반대로 모든 부채 상환액은 주주잉여현금흐름에서 차감되고 부채잉여현금흐름에 가산된다. 이로 인해 이들은 두 가지 현금흐름 모두에 정확히 반대 방향으로 움직인다.

예를 들어보자. 어떤 회사가 100백만 달러의 부채를 발행했다면 이는 주주에게 가용한 부채로부터의 현금 100백만 달러가 된다. 따라서 주주잉여현금흐름은 100백만 달러만큼 증가하고, 부채잉여현금흐름은 100백만 달러 감소한다. 이 현금흐름은 오직 일방향이 아니라는데 유의하자. 따라서 부채가 궁극적으로 상환되는 시점에 주주잉여현금흐름은 동일한 금액만큼 줄어든다. 만일 이 회사가 100백만 달러의 부채를 상환하면 100만 달러는 더 이상

3) 편의상 앞 장에서와 같이 감가상각비와 감모상각비를 합쳐서 감가상각비라고 부르기고 한다.

주주들에게 가용하지 않게 된다. 따라서 부채의 잉여현금흐름은 100백만 달러 증가하는 반면 주식의 잉여현금흐름은 100백만 달러 감소한다.

참고로 회사가 배당을 지급하기 위해 차입을 하거나 부채를 발행할 수 있는가? 그렇다. AT&T는 항상 그렇게 해왔고 애플도 그랬다. 애플은 배당 지급에 필요한 현금을 보유하고 있지만 현금은 전 세계에 분산되어 있다. 이를 자국 내로 송금하면 미국 세법에 따라 세금이 부과된다. 애플 입장에서 해외 보유 현금을 미국으로 가져와 세금을 내기보다 차입금으로 배당을 지급하는 것이 비용 면에서 유리할 수 있다. 현재 기업들은 주주에게 배당하기 위해 차입을 할 수 있다. 그렇게 함으로써 현금흐름의 타이밍을 변경하게 된다. 부채는 궁극적으로 상환되기 때문에 이렇게 되면 미래에 주주들에게 돌아가는 현금은 줄어들게 된다.

패밀리달러의 주주잉여현금흐름으로 돌아가자. 패밀리달러의 부채 순변동액은 얼마인가? [표 20.4]를 보면 패밀리달러의 2015년 말 전체 차입금(단기차입금 + 장기차입금)은 7,255.5백만 달러이다. [표 20.2]를 보면 2015년 초(2014년 말) 전체 차입금은 7,310.5백만 달러이다. 이는 55.0백만 달러가 감소한 것으로 부채의 순상환을 나타낸다. (상환액이 발행액보다 많으면 주주잉여현금흐름 공식의 마지막 항은 음의 값을 가진다. 반면 상환액이 발행액보다 작으면 마지막 항은 양의 값을 가진다.) 공식에 55.0백만 달러를 대입하면 2015년 주주잉여현금흐름은 171.0백만 달러가 된다.

$$FCF_e = NI + Depreciation - CAPEX - (NWC_{end} - NWC_{begin}) + DebtIR + Extras$$

$$FCF_e = \$171.0 + \$310 - \$370.1 + \$115.1 - \$55.0$$

$$FCF_e = \$171.0$$

공식을 이해할 것인지 외울 것인지에 대한 논의로 돌아가자. 다음 공식을 기억할 것이다.

$$FCF_f = FCF_e + I * (T_c) - DebtIR$$

이 공식에 따라 주주잉여현금흐름 171.0백만 달러에서 시작해 세후 이자비용 245.0백만 달러를 더한 후 부채 순상환액 55.0백만 달러를 더해주면 471.0백만 달러가 남게 된다. (부채의 순발행액이라면 더해준다) 이는 20장에서 계산한 기업잉여현금흐름과 정확히 일치한다.

[표 21.1]은 차입비율을 81%로 가정한 [표 20.4]의 주주잉여현금흐름을 조정해 2015~2019년 주주잉여현금흐름을 도출하는 과정을 보여준다. ([첨부 21A]는 [첨부 20A]의 가정처럼 35.7%의 일정한 차입비율을 사용한 주주잉여현금흐름을 보여준다. 할인율이 변동하면 주주잉여현금흐름은 변동하지만, 기업잉여현금흐름은 일정하게 유지된다는데 유의하자.)

[표 21.1] 달러패밀리의 추정 주주잉여현금흐름([표 20.4] 참조)

(백만 달러)	2015	2016	2017	2018	2019
당기순이익	170,977	342,592	477,761	540,372	609,011
감가상각비	310,000	307,000	306,000	305,000	304,000
CAPEX	370,079	486,088	488,208	463,219	474,086
순운전자본 변동액	115,070	(89,544)	(91,104)	(79,110)	(85,043)
부채 변동액	(54,966)	217,243	220,758	194,099	206,407
주주잉여현금흐름	171,002	291,203	425,207	497,142	560,289
주주잉여현금흐름	171,002	291,203	432,207	497,142	560,289
이자비용 * $(1-T_c)$	245,053	242,216	249,469	256,839	263,318
부채변동액	54,966	(217,243)	(220,758)	(194,099)	(206,407)
기업잉여현금흐름	471,021	316,173	460,918	559,882	617,200

주주잉여현금흐름 공식의 이해

주주잉여현금흐름에 대해 좀 더 살펴보자. 반복하면 이 공식은 다음과 같다.

$$FCF_e = NI + Dep - CAPEX - (NWC_{end} - NWC_{begin}) + Extras + DebtIR$$

이 공식을 다른 방식으로 생각해보면 이는 당기순이익에서 순고정자산 증가액(+ Dep - CAPEX)과 순운전자본 증가액($NWC_{end} - NWC_{begin}$)을 빼고 엑스트라 항목과 부채 증가액($Debt_{end} - Debt_{begin}$)을 더해준 것이다.4) 엑스트라 항목이 없다면:

$$FCF_e = 순이익 - \triangle 순고정자산 - \triangle 순운전자본 + \triangle 순부채$$

잠시 아래와 같이 T-계정으로 나타낸 대차대조표에 대해 생각해보자.

대차대조표	
순운전자본5)	부채(차입금)
고정자산	자본

왼쪽의 자산은 우측의 부채(차입금)와 자본의 합과 같다. 양쪽이 균형을 맞추어야 하기 때문에 한쪽에 어떤 변화가 있다면 다른 한쪽에도 변화가 있어야 한다. 따라서 이를 수식으로 나타내면 다음과 같다.

4) 다시 말해 고정자산과 운전자본의 감소액은 현금흐름에 더해주고 부채 감소액(상환액)은 빼준다.
5) 설명의 편의를 위해 이 대차대조표는 유동자산에서 대차대조표 우측에 위치하는 유동부채 중 차입금을 제외한 운전자본 항목들을 차감하여 순운전자본으로 재구성하였다.

$$\triangle순운전자본 + \triangle고정자산 = \triangle부채 + \triangle자본$$

이를 다시 쓰면:

$$\triangle자본 = \triangle순운전자본 + \triangle고정자산 - \triangle순부채$$

자본은 당기순이익만큼 증가하고 배당만큼 감소한다. 이 관계는 다음과 같다.

$$배당 = 당기순이익 - \triangle자본$$

여기서 위의 식을 대입하면:

$$배당 = 당기순이익 - \triangle순고정자산 - \triangle순운전자본 + \triangle순부채$$

놀랍게도 이 공식의 우측은 주주잉여현금흐름 공식과 정확히 일치한다. 결국 이는 다음을 의미한다.

$$배당 = 주주잉여현금흐름$$

달리 이야기하면 배당은 순고정자산이나 순운전자본을 투자하고 부채를 상환한 후에 남는 당기순이익이 된다.

주식가치는 주주잉여현금흐름을 자기자본비용 K_e로 할인한 현재가치인데, 배당이 잉여현금흐름과 같다면 K_e로 할인한 배당흐름의 현재가치는 주식가치가 된다.

이는 새로운 사실인가? 사실은 새로운 것이 아니다. 이에 대해서는 11장에서 논의한 Miller와 Modigliani(1961)에 나와 있다. M&M(1961)은 기업의 주식가치는 미래 배당흐름의 현재가치와 같다고 했다.

지금까지 주주잉여현금흐름을 계산하는 전체 사이클을 다 둘러보았다. 이를 통해 우리는 기업잉여현금흐름이 부채와 주식의 잉여현금흐름과 어떻게 관련되어 있는지 알아보았다. 또한 우리는 주주잉여현금흐름이 배당흐름과 같다는 것도 살펴보았다.

부채와 주식에 대한 잉여현금흐름을 합하면 대차대조표의 조달 측면의 현금흐름이 된다. 당연히 이는 자산으로부터의 현금흐름이다. (다시 말해 순고정자산과 순운전자본의 투자로 얻는 이익에서 발생하는 현금흐름이다.) 이들 현금흐름의 대수적인 관계는 위에서 다룬 것과 같다.

주주잉여현금흐름의 할인

추정된 주주잉여현금흐름은 자기자본비용으로 할인한다. 이때 우리의 질문은 "어떤 자기자본비용으로 할인할 것인가?"이다. 만일 (20장에서와 같이) 자본구조를 일정하게 유지하면 자기자본비용은 WACC에서 사용했던 자기자본비용과 같다. 하지만 매년 자본구조가 달라지면 자기자본비용도 달라진다. 예를 들어 차입비율이 81%라면 자기자본비용은 레버리지와 위험 증가에 따라 증가할 것이다. 특히 LBO와 같이 자본구조가 매년 변동하면 주주잉여현금흐름 접근법에서 매년 자본비용을 변동시킬 필요가 있다.

6장에서 우리는 레버리지가 증가하면 세금절감을 통해서는 기업가치가 늘어나지만, 위험의 증가로 인해서는 기업가치가 줄어든다는 것을 알았다. 세금절감효과는 현금흐름으로 포착되고 추가적인 위험은 K_e로 포착된다. 18장의 LBO와 사모펀드 논의에서 설명한 것처럼 LBO에서는 투자자가 채권과 주식을 공동으로 소유하게 되어 레버리지가 증가해도 LBO 구조가 아닌 경우만큼 위험이 증가하지 않는다. (이는 부채를 주식으로 분류할 수 있고, 회사 경영의 대리인 비용이 줄어드는 이유가 된다.)

만일 우리가 WACC 모형에서 자본구조와 위험을 일정하게 유지하면 주주잉여현금흐름 접근법은 기업잉여현금흐름 접근법과 같은 가치평가 결과를 제시한다. LBO가 위험을 현저히 증가시키지 않으면서 세금절감 효과를 가져오면, LBO는 세금절감효과로 인해 기존에 독립적인 회사로 운영될 때보다 높은 가치를 가지게 된다.

주주잉여현금흐름 접근법의 영구가치 계산도 기업잉여현금흐름 접근법에서와 거의 같다. 역시 다섯 가지 가치평가 기법 중 하나를 사용하면 된다. 다만 기업이 아닌 주식의 영구가치를 사용한다는데 주의가 필요하다. 주주잉여현금흐름 접근법의 영구가치는 다음과 같다.

$$\text{영구가치} = \text{주주잉여현금흐름} * (1 + g) / (k - g)$$

k = 할인율
g = 성장률

마지막으로 인수가격을 주주잉여현금흐름 접근법에서처럼 현금흐름에 감안하면 된다. 인수가격은 기업잉여현금흐름 접근법의 9.02십억 달러인가? 그렇지 않다. 기업잉여현금흐름의 가치를 평가할 때 우리는 자산에 대한 현금흐름을 평가한다. 이 평가액에는 부채와 주식의 가치가 모두 반영되어 있다. 하지만 주주잉여현금흐름의 가치를 평가할 때는 주식에 대한 투자만 바라보는 것이기 때문에 매입가격에서 부채는 제외된다.

요약정리

이 장은 가치평가에 사용되는 잉여현금흐름에 대한 이해에 초점을 맞추고 있다. 특히 대차대조표상 자산 측면에서 발생하는 현금흐름인 기업잉여현금흐름을 자금조달 측면에서 발생하는 현금흐름인 주주와 부채에 대한 현금흐름과 비교하고 있다. 나아가 기업잉여현금흐름에 왜 NI가 아닌 $EBIT * (1 * T_c)$를 사용하는지와 이것을 사용하는데 따른 몇 가지 뉘앙스에 대해서도 알아보았다. 또한 우리는 주주잉여현금흐름이 주주에게 가용한 배당흐름과 같다는 것도 설명했다. 마지막으로 위험이 일정하게 유지되면 (LBO와 사모펀드에서는 그렇지 않을 수 있지만) FCF_f와 FCF_e를 사용하여 얻은 가치가 같다는 것에 대해서도 설명했다.

다음 주제

다음 장에서는 여러 잠재적 경쟁자들이 벌이는 M&A의 실행에 대해 살펴본다. M&A에서는 누가, 언제, 어떻게 경쟁하는지 살펴본다.

[첨부 21A] 달러패밀리 추정 주주잉여현금흐름

[표 21A.1] 달러패밀리 추정 주주잉여현금흐름(차입비율 35.7% 가정)

(천 달러)	2015	2016	2017	2018	2019
당기순이익	308,686	479,300	617,233	683,859	756,306
감가상각비	310,000	307,000	306,000	305,000	304,000
CAPEX	370,079	486,088	488,208	463,219	474,086
순운전자본 변동액	115,070	(89,544)	(91,104)	(79,110)	(85,043)
부채 변동액	(54,991)	134,428	100,487	80,041	96,304
주주잉여현금흐름	308,686	345,096	444,408	526,572	597,481
주주잉여현금흐름	308,686	345,096	444,408	526,572	597,481
이자비용 * $(1-T_c)$	107,345	105,509	109,997	113,351	116,023
부채 변동액	54,991	(134,428)	(100,487)	(80,041)	(96,304)
기업잉여현금흐름	471,021	316,173	453,918	559,882	617,200

CHAPTER 22

M&A의 실행 (달러스토어)

이 장은 재무관리가 실세계에서 어떻게 작동하는지 설명한다. 패밀리달러를 두고 달러제너럴과 달러트리 간 벌어진 인수전을 예로 들고 있다. 투자나 M&A의 실행은 단순할 수도 있고 복잡한 경로를 따를 수도 있다. 패밀리달러 인수의 경우 M&A에 많은 장애물이 있는 경우였다. 이러한 장애물에는 다음과 같은 것들이 있었다.

첫째, 복수의 인수의향서를 제출한 세 명의 원매자(트라이언 파트너스, 달러트리, 달러제너럴)가 있었다.

둘째, 결과에 영향을 미치려 노력하는 다수의 행동주의 주주들과 자문사들이 존재했다. 칼 아이칸(Carl Ican), 폴슨앤컴퍼니(Paulson and Company), 엘리어트 매니지먼트(Elliot Management), 글래스 루이스(Glass Lewis), ISS(Institutional Shareholder Services) 등이 그들이다.

셋째, 패밀리달러에는 경영권을 유지하고 싶어 하는 2세 경영진들이 있었다.

넷째, 미국 정부, 특히 연방거래위원회(Federal Trade Commission, FTC)는 거래의 경쟁제한성을 검토한 후 합병을 승인하는 권한을 가지고 있었다.

다섯째, 주주들로부터 합병을 승인받아야 했고 일부 주주들은 합병에 반대하며 세 가지 소송을 제기했다.

이제 이상의 장애요인들을 자세히 살펴보면서 M&A가 어떻게 진행되었는지 살펴보기로 한다.

M&A의 경과

패밀리달러 M&A에는 세 명의 원매자가 있었다.[1] 그 중 하나는 트라이언 파트너스였다. 19장에서 언급한 것처럼 2010년 1월 하순 트라이언 파트너스는 패밀리달러 발행주식의 8.8%를 보유하고 있다고 공시한다. 그 후 2011년 2월 15일에 트라이언은 주당 55달러에서 60달러에 패밀리달러를 매수하겠다고 제안한다. 경영진은 이 제안을 거부했고, 현상유지계약이 체결된다. 트라이언은 2년간 보유 지분을 9.9% 이하로 유지하되, 그 대가로 이사회에 이사 1명을 지명하는 권한을 갖는데 동의한다. 트라이언은 우선 회사의 경영효율을 개선한 후 제3자에게 회사를 매각하기로 하고 패밀리달러 경영진과 협력했다.

2013년 2월 28일 패밀리달러의 CEO인 하워드 레빈과 달러제너럴의 이사인 마이클 칼버트 간 회동이 있었다. 회동에 어느 회사가 주도권을 가질 것인가를 두고 신경전이 벌어졌다. 패밀리달러는 합병의 장점을 논의하는데 회동을 적극적으로 활용했다. 레빈은 패밀리달러를 매각할 준비가 되어 있지 않지만 현재 주가에 상당한 프리미엄이 붙는다면 기존 주주들을 설득할 수 있다는 뜻을 전했다. 패밀리달러는 또한 두 회사가 합병한다면 패밀리달러의 경영진은 현재 패밀리달러 본사 소재지인 노스캐롤라이나 주 샬럿에서 합병회사를 경영하고 싶다는 입장을 밝혔다. 칼버트는 레빈에게 달러제너럴의 이사회가 이러한 제안을 긍정적으로 평가하지 않을 것으로 본다고 말했다.

이후 두 회사는 수차례 비공식 회동을 가졌다. 이후 2013년 11월 패밀리달러는 다시 한번 합병 논의를 위한 회동을 하자는 의향을 전했고 일정을 2013년 12월로 제시했다. 달러제너럴은 회동을 2014년 봄으로 연기했다.

두 번째 공식적 원매자는 달러트리였다. 2014년 2월 하순 달러트리는 자문사인 투자은행 JP모건을 통해 패밀리달러에 접촉해왔다. 여러 차례 실무 논의를 거친 후 2014년 3월 중순 양사 CEO간 회동이 성사되었고, 이어 경영진 간 미팅이 이어졌다.

2014년 5월 14일 달러트리의 CEO였던 로버트 사서는 하워드 레빈에게 주당 68달러에서 70달러에 75%는 현금으로, 나머지 25%는 달러트리 주식을 지급하겠다는 것을 골자로 하는 패밀리달러 인수 계획을 전달했다. 제안에서 눈에 띄는 것은 합병 이후에도 레빈이 패밀리달러의 CEO로 계속 일할 수 있도록 하겠다는 것이었다. 이 제안에 대한 응답은 이러했다.

> 레빈은 M&A의 주요 조건에 대한 협의가 필요하며, 이사회가 계약상 협상을 진행하기 이전에 자신의 진로에 대한 조건 협의를 할 생각이 없으며 할 수도 없다고 설명했다.[2]

1) 아래 논의의 상당 부분은 2014년 10월 28일자 패밀리달러의 위임장권유서에 제시된 내용을 참고했다.
2) 2014년 10월 24일자 인수제안에 대한 패밀리달러 위임장권유서 77쪽 참조.

일주일 후 패밀리달러의 자문사인 투자은행 모건스탠리는 달러트리에 다음과 같은 입장을 전달했다.

귀사의 제안은 부적절하고 추가적인 고려가 어렵기 때문에 패밀리달러를 매각할 수 없습니다. 다만 패밀리달러는 동종 선행 거래에 적용된 멀티플과 프리미엄에 부합하는 보다 경쟁적인 제안이 이루어진다면 이를 고려할 수 있다고 전했다.[3)]

2014년 6월 6일 행동주의 투자자이자 기업 사냥꾼으로 유명한 칼 아이칸이 패밀리달러 보통주 약 9.4%를 보유하고 있다고 공시했다. 그 역시 공식적 또는 비공식적으로 패밀리달러의 매각 의향을 밝혔다. 그 무렵 다수의 투자은행들은 가까운 장래에 패밀리달러가 매각될 것이라는 분석보고서를 내고 있었다.

이에 2014년 6월 31일 달러트리는 인수 제안가를 주당 72달러로 올린다. 패밀리달러는 이 제안도 "부적절"하다고 거부한다. 이후 2014년 6월 20일 달러트리는 다음과 같이 수정 제안을 한다.

달러트리는 패밀리달러가 재무실사와 거래 협상에 6주간 배타적 우선협상권을 주는 조건으로 패밀리달러의 최종적인 인수가격으로 주당 74.50달러를 제안했다.[4)]

달러트리 제안의 핵심은 이것이 "배타적"이며 더 이상의 협상이 불가하다는 것으로, 이는 달러트리가 인수전쟁에 더 이상 말려들어가는 것을 원하지 않는다는 의미였다. 경쟁상대인 원매자가 달러제너럴뿐인 상황에서 패밀리달러 이사회는 딜레마에 빠진다. 만일 이 제안을 받아들여 달러제너럴이 입찰 포기를 결정한다면 달러트리가 협상에서 상당한 우위를 점할 수 있기 때문이다. 더 나쁜 상황은 달러제너럴이 패밀리달러를 떠나 달러트리를 인수하겠다고 결정하는 것이었다.

이런 상황에서 패밀리달러 이사회의 해결책은 실사에서 중대한 문제가 발견되지 않는 한 달러트리가 패밀리달러 인수한다는 구속력 있는 확약을 받는 것이었다. 패밀리달러와 달러트리는 2014년 7월 28일까지 달러트리에게 배타적 우선협상권을 부여하는 합의서를 체결한다. 합의서에는 패밀리달러가 다른 원매자를 적극적으로 물색하지 않으며 배타적 거래 사실에 대해 기밀을 유지한다는 내용도 포함되었다. 따라서 합의서는 패밀리달러가 다른 제안을 접수하는 것은 허용하게 했다. (이는 패밀리달러 이사회가 주주에 대한 선량한 관리자로서의 의무를 충족할 수 있게 하기 위함이었다.)

3) 전게서 78쪽.
4) 전게서.

달러트리는 왜 이 제안을 수용했는가? 달러트리도 다른 거래 조건을 받아볼 수 있는 권리를 가질 뿐 아니라 패밀리달러가 자신과의 거래를 파기하고 제3자와 거래를 하면 305백만 달러의 계약파기 수수료를 받을 수 있었기 때문이다. 달러트리 역시 패밀리달러의 이사회가 최상의 거래 조건을 얻어내고 선량한 관리자로서의 의무를 다하도록 노력해야 한다는 것을 이해하고 있었다.

2014년 7월 25일 달러트리와 패밀리달러는 합병 합의에 도달한다. 패밀리달러는 이사회를 열고 이틀 후 합병을 승인했다. 이후 2014년 7월 28일 공동 보도자료를 통해 달러트리와 패밀리달러가 305백만 달러의 계약파기 수수료를 포함해 주당 74.50달러에 합병하는데 합의했다고 발표한다.

달러트리와 패밀리달러 간 합병계획이 발표되자 달러제너럴이 행동에 나선다. 자신보다 더 많은 매장을 보유한 더 큰 경쟁자와 경쟁하게 된 달러제너럴은 2014년 8월 18일 패밀리달러 주식을 주당 78.50달러에 인수하겠다고 제안한다. 이 제안은 달러트리 제안보다 주당 4달러 높은 것인데다 100% 현금으로 정산하는 조건이었다. 이 제안에는 또한 305백만 달러의 계약파기 수수료를 달러트리에 지불하는 조건도 포함되었다. 다만 이 제안은 재무실사와 경쟁당국의 승인을 조건으로 했다. 달러제너럴은 FTC의 승인을 얻기 위해 자발적으로 최대 700개 매장을 매각하겠다고 발표했다.

이 장의 뒤에서 논의하겠지만 매각대상 매장수는 달러제너럴의 제안이 경쟁당국의 승인을 얻을 수 있는지에 핵심 이슈가 되었다.

2014년 9월 2일 달러제너럴은 인수가격을 (달러트리의 현금과 주식 제안 가격에 주당 5.50달러의 프리미엄을 붙인) 현금 80.00달러로 올린다. 또한 최대 1,500개 매장을 매각하는데 동의한다. 다시 말해 FTC가 매장을 1,500개 이하로만 줄이라고 명령한다면 거래는 이루어지게 되었다.

2014년 9월 5일 패밀리달러는 이사회가 달러제너럴의 인수 제안을 만장일치로 거부했다고 언론에 발표했다. 이사회가 패밀리달러의 제안을 거부한 것은 합병 승인의 조건으로 FTC가 달러제너럴에 1,500개 이상의 매장을 매각하라고 요구할 것으로 보았기 때문이다. 이후 패밀리달러와 달러트리는 늦어도 11월 말까지 합병을 끝내겠다고 발표한다.

이에 2014년 9월 10일 달러제너럴은 최선을 다해 패밀리달러를 인수하기 위해 패밀리달러 주식 전량을 주당 80달러(총 9.1십억 달러)에 적대적 공개매수를 시작한다. 공개매수에 대한 청약은 패밀리달러 이사회를 우회하여 직접 주주들에게 제안되었다. 이는 충분한 수량의 주식이 공개매수에 응하면 달러제너럴이 패밀리달러 이사회의 반대에도 불구하고 합병이 가능하도록 하기 위한 것이었다.

독자들은 8장의 메리어트 사례에서 공개매수가 장내매수보다 비싸지만 신속한 실행이 가능하다고 한 것을 기억할 것이다. 공개매수에서는 FTC가 어떤 조건에 합병을 승인할지 FTC와 논의를 시작할 수 있는 장점도 있었다.[5] 물론 달러제너럴은 재무실사 없이 공개매수를 진행하는데 따른 위험 부담을 감수해야 했다. (즉, 인수대상 회사의 기밀정보에 대한 확인 기회를 갖지 못하고 인수에 나서는 것이었다)

공개매수 청약기간은 얼마 동안이었는가? 20영업일이었다. 1968년 이전에는 매수자가 마음대로 공개매수 기간을 정할 수 있었다. 하지만 윌리엄스법(Williams Act)이 통과된 1968년부터는 공개매수 기간을 최소 20일로 하고 선착순 청약은 허용되지 않게 되었다. 청약한 순서대로 접수되는 선착순 청약은 주주들이 조기에 청약에 응하게 하는 기재로 작용한다고 여겨졌다. 1968년부터는 청약은 청약한 주식의 수에 따라 안분 비례로 접수되게 되었다. 즉 안분 비례 청약이란 일정 기간 동안 청약을 접수한 후 청약된 모든 주식수의 비율에 따라 각 청약자가 매수하는 주식을 수를 결정한다는 의미이다. 예를 들어 청약에 응한 주식의 80%를 매입하다면, 인수회사는 청약 순서에 관계없이 각 투자자가 청약한 주식의 80%를 똑 같이 매입한다.

달러제너럴은 공개매수에 응한 주식의 수가 충분하지 못하자 수차례에 걸쳐 청약 기간을 연장한다. 하지만 2014년 12월 하순까지도 발행주식 114.3백만 주 중 약 3.4백만 주만 청약이 접수되었다.

경영판단

하워드 레빈은 창업자였던 아버지가 은퇴하자 44세의 나이로 1998년 8월 패밀리달러의 CEO 겸 이사회 의장에 취임한다. 이로 부터 12년 후 트라이언 파트너스가 회사를 인수하려 하자 레빈과 이사회는 그에 맞서게 된다. 이 과정에서 19장에서 살펴본 현상유지협약을 통해 패밀리달러는 트라이언의 공격을 잠시 물리치는 것처럼 보였다.

그러나 경쟁자인 달러제너럴과 달러트리보다 경영실적이 크게 뒤지고 행동주의 주주들이 회사 매각을 압박하면서 경영진은 앞에서 설명한 것처럼 회사를 매각하는 방안을 고려하게 된다.

달러제너럴의 인수 제안 이후 패밀리달러 이사회는 달러트리와 달러제너럴 중 한 회사를 선택해야 했다. 달러트리는 현금과 주식을 합해 주당 74.50달러를 제안한 반면 달러제너럴은 전액 현금에 주당 80.00달러를 제안했다. 패밀리달러 이사회는 의결권을 가진 주주들에

5) Paul Ziobro "Dollar General Launches Tender Offer for Family Dollar Shares," *Wall Street Journal*, September 10, 2014, www.wsj.com/article/dollar-general-to-launch-tender-off-for-family-dollar-shares-wednesday-1410315773.

게 달러트리의 인수 제안을 승인해 줄 것을 요청했다. 왜 경영진과 이사회는 낮은 인수가의 제안을 승인해 달라고 주주들에게 요청했는가? 더욱이 달러제너럴의 제안은 가격도 높고 전액 현금인데도 말이다.6)

패밀리달러가 달러제너럴의 제안을 거부한 것은 FTC가 합병을 승인하지 않을 위험이 크다고 보았기 때문이다. 패밀리달러와 달러제너럴은 가까운 거래에 많은 매장을 가지고 있었다. FTC의 승인을 얻기 위해 달러제너럴은 최대 1,500개 매장을 매각하겠다는 수정 제안을 발표했지만, 패밀리달러의 이사회는 FTC 승인을 얻기 위해서는 패밀리달러가 최소 2,000개에서 최대 8,000개까지 매장을 매각해야 한다고 보았다. 따라서 달러제너럴과 거래가 성공할 확률은 매우 낮았다고 보았다. 반면 달러트리는 패밀리달러와 지역적으로 중복되는 매장이 많지 않았다. 패밀리달러 이사회는 달러트리는 FTC 승인에 단 350개 내외의 매장만 정리하면 될 것으로 봤다. 결국 달러제너럴의 제안이 더 매력적이었지만 합병이 승인될 확률은 낮다고 본 것이다.

그렇다면 왜 달러제너럴의 제안을 처음에 받아들이지 않았는가? 그래서 그것이 실패하면 달러트리의 제안을 받으면 되지 않았는가? 패밀리달러는 성공 가능성이 낮은 거래를 수용해 실패하면 달러트리로부터 훨씬 불리한 조건의 제안을 받을 것을 우려했다.

패밀리달러가 달러트리의 제안을 선호한 또 다른 이유가 있었다. 달러트리는 반복적으로 패밀리달러의 기존 경영진이 합병회사에서 중요한 역할 할 수 있도록 보장하겠다고 한 반면 달러제너럴은 그런 약속을 하지 않았다. 물론 자기거래 논란을 잠재우기 위해 패밀리달러의 CEO였던 하워드 레빈은 이런 조건은 거래의 일부가 될 수 없다고 주장했다.7) 이것이 실제 패밀리달러 경영진에 영향을 미쳤는지는 명확히 알 수 없지만 잠재적인 편향이 있을 수 있겠다는 합리적인 의심이 가능하게 하는 대목임은 틀림이 없다. 예를 들어 달러제너럴의 제안을 지지했던 칼 아이칸은 "패거리 이사회가 주주의 비용으로 법까지 위반해 가면서 CEO의 이익을 위해 어디까지 가려고 하는가?"라는 글을 기고하기도 했다.8)

경영진은 어디까지 자신의 이익을 추구할 수 있을까? 모든 인간이 그렇듯 경영자도 먼저 자신의 이익을 보호하려 한다. 경영진의 재량행위를 제한하기 위한 메카니즘이 존재하는가? (아마도 경영진을 교체할 수 있는가?) 그렇다. 이러한 메카니즘으로 이사회, 소송, 위임장대결, 주식시장, 인수 등이 있다.

---

6) 만일 높은 제안가격이 주식을 포함하고 있다면 주식 거래에 따른 가격의 불확실성으로 인해 비록 제안가가 낮더라도 전액 현금조건을 수용하는 것은 합리적일 수 있다.

7) 이런 주장에도 불구하고 결국 하워드 레빈은 패밀리달러의 CEO 자리를 2년간 보장받아 달러트리의 CEO에게 직접 보고를 하게 되고 달러트리의 이사직도 받게 된다.

8) G. Ghambers Williams III, "Icahn Faults Family Dollar for Ignoring Dollar General," *Tennessean*, August 19, 2014, www.tenessean.com/story/money/2014/08/19/icah-faults-family-dollar-ignoring-dollar-general/14303575/.

이것들이 실제로 작동하는가? 오직 부분적으로만 그렇다. 현재 이사회는 과거보다 경영진을 훨씬 강력하게 견제하고 있다. 하지만 여전히 한계가 있다. 소송은 거의 작동하지 않는다. 위임장대결(proxy contest)도 거의 작동하지 않는다. 주식시장에서 주식을 매각하고 나가는 것은 가능하지만, 이는 경영진에 대한 진정한 통제가 아니다. 경영진을 징계할 수 있는 주된 수단으로 M&A만 남는다. 경영진이 인수를 막는 최선의 방법은 회사를 잘 경영하는 것이다. 다른 회사가 회사를 인수해서 경영하는 것이 가치 없는 일이 되게 하는 것이다.

패밀리달러 사례에서도 이러한 모든 기법들이 다양한 이해관계자들에 의해 사용되었지만, 궁극적인 수단은 결국 경영진을 교체하는 M&A가 답이다. 이 합병의 실행과정을 살펴보면 이런 기법들이 어떻게 사용되었는지 살펴보게 된다.

행동주의 주주

패밀리달러 발행주식의 9.4%를 보유하고 있다고 공시한 직후인 2014년 6월 6일부터 칼 아이칸은 패밀리달러를 달러제너럴에 매각하라고 압박하기 시작했다. 그에 대응하기 위해 패밀리달러는 “포이즌필(poison pill)"의 일종인 10% 트리거의 1년짜리 주주권리 증진방안을 채택한다.

포이즌필이란 무엇인가? 제3자가 발행주식을 다수 취득해 회사를 인수하려는 시도를 막기 위한 합법적 전략이다. 어떻게 다른 회사의 인수 시도를 막을 수 있는가? 누군가가 경영권을 장악할 수 있는 수준의 지분율을 확보하게 되면 그 임계점에서 지분희석 이벤트가 작동하게 된다. 설명을 위해 패밀리달러의 주식을 매집하는 상황을 생각해보자. 잠재적인 공격자의 지분율이 지분희석의 임계점(예: 10%)을 넘어서면 주식의 추가 발행이 자동적으로 가동한다. 가령 지분희석 에벤트를 가동시킨 주주를 제외한 모든 주주에게 보유 주식 1주 당 2주의 신주를 발행하는 식이다. 결국 잠재적 공격자가 주식의 10%를 매입하면 나머지 90%의 주식은 자동으로 2:1로 분할된다. 이는 공격자의 지분율이 자동적으로 5% 수준으로 희석된다는 의미이다. 외부자가 40%를 매입하고 나머지 주식이 2:1로 분할되면, 이 외부자의 지분은 25%로 희석된다.

포이즌필은 적대적 M&A의 방어수단으로 고안되었다. 포이즌필은 합법인가? 이는 합법적인 제도이다. 법원은 이러한 유형의 포이즌필 메카니즘이 외부자가 주식을 매입하기 이전부터 회사에 제도화되어 있었다면, 외부자가 해당 주식을 매입하는 시점에 이러한 제도에 동의한 것으로 보아야 한다고 판시했다. 다시 말해 어떤 회사가 포이즌필을 가지고 있고 투자자가 주식을 매입할 때 자신의 지분율이 희석될 수 있다는 것을 충분히 인지하고 있었다면, 회사가 해당 주식을 희석시키는 것이 합법적이라는 것이다. 물론 외부자의 공격이 있는 후에 포이즌필을 채택하는 것은 위법이다. 가령 외부자가 회사 주식의 20%를 취득한 이후에 회사가 포이즌필을 도입해 외부자의 지분율을 희석시킬 수 없다는 것이다.

그렇다면 왜 모든 회사들이 적대적 M&A를 방어하기 위해 포이즌필을 도입하지 않는가? 한때 대부분의 회사들이 포이즌필을 채택하고 있었다. 포이즌필은 1982년 로펌인 Wachtell, Lipton, Rosen, and Katz의 마틴 립톤(Martin Lipton)이 개발했고, 이후 인베스트먼트 뱅커들에 의해 기업재무 시장에 적용되기 시작한다. 하지만 포이즌필을 무력화시킬 수 방안들이 있었다.

포이즌필을 무력화하는 가장 직접적인 방법은 이사회의 선관주의 의무를 이용하는 것이다. 모든 이사들은 주주가치를 제고하기 위한 선량한 관리자로서의 의무를 진다. 또한 우호적인 인수를 허용하기 위해 대부분의 포이즌필은 이사회가 포이즌필을 무효화할 수 있도록 허용하고 있다. 이사회가 포이즌필을 무효화할 수 있고 선관주의 책임으로 인해 높은 인수가의 제안을 수용해야 하기 때문에 이사회가 적절히 구조화된 제안을 거부하고 포이즌필을 발동시키는 것은 쉬운 일이 어니었다.

여담이지만 미국의 상장회사 절반 이상, 특히 S&P500 회사의 64%가 델라웨어주에 본사를 두고 있다.[9] 왜 이렇게 많은 회사들이 델라웨어를 주소지로 하고 있는가? 델라웨어는 지배구조와 관련되어 특화된 주로, 미국 내에서 적대적 M&A, 회사 상대 소송, 주주소송 등에서 가장 친기업적인 법제를 가진 주이기 때문이다. 미국 기업은 어느 주에서 사업을 수행하는지에 관계없이 원하는 주에 본사를 등록할 수 있다. 델라웨어 챈서리(Chancery)법원은 회사법 전담 법원이다. 델라웨어에는 민사법원, 형사법원, 챈서리법원이 있는데 이 중 챈서리법원은 회사법 전담 법원인 것이다. 패밀리달러는 델라웨어에 설립된 반면 달러트리는 버지니아, 달러트리는 테네시에 설립되어 있었다.

칼 아이칸과 일부 행동주의 주주들이 패밀리달러의 매각을 압박하면서 달러제너럴도 위임장대결에 나선다. 위임장대결이란 무엇인가? 위임장은 주총 의결에서 한 사람이 다른 사람을 대리하도록 허용하는 것이다. 위임장대결은 외부자가 경영진과 이사 선임을 두고 경쟁할 때 발생한다. (이사회를 구성하는 이사는 일반적으로 정기주총에서 주주들의 투표로 선임된다.) 경영진은 이사 후보를 지명하며, 경영진에 반대하는 쪽(이 경우 달러제너럴)도 자신의 이사 후보자를 지명한다. 양측은 각자 주주들에게 자신의 후보를 지지해 줄 것을 호소한다. 이사회는 주주의 이익을 보호하고 경영진을 선임하고 감독한다. 따라서 이사회를 장악한다는 것은 경영진을 통제한다는 의미이다. 또한 경영진이 경영을 잘 하지 못하면 이사회는 경영진을 교체할 권한을 가진다. 하지만 실제로 그런 경우는 드물다.

9) 2014년 9월 현재. Christopher Wink, "64% of Fortune 500 Firms Are Delaware Incorporations: Here's Why," Technically/Delaware, September 23, 2014, http://technical.ly/delarware/2014/09/23/why-delaware-incorporation/.

누가 일반적으로 이사회를 선임하는가? 이사회는 통상 사내이사와 사외이사로 구성된다. 사내이사는 CEO와 경영진 일부가 맡는다. 사외이사 후보는 이사회나 경영진이 추천한다. 많은 이사회들이 서로 연계되어 있으며, 한 회사의 경영진이 다른 회사의 이사가 되는 경우는 흔한 일이다. 결과적으로 이사들은 통상 어떻게 투표하는가? 이사들은 통상 경영진에 우호적으로 투표하며, 경영진의 성과가 극히 부진하지 않는 한 경영진을 교체하길 꺼린다.

위임장대결과 공개매수(공개매수가 성공적으로 진행되면 달러제너럴은 이사회를 교체할 수 있을 정도의 충분한 의결권을 확보하게 된다.)를 통해 달러제너럴은 자신의 제안을 관찰시킬 수 있도록 패밀리달러의 이사회를 장악하고자 했다. 2014년 12월 11일 패밀리달러의 정기 주주총회에서 위임장대결이 이루어졌다.

10월 중순 또 다른 행동주의 주주인 엘리어트 매니지먼트(Elliott Management)가 패밀리달러 지분 4.9%를 보유 했다고 공시하고, 달러제너럴 편에서 위임장 확보전에 참전한다.

의결권 자문사

글라스루이스(Glass Lewis & Co. GLC)와 ISS(Institutional Shareholder Services)는 기관투자자들에게 의결권과 지배구조 관련 서비스를 제공하는 양대 자문사이며, 시장점유율은 각각 37%와 61%이다.10) 이들은 기관투자자들이 포트폴리오에 보유하고 있는 주식에 어떻게 의결권을 행사할 것인지 권고한다. 이들의 권고는 통상 공개적으로 이루어지기 때문에 이들의 고객이 아닌 주주들도 그들의 권고를 따르거나 알 수 있다. GLC나 ISS의 권고를 따르면 기관투자자들은 이해충돌에서 자유롭게 의결권을 행사하라는 SEC의 가이드라인을 충족하는 것으로 간주된다.

GLC와 ISS는 당초 주주들에게 달러트리의 제안을 거절하고 달러제너럴의 제안을 수용하라고 권고했다. 이는 달러제너럴에게 매우 유리한 것이었다.

정기주총이 있기 전 패밀리달러 이사회는 2014년 12월 23일 위임장대결에서 자신의 안건 통과에 필요한 의결권을 충분히 확보하지 못했다는 것을 파악한다. 그래서 이사회는 주총을 2015년 1월 22일로 연기한다. 그리고 난 후 회사는 로드쇼를 통해 주요 기관투자자들에 대한 설득에 나선다. 패밀리달러 발행주식의 9.9%를 소유한 또 다른 행동주의 주주인 존폴슨앤드코(Paulson and Co.)의 창업자인 존 폴슨의 지지가 나왔고 이후에는 FTC의 지원이 이어졌다. 2015년 1월 9일 화요일 FTC의 변호사는 "패밀리달러와 달러제너럴이 FTC의 기업결합 승인을 얻기 위해서는 3,500개에서 4,000개의 매장을 매각할 필요가 있다"고 말한 것이다.11)

---

10) Wikipedia, "Glass Lewis," en.wikipedia.org/wiki/Glass_Lewis; Wikipedia; "Institutional Shareholder Services," en.wikipedia.org/wiki/Institutional_Shareholder_Services.

11) Shawn Tully, "How the Dollar Store War Was Won," *Fortune*, April 24, 2014, 89-103.

그 후 2015년 1월 22일 주총 직전 GLC와 ISS는 입장을 바꿔 달러트리의 제안에 우호적이고 달러제너럴의 제안에 부정적인 의견을 주주들에게 자문한다. 이들 자문사들이 입장을 변경한 이유는 무엇인가? 이들 자문사들은 달러트리의 제안이 FTC 승인에 더 유리하다고 보았기 때문이다. GLC에 따르면:

[W]e believe the risk/reward dynamics at play here now favor acceptance of the Dollar Tree merger over either the Dollar General offer or the potential further delay of the Dollar Tree merger.[12)]

연방거래위원회(FTC)

FTC는 불공정한 경쟁을 제한할 목적으로 1914년 설립되었다. 이후 관련 법령이 정비되면서 FTC에는 "불공정하고 기망적 행위와 프랙티스"뿐 아니라 소비자보호 관련 법령의 집행에 관한 광범위한 권한을 가지게 된다.[13)] 합병에서 FTC가 반대한다는 것은 사실상 합병의 실패를 의미한다.

달러트리와 달러제너럴 제안의 핵심은 누가 어떤 조건에 FTC의 승인을 얻을 가능성이 높은가에 집중되었다. 당초 달러제너럴은 최대 700개 매장을 매각하기로 했다가 나중에 이를 1,500개로 늘렸다. 하지만 패밀리달러 이사회는 이는 FTC 승인에 필요한 수에 크게 미치지 못한다고 판단한다.

시장집중도를 판단하는 FTC의 방법론에 따르면 달러제네럴이 승인을 얻기 위해서는 4,000개 매장을 매각해야 할 것으로 예측되었다. (다시 말해 달러제너럴은 매입하는 매장의 약 절반을 매각하라는 명령을 받을 수 있다는 것이다.)[14)]

FTC는 최종적으로 달러트리에게 인수 제안의 승인을 얻기 위해서는 330개 매장을 처분할 것을 요구한다.[15)]

---

12) Ramkumar Iyer and Sruthi Ramakrishnan, "Two Proxy Firms Back Dollar Tree's Bid for Family Dollar," Reuters, January 14, 2015, http://www.reuters.com/article/us-family-dollar-st-offer-iss-idUSKBN0KN1SK20150115.

13) 미국에서 1914년 제정된 클레이턴 반독점법(Clayton Antitrust Act)은 반경쟁적 관행을 차단하기 위한 법이다. 클레이턴법은 1890년에 제정된 셔먼 반독점법(Sherman Antitrust Act)을 확장해 독점, 카르텔, 담합을 광범위하게 규제하는 법령이다.

14) Josh Kosman and James Covert, "Dollar General May Have to Ax More Than 4K Stores," *New York Post*, November 19, 2014, http://nypost.com/2014/11/19/dollar-general-may-have-to-ax-more-than-4k-stores/.

15) "FTC Requires Dollar Tree and Family Dollar to Divest 330 Stores as Condition of Merger," July 2, 2015, www.ftc.gov/news-events/press-releases/2015/07/ftc-requires-dollar-tree-family-dollar-divest-330-stores.

주주 소송

패밀리달러 이사회가 달러트리의 제안을 수용한 후 패밀리달러 이사회는 주주들로부터 세 건의 소송을 당한다. (이들은 나중에 하나의 소송으로 병합된다.)[16] 원고들은 달러트리와의 거래가 "주주가치를 극대화하지 못하는 불공정하고 부적절한 고려"라고 주장했다.[17]

특히 원고들은 제안가격이 너무 싸서 달러트리의 74.50달러 제안을 수용하면 주주가치를 극대화할 수 없다고 주장했다. 소송에서는 이사회가 악의적으로 달러트리에게 다른 제안보다 유리한 권리를 부여했으며, 또한 이사회가 달러트리에게 305백만 달러의 계약 파기 위약금을 지급하는 조건을 수용해서는 안 되었다고 주장했다.

이 주주들은 소송을 통해 무엇을 얻고자 했는가? 그들은 패밀리달러가 달러제너럴의 제안 가격과 전액 현금 정산 조건을 수용하게 하고 싶어 했다. 그들은 법원에 달러트리 제안을 승인하기 위한 주총 개최를 금지해 달라고 요구했다.

경영진을 상대로 주주들이 소송을 하게 되면 소송비용은 누가 지출하게 되는가? 주주 자신의 돈이다. 그러면 회사(이사회나 경영진)는 자신을 방어하는데 누구의 돈을 쓰는가? 역시 주주의 돈이다.

소송의 승자는 누구인가? 회사는 "신중한 경영판단"을 한다고 보는 원칙에 따라 경영진이 주주들을 이기는 것이 일반적이다. 궁극적으로 미국 사법체계는 회사들이 항상 의사결정을 하고 있다는 것을 인식한다. 때문에 어떤 결정은 옳은 것일 수 있고 어떤 결정은 틀린 결정일 수 있다. 하지만 사람들은 그들의 판단이 틀렸을 때 소송을 제기한다.

하지만 사후적으로 보면 어떤 결정이 틀렸다는 사실만으로 주주 소송에서 승소할 수는 없다. 법원은 기본적으로 경영진의 경영판단이 옳았는지 틀렸는지 여부를 판단하려 하지 않는다. 법원은 경영상 판단이 신중한 판단에 따라 이루어지지 않는 경우에 한해 경영진에 책임을 묻는다. 주주가 승소하기 위해서는 경영상 판단이 신중하지 못했고 고의나 중과실이 수반되었다는 것을 입명해야 한다. 따라서 신중한 경영판단의 원칙은 회사가 대부분의 주주소송에서 승소하는 이유가 된다.

거의 대부분 회사의 자문사인 인베스트먼트 뱅커가 어떤 결정을 권고하고 이사회가 이를 승인하면 이 결정은 신중하다고 여겨진다. 따라서 비록 주주들이 경영진이 반복적으로 잘못된 의사결정을 했다는 것을 입증한다고 하더라도 주주들이 소송에서 패소할 수 있다. (아마도 경영진 스스로 자신이 무능하며 무능한 경영을 계속하고 있다는 것을 알고 있다는 사실을 주주들이 입증할 수 있다면 소송에서 승소할 기회를 가질 수 있을 것이다.)

16) *In re Family Dollar Stores, Inc.*, Stockholder Litigation, C.A. No. 9985-CB.

17) "Class-action Lawsuit Filed over Family Dollar-Dollar Tree Deal," *Charlotte Business Journal*, August 1, 2014, www.bizjournals.com/charlotte/news/2014/08/01/class-action-lawsuit-filed-tied-to-family-dollar.html.

저자들이 아는 한 이사회가 외부 자문사를 사용한 경우 합병의 결정과 관련해 이사회가 책임을 진 경우는 없다. 1985년 TransUnion과 Marmon Group 합병에서 TransUnion 이사회는 가치평가에 외부 투자은행을 고용하지 않아 소송에서 이사회가 책임을 지게 된다.[18] 이것은 투자은행을 사용하는 이유 중 하나가 된다. 실사를 통해 신중한 경영판단 원칙을 충족하면 소송에서 보호를 받게 된다는 것이다.[19]

2015년 12월 중순 델라웨어 챈서리법원의 Andre Bouchard 판사는 달러트리의 제안을 주총에 부의하는 것을 금지해 달라는 원고측 주장을 기각한다. 그러면서 그는 다음과 같이 판시한다.

The board's decision reflects the reality that for the company's shareholders, a financially superior offer on paper does not equate to a financially superior transaction in the real world if there is meaningful risks that the transaction will not close for antitrust reasons.[20]

표결 결과

표결결과 찬성은? 84백만 주. 반대는? 10백만 주. 2015년 1월 22일 84백만 주가 달러트리와의 합병에 찬성표를 던졌다. 이는 발행주식수 114.3백만 주의 73.5%이고 투표한 주식수의 89%에 해당했다.[21]

18) Smith v. Van Gorkom 488 A.2d 858 (Del. 1985).
19) 델라웨어법은 개정되어 왔다. 현재 델라웨어 기업은 이사들이 정당한 주의를 해태한 경우라도 개인적인 책임을 면해주는 방안을 채택할 수 있다.
20) Jef Feeley and Steven Church, "Family Dollar Judge Clears Vote on Dollar Tree Buyout," BloombergBusiness, www.bloomberg.com/news/articles/2014-12-19/family-dollar-store-judge-refuses-to-block-shareholder-vote-i3w17z1p; In re Family Dollar Stores, Inc. Stockholder Litigation, Consolidated C.A. No. 9985-CB, http://courts.delaware.gov/Opinions/download.aspx?ID=216800.
21) Michael J. de la Merced, "Family Dollar Shareholders Approve $8.5 Billion Deal with Dollar Tree," New York Times, January 22, 2015, http://dealbook.nytimes.com/2015/01/22/family-dollar-shareholders-approve-8-5-billion-deal/.

요약정리

이 장은 매우 흥미로운 여러 경쟁자들이 벌이는 기업 인수전의 실제를 소개하고 있다. 기업 인수를 누가, 언제, 어떻게 진행하는지 살펴보았다. 경영진은 종종 (19장에서 논의한) 현상유지협정과 (이 장에서 논의한) 포이즌필로 잠재적인 인수자의 공격에 대항하곤 한다. 경영진의 이해를 파악하는 것은 인수의 성공 가능성을 높일 수 있다. (달러트리는 지속적으로 합병 이후 레빈을 잔류시키겠다는 의사를 전달한다.) 오늘날 행동주의 투자자, 의결권 자문사, FTC 같은 정부기관은 모두 M&A에서 중요한 역할을 하고 있다.

우리는 19장에서 패밀리달러, 달러트리, 달러제너럴 사이의 전략적 적합성에서 논의를 시작했다. 그리고 20장에서 기업잉여현금흐름을 WACC로 할인해 패밀리달러의 재무적인 가치를 평가했다. 21장은 주주잉여현금흐름에 대해 살펴보았다. 이는 다른 가치평가의 방법을 소개한 것일 뿐 아니라 현금흐름 공식이 어떻게 유도되는지 설명하기 위한 것이었다. 마지막으로 이 장은 합병의 결과가 단지 높은 인수 제안가격에 의해 결정되는 것이 아니며 실행 가능성이 중요하다는 것을 설명하고 있다.

다음 주제

이 장을 끝으로 어떻게 좋은 투자결정을 할 것인지에 대한 논의를 마친다. 마지막 장인 다음 장에서는 이 책의 전체 내용을 리뷰한다.

[첨부 22.A] 패밀리달러 인수 일지(2014 ~ 2015)

2014년 5월 14일: 달러트리는 75% 현금과 25% 달러트리 주식으로 주당 68달러에서 70달러에 패밀리달러를 인수하겠다는 구속력 없는 제안 제시.

2014년 5월 21: 패밀리달러는 달러트리에 제안이 "부적절"하여 패밀리달러는 "매각대상이 아니다."라고 통지하지만, 패밀리달러는 보다 경쟁력 있는 제안을 고려.

2014년 6월 6일: 칼 아이칸이 패밀리달러 9.4% 보유를 공시하고 달러제너럴로의 매각을 압박하기 시작함.

2014년 6월 13일: 달러트리는 기존과 같은 조건에 제안가를 72.00달러로 올림.

2014년 6월 16일: 패밀리달러 이사회는 이 제안이 여전히 "부적절"하다고 달러트리에 통지.

2014년 6월 20일: 달러트리는 기존과 같은 조건에 제안가를 74.50달러로 높임.

2014년 6월 25일: 패밀리달러와 달러트리 배타적 협의에 합의.

2014년 6월 25일: 패밀리달러와 달러트리 합병안에 합의.

2014년 7월 25일: 패밀리달러와 달러트리 공동 보도문 발표.

2014년 8월 18일: 달러제너럴이 재실사와 경쟁당국 승인 조건으로 전액 현금으로 주당 78.50달러의 인수가 제시. 달러제너럴은 최대 매장 700개 매각 발표.

2014년 9월 2일: 달러제너럴은 전액 현금으로 인수가를 주당 80.00달러로 올림. 매각할 매장수도 최대 1,500개로 늘림.

2014년 9월 5일: 패밀리달러 이사회는 만장일치로 달러제너럴의 제안 거부.

2014년 9월 10일: 달러제너럴의 공개매수 시작.

2014년 12월 23일: 당초 합병 투표일. 다만, 승리를 장담할 수 없게 되면서 패밀리달러 이사회는 주총 연기 결정.

2015년 1월 15일: 달러제너럴 패배 인정.

2015년 1월 22일: 패밀리달러 주총 표결. 84백만 표가 달러트리와의 합병 찬성(발행주식 114백만 주의 73.5%이고 표결 주식의 89%)

2015년 7월 7일: 거래 종결과 달러트리의 패밀리달러 경영권 인수. FTC는 패밀리달러와 달러트리 합병에 매장 330개 매각 요구.

CHAPTER 23

종합 정리

이번 마지막 장에서는 우리가 1장에서 제시한 학습목표를 점검할 수 있도록 전체 내용을 종합해서 정리한다.

이 책은 재무관리를 이해하고 가능하다면 실행에 필요한 기본적 툴을 제공하고자 했다. 우리는 독자들에게 재무관리를 소개함에 있어 주된 기능을 다음과 같이 세 가지로 정리했다.

1. 어떻게 좋은 투자결정을 할 것인가?
2. 어떻게 좋은 자금조달결정을 할 것인가?
3. 이 두 가지를 달성하는 동안 어떻게 회사의 현금흐름을 관리할 것인가?

우리는 현금흐름은 공기와 같고 이익은 음식물과 같다고 했다. 모든 조직이 생존하기 위해서는 두 가지가 다 필요하지만, 일정 기간은 이익이 없이 생존할 수 있어도 현금이 없다면 즉시 죽는다는 차이가 있다. 따라서 회사는 현금이 고갈되지 않도록 해야 한다. 다음으로 회사가 보유한 현금을 어디에 투자할 것인지, 다시 말해 어떤 프로젝트에 투자해 어떤 제품을 산출할 것인지 결정하는 것을 투자결정으로 정의했다. 마지막으로 자금조달결정을 한다는 것은 회사가 투자에 필요한 현금을 어디에서 얻을 것인지를 결정하는 것을 의미한다.

중요한 것은 재무전략과 사업전략이 일관되게 정렬되어야 한다는 것이다. 우리는 모든 회사가 제품시장과 자본시장이라는 두 개의 시장에서 운영되며, 회사가 운영되고 있는 제품시장을 적절히 이해하지 않고는 기업재무를 할 수 없다고 설명했다. 따라서 기업재무에 대해 생각할 때 회사는 먼저 제품시장의 목표를 설정(고려)해야 한다. 오직 제품시장 목표를 설정한 이후에 경영진은 재무전략을 확정하고 재무정책을 결정할 수 있다.

위에서 지적한 사항들은 저자들이 기업재무에 어떻게 접근하는지 설명하고 있다. 우리는 재무전략이 회사의 제품시장에서 출발해 기업전략에 근거를 두고 결정되어야 한다고 믿는다. 이는 기업의 제품시장 목표를 설정하게 한다. 제품시장의 목표가 정해진 이후에야 기업은 투자와 자금조달 측면에서 재무전략을 정의할 수 있다.

이후 재무전략에 따라 일관성이 있는 재무정책을 설정하고 실행한다. 재무정책은 회사가 내적으로 성장할 것인지 M&A를 통해 성장할 것일지, 자본구조를 어떻게 결정할 것인지, 차입금의 장단기 구성을 어떻게 할 것인지, 차입금 이자는 고정이나 변동금리 중 어떻게 할 것인지, 배당정책은 어떻게 할 것인지 등을 포함한다.

이러한 모든 정책은 회사에 영향을 미치며, 시장은 종종 매우 신속하게 재무정책의 변화에 반응하면서 기업가치를 변동시킨다.

2~4장: 현금흐름 관리 – 재무적 기법

우리는 2장에서 배관용품업체 PIPES로 이 책의 본격적 논의를 시작했다. 여기서는 기본적인 재무 진단기법인 재무비율과 자금의 원천과 사용에 대해 살펴보았다. 우리는 재무비율 계산에 여러 방법이 있다는 것을 설명하고, 여러 재무비율들이 서로 어떻게 연결되어 있는지 설명했다. 또한 이것들을 사용하는 기본적 목적에 대해서도 알아보았다. 이것들은 혈압, 체온, 심박수 등과 같이 회사의 건강상태를 기본 진단한다. 재무비율은 같은 산업 내 다른 회사들과 평가대상을 비교하거나 평가대상을 자신의 역사적인 과거와 비교 평가하는 재무툴이다. 자금의 원천과 사용을 분석하는 것은 회사가 어디에서 현금흐름이 발생해 어디에 투자하는지 파악하는데 도움을 준다. 이는 회사 활동의 어떤 부분을 보다 세밀하게 점검할 필요가 있는지 알려주는 일종의 문진표이다.

3장에서는 재무추정을 통해 회사의 미래 재무적 자금소요를 규모와 시점 측면에서 예측했다. 추정 손익계산서와 대차대조표 작성에 대한 로드맵도 제시했다. 재무추정에는 다양한 방법이 있지만 특별한 이유가 없는 한 우리는 일반적으로 사용되는 매출액 비율로 추정 재무제표를 작성했다. 재무추정은 또한 추정치와 실적을 비교함으로써 진단적 분석을 제공한다. 재무추정은 정기적으로 회사의 재무적 소요가 얼마인지 결정하게 함으로써 결과적으로 회사의 현금고갈을 방지하는데 도움을 준다. 마지막으로 재무추정은 회사의 투자성과 평가의 핵심인 현금흐름 추정에도 사용된다. 재무추정을 사용하는 시나리오분석과 민감도분석은 다양한 가능성에 대한 평가를 가능하게 한다.

4장은 재무추정의 논의를 확장해 회사의 재무제표에 대한 계절성의 영향을 검토하고 있다. 회사의 영업활동이 연중 상당히 균등하게 지속된다면 재무진단에 회사의 연간 재무제표를 사용하면 충분하다. 하지만 회사의 활동이 연중 크게 변동한다면 이러한 계절적 변동의 영향이 반영되어야 회사의 자금조달 소요를 적절히 파악할 수 있다. 예를 들어 미국 소매업계 입장에서 보면 크리스마스 시즌은 전형적으로 연중의 다른 어떤 기간보다 판매가 많은 중요한 시기이다.

이러한 기본적 재무기법은 회사의 자금조달 소요와 재무정책 그리고 어떤 투자가 실행되어야 하는지 결정하는 기초가 된다. 과거의 재무비율은 미래 손익계산서와 대차대조표 추정에 사용된다. 이러한 추정 재무제표는 재무적 소요의 규모와 필요시기를 예측하는데 도움을 준다. 또한 재무추정은 어떤 프로젝트가 양의 NPV를 가지는지 결정하는데 도움이 되는 미래 현금흐름 추정에도 사용된다.

5 ~ 13장: 자금조달 결정과 재무정책

다음으로 우리는 *회사가 어디서 현금흐름을 얻는지*에 대해 질문했다. 당연히 회사의 내부적 혹은 외부적 원천 중 하나에서 얻게 된다. 내부적 현금흐름을 이해한다는 것은 지속가능성장률을 이해한다는 것을 의미이다. 이때 다음과 같은 듀폰공식으로 ROE(수익성 * 자본집약도 * 레버리지)를 계산하게 된다.

$$\text{ROE} = \frac{\text{당기순이익}}{\text{매출액}} * \frac{\text{매출액}}{\text{자산총계}} * \frac{\text{자산총계}}{\text{자기자본}}$$

지속 가능한 성장이란 모든 조건이 동일하다면(즉, 듀폰공식에 있는 모든 재무비율이 일정하다면) 회사는 내적으로 ROE에 (1 − 배당성향)을 곱한 속도로 성장할 수 있다고 말한다.

회사가 내부적으로 충분한 현금을 창출할 수 없을 때 외부 자금조달이 요구된다. 회사는 자금조달을 위해 자본시장을 찾게 된다. 회사가 어떻게 자금을 조달하는지는 이 책의 후반부에서 다루고 있다. 자금조달에도 재료비나 노무비와 같은 비용(금융비용)이 발생한다. 회사는 제품시장과 재무전략에 부합하는 수용 가능한 위험 하에서 가장 저렴한 비용으로 자금을 조달하길 원한다.

5장은 매시 퍼거슨 사례를 통해 자본구조와 자금조달 논의를 시작했다. 이 장에서는 중요한 질문들이 많이 제기되었지만 그에 상응하는 재무기법이나 해결책이 소개되지는 않았다. 자본구조와 회사가 어떻게 자금을 조달하는지가 왜 중요한지에 대해 설명했다. 특히 회사의 제품시장 전략에 일관성 있게 정렬되지 않은 자본구조와 재무정책은 회사의 제품시장

목표 달성에 장애가 된다고 설명했다.

6장은 M&M(1958)을 시작으로 정태적 자본구조이론의 이론적 기초를 제공했다. M&M 세계에서는 자본구조는 문제가 되지 않는다. 이후 M&M(1963)에서 세금과 재무곤경이 추가되면서 재무구조가 문제가 되었다. 세금이 있는 세계에서는 부채를 통한 자금조달이 주식보다 유리하다.

6장은 또한 어떻게 재무곤경비용이 회사의 최적 재무구조 결정에 핵심 요인이 되는지 살펴보았다. 재무곤경비용이란 무엇인가? 재무곤경비용에는 파산과정에 발생하는 직접비용이 포함되지만, 이는 일부에 지나지 않는다. 가장 큰 재무곤경비용은 시장에서 회사가 가지고 있는 경쟁지위의 영구적 상실이다. 재무곤경비용은 회사의 기초사업위험에 의해 발생한다.

7장과 8장은 메리어트 코퍼레이션의 CFO였던 게리 윌슨이 어떻게 자본구조정책을 펼쳤는지 논의했다. 여기서는 회사가 제품시장전략을 변경할 때 왜 재무정책의 변경을 고려해야 하는지 명확하게 보여준다. 특히 메리어트는 호텔을 소유하는데서 운영하는 것으로 제품시장전략을 변경했다. 이 회사가 자금을 조달해 호텔을 소유할 때는 자본시장 접근의 용이성을 확보하기 위해 A등급의 신인도를 유지해야 했다. 하지만 제품시장전략을 단지 호텔을 운영하는 것으로 변경한 후에는 메리어트는 부채 수준을 크게 높일 수 있었다. 동시에 그에 상응하여 낮은 신용등급에도 문제가 없게 되었다.

7장과 8장에서 우리는 배당정책, 채권의 발행 장소, 담부와 무담보채권, 만기(장/단기), 고정 대 변동 등 회사가 선택하는 여러 재무정책을 소개하고 살펴보았다. 우리는 기업재무에서는 잉여현금을 마이너스 부채로 처리한다고 했다. 메리어트 사례를 통해 우리는 비대칭정보의 개념을 소개하고 지속가능성장률의 개념과 듀폰공식에 대해 다시 한 번 살펴보았다. 또한 여기서는 신호효과의 비용과 주식 현금흐름의 중요성에 대해서도 살펴보았다. 우리는 (배당과 자사주매입 같은) 주주 현금흐름의 유출이 시장에서 (평균적으로 주가 상승을 동반하며) 긍정적 신호로 해석되는 반면 (신주 발행과 같은) 주식 현금흐름의 유입은 시장에서 (평균적으로 주가 하락을 동반하며) 부정적 신호로 간주된다고 했다.

마지막으로 우리는 메리어트를 통해 회사가 잉여현금흐름으로 할 수 있는 다섯 가지 재무전략에 대해 설명했다. 즉, 내적 성장 가속화, 다른 회사나 사업의 인수, 배당 증액, 자사주 매입, 부채 상환이 그것이다. 이 중 처음 두 가지는 제품시장 솔루션이고 나머지 세 가지는 금융시장 솔루션이다. 잉여현금흐름이 마이너스라면 회사는 정확히 이와 반대되는 활동을 하게 된다. 즉 회사는 성장 속도를 늦추거나 자산 매각, 배당 삭감, 신주 발행 또는 부채 발행을 하게 된다.

9장과 10장은 재무정책이 어떻게 결정되며, 회사의 제품시장전략 변화가 어떻게 재무정책에 영향을 주는지 추가로 살펴보았다. 이를 위해 우리는 경쟁자인 AT&T와 MCI의 사례를 살펴보았다. 특히 제품시장에 큰 변화가 있기 전후의 두 회사를 살펴보았다. 여기서는 AT&T가 모든 사업자회사를 분할한 영향부터 살펴보았다. AT&T 분할 이전 두 회사의 자금조달 소요와 재무정책에 대해 설명했다. 또한 각 회사의 정책이 다른 정책들과 자금조달 소요에 일관성을 가지는지에 대해서도 살펴보았다. 다음으로 AT&T의 분할 이후 어떤 자금조달 소요가 각 회사에 발생했는지 살펴보았다. 마지막으로 AT&T 분할 이후 두 회사의 재무정책이 어떻게 바뀌었는지에 대해서도 살펴보았다.

분할 이전 AT&T는 엄청난 규모의 자본적 지출 소요로 인해 자본시장의 접근성을 확보하는 것이 자본조달에 핵심이었다. 이는 AT&T가 높은 신용등급을 유지해야 한다는 의미이며, 이는 최적자본구조에 영향을 미친다. 반면 MCI는 기반시설 건설에 자금을 필요로 했지만 높은 신용등급 확보에 필요한 양호한 현금흐름이나 재무건전성은 가지고 있지 못했다. 상반되는 두 사례를 통해 우리는 자금조달 순위이론에 대해 논의했다. 이때 내적 성장을 통해 내부적으로 창출된 현금이 우선적인 자금조달 수단으로 고려된다. 그 다음이 채권발행이고, 주식발행은 마지막 자금조달 수단으로 고려된다.

11장에서는 애플의 배당정책과 자사주매입을 살펴보면서, 회사가 언제, 어떻게 주주들에게 현금을 환원하는지 살펴보았다. 설명은 배당의 이론적 기초를 제공하는 M&M(1961)에서 시작했다. 그리고 난 후 M&M 세계의 가정을 완화해 회사들이 실제로 배당정책과 자사주정책을 어떻게 설정하는지 살펴보았다.

12장은 자본구조이론에 대한 논의를 확장하고 동태적인 요소를 강조했다. 이 장에서 우리는 M&M의 마지막 세 가지 가정, 즉 거래비용, 비대칭정보, 대리인비용이 없다는 가정도 완화했다. 부채와 주식을 발행하기 위해서는 거래비용이 발생하지만 이는 큰 비용이 아니기 때문에 이론에 큰 부담을 주지는 않는다.

하지만 비대칭정보를 허용하는 것은 차이를 만든다. 이는 시장이 배당, 주식발행, 자사주매입 등 회사의 주주현금흐름에 반응한다는 의미이다. 자금조달 순위이론도 정보비대칭성으로 설명된다. 대리인비용이 있으면 경영진의 행동은 반드시 그런 것은 아니지만 주주의 인센티브가 아닌 자신의 인센티브에 의해 설명된다. 일정 레버리지는 대리인비용을 경감할 수 있지만 과도한 레버리지는 이를 악화시킬 수 있다.

13장에서는 회사가 재무적으로 어려운 시기에 무슨 일이 벌어지는지 살펴보았다. 이 장에서는 제품시장에서 유발되는 재무곤경(예: 경쟁심화, 비용구조 변화)과 재무정책에서 유발되는 재무곤경(예: 부적절한 자본구조) 사이에 차이를 살펴보았다. 재무정책에 의한 재무곤경에 기업이 어떻게 대처해야 하는지 그리고 구조조정과 파산 관련 법규는 어떠한지도 논의했다.

재무정책을 다룬 5장에서 13장은 어떻게 자금조달을 결정하는지 설명하고 있다. 그 단계는 다음과 같다.

1. 회사의 재무적 소요 결정
2. 목표 자본구조 등 회사의 재무정책 설정
3. 회사가 선택 가능한 자금조달 선택지 나열
4. 저렴한 비용으로 회사의 재무정책에 부합하는 자금조달 선택지(예: 고정 vs. 변동, 담보 vs. 무담보 등) 탐색
5. 가능한 선택지의 시사점 검토
6. 자금조달 방안 확정

회사가 이 책의 전반부에서 논의한 재무적 소요가 있다는 것을 인식하면 다음 단계는 목표 자본구조를 설정하는 것이다. 이는 회사의 채권등급에 영향을 미친다. 우리는 목표 자본구조정책을 선택함에 있어 내적, 외적, 회단면적 등 세 가지 선택기준을 제시했다.

내적 기준은 회사의 기초사업위험을 평가하고 설명하는 것에 관한 것이다. 회사의 경쟁적 위험은 재무추정과 민감도분석으로 평가한다. 회사는 미래의 부채 서비스와 채무약정 충족 가능성을 고려해야 한다. 외적 기준은 신용평가사, 대출자(대주), 애널리스트 등에 의해 정해진다. 시장 접근의 유지를 위해 회사는 이러한 외적 이해관계자들을 만족시켜야 한다. 마지막으로 횡단면적 기준은 회사의 경쟁자들이 어떻게 하고 있는지를 분석하고, 충분한 이유가 있는 경우에 한해 재무정책의 차별성을 가지도록 하는 것을 수반한다.

회사의 최적자본구조는 단지 회사의 자본비용(WACC)을 최소화하는 데만 있지 않다. 여기에는 많은 재무적 시사점이 존재한다. 자본구조는 회사의 위험(risk)과 수익(return)에 영향을 미친다. 자본구조는 부채와 주식의 자본비용, 결국 WACC에 영향을 준다. 회사의 차입비율이 변동하면 자본비용도 변동하는 점에 유의하자. 부채의 비중이 증가하면 일정 수준 이상에서는 부채의 비용이 상승하고, 주식의 비용도 상승하기 때문에 WACC는 초기에 하락하다가 부채가 일정 수준 이상이 되면 상승하게 된다. 따라서 기업가치도 부채 증가에 따라 상승하다가 하락하기 때문에 주가도 상승 후 하락한다.

나아가 목표 차입비율을 설정한다는 것은 최적자본구조 결정의 절반에 불과하다. 목표에 이르는 것이 나머지 절반이다. 차입비율이 너무 낮은 회사는 주가가 낮게 평가된다. 또한 이 회사를 차입해서 인수할 수 있는 부채 부담력을 가지고 있기 때문에 인수대상 후보가 될 수 있다. 하지만 차입비율이 너무 높으면 회사는 재무곤경의 위험에 처하게 된다. 회사는 장기적인 정태적 균형 상태를 기준으로 재무정책을 결정한다. 다만 단기적인 상황에서의 이점을 얻기 위해서는 장기적 균형에서 동태적으로 이탈할 필요도 있다.

재무정책을 설정한 후 회사는 정보를 시장에 전달한다. 시장은 경영진이 비대칭정보를 가지고 있고 신호효과를 기대한다는 것을 알고 있다. 신호효과는 외부 자금을 비싸게 만들고, 결과적으로 회사의 지속가능성장률을 통해 창출된 내부 현금을 보다 매력적으로 만든다.

재무정책의 설정 후 회사는 자금조달 소요를 충족시킬 수 있는 선택지를 고민하게 된다. 회사는 자본시장에 접근할 수 있으며 많은 선택지 사이에서 대안을 검토한다. 이 책에서 그러한 선택지를 모두 다루지는 못했지만 은행차입, 사모발행, 장기채권, 주식(보통주와 우선주), 전환사채, 전환우선주 등에 대해 살펴보았다. 각 선택지는 이자율, 채무약정, 감채기금, 수의상환조항 등에 여러 특징을 가진다. 이 책에서 다룬 것 이상으로 훨씬 많은 선택지가 있지만 설명한 것들은 회사가 일반적으로 사용하는 선택지이다.

회사의 재무정책에 따라 자금조달 소요를 충당할 수 있는 가용한 선택지 중에서 회사는 합리적이지 않거나 위험한 선택지를 제외한다. 마지막으로 남아있는 선택지 중에서 회사는 가장 저렴한 비용의 조달수단을 선택한다. 비록 이 책에서 다루지 않았지만 경우에 따라 정책에 부합하는 가장 저렴한 자금조달은 조달의 형식을 변경할 수 있다는 것을 의미한다. 회사가 엔화로 차입을 하고 통화스왑을 통해 미국 달러 차입으로 변경하는 것이 예이다.

마지막으로 우리는 재무정책들 사이에는 일관성이 있어야 하고 회사의 제품시장 전략과 연계되어야 한다고 강조했다. 따라서 회사가 제품시장 전략을 변경하면 회사는 당연히 재무정책의 변경 필요성을 검토해야 한다.

14 ~ 22장: 가치평가

투자의 측면에서 우리는 다음과 같이 질문한다. *회사는 어떻게 좋은 투자결정을 하는가?* 우리는 좋은 투자결정에는 전략, 가치평가, 실행의 세 가지 요소가 있다고 본다. 이 책의 마지막 파트는 가치평가에 대부분을 할애하고 있지만, 투자전략과 그 실행 역시 중요한 부분으로 다루고 있다.

(이 책이 재무관리 교과서인 탓에) 대부분의 사례에서 전략적 요소는 비교적 간단히 설명하고 지나갔지만 마지막 패밀리달러 사례에서는 이를 자세히 다루었다. 투자의 전략적 부분은 제품시장 이코노믹스의 본원적인 부분을 결정한다. 투자의 현금흐름의 가치를 평가하기에 앞서 본원적 이코노믹스가 현금흐름을 창출하고 결정하기 때문이다.

투자의 가치를 평가하는 데는 주로 다섯 가지 방법이 있다. (이들 다섯 가지 방법에는 여러 변형이 있지만 저자들은 다섯 가지 "패밀리"를 통해 가치평가를 정리한다.)

1. 현금흐름할인: 기업잉여현금흐름, 주주잉여현금흐름, APV, EVA 등
2. 이익 또는 현금흐름 멀티플: P/E, EBIT, EBITDA, EBIAT 등
3. 자산 멀티플: 장부가치, 시장 대 장부가치, 대체가격 등
4. 컴패러블스: 유정 배럴, 금 온스, 임목 면적, 매장 면적, 인구, 웹사이트 방문자 수 등
5. 조건부 청구권: 옵션가치평가 접근법

이 책은 처음 네 가지 접근법에 집중했다. (조건부 청구권은 다루지 않았는데, 이를 위해서는 옵션가치 툴키트가 필요하고 실제로 잘 사용되지 않기 때문이다.)

우리는 14장에서 할인과 현재가치를 중심으로 가치평가 기법의 계산 방법에 대한 검토로 논의를 시작했다.

그리고 15장과 16장에서 썬그린의 사례를 통해 가치평가의 기초를 설명했다. 15장에서 우리는 재무추정으로 기업에 대한 잉여현금흐름(FCF)을 어떻게 도출하는지 설명했다. 기업잉여현금흐름 공식은 다음과 같다.

$$FCF_f = EBIT * (1 - T_c) + Dep - CAPEX - (NWC_{end} - NWC_{begin}) + Extras$$

16장은 15장에서는 추정된 현금흐름을 적절한 자본비용으로 할인해 보았다. 기업잉여현금흐름의 경우 할인에는 다음 공식과 같은 WACC가 사용된다.

$$WACC = K_o = (D/(D + E)) * K_d * (1 - T_c) + (E/(D + E)) * K_e$$

WACC를 계산하기 위해서는 여러 요소들을 추정해야 한다. 관련해서 우리는 무위험이자율과 시장위험프리미엄의 추정을 위한 여러 방법을 소개하고, 베타를 무채화한 후 재부채화하는 방법에 대해서도 설명했다. 나아가 우리는 여러 추정치에 대한 정당성에 대해서도 논의했다.

우리는 자본비용은 시장에서 결정되는 것이며, 이때 "쌍둥이" 기법이 종종 사용된다고 강조했다. 이는 최적자본구조의 K_d와 K_e에서도 그렇다. 오늘날 기업재무 가치평가에서 K_e는 주로 단일요인모형인 CAPM을 사용하고 있다.

16장에는 또한 썬그린의 투자에 대한 영구가치를 계산해보고, 투자에서 가치평가가 최초 투자비, 추정 현금흐름의 현재가치, 영구가치의 현재가치의 세 부분으로 이루어진다고 강조했다. 이때 저자들은 여러 종류의 영구가치를 계산해볼 것과 이를 현금흐름의 현재가치와 분리해서 살펴볼 것을 강력히 권고했다. 왜인가? 많은 프로젝트에서 영구가치를 어떻게 평가했는지에 따라 프로젝트의 NPV가 양의 값을 가지는지 결정되기 때문이다. 따라서 세 가지 요소들을 합산한 결과만 보면 이러한 사실을 간과하기 쉽다는 점에 유의하자.

또한 이 장에서 우리는 회사들이 투자를 평가할 때 복수의 허들레이트를 사용해야 한다고 강조했다. 우리는 "프로젝트의 현금흐름, 프로젝트의 자본구조, 프로젝트의 자본비용"를 통해 평가에 대한 접근법을 요약했다.

17장은 회사와 프로젝트 가치평가와 관련된 여러 가지 뉘앙스를 살펴보았다. 이 장은 현금흐름의 뉘앙스에서부터 논의를 시작했다. 우리는 "현금이 왕"이라고 강조한 후 투자안의 현금흐름에 무엇을 포함하고 무엇을 포함해서는 안 되는지에 대해 논의했다. 현금흐름에는 가상적 회계적 현금흐름, 매몰비용, 생산능력 과잉에 따른 비용 등이 포함되어서는 안 된다. 포함되어야 할 항목에는 기회비용, 회사의 다른 부분에서 나타나는 잠식효과, 포기비용 등이 있다. 여기서는 모든 증분의 현금흐름이 회사 내 발생 장소에 상관없이 모두 포함되어야 하며 발생시점 역시 고려되어야 한다고 강조했다.

자본비용에 관련된 뉘앙스에 대한 논의에서는 목표자본구조와 자본조달의 실행을 혼동하지 말라고 주의를 전했다. 또한 WACC 공식의 암묵적 핵심 가정, 미국의 2018년 감세와 일자리 법안에 따른 이자비용 공제한도 신설의 영향, 베타의 무부채화와 재부채화의 변형, 자기자본비용 계산의 대안적 방법론(예: 차익거래모형, 파마 프렌치 3요인 모형) 등에 대해서도 살펴보았다.

다음 뉘앙스에서는 영구가치를 결정하는 다섯 가지 주된 방법론이 프로젝트의 가치를 평가하는 다섯 가지 방법론과 같다는 것을 설명했다. 이때 주식의 영구가치와 기업의 영구가치를 섞어서 사용하지 않도록 하는 것이 중요하다. (예: P/E 멀티플을 사용하면 주식의 영구가치가 산출되는 반면 EBIT 멀티플을 사용하면 기업의 영구가치가 산출된다.) 또한 우리는 각 가치평가 방법론의 가정에 대한 현실성을 점검하기 위해 손익분기 영구가치를 어떻게 활용하는지 살펴보았다. 마지막으로 대안적 가치평가 방법론에 대해 살펴보고, 수정현재가치법(APV), 실물옵션, 가치평가의 정치학, 기업전략의 중요성에 대해 논의했다.

14 ~ 17장에서 마지막으로 말하고자 했던 것은 두 가지이다. 첫 번째는 양의 NPV가 비경쟁적 수익을 나타낸다는 것이다. 회사가 어떤 프로젝트를 수행하도록 NPV가 양이 되게 하는데는 회사가 충분한 현금흐름을 확보하거나 경쟁자들보다 낮은 자본비용을 확보하는 오직 두 가지 방법만 있다. 높은 현금흐름 수준은 높은 판매가나 저렴한 원가구조에서 온다. 자본비용이 저렴하다는 것은 통상 회사가 비시장적인 이자율(예: 보조금 수령)을 확보하거나 회사의 세금공제와 차입비율을 변동시켜야 한다는 의미이다. 이러한 아이디어는 M&A에서 주목을 받게 된다. 어떤 회사가 다른 회사나 사업을 인수할 때 통상 프리미엄을 지불하게 된다. 이때 핵심 질문은 다음과 같다. *이 사업은 왜 매도자에게보다 인수자에게 더 많은 가치를 가지는가?*

두 번째는 어떤 회사가 양의 NPV를 기대한다면 어디에서 경쟁우위를 확보할 수 있는지 간단 명료하게 기술할 수 있어야 한다는 것이다. (특히 이것은 저자들의 경험법칙 상 다섯 문장 이하로 작성할 수 있어야 한다.) 누군가 양의 NPV 프로젝트를 제안할 때 여러 질문이 나올 수 있다. 어느 부분이 양의 NPV의 원천이 되는가? 증가한 현금흐름은 어디에서 오는 것인가? (예: 시너지는 어디에서 발생하는가?) 시장수익률보다 낮은 자본비용을 만드는 절감 원천은 무엇인가? (예: 보조금이 있는가?) 이와 관련된 적절한 설명이 없다면 어떤 프로젝트가 양의 NPV를 갖는다는 것을 믿어서는 안 된다.

18장에서는 콩골리움 사례를 통해 LBO와 사모펀드를 소개했다. 콩골리움 사례에서 가치는 어디에서 오는가? LBO와 사모펀드의 가치 원천은 세 가지이다. 첫 두 원천은 절세와 관련되는데, 하나는 (현재는 세법에서 금지하는) 자산가치의 평가증액이며, 다른 하나는 높은 부채 수준에 따른 추가적인 이자비용의 세금절감효과이다. 콩골리움 사례는 스트립 파이낸싱을 통해 세무 상 높은 부채 수준을 갖는 자본구조를 어떻게 만들어내는지 설명했다. 부채 수준의 증가에도 불구하고 이 경우 재무곤경비용은 증가하지 않는데, 이는 채권자들과 주주들의 이해관계가 정렬되었기 때문이다. 이는 사모펀드와 관련된 엄청난 재무혁신이었다. LBO와 사모펀드의 세 번째 가치 원천은 경영상의 인센티브에 대한 변화이다. LBO는 소유주와 경영진간 대리인 비용을 절감하며, 경영자가 자신을 위해 일할 때 더 열심히 더 스마트 하게 일하는 것으로 알려져 있다.

19~22장은 달러트리에 의한 패밀리달러 인수 사례를 통해 가치평가에 대한 논의를 마무리하고 있다. 여기서는 "좋은" 투자를 구성하는 전략, 가치평가, 실행 등 세 가지 부분 모두를 다루고 있다. 19장은 잠재적인 M&A의 이면에 있는 전략적 합리성에 대해 탐색했다. 실제 전략적 분석에서 제기된 경제적 이슈들이 추정 재무제표와 예측된 현금흐름의 달성 여부를 결정한다.

20장은 WACC로 할인된 기업잉여현금흐름을 이용해 M&A의 가치평가에 대해 살펴보았다. 이 장은 패밀리달러의 자문사가 작성한 위임장권유서에 보고된 내용을 살펴보고 우리의 분석 결과와 비교해 보았다. 이 결과를 보면 왜 재무관리가 과학이 아니라 기술인지 알게 된다.

21장은 널리 활용되는 또 다른 가치평가 기법인 주주잉여현금흐름을 설명했다. 주주잉여현금흐름은 K_e로 할인한다. 이 장은 또한 기업잉여현금흐름과 주주잉여현금흐름의 차이점에 대해서도 살펴보았다. 이때 우리는 이런 공식들을 단순히 외우는 것을 넘어 이해하는 것이 왜 중요한지 알아보았다. 기업에 대한 잉여현금흐름은 자산 측면에서 발생한다. 부채와 주식에 대한 잉여현금흐름은 부채의 경우 K_d로, 주식의 경우 K_e로 할인한다. 마지막으로 이 장은 주주잉여현금흐름이 기대되는 미래 배당과 일치한다는 것을 설명하고 있다.

22장은 실행의 문제를 다루었다. 패밀리달러 인수 사례에서 사모펀드의 역할을 포함해 M&A 시장과 여러 플레이어들에 대해 살펴보았다. 자문사(투자은행, 로펌), 이사회, 경영진 등이 가지는 동기와 역할 등을 위임장권유서에 나온 사항과 함께 알아보았다.

패밀리달러 사례는 또한 가치평가에서 시장의 역할을 보여준다. 이 사례는 인수의 우호적 측면과 적대적 측면 모두를 포함하고 있다. 마지막으로 우리는 기업재무에서 결국 장기적으로는 가치가 문제라고 논의했다. 회사는 한 번 또는 경우에 따라 몇 번의 실수를 할 수 있지만, 언젠가 경영진이 너무 많은 실수를 하면 자신의 사진이 나온 마지막 연차보고서를 발생하게 될 것이다.

이 책에서 논의된 기법과 개념

저자들이 여러분에게 기업재무를 성공적으로 가르쳤다면 지금쯤 독자들은 다음에서 열거하는 기법과 개념들에 대해 친숙해 있어야 한다.

재무관리 기법

1. 비율분석
2. 원천과 사용
3. 재무추정
4. 듀폰공식
5. 지속가능성장
6. 순현재가치(NPV)
7. WACC, K_d, K_e, K_o
8. FCF_f, FCF_e
9. 이익 멀티플
10. 자산 멀티플
11. 수정현재가치
12. 허들레이트
13. 영구가치
14. 베타의 무부채화와 재부채화

이론과 개념

1. M&M (1958), (1961), (1963)
2. 세금절감
3. 재무곤경비용
4. 최적 자본구조
5. 현금은 음의 부채
6. 기초사업위험
7. 경영진의 자유재량
8. 비대칭정보
9. 주식현금흐름, 배당금, 자사주매입, 주식발생과 관련된 신호효과
10. 내부적 자본시장
11. 자본조달순위이론
12. 배당정책
13. 잉여현금을 확보 또는 사용하는 다섯 가지 방법
14. 프로젝트의 가치를 평가하는 다섯 가지 주된 방법

제도적 요인

1. 인베스트먼트 뱅커
2. 이사회
3. 변호사
4. 채무약정
5. 신용등급
6. 전환사채
7. LBO
8. 챕터 7의 구조조정 vs. 챕터 11의 파산

기법과 관련해 이 책의 논의는 비율분석에서 시작했다. 그 다음 자금의 원천과 사용, 재무추정으로 논의를 확장했다. 우리는 학습의 효과를 높이기 위해 여러 상황에서 이러한 기법을 여러 차례 반복적으로 사용했다. 이 책에서 논의된 기법은 M&M(1958, 1961, 1963)에서 시작해 비대칭정보, 지속가능성장률 등의 이슈로 확장했다. 이 책의 주된 관심사는 아니지만 실무상 재무업무가 어떻게 수행되는지 설명하기 위해 관련 제도에 대한 논의도 포함하였다. 마지막으로 채무약정, 신용등급, 전환사채 등 여러 종류의 금융상품과 그들의 특성

에 대한 논의도 진행했다.

재무관리는 과학이 아니라 기술이다.

우리가 수차례에 걸쳐 언급한 것처럼 재무관리는 엄밀하지 않다. 종종 재무 전문가들이 재무관리가 엄격하고 엄밀한 것처럼 행동하지만 이는 틀린 것이다. 예를 들어 가치평가를 하고 NPV를 계산할 때 이것이 단지 추정치에 불과하다는 사실은 명확한 것이다. 이는 여러 가정을 전제로 하기 때문에 이러한 가정이 결과에 어떤 영향을 미치는지 파악하기 위해서는 민감도분석을 해봐야 한다.

Bottom Lines

시장은 여전히 투자안의 가치를 평가하기에 매우 좋은 장소이다. 우리의 가치평가 기법은 어떠한가? 앞에서 언급한 것처럼 가치평가의 아이디어는 정확한 숫자를 얻는 것이 아니라 그 어림치에 접근하는 것이다. 어림치를 얻고 나면 투자를 할 것인지 그리고 어떻게 자금을 조달할 것인지는 모두 판단을 수반하는 것들이다. 과거를 돌아보는 회계와 달리 미래를 바라보는 재무관리에서는 하나의 정답이란 존재하지 않는다. 절대적으로 틀린 답이 있을 수 있지만 재무관리에서 유일한 정답이란 있을 수 없다. 재무관리는 판단을 요구하며, 판단의 중요성은 왜 성공적인 재무전문가가 많은 보수를 받는지 설명해준다.

20장에서 언급했듯이 저자들 중 한명은 애널리스트들과 그들이 사용하는 가치평가 기법에 대한 논문을 발표한바 있다.[1] 연구결과에 따르면 사실상 대부분의 애널리스트가 P/E를 사용하고 있었다. 반면 NPV는 절반이 아주 조금 넘는 애널리스트들만이 사용하고 있었다. 어떤 기법이 더 정확한가? P/E인가 아니면 NPV인가? 실제 둘 사이에는 차이가 없다. NPV를 사용해도 P/E보다 정확한 가치평가 결과를 산출하지는 못한다. 그렇다면 왜 단순히 P/E를 사용하지 않는가? NPV를 사용하려면 미래 현금흐름을 추정해야 하는데, 이는 애널리스트들이 기본 가정들에 대해 생각하게 만들기 때문이다. 잉여현금흐름을 계산할 때 애널리스트는 감가상각 스케줄을 검토해야 하며, 자본적 지출은 어떠한지, 회사는 운전자본에 얼마를 가지고 있어야 하는지 등을 분석하게 된다. 애널리스트가 기본 가정을 분석하면 분석에서 무엇인가를 빠트

1) P. Asquith, M. Mikhail, and A. Au, Information Content of Equity Analyst Reports," *Journal of Financial Economics* 75 (February 2005): 245-282.

릴 가능성이 줄게 된다. P/E비율을 사용하면 애널리스트는 하나의 수치만 대입해 보기 때문에 무언가를 놓치기 쉽다. 이는 저자들을 포함한 대부분의 재무관리 교수들이 할인된 현금흐름, 즉 NPV를 가르치고 가치평가에 선호하는 이유이다. 이 기법은 분석자로 하여금 모든 부분을 나누어 생각하도록 강제해 준다. 따라서 우리는 현금흐름할인(DCF)이 가치평가에서 발생할 수 있는 실수를 크게 줄인다고 믿고 있다. 또한 오늘날은 스프레드시트의 발달로 P/E보다 DCF를 사용하는데 그렇게 많은 시간과 노력이 필요한 것도 아니다.

재무관리에 대한 현명한 접근법

첫째, 이코노믹스를 이해해야 한다. 가치는 제품시장과 자본시장의 이코노믹스 안에 존재한다. 가치는 숫자 안에 존재하지 않는다. 이런 숫자들은 이코노믹스로부터 도출된 것이다.

둘째, 기법을 이해하도록 노력하라. 이 책은 기법 자체에 집중하려고 노력하기보다 이것들을 이해하도록 하는데 노력하고 있다. 베타를 무부채화하고 재부채화하는 공식을 적용하는 것은 어렵지 않다. 하지만 여기에는 많은 공식들이 있기 때문에 기본 가정과 그 영향을 이해하는 것이 보다 중요하며, 이 책도 이를 이해시키고자 했다. 예를 들어 이 책에서 사용된 베타 공식은 부채의 베타는 0이고 부채의 위험은 선형적이라고 가정한다. 하지만 다른 공식에서는 다른 가정을 채택하고 있다. 어떤 기법이 무엇을 하는 것인지 그리고 언제 그 기법을 사용하는지 이해하는 것이 중요하다. 예를 들어 산술평균(정확)이나 기하평균(부정확)을 사용하는지에 따라 $R_m - R_f$는 달라진다. 이것은 또한 (자료가 남아 있는) 1926년부터 계산할지, 2차 세계대전 이후 혹은 지난 비즈니스 사이클부터 계산할 것인지에 따라서도 달라진다. 여러 방법론과 측정기간은 모두 각각의 주장을 가지고 있지만, 핵심은 그 합리성이 무엇인지, 숫자들은 어디에서 온 것이며 왜 방법과 기간을 달리하면 계산된 숫자가 달라지는지를 이해하는 것이다. 이는 왜 하나의 숫자가 모든 목적에 적합하고 다른 것은 틀렸다고 말하는 것이 옳지 않은 이유이다.

셋째, 사람의 행태를 이해하라. 재무관리에는 자신의 이해관계를 가진 여러 사람들이 관여한다. 실행에는 플레이어들과 그들의 이해관계 그리고 의사결정이 수반된다. CEO는 무엇을 원하는가? 인베스트먼트 뱅커와 컨설턴트는 무엇을 원하는가? 그들이 글과 수치로 말하는 것이 반드시 그들이 생각하는 것은 아닐 수 있다. 그들은 우선 자신의 이익과 관련되어 행동한 후 그 다음에 그들에게 비용을 지불하는 사람들을 위해 행동한다. (그리고 그들의 행동은 사회나 다른 이해관계자의 이익에 부합하지 않을 수 있다.) 계산을 하는 것이 중요하며 숫자를 뽑아내는 것이 멋진 일일 수 있지만, 실세계에서는 인간이 의사결정을 한다. 인간 행태의 중요성이 고려되어야 하는 것이다.

넷째, 제도와 규정을 이해하는 것이 중요하다. 18장과 콩골리움 사례는 스트립 파이낸싱이 LBO의 성공요인이 되었음을 보여주었다. 왜 그런가? 스트립 파이낸싱은 회사가 IRS 세법 테두리 안에서 세무상 주식을 부채로 전환할 수 있도록 했기 때문이다. 진정한 가치가 어디에 있는지에 대한 이코노믹스를 이해하는 것이 중요하지만 여러 가지 기법과 관련자들 그리고 제도적 프레임워크를 이해하는 것 또한 중요하다.

다섯째, 제로 NPV를 예측하라. NPV가 양의 값을 가질 때 분석의 핵심은 가치가 어디에서 오는지 확인하는 것이다. 여러분은 다섯 문장 이내로 가치가 어디에서 발현되는지를 설명할 수 있어야 한다. 만일 다섯 문장 이내로 이를 정리할 수 없다면 이는 일반적으로 신뢰하기 어려운 결과일 것이다.

여섯째, 최소한 조금은 (조금보다는 더) 회의적이어야 한다. 저자들은 사실 상당히 냉소적이고 회의적이다. 위에서 언급했듯이 여러분은 사람들이 원하는 것이 무엇인지, 그들이 얻고자 하는 것이 무엇인지, 그들에게 가치는 어디에 있는지에 항상 의문을 제기해야 하고 사람들이 이야기 하는 것을 회의적으로 바라볼 필요가 있다.

변화하는 세상에서

세상은 새로운 재무기법과 재무구조와 함께 계속해서 변화하고 있다. 1980년대에는 LBO와 차입형자본재구조화(leveraged recaps)가 새로운 것이었다. 닷컴은 "번레이트(burn rate)"의 급등을 보게 된다. 1990년대 이전 공매도는 전체 거래소 거래의 약 5~8%에 불과했지만 현재는 30%에 근접하고 있다. 또한 우리는 2018년 감세와 일자리 법이 사모펀드의 역할을 변경시킬 것이라는 것을 예상한다. 오직 확실한 것은 세상이 계속해서 변화하고 있다는 것뿐이다. 여러분은 어떻게 이런 변화를 쫓아가려 하는가?

교과서: 교과서의 개정 판본 대부분은 재무관리에 큰 진보가 있어서가 아니라 중고책 시장을 죽이기 위한 것이다. (물론 이는 저자들이 이 책을 업데이트한 목적은 아니다. 이 개정판의 목적은 2018년 감세와 일자리 법이 가치평가에 미친 영향을 반영하는데 있다. 개정판에서는 또한 구조조정과 파산에 대한 새로운 논의가 추가되었다.) 따라서 최근 개정판을 읽어 한 책의 여러 판본을 읽기보다 여러 종류의 교과서를 읽는 것이 정보의 범위를 넓히는데 도움이 된다. Brealy and Myers의 *Principles of Corporate Finance*는 진정한 최초의 현대 재무관리 교과서이며 여전히 훌륭한 정보 원천으로 남아 있다. Grinblatt and Titman의 *Financial Markets and Corporate Strategy*는 저자들이 고급기업재무 교과서로 선호하며,

현대적이고 다소 기술적이며 많은 수리적 증명 과정을 제시하고 있다. 우리는 재무관리 교수들이라면 최소한 이 두 개의 교과서를 자신의 책장에 두고 있어야 한다고 생각한다. Higgins의 *Analysis for Financial Management* 또한 훌륭한 교과서이며, 기업재무의 기초에 대한 세부적 사항을 잘 다루고 있다.

저널(학술지): 많은 사람들이 *MIT Sloan Management Review*와 *Harvard Business Review*를 잡지처럼 구독하고 있고, 우리도 재무관리에 관심 있는 사람들에게도 도움이 된다는 것을 안다. 하지만 이런 학술지에는 재무관리에 대한 논문이 너무 적은 것도 사실이다. 반면 이 분야의 많은 전문 학술지(예: *Journal of Financial Economics, Journal of Finance, Review of Financial Studies)*를 이해하기 위해서는 높은 수준의 수학적 이해(즉, 미적분학과 계량경제학)가 필요하다. 이런 학술지는 연구자를 위한 것이지 일반적인 실무자들을 위한 것이 아니다.[2)] 하지만 이러한 전문 학술지 중에도 실무자를 위한 학술지가 있다. 이러한 학술지에는 *Financial Management, Journal of Applied Corporate Finance, Financial Analysts Journal, Journal of Portfolio Management*가 있다. 이런 종류의 학술지들은 보다 기술적인 학술지에 접근할 수 있는 길을 제시해준다. 다만 전문 연구 학술지와 같은 수준의 심사를 거치지 않기 때문에 내용에 오류가 포함될 가능성이 그 만큼 크다는 사실을 잊어서는 안 된다. 만일 여러분이 여러분의 기대와 다른 부분을 발견한다면 그에 따라 행동하기 전에 이를 검증해볼 필요가 있다.

경제지: *Economist*나 *Bloomberg Businessweek* 같은 경제지도 경제와 재무관리 분야에서 무슨 일이 벌어지고 있는지 이해하는데 매우 유용하다. 저자들은 *Economist*야 말로 모든 사람들이 반드시 읽어야 한다고 생각한다. *Euromoney* 역시 이 분야의 중요한 뉴스를 상세히 알려주는 아주 좋은 실무자 저널이다. 물론 일간지인 *Wall Street Journal*과 *Financial Times*도 있다.

래리의 최근 이야기

한 친구의 동생인 제인은 중견기업인 그녀 아버지 회사에서 크레디트 매니저로 일하고 있었고 처음으로 고객의 디폴트를 경험하게 된다. 그 고객은 파산했고 제인의 회사에 30,000달러의 채무를 가지고 있었다. 법원 판결은 오직 3,000달러(즉, 1달러 당 10센트)만 받을 수 있을 것으로 기대되었다. 제인은 (결코 따뜻하다거나 대충 넘어 가는 사람이 아닌)

2) 평균적으로 게재를 위해 심사를 요청한 12편의 논문 중 한 편만이 학술지에 게재되며, 게재 논문들 중 대부분은 읽히지 않는다. 학술 논문의 평균 인용횟수는 2회에 불과하고 그 중간값은 0이다. 이는 극히 일부의 학술 논문만이 진짜 중요하다는 의미이다.

그녀의 아버지에게 저녁 식사 시간에 이를 보고하기로 했다. 이에 나에게 이 문제를 어떻게 설명하는 것이 좋을지 자문을 구해왔다.

나는 "당신 아버지의 공장은 최대 생산능력 수준에서 가동 중인가요? 순이익률은 얼마입니까?"라고 물었다.

그녀는 "아니오. 생산능력의 50%에도 미치지 못합니다. 순이익률은 30%입니다. 이것이 무슨 문제인가요?"라고 답했다.

나는 이 공장이 생산능력 이하에서 운영 중이라면, 이는 이 고객에게 물건을 판매함으로 인해 또 다른 수익성 있는 영업기회를 포기한 것은 아니라는 의미라고 설명했다. 이는 그녀가 (판매가 30,000달러에서 예상 회수액 3,000달러를 뺀) 27,000달러를 잃어버리지 않았다는 의미이다. 대신 그녀는 (제조원가 21,000달러에서 예상 회수액 3,000달러를 뺀) 18,000달러를 잃어버린 것이다.

그리고 나는 "이번이 이 고객에 대한 첫 번째 판매였나요?"라고 물었다.

불편한 기색을 보인 후 그녀는 "그게 어떤 차이를 만드나요?"라고 물었다.

이 고객은 지난 2년간 330,000달러를 구매했고, 그 중 300,000달러는 전부 지급했고 나머지에 대해서는 3,000달러가 회수될 것으로 예상된다. 이는 이 고객으로부터의 수금액이 마지막 회수액이 입금되면 총 303,000달러라는 의미이다. 판매된 제품의 원가는 (330,000달러에 매출원가 30%를 곱한) 231,000달러이다. 따라서 (마지막 판매에 대해서만 손실이지) 이 고객에 대한 이익은 72,000달러(현금 유입 303,000달러에 유출 231,000달러)이다. 이 고객에 대한 신용거래 확대는 성공적이었다. 그녀가 나를 아버지와의 저녁 식사에 초대했다. 나는 초대를 정중히 거절하는 대신 그녀에게 책 한권을 선물했다.

바울의 파이 이론

여러분이 "무슨 파이를 가장 좋아하냐고?" 묻는다면 대부분의 미국 사람들은 애플파이라고 답할 것이다. 압도적인 다수 미국 사람들이 특정한 한 파이를 좋아한다는 것은 놀라운 일이다. 나는 이것이 왜 그런지를 이론적으로 설명할 수 있다. 아마 대부분의 사람들은 애플파이가 신선한 과일로 만들어지는 유일한 파이라고 생각하기 때문이다. 체리파이, 복숭아파이, 호박파이 등은 일반적으로 통조림으로 만든다. 하지만 신선한 과일로 만든 파이에 대한 대체재는 존재하지 않는다. 애플파이가 최고의 파이는 아니다. 신선한 과일로 만든 복숭아나 딸기 아니면 다른 과일파이를 이전에 먹어본 적이 있는가? 그렇다면 애플파이는 최고의 파이가 아닐 수 있다. 파이 시즌이 시작되면 종종 많은 사무실에서 신선한 파이를 보게 된다. 우리는 이를 파이데이라고 부른다. 어느 누구도 "나는 집에서 홈메이드 피자를 먹길 원한다."고 말하지 않는다는 것을 생각해보자. 피자의 경우 우리는 피자전문점 피자를 원한다고 말한다. 왜인가? 피자전문점의 피자가 더 맛있기 때문이다. 사람들이 홈메이드 파이에 대해 이야기할 이유도 있다. 홈메이드 파이는 신선한 과일로 파이를 만드는 적절한 방법이기 때문이다. 여러분이 음식을 제대로 만들길 원하며 원래 만들던 방법을 고수하면 그곳에 진정한 차이가 존재한다.

생활의 규칙

마지막으로 저자들은 여러분에게 비재무적인 조언을 전하고자 한다. 우리가 강의실에서 마지막 정리 수업 후 우리는 인생에 대해 생각하는 시간을 갖곤 한다. 인생에서 우리가 가장 중요하다고 느끼는 것들을 열거해 보고자 한다.

첫째, 여러분이 즐거운 일을 하라. 여러분이 하고자 하는 일을 해야 잘할 수 있다. 여러분이 해야 한다는 생각만으로 어떤 일을 하지 말라. 골드만삭스이기 때문에 골드만삭스에 취직하지 말라. 여러분이 원하는 직업을 선택하라. 인생은 돈을 벌기 위한 것이 아니다. 인생은 효용을 극대화하는 것이다. 여러분에게 어느 정도의 돈은 필요하고 가능하다면 희망하건데 여러분이 선택하는 모든 직업은 기본은 제공해 줄 것이다. 저자들은 모두 학계가 아닌 업계에서 보다 많은 돈을 벌 기회를 가지고 있었다. 그렇다면 왜 우리는 학계를 지키고 있는가? 이는 우리가 누구이며 우리가 무엇을 하는가에 대한 것이다. 우리 누구도 돈을 중심으로 직업을 선택하지 않았고 어느 누구도 우리의 선택을 후회하지 않는다. (우리는 나쁜 환경에서 보수도 많지 않은 교직이 아마도 가장 훌륭한 직업이라고 생각한다.) (오직 여러분이 하고자 하는 것을 하는 직업을 선택한 경우에만 가능하지만) 여러분이 하는 일에 진정으로 익숙하다면 여러분은 그곳에서 충분한 돈을 벌게 될 것이다. 과거 월트디즈니는 "나는 돈을 벌기 위해 영화를 만들지 않으며, 영화를 만들기 위해 돈을 번다."고 말했다.

둘째, 만일 여러분이 어떤 것을 단순하게 설명할 수 없다면 이는 여러분이 충분히 이해하지 못하고 있다는 의미임을 깨달아야 한다. 만일 여러분이 어떤 것을 충분히 이해했다면 이를 쉽게 설명할 수 있어야 한다. 이는 우리가 가르치는 수업에서도 그렇다. (이 책도 희망하건데 그렇기를 바란다.) 이는 단지 우리뿐만이 아닌 다른 사람들에게도 그렇다. 많은 경우에 있어 우리가 "나는 당신에게 설명하려 노력하지만, 이는 너무 복잡해요."라고 말할 때, 이는 그들이 그것을 잘 이해하지 못했다는 것을 의미한다. 옛날 아인슈타인은 "여러분이 여러분의 할머니에게 그것을 설명할 수 있을 때에 비로소 그것을 이해한 것이다."라고 말했다.

셋째, 연설문이나 프레젠테이션을 작성할 때 여러분에게 중요한 사람들에게 말하듯 하라. 특정 청자를 위해 준비한다는 생각을 버려라. 여러분에게 중요한 사람은 합리적이고 지적이지만 여러분의 직업적 전문용어를 알 필요는 없다. (물론 대부분의 전문가들이 직업적 전문용어에 의존하지 않고는 그것을 설명할 수 없는 것이 현실이다.) 당신에게 중요한 사람들을 위해 연설문을 작성한다면 여러분이 결코 청자들을 잃을 일은 없을 것이다. 여러분의 작업을 그들에게 보여주는 것은 그것이 이해 가능한 것인지를 측정하는 훌륭한 방법이다.

넷째, 윤리적으로 행동하라. 사람의 행동을 합리화하는 것은 쉬우며, 특히 그런 행동들이 변호사, 회계사 또는 회사의 이사회의 승인을 받은 경우에는 더 그렇다. 불행히도 자문사는 종종 조력자로서 경영진의 명확히 부당한 행동을 정당화 하도록 법규와 규정의 이용을 돕는다. 다른 사람들이 한다거나 그것이 기술적으로 허용된다는 사실이 비윤리적인 행동을 정당화하지는 못한다. 겸손함을 유지하려고 노력하고 인간의 본성과 경쟁의 압박을 이해하며, 명확한 가이드라인이 없으면 잠재적으로 잘못된 선택을 할 수 있다는 것을 인식하는 것이 중요하다. 각자는 스스로에 대해 윤리적인 문지기가 되어야 한다.[3)]

다섯째, 인생은 고난일 수 있다. 불행하게도 어느 순간에는 대부분의 사람들이 고통을 받을 것이다. 인간은 부상, 질병, 자연재해, 가족의 비극, 재무적 곤란 또는 단순히 늙음으로 인해 고통을 받는다. 누군가는 갑자기 예상치 못한 부상을 당하거나 질병에 걸리기도 한다. 고통 없이 인생을 살아가는 사람은 없다. 하지만 우리를 놀라게 하는 것은 세상이 그러하고 우리가 고통을 받는다는 것을 알기 때문에 그에 앞서 우리가 서로에게 고통을 준다는 사실이다. 그렇지 않도록 노력하길 바란다.

끝마치며

이 책을 쓰고 여기에 정보들을 기록하는 것은 큰 기쁨이었다. 여러분도 동의하길 바란다.

3) Lawrence A. Weiss, "If the Auditors Sign Off, Does That Make It OK?" *Harvard Business Review*, May 1, 2012, http://hbr.org/2012/05/if-the-auditors-sign-off-on-it.

용어정리

가중평균자본비용(*weighted average cost of capital, WACC*) 세후타인자본비용과 자기자본비용의 가중평균비용.

감모상각비(*amortization*) 시간 경과에 따라 채권의 할인/할증 등 무형자산의 비용을 줄이는 회계적 절차.

개별원가인식법(*specific identification*) 실제 판매되는 단위의 원가를 인식하는 재고원가법

계절성(*seasonality*) 사업의 특성상 회사의 매출과 활동이 연중 순환하는 특성. (예: 11월과 12월에 완구 매출 증가, 밸런타인데이 전 초콜릿 매출 증가, 봄과 초여름 농기계 판매 증가 등)

공개매수(*tender offer*) 개인이나 기업이 어떤 상장회사의 주식을 매입하겠다고 제안하는 행위.

공매도(*short sales*) 주식을 빌려서 매각한 후 주가가 상승한 후 재매입해서 상환하는 투자 방식.

공정성의견서(*fairness opinion*) 인수나 합병에서 제안된 가격의 "공정성"에 대해 투자은행이 작성하는 의견서. 공정성의견서는 거래가격이 부적절하다는 주주 소송으로부터 이사회를 방어하기 위해 작성되는 것이 일반적이다.

교차부도조항(*cross default provision*) 만일 하나의 채무계약에서 불이행이 발생하면 다른 채무계약에서도 자동적으로 채무불이행이 발생하도록 하는 채무계약의 조항.

교환사채(*debt exchangeable for common stock, DECS*) 정기 이자지급에 더하여 (채권자가 회사에게 채권의 상환을 강제할 수 있는) 풋옵션과 (채권자가 채권을 회사 주식으로 전환할 수 있는) 전환권이 부여된 채권.

규제대상 유틸리티 회사(*regulated utility*) 가격결정과 회사의 자본구조를 포함하여 회사의 운영 전반에 정부 규제를 받는 유틸리티 회사(예: 에너지 혹은 상하수도 회사).

기업공개(*initial public offering, IPO*) 기업이 주식을 일반에 처음 공개하는 행위.

기업배당정책(*corporate dividend policy*) 회사가 주주들에게 제공할 것으로 기대하는 배당의

규모와 시점에 관한 회사의 정책.

기업어음(*commercial paper*) 회사나 금융기관이 발행한 통상 만기 270일 미만의 단기차입금.

기초사업위험(*basic business risk, BBR*) 기업의 영업활동 위험을 설명하는 기술적 용어. 이는 어떤 기업의 현금흐름이 변동할 확률과 관련된다. 이러한 변동은 전반적 경기상황, 기업이 영위하는 산업 내 경쟁 환경 또는 회사의 내부적 경영성과에 따른 것이다.

기회비용(*opportunity cost*) 다수의 상호 배타적 대안들 중 하나를 선택함에 따라 잃어버린 편익. 이는 자원의 차순위 사용 가치로 볼 수 있다.

대차대조표(*balance sheet*) 특정 시점에 기업의 자산, 부채, 순자본(자기자본)을 나타내는 회계보고서. 자산은 보고서 좌측(또는 경우에 따라 상단)에 나열된다. 부채와 자기자본은 보고서 우측(또는 경우에 따라 하단)에 나열된다. 회계적으로 자산 = 부채 + 자기자본의 관계를 만족한다.

더치경매입찰(*Dutch auction tender*) 회사가 지급하고자 하는 가격 범위에서 재매입 수량을 설정하거나 재매입 수량의 범위에서 가격을 설정하는 주식 청약 방식.

듀폰공식(*DuPont formular*) 자기자본이익률을 순이익률(당기순이익 / 매출액), 자본집약도 또는 총자산회전율(매출액 / 총자산), 레버리지(총자산 / 자기자본)의 곱으로 분해.

리스(*lease*) 리스이용자(lessee)가 리스사업자(lessor)에게 자산의 사용에 대한 대가를 지불하기로 한 계약.

리스파이낸싱(*lease financing*) 자산을 매각과 동시에 재임대하는 계약. 이는 회사의 영업활동을 위한 자금조달에 사용된다.

만기(*maturity*) 차입금의 마지막 원금 지급일.

매몰비용(*sunk costs*) 발생했지만 회복될 수 없고 미래 현금흐름에 영향을 미치지 않는 비용.

멀티플(배수, *multiples*) 회사의 이익이나 현금흐름 지표(예: EPS, EBIT, EBITDA)의 배수(적용 값)로 기업의 가치를 평가하는 방법. 적용 값은 다른 회사들의 비교에서 얻는다. 예를 들어 회사의 주가를 EPS로 나누어 P/E 배수를 얻고, 회사의 전체 가치(차입금과 주식)를 EBIT로 나누면 EBIT 배수를 얻는다.

명목할인율(*nominal discount rate*) 인플레이션 추정치를 포함한 이자율. 이는 시장에서 관찰되는 이자율이다.

목표 차입비율(*target debt ratio*) 회사가 희망하는 차입금과 주식의 비율.

무담보사채(*debentures*) 무담보채권과 같이 자산이 담보되지 않는 채무약정.

무형자산(*intangible asset*) 물리적 (유형적) 형체가 없는 자산. 상표권, 브랜드, 특허, 저작권 등이 무형자산에 포함된다.

뮤추얼펀드(*mutual fund*) 증권 포트폴리오의 투자를 위해 다수 투자자들의 기여분을 모아 전문적으로 운영되는 펀드.

미지급부채(*accrued liability*) 이미 발생했으나 아직 지급하지 않은 비용에 대한 부채.

발행주식수(*outstanding shares*) 투자자들이 보유하고 있는 회사의 주식수. (회사가 발행한 주식수에서 재매입한 주식수를 빼서 계산한다.)

배당(*dividend*) 주주들에 대한 이익의 배분. (통상 현금으로 지불하지만 경우에 따라 추가 주식이나 회사의 제품의 형태로도 지불됨) 다만 회사가 배당을 지급할 법적 의무는 없다.

배당성향(*dividend payout ratio*) 배당으로 주주에게 지급되는 당기순이익의 비중.

배당수익률(*dividend yield*) 우선주 혹은 보통주 1주에 대한 연간 배당금을 시장주가로 나눈 수익률.

배당재투자플랜(*dividend reinvestment plan*) 주주들이 수령한 현금배당금을 회사의 주식에 자동적으로 재투자하는 제도. 이 제도에서는 종종 시장 주가에 할인된 가격으로 주식을 살 수 있거나 거래비용을 면제받는다.

번레이트(*burn rate*) 회사가 현금잔액을 소진하는 속도.

베타(*beta*) 시장의 움직임에 대해 주가가 어떻게 움직이는지를 측정하는 척도. 이는 시장인덱스의 수익률과 관련하여 어떤 주식이나 포트폴리오의 수익률의 변동성으로 계산된다. 베타가 1보다 크다는 것은 회사의 주식이 평균적으로 시장보다 더 많이 움직인다는 것으로 전체적으로 시장보다 변동성이 크다는 것을 나타낸다. S&P 500 주가지수는 종종 시장으로 인식되며, 따라서 베타를 1로 본다.

벤처캐피탈(*venture capital*) 스타트업이나 턴어라운드 벤처를 위한 자금조달 원천. 이런 유형의 자금조달을 목적으로 부유한 개인투자자, 투자은행, 전문투자그룹 등이 투자에 참여한다.

변동금리(*variable rate*) 일반적으로 경기변동에 따라 금리가 변동하는 이자율.

보통자본(*straight equity*) "보통주" 참조.

보통주(*common stock*) 회사의 소유 단위. 최소한 한 종류의 보통주(다양한 권리를 가진 다양한 종류가 있을 수 있다.)는 회사의 경영진을 선임하고 감독하는 이사회를 구성하는데 의결권을 행사할 수 있다. 보통주는 배당을 지급받을 수 있고 청산 시 모든 다른 청구권자가 지급받은 후 잔여재산을 배분받는다.

복리(*compounding*) 이자에 대한 이자. 즉, 연리 5%에 최초 100달러를 은행에 예금한다고 가정해보자. 복리로 2년 후 은행 계좌는 110.25달러가 된다. 이 중 0.25달러는 첫째 연도 이자에 대한 둘째 연도의 이자수익(첫째 연도 이자 5달러에 대한 5% 이자)이다.

부채과잉(*debt overhang*) 현재의 차입금이 기업가치보다 많아서 회사가 추가적인 차입금 조달에 어려움을 겪는 상황.

분사(*spin-off*) 회사가 사업부문이나 종속회사를 새로운 신설법인으로 분할하고 주주들에게 신설법인의 주식을 지급하는 것.

비대칭정보(*asymmetric information*) 한 당사자가 다른 당사자보다 회사의 전망에 관해 더 많은 정보를 가지고 있는 상황.

비정상성장률(*supernormal growth rate*) 자본비용을 초과하는 성장률. 기업이 시작할 때 잠시 동안 이런 상태가 될 수 있다. 비정상성장률은 장기간에 걸쳐 지속 가능할 수 없으며 재무추정에서 항상 의심해 보아야 한다.

비효율적 시장(*inefficient market*) 가격이 모든 가용한 정보를 반영하지 못하는 시장. 결과적으로 많은 정보를 가진 투자자들이 자신이 가진 정보를 유용하게 이용할 수 있다.

산업수익채권(*industrial revenue bonds*) 사기업이나 공기업에 사용될 자금으로 정부기관이 발행한 채권. 회사는 채권을 상환할 의무를 진다. 이 채권은 지방, 주, 경우에 따라서는 연방 수준에서 면세 혜택을 받는다. 면세와 정부 보증으로 인해 이 채권은 시장금리보다 낮은 금리를 적용받으며, 따라서 자금을 공급받는 기업에 보조금 혜택을 제공한다.

선순위채권(*senior debt*) 후순위채권에 우선순위를 갖는 채권.

선입선출법(*first in first out, FIFO*) 재고를 매입할 때 가장 오래전에 구입한 단위부터 먼저 비용화하는 (대차대조표에는 마지막에 구매한 단위가 남는) 재고자산 비용처리 방법.

세금절감액(*tax shield*) 소득공제에 따른 세무상 절감액. 세금절감액은 허용된 소득공제(예: 이자비용, 감가상각비, 감모상각비 등)에 세율을 곱해서 계산된다. 세율이 높을수록 세금절감액은 커진다.

손익계산서(*Income Statement*) 손익계산표(Statement of Profit and Loss)로도 불리며, 어떤 기간(통상 1년) 동안 얻은 매출에서 이 매출을 얻기 위해 발생된 비용을 빼서 순손익을 얻는 과정을 나타내는 재무제표.

수의상환권(*callable*) 스케줄상 만기 이전에 보유자에게 자신이 발행한 증권이나 계약(통상 채권이나 우선주)의 상환을 요구할 수 있는 발행회사의 권리.

수탁자(*fiduciary*) 타인을 위하여 현명하게 투자할 책임을 지는 개인이나 기업.

순운전자본(*net working capital*) 유동자산에서 비이자부 유동부채 차감(현금 + 매출채권 + 재고자산 − 매입채무). 종종 그냥 운전자본으로도 불림.

순자생운전자본(*net spontaneous working capital*) 유동자산에서 비이자부 유동부채 차감한 금액으로 대차대조표 자산 사이드에 하나의 항목으로 종종 표시됨.

순재산(*net worth*) 기업의 주식가치의 회계가치(자산에서 부채를 차감해 계산). 이는 또한 순자산(net assets) 또는 단순히 (자기)자본(equity)으로도 불림. (개인에게 있어서 순재산은 보유자산의 전체 가치에서 차입금의 총가치를 차감한 것이 된다.)

순현재가치(*net preset value, NPV*) 투자안, 프로젝트, 회사의 할인된 현금흐름. 이것은 보통 초기 현금지출(즉, 가격), 할인된 추정현금흐름, 할인된 미래 영구가치 등 세 가지로 구성된다.

스트립 파이낸싱(*strip financing*) 여러 가지 증권들(예: 선순위채권, 후순위채권, 우선주, 보통주 등)을 하나의 "스트립"으로 묶어서 투자자에게 매각하는 금융기법. 스트립 내의 증권들은 분리 매각이 가능할 수도 있고 불가능할 수도 있다.

시가총액(*market capitalization*) 기업가치 추정치, 특히 기업의 주식가치 추정치. 이는 시장주가에 발행주식수를 곱해 계산한다.

시가평가(*mark-to-market*) 현재 시장가치에 대한 자산이나 부채의 회계가치 조정. 회계는 통상 자산이나 부채를 시장가치로 조정하는 것을 요구하지 않는다. (하지만 종종 이를 허용하기는 한다.)

신호효과(*signaling*) 재무적 관점에서 경영진이 재무정책 활동을 통해 투자자에게 보내는 메시지(예: 차입금이나 주식 발행, 배당지급, 주식재매입 등).

실질할인율(*real discount rate*) 추정 인플레이션을 조정한 이자율.

안전채권(*safe debt*) 채무불이행 위험이 없는 채권 또는 위험이 낮아서 위험이 중요하지 않은 채권. 미국 정부채권은 종종 안전채권 또는 무위험채권으로 불린다.

연금혜택보증공사(*pension benefit guarantee corporation, PBGC*) 기업의 퇴직연금을 일부 보증하는 정부기관.

영구가치(*terminal value*) (증권을 포함하여) 특정 미래 시점의 자산의 가치. 영구가치를 계산하는 일반적인 방법에는 이익배수법, 자산배수법, 영구연금사용법 등 세 가지 방법이 있다.

영구연금(*perpetuity*) 미래 현금흐름의 영구적 스트림. 어느 시점에 단순한 영구가치의 현재가치를 결정하는 수식은 미래 지급액을 할인율로 나누면($PV_{\text{영구가치}}$ = 잉여현금흐름 / 할인율) 된다. 미래 현금흐름이 시간이 경과하면 일정한 비율로 증가하는 영구연금의 가치를 결정하는 수식은 다음 현금지급액을 할인율에서 성장률을 뺀 값으로 나눈다. ($PV_{\text{성장이있는영구가치}}$ = 잉여현금흐름 * (1 + 성장률) / (할인율 − 성장률))

영업권(*goodwill*) 인수회사가 순자산(자산 − 부채)의 시장가격 이상으로 지급한 초과액에 대한 회계상 조정액.

영업이익(*earnings before interest and taxes, EBIT*) 이자와 세금 차감 전 이익. (통상 당기

순이익에 법인세와 이자비용을 더한 것과 같다.)

오류(잘못된)신호(*false signals*) 회사의 미래 경제 전망에 대한 부정확한 암시.

완전시장(*complete market*) 세상의 모든 미래 상태의 재무적 포지션이 거래비용 없이 기존 자산으로 창출될 수 있는 시장.

우선주(*preferred stock*) 다른 종류의 주식에 대해 우선권을 가지는 주식. 이때 중요한 우선권은 다른 종류의 주식이 배당을 받기 전에 배당을 지급받을 권리이다. 배당은 누적적(한 해에 배당이 지급되지 않으면 다른 종류의 주식에게 배당을 지급하지 않고 우선적으로 미래 기간에 지급되도록 누적시킴)일 수도 아닐 수도 있다.

운전자본(*working capital*) "순운전자본" 참조.

워런트(*warrant*) 보유자에게 사전에 정한 가격에 주식을 매수할 수 있는 권리를 부여하는 옵션증권. 워런트는 다른 종류의 증권(통상 채권)과 함께 거래될 수 있다.

원천사용명세서(*Sources and Uses Statement*) 자금이 회사에 어떻게 들어오고 나가는지 분석한 재무제표. 이는 현재의 현금흐름표(Statement of Cash Flows)의 전신이다. (상장기업에서는 1988년 이후부터 현금흐름표가 의무화되었다.)

월스트리트 교리(*Wall Street tenets*) 월스트리트에서 근무하는 투자전문가들의 의견이나 "지혜"를 반영하는 표현이나 격언.

유닛딜(*unit deal*) 하나 이상의 증권을 묶어서 발행. 증권들은 분할될 수도 분할되지 않을 수도 있다.

유동성(*liquidity*) 공정가격에 자산을 신속하게 매각할 수 있는 능력.

유동성관리(*liquidity management*) 계약상 의무 이행이 도래함에 따라 이를 충족시킬 수 있는 회사의 능력.

유동성프리미엄(*liquidity premium*) 증권이 보다 쉽게 거래될 수 있을 때 늘어나는 증권 가격의 증가분. 증권이 잘 거래될 수 없다면 이 증권은 유동성이 없는 것으로 간주되고 할인된 가격에 거래될 것이다.

유상증자(*secondary equity offerings*) 기업공개(IPO)를 한 기업의 주식 발행.

유틸리티(*utility*) "규제대상 유틸리티 회사" 참조.

이자보상배율(*interest coverage ratio*) 차입금에 이자를 지불할 수 있는 회사의 능력에 대한 척도. 보통 영업이익을 이자비용으로 나누어 계산한다.

이자·세금·상각비 차감전 이익(*earnings before interest, taxes, depreciation, and amortization, EBITDA*) 이자비용, 세금, 감가상각비와 감모상각비를 차감하기 전 이익. (당기순이익에 법인세와 이자비용, 감가상각비와 감모상각비를 더한 것과 같다.)

잉여생산능력(*excess capacity*) 회사의 실제 생산 수준과 회사가 생산할 수 있는 양의 차이. 회사의 단위당 평균 원가는 일반적으로 생산량이 생산능력에 근접함에 따라 하락한다.

잉여현금흐름(*free cash flow, FCF*) 자산으로부터 기업이 창출하거나 주주들에게 반환될 수 있는 현금의 양.

자금조달실행(*execution financing*) 투자나 매입 시점의 자금조달 규모나 형식.

자기거래(*self-dealing*) 자신의 고객이 아닌 자신의 이익을 위한 수탁자의 거래나 행동.

자기자본(*equity*) 회사 소유권 지분의 가치. 회계적으로 주주가 주권을 지급받는 대가로 지급한 금액(납입자본금)과 누적적 이익에서 누적적으로 지급한 배당금의 차액을 더하고 주식을 재매입하기 위해 회사가 지불한 금액을 뺀 금액으로 정의한다.

자기자본이익률(*return on equity, ROE*) 당기순이익을 자기자본의 장부가치로 나누어 계산한다. (저자들이 자기자본에 연초 가치를 사용하라고 한 것에 유의하자. 실무에서 그리고 많은 교과서에서 종종 평균이나 연말 가치가 사용되고 있다.)

자본구조(*capital structure*) 회사의 자금조달 구조. 이것은 통상 차입금(금융부채)과 자본으로 설명하고, 차입금의 성격과 종류(단기, 장기, 전환, 수의상환 등) 그리고 자본의 성격과 종류(우선주, 보통주 등)로 세분할 수 있다. 차입금비율은 또한 차입비율이나 레버리지비율로도 불린다.

자본비용(*cost of capital*) 보통 이자율의 형태로 나타나는 회사의 자금조달 비용. 이는 종종 타인자본비용(세전 또는 세후), 자기자본비용, 또는 이들의 결합비용(가중평균자본비용, WACC)과 관련해 사용된다.

자본이득(*capital gain*) 어떤 자산의 매각가격과 취득가격의 차이.

자본적 지출(*capital expenditure, CAPEX*) 자본자산을 취득하거나 유지하기 위한 지출. 이는 직접적으로 계산하거나 고정자산 변동액에서 감가상각비로 인한 감소액을 더하여 간접적으로 (즉, CAPEX = 연초 PP&E + 감가상각비 − 연말 PP&E) 계산할 수 있다.

자본조달 순위이론(*pecking order theory*) 정보비대칭 때문에 기업이 내부 자금을 먼저 사용하고, 다음으로 외부 차입금을 조달한 후 마지막에 신주를 발행한다는 이론.

자본집약도(*capital intensity*) 회사의 자원 사용의 효율성 척도. 매출 1달러를 일으키는데 필요한 투자액으로 생각할 수 있다. 종종 매출액 / 총자산으로 계산된다.

장부가치(*book value*) 대차대조표상 어떤 항목의 회계가치. 순장부가는 (자산에서 부채를 차감한) 자기자본의 장부가치이다.

재무성증권(*Treasury bill, T-bill*) (1년 이내) 단기 미국 국채.

재무적 여력(*financial slack*) 회사가 손쉽게 조달할 수 있는 추가 차입금과 (현재의 영업활동에 요구되지 않고) 신규 프로젝트와 투자에 가용한 잉여현금의 합산액.

재무정책(*financial policy*) 차입금과 부채의 수준, 차입금의 성질(단기, 장기, 전환사채, 수의상환 등), 배당의 지급, 주식의 발행과 재매입 등의 재무적 의사결정을 위한 회사의 기준이나 선택.

전환증권(*convertibles*) 보통주로 교환(전환) 될 수 있는 기업 증권(통상 채권이나 우선주). 전환사채는 보유자에게 전환사채를 보통주로 교환할 수 있는 잠재적으로 가치를 가진 옵션을 제공하기 때문에 일반사채보다 이자율이 낮다.

정리청산(*distressed liquidation*) 경제적 불가피성으로 인한 자산의 강제 처분. (통상 취득가격보다 낮은 가격에 처분)

정액법(*straight-line*) 자산의 취득가에서 잔존가액(내용연수 말 잔존가치)의 차감액이나 어떤 부채를 해당 자산 혹은 부채의 내용연수 동안 동일하게 줄이는 감가상각 또는 감모상각 방법.

정크본드마켓(*junk bond market*) 낮은 신용등급(BBB 미만)으로 발행된 채권은 실무에서 "정크"로 불림.

종업원주식매입제도(*employee stock purchase program*) 종업원들이 회사 주식을 매입하도록 회사에 의해 제안된 주식 매입 프로그램.

종업원지주제도(*employee stock ownership program, ESOP*) 종업원들이 회사 주식을 보유하도록 하는 종업원 주식 보유 프로그램.

주가수익비율(*price earings ratio, P/E ratio*) 주당순이익(EPS)에 대한 주식의 시장가격 비율.

주당순이익(*earnings per share, EPS*) 보통주 1주당 이익. 만일 회사가 전환사채, 옵션, 워런트를 발행했다면 두 가지 계산을 해야 한다. 첫 번째는 전환사채, 옵션, 워런트의 효과를 감안하지 않는 기본주당순이익(basic EPS)이다. 두 번째는 전환사채, 옵션, 워런트 등이 모두 전환/행사된 경우를 가정한 희석주당순이익(diluted EPS)이다.

주식(*share*) 통상 보통주의 형태를 갖는 기업의 소유권 단위.

지속가능성장률(*sustainable growth rate*) 다른 것들이 일정할 때 추가적인 외부 자금조달 없이 회사가 성장할 수 있는 성장 척도. 보통 ROE * (1 − 배당성향)으로 계산된다.

차익거래(*arbitrage*) 사고파는 거래비용이 가격 차이보다 작은 조건에서 어떤 자산을 낮은 가격에 사는 동시에 (혹은 매우 짧은 시차를 두고) 같은 자산을 높은 가격에 파는 거래.

차입매수(*leveraged buyout, LBO*) (통상 상장기업을 인수할 때) 인수 대금의 상당부분이 차입금으로 조달되는 인수거래.

차입비율(*debt ratio*) 이자부부채와 자기자본 혹은 차입금과 전체 자금조달(즉, 차입금과 자기자본) 사이의 비율.

차입비중(*percentage of debt*) 회사가 차입금으로 자금을 조달하는 비중. 재무 전문가들은 통상 차입금 규모를 전체 자금조달 규모(차입금과 자본 합산액)으로 나누어 계산한다. 이는 또한 차입비율(debt ratio) 또는 레버리지로도 불린다.

채권(*bond*) 발행자가 채권의 소유자에게 특정 시점에 원리금 지급을 요구받는 이자부증권.

채권등급(*bond rating*) 채무 계약의 조건에 따라 채권이 상환될 가능성에 대한 평가. 채권등급은 가장 높은 등급(계약상 지급액을 미지급할 가능성이 매우 낮다는 것)을 나타내는 AAA에서 (이미 회사가 계약상 지급액을 지급하지 못하여 파산 상태에 있다는 것을 나타내는) D까지의 등급체계로 분류된다. BBB 이상의 채권은 우수함을 나타내는 것으로 "투자적격등급"으로 간주된다. BBB 미만의 채권은 투자등급 이하 혹은 "정크본드"로 간주된다. 이러한 채권등급을 제공하는 3대 신용평가기관은 스탠다드푸어스, 무디스 인베스터스 서비스, 피치 레이팅스이다.

채무불이행(*default*) 채무계약상 약정 내용의 충족에 실패한 상황. (통상 적기에 원리금을 지급하지 못할 때 발생한다.)

채무약정(*covenant*) 채권자를 보호할 목적으로 회사의 활동을 일정 부분 제약하는 차입계약 조항. 예를 들어, 약정사항은 회사가 발행할 수 있는 추가 차입금 규모, 회사가 지급 가능한 배당 규모를 제한할 수 있고 특정 재무비율의 준수를 요구할 수 있다. 채무약정을 위반하면 통상적으로 채권자는 차입금의 즉시 상환을 요구할 수 있는 권리를 갖는다.

챕터 11(*chapter 11*) 회사의 구조조정 관련 미국 파산법 조항. 이 신청절차에서는 청구권자들 사이의 협상과 법원의 허가로 배당이 결정된다.

챕터 7(*chapter 7*) 회사의 청산 관련 미국 파산법 조항. 이 신청절차에서 채권자들은 그들의 우선순위(예: 담보채권, 무담보채권, 주식)에 따라 자산을 배당받게 된다.

최초할인발행(*original issue discount, OID*) 채무증권의 만기 가치(즉, 액면가)와 발행시점의 가격 사이의 양의 차액. (음의 차액은 할증 또는 프리미엄이라고 한다.)

캐시카우(*cash cow*) 사업을 유지하는데 필요한 것 이상의 현금흐름을 창출하는 사업.

크램다운(*cramdown*) 한 명 또는 그 이상의 청구자가 구조조정계획에 반대하더라도 (즉, 모든 청구권자 조가 찬성하지 않더라도) 법원이 구조조정계획을 승인하는 것을 허용하는 파산 법률 절차.

파산(*bankruptcy*) 기업의 채무 계약 위반으로 기업을 어떻게 구조조정하거나 청산할지 결정하는 법률 절차.

팩토링(*factoring*) 회사가 독립적 중개인에게 매출채권을 (할인하여) 매각해 자금을 확보하는 행위.

포기비용(*abandonment costs*) 프로젝트나 투자안을 종료하거나 포기하는데 수반되는 회피할 수 없는 비용.

프라임레이트(*prime rate*) 은행이 자신의 최우량 기업 고객에게 부과하는 이자율.

프리패키지드파산(*prepackaged bankruptcy*) 파산신청 이전에 구조조정 조건을 협의하는 챕터 11의 파산 유형. 이는 파산으로부터 더 빠른 회생을 돕는다.

플러그 수치(*plug figure*) 추정 대차대조표 양측의 균형을 맞추기 위해 사용하는 균형추 수치. 일반적으로 재무추정에서 차입금 잔액(혹은 현금 잔액)이 플러그 수치로 사용된다.

하이브리드증권(*hybrid instruments*) 채권과 주식의 속성이 결합된 증권.

할인(*discounting*) 미래 현금흐름의 가치를 현재에서 평가하는 방법. 미래 시점에서 현재로 오면 현금흐름의 가치는 감소한다. (복리의 반대이다.) 예를 들어 2년 후 110.25달러의 현금을 준다는 약속이 있다고 하자. 이 지급약속에 대한 적절한 위험조정 할인율이 5%라면, 현재로 할인된 가치는 100달러($\$100 / 1.05^2$)가 된다.

핫 앤드 콜드 이슈 마켓(*hot and cold issue markets*) 시장이 증권(통상 주식) 발행에 대해 크게 호응하거나 호응하지 않는 상황.

허들레이트(*hurdle rate*) 프로젝트나 투자안을 실행하는데 요구되는 최소 수익률. 프로젝트의 위험이 클수록 허들레이트는 높아진다.

현금흐름(*cash flow*) 사업에 의해 창출되거나 사용된 현금. 현금흐름표는 회사의 현금흐름을 영업활동 현금흐름, 투자활동 현금흐름, 재무활동 현금흐름 등 세 가지로 분류한다. 기업재무에서 회사나 프로젝트의 가치평가는 기업(이나 프로젝트)의 현금흐름을 평가하는 방법을 주로 사용한다.

현금흐름표(*Statement of Cash Flows*) 일정 기간(통상 1년) 동안 회사에 현금흐름이 들고 나는 것을 분석한 재무제표. 이 재무제표는 현금흐름을 영업활동 현금, 투자활동 현금, 재무활동 현금 등 세 현금흐름으로 분류한다.

횡단면(*cross sectional*) 분석 산업이나 주요 경쟁자들과의 비교를 통한 회사 분석.

후순위채권(*junior note*) 선순위채권(senior note)보다 지급 우선순위가 낮은 차입계약의 채권.

후순위채권(*subordinated debt*) 선순위채권을 지급한 이후에 지급의 순위가 발생하는 채권.

후입선출법(*last in first out, LIFO*) 재고를 매입할 때 가장 최근에 구입한 단위부터 먼저 비용화하는 (대차대조표에는 오래 전에 구매한 단위가 남는) 재고자산 비용처리 방법.

후행이익(*trailing earings*) 직전 연도의 역사적 이익(추정 미래 이익과 대비됨).

희석(*dilution*) 차입금의 주식 전환이나 스톡옵션 혹은 워런트 행사에 따라 추가적으로 주식이 발행되어 주당순이익과 주당장부가가 감소하는 현상. 경우에는 따라 신주가 발행될 때 구주주(기존주주)의 지분율이 변동하는 것을 설명할 때 사용되기도 한다.

2018년 미국 감세와 일자리 법(*U.S. Tax Cuts and Jobs Act of 2018*) 2017년 12월 통과된 개정 미국 세법.

DIP파이낸싱(*debtor in possession (DIP) financing*) 파산법상 허용되는 차입금 형태. 이는 법원의 허가를 득해야 하며 다른 모든 기존 채무에 대해 선순위 지위를 갖는다.

PERCS(*preference equity redemption commutative stock*) 제한적인 전환 업사이드 조건이 부여된 상환일자 및 상환가격을 가진 우선주.

T-bill 수익률(*Treasury bill rate*) T-bill에 대한 수익률.